디지털
사회복지학개론

디지털 사회복지학개론 5판

이용교

인간과복지

차 례

3장 | 사회복지의 발달

4장 | 사회복지실천

5장 | 사회복지사의 자격과 역할

6장 | 아동복지의 이해

7장 | 청소년복지의 이해

8장 | 노인복지의 이해

9장 | 장애인복지의 이해

10장 | 여성복지의 이해

11장 | 지역복지의 이해

12장 | 사회복지실천 현장탐방과 보고

15장 | 사회복지의 전망과 과제

오늘날 사회복지는 자본주의와 함께 발달되었지만, 사회복지의 원형인 상호부조는 인간이 이 땅에 살기 시작한 이래로 계속되어 왔다. 사람은 다른 동물과 달리 어린 시절에 부모의 도움을 받지 않고는 살 수 없고, 늙어서는 자녀의 도움으로 살아가게 된다.

가족이 없거나 있어도 보호받을 수 없는 사람들은 이웃의 도움으로 살아갔다. 전통사회에서 환과고독鰥寡孤獨이라 불린 홀아비, 과부, 고아, 독거노인은 오늘날 국민기초생활보장제도의 수급권자 중에서 가장 많은 집단이기도 하다.

건강하고 열심히 일하는 사람들도 사냥을 하거나 농사를 지을 때는 이웃과 도움을 주고받지 않으면 살 수 없었다. 모내기를 하기 위해서 품앗이를 하거나, 관혼상제를 지낼 때에도 이웃의 도움이 꼭 필요했다. 전통사회에서 성행했던 품앗이, 계, 향약 등은 모두 그 시대의 사람들이 자신의 생활문제를 해결하기 위해서 만든 상호부조제도이다.

서양의 여러 나라는 산업혁명과 함께 농토에서 쫓겨난 부랑인을 해결하기 위해서 빈민법을 만들고, 공장노동자의 산업재해, 질병, 노령, 사망 등 사회적 사고를 해결하기 위해서 사회보험을 제도화시켰다. 사회보험의 대상이 노동자에서 그 가족으로 그리고 농어민을 포함한 자영인에게 확산되고 복지에 대한 국가의 책임이 강조되면서 복지국가의 시대가 열렸다.

사회복지학이 있기 전에 이미 사회복지가 있었지만, 20세기에 들어서서 좀더 나은 사회복지를 실천하기 위해서 대학에서 사회복지학을 가르쳤다. 미국에서는 1910년대에 한국에서는 1947년부터 사회복지학을 가르치기 시작했다.

한국에 사회복지학이 도입된 지 칠십 년이 넘었기에 그 이론이 체계화되고 실천기술이 성숙되어 가고 있다. 현재 사회복지개론서만도 80권이 넘고, 매년 7만 명 가량의 사회복지사가 대학에서 배출되고 있다. 필자는 1987년부터 대학에서 사회복지학을 가르쳐 왔고, 『사회복지학』을 공동으로 집필하기도 하였다. 그렇지만 매년 신입생에게 사회복지개론을 가르치면서 더 나은 교재가 필요하다고 생각했다.

무엇보다도 사회복지학개론이 필요하다는 문제의식을 가졌다. 사회학의 기초 개념과 이론을 정리한 사회학개론이 있듯이, 사회복지학의 기초 개념과 이론을 정리한 사회복지학개론을 개발해야 한다는 인식이다. 안타깝게도 현재 사회복지개론은 있지만 사회복지학개론은 별로 개발되어 있지 않다.

아울러 한국 사회복지학이 정립되어야 한다는 생각이다. 사회복지의 실천방법은 주로 미국에서, 복지정책은 영국과 독일에서 개발되었지만, 이제 한국인의 복지욕구를 충족시키고, 한국의 사회문제에 적합한 한국 사회복지학을 개발해야 한다. 아직 그 뜻을 이루지 못했지만, 언젠가 한국에서 개발한 사회복지학의 이론과 실천기술이 미국이나 일본에 수출될 날을 기원해 본다.

한편 디지털 시대를 열어 가는 사회복지학을 모색하고 싶었다. 삶의 공간은 점차 가상공간으로 확장되어 가고, 복지 정보는 아날로그에서 디지털로 바뀌고 있는데도 한국 사회복지학은 전통적인 학습양식에서 크게 벗어나지 못하고 있다.

따라서 이용교의 『디지털 사회복지학개론』은 디지털 시대를 열어 가는 한국 사회복지학을 모색하기 위해서 쓰여졌다. 다행히 지난 30년 동안 여러 대학에서 사회복지학을 가르쳐 왔고, 한국디지털대학교에서 사회복지개론을 가르치면서 사회복지학을 디지털방식으로 학습하는 방법을 시도하였다. 학생들이 사회복지학의 이론과 기술을 익히면서 동시에 사회복지현장을 인터넷으로 바로 검색할 수 있게 한 것이다.

이렇게 만들어진 전자북 『사회복지개론』의 한글파일은 한국복지교육원www.okwelfare.net에서 파일로 내려받을 수 있게 하였고, 드디어 단행본으로 발행된다. 시각장애인을 위한 '점자 사회복지개론'도 제작되었으니, 앞으로의 희망사항은 외국인을 위한 '영문 사회복지개론'을 발간하고, 매년 업데이트 된 사회복지학개론을 발행하는 것이다.

이 책은 한국사회복지교육협의회가 제시한 '사회복지학개론'의 지침서를 존중하면서도 사회복지 현장탐방과 보고를 추가하였다. 사회복지학을 학습하기 위해서는 사회복지현장의 변화를 실시간으로 배워야 한다는 점을 강조하기 위해서이다. 또한, 사회복지의 현황과 추이를 살펴봄과 동시에 사회복지의 전망과 과제를 함께 고민해보는 장을 마지막에 놓았다.

새로운 개념의 사회복지학개론을 쓸 수 있게 된 것은 매년 사회복지학을 함께 공부한 학생들의 적극적인 참여에 힘입은 바가 크다. 사회복지학을 보다 체계화시키고, 좀더 쉽게 가르치기 위한 필자의 열정은 강의실에서 그리고 인터넷을 통해서 학생들과 만날 때 더욱 강렬해졌다.

또한 디지털 사회복지학개론을 집필하는 과정에서 선배 학자와 동료, 후배 연구자의 도움을 크게 받았다. 한 사람이 다양한 사회복지 영역을 섭렵한다는 것은 현실적으로 불가능한 일이기에 많은 학자와 실무자가 쓴 문헌을 인용하였다. 이미 사회복지학개론을 집필한 선배 학자들과 참고문헌을 제공한 분들께 감사드린다.

그렇지만, 이 책에 잘못된 점이 있다면 그 책임은 필자에게 있다. 여러분의 질책과 조언을 받아서 더 좋은 책을 발간하고자 한다. 당초 전자북으로 만들어진 원고를 단행본으로 출간하고, 매년 수정된 한글파일로 『디지털 사회복지학개론』을 만들게 된 것은 행운이다. 그 행운을 여러분과 함께 나눌 수 있어서 매우 기쁘다. 여러분이 이 책을 읽고 '배워서 남 주는 사회복지사', '세상을 바꾸는 사회복지사'로 거듭나길 기원한다.

2021년 3월

한국복지교육원에서 이 용 교

1 사회복지란 무엇인가?

I. 사회복지의 개념

1. 사회복지의 정의

사회복지란 무엇인가? 사회복지학을 공부하는 사람이 가장 먼저 질문하는 것이다. 그런데 사회복지가 무엇인지에 대한 다양한 정의는 있지만, 사회복지계에서 합의된 정의를 찾을 수는 없다. 사회복지는 각 나라마다 다른 전통을 가지고 발전되었으며, 학자들에 따라 혹은 지향하는 이념에 따라 강조하는 사회복지의 내용이 다르기 때문이다.

사회복지가 무엇인지를 이해하기 위해서 가장 먼저 사용되는 방식은 '사회복지'라는 말의 어원을 찾는 일이다. 사회복지는 영어의 Social Welfare를 번역한 것이다. 먼저 복지를 뜻하는 Welfare는 '지내다', '살아가다'란 의미의 fare에 '만족스러운' 혹은 '적절한'이란 의미의 well이 합쳐져서 '만족스럽게 지내는 상태'를 의미한다. 그래서 웹스터 사전에 의하면 복지는 "건강하고 행복하며 안락

'복지' 용어의 유래

사회복지는 16세기 초부터 사용되기 시작한 독일어의 Wohlfahrt란 말에서 유래되었다는 주장도 있다. 이 낱말은 처음에 '원하다 혹은 바라다' 라는 의미의 wohl과 '한 장소에서 다른 장소로 옮긴다' 는 의미의 fahren이 연결되어 관용적으로 쓰이기 시작한 것이라고 한다. 이 두 낱말이 결합된 Wohlfahrt는 '바람직한 상태로 바꾼다' 는 의미가 된다.

한 상태"라고 정의되어 있다. 즉 복지란 건강하고 안락한 인간의 이상적인 상태, 즉 안녕well-being의 상태를 나타내는 개념이라고 할 수 있다.

다음 사회적이란 의미의 Social은 '지역사회나 집단 속에서 같이 지내다' 라는 뜻을 가지고 있다. '사회적' 이란 사회 안에서의 삶의 질과 개인, 집단, 사회 전체 간의 사회 내적인 관계를 뜻한다. 여기서 '사회 내적인 관계' 란 개인의 정신세계나 국제관계와 같은 사회 외적인 관계를 제외한 개인 대 개인, 개인 대 집단, 개인 대 전체사회, 집단 대 집단, 집단 대 전체사회의 비이기적인 상호관계를 의미한다. 따라서 이 때의 '사회적' 이란 의미는 물질적이거나 영리적인 요소보다는 비영리적이며, 이타적 속성의 공동체적 삶의 요소에 관심을 기울이는 것이라고 하겠다.

한편 사회복지의 한자 표기인 社會福祉는 社會와 福祉의 복합어이다. 福祉의 福을 쪼개 보면 시示변은 신에게 공물을 얹어 놓은 상을 옆에서 본 형태로 시示가 붙은 자는 대개 신神과 관계되는 자가 많다. 다음 福자 중 나머지 부분의 전田은 곡물을 수확하는 밭을 의미한다. 그 위의 구口는 고高자의 약자로 곡물이 높이 쌓여 있는 모습을 상징하고, 물질적인 풍요를 의미한다. 이것이 자연, 즉 신으로부터 받은 선물이기에 시示변이 붙어 있는 것이다. 그리고 祉는 신에게 마음의 안정을 기원하는 자세로 지止는 욕망의 추진을 멈추는 의미를 지니고 있다. 즉 마음을 비우는 것이 심리적 안정의 길이라는 것을 암시하고 있다. 따라서 福祉는 물질적 풍요와 심리적인 안정을 내포하고 있다고 하겠다(김만두 · 한혜경, 1994: 19-20). 그리고 社會의 어원은 고대 중국에서 25가구를 社(사)라고 불렀고, 이 '사' 들이 많이 모인 것

福

조선시대 이전까지 福祉(복지)란 낱말은 일상생활 속에서 거의 사용되지 않았고 福(복)이 흔히 사용되었다. 삼국유사나 고려사에서 복지란 낱말을 사용한 실례가 없고, 조선왕조실록에서 7번 사용되고 있다. 이 때 복지는 장수, 현물의 제공, 소망의 충족이라는 의미를 갖고 있다(박경일 외, 2000: 18-19).

오늘날에도 설날 인사로 "새해 복 많이 받으세요" 라는 말을 쓸 정도로 복이란 말은 매우 포괄적인 의미를 갖고 있는데, 그 중 대표적인 복인 오복은 오래 삶[壽], 넉넉한 재산[富], 건강하고 편안함[康寧], 덕을 좋아하며 즐겨 덕을 행하는 일[攸好德], 제 명대로 살다가 편히 죽음[考終命] 등을 말한다.

을 사회라고 하였다.

이렇게 보면 사회복지의 언어적 의미는 "공동체 사회에서 사회 내적인 관계를 기초로 구성원들의 전 생애에 걸쳐 건강하고 안락한 바람직한 삶을 추구하는 사회적 노력"이라고 하겠다(김기태 외, 1999: 3-5).

사회복지의 어원을 찾은 것만으로는 사회복지의 개념을 파악하는 데는 한계가 있다. 사회복지는 고정되어 있는 것이 아니라, 시대와 사회에 따라서 변화되는 것이기 때문에 그 실체를 파악하기가 더욱 어렵다.

사회복지에 대한 국내외 학자들의 정의를 몇 가지 살펴보면 다음과 같다.

프리드랜더와 앱트Friedlander & Apte는 "사회복지는 국민의 복지에 기본적인 것으로 인정된 사회적 욕구를 충족시키기 위하여, 그리고 사회질서의 회복을 위하여 제반 급부를 확보하거나 강화하는 법률, 프로그램, 급여 및 서비스 체계이다"라고 했다.

바커Barker는 사회사업사전에서 "사회복지는 사회를 유지하는 데 기본적인 사회적, 경제적, 교육적, 건강의 욕구를 사람들에게 충족시키고, 지역사회와 전체 사회의 집단적인 복지상태를 유지하기 위한 국가적 프로그램, 급여, 서비스 체계이다"라고 정의했다(Robert L.Barker, 1987).

김영모는 "사회복지의 개념은 인간의 사회적 욕구에 대한 서비스인 동시에 사회문제를 해결하기 위한 노력이다. 인간의 사회적 욕구는 의식주와 같은 민생 문제, 즉 소득, 보건, 교육, 주택과 같은 기본적 욕구가 결핍되어 있는 사람을 도와주는 것을 말한다. 사회문제는 범죄, 비행자와 같은 좁은 의미의 반사회적 행위(일탈)도 있지만, 빈곤, 실업, 가족해체, 지역해체와 같은 넓은 의미의 사회구조적 문제(불평등과 사회해체)도 있다"고 정의했다(김영모, 1999: 1).

장인협 등은 "사회복지란 사회구성원들이 기존의 사회제도를 통하여 자신의 기본적인 욕구를 충족시키는 데 어려움을 겪고 있거나 어려움이 예상될 때, 그 욕구를 충족시킬 수 있도록 도움을 제공하는 조직화된 사회적 활동의 총체"라 정의했다(장인협 외, 1999: 3-4).

2. 사회복지의 모형

사회적 실체로서 사회복지는 왜 발전되어 왔고, 오늘날 어떤 모습을 이루고 있는지를 파악하는 것은 사회복지를 이해하는 데 매우 필요한 일이다. 사회복지의 발달과정에 대해서는 제3장에서 상세히 다루기 때문에 여기에서는 시대에 따라 변화된 사회복지의 모형을 살펴보고자 한다.

사회복지는 기존의 사회복지제도들이 사회구성원의 기본적인 욕구를 충족시키는 데 실패하고 비공식적 상호부조 기제도 여의치 않을 때, 공식적인 상호부조 기제를 발전시켜 기능적인 공백을 메우며 성장하였다(장인협 외, 1999: 7).

전통사회에서 인간의 기본적 욕구를 충족시키는 일차적인 자원은 가족과 시장(경제)이었는데, 가족의 보호기능이 약화되고 시장의 생산과 분배기능이 균형을 이루지 못하여, 이에 국가의 개입이 늘어나면서 사회복지가 점차 발달하게 된 것이다. 주요한 사회제도는 위와 같은 핵심기능을 수행하면서 나름대로 복지적 기능을 병행하고 있다. 길버트와 테렐Gilbert & Terrell이 정리한 주요한 사회제도의 기능을 보면 다음과 같다.

사회복지의 개념을 정의할 때, 가장 광범위하게 인용되는 것은 윌렌스키와 르보Wilensky & Lebeaux가 제시한 사회복지의 잔여적 모형과 제도적 모형이다.

표 1-1 사회제도의 주요 기능과 사회복지 기능

사회 제도	핵심 조직	주요 기능	사회복지 기능
가 족	가족	출산, 사회화, 보호, 친밀관계, 정서적 지원	피부양 가족의 보호, 가족간/세대간 재정지원
종 교	교회, 사찰, 성당 교당	영성 개발, 사회통합	교파별 복지/보건/교육, 상담, 사회적 서비스
경 제	기업 가구	재화의 생산, 분배, 소비, 교환, 고용	복지서비스와 재화의 영리적 생산, 기업복지
국 가	중앙정부 지방정부	사회통제, 집합적 목표를 위한 자원의 동원과 분배	공공복지서비스, 소득, 보건, 교육, 주택보장
사회복지	회원단체 자원봉사기관 사회복지기관	상호부조, 박애, 자조	자원봉사 지역사회서비스 사회복지서비스

자료: Gilbert & Terrell(1997), *Dimensions of Social Welfare Policy*, Allyn & Bacon; 장인협 외(1999) 재인용

잔여적 개념의 사회복지는 가족, 시장, 종교, 정치제도가 기능적으로 실패할 때 임시적으로 보충할 뿐이며, 사회복지가 사회를 유지 발전시키는 데 필수적이라고 인식하지 않는다. 따라서 사회구성원들 중 낙오자들에게 최저한도의 보호를 제공하는 사회복지활동은 잔여적이고 주변적 예외적인 안전망 기능을 수행할 뿐이다. 가능하면 가족이나 시장과 같은 기존 사회제도들이 제대로 기능해서 사회복지활동이 필요치 않게 되는 것이 사회복지의 궁극적인 지향이 된다.

한편 제도적 개념의 사회복지는 시장과 가족의 실패는 임시적인 것이 아니라 피할 수 없고 지속적인 것으로 이해한다. 따라서 사회복지는 사회를 유지하는 데 필수적인 기능을 수행하며, 제도화되는 것이 당연하다고 인식한다. 사회복지의 필수적인 기능이란 사회구성원간의 상호부조로서, 이러한 기능은 다른 사회제도가 수행하는 기능과 구별되며 독립적으로 수행된다. 현대 산업사회의 핵가족 제도가 아동의 양육과 노인, 장애인의 보호와 사회화를 전적으로 책임질 수 없음을 인정한다. 또한 시장의 분배원칙은 기본적으로 사회구성원의 개개인의 욕구를 고려하

는 것이 아니기 때문에, 시장경제 원리에 의한 일차적 분배의 수정 보완이 필수적이다. 따라서 가족과 시장이 그 주요 기능을 수행하는 것과 동등한 차원에서 사회복지제도는 상호부조의 기능을 수행한다고 본다.

사회복지 개념의 차이는 사회복지활동에 구체적인 범위, 내용, 구성, 동기, 가치와 이념, 주체와 대상, 실천철학과 방법 등에 직접적인 영향을 미치게 된다. 예를 들면, 사회복지의 제도적 모형은 그 대상을 전체 사회구성원으로 보고, 잔여적 모형은 사회적 취약계층으로 한정시킨다. 또한 사회복지의 실천 주체에서도 제도적 모형은 국가의 보다 많은 역할을 강조하는 반면, 잔여적 모형은 민간의 자발적인 활동을 장려한다. 서양과 한국에서 사회복지의 발달과정을 보면, 농업사회에서 산업사회로 바뀌면서 사회복지는 잔여적 모형에서 점차 제도적 모형으로 그 강조점이 바뀌고 있다.

이처럼 사회복지의 개념은 고정되어 있는 것이 아니라 사회변화에 따라 바뀐다. 왜냐하면 초기 산업사회에 비하여 후기 산업사회의 사회경제적 특성이 매우 다양하고 심각한 현상이 도래하기 때문이다. 소비수준의 향상과 다양한 열망 수준의 상승, 다양한 욕구에 대한 사회 개입의 확대는 기존의 사회복지제도와 서비스로는 해결할 수 없게 된다. 이에, 로만신Romanshyn은 사회복지의 개념은 점차 다음과 같은 방향으로 변화되어 가고 있다고 주장했다(Romanshyn, 1971). 첫째 보완적 개념에서 제도적 개념으로, 둘째 자선에서 시민권으로, 셋째 특수한 서비스에서 보편적 서비스로, 넷째 최저조건에서 최적조건으로, 다섯째 개인적 개혁에서 사회적 개혁으로, 여섯째 자발성에서 공공성으로, 일곱째 빈민복지에서 복지사회로의 변화이다.

3. 사회복지와 유사 개념들

사회복지의 개념을 이해하고자 할 때, 사회사업, 사회복지사업, 사회서비스, 사회보장 등과 같은 낱말과는 어떤 점에서 같고 또 어떤 점에서 다른지 혼란스러울 때가 많다. 사회복지에 대한 개념이 매우 다양하듯이, 사회복지와 유사한 낱말도 다양하게 정의되고 있지만, 우선 다음과 같이 정리하고자 한다.

사회사업 : 우리나라에서 사회복지와 가장 많이 혼용되는 낱말이다. 1970년대까지는 사회복지학은 대학의 사회사업학과에서 가르쳤고, 사회복지를 실천하는 사람을 사회사업가로 불렀기 때문이다.

현재도 사회복지와 동의로 사용하는 견해도 있지만, 프리드랜더와 앱트가 사회복지와 사회사업을 구분한 것이 많이 인용되고 있다. 이들은 "사회사업은 개인, 집단, 지역사회가 사회적 혹은 개인적 만족과 독립을 확보할 수 있도록 도와주는 인간관계상의 과학적 지식과 기술에 바탕을 둔 전문적인 서비스이다"라고 하였다.

미국사회복지사협회는 "사회사업은 개인, 집단, 지역사회가 사회적 기능을 수행할 수 있도록 능력 증진, 회복을 돕고, 이러한 목표를 달성할 수 있는 사회여건을 조성하는 전문적 활동"이라고 했다. 즉 사회복지가 상호부조의 기능을 수행하는 사회활동 영역으로서의 사회제도에 붙여진 이름이라면, 사회사업은 전문화된 직업의 이름 또는 전문직의 실천방법이라는 점이 강조되고 있다.

사회서비스 : 기본적이며 보편적인 인간의 욕구를 해결하기 위한 서비스를 말하는데, 칸Kahn은 사회서비스의 영역으로 소득보장, 의료, 교육, 주택, 협의의 사회서비스 등을 들고 있다. 여기서 협의의 사회서비스를 미국에서는 일반적 사회서비스라 하고, 영국에서는 대인(퍼스널) 사회서비스라 하며, 우리나라에서는 사회복지서비스 혹은 사회복지사업이라고 한다.

사회서비스는 영국에서 매우 포괄적인 의미로 사용되어 왔다. 2차 세계대전이라는 특수한 상황으로 인해 사회보험과 공공부조뿐만 아니라 보건의료와 주택정책이 사회복지정책의 영역에 포함되었고, 무상 의무교육이 중학교로 확대되면서 교육도 사회복지정책으로 간주되었다. 그리고 영국에서는 사회복지서비스를 대인사회서비스라고 하는데, 과거부터 지방정부가 수행하던 취약계층(노인, 아동, 장애인 등)을 위한 시설보호와 거택보호가 중심이 되어 있다. 영국에서는 이런 제도들을 모두 합쳐 사회서비스라고 부르고 있다. 아울러 티트머스Titmuss는 사회서비스, 직업복지, 그리고 재정복지를 포괄해서 사회복지정책이라고 하였다.

헌법 제34조

① 모든 국민은 인간다운 생활을 할 권리를 가진다.
② 국가는 사회보장 · 사회복지의 증진에 노력할 의무를 진다.
③ 국가는 여자의 복지와 권익의 향상을 위하여 노력하여야 한다.
④ 국가는 노인과 청소년의 복지향상을 위한 정책을 실시할 의무를 진다.
⑤ 신체장애자 및 질병 · 노령 기타의 사유로 생활능력이 없는 국민은 법률이 정하는 바에 의하여 국가의 보호를 받는다.
⑥ 국가는 재해를 예방하고 그 위험으로부터 국민을 보호하기 위하여 노력하여야 한다.

사회복지사업 : 흔히 사회복지서비스라고도 불리는 사회복지사업은 사회보험, 공공부조와 더불어 사회보장의 중심을 이루고 있는 것으로, 대인 사회서비스를 말한다. 사회가 산업화, 도시화, 그리고 핵가족화됨에 따라 사회적으로 열악한 위치에 있는 아동, 노인, 장애인 등에 관한 사회문제가 커지고 이에 따라 전문적인 지식과 방법을 활용하여 이들의 생활문제를 해결하고 정상적인 사회인으로 복귀시키기 위해서 사회복지사업이 필요하게 된다.

한국에서 사회복지사업의 법적인 정의는 **헌법 제34조**와 사회복지사업법에서 찾을 수 있다. 사회복지사업법에서 '사회복지사업'이라 함은 **다음 각목의 법률**에 의한 보호·선도 또는 복지에 관한 사업과 사회복지상담, 직업지원, 무료 숙박, 지역사회복지, 의료복지, 재가복지在家福祉, 사회복지관 운영, 정신질환자 및 한센병력자의 사회복귀에 관한 사업 등 각종 복지사업과 이와 관련된 자원봉사활동 및 복지시설의 운영 또는 지원을 목적으로 하는 사업을 말한다. 사회복지사업에 대한 법적 정의는 열거 방식을 택하고 있다는 비판을 받기도 한다.

흔히 사회보장의 내용을 소득(경제)보장과 비경제적 보장으로 나눌 때, 사회보험과 공공부조는 소득보장을 내용으로 하나, 사회복지사업은 소득보장에 덧붙여 비경제적 보장을 내용으로 하고 있다. 사회복지사업은 일반적으로 국민의 생활상 특수한 개별적 욕구의 직접적인 충족을 도모한다.

다음 각목의 법률

가. 국민기초생활보장법
나. 아동복지법
다. 노인복지법
라. 장애인복지법
마. 한부모가족지원법
바. 영유아보육법
사. 성매매방지및피해자보호등에관한법률
아. 정신건강복지법
자. 성폭력방지및피해자보호등에관한법률
차. 입양특례법
카. 일제하일본군위안부피해자에대한생활안정지원및기념사업등에관한법률
타. 사회복지공동모금회법
파. 장애인 · 노인 · 임산부등의편의증진보장에관한법률
하. 가정폭력방지및피해자보호등에관한법률
거. 농어촌주민의보건복지증진을위한특별법
너. 식품등기부활성화에관한법률
더. 의료급여법
러. 기초연금법
머. 긴급복지지원법
버. 다문화가족지원법
서. 장애인연금법
어. 장애인활동지원에관한법률
저. 노숙인등의복지및자립지원에관한법률
처. 보호관찰등에관한법률
커. 장애아동복지지원법
터. 발달장애인권리보장및지원에관한법률
퍼. 청소년복지지원법
허. 그밖에 대통령령으로 정하는 법률

사회보장 : 사회보장이란 낱말은 1935년 미국의 '사회보장법'에서 연유하며, 일반적으로 널리 사용하게 된 것은 1942년 영국의 베버리지 보고서가 공표된 이후이다. 사회보장의 정의를 내릴 때 가장 많이 이용되는 것은 국제노동기구의 정의이다. 국제노동기구는 "사회보장은 사회구성원들이 처하게 되는 일정한 위험(사고)에 대해서 사회가 적절한 조직을 통해 부여하는 보장"이라고 정의했다.

한국에서 사회보장에 대한 법적 정의는 사회보장기본법에서 찾을 수 있다. 이 법에서 '사회보장'이란 출산, 양육, 실업, 노령, 장애, 질병, 빈곤 및 사망 등의 사회적 위험으로부터 모든 국민을 보호하고 국민 삶의 질을 향상시키는 데 필요한 소득·서비스를 보장하는 사회보험, 공공부조, 사회서비스를 말한다.

또한 이 법은 논란이 되어 왔던 사회보험, 공공부조, 사회서비스에 대한 정의도 함께 하였다. 즉 '사회보험'이란 국민에게 발생하는 사회적 위험을 보험의 방

식으로 대처함으로써 국민의 건강과 소득을 보장하는 제도를 말한다. '공공부조'란 국가와 지방자치단체의 책임하에 생활 유지 능력이 없거나 생활이 어려운 국민의 최저생활을 보장하고 자립을 지원하는 제도를 말한다. '사회서비스'란 국가·지방자치단체 및 민간부문의 도움이 필요한 모든 국민에게 복지, 보건의료, 교육, 고용, 주거, 문화, 환경 등의 분야에서 인간다운 생활을 보장하고 상담, 재활, 돌봄, 정보의 제공, 관련 시설의 이용, 역량 개발, 사회참여 지원 등을 통하여 국민의 삶의 질이 향상되도록 지원하는 제도를 말한다.

II. 사회복지의 이념과 가치

1. 사회복지의 이념

사회복지는 기존의 사회제도들이 해결하지 못한 미충족의 욕구를 해결하고자 하는 것이므로, 사회복지 활동의 성격은 기존의 사회제도들, 즉 가족과 시장, 종교, 국가 등을 어떻게 평가하는가, 이것들이 인간의 본성에 얼마나 맞게 기능하고 있다고 생각하는가, 어떻게 바뀌어야 한다고 생각하는가와 무관하지 않다.

조지와 윌딩George & Wilding은 사회복지에 관한 이념체계를 반집합주의, 소극적 집합주의, 페이비언주의, 그리고 마르크스주의로 나누어서 소개한 바 있다. 각 이념을 주장하는 학자들이 중요시하는 사회적 가치, 사회복지에 대한 국가의 역할, 그리고 복지국가에 대한 태도 등을 간략히 정리하면 다음과 같다(Vic George & Paul Wilding,1976; 장인협 등, 1999: 16-24).

(1) 반집합주의

반집합주의자들의 기본적인 가치는 자유, 개인주의, 불평등이다. 이들이 말하는 자유는 타인으로부터 간섭 또는 강제받지 않는 것으로서의 자유를 의미하고, 개인주의는 사회란 개인의 자발적 협동과 경쟁에 기초하여 형성되어야 하며, 국가의 역할은 최소 수준에 머물러야 한다는 것을 의미한다.

개인의 자발적 협동과 경쟁에 기초하여 형성된 사회는 기본적으로 자유시장이 지배하는 사회이며, 시장은 강제를 행사할 수 있는 존재가 아니기 때문에, 시장에서 발생하는 빈곤이나 불평등은 자연스럽고 바람직한 것이다. 이들은 사회정의라는 명분을 내세워 불평등을 완화하려는 시도가 오히려 개인의 자유를 침해하는 부당한 시도라고 주장한다.

따라서 반집합주의자들은 사회적 최저수준을 보장하기 위한 정부의 역할까지 부정하지는 않지만, 그 수준 이상을 보장하려는 시도에 대해서는 격렬한 반대 입장을 취한다. 이들은 사회가 기본적으로 자발적인 질서를 기초로 구성되어야 하며, 정부의 역할은 이 자발적 질서의 작동을 위한 규칙을 만들고 이를 실행하는 규칙 제정자로서의 역할과, 시장의 작동이 불완전한 경우 이를 보완하기 위한 공동 자원의 관리자로서의 역할, 그리고 스스로의 힘으로 삶을 영위할 수 없는 사람들을 보호하는 가부장적 역할로만 제한되어야 한다고 주장한다.

반집합주의자들은 최소 수준 이상의 보장으로 나간 복지국가는 시장의 자율성을 침해하고, 개인의 자유를 억압하며, 국가의 기능을 과도하게 팽창시킨다는 이유로 매우 비판적이다. 반집합주의자들은 윌렌스키와 르보가 제시한 잔여적 개념의 사회복지만을 허용한다. 반집합주의자의 대표적인 학자로는 하이에크Hayek, 프리드만Friedman이 꼽힌다.

(2) 소극적 집합주의

반집합주의자들의 복지국가에 대한 태도가 철학적이고 이념적이며 원칙적이라면, 소극적 집합주의자들이 복지국가에 대해 갖는 태도는 기본적으로 실용주의적이다. 이들 역시 자유와 개인주의를 가장 바람직한 것으로 생각하며 불평등도 인정한다.

소극적 집합주의자들은 불평등을 바람직한 것으로 인정하지만, 실용주의적 경향과 인도주의적 경향으로 인해 지나친 불평등은 수정되어야 한다고 주장한다. 그 근거로 이들은 경제성장이 저축이 아니라 소비에 달려 있는 것이라면, 지나친 불평등은 저소득층의 소비 위축으로 인하여 경제성장에 도움이 되기는커녕 오히려 방해가 된다는 실용주의적 주장을 전개한다. 같은 맥락에서 이들은 불평등의 극단적인 한 표현인 빈곤은 제거되어야 하고 또 제거될 수 있다고 생각한다.

이들은 복지에 대한 국가의 역할을 인정하기는 하지만, 이데올로기적이기보다는 실용주의적이다. 즉 이들은 시장경제에서 나타나고 회피 가능한 해악들을 제거하기 위해 시장실패를 보충하는 수단으로 생각하기에 복지국가를 인정한다. 베버리지Beveridge가 사회공동의 적으로 결핍, 질병, 무지, 불결, 나태 등 5대 악으로 제시한 것은 바로 이러한 맥락에서이며, 따라서 복지에 있어서 국가의 역할은 사회체계의 전체적인 변화를 지향하는 진보적인 것이라기보다는 당면 문제의 해결에 치우치는 문제해결 지향적인 것으로 상정된다. 같은 맥락에서 소극적 집합주의자들은 국민최저선의 보장을 강조하며, 가능한 모든 해악을 회피하기 위해서 종합적이고 포괄적인 대책을 주장한다.

소극적 집합주의자들은 복지국가의 가장 중요한 기능은 불평등의 완화가 아니라 빈곤의 제거라고 생각한다. 이들은 실용주의적 입장에서 복지지출의 일부는 전체사회를 위한 투자라고 주장한다. 대표적인 학자로는 베버리지, 케인즈Keynes, 갈브레이드Galbraith 등이 꼽힌다.

(3) 페이비언주의

페이비언주의의 기본적 가치는 평등, 자유, 우애(연대)이다. 반집합주의자들은 불평등이 자연스러운 것이라고 하지만, 페이비언주의자들은 불평등이 자연적 정의에 어긋난다고 주장한다. 이들은 사회통합의 증진과 경제적 효율성의 증진, 그리고 개인의 자아실현을 위해서 평등이 실현되어야 한다고 주장한다.

반집합주의자들은 강제받지 않는 상태를 자유로 간주하지만, 페이비언주의자들은 각 개인이 자신의 삶을 스스로 통제하고 자신의 목표를 이룰 수 있는 상태를 자유로 간주한다. 이들에게 자유는 정치적인 자유만을 의미하는 것이 아니라 경제적 자유까지 의미하는 것이다. 따라서 이들에게 평등과 자유는 거의 같은 우선순위를 갖는 가치이다. 자유와 평등에 대한 이러한 개념화는 민주적 참여를 중시하는 입장으로 연결된다. 개인이 자신의 삶을 스스로 통제할 수 있기 위해서는 직장에서 노동자들의 발언권이 보장되어야 하고, 근로조건의 결정에 노동자들이 참여할 수 있어야 한다. 참여를 통해서 노동자들은 보다 평등한 권리를 누릴 수 있고, 그것이 곧 자유의 신장을 의미한다.

페이비언주의자들이 말하는 우애는 시장적 경쟁보다는 협동, 개인의 사적 이익보다는 공동체의 이익, 이기주의보다는 이타주의를 강조하는 것을 의미한다. 이들은 시장자본주의가 개인의 능력을 동료 인간의 이익을 위해서가 아니라 자기 자신만의 이익을 위해 사용하도록 유도한다고 비판한다. 자본주의에서 개인이 이기적인 존재가 되는 것은 개인적 성향의 문제가 아니라 체제 자체의 문제이다. 이와 같은 우애의 가치는 인본주의적 입장과 연결된다. 인본주의적 가치는 사회구성원들로 하여금 자신의 잠재력을 실현할 수 있는 여건을 조성하고, 상대적으로 박탈당한 사람들의 복지에 보다 높은 우선순위를 부여함을 의미한다.

페이비언주의자들은 복지국가를 옹호한다. 이들은 자본주의 내에서의 복지국가의 역할을 소극적 집합주의자들에 비해 훨씬 적극적으로 수용한다. 이들은 복지국가를 통해 자원을 재분배하고, 사회통합을 증진시키며, 경기변동으로 나타난 비복지의 공평한 분담을 추구하고, 이타주의를 증진시킬 수 있다고 생각한다. 이들도 소극적 집합주의자들처럼 빈곤의 제거가 복지국가의 중요한 목표라는 점에 동의하지만, 그들은 빈곤의 제거를 위해서는 불평등의 감소가 반드시 선행되어야 한다고 주장한다. 대표적인 학자로는 티트머스Titmuss, 크로스랜드Crosland, 토니Tawney, 마샬Marshall 등이 꼽힌다.

(4) 마르크스주의

마르크스주의자는 평등과 자유를 강조하며, 자유를 적극적 의미로 해석하고 이러한 적극적 자유를 성취하기 위해서는 경제적 평등이 필수적이라고 주장한다. 하지만, 이들은 페이비언주의자들과 달리 적극적 자유와 평등이 복지국가를 통해 어느 정도나 실현될 수 있는가에 대해서는 상당히 회의적이다. 이들은 사회주의 사회가 되어야만 이러한 가치가 완전히 실현될 수 있다고 생각한다.

마르크스주의자들의 복지에 대한 태도는 자본주의에 대한 전면적 거부라는 태도에 그 기초를 두고 있다. 하지만, 현실적으로 사회복지제도가 가져야 하는 성격에 대한 입장은 페이비언주의자들과 크게 다르지 않다. 이들은 사회주의적 사회복지는 욕구충족에 중점을 두고 보편적으로 적용되어야 하며, 전문가에 의한 것이 아니라 참여를 기초로 해야 하고, 예방중심의 원리로 운영되어야 한다는 입장을 가지고 있다. 그러나 마르크스주의자들은 현실의 복지국가가 자본주의를 변형시켜 사회주의로 갈 수 있다고는 생각하지 않는다는 점에서 페이비언주의자들과 차이를 보인다.

마르크스주의자들은 복지와 사회개혁적 조치가 노동자계급에 이익이 될 수 있다는 사실을 전적으로 부정하지 않지만, 복지의 진정한 수혜자가 노동자계급일 수 있는가에 대해서는 회의적인 시각을 가지는 등 양면적인 태도를 취하고 있다. 대표적인 학자로는 라스키Laski, 밀리반드Miliband, 오코너O'Connor 등이 꼽힌다.

2. 사회복지의 가치

사회복지학을 공부하는 사람들은 사회복지를 가치중립적으로 생각하거나 반대로 사회복지를 지나치게 가치중심적으로 인식하는 경향이 있다. 그런데 사회복지는 가치중립적인 현상은 아니고, 더구나 내 관점에서 본 사회복지를 다른 사람에게 강요할 수 있는 것도 아니다. 사회복지의 이념에서 본 바와 같이 '자유'라는 한 낱말에 대해서도 어떤 사람은 "타인으로부터 간섭 또는 강제받지 않는 것"으로 인식하고, 다른 사람은 "자신의 삶을 스스로 통제하고 자신의 목표를 이룰 수 있는 상태"로 인식하기 때문에 양자는 서로 지향하는 자유가 다를 수 있다. 이처럼 사회복지는 가치지향적이고, 많은 사람들이 공감하는 주된 가치로는 평등, 자유, 연대, 정의, 이타주의 등이 있다.

(1) 평등

사회복지의 가치에서 가장 중요한 것 중의 하나는 평등equality이다. 평등은 사회적

> ### 수량적 평등, 비례적 평등, 기회의 평등
>
> - **수량적 평등**은 모든 사람을 똑같이 취급하여 욕구나 능력의 차이에 관계없이 사회적 자원을 분배하는 개념으로서 가장 적극적인 평등개념이다.
> - **비례적 평등**은 개인의 욕구, 능력, 기여 정도에 따라 사회적 자원을 다르게 분배하는 개념이다.
> - **기회의 평등**은 결과는 무시한 채 과정상의 기회만 똑같이 해 주는 개념이다.

자원의 재분배를 통하여 사회구성원의 삶의 질을 골고루 향상시키고자 하는 가치이다. 그러나 평등의 구체적인 개념에 관하여는 논란이 많다. 평등의 개념은 **수량적 평등, 비례적 평등, 기회의 평등**이 있다.

평등의 개념 중 복지국가의 형성과 확대에 기초가 된 것은 적극적인 의미의 평등으로, 복지국가의 평등전략은 보편주의 원칙에 입각하여 모든 국민에게 사회적 권리로서 보편적으로 제공하는 사회복지 급여와 서비스를 통하여 일정한 수준의 기본적인 삶을 보장하고 사회적 불평등을 감소시키고자 노력하였다.

(2) 자유

사회복지의 가치에서 가장 논란이 많은 개념 중의 하나는 자유freedom이다. 자유의 개념에는 **소극적 자유와 적극적 자유**가 있다.

이러한 자유의 개념은 이념적 입장의 차이에 따라 다르게 사용된다. 반집합주의자들은 소극적 자유를 사용하고, 페이비언주의자와 마르크스주의자들은 적극적 자유를 사용한다. 전자는 사유재산권 행사의 자유 또는 급여나 서비스 선택의 자유를 강조하여 복지에 대한 국가의 개입을 자유의 침해로 간주한다. 반면에 후

> ### 소극적 자유와 적극적 자유
>
> - **소극적 자유**는 사람들 간의 상호작용 관계에서 다른 사람의 간섭 없이 자신의 의지대로 행할 수 있는 상태를 의미한다.
> - **적극적 자유**는 자기가 원하는 것을 할 수 있는 상태를 말한다.

자는 사회적 권리로서 복지를 누릴 수 있는 자유를 인식하며 국가의 복지에 대한 개입을 적극적 자유의 확대로 간주한다.

(3) 연대

사회복지를 가장 대표하는 가치의 하나는 연대solidarity이다. 뒤르켕Durkheim은 연대를 기계적 연대와 유기적 연대로 구분했다.

사회복지는 구성원 상호간의 도움을 주고받는 행위를 통하여 사회적 자원을 재분배할 뿐 아니라, 이러한 원조행위가 구성원 상호간의 감정적 통합을 가져오게 된다. 한편 이러한 감정적 연대와 통합은 사회적 자원의 재분배를 가능하게 한다. 전통적 사회에서는 가족이나 지역공동체의 상호의존성에 기초하여 자원의 재분배가 이루어지고 사회통합이 달성될 수 있었다. 그러나 산업혁명 이후 사회 경제적 진보에 따라 가족과 지역공동체는 그 기능을 상실하게 되었으며, 사회통합을 위한 새로운 사회적 장치가 필요하게 되었다. 현대사회에서의 사회복지제도는 공동체 구성원의 상호의존성을 제도적 장치로써 복원함으로써 사회통합을 달성하게 하고 있다.

기계적 연대와 유기적 연대

- **기계적 연대**는 가족이나 부족사회에서 흔히 나타나는 연대로서 구성원들을 결속시킬 수 있는 공통의 대인관계나 가치 그리고 신념이 존재할 때 가능하게 된다.
- **유기적 연대**는 사회적 분화가 급격하게 발생하는 현대사회에서 질서를 유지하기 위해서 사회구성원들 개개인이 상이하게 평가되는 상이한 역할을 수행할 필요성을 갖게 되는데, 이러한 상이성에 근거한 연대가 유기적 연대이다.

(4) 정의

정의justice의 개념은 절차상의 정의, 실질적 정의, 그리고 능동적 과정으로서 정의 등으로 사용되고 있다. 절차상의 정의는 법률에서 정한 합법적인 절차를 강조하고, 실질적 정의는 결과로서 분배적 정의를 강조하며, 능동적 과정으로서의 정의는 불의한 현상을 예방하고 치료하는 사회적 과정을 강조한다.

사회복지에서는 특히 분배적 정의를 강조하며, 사회적으로 취약한 계층이나 불우한 위치에 있는 사람에게 보다 나은 처우와 권한 및 자원의 배분이 이루어지도록 노력한다.

(5) 이타주의

이타주의altruism는 이기주의에 기초한 자본주의 속에서 복지국가를 실현시킬 수 있는 가치이다. 티트머스는 부자에서 빈자에게 이전과 같은 일원적 이전과, 쌍방이 서로 도움을 주고받는 이원적 이전으로 이타주의를 설명하였다. 사회복지는 상대방으로부터 대가를 요구하지 않는 이타주의에 기초하고 있으며, 시장체계를 통하여 이루어지는 등가의 교환에 기초하여 개인 이익의 극대화와 효율을 추구하는 경제적 행위와 대별된다.

III. 사회복지의 주체와 현장

1. 사회복지의 주체

김영모는 사회복지의 구성을 주체(기관), 객체(대상), 기능(방법)으로 구성되어 있고, 이러한 구성요인은 서로 밀접한 관계를 맺고 있다고 보았다(김영모, 1999: 3). 사회복지는 주체와 객체 간의 원조관계이기 때문에 자연히 원조의 기능도 그것에 따라 결정된다는 것이다. 이 글에서는 먼저 사회복지의 주체를 다루고, 객체와 기능에 대해서는 제2장에서 다루고자 한다.

사회복지의 주체와 현장은 역사적 시기에 따라서 강조점에서 차이가 있었다. 미국의 경우에 19세기 말 사회복지가 '자원봉사활동'의 하나로 확산될 때에는 자선조직협회나 인보관과 같은 현장이 강조되었다. 그러나 20세기 초 대학에서 사회복지사를 배출하면서 전문성을 갖춘 사회복지사에 의한 활동이 강조되었다.

한국의 경우에 조선시대와 일제하에도 사회복지사업은 있었다. 당시에는 고아, 독거노인, 과부, 홀아비 등 이른바 '환과고독'을 보호하는 일이 구제나 구호 차원에서 이루어졌기 때문에 사회복지의 주체는 중요하지 않았다. 그러나 광복 후 대학에서 사회복지학을 가르치기 시작하고, 1960년대 이후 사회복지사가 본격적으로 배출되면서, 사회복지사에 의한 전문적 활동이 강조되었다. 현재 한국사회에서 사회복지의 주체는 사회복지사란 점을 부정하는 사람은 별로 없다. 그러나 현실적으로 사회복지사만이 사회복지를 실천하는 것은 아니고, 모든 사회복지사가 사회복지를 실천하지도 않는다.

사회복지의 주체를 이해하는 것은 곧 사회복지서비스 제공과정에서 서비스의 제공자와 받는 자 간의 상호작용 맥락을 파악하는 일이기 때문에 매우 중요하다. 최옥채는 사회복지실천의 주체의 범주에 사회복지서비스를 관장하는 정부, 사회복지서비스를 실행하는 기관, 최종적으로 사회복지서비스를 클라이언트에게 전달하는 사회복지사를 포함하였다. 또한 한국적 상황의 특성을 고려할 때, '주체의 관련인'으로 성직자와 자원봉사자도 포함해야 한다고 보았다(최옥채, 1999: 33-35).

사회복지의 주체 중에서 전문적 자격을 갖춘 사회복지사, 사회복지서비스를 법적·제도적으로 제공하는 국가와 지방자치단체 등 정부, 정부의 보조나 위탁을 받아서 혹은 자발적으로 사회복지를 실천하는 사회복지법인, 그리고 기타 관련 기관 등을 간략히 살펴보면 다음과 같다.

(1) 사회복지사

사회복지사는 흔히 '사회사업가'로 불리기도 했는데, 한국사회에서 사회복지사는 사회복지사업법에 의한 법적 자격인 '사회복지사'를 취득하고, 사회복지를 실천하는 사람을 말한다. 사회복지사는 개인, 집단, 가족, 지역사회의 복지욕구를 충족시키고 사회문제를 해결하는 데 주요 전문가로서 활동한다. 한국사회에서 사회복지사는 미국과 달리 개인적으로 개업하여 활동하는 사례는 드물고, 정부의 사회복지직 공무원, 사회복지법인의 직원 등으로 일하고 있다.

사회복지사는 주로 사회복지사업법에서 규정하고 있는 다양한 사회복지서비스를 제공하고 있는데, 사회복지사의 역할은 전문영역과 속해 있는 사회복지 기관·시설의 특성에 따라서 매우 다양하다. 최옥채는 사회복지사의 기본적 역할로 상담가, 조직가, 개혁가, 그리고 사회공학기술자의 역할을 강조하고, 생활인으로서 사회복지사는 복지대상자에게 군림하지 않고, 겸손하며, 성실한 태도를 갖추어야 한다고 했다(최옥채, 1999: 43-44).

사회복지사의 역할은 매우 다양하고 학자들에 따라서 강조점에서 차이가 있지만, 필자는 "사회복지사는 행복한 세상을 만드는 사람이다"라는 점을 강조하고자 한다. 즉 자본주의의 성숙과 함께 전통사회에서 가족과 시장이 가진 요보호 시민의 보호기능이 크게 약화되었고, 지역사회의 공동체 기능이 약화되면서 생긴 시민의 복지욕구와 사회문제를 '복지공동체'의 구축을 통해서 해결하고자 할 때, 사회복지사는 상담가, 복지교육자, 조정자, 자원제공자 등의 역할을 통해서 행복한 세상인 복지공동체를 만드는 사람이 되어야 하기 때문이다.

한국사회복지사협회 www.welfare.net 참조

(2) 국가와 지방자치단체

국가와 지방자치단체는 주로 법령에 근거해서 소속 공무원이 사회복지를 실천하도록 하거나, 사회복지법인 등에게 국고나 지방비를 보조하거나 정부의 복지기관을 민간에 위탁하여 복지를 구현하도록 장려한다.

중앙정부에서 사회복지의 주무 부처는 보건복지부이고, 관련 부처로는 여성가족부, 행정안전부, 문화체육관광부, 고용노동부, 교육부, 법무부, 국가보훈처, 국무총리실 등이 있다. 이들 행정부처는 직접 혹은 산하기관을 통해서 사회복지를 구현하기도 하고, 주로 행정안전부의 지휘 감독을 받는 지방자치단체를 통해서 복지를 실현한다. 따라서 대부분의 국민들은 중앙정부의 직접적인 행정행위에 의해서 보다는 광역자치단체(시·도)와 기초자치단체(시·군·구)에 소속된 공무원에 의해서 복지서비스를 받는 경우가 많다.

또한 공무원에 의한 사회복지는 사회복지사 자격을 갖춘 공무원에 의한 경우와 함께 일반 행정업무를 하는 공무원에 의해 수행되는 경우가 적지 않아, 국가와 지방자치단체를 사회복지실천의 주체로 말하기에는 일정한 한계가 있을 것이다. 이처럼 복지행정을 담당하는 공무원은 전문성에 한계가 있음에도 불구하고, 상당한 전문성을 갖춘 사회복지법인 등에게 재정지원을 하고 지도감독 업무를 수행한다는 점이 이율배반적이다.

보건복지부 www.mw.go.kr 참조

(3) 사회복지법인

사회복지법인은 사회복지를 수행하기 위해서 사회복지사업법에 의해서 만들어진 법인이다. 법적으로 인격을 갖춘 법인은 크게 사람의 모임인 사단법인과 재산의 모임인 재단법인으로 구분되는데, 사회복지법인은 재단법인이고, 영리·비영리법인 중에서 비영리법인이다. 즉 사회복지법인은 사회복지를 수행하기 위해서 만들어진 사람들과 재산의 모임이면서, 비영리를 추구하는 비영리 재단법인이라고 볼 수 있다. 한국의 사회복지법인은 당초 사회복지에 뜻을 둔 개인이나 임의단체가 '사회복지법인' 격을 취득한 경우가 많았고, 이사장이 사적으로 친밀한 이사를 모아서 법인을 만든 경우가 많기에 자의적으로 운영되는 경우도 적지 않았다. 이를 보완하기 위해 국가는 2012년에 사회복지사업법을 개정하여 법인 이사 정수의 3분의 1(소수점 이하는 버린다) 이상을 사회복지위원회 혹은 지역사회복지협의체(현 지역사회보장협의체)가 추천한 사람 중에서 선임하도록 하였다. 사회복지법인은 그 정관에 규정된 목적사업을 수행하고 있다. 대체로 아동복지, 노인복지, 장애인복지, 여성복지 등을 수행하는 생활시설을 운영하거나, 재가복지사업을 통해서 실천하고 있다.

한국사회복지협의회 www.bokji.net 참조

(4) 기타 관련기관

위에서 언급된 개인이나 단체 이외에도 사회복지를 실천하는 주체로는 기업의 복지재단, 종교기관의 사회복지 담당자, 그리고 공익을 추구하는 시민사회단체 등에서 찾아볼 수 있다. 이들은 대체로 해당기관의 목적사업의 하나로 사회복지를 실천하는 경우가 많다. 즉 종교기관은 선교나 포교 활동의 연장선상에서 사회복지를 하고, 기업은 이미지 제고와 이익의 사회환원 차원에서 실시하며, 시민단체는 사회복지를 중요한 이슈로 제기하여 여론을 형성하거나 특정 분야의 사회복지운동을 수행하고 있다.

한국의 기업복지재단은 주로 대기업에 소속되어서 장학사업, 사회복지 프로그램 지원사업, 사회복지시설 지원사업 등을 수행하고 있다. 또한 가톨릭, 기독교, 불교, 원불교 등은 교단(종단)차원에서 사회복지위원회를 두거나, 사회복지사업만을 전담하는 기구나 수도회를 둔 경우가 적지 않다. 특히 가톨릭 수도회의 사회복지활동은 매우 체계적으로 이루어지고, 다른 종교의 경우에는 교단(종단) 차원의 복지활동과 별개로 개별 교회(사찰, 교당)에서 이루어지기도 한다. 이 경우 성직자나 수도자가 직접 사회복지를 실천하거나, 이들이 사회복지학을 공부하여 사회복지사의 자격을 취득한 경우도 적지 않다.

2. 사회복지 현장

사회복지 현장은 사회복지의 주체와 매우 밀접한 관계를 맺고 있다. 즉 일선에서 사회복지서비스를 제공하는 사회복지사는 정부, 사회복지법인, 기타 관련 단체에서 일하는 경우가 많기 때문이다. 사회복지 현장을 주체와 나누어서 살펴보려고 하는 것은 현행법으로 사회복지서비스를 제공하는 곳은 어디이고, 그 곳에서 사회복지사는 얼마나 주도적인 역할을 수행하고 있느냐를 점검하기 위해서이다.

사회복지 현장은 우선 '사회복지사업법'과 관련 법령에 의해서 규정된 곳에서 찾을 수 있다. 사회복지서비스는 국민의 생존권을 보장하기 위한 국가의 복지서비스, 사회적으로 불우한 환경에 놓여 있는 빈민, 아동, 노인, 장애인, 한부모가족, 영유아, 여성 등에 대한 현금·현물급여, 상담과 같은 정서적 원조 등을 포괄한다.

사회복지 현장은 초기에는 요보호 아동, 노인, 장애인 등을 위한 생활시설(수용보호시설)에서 가정에서 도움을 필요로 하는 시민을 위한 이용시설로, 그리고 무료시설에서 실비와 유료시설로 확장되어 왔다. 현재 법적으로 사회복지서비스가 제공되는 주요 사회복지시설은 표와 같다.

앞에서와 같이 사회복지사업법에 의한 모든 사회복지시설은 사회복지를 구현하는 곳이지만, 사회복지사가 전문적으로 사회복지서비스를 제공하느냐는 복지시설별로 상당한 차이가 있다. 사회복지사가 운영책임자나 핵심적인 직원으로 주도적인 역할을 하느냐 여부에 따라서 사회복지사가 주도하는 기관, 기관의 특정 업무를 사회복지사가 전문적으로 수행하는 기관, 그리고 사회복지사가 부분적으로 개입하는 기관으로 나누어 볼 수 있다.

사회복지사가 주도하는 대표적인 기관은 아동복지시설, 노인복지시설, 장애인복지시설, 한부모가족복지시설, 그리고 (종합)사회복지관 등 사회복지시설이다. 이러한 시설은 대체로 운영책임자의 조건으로 사회복지사의 자격을 요구하고 있고, 사회복지사가 보육사, 간호사, 보육교사, 유치원교사, 평생교육사 등 다른 전문가를 지휘하는 역할을 수행한다.

사회복지사가 기관의 특정 업무를 전문적으로 수행하는 기관은 읍·면·동 행정복지센터의 사회복지직 공무원, 행정기관의 사회복지 관련 공무원, 종합병원의 의료사회복지사, 정신건강복지센터의 정신건강사회복지사 등을 들 수 있다. 이들은 법령에 의해서 사회복지사로서 해당된 전문적 역할을 수행한다.

사회복지사가 부분적으로 개입하는 기관으로는 영유아보육시설, 직업보도시설, 성·가정폭력상담소와 피해자보호시설, 청소년시설 등이다. 사회복지사가 주도적인 역할을 하는 경우도 있지만, 유치원교사, 보육교사, 직업훈련교사, 성·가정폭력상담원, 청소년지도사 등 다른 전문성을 가진 사람들이 주도적인 역할을 할 경우가 많다. 사회복지사업법에 규정되어 있지는 않지만, 기업의 복지재단, 시민사회단체의 사회복지 담당자도 사회복지사가 선호되지만, 사회복지사의 임용이 제도화되어 있지는 않다.

표 1-2 사회복지서비스 관련법과 사회복지시설

법률 이름	입법 연혁(시행)	주요 복지기관과 복지시설
국민기초생활보장법	구- 생활보호법 1962.1.1 전문개정 2000.10.1	보장기관 - 이 법에 의한 급여는 수급권자 또는 수급자의 거주지를 관할하는 특별시장 · 광역시장 · 도지사와 시장 · 군수 · 구청장이 행한다. 생활보장위원회, 보장시설- 제7조에 규정된 급여를 행하는 사회복지사업법에 의한 사회복지시설로서 대통령령이 정하는 시설을 말한다. 중앙자활센터, 광역자활센터, 지역자활센터, 자활기관협의체, 자활기업
아동복지법	구- 아동복리법 1962.1.1 전문개정 1981.4.13	아동정책조정위원회, 아동복지심의위원회, 아동위원, 아동복지전담공무원, 보건소 아동복지시설의 종류- 아동양육시설, 아동일시보호시설, 아동보호치료시설, 공동생활가정, 자립지원시설, 아동상담소, 아동전용시설, 지역아동센터. 위의 규정에 의한 아동복지시설은 종합시설로 설치할 수 있다. 아동복지시설은 각 시설의 고유업무 외에도 다음 각 호의 사업을 실시할 수 있다(아동가정지원사업, 아동주간보호사업, 아동전문상담사업, 학대아동보호사업, 공동생활가정사업, 방과후 아동지도사업). 아동보호전문기관(중앙, 지역), 가정위탁지원센터(중앙, 지역), 아동복지단체.
노인복지법	1981.6.5	노인복지상담원, 노인전용주거시설, 노인일자리전담기관, 지역봉사지도원. 노인복지시설의 종류- 노인주거복지시설(양로시설, 노인공동생활가정, 노인복지주택), 노인의료복지시설(노인요양시설, 노인요양공동생활가정), 노인여가복지시설(노인복지관, 경로당, 노인교실), 재가노인복지시설(방문요양서비스, 주 · 야간보호서비스, 단기보호서비스, 방문목욕서비스, 보건복지부령이 정하는 그 밖의 서비스 중 어느 하나 이상의 서비스를 제공함을 목적으로 하는 시설), 노인보호전문기관, 노인일자리지원기관, 학대피해노인 전용쉼터. 요양보호사, 요양보호사교육기관, 긴급전화, 보조인, 노인복지명예지도원.
장애인복지법	구- 심신장애자 복지법 1981.6.5 전문개정 1989.12.30	장애인정책조정위원회, 장애인정책책임관, 지방장애인복지위원회, 장애인복지상담원, 산후조리도우미, 중증장애인자립생활지원센터, 장애인권익옹호기관, 장애인복지단체협의회, 장애인복지전문인력. 장애인복지시설의 종류- 장애인 거주시설(거주공간을 활용하여 일반가정에서 생활하기 어려운 장애인에게 일정 기간 동안 거주 · 요양 · 지원 등의 서비스를 제공하는 동시에 지역사회생활을 지원하는 시

법률 이름	입법 연혁(시행)	주요 복지기관과 복지시설
		설), 장애인 지역사회재활시설(장애인을 전문적으로 상담・치료・훈련하거나 장애인의 일상생활, 여가활동 및 사회참여활동 등을 지원하는 시설), 장애인 직업재활시설(일반 작업환경에서는 일하기 어려운 장애인이 특별히 준비된 작업환경에서 직업훈련을 받거나 직업 생활을 할 수 있도록 하는 시설), 장애인 의료재활시설(장애인을 입원 또는 통원하게 하여 상담, 진단・판정, 치료 등 의료재활서비스를 제공하는 시설), 그 밖에 대통령령으로 정하는 시설. 위의 각 호에 따른 장애인복지시설의 구체적인 종류와 사업 등에 관한 사항은 보건복지부령으로 정한다.
한부모가족지원법	구-모자복지법 1989.7.1 전문개정 2008.1.18	모자가족복지시설(모자가족에게 기본생활지원, 공동생활지원, 자립생활지원 중 하나 이상의 편의를 제공하는 시설), 부자가족복지시설, 미혼모자가족복지시설(미혼모자가족과 출산 미혼모 등에게 기본생활지원, 공동생활지원 중 어느 하나 이상의 편의를 제공하는 시설), 일시지원복지시설(배우자가 있으나 배우자의 물리적・정신적 학대로 아동의 건전한 양육이나 모의 건강에 지장을 초래할 우려가 있을 경우 일시적 또는 일정 기간 동안 모와 아동 또는 모에게 주거와 생계를 지원하는 시설), 한부모가족복지상담소
영유아보육법	1991.1.14	보육정책조정위원회, 보육정책위원회, 보육정보센터, 보육개발원, 보육시설종사자(보육시설의 장, 보육교사, 그 밖의 종사자), 보육시설운영위원회. 보육시설의 종류- 국공립어린이집, 사회복지법인어린이집, 법인・단체등어린이집, 직장어린이집, 가정어린이집, 협동어린이집, 민간어린이집(위의 규정에 해당하지 아니하는 어린이집).
성매매방지및피해자보호등에관한법률	구-윤락행위등방지법1961.11.9 전문개정 2004.9.23	성매매피해상담소, 성매매방지중앙지원센터, 전담의료기관. 성매매피해자등을 위한 지원시설의 종류- 일반 지원시설, 청소년 지원시설, 외국인지원시설, 자립지원공동생활시설.
정신건강증진 및 정신질환자 복지서비스 지원에 관한 법률	구-정신보건법 1996.12.31. 제정, 전문개정 2016.5.29.	정신건강복지센터- 정신건강증진시설(정신의료기관, 정신요양시설 및 정신재활시설), 사회복지사업법에 따른 사회복지시설, 학교 및 사업장과 연계체계를 구축하여 지역사회에서의 정신건강증진사업 및 정신질환자 복지서비스 지원사업을 하는 기관 또는 단체. 국민건강증진정책심의위원회, 중앙정신건강복지사업지원단, 지방정신건강복지사업지원단, 정신건강복지센터(광역정신건강복지센터, 기

법률 이름	입법 연혁(시행)	주요 복지기관과 복지시설
		초정신건강복지센터), 정신건강연구기관, 정신건강전문요원(정신건강임상심리사, 정신건강간호사 및 정신건강사회복지사). 정신재활시설의 종류- 생활시설, 재활훈련시설, 그 밖에 대통령령으로 정하는 시설.
성폭력방지및피해자보호등에관한법률	구-성폭력범죄의처벌및피해자보호등에관한법률 1994.4.1 전문개정 2011.1.1	성폭력 예방교육 지원기관, 성폭력피해상담소, 성폭력피해자보호시설(일반보호시설, 장애인보호시설, 특별지원보호시설, 외국인보호시설, 자립지원 공동생활시설, 장애인 자립지원 공동생활시설).
입양특례법	구-고아입양특례법 1961.9.30 입양촉진및절차에관한특례법 1996.1.6. 입양특례법 2011.8.4. 전문개정	입양기관, 중앙입양원
일제하일본군위안부피해자에대한생활안정지원및기념사업등에관한법률	구- 일제하일본군위안부에 대한 생활안정지원법 1993.7.26 전문개정 2003.6.12	임대주택의 우선임대, 일본군위안부 피해자보호시설, 일본군위안부 피해자 및 생활안정지원 및 기념사업심의위원회
사회복지공동모금회법	구-사회복지공동모금법 1998.7.1 전문개정 1999.4.1	사회복지공동모금회, 분과실행위원회(기획분과실행위원회, 홍보분과실행위원회, 모금분과실행위원회, 배분분과실행위원회), 사회복지공동모금지회
장애인 · 노인 · 임산부등의편의증진보장에관한법률	1998.4.11	편의증진심의회. 편의시설을 설치하여야 하는 대상- 공원, 공공건물 및 공중이용시설, 공동주택, 통신시설, 기타 장애인등의 편의를 위하여 편의시설의 설치가 필요한 건물 · 시설 및 그 부대시설

법률 이름	입법 연혁(시행)	주요 복지기관과 복지시설
가정폭력방지및피해자보호등에관한법률	1998.7.1	긴급전화센터, 가정폭력관련상담소, 가정폭력피해자보호시설(단기보호시설, 장기보호시설, 외국인보호시설, 장애인보호시설), 가정폭력관련상담원교육훈련시설
농어촌주민의보건복지증진을위한특별법	2004.4.30	국가 및 지방자치단체의 책무- 농어촌 보건복지기본계획의 수립, 농어촌보건의료의 기반조성, 농어촌 사회복지의 증진
식품등기부활성화에 관한 법률	2006.9.25	기부식품제공사업의 범위- 기부식품의 모집・관리 및 제공, 식품기부를 활성화하기 위한 홍보, 그 밖에 기부식품 제공과 관련된 부수사업
의료급여법	구-의료보호법 1977.12.31 전문개정 2001.10.1	보장기관(수급권자의 거주지를 관할하는 시장・군수・구청장(자치구의 구청장), 의료급여심의위원회, 의료급여기관-(의료법에 따라 개설된 의료기관, 지역보건법에 따라 설치된 보건소・보건의료원 및 보건지소, 농어촌 등 보건의료를 위한 특별조치법에 따라 설치된 보건진료소, 약사법에 따라 등록된 약국 및 동법 제72조의12의 규정에 따라 설립된 한국희귀의약품센터)
기초연금법	구-기초노령연금법 2008.1.1. 전면개정 2014.5.20.	65세 이상인 자로서 소득인정액이 대통령령으로 정하는 금액 이하인 자에게 연금을 지급
긴급복지지원법	2006.3.24	긴급지원기관(긴급지원대상자의 거주지를 관할하는 시장 · 군수 · 구청장), 긴급지원심의위원회
다문화가족지원법	2008.9.22	다문화가족지원센터
장애인연금법	2010.7.1	생활이 어려운 중증장애인에게 장애인연금을 지급함으로써 중증장애인의 생활안정 지원과 복지증진 및 사회통합을 도모
장애인활동지원에 관한법률	2011.10.5	장애인활동지원 수급자격심의위원회, 활동지원기관, 활동지원인력(활동보조인), 활동보조인교육기관, 장애인활동지원정보시스템
노숙인등의복지및자립지원에관한법률	2011.6.7.	노숙인복지시설- 노숙인일시보호시설, 노숙인자활시설, 노숙인재활시설, 노숙인요양시설, 노숙인급식시설, 노숙인진료시설, 그 밖에 보건복지부령으로 정하는 시설

법률 이름	입법 연혁(시행)	주요 복지기관과 복지시설
보호관찰등에관한 법률	1996.12.12.	보호관찰심사위원회, 보호관찰소, 범죄예방자원봉사위원
장애아동복지지원법	2011.8.4.	중앙장애아동지원센터, 지역장애아동지원센터, 복지지원제공기관
발달장애인권리보장 및지원에관한법률	2014.5.20.	발달장애인의 의사를 최대한 존중하여 그들의 생애주기에 따른 특성 및 복지 욕구에 적합한 지원과 권리옹호 등이 체계적이고 효과적으로 제공될 수 있도록 필요한 사항을 규정함으로써 발달장애인의 사회참여를 촉진하고, 권리를 보호하며, 인간다운 삶을 영위하는 데 이바지함을 목적으로 함
청소년복지지원법	2004.2.9.	한국청소년상담복지개발원, 청소년상담복지센터, 이주배경청소년지원센터, 청소년복지시설(청소년쉼터, 청소년자립지원관, 청소년치료재활센터, 청소년회복지원시설)
기타 사회복지시설		(종합)사회복지관, 사회복지상담시설

SUMMARY
단원 정리

사회복지개론의 첫 장에서는 '사회복지란 무엇인가'를 알아보았다.

사회복지학을 공부하면서 가장 먼저 알아야 할 사항은 사회복지의 개념은 지향하는 이념이나 관점에 따라서 매우 다양하다는 점이다. 이 장에서는 사회사업, 사회서비스, 사회복지사업, 사회보장 등이 사회복지와 어떤 점에서 같고 또 어떤 점에서 다른지를 소개하였다.

사회복지의 다양성에도 불구하고, 사회복지를 실천하는 사람들이 공감하는 주요 가치로서 평등, 자유, 연대, 정의, 이타주의 등을 이해하고 이를 몸으로 체득하는 것은 매우 소중하다. 또한 사회복지의 주요 주체와 사회복지 현장을 파악하는 일은 사회복지학의 전체를 조망하는 데 기초지식이 될 것이다.

이 장에서 배운 것을 바탕으로 각자 "나는 누구이고 왜 사회복지학을 공부하는가"를 사색하여 보고, 주변사람들에게 "사회복지란 무엇인가"를 물어서 그 답변을 정리하여 본다. 다음 장에서는 사회복지의 맥락을 인간의 기본적 욕구, 사회문제, 그리고 생활주기와 관련시켜 파악하고자 한다. 사회복지는 고정되어 있는 것이 아니라 살아 숨쉬는 생명체와 같다. 다양한 생명체의 역동을 파악하기 위해서 관찰하고 비교하듯이 사회복지를 분석하고 종합하는 능력을 키운다.

TERMS
용어 정리

사회복지 국민의 복지에 기본적인 것으로 인정된 사회적 욕구를 충족시키기 위하여, 그리고 사회질서의 회복을 위하여 제반 급부를 확보하거나 강화하는 법률, 프로그램, 급여 및 서비스 체계이다.

오복 전통사회에서 대표적인 복을 상징하는 오복은 오래 삶[壽], 넉넉한 재산[富], 건강하고 편안함[康寧], 덕을 좋아하며 즐겨 덕을 행하는 일[攸好德], 제명대로 살다가 편히 죽음[考終命] 등을 말한다.

잔여적 사회복지 잔여적 사회복지는 가족, 시장, 종교, 정치제도가 기능적으로 실패할 때 임시적으로 보충할 뿐이며, 사회복지가 사회를 유지 발전시키는 데 필수적이라고 인식하지 않는다. 따라서 사회구성원들 중 낙오자들에게 최저한도의 보호를 제공하는 사회복지활동은 잔여적이고 주변적 예외적인 안전망 기능을 수행할 뿐이다.

제도적 사회복지 제도적 사회복지는 시장과 가족의 실패는 임시적인 것이 아니라 피할 수 없고 지속적인 것으로 이해하고, 사회복지는 사회를 유지하는 데 필수적인 기능을 수행하며, 제도화되는 것이 당연하다고 인식한다. 사회복지의 필수적인 기능이란 사회구성원 간의 상호부조로서, 이러한 기능은 다른 사회제도가 수행하는 기능과 구별되며 독립적으로 수행된다.

사회사업 사회사업은 개인, 집단, 지역사회가 사회적 기능을 수행할 수 있도록 능력 증진, 회복을 돕고, 이러한 목표를 달성할 수 있는 사회여건을 조성하는 전문적 활동이다.

사회서비스 기본적이며 보편적인 인간의 욕구를 해결하기 위한 서비스로 소득보장, 의료, 교육, 주택, 협의의 사회서비스 등이 포함된다. 여기서 협의의 사회서비스를 미국에서는 일반적 사회서비스라 하고, 영국에서는 대인(퍼스널) 사회서비스라 하며, 한국에서는 사회복지서비스 혹은 사회복지사업이라고 한다.

사회복지사업 흔히 사회복지서비스라고도 불리는 사회복지사업은 사회보험, 공공부조와 더불어 사회보장의 중심을 이루고 있는 것으로, 대인 사회서비스를 말한다. 사회가 산업화, 도시화, 그리고 핵가족화됨에 따라 사회적으로 열악한 위치에 있는 아동, 노인, 장애인 등에 관한 사회문제가 커지고 이에 따라 전문적인 지식과 방법을 활용하여 이들의 생활문제를 해결하고 정상적인 사회인으로 복귀시키기 위해서 사회복지사업이 필요하게 된다.

사회보장 사회보장은 출산, 양육, 실업, 노령, 장애, 질병, 빈곤 및 사망 등의 사회적 위험으로부터 모든 국민을 보호하고 국민 삶의 질을 향상시키는 데 필요한 소득·서비스를 보장하는 사회보험, 공공부조, 사회서비스를 말한다.

사회복지의 이념 조지와 윌딩은 사회복지에 관한 이념체계를 반집합주의, 소극적 집합주의, 페이비언주의, 그리고 마르크스주의로 나누었다. 각 이념을 주장하는 사람들은 중요시하는 사회적 가치, 사회복지에 대한 국가의 역할, 그리고 복지국가에 대한 태도 등에서 차이를 나타낸다.

사회복지의 가치 사회복지는 가치지향적이고 많은 사람들이 공감하는 주된 가치로는 평등, 자유, 연대, 정의, 이타주의 등이 있다. 이러한 가치는 자유라는 한 낱말에 대해서 어떤 사람은 "타인으로부터 간섭 또는 강제받지 않는 것"으로 인식하고, 다른 사람은 "자신의 삶을 스스로 통제하고 자신의 목표를 이룰 수 있는 상태"로 인식하는 등 당사자의 이념에 따라서 상당히 달리 해석되고 있다.

사회복지의 주체 사회복지의 주체는 사회복지서비스의 제공자 중에서 법적으로 전문적 자격을 갖춘 사회복지사, 사회복지서비스를 법적·제도적으로 제공하는 국가와 지방자치단체, 정부의 보조나 위탁을 받아서 혹은 자발적으로 사회복지를 실천하는 사회복지법인, 그리고 관련 기관 등이 있다.

SELF STUDY GUIDE

자기평가와 과제

1. '나는 누구이고 왜 사회복지학을 공부하는가?'를 A4용지 2매 가량씩 쓴다.
2. 주변에서 쉽게 만나는 사람들(가족, 직장동료, 이웃 등) 2명 이상에게 '사회복지란 무엇인가'를 물어서 그들의 대답을 듣는다.
3. 사회복지대백과사전, 사회사업사전 등 사회복지 관련 전문사전을 구해서 사회복지에 관한 주요 낱말의 뜻을 정확히 파악한다.
4. 가까운 도서관이나 서점에서 쉽게 구할 수 있는 '사회복지개론'을 1권씩 읽고 사회복지학을 전체적으로 파악한다.
5. 한 학기 동안 외국의 사회복지학자가 쓴 '사회복지개론'을 1권씩 읽고, 그 나라와 한국의 사회복지학의 공통점과 차이점을 이해한다.

REFERENCE

참고 문헌

김기태 외(1999), 『사회복지의 이해』, 박영사.
김만두 외(2000), 『현대사회복지개론』, 홍익재.
김상균 외(2005), 『사회복지개론』, 나남출판.
김영모(1999), 『사회복지학』, 한국복지정책연구소 출판부.

김태성 외(1998), 『사회복지 전문직과 교육제도』, 소화.
남세진 · 조홍식(1996), 『한국사회복지론』, 나남출판.
박경일 외(2004), 『사회복지학강의』, 양서원.
박용순(1999), 『사회복지개론』, 학지사.
서울대 사회복지실천연구회(1998), 『사회복지실천기법과 지침』, 나남출판.
이영철 외(2000), 『사회복지학』, 양서원.
이용교 편(1993), 『이야기 사회복지』, 은평천사원출판부.
장인협 외(1999), 『사회복지학』, 서울대학교 출판부.
전재일 외(1999), 『사회복지개론』, 형설출판사.
최옥채(1999), 『사회복지실천론』, 인간과복지.
Friedlander, W. & Apte, R.(1980), *Introduction to Social Welfare*, Englewood Cliffs, N.J.: Prentice-Hall.
Gilbert, Neil & Paul Terrell(1997), *Dimensions of Social Welfare Policy*, Allyn & Bacon.
National Association of Social Worker(1995), *Encyclopedia of Social Worker*, 김만두 외 역(1999), 『사회복지대백과사전』, 나눔의집.
Robert L. Barker(1987), *Social Work Dictionary*, 중앙사회복지연구회 역(1996), 『사회사업사전』, 이론과실천.
Vic George & Paul Wilding(1976), *Ideology and Social Welfare*, London: Routledge & Kegan Paul; 원석조 역(1987), 『이데올로기와 사회복지』, 홍익재.
Zastrow, C.(2000), *Introduction to Social Work and Social Welfare (7th ed.)*, Belmont, CA: Wadsworth.

RECOMMANDED FILM
추천 영화

아름다운 세상을 위하여 Pay It Forward 2000, 미미 레더
패치 아담스 Patch Adams 1998, 톰 섀디악
시티 오브 조이 City Of Joy 1992, 롤랑 조페
집으로 가는 길 The Road Home 1999, 장예모
세계의 한국 입양인: 사이버 리얼리티 쇼 Korean@dopteesWorldwide: a cyberspace reality show 2005, 사라 리 먼로

하모니 Harmony	2009, 강대규
먹고, 기도하고, 사랑하라 Eat Pray Love	2010, 라이언 머피

INTERNET LINK
관련 사이트

한국복지교육원	www.okwelfare.net
시민과함께꿈꾸는복지공동체	cafe.daum.net/ewelfare
사회복지정보원	www.welfare.or.kr
보건복지부	www.mw.go.kr
여성가족부	www.mogef.go.kr
한국사회복지사협회	www.welfare.net
미국사회복지사협회	www.socialworkers.org
한국사회복지협의회	www.bokji.net
사회복지공동모금회	www.chest.or.kr

사회복지의 맥락 2

I. 욕구와 사회복지

1. 인간의 욕구

사회복지는 일반적으로 인간의 사회적 욕구를 충족시키기 위한 서비스이고, 사회문제에 대한 대책으로 인식된다. 따라서 사회복지학에서 가장 많이 쓰이는 낱말 중 하나가 욕구이다. 욕구needs의 의미에 대해서 사회사업사전은 "생존이나 안녕, 충족을 위한 신체적, 심리적, 경제적, 사회적 필요"라고 간략히 정의하고 있지만, 욕구사정, 욕구의 위계, 욕구집단 등 관련 용어에서 보는 바와 같이 매우 폭넓게 사용되는 핵심 낱말이다(중앙사회복지연구회 역, 1996: 161-162).

욕구는 대부분 어떤 목적을 위해 좋은 것, 필요한 것, 필수적인 것을 의미한다. 즉 목적을 위해 필요한 것 또는 필수적인 것이 결여되거나 결핍된 상태를 지칭한다. 예를 들면, 어떤 목마른 나그네가 물을 마시고 싶다면, 물을 마시고 싶은 것이 '욕구'이고 물을 마신 후에 갈증이 해소될 때 '욕구 충족'이라고 볼 수 있다.

물을 찾지 못한 나그네가 목마름 때문에 탈수 증상을 일으킬 수 있듯이, 일상생활 속에서 욕구를 충족시키지 못한 사람은 심각한 어려움에 빠질 수 있다.

욕구가 무엇인가에 대한 합의된 정의를 찾아보기는 어렵지만, 심리학과 사회복지학에서 폭넓게 인용되는 매슬로우Maslow의 욕구이론을 살펴보면 욕구의 내용과 특성을 이해하는 데 도움이 된다. 그는 인간의 욕구를 생리적 욕구, 안전의 욕구, 소속의 욕구, 존경의 욕구, 그리고 자아실현의 욕구 등 5단계로 나누어서 설명하였다.

그는 욕구가 세 가지 특징을 가지고 있다고 주장했다. 첫째는 그 욕구충족이 실패하였을 때, 상대적으로 역기능적이거나 혼란 상태가 유발된다. 예컨대 비타민의 부족은 영양실조를 가져오고 소속감의 결핍은 우울증을 일으킨다. 둘째, 욕구를 충족시켜 회복됨으로써 역기능을 치유할 수 있다. 예컨대 부족한 비타민을 보충하면 영양실조를 벗어나서 건강한 몸을 되찾을 수 있다. 셋째, 자유로운 상태에서 하나의 기본적인 욕구의 충족은 다른 욕구의 충족으로 옮아간다(Weiner, 1980: 412, 현외성 외, 1998: 13 재인용).

매슬로우의 욕구 5단계설은 인간이 가지고 있는 일반적인 욕구의 내용을 적절하게 제시하였다는 점에서 사회복지학 분야에서 흔히 인용된다. 그의 욕구 단계설이 사회복지학에 주는 시사점을 정리하면 다음과 같다(현외성 외, 1998: 12-14).

첫째, 인간의 욕구가 위계적인 특성을 지니고 있는 만큼, 욕구충족을 위한 사회복지서비스는 일반적으로 낮은 수준의 욕구충족에서 시작하여 높은 수준의 욕구충족을 위해 진행된다는 점이다. 이것은 제한된 사회적 자원으로써 가능한 한 복지 프로그램의 효율성을 제고시키기 위해서는 낮은 수준의 욕구충족부터 높은 수준의 욕구해결을 위해 노력해야 된다는 점을 암시하고 있는 것으로 해석할 수 있다.

둘째, 사회복지서비스 프로그램을 비교할 수 있는 비교연구의 기준이 될 수 있다는 점이다. 각국의 사회복지서비스의 지향점이 어떤 욕구를 중심으로 하고 있는가를 분석함으로써 복지 프로그램의 발달 수준을 가늠할 수 있다. 즉 어떤 나라의 사회복지가 국민의 생리적 욕구를 충족시키는 데 역점을 두고, 다른 나라

표 2-1 Maslow의 욕구 5단계와 그 내용

욕구 단계	결핍 상태	충족 예	
생리적 욕구	배고픔, 갈증 성적인 좌절 피로 질병	편안함 긴장의 만족감 감각의 만족감 신체적인 건강	좋은 음식을 누리는 만족
안전의 욕구	주거의 결핍 불안, 갈구, 상실감 두려움, 강박감	안락함 안전, 균형 평정, 안정	안정된 직업에서 갖는 안전감
소속의 욕구	과잉 자의식 바라지 않는 느낌 무가치한 느낌 공허함, 고독, 고립 불완전함	평온, 평정 자유로운 감정표현 온전한 감정 자애로운 감정 생명과 힘이 솟는 느낌	사랑의 관계에서 전체적인 수용의 경험
존경의 욕구	무능력한 감정 열등감	자신감, 승리감 긍정적인 자아관 자존, 자기개발	어떤 일을 성취시킴에 대한 보상을 받음
자아실현의 욕구	소외 삶의 의미 상실 권태 일상적인 생활 한정된 활동	건강한 호기심 정상에서 느끼는 경험 가능성의 실현 즐겁게 일하고 가치실현 창조적인 생활	깊은 통찰력을 경험함

의 사회복지가 안전의 욕구를 충족시키는 데 역점을 두고 있다면, 후자가 더 복지선진국이라고 말할 수 있다.

셋째, 인간의 욕구가 현실 사회에서 완전하게 충족될 수 없고, 끊임없이 보다 높은 수준의 욕구를 충족하기 위하여 저마다 일생 동안 노력하는 것이 삶이라는 점이다. 인간의 욕구는 생활수준의 향상에 따라서 끊임없이 변하기 때문에, 바라던 것이 충족된 이후에도 새로운 욕구를 충족시키기 위해서 다시 노력하게 된다.

2. 기본 욕구

매슬로우가 지적한 바와 같이 인간의 욕구는 생리적 욕구처럼 낮은 단계에서 자아실현의 욕구처럼 높은 단계까지 다양하기 때문에, 모든 욕구의 충족을 사회복지의 대상으로 삼기는 어렵다. 따라서 학자들은 인간의 욕구 중에서 일상생활에 꼭 기본적인 욕구와 다소 부가적인 욕구로 구분하려고 시도하였다.

로이Lowy는 인간의 욕구를 일차적 욕구와 이차적 욕구로 나누고 있다. 일차적 욕구에는 ① 생물학적·생리적인 것 - 음식, 영양, 식사, 성, 의복, 주택, ② 경제 - 소득, ③ 보건 - 신체적, 정신적 치료와 안정, ④ 심리적 - 애정·반응·보장, 유용성·새로운 경험, 일체감과 신분의식 등을 포함한다. 이차적 욕구는 ① 사회적 - 상호작용적 역할과 상호 인간관계, 가족, 동료집단, 비동료집단, 조직과의 상호관계, ② 활동 - 직업(일), 이동, ③ 여가 - 레크리에이션, ④ 문화적인 것 - 정보, 지식, 심미, 놀이, ⑤ 정치적인 것 - 법적 지위·보호, 참여·지역사회와 국가의 일에 참여, ⑥ 영적(종교적)인 것 - 존재의 의미, 미지의 세계(죽음을 포함하여) 등을 의미한다(Lowy, 1979: 116).

로이가 말한 일차적 욕구는 매슬로우가 말한 생리적 욕구와 안전의 욕구를 기초로 하면서 소속의 욕구를 일부 포함하고, 이차적 욕구는 존경의 욕구와 자아 실현의 욕구를 기초로 하면서 소속의 욕구까지 포함하고 있음을 알 수 있다. 로이의 분류에 따르면, 일상생활에 필요한 소득은 일차적 욕구에 해당되지만 직업적인 활동을 포함한 다양한 활동에 대한 욕구는 이차적 욕구라는 것이다. 따라서 신체적으로 꼭 필요한 영양소를 얻기 위해서 식사를 하는 것은 일차적 욕구를 충족시키는 일이지만, 맛있는 음식을 찾아서 외식을 하는 것은 이차적 욕구를 충족시키는 일이라고 볼 수 있겠다.

그런데 일상생활 속에서 꼭 필요한 기본 욕구basic needs를 무엇으로 보느냐는 늘 논란이 되어 왔다. 한 사회의 기본 욕구를 정하는 일은 국가와 사회가 일차적으로 관심을 가져야 할 복지서비스의 내용과 밀접하게 관련되기 때문이다.

라운트리는 1899년부터 1936년까지 세 차례에 걸쳐서 영국 요크시의 빈민을 조사 연구하였다. 그는 신체적 건강과 노동능력을 유지하는 데 필요한 기본적인 필수품으로 음식, 주택, 의복, 잡비(주로 연료비) 등을 들고, 이것이 해결되지 않은 수준을 1차적 빈곤이라고 하였다.

그가 1차적 빈곤을 측정할 때 사용한 것은 기본 욕구의 범위를 의식주에 한정시켜서 매우 엄격히 해석한 것이다. 그는 빈민들에게 관대하지 않은 시민을 설득하기 위해서라도, '일하는 노동자에게 꼭 필요한 필수품'에 한정시켜서 빈곤을 측정하였다. 그는 세 번째 조사인 1936년 조사에서는 신체적 욕구보다도 오히려 사회문화적 욕구를 만족시키는 신문, 우표, 종이, 라디오, 휴가, 맥주, 담배, 선물 등과 같은 항목도 필수품에 넣었다.

그러나 빈민의 욕구가 생존에만 있다고 보는 것은 비현실적이고, 욕구는 고정된 것이 아니라 생활양식에 따라서 변화하는 것이므로 상대적인 측정이 요망된다. 특히 현대 사회에 복지의 대상이 빈민에게 한정되어 있지 않고 아동, 노인, 장애인과 같이 노동능력이 없거나 약한 사람을 포함하여 전체 국민에게로 확장되었기에 기본 욕구의 종류와 수준도 보다 포괄적으로 파악되어야 할 것이다.

욕구의 내용과 수준을 한 사회의 생활양식과 연계시킨 관점은 타운센드의 빈곤 연구에서 찾을 수 있다. 그는 일반적으로 인정되는 기본적인 생활양식을 규정하고, 생활양식을 구성하는 60개의 지표를 설정하여 박탈지표를 수집했다. 그리고 정상에서 벗어난 사람을 상대적으로 박탈되었다고 간주했다. 이와 같이 생활양식을 구성하는 지표를 통해서 빈곤을 측정한 시도는 인간의 욕구가 생존에만 있지 않고 삶 전체에 있다는 사실을 반영하고 있다. 이와 같은 지표를 통한 빈곤의 측정은 욕구의 측정에도 많은 시사점을 주고 있다.

타운센드가 사용한 60개의 지표를 관심영역별로 보면, 노동조건이 12개로 가장 많고, 그 다음은 가구9개, 음식6개, 보건5개, 환경5개, 의복4개, 광열4개, 주택·부대시설4개, 가족4개, 사교4개, 여가2개, 교육1개의 순이다. 예컨대 보통의 가족에게 일상적으로 통용되는 4가지 지표 — ① 실내에서 어린이가 놀기에 어렵다, ② 어린이가 지난 4주 동안에 친구와 논 적이 없다, ③ 어린이가 지난 생일에 잔치를 하지 못했다, ④ 지난 성탄절에 10파운드 미만을 썼다 — 를 통해서 어떤 가족의 생활을 측정하고, 그 지표에 미달한 가정을 기본적인 욕구가 '박탈'되었다고 본 것이다.

그의 박탈지표는 영역별로 고루 분포되어 있지 않고 지표의 대표성이 낮으며 지표수가 지나치게 많았다는 비판에도 불구하고, 생활양식을 상대적으로 파악한 것은 기본 욕구의 내용과 수준을 정하는 데 많은 함의를 준 것이다.

학자들의 의견을 정리하여 보면, 기본 욕구는 다음 세 가지 특성을 가지고 있다(현외성 외, 1998: 15-16).

첫째, 기본 욕구는 모든 사람에게 공통적으로 존재하는 욕구이다. 기본 욕구는 인종, 종교, 성별, 연령, 교육수준과 사회경제적 지위에 관계없이 한 인간으로서 동일하게 지니는 욕구를 말한다. 기본 욕구의 이러한 특성 때문에 무차별 평등의 원리라 표현되는데, 의식주를 포함하여 건강, 직업, 가족 등이 포함될 수 있다.

둘째, 기본 욕구는 모든 사람에게 필수불가결한 욕구이다. 이 때문에 욕구가 확보되지 않으면 인간다운 생활이 보장될 수 없다. 현대 복지국가는 국가 존립의 핵심적 근거로서 국민의 생존권의 보장을 설정하여, 기본 욕구의 충족을 국가의 책임으로 규정하고 있다.

셋째, 기본 욕구는 모든 사람에게 최소한의 수준으로 있어야 하는 욕구이다. 한 사회에서 인간의 욕구가 기본 욕구로 채택되기 위해서는 그 사회에서 인간다운 생활을 할 수 있는 수준이면서 동시에 그 최소한에 그친다는 점이다. 설사 기본 욕구를 높게 설정하더라도, 그 욕구를 충족시킬 수 있는 자원을 동원하지 못한다면 기본 욕구의 의미가 퇴색될 것이다.

이러한 기본 욕구는 고정되는 것이 아니라 시대와 장소 그리고 한 사회의 사회경제적 수준과 지향하는 이념에 따라서 변화된다는 특성이 있다. 대체로 현대사회로 오고 경제가 발전되며 복지국가/복지사회를 지향할수록 기본 욕구는 그 내용이 다양해지고, 그 수준이 상승되는 경향이 있다. 따라서 어떤 사회에서 기본 욕구가 무엇인가는 늘 논쟁이 되고, 그러한 기본 욕구를 어떻게 충족시킬 것인가는 사회복지의 주된 관심사이다.

3. 욕구의 규정

욕구가 고정되어 있는 것이 아니라 변화되는 것이라면 욕구를 누가 어떻게 규정할 것인가는 매우 중요한 관심사이다. 이 점에서 브래드쇼우Bradshaw가 제시한 네 가지 욕구는 많은 함의를 준다. 그에 따르면 욕구는 전문가의 사정에 의한 규범적 욕구, 수혜자의 욕망인 느낀 욕구, 수혜자가 요구한 표현된 욕구, 그리고 수혜자와 비수혜자 간의 비교를 통해서 측정된 비교욕구가 있다고 한다(Bradshaw, 1977: 18-20).

규범적 욕구normative needs는 전문가가 주어진 상황에서 욕구라고 정의한 것이다. 즉 바람직한 수준이 정해지고 실질적으로 존재하는 수준과 비교하여, 개인이나 집단이 바람직한 수준에 미치지 못하면 그들은 욕구상태에 있다고 본다.

욕구에 대한 초기의 연구는 전문가에 의한 객관적인 사실의 파악에서 비롯되었다. 여기에 전제되어 있는 의식은 욕구측정은 전문가의 고유 영역이라는 점이다. 예를 들면, 성인 남자에게 하루 필요한 열량은 2,500kcal이고, 이를 충족시키기 위해서 단백질, 지방, 탄수화물과 같은 필수 영양소를 얼마씩 섭취해야 한다는 것은 영양사가 가장 잘 알 수 있다는 것이다. 비록 주부가 매일 음식을 만들지만 영양사가 전문가로서 식료품에 대한 욕구를 정할 수 있듯이, 가난한 사람들에게 꼭 필요한 기본 욕구는 전문가가 정할 수 있다는 관점이다.

이러한 관점이 가장 잘 나타난 것은 라운트리가 절대적 빈곤을 측정하기 위해서 도시에서 일하는 노동자에게 꼭 필요한 것이 무엇인지를 먼저 정하고, 이를 화폐가치로 계산하여 그 액수가 얼마이며, 그 액수에 미치지 못한 사람들을 빈민이라고 판정한 사례에서 볼 수 있다.

그러나 도시빈민의 욕구를 측정한다고 할 때, 의식주에 한정하더라도 전문가는 의복전문가, 영양사, 주택전문가 등 다양하기에, 욕구규정은 영양사와 같은 특정 전문가의 전유물이 아니라는 주장이 일기 시작하였다. 또한 영양사가 아무리 '기본적 욕구'라고 주장하더라도 육류를 싫어하는 사람에게 닭고기나 돼지고기를 먹도록 할 수는 없을 것이다.

욕구를 규정할 때 전문가의 시각을 비판하고 당사자의 입장을 강조한 것이 느낀 욕구felt needs와 표현된 욕구expressed needs이다.

느낀 욕구는 흔히 욕망want과 동일시되는 것으로, 통상 관련된 사람들에게 특정 서비스가 필요하다고 느끼고 있는지 여부를 물음으로써 측정된다. 느낀 욕구는 욕구의 주관적 지각에 초점을 맞춘다. 만약 도시 빈민에게 느낀 욕구를 측정한다면, 그 당사자가 필요하다고 느끼는 것들을 모아서 파악할 수 있을 것이다. 입고 싶은 옷은 어떤 것인지, 어떤 음식을 먹고 싶은지, 어떤 집에서 살고 싶은지, 지금 생활에서 가장 불편한 것은 무엇인지, 복지서비스에 얼마나 만족하는지, 국가와 지방자치단체에 가장 바라는 사항이 무엇인지 등을 통해서 느낀 욕구를 파악할 수 있다.

흔히 느낀 욕구는 규범적 욕구에 비교할 때, 그 내용도 다양하고 그 수준도 높은 편이다. 따라서 사회복지서비스가 당사자의 느낀 욕구를 모두 충족시키기는 어렵고, 당사자의 입장을 존중하기 위해서 참고할 수 있다. 한 사례로, 한국은 과거 빈민에게 쌀을 '정부미'로 제공하였지만, 당사자들이 '현금'으로 받기를 바랐기 때문에 현재는 쌀값을 주고 있다. 여기에서 일인당 필요한 쌀의 양을 정하는 것은 규범적 욕구라고 할 수 있고, 당사자가 쌀보다 쌀값을 바라는 것은 느낀 욕구라고 볼 수 있다.

한편 모든 느낀 욕구가 사회적 욕구가 되기는 어렵다. 일상생활 속에서 시민들이 느끼는 대부분의 느낀 욕구는 사회적 욕구가 되지 못하고 느낀 욕구로 끝나는 경우가 많다. 예를 들면, 한국사회에서 도시 빈민이 바라는 대표적인 느낀 욕구는 '내 집 마련'과 '자녀 대학교육'이다.

그러나 한국의 주택정책은 주택을 지어서 실수요자에게 판매하는 분양정책이 핵심이었기 때문에, 도시 빈민이 내 집을 마련하기 어려웠고, 교육급여는 고등학교까지밖에 적용되지 않았기에 대학교육은 희망사항에 불과했다. 느낀 욕구가 사회적 욕구로 공론화되기 위해서는 표현된 욕구가 되어야만 한다.

표현된 욕구는 사람들이 어떤 서비스가 필요하다고 느끼면서, 욕구가 충족되길 요청하거나 요구하는 행동을 취하는 경우에 그 욕구를 말한다. 위의 도시 빈민의 경우, 주택정책이 무주택자가 싼 임대료로 장기간 빌릴 수 있는 임대주택을 건립하는 데 역점을 둔다면 욕구가 충족될 수 있을 것이다. 1980년대 후반 주택가격이 폭등하면서 도시 빈민들이 도시재개발지역을 중심으로 영구임대주택을 건립하도록 시위를 조직적으로 하였는데, 이것이 바로 느낀 욕구가 표현된 욕구로 바뀐 대표적인 사례이다. 표현된 욕구는 임대주택에 입주하기 위해서 신청서 쓰기 등 합법적인 방법, 시위나 폭동 등 비합법적인 방법, 자살과 같은 극단적인 방식으로 표출되기도 한다.

전국철거민연합 〈도시재개발지역의 운동사례〉 www.nodong.com/junchulyun 참조

욕구는 전문가나 당사자뿐만 아니라 주로 자원을 제공하는 행정가에 의해서 규정되기도 한다. 욕구의 내용이 다양화되고 그 수준이 향상됨에 따라서 복지서비스를 받을 만한 상황에 있는 사람도 정보가 부족하거나 당사자가 신청을 하지 않아서 복지서비스를 받지 못하는 경우가 많다.

비교 욕구comparative needs는 서비스대상자들을 연구함으로써 얻어지는 욕구로, 만약 비슷한 상황에서 어떤 사람들은 복지대상자이고 다른 사람은 아닐 경우, 후자는 욕구상태에 있는데, 이 때의 욕구를 의미한다. 예컨대 도시빈민이 많이 거주하는 지역에 독거노인이 있는데, 한 가구는 국민기초생활보장제도의 수급권자이고 다른 한 가구는 연락조차 되지 않거나 부양능력이 없음에도 불구하고 법적으로 자녀가 있다는 이유로 복지서비스를 받지 못한다면, 후자에게 비교욕구가 있다고 판정할 수 있다.

그런데 브래드쇼우의 접근법은 욕구측정의 주체와 방법에 대해서는 논의하고 있지만, 욕구의 영역에 대해서는 논의하고 있지 않으므로, 전문가나 당사자가 욕구라고 규정하기만 하면 욕구가 된다는 오류에 빠질 수도 있다. 그의 접근법은 욕구의 지표와 연결시킬 때만이 그 한계가 극복될 수 있다.

따라서 욕구를 합리적으로 규정하기 위해서는 한쪽에 인간의 욕구영역을 제시하고, 다른 한쪽에 욕구를 규정하는 방법(규범적 욕구, 느낀 욕구, 표현된 욕구, 비교 욕구 등)을 교차시키는 것이 한 방법이다.

하비Harvey는 인간의 욕구 영역을 음식, 주택, 의료, 교육, 사회와 이웃봉사, 소

비재, 여가, 지역편의시설, 교통시설 등 아홉 가지로 설정하였다(Harvey, 1973: 102). 그의 욕구영역에는 고용기회가 생략되었다고 비판받기도 하였지만, 이러한 영역별로 세부적인 지표를 설정한 후에 다양한 관점의 욕구를 측정할 수 있을 것이다.

이용교는 도시빈민가족의 욕구를 종합적으로 측정하기 위하여 욕구 영역을 소득, 직업, 보건, 교육, 주택으로 나누고, 각 영역을 대표할 수 있는 지표를 몇 개씩 선정한 후에, 각 지표에 대한 비교 욕구, 느낀 욕구, 규범적 욕구를 파악한 바 있다. 즉 소득 욕구를 파악하기 위한 지표는 월평균 소득, 월평균 소비지출, 소득만족도; 직업 지표는 구직자 수, 직업만족도; 보건 지표는 식료품비, 심신장애자 수, 만성질환자 수, 세대주의 건강상태, 건강만족도; 교육 지표는 초·중·고등·대학교의 취학률, 학력만족도; 주택의 지표는 점유형태, 점유면적, 사용방 수, 상수도, 화장실, 주택만족도 등으로 파악하였다(이용교, 1986: 9).

II. 사회문제와 사회복지

1. 사회문제의 개념

사회복지에서 문제 또는 사회문제social problems는 욕구와 함께 가장 기초가 되는 낱말이다. 왜냐하면 사회복지는 흔히 사회적 욕구를 충족시키는 일이고, 사회문제에 대한 대책이라고 일컬어지기 때문이다. 따라서 사회문제가 무엇인지를 알 수 있다면, 사회문제에 대한 대책인 사회복지도 보다 확실히 파악할 수 있을 것이다.

그런데 사회문제가 무엇인지에 대한 합의된 정의를 찾기는 어렵다. 사회복지학에 대한 다른 낱말이 늘 그렇듯이 사회문제도 학자들의 주장에 따라서 혹은 그 이론적 지향에 따라서 달리 규정되고 있다.

먼저 어떤 문제가 사회문제로 규정되는지에 대해서 밀스Mills의 견해를 살펴보자. 그는 문제를 개인문제private troubles와 공공문제public issue로 구분하였다. 개인문제는 사람의 성격 및 타인과의 당면한 관계의 범위 내에서 발생한 문제를 말한다. 반면

사회문제로 규정되는 것

- **크기와 범위** 사회의 상당수의 사람이 특별한 결과를 공유하고 있는 것.
- **고유성** 연령, 성별, 민족과 같은 일부 집단에서 공통적으로 또는 불특정적으로 발견된 것.
- **비교적 영속적인 것** 결과가 수년간 지속된 상태로 나타난 것.
- **제도의 역기능** 결과가 특정한 사람들에 의하여 경험되는 동안 반드시 그들에 의해서만 야기되는 것이 아니라, 정치, 경제, 교육, 보건과 같은 주요한 제도가 그러한 결과를 경험하는 자들과 어떻게든 관련되어 비롯된 것일 수 있다. 어떤 의미에서 제도란 사람들에게서 발생되는 문제의 원인을 이해하는 데 중요하다.

에 공공문제는 다음과 같은 특징이 있는 문제를 말하며, 공공문제야 말로 진 정한 의미의 사회문제라는 것이다(Meenaghan & Washington, 김한주 역, 1983: 52-53).

사회문제가 개인문제와 다른 점은 사회문제가 지니고 있는 사회성과 보편성에서 분명히 구분된다. 여기서 사회성이란 개인의 욕구충족이 어려운 사건과 상태가 특정 문제에 직면한 개인의 책임에서보다는 상대적으로 사회제도나 구조상의 결함과 실패로 인하여 야기되는 경우를 말한다. 즉 문제발생의 사회적 맥락을 의미한다. 한편 보편성이란 사회문제가 지닌 부정적인 영향력이 특정 개인에게만 한정된 것이 아니라 사회구성원 전체에 보편적으로 미칠 수 있음을 의미한다(남세진 외, 1996: 39).

환경운동연합 "새만금 갯벌을 살립시다"운동 www.kfem.or.kr 참조

사회문제가 개인문제와 달리 사회성과 보편성을 가진 문제라도, 사회문제의 개념은 명확하지 않다. 학자들이 사회문제를 정의한 것 중에서 공통 요소를 찾아서, 최성재는 다음과 같이 사회문제를 정의하였다. 즉 사회문제는 어떤 사회적 현상이 ① 사회적 가치(또는 규범)에서 벗어나고, ② 상당수의 사람들이 그 현상으로 인하여 부정적인 영향을 받고 있으며, ③ 그 원인이 사회적인 것이며, ④ 다수의 사람들이나 영향력 있는 일부의 사람들이 문제로 판단하고 있고, ⑤ 사회가 그 개선을 원하여, ⑥ 집단적 사회적 행동이 요청되는 것이다(최일섭·최성재, 1996: 25).

2. 사회이론과 사회문제

사회현상을 어떠한 이론적 시각에서 보느냐에 따라 사회문제의 정의, 사회문제의 원인과 해결방안이 다르게 된다. 사회문제를 이해하고 설명하고 분석하는 데 있어 가장 핵심적인 쟁점은 사회의 속성은 무엇인지 그리고 사회를 구성하는 인간의 본성은 어떠한 것인지 파악하여 사회문제를 해결하기 위한 어떠한 조치를 취해야 할 것인가를 결정하는 일이다.

이런 면에서 볼 때도 사회현상을 전반적으로 설명할 수 있는 이론이 사회문제를 접근하는 데 더 유용할 것이다. 사회과학에서 전통적으로 주류적인 이론은 기능주의, 갈등주의, 상호작용주의였고, 1950년대 이후 교환주의도 점차 주류로 인정받고 있다. 각 이론에는 여러 가지 분파가 있지만, 대표적인 학자의 주장을 중심으로 사회문제의 정의, 원인과 해결책에 대한 시각을 간략히 소개하고자 한다(최일섭·최성재, 1996: 49-70).

(1) 기능주의

기능주의 이론functional theory은 사회과학의 주류 이론으로서는 제일 먼저 발전되었고, 이 이론에 근거하여 사회과학의 여러 학문분야의 많은 이론이 파생되어 발전되었으며, 현재까지 가장 널리 적용되고 있는 이론이다.

파슨스Parsons를 중심으로 한 기능주의에 의하면 사회문제는 "어떤 사회체계가 상위체계에 대하여 기능적 요건을 충족하지 못하고 있는 상태", "한 사회체계가 사회적으로 합의된 규범을 준수하지 못하고 있는 상태" 또는 "어떤 사회체계가 사회화 과정과 결과에서 실패한 상태"라고 할 수 있다.

기능주의 시각에 의하면 사회는 그 부분적 체계가 전체 체계에 대하여 기능적으로 공헌하도록 되어야 생존하고 발전할 수 있다고 보고, 각각의 부분적 체계가 긍정적인 공헌을 하도록 하기 위하여 적합한 사회화 기능과 통제기능을 발휘하는 장치가 있어야 한다. 사회문제가 발생하는 것은 사회전체의 기능적 결함 때문이 아니라 사회체계 일부의 기능인 사회화기능과 사회통제 기능의 실패라 할 수 있다.

따라서 사회문제의 해결방안은 사회화기능과 통제기능을 강화하거나 수정하고 재사회화 또는 재활기능을 강화하거나 또는 사회의 물질적 및 기회의 분배기능을 강화 또는 수정하는 것이 될 수도 있다. 다시 말해서 개인과 가족적 차원에 대해서는 교육기회 및 여건을 보장하거나 개인이나 가족에 대한 병리적 현상을 치료하는 서비스(예를 들면 사회사업서비스)를 강화하는 것이 될 것이고, 사회제도적 차원에 대해서는 공적 교육제도의 개선, 재사회화 제도(교정제도)의 개선 및 강화, 조세제도 및 사회복지제도의 개선, 기회균등의 보장 등이 될 것이다.

(2) 갈등주의

갈등주의 이론conflict theory은 기능주의 이론에 대한 대안적인 이론으로 발전되었다. 갈등주의는 사회현실은 질서와 안정과 합의보다는 무질서, 변화, 갈등과 투쟁이 상존하는 현상으로 보는 시각이다. 갈등주의는 몇 가지 분파가 있는데, 모든 사회현상은 대립적 모순을 내포하고 있고 모순은 새로운 사회체계를 발생시킨다는 변증법적 갈등주의dialectical conflict theory와 사회현상에는 갈등이 불가피하게 편재하고 있지만 갈등은 기능적으로 작용한다는 기능적 갈등주의conflict functionalism의 입장에서 사회문제를 소개한다.

변증법적 갈등주의에 의하면 사회문제는 "희소자원의 불균등한 소유로 인하여 발생하는 갈등현상"또는 "희소자원을 통제하는 데 있어 권위와 권력이 유형화되어 있는 것에 대한 불만적인 반응"이라 할 수 있다. 특히 맑스Marx의 갈등주의 전통을 따르고 있는 입장에서는 "희소 자원을 많이 소유한 사람이 희소자원을 적게 소유한 사람을 착취하고 특권을 행사하고 시장경제를 수립한 결과 생겨난 현상"이라고 할 수 있다. 기능적 갈등주의에 의하면 사회문제는 "자원의 불평등한 분배에 대한 갈등의 결과로서 사회체계의 통합과 발전에 역기능적인 현상을 나타내고 있는 것"이라고 할 수 있다.

갈등주의 시각에서 사회문제의 원인은 "비합법적인 사회통제와 착취", "희소자원의 불균등한 분배" 또는 "불균등한 분배를 가져오는 사회의 권위와 권력의 구조"라고 할 수 있다. 변증법적 갈등주의는 사회문제의 원인은 개인에게 있는 것이 아니라 사회제도에 있다고 보고, 기능적 갈등주의는 주로 사회제도에 있지만 갈등이 어느 정도 적대적 본능 때문에 유발된다는 점에서 개인에게도 원인이 있다고 본다.

변증법적 갈등주의는 자원의 불평등한 지배를 영속화시키고 있는 기본적인 사회체제 자체를 재조직하지 않는 한 사회문제의 근본적인 해결은 불가능하다고 본다. 사회제도의 재조직은 자원의 소유와 통제를 평등화시키는 것을 보장하도록 해야 한다. 사회제도의 재조직은 현 체제에 대한 전반적인 부정과 도전이 되며 이에 대한 현 체제의 저항이 심할 것이므로 단기적으로는 해결되기 어렵지만 장기적으로 보면 역사적 발전과정에서 필연적으로 이루어지게 된다는 것이다. 즉 사회가 봉건주의 사회에서 자본주의 사회로 다시 사회주의 사회를 거쳐 공산주의 사회로 발전하게 되는데, 공산주의 사회 이전의 각 단계의 자체 모순(사회문제를 포함)은 공산주의 사회가 되면서 자연적으로 해결된다고 본다. 만약 단기적으로 사회문제를 해결하려면, 혁명적인 사회제도의 개혁이 필요한데 구체적인 방법으로 생산수단의 공유화, 자유경쟁시장체계의 폐기, 세제의 전면적인 개혁(고도의 누진세율 적용)이 될 수 있다.

기능적 갈등주의는 사회문제의 해결은 제도의 전면적 재조직이 아니라 단편적인 개혁, 개선, 보완으로 가능하다고 본다. 그 구체적인 방법은 역기능적인 제도에 관련된 자원분배를 평등화하는 것, 사회복지 프로그램을 보편적이고 제도적인 방향으로 강화하는 것, 세제의 개선 등이 될 수 있다.

(3) 상호작용주의

상호작용주의interactionism 이론은 기능주의와 갈등주의 이론이 사회현상을 거시적 차원에서 접근하고 분석하려는 입장인 것과 대조적으로 관심의 초점을 개인간의 상호작용과정과 상호작용이 개인과 사회에 미치는 결과에 두는 이론적 시각이다. 상호작용주의에서 가장 핵심적인 이론은 상징적 상호작용주의symbolic interactionism이론인데, 상징적이라는 말을 덧붙인 것은 인간이 상호작용의 도구로 언어나 몸짓 등의 상징을 사용하고 상징의 주관적 의미를 중요시한다는 것을 강조하기 위한 것이다.

상징적 상호작용주의 이론에 의하면 사회문제는 사회의 한 집단이 다른 집단의 의미에 동의할 수 없는 것으로 규정하고 그 집단의 의미대로 행동하지 않는 것이라 할 수 있다. 예를 들면, 대부분의 사람은 이성애를 선호하고 동성애를 금기시하는데, 일부 사람이 동성애를 하는 것은 사회문제일 수 있다.

이 이론에 따르면, 사회문제의 원인은 상호작용에서 어떤 현상이나 행동에 대한 의미에 동의할 수 없다는 판단을 하는 것, 어떤 현상을 바람직하지 않은 행동으로(범죄자, 알콜중독자 등으로) 낙인을 찍는 것, 어떤 행위에 대하여 다른 의미로 사회화된 것 또는 상징의 차이라고 할 수 있다.

상징적 상호작용주의에 의하면, 사회변화의 주체는 개인이므로 개입의 주된 대상도 개인이 되어야 하지만, 개입의 주체는 사회제도여야 한다고 본다. 사회문제의 해결방안은 적절하게 상징에 의미를 부여하고 동의할 수 있도록 사회화하거나 재사회화하는 것, 적절한 사회제도나 재사회화 제도를 확립하는 것, 낙인행위를 유발할 수 있는 상황을 조성하지 않는 것, 부정적인 낙인사용에 신중을 기하는 것, 낙인행위로 간주될 수 있는 것의 범위를 좁히는 것, 낙인행위에서 얻어지는 이득을 제거할 것 등이 될 수 있다. 즉 보다 다양한 행동과 상황을 정상적인 것으로 규정하면 사회문제는 상당히 줄일 수 있다는 입장이다.

(4) 교환주의

교환주의 이론exchange theory은 사회적 행동을 적어도 두 사람간에 교환 자원을 주고받는 반복적인 행위가 이루어지는 것으로 본다. 교환 자원은 물질적인 것과 비물질적인 것이 포함되는데, 예를 들면 금전, 물품, 칭찬, 복종, 존경 등이 있다. 상대방에게 주는 교환 자원은 비용이 되고 상대편으로부터 받는 교환 자원은 보상이 되며, 교환관계에 있는 당사자는 가능하면 비용에 비하여 보상이 크도록 행동하려 하고 권력적으로 대등한 입장에서 교환관계를 유지하려고 한다는 것이다.

이 이론에서 사회문제는 기본적으로 교환관계가 단절되거나 불균형을 이루고 있는 상태로 정의할 수 있고, 사회문제의 원인은 교환 자원의 부족, 고갈 또는 가치 저하라 할 수 있다.

따라서 사회문제의 해결방안은 교환관계에 균형화가 이루어지도록 변화를 가하는 것으로 균형화 전략은 다음과 같다. 즉 동등한 가치의 다른 자원으로 보상, 다른 보상의 원천 개발, 새로운 자격이나 지위의 획득, 강제력 사용, 취약한 교환 당사자들의 연합활동, 원하는 욕구나 보상을 포기하는 것, 소유한 교환 자원의 질을 높이는 것 등이다.

여러 학자들은 자신이 선호하는 사회이론의 관점에서 사회문제를 파악하는 경향이 있지만, 한 가지 관점에서 접근하기에는 사회문제의 원인이 복잡하고 그 해결책도 다양할 수 있다.

따라서 사회복지현장에서 사회복지를 실천하는 사회복지사는 사회문제를 다양한 관점에서 바라보고, 당면한 사회문제의 원인을 다각적으로 파악하며, 가장 적합한 해결책을 모색해야 할 것이다. 예를 들면 최근 큰 사회문제의 하나인 실직자문제에 대해서 사회이론은 그 원인과 해결책을 다르게 제시할 수 있다. 즉 기능주의는 산업구조의 변화에 적응능력이 떨어진 실직자를 문제의 원인으로 보고, 실직자에 대한 새로운 기술훈련을 강조할 것이다. 갈등주의는 장시간 동안 노동력을 부리는 자본가계급을 문제의 원인으로 보고, 노동시간의 단축으로 일자리를 창출할 수 있다고 본다. 상징적 상호작용주의는 실직자를 낙인찍는 것을 문제의 원인으로 보고, 이들이 부담감 없이 다른 일자리를 찾을 수 있도록 해야 한다고 본다. 교환주의는 노동능력이 있지만 노동력을 줄 수 있는 교환관계가 단절된 것을 문제의 원인으로 보고, 사회보장제도를 통해서 당분간 생계급여를 주거나 그 노동력을 교환가능한 것으로 바꾸는 것(새로운 기술습득 등)을 제안할 것이다.

실제상황에서 실직자에 대한 복지정책은 위에서 논의된 다양한 방식이 다각적으로 활용될 수 있다. 즉 실직자에 대한 기술훈련, 노동시간 단축을 통한 일자리 창출, 실직자에 대한 나쁜 이미지를 줄이는 계몽운동 그리고 생활보장제도의 수립 등이 그 예이다. 또한 사회복지사는 특정한 실직자와 그 가족에 대한 복지서비스를 제공할 때에도 그 실직자와 가족에게 가장 적합한 복지서비스가 무엇인지에 대해서 체계적으로 사정한 후에 개입해야 할 것이다.

3. 사회문제의 분류

사회사업사전은 사회문제를 "사람들의 가치 규범을 침해하고 정서적 경제적 고통을 주는 사회적 반응을 유발하는 인간과 인간, 인간과 환경 간의 조건들"이라고 정의하고, "사회문제의 예로는 범죄, 사회적 일탈행위, 사회적 불평등, 빈곤, 인종차별주의, 약물남용, 가족문제, 제한된 자원의 불공정 분배 등이 있다"라고 했다(중앙사회복지연구회 역, 1996: 109).

이처럼 사회문제는 매우 다양하기 때문에 그 문제의 원인과 성격에 따라서 분류할 수 있을 것이다. 그런데 사회문제에 대한 분류는 어떤 기준으로 문제를 분류하는지가 불분명한 경우가 많다(최일섭·최성재, 1996: 39). 여기에서 사회문제론의 교과서에 소개된 몇 가지 분류를 소개하면 다음의 상자와 같다.

사회문제는 학자마다 그 분류가 다르지만, 대체로 비행이나 범죄와 같은 탈선(일탈), 환경오염과 노령화와 같은 사회해체, 그리고 빈곤이나 성차별과 같은 불평등으로 분류되고 있다.

한국형사정책연구원 www.kic.re.kr 참조

여러 학자들의 견해를 보면 특정한 사회문제가 각기 다른 항목으로 분류되어 있는 것을 볼 수 있다. 예컨대 빈곤문제를 김영모는 구조적 문제(불평등)로, 핸슬린도 사회적 불평등으로 보았지만, 머튼과 니스벳은 사회해체문제로 인식했다. 각 학자들의 분류가 다르기 때문이기도 하지만, 빈곤의 원인과 양태를 어떻게 인식하느냐에 따라서 이를 범주화시키는 것이 다르다는 것을 알 수 있다. 빈곤을 당사자의 게으름 때문이라고 보면 일탈행위가 되고, 연령이나 성별에 따른 임금차별로 빈곤해진다고 보면 불평등이 되며, 가족해체로 인하여 아동과 노인 등 노동능력이 낮은 사람이 방치되어 빈곤해진다고 보면 해체문제로 분류될 수 있다.

사회문제의 분류

핸슬린의 분류 (Henslin, 1990: iii-vii)

- 사회적 상황에서의 일탈행동: 성적 일탈행위, 알콜 및 약물중독, 강간, 살인, 범죄 등
- 사회적 불평등: 부와 빈곤, 인종차별, 성차별, 신체 및 정신건강 등
- 사회변화와 거대문제: 가족변화, 도시문제, 인구・식량문제, 환경문제, 전쟁, 테러리즘 등

머튼과 니스벳의 분류 (Merton & Nisbet, 1971: 818-838)

- 사회해체 문제: 인구문제, 인종문제, 가족해체, 노동과 자동화 문제, 빈곤문제, 지역사회해체 및 갈등, 폭력 등
- 일탈행위 문제: 정신장애, 범죄 및 청소년비행, 약물중독, 알콜중독, 자살, 성문제 등

김영모의 분류 (김영모 편, 1982)

- 구조적 문제: 빈곤, 소득배분, 노동문제, 교육불평등
- 해체적 문제: 가족해체, 빈민지역, 인구문제, 환경문제
- 탈선적 문제: 범죄, 소년비행, 매춘, 자살, 알콜중독, 정신질환

최성재의 분류 (최일섭 · 최성재, 1996: 40)

- 사회변동 또는 사회해체 문제: 가족문제, 환경문제, 노인문제
- 사회적 불평등 문제: 빈곤문제, 성차별문제, 노사문제
- 사회적 일탈 문제: 청소년비행문제, 범죄문제, 성폭력문제, 약물중독문제, 정신건강문제

따라서 위의 분류는 특정한 사회문제가 어떤 특성이 더 강하냐의 문제이고, 특정 문제는 반드시 일탈, 불평등, 해체 문제 중 어느 하나에 속한다고 말할 수 없다. 오히려 사회복지사가 사회문제에 직면해서 사회복지를 실천할 때에는 특정 문제를 고정된 틀이 아닌 열린 시각에서 보려고 노력해야 한다.

한편 욕구의 개념은 사회문제의 해석에도 중요한 역할을 하고 있다. 사회문제를 욕구의 시각에서 재해석하면, 탈선은 욕구의 불충족상태에서 비롯된 행위이고, 해체는 기존의 욕구충족 기제가 해체된 것이며, 불평등은 욕구의 구조적 불충족상태라고 할 수 있다(이용교, 1986: 6).

III. 생활주기와 사회복지

1. 생활주기와 그 변화

대부분의 인간은 태어나서 자라고 성장해서 일을 하는 가운데 늙고 병들어서 죽게 된다. 일부 사람은 평균보다 일찍 죽기도 하고, 다른 사람은 건강하게 오래 살기도 하지만, 대개 생노병사의 길을 걷는다.

인간은 전 생애를 통해서 신체적·정신적인 발달과정에서 몇 가지 주기로 나눌 수 있다. 그 주기는 단계별로 공통성과 이질성을 지니면서 상호연관 되어 있고, 그 발달과업에서 다른 주기와 유기적인 관계를 맺고 있다.

인간 생활주기는 일반적으로 영유아기, 소년기, 청년기, 중장년기, 노년기 등으로 나눌 수 있다. 중장년기는 다시 자녀의 출산과 양육시기, 자녀의 학업시기, 자녀의 결혼시기 등으로 세분할 수도 있지만, 대체로 중장년기는 일을 하면서 자녀를 양육·교육하는 시기라는 점에서 공통점을 갖는다.

생애주기에 대해서 사회복지학에서 관심을 갖는 이유는 각 시기마다 공통의 욕구를 가지고 있고, 그 공통의 욕구를 충족시키는 데 가족과 시장의 자원활용과 밀접한 관계를 맺고 있기 때문이다. 일반적으로 영유아기와 소년기는 부모의 양육환경에 의해서 삶의 질이 좌우되고, 청년기에는 부모로부터 점차 독립을 시도하여 나름대로 삶을 개척하게 되며, 중장년기의 소득과 재산에 의해서 노년기의 생활수준이 결정되는 경향이 있다.

그런데 생애주기는 평균 수명의 지속적인 연장과 출산율의 저하에 의해서 상당히 변화되었고, 한국사회는 반세기 만에 농업사회에서 산업사회로 바뀜에 따라서 각 주기별 발달과업도 상당한 영향을 받게 되었다. 공세권 등이 1935~1944년에 결혼한 집단과 1975~1984년에 결혼한 집단간의 가족주기의 변화를 보면 지난 40년 사이에 큰 차이를 확인할 수 있다(공세권 외, 1987).

요약하면, 40년의 간격을 두고 볼 때 결혼 연령은 늦어지고, 출산기가 급격히

최근 40년간 가족주기의 변화

① 가족 형성의 출발점인 결혼연령은 여자 16.1세와 남자 20.8세에서 각각 22.6세, 26.4세로 높아졌다.
② 결혼해서 첫 자녀 출산까지는 4.1년에서 1.2년으로 단축되고, 첫 자녀 출산에서 출산 완료까지는 15.5년에서 2.2년으로 단축되었다.
③ 막내 출생시 부인의 평균연령은 35.7세에서 26.0세로 10세 가량 젊어졌지만, 첫 자녀의 결혼 시작은 45.0세에서 50.0세로 연장되었다.
④ 막내결혼이 끝나는 시기 부인의 연령은 60.5세이고 남편의 사망시 부인의 연령은 54.7세로 자녀가 없이 노부부만이 생활하는 빈둥지시기가 없었는데, 1975~1984년 결혼세대는 각각 52.2세와 67.2세로 추정되어 빈둥지시기가 15년 가량 된다.
⑤ 부인의 사망연령은 60.6세에서 74.4세로 연장되어 부인은 남편이 사망한 이후에도 6~7년 가량 더 생존하게 된다.

단축되었으며, 자녀를 출산시킨 이후 노부부만이 사는 빈둥지시기와 배우자 없이 여성이 혼자 사는 시기가 크게 연장되었다는 점이다. 이러한 가족주기의 변화는 인간의 생활주기의 변화와 밀접히 연관되어서 각 시기마다 사회복지서비스의 필요성을 증가시키고 있다.

2. 생활주기와 사회복지

한국인 생활주기의 변화는 평균수명의 연장이나 출산율의 감소와 같은 인구의 변화뿐만 아니라, 혼인양식의 변화, 맞벌이 그리고 도시화와 산업화와 같은 가족생활양식과 사회의 변화에 연계되어 있다. 이러한 변화는 곧 기존 사회복지서비스의 개혁과 새로운 사회복지서비스의 개발을 요청하게 된다. 그 중 몇 가지만 소개하면 다음과 같다.

첫째, 영유아보육과 자녀양육의 중요성이 강조된다. 출산율은 크게 줄었지만, 개별 가족의 입장에서는 6~7명이었던 자녀가 1~2명으로 축소됨에 따라 자녀양육을 더욱 소중히 여기게 되고, 기혼여성의 취업이 보편화되면서 영유아보육은 사회화된다. 1991년에 영유아보육법이 제정되면서 영유아보육 서비스는 빠르게 보

표 2-2 인간 생활주기와 사회복지

주요한 사회복지	전생애	유아기	소년기	청년기	중장년기	노년기
공공부조						
기초생활보장	∨					○
의료급여	∨					○
재해구호	∨					
사회보험						
연금보험						○
건강보험	○					
고용보험					○	
산업재해보상보험					○	
노인장기요양보험						○
사회복지서비스						
영유아보육		○				
아동복지		○	○			
여성복지					○	
노인복지						○
장애인복지	○					
재가복지	∨					○
관련 복지제도						
공중보건		○				○
주거정책					○	
교육정책		○	○	○		
고용정책					○	

비고: ○ 핵심적인 급여대상, ∨ 부수적인 급여대상

편화되었다.

둘째, 아동기와 청소년기는 공교육을 받는 시기로 정착되었다. 농업사회에서 산업사회로 바뀜에 따라서 일터에서 필요한 기초지식이 읽고 쓰고 셈하기에서 외국어와 고등수학의 습득을 포함하여 높은 학력을 요구하게 되었다. 아울러 인간 잠재력의 충분한 개발을 위해서 공교육기간이 늘어나면서, 이를 사회적으로 해결하려는 무상의무교육이 초등교육에서 중등교육까지 확대되었다. 서구 선진국의 대부분 나라는 12년 내외를 무상교육으로 하고, 한국도 2021년까지 고등학교 무상교육을 완료하였다.

셋째, 노동연령기에는 산업재해, 실업, 질병 등 현재 직면한 사회적 위험을 회피하기 위해서, 그리고 노령과 사망 같은 예측 가능한 미래의 위험에 대한 보장대책으로 사회보험이 제도화되었다. 서구 선진국은 20세기 초에 이러한 사회보험이 널리 도입되었고, 2차 세계대전 직후에 전국민에게 확대되었다. 한국은 1970년대 이후 사회보험이 노동자와 그 가족을 중심으로 정착되기 시작하여 최근 전국민으로 확산되었다. 따라서 현재 중장년층은 한쪽으로 자녀를 부양하면서 다른 한쪽으로 자신의 노후준비와 함께 미처 노후생활을 준비하지 못한 노년층을 봉양해야 하는 삼중의 짐을 안고 있다.

넷째, 갑자기 늘어난 노년기에 대한 복지대책이 절실하다. 평균수명이 늘어나고 막내 자녀의 결혼 이후에도 노부부만 사는 빈둥지시기와 배우자 사망 후 주로 여성들만 사는 시기가 크게 늘어났기 때문에 노후의 소득과 의료를 보장하는 문제는 가장 절실한 복지문제가 되고 있다. 더욱이, 늘어난 생활비를 벌기 위해서도 기혼 여성이 전업주부에서 벗어나서 취업을 함에 따라서 전통적으로 주부의 보호를 받았던 노인, 환자, 아동 등 노약자를 보호하는 일이 빠르게 사회화되고 있다.

2015년 인구주택총조사에 따르면 15세 이상 기혼여성의 평균 초혼 연령은 24.2세이고, 교육수준별로 중학교 이하(21.7세), 고등학교(24.4세), 대학 이상(26.8세)으로 높아진다. 평균 출생아수는 2.19명이고, 교육수준별로 초등학교 이하 3.38명, 중학교 2.31명, 고등학교 1.93명, 대학 이상 1.63명으로 낮아진다. 첫 자녀 평균 출산연령은 25.3세이고 마지막 자녀의 평균 출산연령은 29.6세이다. 첫 자녀 평균 출산연령은 60대 이상은 23.4세이나 30대는 28.3세로 높아진다. 학업기간이 길어지면서 초혼연령은 높아지고 출산력은 낮아진다. http://www.korea.kr/policy/pressReleaseView.do?newsId=156186031 인간 생활주기와 사회복지의 관계를 정리하면 앞의 표와 같다.

SUMMARY 단원 정리

이 장에서는 '사회복지의 맥락'을 인간의 기본적 욕구, 사회문제, 그리고 생활주기와 관련시켜 파악하여 보았다.

사회복지는 인간의 욕구를 충족시키려는 사회적 노력이다. 매슬로우는 인간의 욕구를 생리적 욕구, 안전의 욕구, 소속의 욕구, 존경의 욕구 그리고 자아실현의 욕구 5단계로 나누고, 낮은 단계의 욕구가 충족되어야 보다 높은 단계의 욕구의 충족으로 옮아간다고 했다.

따라서 사회복지는 인간의 모든 욕구를 충족시키기보다는 생존과 안전에 꼭 필요한 기본적인 욕구충족에 초점을 두어 왔다. 욕구는 누가 규정하느냐에 따라서 전문가가 규정하는 규범적 욕구, 당사자의 의견을 중시하는 느낀 욕구, 당사자가 요구한 표현된 욕구, 그리고 복지수혜자와 비슷한 처지에 있는 사람을 비교하여 판단한 비교욕구 등이 있다.

또한 사회복지는 사회문제를 완화시키거나 예방하려는 사회적 대책이다. 사회문제가 무엇인지에 대해서는 학자들마다 조금씩 다르지만, 대체로 어떤 사회적 현상이 사회적 가치에서 벗어나고 상당수의 사람들이 그로 인해 부정적인 영향을 받고 있으며 다수의 사람들이나 영향력 있는 사람들이 문제로 판단하는 것이다. 대표적인 사회문제에는 비행이나 범죄 같은 탈선, 환경오염과 노령화 같은 사회해체, 그리고 빈곤이나 성차별 같은 불평등 등이 있다.

사회복지는 인간의 생활주기와 밀접히 관련되어 있는데, 노동능력이 아직 없거나 상실된 사람들은 공공부조의 대상이 되기 쉽고, 노동능력이 있는 사람들은 노령, 질병, 실업, 산업재해 등 사회적 사고의 대비책으로 사회보험에 가입하게 된다. 사회복지는 욕구와 사회문제의 다양성, 그리고 인구구조와 생활양식의 변화에 맞게 역동적으로 개발되어야 한다.

이 장에서 배운 지식을 바탕으로 각자 우리 사회의 가장 큰 사회문제는 무엇이고, 이를 완화시키기 위해서 사회복지사가 할 일이 무엇인지를 생각해 보기 바란다.

다음 장에서는 사회복지가 어떻게 발전되었는가를 알아볼 것이다. 한국 사회복지의 역사에 초점을 두되, 영국・미국・일본 등 다른 나라의 역사적 경험도 간략히 살펴볼 것이다. 오늘의 사회복지는 과거 사회복지와 연결되어 있기 때문에 역사적 관점을 가져주기 바란다.

TERMS
용어 정리

인간 욕구 욕구에 대한 사전적 정의는 '생존이나 안녕, 충족을 위한 신체적, 심리적, 경제적, 사회적 필요'이다. 욕구는 목적을 위해 필요한 것 또는 필수적인 것이 결여되거나 결핍된 상태를 지칭한다. 일상생활 속에서 욕구를 충족시키지 못한 사람은 심각한 어려움에 빠질 수 있다.

기본 욕구 의식주를 포함하여 건강, 직업, 가족 등 모든 사람에게 한 인간으로서 최저생활을 하는 데 동일하게 지니는 욕구를 말한다. 기본 욕구는 모든 사람에게 필수불가결한 욕구이므로 욕구가 확보되지 않으면 인간다운 생활이 보장될 수 없다. 현대 복지국가는 국가존립의 핵심적 근거로서 국민의 생존권의 보장을 설정하여, 기본 욕구의 충족을 국가의 책임으로 규정하고 있다.

규범적 욕구 전문가가 주어진 상황에서 욕구라고 정의한 것이다. 즉, 바람직한 수준이 정해지고 실질적으로 존재하는 수준과 비교하여, 개인이나 집단이 바람직한 수준에 미치지 못하면 그들은 욕구상태에 있다고 본다.

느낀 욕구 욕망과 동일시되는 것으로서, 그것은 통상 관련된 사람들에게 특정 서비스가 필요하다고 느끼고 있는지 여부를 물음으로써 사정된다. 느낀 욕구는 욕구의 주관적 지각에 초점을 맞춘다.

표현된 욕구 사람들이 어떤 서비스가 필요하다고 느끼면서, 욕구가 충족되길 요청하거나 요구하는 행동을 취하는 경우의 욕구를 말한다.

비교 욕구 서비스대상자들을 연구함으로써 얻어지는 욕구로, 만약 비슷한 상황에서 어떤 사람들은 복지대상자이고 다른 사람은 아닐 경우, 후자는 욕구상태에 있는데 이 때의 욕구를 의미한다.

욕구 5단계설 매슬로우Maslow는 인간의 욕구를 생리적 욕구, 안전의 욕구, 소속의 욕구, 존경의 욕구, 그리고 자아실현의 욕구 등 5단계로 나누어서 설명하고, 자유로운 상태에서 낮은 단계의 욕구의 충족은 높은 단계의 욕구의 충족으로 옮아간다고 한다.

사회문제 사회문제는 어떤 사회적 현상이 사회적 가치(또는 규범)에서 벗어나고, 상당수의 사람들이 그 현상으로 인하여 부정적인 영향을 받고 있으며, 그 원인이 사회적인 것이며, 다수의 사람들이나 영향력 있는 일부의 사람들이 문제로 판단하고 있고, 사회가 그 개선을 원하여, 집단적 사회적 행동이 요청되는 것이다. 사회문제에는 비행이나 범죄 같은 탈선(일탈), 환경오염과 노령화 같은 사회해체, 그리고 빈곤이나 성차별 같은 불평등 등이 있다.

인간 생활주기 인간 생활주기는 전 생애를 신체적·정신적 발달과정에 따라 몇 가지 주기로 나눈 것인데, 일반적으로 영유아기, 소년기, 청년기, 중장년기, 노년기 등으로 나뉜다. 중장년기는 다시 자녀의 출산과 양육시기, 자녀의 학업시기, 자녀의 결혼시기 등으로 세분할 수도 있지만, 대체로 노동을 하면서 자녀를 양육하는 시기라는 점에서 공통점을 갖는다.

SELF STUDY GUIDE
자기평가와 과제

1. 우리 사회의 가장 큰 사회문제는 무엇이고, 이를 완화시키기 위해서 사회복지사가 해야 할 일이 무엇인지를 A4용지 2매 가량씩 써 본다.
2. 주변에서 쉽게 만나는 어려운 사람들(소년가장, 독거노인, 중증장애인, 한부모가족 등)이 사회복지대상자가 된 과정을 묻고 그 대답을 기록해 본다.
3. 자신의 인생주기를 그림으로 그려보고, 각 주기별로 도움이 되는 사회복지제도는 무엇인지를 파악한다.
4. 신문이나 잡지, 텔레비전이나 인터넷에 소개된 어려운 사람들이 절실히 바라는 욕구는 무엇이고, 이를 사회복지사가 어떻게 충족시켜 줄 수 있는지 알아본다.
5. 선진 외국과 한국의 사회복지를 비교할 때, 특정 복지제도가 관심을 갖는 기본적 욕구가 어떻게 다른지를 파악한다.

REFERENCE
참고 문헌

공세권 외(1987), 『한국 가족구조의 변화』, 한국인구보건연구원.
김근홍·박영란·이정규(2005), 『사회문제와 사회복지』, 학현사.
김대원 외 4인(2004), 『사회문제와 사회복지』, 학지사.

김수현 · 이현주 · 손병돈(2009), 『한국의 가난』, 한울출판사.
김영모 편(1982), 『현대사회문제론』, 한국복지정책연구소 출판부.
김영모(1999), 『사회복지학』, 한국복지정책연구소 출판부.
김종일 · 엄명용 · 최경구(2004), 『사회문제론』, 청목출판사.
남세진 · 조홍식(1996), 『한국 사회복지론』, 나남출판.
원석조(2008), 『사회문제론』, 양서원.
이영철 외(2000), 『사회복지학』, 양서원.
이용교(1986), "도시빈민가족의 욕구지표의 측정과 평가에 관한 연구", 중앙대학교 대학원 석사학위논문.
정진호(2005), 『한국의 근로빈곤 연구』, 한국노동연구원.
최옥채(1999), 『사회복지실천론』, 인간과복지.
최일섭 · 최성재(1996), 『사회문제와 사회복지』, 나남출판.
현외성 외(1998), 『사회복지학의 이해』, 유풍출판사.
Bradshaw, J.(1977)," *The Concept of Social Needs*", Gilbert, N.& Specht, H. eds., Planning for Social Welfare, N.J.; Prentice-Hall.
Friedlander, W.& Apte, R.(1980), *Introduction to Social Welfare*, N.J.: Prentice-Hall.
Lowy, L.(1979), *Social Work with the Aging*, N.Y.: Harper & Row.
Meenaghan Thomas M.& Washington, Robert O., 김한주 역(1983), 『사회정책과 사회복지』, 법문사.
National Association of Social Worker(1995), *Encyclopedia of Social Worker*, 김만두 외 역(1999), 『사회복지대백과사전』, 나눔의집.
Robert L. Barker(1987), *Social Work Dictionary*, 중앙사회복지연구회 역(1996), 『사회사업사전』, 이론과실천.

RECOMMANDED FILM
추천 영화

아버지의 이름으로 In the Name of the Father 1993, 짐 셰리단
언더 더 선 Under the Sun 1998, 콜린 너틀리
굿바이 마이 프랜드2 My Friend Joe 1996, 크리스 볼드
나의 아름다운 세탁소 My Beautiful Laundrette 1985, 스티븐 프리어스
뻐꾸기 둥지 위로 날아간 새 One Flew Over the Cuckoo's Nest 1975, 밀로스 포먼
인생은 아름다워 Life Is Beautiful 1997, 로베르토 베니니

일 포스티노 Il Postino	1994, 마이클 래드포드
포레스트 검프 Forest Gump	1994, 로버트 저메키스
피고인 The Amy Fisher Story	1993, 앤디 테넌트
피고인 The Accused	1988, 조너선 캐플란
헤리케인 카터 The Hurricane	1999, 노만 주이슨
호파 Hoffa	1992, 대니 드비토
필라델피아 Philadelphia	1993, 조나단 드미
지옥의 묵시록 Apocalypse Now	1979, 프란시스 포드 코폴라
워낭소리 Old Partner	2008, 이충렬
작은 연못 A Little Pond	2009, 이상우
예언자 A Prophet	2009, 자크 오디아르
경계 도시 2 The Border City 2	2009, 홍형숙
불량남녀	2010, 신근호
하녀 The housemaid	2010, 임상수
집 나온 남자들	2010, 이하
아마존의 눈물	2010, 김진만, 김현철
이웃집 남자 The man next door	2010, 장동홍

INTERNET LINK
관련 사이트

한국복지교육원	www.okwelfare.net
국민건강보험공단	www.nhic.or.kr
국민연금공단	www.npc.or.kr
보건복지부	www.mw.go.kr
전국철거민연합	www.nodong.com/junchulyun
한국보건사회연구원	www.kihasa.re.kr
사회복지공동모금회	www.chest.or.kr
사회복지정보원	www.welfare.or.kr
한국사회복지사협회	www.kasw.or.kr
한국사회복지협의회	www.bokji.net
한국형사정책연구원	www.kic.re.kr
환경운동연합	www.kfem.or.kr

3 사회복지의 발달

사회복지는 어떻게 발전되었는가? 이 장의 목적은 사회복지가 어떻게 발전되었는가를 상세히 밝히려는 것이 아니라, 오늘날 한국의 사회복지를 이해하는 데 꼭 필요한 최소한의 역사적 배경을 이해하는 데 있다. 필자의 관점은 기존의 사회복지 역사와 몇 가지 점에서 차별화된다.

첫째, 이 땅의 사회복지가 어떻게 변화되어 왔는가에 초점을 맞춘다. 즉 영국과 미국의 사회복지를 먼저 소개한 다음에 한국의 사회복지를 살펴보는 우를 범하지 않고자 한다. 둘째, 역사적 사실 중에서 현재 사회복지에 영향을 준 것을 중심으로 기술한다. 즉 오천년 역사 중에서 현재에 가장 영향을 많이 준 지난 백 년에 상대적으로 강조점을 둔다. 셋째, 사회복지의 역사를 당시의 제도를 중심으로 논의하기보다는 그 제도가 갖는 의미를 중심으로 정리한다. 기구의 명칭이나 역사적 사실을 기술하는 데 그치지 않고, 그러한 복지제도가 우리 사회에 어떤 의미를 주는지를 해석하고자 한다.

I. 조선시대 이전의 사회복지사

우리 역사는 고조선까지 거슬러 올라갈 때 오천년의 역사이다. 그 중 대부분을 차지하는 고조선, 삼국, 고려, 조선시대의 사회복지사社會福祉史를 몇 면으로 기술한다는 것은 어려운 일이다.

과거 사회복지는 다른 사회제도와 구분이 명확하지 않았기에 많은 사회제도는 '백성을 이롭게 한다'는 점에서 사회복지와 관련되지만, 동시에 다양한 기능을 갖기에 특정 제도를 '사회복지제도'라고 말하기에는 다소 무리가 따른다.

조선시대 이전의 사회복지사는 크게 공적 제도와 사적인 제도로 나누어 볼 수 있다. 공적인 제도는 춘궁기와 자연재해 등으로 인하여 백성이 궁핍하게 되는 것을 예방하려는 비황·창제도, 자연재해 등으로 어려움을 겪는 백성을 구하는 구황제도와 조세를 감면하는 견감제도, 가족의 보호를 받지 못해서 어려움에 처한 사궁을 비롯한 무의무탁한 사람들을 돕는 구휼제도, 전염병이나 가난한 백성의 질병을 치료하는 구료제도 등이 있다. 민간의 복지제도는 주로 사찰을 통한 복지활동, 계와 향약 등 민간조직을 통한 활동, 그리고 독지가에 의한 활인사업이 포함된다.

1. 비황·창제도

고조선, 고구려·백제·신라, 고려, 조선 등 나라의 이름은 다르지만, 우리 역사는 거의 대부분이 농업이 중심이 되는 사회이다. 농업사회에서는 자기 땅에서 난 곡식을 잘 갈무리해서 생존을 유지하는 것이 소중한 일이다.

한반도는 사철이 뚜렷하기 때문에 가을에 추수한 곡식으로 초여름까지 살고, 여름에 거둔 곡식으로 초가을까지 살아야 한다. 그런데 제한된 토지에서 많은 인구가 살아왔던 우리나라는 가을에 추수한 곡식으로 긴 겨울을 나면 이른바 '보릿고개'라는 춘궁기에는 양식이 떨어진 가구들이 많았다. 특히 수해, 한해, 냉해 등 자연재해로 흉년이 든 해의 겨울과 그 다음해의 춘궁기를 벗어나기는 매우 힘든 일이었다.

이에 국가는 춘궁기에 곡식을 대부하는 사업을 제도화시키고 이를 각종 창제로 발전시켰다. 그 대표적인 예가 고구려의 진대법, 고려의 흑창, 의창, 상평창 그리고 조선의 상평창, 의창 등이다(함세남 외, 1996: 483-541; 조흥식, 1986: 167-174).

국가가 춘궁기에 곡식을 체계적으로 대부한 역사적 기록은 고구려에서 찾을 수 있다. 고구려 고국천왕은 16년 서기 194년에 재상 을파소의 건의에 따라 진대법을 제정하여 민생구휼에 힘을 기울였다. 이 법은 내외대열법이라고도 하여 춘궁기인 3~7월에 백성에게 관곡을 대여하되 가구의 다소에 따라 필요한 양을 무이자로 대여했다가 추수기인 10월에 환납케 하였다. 이는 춘궁기에 빈민을 구제하고 영농자본을 대여하여 백성의 생활을 안정시키고 관곡을 유용하게 활용하려는 취지에서 창안된 것이다.

고려시대에 창제는 더욱 발전하였는데, 대표적인 것은 **흑창**, **의창**, **상평창**, **유비창** 등이다. 태조 왕건은 즉위 초기에 흑창을 만들었고, 중앙집권체제를 완성한 제6대 임금 성종은 흑창을 보강하여 의창으로 개칭하고, 곡물의 매매로 물가조절 기능을 갖춘 상평창을 양경과 12목에 설치하였다. 그러나 고려는 후기로 갈수록 몽고의 침략으로 백성의 어려움이 커졌지만, 정부의 힘이 백성에게 고루 미치지 못했다. 충선왕은 의창과 상평창의 기능을 복합적으로 갖는 유비창을 설치하기도 하였지만, 건국 초기와 같은 역할을 수행하지는 못한 것으로 보인다.

조선시대의 창은 전체적으로 고려의 창제를 답습하여 상평창과 의창이 대표적이었고, 사창社倉이 발달했다는 것이 특징이다. 조선시대 상평창은 진휼과 같은 구호적인 의미는 줄어들고 일반 백성에게 춘궁기에 곡식을 대여하고 가을에 거두는 이식을 위한 제도로 탈바꿈했다. 조선의 의창은 저장된 곡물의 반은 거치하고 나머지 반은 민간에 대부하여 다음 추수기에 환곡케 하였다. 그러나 이러한 창제도는 지방관에 의해서 악용되기도 했다. 즉 지방행정에 필요한 경비를 충당하기 위하여 풍년과 흉년을 불문하고 강제로 곡물을 대부하여 그 이자를 물리거나, 심지어 이자를 너무 많이 물려서 민란의 원인이 되기도 하였다.

고려시대의 빈민구제책, 창제

흑창(黑倉) 고려 태조 2년(919년) 8월에 빈민구제를 목적으로 설립되었으나 성종 5년(986년)에 의창으로 개칭되었다. 독자적인 진대기관으로 평상시에 관곡을 저장했다가 비상시에 빈궁한 백성에게 봄에 빌려주고 가을에 거두어들인 고구려의 진대법으로부터 영향을 받은 것이다.

의창(義倉) 고려 성종 5년(986년)에 흑창의 규모를 넓혀 쌀 1만석을 증축하고 이름을 의창이라 고치는 동시에 이 제도를 여러 주・부에도 펴고자(처음에는 수도지역에 두었던 듯함) 주・부의 관헌에게 명하여 해당 지역의 인구와 가구수의 과다와 창곡의 수를 조사해 바치도록 하였다. 이러한 의창에는 미곡뿐만 아니라 소금 등 생활필수품도 저장하였다가 진휼하였다.

상평창(常平倉) 한나라의 상평창 제도를 모방하여 고려 성종 12년(993년)에 양경(상경, 서경) 및 12목(양주, 광주, 황주, 해주, 충주, 청주, 공주, 전주, 나주, 승주, 상주, 진주)에 설치한 것으로 포 32만 필로써 쌀 6만 4천 석을 바꾸어 5천 석은 상경의 경시서에 저축하여 대부시와 사헌부로 하여금 시기를 보아 조적(곡식의 매매)하게 하고 나머지 5만 9천 석을 서경 및 주・군에 있는 창 15개소에 나누어 보관하며, 서경의 것은 분사(分司)의 사헌대에 맡기고 주・군에 있는 것을 각각 지방관으로 하여금 관리케 하여 빈궁한 자를 구제하게 하였다. 상평창은 곡식의 매매를 통한 물가조절 기능과 가난한 자에 대한 구분 등 두 가지 기능을 함께 가졌으나 후기로 내려갈수록 물가조절 기능만 남은 것으로 보인다.

유비창(有備倉) 고려 충선왕 2년(1310년)에 설치된 기관으로서 재난으로 빈민이 발생하거나 물가가 폭등하였을 때를 대비하기 위하여 설치된 창고로서 동서대비원을 비롯한 다른 구빈기관에도 미곡을 공급하던 의창과 상평창의 복합적 기능을 가진 구빈기관이었다.

창의 원래 목적은 백성의 구제만을 위한 것이 아니라 전시에 군량을 확보하고, 당시의 중심 재화가 양곡이었던 만큼 부족공동체나 왕가의 재력을 비축하는 시설로 창제도가 널리 활용되었다. 고려시대에는 창의 물가조절기능이 강조되었고, 수도뿐만 아니라 지방관청에까지 설치해서 백성의 안정된 생활에 관심을 가졌다. 조선시대에는 공적인 창뿐만 아니라 주민이 자주적으로 운영하는 사창이 만들어지기도 했다. 이처럼 창은 춘궁기와 흉년에 대비하는 비황제도일 뿐 아니라, 물가조절 기능, 군량미의 비축, 지방재정의 수입원, 왕궁·사찰·지주의 재력의 비축 그리고 구휼기관 등 다목적용으로 활용되었다.

오늘날도 정부가 추수기에 공판을 통해서 벼를 수매하고, 이를 비축하였다가 연중 일정한 가격으로 판매하고, 군량미로도 사용하는 이른바 '정부미'는 오랜 전통을 가진 창제도와 관련되어 있다.

2. 구황·견감제도

춘궁기에 대비한 창제도가 비황제도라면 수해나 한해와 같은 자연재해를 대비한 대책은 구황제도이다. 농업이 중심이 된 사회에서 백성이 매년 겪는 일은 춘궁기를 넘기는 일이지만, 그보다 훨씬 힘든 일은 홍수, 가뭄, 기근, 바람, 우박, 지진과 같은 자연재해와 전란과 같은 인위적인 급변이다.

창은 춘궁기에 곡식을 빌려줄 뿐만 아니라, 재해구제를 위해서 곡식을 방출하기도 하였다. 그런데 구황이 비황과 다른 점은 정부가 비축하고 있는 관곡을 재해를 당한 백성에게 무료로 배급한다는 점에서 곡식을 빌려주는 진대와 차이가 있다. 고구려, 백제, 신라 등은 자연재해를 맞을 때 관곡을 진급賑給하였다는 역사적 기록이 많다.

또한 자연재난을 당할 경우에는 토지에 대한 세금, 군역, 부역, 형벌 등을 광범위하게 면제하거나 감면하였다. 이렇게 조세를 감면하는 제도는 그 종류가 여러 가지다. 즉 고려시대에는 국가에 좋은 일이 있을 때 **은면지제**, 천재지변에는 **재면지제**, 그리고 수재와 한해 등이 있을 때는 **수한질여진대지제**를 실시하였다. 나아가 재난을 구휼하는 데 필요한 재원을 적극적으로 조성하기 위하여 금품을 기부하는 사람에게 벼슬을 주는 **납속보관지제**를 실시하기도 하였다.

그러나 홍수와 가뭄과 같은 자연재난을 정부가 비축한 곡물을 대여하거나 세금 혹은 진대를 견감하는 것만으로는 해결할 수 없었다. 특히, 한해가 2~3년씩 겹치거나 전란이 수년 동안 계속되는 경우에는 곡물이 아닌 다른 대용물로 끼니를 잇도록 하는 방법을 적극적으로 권장하였다.

조선시대에 기민의 구제사업을 관장했던 구황청이나 이후 그 이름이 진휼청,

고려시대의 세금감면제도

은면지제	개국, 즉위, 제제, 순행, 불사, 경사, 난후, 기타 적당한 시기에 왕이 베푸는 은전이다. 삼국시대에도 가끔 실시되었던 것으로 고려 태조는 3년간의 전조를 면제하여 백성들이 농상에 열중하게 하였고, 경종은 즉위하여 결체를 탕감하여 부역자에게 조포를 감하였다.
재면지제	천재지변 또는 전재와 질병 등으로 인한 이재민 등의 조세, 부역 및 형벌 등을 전부 혹은 일부 감면하여 주는 것이다. 성종이 재면법을 제정하고 목종 9년에 흉년이 들어 백성들이 굶주리게 되어 과거로부터 5년간 공부미납자를 전부 면제하고 또 이들을 구제하였다.
수한질여진대지제	수재와 한해 등으로 인한 이재민에게 각종 물품과 의료, 주택 등을 급여하는 사업이다. 이 사업은 고려 역대의 진대사업 중에서 그 실시의 빈도와 범위가 가장 많고 광범위한 것이었으며, 국가재정도 가장 많이 소비되었다.
납속보관지제	원나라 제도를 모방하여 충렬왕 원년(1275년)에 국가재정의 부족을 보충하기 위하여 일정한 금품을 납입한 자에게 관직을 주었던 것으로 구휼과 무관한 것이었으나, 충목왕 4년(1348년)에 이 제도를 모방하여 흉년, 재해시에 백성을 구휼하기 위한 재원조달의 한 방편으로 이용하였다.

선혜청 등으로 바뀐 **구황기관이 한 주요 업무** 중에는 솔잎, 느릅나무 껍질, 삼 등을 이용하여 먹거리를 만드는 법, 술을 빚고 장을 만드는 법 등을 가르치는 일이 포함되었다(함세남 외, 1996: 538).

자연재해를 당하게 되면 구황기관의 노력에도 불구하고 수많은 백성들이 먹을거리를 찾아서 유랑걸식을 하게 되면, 국가와 민간이 합동으로 시식施食을 하는 경우가 많았다. 시식이란 흉년 또는 재난시에 사원 또는 기타 적당한 곳에 취사장과 식탁을 설치하여 기민 또는 행걸인에게 식사를 제공한 것이다. 고려 때는 주로 사찰에서 시식을 실시하였고, 조선시대에는 한성부의 홍제원과 보제원 등에서 실농한 굶주린 백성에게 시식소를 열었고, 지방에도 시식소를 설치하였다는 기록이 있다.

이처럼 홍수와 가뭄과 같은 자연재해를 당한 백성에게 국가가 무료로 곡식을 주고, 빌려준 곡식과 그 이자를 면제해 주며, 세금을 견감하는 것은 백성을 살려

> **구황기관의 주요 업무**
>
> ① 굶주려 죽게 된 사람을 구제하는 구활법(求活法)
> ② 굶주리고 종기 난 사람을 치료하는 치료법(治療法),
> ③ 솔잎을 뜯어먹는 방법을 방지하는 취송엽말법(取松葉末法),
> ④ 느릅나무 껍질과 즙을 내어 먹는 것을 방지하는 취유피즙법(取楡皮汁法)
> ⑤ 솔잎으로 죽을 쑤어 먹는 것을 가르치는 작송엽죽법(作松葉粥法),
> ⑥ 느릅나무 껍질로 범벅을 만들어 먹는 작유피병법(作楡皮餠法),
> ⑦ 벼이삭을 달여서 누룩을 넣어 만든 천금주법(千金酒法),
> ⑧ 나뭇잎과 껍질 가루에 쌀가루를 섞어 만든 음식을 제조하는 작구법,
> ⑨ 간장, 된장, 고추장 등을 만드는 작장법(作醬法),
> ⑩ 쌀과 삼을 혼합하여 음식물을 만드는 작삼법 등을 보급·장려하였으며, 그 제조방법까지 가르쳤다.

서 나라를 보전하려는 데 있다. 어떤 사회에서나 백성의 수는 국력과 밀접히 관계되고, 그 백성의 충성은 나라의 흥망을 좌우한다. 따라서 자연재해를 당하여 생존의 위험을 받고 있는 백성들에게 곡식을 풀고, 세금과 부역 등을 감면함으로써 백성이 살아갈 길을 찾도록 돕는 것이다. 유랑걸식을 하는 사람이 많다는 것은 그 사회의 불안정성을 나타내기에 국가는 적극적으로 시식을 실시하였고, 사찰과 지주도 협력하였다. 백성이 땅에 정착하지 않을 때 가장 아쉬운 사람은 농사철에 일꾼을 구할 수 없는 지주이기 때문이다.

3. 환과고독 구휼제도

어느 시대 어느 나라나 지배층은 가장 어렵게 사는 사람들에게 은혜를 베풂으로써 민심을 얻고자 하였다. 고구려, 백제, 신라 등 고대국가들은 왕이 어려운 백성의 일상을 살피고, 그들의 아픔을 자신의 아픔으로 여겼으며, 어진 정치를 했다는 기록들이 많이 남아 있다.

삼국사기에 보면 신라 제3대 유리왕 5년에 국왕이 국내를 순례하다가 한 노파가 기근에 못 이겨 거의 죽어가는 것을 발견하여 탄식하여 말하기를 "내가 작

은 몸으로 왕위에 앉아 능히 백성을 기르지 못하고, 노유老幼로 하여금 이런 지경에 이르게 하니 이는 곧 나의 죄라"하여 친히 옷을 벗어 그를 덮어 주고 음식을 권하여 먹인 후 관리에게 명하여 곳곳마다 홀아비[鰥], 홀어미[寡], 고아[孤], 아들 없는 이[獨], 늙은이[老], 병든이[病]로서 자활할 수 없는 자를 위문하여 식료품을 주어 부양케 하였더니 이에 이웃나라 사람들이 소문을 듣고 오는 자가 많았다. 이 해에 민속이 즐겁고 편안하매 왕이 처음으로 도솔가를 지으니 이것이 가락의 시초가 되었다고 한다(함세남 외, 1996: 491).

동방미디어주식회사 www.dbmedia.co.kr 참조

위의 기록에서 볼 수 있는 환과고독노병은 어느 사회에서나 가장 어렵게 사는 사람들을 대표했고, 우리 전통사회에서는 흔히 환과고독을 사궁四窮이라고 하여 가장 어렵게 사는 사람들의 대명사처럼 사용했다. 모든 백성을 잠재적 수혜자로 생각한 복지제도가 진대 혹은 창제이고, 자연재해의 피해자를 수혜자로 본 것이 진급 혹은 구황제도라면, 환과고독은 가족의 보호를 받기 가장 어려운 사람이므로 상시적인 요보호대상자이다.

따라서 환과고독의 무의무탁한 빈민을 구제하는 사궁진휼四窮賑恤은 삼국시대 이래로 여러 군주들이 본보기로 친히 방문하여 의류, 곡물 및 관재 등을 급여하고 구제하였다. 그 결과 이들에 대한 보호가 일종의 관부의 의무처럼 되었다. 이들은 방치되면 당장 생존이 위험할 뿐만 아니라, 고아들은 인신매매, 유괴 등의 대상이 되어 노비로 전락될 수 있으므로 관심의 대상이 되었다. 특히 고려시대에 빈번한 흉년, 재해 및 전란 등으로 인하여 이산된 기아, 걸식아 및 빈민들이 많고, 국가의 힘이 미치지 못하여 여러 사원 등에서 수용 보호되어 승려가 되기도 하고 사원의 노역자가 되기도 하였다.

환과고독 중에서도 노동력이 아직 없는 고아와 이미 상실된 독거노인은 더욱 큰 관심의 대상이 되었다. 나라의 힘이 융성하고 왕정이 비교적 안정된 시기에는 이들에 대한 보호대책을 강화하여, 혼자 살아가기 어려운 고아와 독거노인의 경우 시설보호를 하거나 주변사람이 돌보도록 별도의 시책을 개발하기도 하였다.

> **해아도감** 孩兒都監
>
> 고려 충목왕 3년(1347년)에 설치된 구빈기관으로 주로 젖먹이와 같은 어린아이를 보호 양육하는 일을 맡아보던 기관으로 최초의 관설 영아원으로 생각된다. 고려 전기에는 동서대비원, 제위보 등의 기관에서도 고아를 보호 양육하였으나 후기에 이러한 기관들의 운영이 유명무실해지면서 고아를 돌보기 위하여 따로 이것이 설치된 것 같다.

그 대표적인 사례를 몇 가지 예시하면 다음과 같다.

고려 성종 10년991년에는 부모나 친족이 없는 아동은 관에서 양곡을 주어 구호하고 중질환자 또는 폐질환자들은 시설보호되었다. 성종 13년994년에는 왕명으로 부양할 부모나 친족이 없는 어린 고아는 10세까지 관에서 수용 양육하고, 10세가 지나면 본인의 희망에 따라 거주케 하였다. 또한 충목왕 3년1347년에는 주로 젖먹이와 같은 어린아이를 보호 양육하는 일을 맡아보는 기관으로 **해아도감**孩兒都監을 설치하였다(함세남 외, 1996: 501).

충렬왕 34년1308년에 왕명으로 부양할 자가 없는 70세 이상 노인의 자손이 범죄로 형벌을 받아야 할 때는 그 자손의 벌을 일시 중지 또는 면제하여 노친을 부양케 하고, 또 80세 이상의 중병, 폐질로 자활할 수 없는 노인의 경우에는 그 친소를 불구하고 노인이 희망하는 자를 면형 또는 감벌하여 노인을 보호하게 하였다. 그러나 이들 노인을 보호할 자가 전혀 없을 경우에는 동서대비원에 수용보호하였다. 충숙왕 12년(1325년)에 하교하여 90세 이상의 노인에게는 양곡을 관에서 급여하고, 70세 이상의 노인에게는 시종할 사람을 1명 공급하는 동시에 조용조 등의 세금을 면제하고, 사궁으로 병들고 자활할 수 없는 자에게는 진휼하였다.

사궁에 대한 보호대책은 조선시대에도 계속되었는데, 정조 7년1783년에는 유기아와 행걸아 등에 대한 법인 '자휼전칙'을 제정하였다. 이 자휼전칙은 기아와 걸식으로 굶어죽는 어린이들이 많았으므로, 정조가 특별히 윤음綸音을 내려 사목事目을 정하고 혜휼惠恤의 길을 열어 그 시행방법을 규정하게 하였다. 혜휼의 방법으로는 9조의 절목을 나열하였는데, 국한문으로 인쇄하여 서울을 비롯한 전국에 반포하여 시행토록 하였다. 9조의 주요 내용은 나이와 구제기간, 행걸아 구제의 친족

책임의 원칙, 행걸아 구제방법, 유기아 발견과 보고절차, 유기아 구휼을 위한 젖어미제도, 행걸아 유기아 입양과 추거(본래 연고자가 찾아가는 것), 죽·젖먹이는 절차와 사후감독, 의복과 의료, 지방에서의 절차와 재정 등이다.

자휼전칙은 요보호아동을 국가가 보호할 때, 그 우선순위를 친족부양, 무친족자의 관부유양官府留養, 민간 임의수양으로 하는 등, 이후 우리나라 수용보호정책의 근간이 되었다.

환과고독과 같은 사궁에 대한 구제대책은 상시적으로 시행된 것으로 보인다. 사궁에 대한 관심은 오늘날 국민기초생활보장제도의 주된 수급자가 독거노인[獨], 18세 미만의 아동[孤], 그리고 편모[寡]·편부[鰥]가족이라는 사실과 맥을 같이 하고 있다. 또한 고려시대에도 젖먹이와 어린 아동은 관에서 일정기간 동안 유양을 하거나 민간수양을 하였는데, 젖먹이에 대한 유양은 아동복지시설이라고 할 수 있다. 현존하는 사회복지시설 중에서도 가장 역사가 오래되고 많은 것이 아동복지시설이라는 사실과 이러한 역사적 배경은 상관성이 높다.

4. 구료·의료제도

사궁과 함께 가장 어렵게 사는 사람 중 대표적인 사람이 환자와 장애인이다. 특히 아파도 치료비를 낼 수 없는 환자, 돌림병에 걸려서 가족조차 치료하기 어려운 환자, 행려병자와 같이 유랑걸식하는 환자와 장애인의 경우 국가에서 무료로 치료하지 않으면 그들의 생명과 안전은 방치될 것이다.

중환자와 폐질자에 대한 구제는 삼국시대 이래로 여러 군주가 기회 있을 때마다 실시하여 왔다. 고려시대에는 이들에 대한 의료보호를 중시하여 문종 때 동서대비원을 양경도에 설립하고, 예종 때에는 혜민국을 설치하여 환자들에 대한 시약 및 구호를 제공했다. 기록에 따르면, 성종 10년991년10월에 왕이 서도를 순찰하며 중폐질자에게 약을 주어 구호하고, 정종 2년1036년에는 동서대비원을 수리하여 질병자를 수용하여 치료 보호하였다고 한다.

고려시대의 대표적인 구료·의료기관은 동서대비원뿐만 아니라, 제위보, 혜민

고려시대의 구료 · 의료기관

동서대비원(東西大悲院) 동서대비원은 주로 환자의 치료와 빈민구제를 담당하였는데 기한자, 노인, 고아, 환과고독 등도 수용하여 진휼하였으며 빈민에게 음식을 제공하는 등 현대의 병원과 생활형 복지시설을 겸한 구료기관이었다.

제위보(濟危寶) 광종 14년(953년)에 처음 설치된 것으로 빈민, 행려의 구호와 치료를 맡아보던 기관이다. 제위보의 기능으로 보아 의관이 전속되어 있었을 것 같으며 여기서는 죄를 지은 여인으로 하여금 죄의 대가로 종역을 시키기도 하였다.

혜민국(惠民局) 예종 7년(1112년)에 설치된 기관으로서 천재지변이나 기근, 전염병 등 재해를 당하는 빈민을 치료해 주고 약품을 지급하는 국립 구료기관이었다.

국 등이 있었다(함세남 외, 1996: 496-500).

조선시대의 의료보호사업의 특징은 의료보호 그 자체보다 의료기관과 의료원의 증설, 의약품의 개발과 제도화, 의술의 개발과 의학서의 저술활동 등을 장려하였다. 태조 원년1392년에는 궁내 의료를 담당하는 전의감과 일반 백성의 의료기관인 혜민서와 동서대비원 등을 설치하였다. 태조 6년에는 제생원이 별도로 설치되어 의방의 조사와 수집, 의학서적 간행, 약물의 조사와 채집, 의녀 양성 등에 주력하였다. 세종 17년1435년에는 도성 내의 병든 노비와 성밖의 병든 행걸인을 모두 활인원에 송치하여 구제케 하였다.

또한 조선시대에는 재해와 기역饑疫이 발생할 때는 각 해당 지역에 중앙으로부터 재상어사, 구황어사, 진휼사 또는 구급경차관 등을 파견하여 그 실상을 조사하고 구료 등의 활동을 하게 하였다.

5. 민간의 복지활동

삼국, 고려, 조선시대에 걸쳐 여러 국가는 비황·창제, 구황·견감, 환과고독 구휼, 구료·의료 등을 광범위하게 실시하였지만, 그 영향력이 수도나 지방관서가 있는 곳에 집중되었을 것이다. 따라서 전국 각지에서 살고 있는 일반 백성들은 계, 두레, 품앗이, 향약 등 자생적인 상호부조 방식으로 어려움을 극복하거나, 사찰 등의 도움으로 재난을 이겨내야 했다.

특히 고려시대에 불교는 국교로서 사회에 큰 영향을 주었고 구휼사업에도 기여하였다. 당시 사원은 경제적으로 많은 토지와 노비를 소유하게 됨으로써 사회경제의 바탕이 되었다. 사원에서는 풍부한 토지와 재산을 이용하여 불교의 기본적인 사상인 자선을 행하는 자비심과 복을 만든다는 복전福田사상에 바탕을 두고, 빈곤한 백성이나 행려자에게 시식, 구료 등의 진휼을 실시하였다.

실례로 현종 7년1016년에 직산현 갈림길 요충지대에 홍경사를 창건하여 교통로의 역할을 담당하게 하였으며, 도적을 방지하고, 사원 서쪽에 객관을 세워 미곡을 저장하였다가 긴급시에 이것으로 진휼을 실시하였다. 예천 용문사에서는 그 재산을 이용하여 겨울에 콩국, 국을 행인에게 나눠주기도 하였다.

또한 상호부조를 목적으로 한 계나 두레 등의 자발적인 활동을 통해 일정한 테두리 내에서 백성 상호간에 구빈을 한 경우도 많았다. 특히 비상시나 재해 때에 빈곤한 백성들에게 국가의 구빈활동만으로는 충분히 진휼을 하지 못하는 경우에는 독지가의 영향력도 매우 컸다. 활인에 뜻을 가지고 있었던 민간인들의 활동은 국가의 구제활동이 충분하지 못한 고려후기에 많이 등장한 것으로 보인다.

그 예를 고려사에서 살펴보면, 활인사업은 크게 두 가지가 있다. 하나는 굶주린 백성을 구휼하는 것으로, 당해 지역의 빈민들을 일시적으로 상황에 따라 구휼하였다. 다른 하나는 의술과 약품으로 활인사업을 한 경우로 평생토록 지속적으로 구료사업을 행할 수 있었다.

민간의 자발적인 상호부조는 조선시대에 보다 체계적으로 제도화되었는데, 그 대표적인 것이 계契와 향약鄕約이다. 계는 가장 광범위하게 형성된 상호부조이었다. 계는 이식 기능만 있는 것이 아니라 회의, 친목, 노동경합, 조합, 종교적 의례와 같은 복합적인 기능을 목적으로 한 지역 주민들간의 조직이다. 계의 조직은 역사가 매우 깊을 뿐만 아니라 오늘날까지도 가장 강력한 자생조직이고, 그 운영방식이 상호부조 양식에 영향력을 미치고 있다.

계契

계는 그 역사가 오래된 관계로 시대와 계의 종류에 따라 그 조직내용과 운영방법을 서로 달리하고 있으나, 조선시대 이후 오늘에 이르기까지 주요 골격을 이루어 온 내용을 보면 다음과 같다.

① 계의 조직은 자유였으며 혹 지배계급의 간섭을 받는 경우도 있었으나 그것은 극히 예외적인 일이었다. ② 계원의 가입과 탈퇴는 자유였으며 다만 마을을 단위로 하는 동리계와 같은 경우에는 주민에 대하여 가입을 강요하여 왔다. ③ 계의 출자는 언약으로써 정하며 계원의 출자액은 균일함을 원칙으로 하고 출자의 종류는 현금, 곡물, 토지 등 여러 가지가 있다. ④ 계에는 계장과 그 밖의 필요한 임원을 두되 계원 중에서 이를 선출하며 계의 임원은 무보수로 계업무를 관장하여 왔다. ⑤ 계는 보통 연1회 이상 총회를 열어 계무 및 재산상황을 보고함과 아울러 필요한 사항을 처리하되 특히 중요한 것은 계원 중 원로격이 되는 사람에게 자문하여 이를 처리하는 경우가 많았다(태극출판사, 1981: 388).

계가 경제적 이해관계와 친목을 도모하는 자생적인 주민조직이라면, 향약은 조선 중기 이후 유림을 중심으로 한 도덕적 결사체의 성격이 강했다. 향약은 중국 송대의 유학자 주자가 전해 내려오던 여씨향약을 참고로 하여 만든 증손여씨향약의 기본구조를 당시의 사회실정에 맞게 재편성하여 주민에게 유교의 가르침을 생활화시켜 사회기강을 바로잡자는 것이었다. 향약의 4대강목은 좋은 일을 서로 권하는 덕업상권德業相勸, 잘못을 서로 규제하는 과실상규過失相規, 예로서 서로 사귀는 예속상교禮俗相交, 그리고 어려운 일을 당하면 서로 돕는 환난상휼患難相恤인데, 앞의 세 가지가 도덕적 덕목이라면 환난상휼은 적극적인 상호부조를 담고 있다. 특히, 환난상휼의 내용은 수화水火수재와 화재, 도적盜賊, 질병疾病, 사상死喪, 고약孤弱, 무왕(誣枉), 빈걸貧乞이란 일곱 가지 사고를 당할 때 구성원들이 어떻게 도울 것인가를 상세히 규정하고 있다.

오늘날 우리 사회의 각종 협회와 조합의 운영방식은 계의 전통을 따르는 경우가 많고, 현대 사회복지의 핵심인 사회보험이 노령·사망, 질병, 실업, 산업재해 등 사회적 사고에 대해서 보험방식으로 대처하는 것이라면, 향약은 당시의 사회적 사고인 사망, 질병, 수재·화재, 빈곤 등에 대해서 매우 체계적으로 대응한 상호부조라고 볼 수 있다.

II. 근현대 사회복지사

원석조는 "과거로 돌아가 현재의 뿌리를 추적하는 것"이 바로 사회복지학을 공부하는 사람들이 사회복지 역사를 이해해야 하는 가장 중요한 이유라고 말하며, 사회복지의 역사를 빈민법 시대, 사회보험 시대, 복지국가 시대로 나누고 각 시기의 성격을 다음과 같이 정리했다(원석조, 2001: 3-4).

흔히 구빈법으로 번역되기도 하는 빈민법은 봉건제가 쇠퇴하고 절대주의 국가가 성립하면서 등장했는데, 농촌의 부랑자에 대한 사회통제책으로써 노동력을 중시한 중상주의적 사회복지정책이었다. 빈민법은 자본주의의 등장과 함께 자신의 자리를 사회보험에 내주게 된다.

자본주의는 농촌의 노동력을 대거 흡수함으로써 부랑인 문제를 구조적으로 해소하는 대신 프롤레타리아라는 새로운 계급을 출현시켰고, 실업자라는 새로운 사회문제를 야기시켰다. 이에 대한 대응책으로 등장한 것이 사회보험이었다.

1차, 2차 세계대전을 거치면서 노동자계급과 함께 시민계급의 힘이 강해졌고, 이들의 다양한 요구를 국가가 수용하지 않을 수 없게 되면서 이른바 복지국가가 나타났다. 복지국가는 소득보장뿐만 아니라 주택, 교육, 보건의료 등 시민들의 다양한 요구를 국가가 나서서 해결하는 체제를 말하는데, 이로써 사회복지의 대상이 노동자계급에서 전국민으로 확대되고 복지가 자비나 은전이 아닌 시민의 권리로 인정되면서 사회문제의 해결보다는 욕구의 충족을 중시하게 되었다. 복지국가는 2차 세계대전 후의 세계적인 호황(자본 축적)과 시민계급의 정치적 성장에 힘입어 꾸준히 확대·발전하다가 오일쇼크 이후 신자유주의의 득세와 함께 후퇴기에 접어들어 현재에 이르고 있다.

지난 5백여 년 동안의 서양 사회복지사를 빈민법, 사회보험, 그리고 복지국가 시대란 세 낱말로 정리한 원석조의 주장은 매우 탁월하다. 그리고 빈민법과 사회보험 시대의 중간에 자선조직협회와 빈곤조사 등 사회복지를 위한 민간의 활동을 포함시킨 것도 적절한 것으로 보인다. 이러한 관점을 존중하면서 서양 근현대 사회복지의 발전과정을 간략히 정리하면 다음과 같다(원석조, 2001).

1. 빈민법과 개정 빈민법

봉건사회의 피지배층인 농민들 대부분은 낮은 농업생산성으로 인해 만성적인 빈곤 상태에 있었지만 살던 지역을 떠날 수 없었다. 그러나 흉작과 인구증가, 엔클로저로 인하여 농민들은 농토로부터 내몰리고 부랑자로 전락하게 되었다. 특히, 엔클로저enclosure는 16세기 국제적인 양털가격의 상승으로 양 목축업이 호황을 누리자 지주들이 자신의 농토와 공유지를 양목장으로 바꾼 것에서 시작하여 19세기 초까지 파상적으로 계속된 농토와 공유지의 울타리치기를 말한다.

공유지의 울타리치기로 가장 큰 타격을 입은 층은 날품팔이와 영세 소농이었다. 이들은 공유지에서 자신의 소와 양을 키워 부족한 생계비를 보충했으며, 건축용 목재와 땔감을 조달했지만, 엔클로저는 이들 가난한 농민들의 생활근거지를 빼앗아 부랑자로 만들었던 것이다.

16세기 들어 노동능력을 가졌으면서도 여기 저기 떠돌며 일자리를 찾아 헤메는 실업 부랑자들을 규제하려는 것이 빈민법이었다. 당시 부랑자는 죄인 취급을 받았으며 이에 대한 처벌은 구금과 매질로 일관되었고, 구제의 책임은 교구로 돌려졌다.

엘리자베스 여왕은 부랑자 문제가 억압과 교구의 구빈만으로 해결되지 않는다는 것을 인정하고 보다 합리적인 대책으로 1601년 빈민법poor law을 집대성했다. 이 법의 핵심은 부랑인을 세 가지로 분류하여 그에 상응하는 처우를 하려는 것이었다. 즉 노동능력이 없는 빈민(노약자, 만성병자, 맹인, 정신병자)은 구빈원 또는 자선원에 수용하고, 노동능력이 있는 빈민은 교정원 실제로는 작업장에서 강제로 일을 시키며, 아동은 도제로 삼는다는 것이다.

엘리자베스 빈민법은 구빈의 책임을 교회가 아닌 정부(지방정부)가 최초로 졌다는 점에서 가장 큰 의의가 있다. 이를 위해 정부는 지방세액을 증가시켰고, 당시 각 교구에는 자체 구빈제도와 시장이 임명한 구빈감독관이 있었는데 이들로 하여금 구빈업무와 지방세 징수업무를 관장케 하였다. 이들 구빈감독관은 지역유지 겸 무보수 왕립관료인 치안판사가 임명하고 또 감독했다.

그러나 현실적으로 빈민법은 잘 지켜지지 않았다. 빈민들은 일자리를 찾아서 여기 저기로 떠돌아 다녔지만 통제하는 데 한계가 있었고, 과부가 어린 자녀를 양육하는 경우에는 노동능력과 연령에 따라서 각기 구빈원·작업장·도제로 보내기보다는 원외구조가 폭넓게 활용되었다.

빈민법은 봉건사회의 농촌 노동력과 농촌사회로부터 이탈한 부랑자에 대한 억압책이었다. 그러나 자본주의의 진전으로 도시의 노동자계급이 등장했고 이들의 열악한 생활조건, 만성적이고 주기적인 실업, 극도의 저임금, 열악한 위생과 보건 등 이전과는 질적으로 다른 새로운 사회문제가 야기되었다. 이에 영국의 지배층은 빈민법을 개악한 개정 빈민법을 제정했다. 1834년 개정 빈민법의 핵심내용은 공적 구빈 수준이 자신의 노동으로 생활하는 사람보다 낮아야 한다는 열등처우의 원칙, 작업장 입소 자격조사를 통해서 노동능력이 있는 사람은 작업장으로 보내고 원외구조를 폐지하며, 그리고 행정의 중앙집권화와 통일이었다.

개정 빈민법에 의해서 구빈세를 줄이려는 목적은 달성되었지만, 당시 불어닥친 공항과 대량 실업은 개정 빈민법의 적용을 어렵게 만들었다. 특히, 농촌지역의 만성적 실업자를 주된 대상으로 하는 작업장 제도는 공업지대의 일시적 실업자에게는 적절하지 않았다. 따라서 원외구조의 폐지원칙은 잘 지켜지지 않았고, 19세기 중반 빈민 6명 중 약 5명이 원외구조를 받게 되었다. 20세기 초 실업문제가 점점 더 심각해지자 개정 빈민법은 재검토가 불가피해졌고, 1948년 국민부조법이 제정되면서 빈민법은 완전히 폐지되었다.

2. 자선조직협회와 빈곤조사

영국에서 사회보험이 도래되기 전이자 빈민법 시대가 퇴조하던 시기, 즉 19세기 후반 빅토리아 시대에 박애, 상호부조, 자조 등 민간활동이 활발하게 전개된다. 박애사업은 계급간, 가진 자와 가지지 못한 자 간의 운동이었고, 상호부조는 일하는 사람들이 서로를 돕는 활동이었으며, 자조 또는 절약운동은 스스로 자신의 문제를 해결하는 방법이었다. 이러한 활동은 서로 대비되고 상충되는 면도 있지만, 20세기 사회복지 발전에 밑거름이 되었다.

박애사업에서 빼놓을 수 없는 것이 1869년 런던에서 처음 설립된 자선조직협회Charity Organization Society이다. 이 협회의 창립목적은 중복 구빈을 없애기 위한 여러 자선활동의 조정, 환경조사와 적절한 원조제공에 있었다. 중복 구빈을 피하기 위하여 연락기관이 설치된 것은 오늘날 지역사회사업으로 발전하였고, 빈민에 대한 철저한 환경조사는 가족사회사업 또는 개별사회사업으로 발전되었다.

한편 이 무렵에는 자선조직협회와 함께 사회사업의 역사에서 주요한 의미를 갖는 인보관운동settlement house movement이 전개되었다. 이 운동은 1854년 데니슨 목사가 주축이 되어 케임브리지대와 옥스퍼드대 학생들과 슬럼가의 노동자들을 결합시킴으로써 빈곤문제를 해결하려는 일종의 사회운동이었다. 이들은 빈민가의 생활 체험을 통해 빈곤은 경제적인 문제라기보다는 정신적인 문제이고, 따라서 교육을 통해 빈민이 자신을 스스로 변화시켜야 가난에서 벗어날 수 있다고 보았다. 이 운동에 적극 참여하다 젊어서 죽은 토인비를 기려 동료들이 1884년 런던의 동부 빈민지역에 만든 토인비 홀은 세계 최초의 지역사회복지관이다.

자선조직협회와 인보관운동이 주로 부르조아와 대학생에 의해서 시도된 것이라고 하면, 상호부조는 같은 지역에 거주하거나 동일한 직업에 종사하는 사람들이 서로 돕기 위해서 자연발생적으로 생긴 조직이다. 그들의 목적은 좋은 우정관계의 유지, 일자리에 대한 정보교환, 질병 치료와 장제비 지원 등 매우 다양하고, 그 형태도 공제조합, 노동조합, 주택협회, 주민은행, 협동조합 등으로 발전되었다. 특히 노동자들 사이의 공제조합은 사회보험의 발전에 밑거름이 된다.

산업화와 도시화로 인하여 도시빈민들이 대량으로 생성되었지만, 일반 시민들은 여전히 빈곤의 원인을 개인의 게으름이나 도덕적 결함으로 돌렸다. 이 때 찰스 부스가 런던시 빈민의 생활실태를 조사한 것1889년과 씨봄 라운트리가 요크시의 빈민들의 생활실태를 조사한 결과1901년는 시민의 상식을 뒤집어 놓았다. 즉 이들은 체계적인 사회조사를 통해서 빈곤의 주된 원인이 게으름이 아니라 노령, 질병, 실업, 낮은 교육수준 등임을 밝혀냈다. 이러한 사회조사는 현대 사회과학적 조사방법론의 효시가 되기도 하였다.

3. 사회보험의 제도화

빈민법이 봉건적인 사회복지정책이라면 사회보험은 자본주의적인 사회복지정책이다. 사회보험은 그 시행 초기에 임금노동자 특히 육체노동자가 주된 대상이었으며, 자본제적 생산양식에서 발생된 문제인 사회적 위험(산업재해, 실업, 질병, 정년퇴직 등)에 대한 대응책이고, 노동자와 자본가가 그 재정을 공동 부담하였다.

사회보험은 19세기 말 당시 가장 선진적인 자본주의 국가인 영국에서 출현된 것이 아니라 후발 공업국인 독일제국에서 세계 최초로 만들어졌다. 프로이센의 빌헬름 왕과 비스마르크 재상은 1866년 오스트리아 전쟁과 1870년 프랑스 전쟁에서 승리를 통해 독일을 통일하는 데 이어, 독일민족의 내부통합을 위해서 이른바 '채찍과 당근' 정책을 시도하였다. 채찍이란 노동운동을 탄압하기 위해서 만든 사회주의자진압법1878을 말하고, 당근이란 노동자계급을 국가내로 통합시키기 위한 일련의 사회보험법의 제정이다.

비스마르크는 먼저 산재보험에 큰 관심을 갖고 1880년에 그 초안을 작성하게 하였다. 그는 산재보험을 만들 때, 강제보험, 제국보험공단의 중앙집중식 통제, 사보험회사의 배제, 국가 보조금의 지급 등 원칙을 정했다. 그러나 이 법안은 국가의 권력 강화와 관료화를 우려한 의회의 반대로 통과되지 못하고, 비스마르크는 중앙집중식 통제와 국가보조를 포기할 수 밖에 없었다.

산재보험법의 제정이 의회에서 지연되자 이보다 늦게 입안된 의료보험법이 1883년에 먼저 통과되고, 산재보험법은 1884년, 그리고 노령폐질보험법이 1889년에 통과되었다. 비스마르크의 사회보험은 그 재정을 주로 자본가에게 부담시키면서도 노동자의 충성심을 국가로 유도하려는 것이었으므로, 자본가는 이에 반대하는 입장이었다. 노동조합도 노동자계급의 정치적 진출과 과격화를 막기위한 것이라는 음모를 파악하고 반대하였다.

그러나 자본가와 노동자의 반대에도 불구하고 이후 사회보험은 노사정이 함께 산업사회의 문제를 해결하기 위한 방안으로 널리 활용되었다. 영국에서는 1906년 총선에서 토리당을 누르고 집권한 자유당이 이전의 빈민법과 질적으로 다른 일련의 사회정책을 도입하고, 마침내 1911년에 영국 최초의 사회보험인 국민보험법을 제정하였다. 국민보험은 의료보험과 실업보험이 동시에 제도화된 것으로 로이드 조지와 윈스턴 처칠의 합작품이었다. 이들은 사회보험이 사회주의에 대한 방파제가 된다고 확신하였다.

독일에서 처음 도입되고 영국에서 실험을 거친 사회보험은 1930년대 미국에서 대공황의 사회문제를 해결하기 위해서 적용되었다. 1935년에 제정된 사회보장법은 연방정부가 관장하는 노령보험, 주정부가 관장하고 연방정부가 재정을 보조하는 실업보험, 그리고 주정부가 관장하고 연방정부가 재정을 보조하는 공공부조와 사회복지서비스로 구성되었다. 자유주의와 개인주의의 전통이 워낙 강하여 공적인 사회복지가 뿌리내릴 수 있는 토양이 아주 척박한 미국에서 연금과 실업보험이 수용된 것은 대공항이란 위기 상황 속에서 루즈벨트와 같은 강력한 행정부가 있었기 때문이다. 이후 미국의 사회보장제도는 별로 달라진 것이 없다.

4. 복지국가의 구현

사회보험 시대를 이어 바로 등장한 것이 복지국가 시대이다. 복지국가가 성립된 이후에도 사회보험이 복지국가의 핵심 제도로 존재하고 있기 때문에 사회보험과 복지국가는 중첩된다고 볼 수도 있다.

그러나 양자는 분명한 차이가 있다. 사회보험의 대상이 육체노동자에서 화이트칼라와 자영인 계층으로 확대되어 노동정책이라는 본래의 취지를 상실하고 전국민을 대상으로 하는 시민복지정책으로 성격이 바뀌었기 때문이다. 복지국가는 2차 세계대전 후 영국에서 베버리지 보고서1942를 바탕으로 처음 만들어졌다.

베버리지 보고서는 영국의 국민들이 독일의 침공으로 바람 앞의 촛불처럼 위기에 처한 시점에서 만들어졌고, 2차 세계대전 직후 집권한 노동당은 이 보고서

표 3-1 베버리지의 8대 욕구와 대책

욕구	대책
실업	실업급여
장애	장애급여 또는 장애연금
생계수단 상실	직업훈련급여
퇴직	연금
기혼여성의 욕구	결혼, 출산, 미망인 수당 등
장례비용	장제비
유아	아동수당
질병, 장애	질병 치료와 재활

에 입각하여 복지국가를 만들어 나갔다. 따라서 베버리지 보고서는 영국에만 국한되지 않고 프랑스, 서독, 스웨덴 등 서유럽 복지국가의 기틀 형성에도 큰 영향을 미쳤다.

베버리지는 '사회보험과 관련 서비스에 관한 위원회'의 위원장으로서 보고서를 작성할 때 세 가지 원칙에서 출발했다. 즉 분파적 이해를 무시하고, 국가 재건을 위하여 5대악(결핍, 질병, 무지, 불결, 나태)을 극복하며, 국가는 단지 국민최저만을 보장하고 그 이상은 개인과 가족의 노력에 달려 있다는 것이다. 베버리지는 사회보장의 6개 원칙과 6개 대상층, 그리고 8개 욕구 원인을 제시하고 이에 맞는 대책을 세우고자 하였다. 6개 원칙은 급여수준은 일상생활을 하는 데 충분할 정도가 되어야 하고(충분한 급여), 급여와 갹출은 소득에 관계없이 동일해야 하며(정액급여, 정액 갹출), 지방사무소를 둔 하나의 사회보험금고가 관리 운영하고, 개인은 한번 통합된 갹출료를 납부하면 되고(행정책임의 통합), 사회부조나 사보험은 물론 사회보험을 포함한 각종 방법으로 기본적이고 예측 가능한 모든 욕구를 해결하며(포괄성), 그리고 인구층을 피용자, 자영인, 전업주부, 기타 노동인구, 취업 전 청소년, 노동불능 고령자 등 6개 집단으로 분류하고 이들 모든 인구층의 욕구를 보장한다(분류화)는 것을 말한다. 그리고 8개 욕구 원인별 대책을 세운 것이다.

한편 베버리지는 사회보험이 성공하기 위해서는 세 가지 기본 전제조건이 필요하다고 생각했다. 즉 가족수당, 포괄적인 보건서비스, 완전고용이 그것이다. 가족수당은 가족의 크기와 소득을 고려하여 결정되어야 하고, 보건서비스는 치료적일 뿐만 아니라 예방적이어야 했다. 실업은 실업수당의 비용과 그에 따른 임금 손실을 감안하면 가장 낭비적인 문제이므로 완전 고용은 매우 긴요한 전제조건이었다.

베버리지 보고서는 실업·의료·출산·미망인연금·보호수당·장제비 등을 규정한 국민보험법1946, 정부가 국민보건을 책임지고 의료서비스를 무상으로 제공하는 것을 골자로 한 국민보건서비스법1946, 국민부조법1948, 아동법1948 등으로 제도화되었다. "요람에서 무덤까지"로 칭송받은 노동당정부의 복지국가정책은 1951년 총선에서 보수당에게 정권을 내줄 때까지 완성되었고, 이후 보수당정부에서도 큰 변화없이 계속되었다.

그러나 오일쇼크 이후 경기침체 속에서 1979년 집권한 대처는 과거의 온정주의적 보수당 철학을 자유와 경쟁과 효율을 중시하는 냉혹한 자유주의로 바꾸는 데 성공하였다. 그에 따라 복지국가에 대한 대대적인 수정작업이 뒤따랐고, 신자유주의로 불리는 새로운 조류는 복지국가의 위기 또는 후퇴를 가져왔다.

영국 노동연금부 www.dwp.gov.uk 참조

III. 한국의 현대 사회복지사

한국의 현대 사회복지사를 정리한다는 것은 시대구분을 어떻게 하고, 각 시기의 특징을 어떻게 볼 것인가에서 논쟁이 될 수 있다. 사회복지의 역사를 다룬 많은 책들은 현대 사회복지사를 간략히 다루거나, 시대구분을 한 이유에 대해서 설명하지 않고 주로 대통령의 재임기간을 기준으로 나눈 경우가 많았다.

구종회1996는 한국의 사회복지 발달사를 크게 일제의 식민정책과 미군정의 복지시책, 현대 사회사업과 사회복지로 나누었다. 그리고 후자를 1950년대(제1, 2공화국), 1960년대(5·16군사혁명과 제3공화국), 1970년대(제4공화국), 1980년대(제5, 6공화국), 1990년대(6, 7공화국)로 세분하였다.

김기태 외1999는 한국 사회복지의 역사를 5단계로 나누었다. 즉 사회복지의 전사前史(1945년 이전), 사회복지제도의 도입기(1945~1961년), 사회복지제도의 확립기(1962~1987년), 사회복지제도의 확대기(1988~1997년), 경제위기기(1998년~현재) 등이다. 이들은 사회복지제도의 발달과정을 전사, 도입, 확립, 확대, 위기 등으로 파악했다는 점에서 진일보한 것이지만, 대통령의 재임시기로 시대구분을 한 것은 같은 행정부 내에서도 정책의 변동이 있다는 점에서 논쟁이 될 수 있다.

장인협 외1999는 한국 사회복지의 역사를 산업화와 연계시켜서 크게, 산업화 이전(1945~1950년대), 산업화 시기(1960~1970년대), 산업화 이후(1980~1990년대)로 분류하였다. 이 분류는 사회복지계의 내적인 변화보다는 산업화란 외적인 변화에 더 강조점을 둔 것이라고 볼 수 있다.

위에서 살펴본 여러 학자들의 견해는 나름대로 의미가 있지만, 사회복지의 역사는 10년 단위로 파악할 수 있는 연대기가 아니고, 보수정권과 혁신정권 간의 정권교체의 경험이 없는 상황에서 대통령 재임시기로 구분하는 것은 설득력이 약하다. 오히려 사회복지의 핵심인 공공부조, 사회보험, 사회복지서비스의 내용이 어떻게 바뀌었느냐를 기준으로 구분하는 것이 바람직하다. 이러한 변화를 가장 분명하게 나타내는 사회복지법령의 제정, 개정, 그리고 시행을 기준으로 분류하면, 시설보호의 제도화와 공공부조의 시도 시기(1960년 전), 공공부조의 체계화와 사회보험의 시도 시기(1960~1976년), 사회보험의 보편화와 재가복지의 정착시기(1977년 이후)로 나눌 수 있을 것이다.

1. 시설보호의 제도화와 공공부조의 시도

한국의 근현대 사회복지의 역사는 시설보호로부터 시작된다. 전통 사회에서 가장 도움을 필요로 한 환과고독 중에서도 부모 없는 고아와 자녀 없는 독거노인을 시설에서 보호하는 일은 사회사업이란 이름으로 시작되었다.

이러한 시설보호는 조선 말부터 시도되었고 일제 하에서 소규모로 시행되었지만, 해방과 한국전쟁을 통해서 폭발적으로 늘어났다. 고아와 기아 등을 위한 육아시설, 감화원과 양로원 등의 시설은 8·15해방 후에서 1948년 3월 말까지 총시설 수는 47개에서 127개로 증대하고 수용인원도 2,228명에서 7,832명으로 3배 이상으로 급증하였다(구종회, 1996: 558).

한국전쟁으로 피난민이 급격히 늘어나자 정부의 복지정책은 피난민을 위한 수용소 또는 급식소를 설치하는 일이었다. 1950~1951년간 일시에 생긴 이재민은 1,000만여 명에 달했다. 1·4후퇴로 남하하는 피난민이 부산에 집중되자 정부는 이들을 위하여 부산 각처에 피난민 수용소를 설치하여 수용하는 한편 피난민의 일부는 거제도에 이송하여 집단수용되었다. 보사부는 이들을 구호하기 위하여 거제도에 보사부 분실을 설치하여 지방 관계관을 지도감독하였다. 당시 거제도는 원주민이 6만 명이었으나 이송된 피난민이 최고 20만 명까지 집단수용되어 피난민의 땅이 되기도 하였다.

요구호자는 막대한 수에 달했지만 구호에 소요되는 자금과 물자는 크게 부족하였으므로 정부로서는 재해로 인한 응급구호에 치중할 수밖에 없었다. 특히 아동, 노인, 임산부 및 유아를 거느린 부녀 등을 우선적으로 구호하였다.

그러나 전세가 호전되고 휴전협정이 성립된 후에는 종래의 구호방침을 변경하여, 난민정착사업, 주택사업, 조선구호령에 의한 공적 부조사업, 전재지변에 대한 일시적인 응급구호사업 등에 주력하였다.

이 시기 시설보호와 공공부조사업이 이루어질 수 있었던 것은 거의 전적으로 유엔구호계획에 의한 구호물품과 세계 여러 나라로부터 보내 온 기증금품과 외국 민간구호물자 등이었다. 특히 피난민을 구호하기 위하여 활동했던 외국 민간원조단체가 도입한 양곡, 식료품, 의류, 의약품, 연료, 건축자재 등은 피난민의 정착에 크게 기여하였다. 한국전쟁을 계기로 한국에 들어온 외국의 민간원조단체들은 서로 정보를 교환하고 사업계획을 통일하며, 협력체제를 통하여 사업을 원활히 추진할 목적으로 1952년 3월에 7개 기관이 모여 KAVA(민간원조단체협의회)를 발족하였다. 이 협의회의 회원기관은 1954년에 33기관으로 증가하였고, 전후 구호사업에서 핵심적인 기능을 수행하였다. 이들이 수행한 사회사업실천은 이후 전문 사회복지사업에 큰 영향을 주었다.

월드비전 www.worldvision.or.kr 참조

어린이재단 www.childfund.or.kr 참조

전쟁고아를 긴급구호하기 위해서 외국의 원조에 의존한 이 시기의 사회복지

표 3-2 시설보호의 제도화와 공공부조의 시도 시기의 입법 현황

분야	주요 입법	연도
사회보장 일반	없음	
공공부조	조선구호령	1944년
사회보험	없음	
사회복지서비스	후생국보 3C호	1946년

역사는 향후 한국의 사회복지를 시설보호와 공공부조에 한정시키는 경향이 있었다. 이 시기에 피난민을 긴급구제하기 위해서 복지행정을 담당하는 정부의 행정부서가 체계화되었고, 1947년부터 전문 사회사업이 대학교육으로 도입되었지만, 국가의 복지정책은 응급구호사업과 시설보호를 크게 벗어나지 못했다.

2. 공공부조의 체계화와 사회보험의 시도

한국 사회복지의 역사에서 1960년대와 1970대는 공공부조가 체계화되고 초보적인 수준이지만 사회보험이 시도되었다는 점에서 그 특징을 찾을 수 있다. 특히 4·19혁명을 통해서 국민의 권리의식이 크게 향상되었고, 5·16군사쿠데타로 정권을 잡은 새로운 정치세력이 '보릿고개'로 불리는 절대빈곤을 퇴치하고 전후 사회문제를 해결하면서 민심을 얻고자 하였다.

정부는 공공부조에 관한 법을 여러 가지 제정하였는데, 생활보호법1961, 군사원호보상법1961, 국가유공자와 월남귀순용사 특별보호법1961, 재해구호법1962, 자활지도사업에 관한 임시조치법1968등이 그것이다.

그 중 생활보호법은 그 적용대상과 급여내용 등에서 일제하의 조선구호령 1944과 미군정청의 후생국보 3C호1946를 이어받은 것으로 공공부조의 기초가 된 법이다. 조선구호령은 2차 세계대전이 끝날 무렵에 식민지 주민을 총동원하기 위해서 만들어져서 거의 시행되지 않았지만 생활보호법의 근간이 되었다는 점에서 의의를 찾을 수 있다. 생활보호법은 1997년 경제위기로 한시적 생활보호가 시행되기

표 3-3 조선구호령, 후생국보3C호, 생활보호법의 비교

명칭	조선구호령	후생국보3C호	생활보호법
시행기관	조선총독부(일본)	미군정청(미국)	대한민국정부
제정연도	1944년	1946년	1961년
적용대상	65세 이상의 노쇠자	65세 이상된 자	65세 이상의 고령자
	13세 이하의 유아	13세 이하의 소아 6세 이하의 부양할 소아를 가진 모	18세 미만의 아동
	임산부	분만시 도움을 요하는 자	임산부
	불구, 폐질, 상이, 기타 정신 또는 신체의 장애로 인하여 노동을 하기에 지장이 있는 자	정신 또는 육체적 결함이 있는 자로서 구호시설에 수용되지 않고 가족이나 친척이 없고 노동할 수 없는 자 불치의 병자	불구, 폐질자 기타 요보호자
급여내용	생활부조 의료부조 조산부조 생업부조 장제부조	식량, 의류, 차표 제공 긴급의료 숙사, 연료, 주택부조 매장	생계보호 의료보호 해산보호 자활보호 장제보호
급여방식	신청주의 자산조사 거택구호 중심 시설 보호 /위탁 수용	- 자산조사 거택구호	신청주의 자산조사 거택구호 중심 시설 보호 /위탁 보호

전까지 서양의 빈민법과 같이 '18세 이상 65세 미만'의 노동능력 연령층에 대한 생계보호를 철저히 외면하였다. 국민기초생활보장법(1999)이 제정되어 생계급여가 전 인구층으로 확대될 때까지 이 법은 40여 년 동안 한국의 공공부조의 근간이 되었다.

표 3-4 공공부조의 체계화와 사회보험의 시도 시기의 입법 현황

분야	주요 입법	연도	비고
사회보장 일반	사회보장에 관한 법률	1963	
공공부조	생활보호법	1961	
	재해구호법	1962	
	자활지도사업에 관한 임시조치법	1968	
	의료보호법	1977	
사회보험	공무원연금법	1960	
	군인연금법	1963	
	의료보험법	1963	미시행
	산업재해보상보험법	1963	
	국민복지연금법	1973	미시행
사회복지서비스	윤락행위등방지법	1961	
	아동복리법	1961	
	사회복지사업법	1970	

또한 1962년부터 경제개발5개년계획의 시행을 계기로 산업화와 도시화가 본격적으로 진행되면서 산업재해, 실업, 질병, 은퇴 후 빈곤 등 산업사회형 사회문제가 늘어났다. 이에 대한 대책으로 정부는 공무원연금법1960, 선원보험법1962, 군인연금법1963, 산업재해보상보험법1963, 의료보험법1963 등 사회보험법을 제정하였다. 그러나 제정 직후 시행된 법 중에서 공무원연금법과 군인연금법은 국가가 사용자인 공무원·군인에게 퇴직금을 '연금의 형식'으로 지급한 것이고, 참된 의미에서 사회보험은 산업재해보상보험의 시행과 그 적용대상자의 확대과정이라고 볼 수 있다.

이 시기에 사회보장의 기본이 되는 사회보장에 관한 법률1963이 제정되었고, 시행되지는 않았지만 의료보험법1963과 국민복지연금법1973이 제정된 것은 사회보험 시대를 열기 위한 준비를 했다는 점에서 의의를 찾을 수 있다. 산업사회의 사회문제가 본격적으로 대두되기 전인 1960년대 초에 사회보장 관련 법이 제정될

수 있었던 것은 1962년에 보건사회부장관의 자문기관으로 설립된 사회보장제도 심의위원회의 역할이 컸다. 이 위원회는 민관합동위원회로 8명의 연구위원을 위촉하여 우리 역사상 처음으로 선진국의 사회보장제도의 연구, 기존 제도에 대한 적합성의 검토, 그리고 새로운 제도 도입을 위한 건의 등을 체계적으로 하였다.

이 시기의 빼놓을 수 없는 일 중에는 아동복리법1961이 제정되어 이후 사회복지서비스 관련 법의 모형이 되었고, 한국전쟁으로 급격히 늘어난 윤락여성을 선도보호하기 위해서 제정된 윤락행위등방지법1961은 30여 년간 여성복지의 핵심적인 법이 되었다. 또한 사회복지사업법1970의 제정으로 사회복지사업의 범위를 정하고 사회복지사업종사자의 자격을 규정하며 재단법인을 사회복지법인으로 변경한 것 등은 이후 사회복지사업의 기초를 다진 것이다.

법제처 www.moleg.go.kr의 〈종합법률정보〉 참조

3. 사회보험의 보편화와 재가복지의 정착

1970년대 후반 한국 사회복지는 그 중심이 공공부조에서 사회보험으로 바뀌게 된다. 흔히 1979년 10·26을 계기로 새로 등장한 5공화국 이후와 그 전 4공화국까지로 시대구분을 하는 경우도 있지만, 1977년 7월 500인 이상 근로자가 있는 사업장에 의료보험이 당연 적용되면서부터 사회보험의 시대가 개막된다. 당초 의료보험법은 1963년에 제정되었지만 임의적용방식으로 되어 본격적으로 시행되지 못하다가 1976년 12월에 전면 개정된 후 반년 만에 시행되었다.

의료보험은 해를 거듭할수록 300인 이상, 100인 이상, 16인 이상, 5인 이상 사업장으로 확대되었고, 점차 농어촌주민, 도시자영인에게 확대되어 1989년 7월 당연적용 12년 만에 전국민의료보험의 시대를 열었다. 의료보험은 직장과 지역을 단위로 하여 구성된 의료보험조합이 관리운영을 하였는데, 전 국민이 부담능력에 따라서 보험료를 내고 차별없이 요양급여를 받기 위해서는 의료보험을 통합해야 한다고 주장하는 통합주의와 기존의 조합주의를 옹호하는 세력 간의 논쟁은 한

국형 사회보험의 모형개발에 큰 영향을 미쳤다.

이러한 논쟁 속에서 1988년에 도입된 국민연금은 이미 공적 연금에 가입하고 있는 공무원, 군인, 사립학교교직원을 제외한 18세 이상의 모든 국민을 피보험대상자로 상정하였다. 국민연금은 1973년에 제정되었다가 석유파동으로 시행을 미루었던 국민복지연금법을 전면 개정한 국민연금법1986년에 의해서 시행되었다. 일년 단위로 수입과 지출을 파악하여 피보험자로부터 보험료를 받아서 급여를 제공하는 산재보험이나 의료보험과 달리 국민연금은 일하는 동안 보험료를 받아서 은퇴 후 사망시까지 노후의 생계를 보장해야 하는 장기성 사회보험이라는 점에서 그 의미가 더욱 크다. 국민연금은 처음에는 10인 이상 사업장 근로자에게 적용되었다가 점차 5인 이상, 농어촌주민, 그리고 2000년 4월 도시자영자에게 적용됨에 따라 전업주부를 제외한 전국민 연금시대가 열렸다.

또한 1995년에 고용보험법(1993년 제정)이 시행됨에 따라서 산업사회에서 가장 대표적인 4대 사회보험이 모두 시행되었다. 고용보험은 1997년 외환 위기로 대량실업사태를 맞이하여 그 적용대상자를 30인 이상 사업장에서 점차 확대하기 시작하여 현재는 1인 이상 모든 사업장에 적용되고 있다. 2000년 7월부터는 산업재해보상보험의 적용대상이 1인 이상 사업장으로 확대되었고, 2001년 7월부터는 건강보험도 1인 이상 사업장 종사자까지 직장에서 보험료를 내게 됨으로써 4대 사회보험은 보편적 제도로 거듭나고 있다. 2008년 7월부터는 노인장기요양보험이 시행되어 5대 사회보험의 시대가 열렸다.

이 시기는 사회보험의 보편화와 함께 재가복지가 정착되기 시작했다는 점에서 그 특징을 찾을 수 있다. 재가복지는 주로 외원기관과 대학이 설립한 사회복지관을 중심으로 시범적으로 이루어졌던 사회복지관 사업이 1980년대 초부터 정부의 지원을 받기 시작하면서 사회적 주목을 받았다. 특히, 1980년대 말 주택가격 폭등으로 도시빈민을 위한 영구임대아파트를 건립하면서 사회복지관을 필수시설로 건립함으로써 재가복지를 실천할 수 있는 기반을 갖추었다. 이후 정부는 사회복지관을 재가복지봉사센터로 지정하고 노인복지회관과 장애인복지관 등을 통해서 재가복지를 활성화시키는 정책을 지속적으로 추진하고 있다.

태화기독교사회복지관 www.taiwha.or.kr 참조

한편 공공부조는 그동안 노동능력이 있는 연령층이라고 판단하여 생계보호를 급여하지 않았던 18세 이상 65세 미만 연령층에게도 최저생계비에 미치지 못할 경우에는 생계급여를 제공한다는 내용을 주요 골자로 한 국민기초생활보장법(1999)이 2000년 10월부터 시행됨에 따라서 국민은 생존권을 보장받을 수 있게 되었다.

이 시기에 사회복지서비스법은 노인복지법1981과 심신장애자복지법1981이 새로 제정되었고, 이전 시기에 제정된 법률들이 전면 개정되어 보다 보편적 서비스를 지향하게 되었다. 특히 1991년에 제정된 영유아보육법은 기혼여성의 취업으로 사회문제화된 6세 미만 영유아의 보육문제해결을 위해 정부가 적극적으로 개입함으로써 자산조사에 의한 선별적 서비스가 아닌 욕구에 따른 보편적 서비스를 지향하는 모형을 제시했다.

이 시기에 사회보험이 전국민에게 적용되고 사회복지서비스가 보편적 서비스를 지향하게 된 것은 노동조합, 여성운동단체 그리고 시민사회단체의 지속적인 입법청원 운동이 크게 기여하였다. 특히 1987년 학생, 노동자, 시민이 연대하여 권위주의 정부를 굴복시킨 6월항쟁은 전국민 의료보험, 국민연금 그리고 최저임금제의 시행 등에 영향력을 행사했다. '선 경제개발 후 사회복지'의 논리가 더 이상 국민에게 설득력을 가질 수 없게 되고 복지권은 국민의 주된 관심사가 되었다.

이 시기에 복지행정에도 획기적인 진전이 있었다. 1987년에 생활보호행정을 전담할 사회복지전문요원이 시범 임용되었다가 이후 점차 확대되었다. 2010년 현재 전국 읍·면사무소 및 동행정복지센터와 시·군·구청에서 일하는 사회복지직 공무원은 10,000여 명이 되고 이들은 복지행정의 수준을 한 차원 높여 가고 있다.

이 시기에 국민의정부는 헌법상 규정된 모든 국민의 인간다운 생활을 할 권리를 보장하기 위해 기초생활보장제도를 도입하고 사회보험을 전국민에게 확대시키는 등 생산적 복지를 지향했다. 이어서 참여정부는 사회복지를 사회투자로 인

표 3-5 사회보험의 보편화와 재가복지의 정착 시기의 입법 현황

분야별 주요 입법	연도
사회보장 일반	
사회보장기본법(전면개정)	1995
사회보장기본법(전면개정)	2012
사회보장급여의 이용 · 제공 및 수급권자 발굴에 관한 법률	2014
공공부조	
생활보호법(전면개정)	1982
국민기초생활보장법(전면개정)	1999
의료급여법(전면개정)	2001
긴급복지지원법	2005
기초노령연금법	2007
장애인연금법	2010
기초연금법(대체 제정)	2014
사회보험	
의료보험법(전면개정)	1976
공무원및사립학교교직원의료보험법	1977
의료보험법 시행	1977
국민연금법(전면개정)	1986
전국민의료보험 실시	1989
고용보험법	1993
고용보험법 시행	1995
국민의료보험법(통합의료보험)	1997
국민건강보험법(개정)	1999
노인장기요양보험법	2007
노인장기요양보험법 시행	2008
사회복지서비스	
아동복지법(전면개정)	1981
노인복지법	1981
심신장애자복지법	1981
청소년육성법	1987
장애인복지법(전면개정)	1989
모자복지법	1989
장애인고용촉진법	1991
영유아보육법	1991
청소년기본법(전면개정)	1991
일제하일본군위안부에 대한생활안정지원법	1993
성폭력방지및피해자보호등에관한법률	1994
정신보건법	1995
청소년보호법	1997
사회복지사업법(개정)	1997
사회복지공동모금회법	1997
가정폭력방지및피해자보호등에관한법률	1997
장애인 · 노인 · 임산부등의 편의증진보장에관한법률	1997
모 · 부자복지법(전면개정)	2002
청소년복지지원법	2003
일제하일본군위안부피해자에대한생활안정 지원및기념사업등에관한법률(전면개정)	2003
성매매방지및피해자보호등에관한법률	2004
농어촌주민의보건복지증진을위한특별법	2004
식품기부 활성화에관한법률	2006
한부모가족지원법(전면개정)	2007
다문화가족지원법	2008
장애인활동 지원에 관한 법률	2011
노숙인 등의 복지 및 자립지원에 관한 법률	2011
장애아동 복지지원법	2011
발달장애인 권리보장 및 지원에 관한 법률	2014
정신건강증진 및 정신질환자 복지서비스 지원에 관한 법률	2017

식하고 사회적 위험에 대처하고 사회적 불평등을 줄이기 위해 보편적 복지를 지향하며 교육복지, 농어촌복지, 다문화복지 등 사회적 약자에 대한 투자를 강화했다.

이명박 정부는 보편적 복지를 견제하고 복지축소를 기도하였지만 노인장기요양보험의 실시와 초·중학교 무상급식 등 한번 확대된 복지를 축소시키기는 어려웠다. 박근혜 정부는 '국민행복시대'를 표방하면서 영유아보육 누리과정에 대한 국가책임을 강화하고, 기초노령연금을 기초연금으로 개편하여 증액하였으며, 읍·면·동 주민센터를 행정복지센터로 바꾸어 복지전달체계를 혁신하였다.

문재인 정부는 임기2021년내에 전체 노인의 70%에게 기초연금을 월 30만 원씩 주고, 5세 이하 아동부터 시작하여 점진적으로 모든 아동에게 아동수당을 10만 원씩 주며, 최저임금을 시간당 1만 원까지 지불하겠다고 공약하였다. 이러한 복지 공약을 성실히 이행하고 국민연금, 국민건강보험 등 사회보험의 보장성을 높이면 대한민국은 복지국가에 근접하게 될 것이다.

시민이 시·군·구나 읍·면·동에 신청하면 받을 수 있는 복지급여가 360가지이다. 여기에 사회보험 급여를 포함하면 시민이 알아야 할 복지급여는 400가지가 넘는다. 복지급여의 대부분은 본인이나 가족이 신청할 때만 받을 수 있고, 시민은 알아야 신청할 수 있다. 따라서 정부는 모든 시민이 복지급여를 알고 신청할 수 있도록 생애주기별 맞춤형 복지교육을 실시해야 할 것이다.

SUMMARY
단원 정리

이 장에서는 사회복지는 어떻게 발전되었는가를 살펴보았다. 사회복지는 인간의 기본욕구를 충족시키고, 사회문제에 대한 대책을 세우는 일이기 때문에 그 사회의 역사적 배경과 매우 밀접한 관계가 있다.

전통 사회에서 사회복지는 매년 찾아오는 춘궁기를 넘기는 일, 홍수와 가뭄 등 자연재해를 극복하는 일, 전염병 등 질병을 퇴치하는 일 등과 관련되어 있다. 역사적 기록을 볼 때, 우리나라는 고구려의 진대법에서 볼 수 있는 바와 같이 춘궁기에 곡식을 빌려주고 추수기에 받는 제도가 일찍이 발달되었다. 이 제도는 고려의 흑창, 의창, 상평창 등 창제도로 이어지고 조선시대에는 의창, 상평창뿐만 아니라 지역주민이 중심이 된 사창, 그리고 계와 향약과 같은 민간의 자조활동이 돋보인다.

서구 선진국가들도 산업화로 늘어난 부랑자를 정착시키기 위해서 빈민법을 제정하고, 19세기 말부터 산업재해, 질병, 노령 등 산업사회형 사회문제를 해결하기 위해서 사회보험을 제도화하기 시작하였다.

산업화를 경험하는 과정에서 만들어진 선진국의 사회복지제도는 해방과 함께 미군정이 시행되고 한국전쟁으로 외국의 민간원조단체가 사회복지를 직접 수행함에 따라 한국의 사회복지에 깊은 영향을 주었다.

한국의 현대 사회복지사는 크게 시설보호가 중심이던 시기, 공공부조의 제도화 시기, 그리고 사회보험의 보편화 시기로 나누어서 그 특징을 알아보았다. 지난 반세기 동안 한국의 사회복지는 당시 주된 사회문제가 무엇이고, 이를 해결하기 위해서 사용된 주된 사회복지제도를 통해서 간략히 정리할 수 있었다.

우리가 사회복지의 역사를 배우는 뜻은 단순히 역사적 사실을 알기 위해서라기보다는 과거의 경험 속에서 보다 나은 미래를 열어갈 지혜를 얻기 위해서이다. 수강생은 역사적 사실들을 외우려고만 할 것이 아니라 자신의 일상생활 속에서 흔히 겪는 사회보험, 공공부조, 사회복지서비스 등이 어떻게 바뀌어 왔는지를 알아보고, 이것이 보다 발전되기 위해서는 어떻게 해야 하는가를 생각해보자.

다음 장에서는 사회복지실천의 개념과 발달과정, 사회복지실천의 대표적인 방법의 특징과 한계, 그리고 한국에서 사회복지실천의 문제와 과제를 알아볼 것이다.

TERMS
용어 정리

진대법 고구려 고국천왕은 16년(서기 194년)에 재상 을파소의 건의에 따라 진대법을 제정하여 민생구휼에 힘을 기울였다. 이 법은 내외대열법이라고도 하여 춘궁기인 3~7월에 백성에게 관곡을 대여하되 가구의 다소에 따라 필요한 양을 무이자로 대여했다가 추수기인 10월에 환납케 하였다. 이는 춘궁기에 빈민을 구제하고 영농자본을 대여하여 국민의 생활을 안정시키고 관곡을 유용하게 활용하려는 취지에서 창안된 것이다.

창제도 창의 원래 목적은 백성의 구제만을 위한 것이 아니라 전시에 군량을 확보하고, 당시의 중심 재화가 양곡이었던 만큼 부족공동체나 왕가의 재력을 비축하는 시설로 창제도가 널리 활용되었다. 창제는 고려시대에 발전되는데, 태조 왕건은 즉위 초기에 흑창을 만들었고, 중앙집권체제를 완성한 제6대 임금 성종은 흑창을 보강하여 의창으로 개칭하고, 곡물의 매매로 물가조절 기능을 갖춘 상평창을 양경과 12목에 설치하였다. 조선시대에는 정부가 관리하는 의창과 상평창이 있고, 주민이 운영하는 사창이 있었다.

견감(蠲減) 백성이 자연재난을 당할 경우 등에 토지에 대한 세금, 군역, 부역, 형벌 등을 광범위하게 면제하거나 감면하는 제도이다. 견감의 종류는 국가에 좋은 일이 있을 때 은면지제, 천재지변에는 재면지제, 그리고 수재와 한해 등이 있을 때는 수한질여진대지제를 실시하였다.

시식(施食) 시식이란 흉년 또는 재난시에 사원 또는 기타 적당한 곳에 취사장과 식탁을 설치하여 기민 또는 행걸인에게 식사를 제공한 것이다. 고려 때는 주로 사찰에서 시식을 실시하였고, 조선시대에는 한성부의 홍제원과 보제원 등에서 실농한 굶주린 백성에게 시식소를 열었고, 지방에도 시식소를 설치하였다는 기록이 있다.

사궁(四窮) 사궁은 환과고독이라고도 불리는데 전통사회에서 가족의 보호를 받지 못하여 가장 어렵게 사는 사람인 독거노인[獨], 부모없는 고아[孤], 그리고 편모[寡]·편부[鰥]가족을 말한다. 환과고독의 무의무탁한 빈민을 구제하는 사궁진휼(四窮賑恤)은 삼국시대 이래로 여러 군주들이 본보기로 의류, 곡물 및 관재 등을 급여하고 구제하였다.

자휼전칙(字恤典則) 자휼전칙은 조선 정조 7년(1783년)에 유기아와 행걸아 등에 대한 법이다. 기아와 걸식으로 굶어 죽는 아동이 많다는 것을 안 정조는 특별히 윤음(綸音)을 내려 사목(事目)을 정하고 혜휼(惠恤)의 길을 열어 그 시행 방법을 규정하게 하였다. 혜휼의 방법으로는 9조의 절목을 나열하였는데, 국한문으로 인쇄하여 서울을 비롯한 전국에 반포하여 시행토록 하였다. 9조의 주요 내용은 나이와 구제기간, 행걸아 구제의 친족책임의 원칙, 행걸아 구제방법, 유기아 발견과 보고절차, 유기아 구휼을 위한 젖어미제도, 행걸아 유기아 입양과 추거(본래 연고자가 찾아가는 것), 죽·젖먹이는 절차와 사후감독, 의복과 의료, 지방에서의 절차와 재정 등이다.

빈민법poor law 엘리자베스 여왕이 부랑자 문제가 억압과 교구의 구빈만으로 해결되지 않는다는 것을 인정하고 보다 합리적인 대책으로 1601년 빈민법을 집대성했다. 이 법의 핵심은 부랑인을 세 가지로 분류하여 상응하는 대책을 세웠다. 즉, 노동능력이 없는 빈민(노약자, 만성병자, 맹인, 정신병자)은 구빈원 또는 자선원에 수용하고, 노동능력이 있는 빈민은 교정원 실제로는 작업장에서 강제로 일을 시켰으며, 아동은 도제로 삼았다. 엘리자베스 빈민법은 구빈의 책임을 교회가 아닌 정부(지방정부)가 최초로 지고, 이를 위해 지방세액을 증가시켰으며, 각 교구에 구빈감독관을 임명하였다.

자선조직협회Charity Organization Society 자선조직협회는 박애사업을 체계적으로 하기 위해서 1869년 런던에서 처음 설립된 이후 영국과 미국 등에서 자선활동을 조정하는 단체이다. 이 협회의 창립목적은 중복 구빈을 없애기 위한 여러 자선활동의 조정, 환경조사와 적절한 원조제공에 있었다. 중복 구빈을 피하기 위하여 연락기관이 설치된 것은 오늘날 지역사회사업으로 발전하였고, 빈민에 대한 철저한 환경조사는 가족사회사업 또는 개별사회사업으로 발전되었다.

SELF STUDY GUIDE
자기평가와 과제

1. 일상생활 속에서 자신이나 가족이 경험한 사회보험(국민연금, 건강보험, 고용보험, 산업재해보상보험, 노인장기요양보험 등)의 급여·기여 사례를 간략히 쓰고, 그 혜택과 문제점, 그리고 발전방안을 제안하여 본다.
2. 자신이 살고 있는 지역의 사회복지시설·기관·단체 중 하나를 선택하여 설립자 혹은 운영책임자와 인터뷰를 통해서 그 역사를 파악하여 본다.
3. 최근 친구나 친지의 결혼식, 장례식 등에 가서 부조를 한 경험을 회상하고 이것이 사회복지와 어떤 관계가 있는지를 생각해 본다.
4. 한국의 사회복지의 발달과정에서 미국이나 일본 등 다른 나라가 미친 영향을 구체적인 사례를 통해서 알아본다.
5. 한국의 사회복지의 발달과정에서 노동자와 노동조합의 역할을 구체적인 사례를 통해서 알아본다.

REFERENCE
참고 문헌

감정기·진재문·최원규(2002), 『사회복지의 역사』, 나남출판.

광주대 대학원 사회복지학과 20인(1998), 『시설과 인물』, 은평천사원출판부.

구종회(1996), "한국의 사회복지 발달사", 함세남 외, 『선진국 사회복지발달사』, 홍익재.

김기태 외(1999), 『사회복지의 이해』, 박영사.

김영모(1999), 『사회복지학』, 한국복지정책연구소 출판부.

남세진·조홍식(1996), 『한국 사회복지론』, 나남출판.

박광준(2002), 『사회복지의 사상과 역사』, 양서원.

신섭중 외(2001), 『세계의 사회보장』, 유풍출판사.

양정하(2005), 『사회복지발달사』, 학현사.

원석조(2008), 『사회복지발달사』, 공동체.

유광호(2005), 『사회보장발달사』, 유풍출판사.

이영철 외(2000), 『사회복지학』, 양서원.

이용교 편(1993), 『이야기 사회복지』, 은평천사원출판부.

장인협 외(1999), 『사회복지학』, 서울대학교 출판부.
조홍식(1986), "고려시대의 구빈제도", 사회복지학회지 제8호, 한국사회복지학회.
폴 피어슨, 박시종 역(2006), 『복지국가는 해체되는가』, 성균관대학교 출판부.
칼 드 슈바이니츠, 남찬섭 역(2001), 『영국 사회복지 발달사』, 인간과복지.
태극출판사(1981), 『대세계백과사전』, 제11권 사회.
하상락 편(1989), 『한국사회복지사론』, 박영사.
한국사회과학연구소 사회복지연구실(1999), 『세계의 사회복지』, 인간과복지.
함세남 외(1996), 『선진국 사회복지발달사』, 홍익재.
허구생(2002), 『빈곤의 역사, 복지의 역사』, 한울.
현외성 외(1998), 『사회복지학의 이해』, 유풍출판사.
National Association of Social Worker(1995), *Encyclopedia of Social Worker*, 김만두 외 역(1999), 『사회복지대백과사전』, 나눔의집.

RECOMMANDED FILM
추천 영화

아름다운 청년 전태일 A Single Spark	1995, 박광수
아미스타드 Amistad	1997, 스티븐 스필버그
데이비드 게일 The Life of David Gale	2003, 알란 파커
모던 타임즈 Modern Times	1936, 찰리 채플린
브래스드 오프 Brassed Off	1996, 마크 허만
아웃 오브 아프리카 Out of Africa	1985, 시드니 폴락
디 아워스 The Hours	2002, 스티븐 달드리
자본주의: 아동 노동 Capitalism: Child Labor	2006, 켄 제이콥스
당신을 오랫동안 사랑했어요 I' ve Loved You So Long	2008, 필립 클로델
가난한 자들의 힘 The Power of the Poor	2009, 아다마 드라보, 라지 디아키데

INTERNET LINK
관련 사이트

한국복지교육원	www.okwelfare.net
국민건강보험공단	www.nhic.or.kr
국민연금공단	www.npc.or.kr
동방미디어주식회사	www.dbmedia.co.kr

보건복지부	www.mw.go.kr
복지로	www.bokjiro.go.kr
사회복지공동모금회	www.chest.or.kr
사회복지정보원	www.welfare.or.kr
영국 노동연금부	www.dwp.gov.uk
월드비전	www.worldvision.or.kr
일본 후생성	www.mhlw.go.jp
태화기독교사회복지관	www.taiwha.or.kr
한국보건사회연구원	www.kihasa.re.kr
초록우산 어린이재단	www.childfund.or.kr
한국사회복지사협회	www.welfare.net
한국사회복지협의회	www.bokji.net

4 사회복지실천

I. 개념과 발달

1. 사회복지실천의 정의

사회복지실천을 정의하고자 할 때, 근본적인 문제점은 학자들 간에 '사회복지실천'이 무엇인지에 대한 합의를 찾기 어렵다는 점이다. 대체로 한국의 학자들은 사회복지학을 실천부문과 정책부문으로 구분하기도 하고, 직접적 서비스와 간접적 서비스로 나누기도 한다. 그러나 현재 우리나라에서 가장 보편적으로 사용되고 있는 분류방법은 유럽의 사회행정이나 사회정책학의 전통까지를 포괄하는 정책론과 미국의 전문사회사업 기술론을 포괄하는 실천론이다(김기태 외, 1999: 14-15).

사회복지의 양대 접근방법인 기술론과 정책론은 각각 다른 이론적 특징과 문제점을 갖고 있다. 즉 기술론의 이론적 특징은 자본주의에의 절대적인 확신을 배경으로 자유민주주의적 개념에 내재하는 인간존엄성과 프로이드학파에 의한 정신분석이론에 근거하는 인간행동의 이해를 강조하고, 근래에는 개체와 환경 양면

표 4-1 기술론과 정책론의 구별

	정책적 개입(거시적 개입)	기술적 개입(미시적 개입)
클라이언트	이웃, 근린, 공식적 조직, 지역사회, 전체사회	개인, 가족, 소집단
목표	조직, 지역사회, 전체사회의 변화	사회기능의 향상: 개인, 가족, 소집단을 위한 사회문제의 경감
기초지식	대규모 체계변화이론: 사회학, 경제학, 정치학, 산업관계학	개인변화이론: 발달심리학, 인간발달이론
공통지식	소집단 사회학, 커뮤니케이션 이론	
변화전략	지역사회조직, 사회행동, 로비활동, 조정, 지역사회분석	직접적인 상담, 위기개입, 개별 클라이언트를 위한 옹호

을 동시에 강조하는 하나의 흐름이다. 또한 실용주의적 사상을 기반으로 하여 개별사회사업, 집단사회사업, 지역사회조직 등의 사회사업의 주요 전문기술의 종합체계로 확립되어 있다. 이것은 사회복지대상자에 관계되는 사회문제를 도덕의 문제, 대상자 개인의 성격의 결함이나 정서적 혹은 정신적 이상문제, 또는 가족과 지역사회에서의 인간관계 부조정 및 부적응의 문제에 환원시키고 있다.

이에 반해 정책론은 사회복지를 자본주의 제도의 사회적, 경제적 법칙이 관철된 것으로 보고, 그 구조적 필연으로서의 모순, 즉 빈곤을 바탕으로 하는 여러 가지 사회문제를 주요 대상으로 삼는다. 그래서 빈곤문제의 주 원인을 개인적인 성격의 결함이나 도덕성의 결여에서 찾기보다는 사회구조적인 모순의 결과라고 본다. 그리하여 사회문제 대책의 일환으로서 사회복지의 본질은 자본주의국가가 체제를 유지, 재생산하기 위한 분배정책의 성격을 갖는 것임을 명확히 하고 있다.

사회복지실천의 기술적 방법과 정책적 방법의 대상, 목적, 기초가 되는 지식, 변화 전략상의 차이는 상당한 차이가 있다(James K.Whittaker, 1974: 45; 김기태 외, 1999: 16 재인용).

앞에서와 같이 사회복지의 기술론과 정책론은 상호대립관계에 있으나 사회복지의 실천 면에서는 상호보완관계에 있다. 즉 법이나 제도 등의 정책은 전체 인간 생활의 일정한 수준이나 범위를 다루는 것이고, 복지서비스로 나타나는 기술은 개별화된 원조활동을 통해 사회복지를 실현하고자 하는 것이다. 따라서 정책론과 기술론이 잘 조화를 이룰 때 참된 복지를 실현시킬 수 있기 때문이다. 이 둘은 동전의 양면관계에 있는 것으로 볼 수 있다는 것이다(남세진, 1992: 138-139).

사회복지실천은 흔히 '사회복지방법' 혹은 '사회복지방법론' 이란 용어로 쓰이고 있는데, 대체로 기술론에 개별사회사업, 집단사회사업, 지역사회조직 등을 포함시키고, 정책론에 사회복지행정, 사회복지조사, 사회행동 등을 열거하고 있다(박용순, 1999: 9-10).

한편 김영모는 사회복지의 대상을 사회문제로 보는 경우 사회적 불평등에 대한 갈등주의적 접근방법과 사회부적응에 대한 기능주의적 접근방법, 그리고 사회해체에 대한 통합적 접근방법으로 나눌 수 있다고 본다(김영모, 1999: 7-8).

이처럼 사회복지실천에는 크게 기술적 접근방법과 정책적 접근방법이 있고, 두 접근방법을 통합한 통합적 방법론이 포함될 수 있다. 그러나 사회복지실천에서 주로 다루어지는 영역은 이른바 미국의 전문적 사회사업의 전통을 이어받은 방법론에 한정시키는 경향이 있다. 한 예로 전재일은 전문적 접근방법에서 개별사회사업, 집단사회사업, 지역사회사업을 상세히 다루고, '보조적 사회사업방법' 으로 사회복지행정과 사회사업조사를 간략히 소개하였다(전재일, 1999: 201-214).

사회복지실천의 범주에 기술론과 함께 정책론을 포함시키면서도, 사회복지실천론에 대한 대부분의 대학교재는 기술론 위주로 집필되어 있다. 이 점에 대해서 최옥채는 현재 사회사업과 사회복지를 혼용하고 있는 한 사회복지실천의 개념을 명쾌하게 정립하기는 불가능하다고 본다. 사회사업과 사회복지가 분명히 다름에도 불구하고, 사회사업을 사회복지와 같이 사용함으로써 사회복지실천의 개념은 곧 사회사업실천의 개념을 일컫게 된다는 것이다. 즉 포괄적인 사회복지실천은 기존의 사회사업실천에 사회복지정책과 사회복지행정을 포함한 사회복지사의 활동을 의미하나 여기에서는 사회복지정책과 행정을 제외할 수밖에 없다(최옥채, 1999: 14).

이러한 상황을 고려하더라도, 사회복지실천을 정의하기는 쉽지 않다. 먼저 학자들의 정의를 몇 가지 소개하면 다음과 같다.

미나한Anne Minahan과 핀커스Allen Pincus는 사회사업실천은 사람과 사회환경에 존재하는 체계들 사이의 상호작용에 초점을 둔다(문인숙 외, 1995)고 함으로써 사회복지실천이란 생활상 필요로 하는 제반의 서비스를 받기 위해 체계에 의존하고 있는 개인을 돕는 일이라고 강조하고 있다. 스키드모어Rex A. Skidmore 등은 사회사업은 개별사회사업, 집단사회사업, 지역사회조직, 행정, 조사를 포함한 사회복지실천을 통해 개인, 집단-특히 가족, 지역사회의 문제를 해결하도록 돕는 예술, 과학, 전문직 등으로 정의될 수 있다(Skidmore et al., 1991)고 하였다. 특히 이들은 최근의 사회복지실천은 전통적 3대 방법론을 포함하면서 대체로 포괄적이어야 한다고 강조하였다. 이러한 포괄적 사회복지실천은 곧 일반사회복지사의 역할로서 이들은 여러 상황에서 다양한 클라이언트를 접할 수 있는 기술을 가지고 있는 자들(Tolsom et al., 1994 재인용)이라고 하겠다(최옥채, 1999: 15).

최옥채는 이론가들의 정의를 통해 볼 때 사회복지실천이란 정부의 제도 안에서 개인, 집단, 지역사회를 대상으로 이들의 욕구와 문제를 해결하기 위해 펼치는 전문적 활동이라고 요약할 수 있다고 보았다. 그는 사회복지실천에서 개별사회사업, 집단사회사업, 지역사회조직을 3가지 방법론으로 보고, 행정과 조사는 3가지 방법론의 보조체계나 보조기술로 보았다.

사회복지실천을 개별사회사업, 집단사회사업, 지역사회조직 등 전통적인 사회사업실천을 중심으로 할 것인지, 혹은 전통적 3대 접근방법에 사회복지행정, 사회조사, 사회행동 등을 동등하게 포함시킬 것인지는 학자들의 입장에 따라서 달라질 수 있다. 사회복지실천을 전통적 사회사업실천에 한정시킬 경우에는 사회복지사의 전문적 역할을 보다 분명하게 규정할 수 있다는 장점이 있음에도 불구하고, 현대사회에서 사회복지정책이 사회복지에서 차지하는 비중이 점차 늘어나는 추세에서 볼 때, 사회복지사의 전문적 역할을 너무 제한하는 것은 아닌지 생각해 보아야 한다.

특히 한국사회에서 대학을 졸업하고 사회복지 현장에 진출한 사회복지사의 주류가 동행정복지센터에서 사회복지직 공무원으로 일하거나, (종합)사회복지관에서 일반행정 업무를 광범위하게 수행한다는 점에서 볼 때, 사회복지실천에서 복지행정과 사회복지조사의 중요성을 간과하기 어렵다. 따라서 한국의 사회복지실천은 사회사업의 전통적인 방법론을 이어받으면서도 우리 현실에 맞는 다양한 방법론을 개발하고, 사회복지학도와 사회복지사에게 효과적으로 가르칠 필요가 있다.

한국 사회복지학계에서 사회복지실천을 기술론과 정책론으로 분류하면서도, 사회복지실천을 기술론을 중심으로 논의하는 풍토는 한국 사회복지학이 주로 미국의 학풍을 이어받는 것과 무관하지 않을 것이다.

2. 사회복지실천의 발달

한국의 사회복지실천은 대체로 미국과 일본의 영향을 크게 받고 있다고 하겠다. 이는 다른 나라에 비해 미국과 일본에서 공부했거나 경험한 사회복지학과 교수들이 주류를 이루고 있기 때문이다. 정확한 자료에 의한 것은 아니나 미국으로부터는 사회복지실천 기술이, 일본으로부터는 사회복지실천 프로그램이 한국에 영향을 크게 미치고 있는 듯하다(최옥채, 1999: 31).

이처럼 한국의 사회복지실천이 미국과 일본의 영향력에서 크게 벗어나지 못하는 이유는 '문화적 식민주의'와 무관하지 않다. 한국의 사회복지학자는 주로 이 두 나라에서 사회복지학을 공부했을 뿐만 아니라, 35년간의 일제 식민통치와 해방 후 미국의 영향력에서 벗어나지 못한 한국사회에서 사회복지도 자유롭지 못했기 때문이다. 그리고 사회복지학을 자주적으로 모색하여 가르치기보다는 해독이 가능한 영어와 일본어로 된 문헌을 번역하여 가르쳐 온 교육풍토도 일조를 하였다.

따라서 한국의 사회복지실천을 이해하기 위해서는 미국의 사회복지실천 발달과정을 살펴볼 필요가 있다. 미국의 사회복지실천은 **개별사회사업, 집단지도사업, 지역사회실천** 순으로 주목을 받았고, 근래에는 **통합적 방법론**과 **사례관리**가 폭넓게 수용되고 있다(Dinitto & Mcneece, 1997; Garvin & Tropman, 1992. 조휘일 외, 1999: 55-62 재인용).

개별사회사업의 발달 과정

직접 실천 중에서도 개인과의 일 대 일 기반으로 한 실천방법은 가장 오래된 사회사업실천이다. 19세기 말 빈민층을 일 대 일로 원조하기 위해서 설치된 자선조직협회는 자원봉사자에 의해 운영되었는데, 20세기 초에 점차 자원봉사자보다는 케이스워커로 불리는 직원에 의해서 운영되었다.

개별사회사업을 위한 이론적 기반을 닦은 사람은 리치몬드Mary Richmond이다. 그녀는 볼티모아 자선조직협회의 총서기로 일하였고, 『사회진단』(*Social Diagnosis*, 1917)과 『개별사회사업』(*What is Social Casework*, 1922)을 집필하였다. 이 책들은 수년 동안 사회사업실천의 주된 교재가 되어 왔다. 1920년대와 그 후 몇십 년 동안 프로이드Freud를 추종하는 정신분석가들과 랭크Otto Rank의 이론을 추종하는 몇 개의 학파들이 개별사회사업을 발전시켰다. 흔히 전자의 개별사회사업가는 '진단학파', 후자는 '기능주의학파'로 불려졌다.

사회사업에 정신분석이론을 결합시켜 사회사업실천에 대한 폭넓은 개념적 기초를 발전시킨 사람은 해밀턴Gorden Hamilton이다. 그녀는 리치몬드의 영향을 받았고, 뉴욕사회사업대학(후에 콜럼비아대학교의 사회사업대학이 됨)의 교수로 일하며 1940년에 『사회사업의 이론과 실제』(1940)를 출간했는데, 이 책은 수년간 기본교재로 사용되었다. 진단학파의 이론가인 해밀턴은 개인과 환경을 연결시키려고 노력하였고, 그녀의 심리사회적 진단은 환경 속의 개인이라는 개념의 발전을 보게 되었다.

한편 펄만Helen Perlman은 1957년에 '문제해결과정'이라는 새로운 이론을 내놓고, 그동안 진단학파와 기능학파의 접근을 혼합하였다. 개별사회사업은 1960년대에 심리적 접근을 강조하고, 빈민과 억압된 계층의 욕구를 제대로 반응하지 못한다는 비판을 받았다. 그래서 1960년대부터 1970년대 걸쳐 과학적 지지를 얻는 접근법, 즉 행동수정 같은 접근법을 도입하였고, 환경에 대한 더 많은 관심을 보이면서 체계 개념을 도입하였다. 인간 문제는 사회적 조건으로부터 나온다는 점이 강조되었고, 사회계획과 사회변화에 대한 관심이 사회사업 전문직 내에서 강조되었다.

미국의 사회복지실천을 주로 사회사업실천의 발달과 변화과정을 중심으로 소개하였는데, 한국에서 사회복지실천에 대한 교육도 미국의 경향이 시간차를 두고 이루어졌다. 한국의 사회복지실천이 미국과 차이가 있다면, 한국의 대학에서 사회사업학이 처음 도입된 시기가 1947년이고 1960년대 이후 조금씩 확산되었기 때문에 초기에는 개별사회사업, 집단사회사업, 지역사회조직이 동시에 도입되었고, 1970년대 새마을운동을 계기로 지역사회조직이 주목을 받았다는 점이 한 가지 특징이라고 볼 수 있다.

또한 한국에서 사회복지실천은 오랫동안 대학에서 배운 미국식 사회사업실천

집단사회사업의 발달과정

집단사회사업은 19세기 동안 종교와 자선조직의 실천모델로서 개발되었다. 가장 초기에는 YMCA와 YWCA에서 집단 프로그램 및 활동으로 제공하였다. 그 후 19세기 인보관 운동이 시작되었고, 런던의 토인비홀, 시카코의 헐하우스에서 집단 프로그램을 통해 소외계층을 도왔다. 이 기관들은 이민자들이나 공장 노동자들에게 집단 경험을 통해 도시의 환경을 극복하도록 도움을 주었다. 20세기 초에는 보이스카웃, 걸스카웃, 4H클럽 등의 집단지도기관이 등장하였다. 이러한 기관들 중에서 인보관이 가장 영향력이 있었다. 이 당시 집단은 주로 사회화, 기술훈련, 교육, 레크리에이션을 위해 활용되었다.

1930년대 초에 개별사회사업과 구별하기 위한 목적으로 '집단사회사업'(social group work)이라는 용어가 사용되었다. 집단사회사업의 이론이 지속적으로 발전하면서, 1950년대에는 집단사회사업이 사회사업 전 분야에서 실천되었다. 1960년대까지 다양한 모델이 개발되었는데, 사회적 모델, 치료모델, 성장 및 지지모델을 들 수 있다.

지역사회실천의 발달과정

지역사회조직사업과 지역사회실천은 종종 같은 뜻으로 사용된다. 지역사회조직사업은 그 기원을 자선조직협회와 인보관운동에 두고 있다. 자선조직협회운동이 서비스 전달의 과오를 없애고 효율적 측면을 강조한 반면에 인보관운동은 변화를 성취하고 환경적 원인으로부터 나오는 문제를 제거하기 위한 입법화 운동을 벌이는 사회행동에 초점을 두었다.

2차 세계대전 직전 미국 사회사업전국대회에서는 지역사회조직사업이 사회사업실천의 한 방법으로 보고되었고, 이 무렵 알린스키Saul Alinsky는 지역사회조직사업의 기초를 다진 중요한 인물이다. 1962년에 지역사회조직은 대학원에서 하나의 전공 영역으로 사회사업교육위원회의 인정을 받았고, 시민운동이 왕성한 이때 이 과목은 매우 인기가 높았다. 그러나 1970년대 중반에 접어들면서 지역사회조직에 대한 관심은 매우 줄어들어, 대부분의 대학이 거시적 실천이라는 영역으로 지역사회조직과 행정을 묶는 경향을 보였다. 최근 들어 지역사회실천이라는 용어가 지역사회조직사업을 대신하여 자주 등장하는데, 거시적 실천으로서 지역사회실천은 지역사회조직사업, 지역사회개발, 사회계획, 사회행동, 사회행정과 관련된 기술을 포함한다.

을 활용할 만한 현장이 없었고, 그나마 있는 사회복지 현장이 전문 사회사업을 실천하기에는 재정적으로 매우 열악하여 강단 사회복지실천에 머물렀다는 비판을 면하기 어려웠다.

통합적 방법론의 발달과정

1970년대에는 사회체계이론이 사회사업의 지식에 급속도로 많이 활용되었고, 사회사업실천방법(개별, 집단, 지역사회조직사업)의 공통적 요소를 찾으려는 노력이 활발히 전개되어 통합방법론 또는 일반실천방법이 소개되었다. 다양한 사회사업방법에는 사회복지사가 수행하는 어떤 공통적인 역할과 요소가 있다는 점에 착안하여 사회사업 통합방법이 나오게 되었다. 1960년대에 그런 공통적인 요소를 찾으려는 노력을 시도하고 있을 때, 문제해결은 개별, 집단지도, 지역사회조직사업에서 공통적으로 발견되는 개념 중의 하나였고, 통합적이고 일반적 실천이론을 개발하는 데 중요한 개념이 되었다. 대표적인 학자로는 『사회사업실천』을 쓴 핀커스Pincus와 미나한Minahan, 『사회사업과정』을 쓴 콤프톤Compton과 갈라웨이Galaway가 있다. 통합적 방법은 생태학적 견지를 포함하고 있는 체계이론에 기초를 두고 있다. 이 모델은 사회복지사가 전문적 지식, 기술, 가치를 가지고, 개인·집단·지역사회와의 문제해결을 위하여, 다양한 견지를 가지고 문제를 분석하고 행동을 취하여, 문제해결을 한다는 것을 강조한다.

사례관리의 특징

1970년대 초에 출현하여 1980년대에 폭발적 관심을 받은 실천방법으로는 사례관리를 들 수 있다. 사례관리는 모든 전통적 사회사업 실천방법들을 통합하고, 체계이론에 기반하여 문제해결을 위한 개념적 단일체를 제공한다. 사례관리는 전통적 접근방법에 뿌리를 두고 있으면서도 개별사회사업과는 일정한 차이가 있다. 개별사회사업은 보통 복지대상자들을 사무실에서 약속을 정하여 만나고 사무실 안에서 문제를 해결하려는 경향이 있는데, 사례관리는 사무실에서 벗어나 복지대상자의 환경에 개입하는 도전적인 과제를 수행하려고 노력한다. 사례관리자로서 사회복지사는 개별, 집단지도, 가족치료, 지역사회조직을 통합하여 활용한다. 사례관리는 심리치료에 깊이 관여하지 않고, 복지대상자가 실제적인 생활문제나 지역사회에서의 생존에 관련된 문제를 잘 다루도록 도와준다.

다행히 사회사업학과가 있는 대학교의 부설 사회복지관이 사회복지실천의 실습장으로 활용되었고, 1987년에 생활보호 업무를 효과적으로 수행하기 위해서 동사무소에 사회복지전문요원이 임용되었으며, 1990년대 초에 영구임대아파트를 중심으로 사회복지관이 대폭 증설되면서 전문적 사회복지실천의 가능성이 열리기 시작하였다.

이처럼 한국의 사회복지실천은 대학강단에서는 미국의 사회복지실천을 꾸준히 받아들였지만, 사회복지 현장에서는 이제 초보적인 단계를 막 벗어나고 있다고 해도 과언이 아니다. 따라서 앞으로 사회복지실천은 한국사회가 지난 반세기 동안 겪은 도시화, 산업화, 핵가족화, 그리고 가치관의 변화로 겪고 있는 빈곤문제, 가족해체로 인한 아동보호문제, 알콜남용 등 약물오남용문제, 실직자와 부랑인문제, 장애인·여성·노인 등 사회적 소외계층의 적응과 통합을 다룰 수 있는 한국적 접근방법이 개발되어야 할 것이다.

Ⅱ. 사회복지실천 기술

사회복지사가 해결해야 할 인간의 문제는 복잡하고 다양하기에, 이에 대처할 수 있는 고도의 기술이 무엇보다도 중요하다. 역사적으로 사회복지교육자들은 학생들의 전문적 능력을 증진하고, 도움의 관계를 강화하는 데 필요한 도움의 기술을 개발하는 것에 많은 관심을 기울여 왔다.

많은 다른 전문직에 비해 사회복지사는 인간을 돕는 상황에서 구체적이고 유형적인 자원들을 많이 동원하지 않는다. 즉 단순히 인간에 대한 지식의 체계, 일련의 가치관, 그리고 사용 가능한 기법 내지 기술의 체계로부터 가장 확실성 있고 효과적이라고 생각되는 도움의 방법이나 개입 전략을 신중히 선택해서 사용하게 된다. 예를 들어서, 의사들은 환자의 병을 치료하는 데 있어서 주로 의약품과 의료기기를 사용하는 데 비해 사회복지사는 가끔 물질적인 원조를 사용하지만 주로 복지대상자와의 상호 신뢰할 수 있고 생산적인 관계를 통하여 문제를 해결하고, 또한 사회 기능을 강화 내지 치료하는 것이다. 따라서 인간복지 분야에 종사하는 사회복지사는 복지대상자와의 전문적 관계를 통해 세워 놓은 목표 달성을 위해서 나름대로 사용할 수 있는 광범위한 지식, 전략, 기법 및 기술의 체계를 가져야 한다(조휘일 외, 1999: 131-133).

사회복지사가 복지대상자와 전문적 관계를 형성하여 복지서비스를 제공할 때의 가장 구체적인 기술 중에는 면접, 기록, 사정, 평가 등이 포함된다.

1. 면접

현실적으로 사회복지사에게 가장 요구되는 기술은 복지대상자와 올바른 의사소통을 할 수 있는 면접 기술이다. 면접은 단순한 대화가 아니라 욕구와 문제가 있는 복지대상자를 돕기 위해 사용되는 목표 지향적 활동이다. 사회복지사는 면접을 통해서 복지대상자의 욕구와 문제를 파악하고, 그 복지대상자에게 적합한 자원을 제공할 수 있어야 한다. 면접이 효과적으로 이루어지기 위해서 사회복지사는 복지대상자를 관찰하는 기술, 듣는 기술, 질문하는 기술, 해석하는 기술 등을 갖추어야 한다.

복지대상자는 언어와 함께 비언어적 방식으로 정보를 주고 감정을 표현한다. 사회복지사는 복지대상자의 비언어적 표현에 민감해야 진술의 타당성을 확인할 수 있고, 반응(환류)하기에 용이하다. 사회복지사가 유의해야 할 복지대상자의 비언어적 메시지 중에는 신체언어(얼굴표정, 목소리 등), 처음 하는 말과 끝내는 말의 내용, 화제의 이동, 반복적인 주제의 제시, 진술간의 불일치 등이 포함된다. 만약 복지대상자의 말과 비언어적 메시지가 다를 경우에는 후자가 더 복지대상자의 진의를 포함할 가능성이 많다.

면접 상황에서 복지대상자가 말하는 것과 질문에 대한 응답을 듣는 것은 매우 중요하다. 경험 없는 사회복지사들은 질문에만 강조를 하고 잘 듣지를 못하는 경우가 있는데, 듣는 기술이 부족하면 면접을 통해서 정보를 얻고, 전문적 서비스를 제공하는 데 한계가 있다. 흔히 사회복지사는 복지대상자가 말하는 것을 듣고, 말하지 않는 것을 들을 수 있어야 하며, 몸짓으로 말하는 것을 듣고, 말 속에 숨은 뜻을 들어야 한다고 말한다.

사회복지사가 좋은 질문을 하기 위해서는 질문하는 법을 알아야 한다. 질문은 크게 개방형과 폐쇄형으로 나눌 수 있다. “배우자가 왜 이혼을 제의했다고 보십니까?”와 같은 개방형 질문은 복지대상자에게 감정을 표현할 기회를 주고, 주제에 대한 대상자의 인지상태를 확인할 수 있다. 반면에 “배우자와 함께 살고 있습니까?”와 같은 폐쇄형 질문은 주로 사실적 정보나 구체적인 대답을 구할 때 쓰는데, 폐쇄형 질문은 복지대상자와 면접의 주제를 구체화시키고, 말이 너무 많은 복지대상자의 말을 중단시키는 데도 활용할 수 있다.

사회복지사의 좋은 면접은 적절한 해석에 의해서 가치를 발휘할 수 있다. 사회복지사는 면접을 시작하면서 다양한 해석의 가능성을 열어두고, 점차 면접을 진행하면서 가설을 구성하고 재구성한다. 일반적으로 해석은 문제를 충분히 이해하고 신뢰관계가 돈독히 세워진 경우에 해야 한다.

서울특별시아동복지센터 www.child.seoul.kr 참조

2. 기록

사회복지사의 일상활동에서 기록을 뺄 수 없다. 담당하는 사례를 관리하기 위해서 매일 기록하고, 각종 회의록을 쓰며, 사례의 계획·진행과정·결과보고서도 모두 기록으로 남겨진다.

일반적으로 기록의 목적은 복지대상자의 욕구 확인, 사례의 지속성 유지, 기관이 실시하는 서비스의 정당성의 입증, 전문가간 의사소통의 원활화, 복지대상자와 정보 공유, 사례에 대한 지도감독의 자료, 교육훈련의 자료, 행정적 과업을 위한 자료제공, 조사를 위한 자료제공 등으로 활용하는 데 있다(장인협, 1996: 277-278).

기록의 유형은 복지대상자에 따라서 달라질 수 있지만, 대체로 사회복지사는 복지대상자와의 활동일시와 장소, 활동목표, 소 프로그램과 목표달성 전략, 활동내용, 평가, 다음 활동계획, 발견사항 등을 기록해 두어야 할 것이다. 또한 사회복지실천 기록은 사회복지사와 복지대상자 그리고 기관이 상호 밀접한 관계를 가질 뿐 아니라 이들에게 매우 유용한 문서이므로 비밀보장, 객관성, 논리성이 갖추어지고, 사회복지사는 근면하게 기록해야 한다(최옥채, 1999: 117-119).

기록의 중요성을 공감하는 사회복지사도 그 기록을 보관하고 다른 기록과 연계시켜서 서비스를 발전시키는 데는 소홀히 하는 경우가 많다. 예컨대 복잡한 가족문제를 호소하는 사례에 대한 기록은 상담기록부에 철해 있지만, 다양한 가족상담의 사례를 분석하여 가족문제 유형별로 복지서비스를 개발하는 것은 경시할

수 있다. 또한 기관의 인력의 변화, 부서의 재편성, 사무실의 이전 등의 계기마다, 수많은 기록물은 쓰레기로 폐기처분되기도 한다. 따라서 사회복지사와 그 기관은 문서 양식을 표준화시켜 기록을 남기고, 가급적 모든 문서를 컴퓨터로 작성하여 보관하며, 기록물에 등급을 매겨서 일정한 조건을 갖춘 직원이 기록물을 공유하도록 해야 한다.

3. 사정

사회복지실천에서 사정이란 사회복지사가 사례에 개입하기 전에 개입계획을 위해 복지대상자 체계의 문제 혹은 욕구를 사회복지사의 활동에 요구되는 자원을 파악하는 과정이다. 사정의 목적은 복지대상자의 문제와 욕구해결을 위해 필요한 자원을 조사하여 사회복지사의 개입계획을 세우기 위한 토대를 마련하는 것이다.

따라서 합리적인 사정을 위해서는 복지대상자의 문제와 욕구를 파악하고, 그 문제해결을 위해 사회복지사가 가진 능력을 점검하며, 기관과 지역사회로부터 동원할 수 있는 자원을 바탕으로, 복지대상자에게 주어질 서비스의 수준과 방법을 결정해야 한다. 사회복지실천에서 올바른 사정을 위해서는 개입 초기부터 끝까지 지속성, 수집된 자료와 정보의 객관성, 그리고 복지대상자의 현재 상황과 의견이 존중되는 참여의 원칙이 지켜져야 할 것이다(최옥채, 1999: 122-124).

4. 평가

사회복지실천의 평가는 미리 정해진 틀에 의해 사회복지사가 개입하여 투입된 내용과 결과를 토대로 개입의 효과성과 효율성 그리고 복지대상자의 변화 정도를 점검하는 것이다. 사회복지 현장에서 평가는 그 현장과 사회복지사의 업무 특성에 따라서 서로 다른 부분이 강조될 수 있다. 즉 평가는 정책의 결정자에게, 기관의 운영자에게, 복지실천가에게, 그리고 복지대상자에게 중요한 관심사이다.

사회복지사가 합리적인 평가를 하기 위해서는 사례에 맞는 평가틀을 만들고,

객관적인 절차에 의해서 평가하며, 사례별 평가와 종합적인 평가를 정리하고, 평가내용을 지도감독자, 관련인에게 공표하여 환류(피드백)를 받아야 할 것이다.

Ⅲ. 사회복지실천 방법

사회복지실천 방법은 전통적으로 개별사회사업, 집단사회사업, 지역사회사업(조직)이라고 분류되어 왔다. 최근에는 개인, 집단, 지역사회를 구분하지 않고 접근하는 통합적인 방법이 강조되고 있지만, 사회복지실천의 방법이 복지대상자의 규모에 따라 구분될 필요가 있다. 역사적으로 볼 때 위의 세 가지 실천 방법은 나름대로 다른 배경에서 생성되어 발전되었고, 현장에서 사회복지서비스를 제공하는 사회복지사도 자신의 기술수준과 성향에 의해 개입하는 방법을 달리할 수 있기 때문이다. 먼저 전통적인 실천방법의 정의, 발달과정, 기본원리, 과정, 그리고 이론적 모델을 간략히 소개하고, 통합적 접근방법과 정책적 접근방법을 소개하고자 한다.

1. 개별사회사업

개별사회사업의 개척자인 리치몬드는 "개별사회사업이란 인간과 그의 사회환경의 개별적이고 의식적인 조정을 통하여 그의 인격을 발달시키는 여러 과정으로 이루어지는 것"이라고 하여 인간의 인격발달의 측면을 강조하였다(Richmond, 1922: 98-99). 그리고 펄만은 "개별사회사업이란 사람들이 사회적 기능을 수행함에 있어서 그들의 문제를 보다 효과적으로 처리해 나가도록 돕는 사회복지기관에서 사용되는 한 과정"이라고 하였다(Perlman, 1974: 4).

여러 학자들의 정의를 종합하면, 개별사회사업의 특징은 문제를 가진 개인이나 가족을 대상으로 하고, 과학적 지식과 전문적 기술을 지닌 사회복지사에 의해 실시되고, 대상에 따라 그 방법이 개별적으로 이루어지고, 환경의 적응과 인격의 발달을 돕기 위한 의식적인 노력이고, 사회복지사와 복지대상자 간의 인간관계가 중요시되고, 개별사회사업은 단계적 과정으로 실시되고, 복지대상자의 심리적 재조정과 치료에 중점을 두며, 개인과 사회환경 간의 상호작용 등을 중요시 한다(박용순, 1999: 128).

개별사회사업의 초기적 모습은 자선조직협회의 우애방문활동에서 찾을 수 있지만, 리치몬드의 『사회진단』(1917)에 의해서 그 기초가 확립되었다고 볼 수 있다. 초기 개별사회사업은 복지대상자의 문제는 개인과 환경간의 조정을 통해서 해결될 수 있다는 시각에 바탕을 두었는데, 점차 사회의 중요성을 강조하는 심리사회적 모델로 발전되었다.

비에스텍Biestek은 『개별사업 관계』(1961)에서 사회복지사는 복지대상자와의 개별사회사업 관계를 형성하여, 궁극적으로 복지대상자가 자신과 사회환경 간에 효율적인 적응을 하도록 도와주어야 한다고 했다. 그는 사회복지사가 복지대상자를 돕기 위해서는 일곱 가지 전문적 원리를 지킬 것을 강조했다. 즉 **개별화, 의도적인 감정표현, 통제된 정서적 관여, 수용, 비심판적 태도, 복지대상자의 자기결정**, 그리고 **비밀보장의 원리** 등이다.

따라서 사회복지사는 사회복지서비스를 제공받는 모든 복지대상자는 독특한 자질을 가진 사람으로 인정되어야 하고(개별화), 복지대상자의 긍정적 감정과 함께 부정적 감정도 표현되도록 도와주며(의도적 감정표현), 사회복지사는 복지대상자의 감정에 민감하게 대처하고 적절히 반응하며(통제된 정서적 관여), 복지대상자를 있는 그대로 받아들이고(수용), 복지대상자에게 책임이나 죄를 따지지 않고(비심판적 태도), 복지대상자의 선택과 결정을 존중하며(자기결정), 그리고 복지대상자의 사생활과 비밀을 보장해야 한다(비밀보장).

복지대상자의 문제를 효과적으로 해결하기 위하여 최소한으로 거쳐야 할 절차로서 일반적으로 인테이크, 조사, 사정 또는 진단, 치료과정을 거쳐야 한다. 인테이크는 복지대상자가 문제 해결의 도움을 요청하기 위해 사회복지기관에 찾아왔을 때, 그의 욕구가 무엇이며 그 기관에서 문제해결이 가능한가를 결정하는 전반적인 단계이다. 조사과정은 문제해결의 초기단계로서 복지대상자를 효율적으

클라이언트를 돕는 일곱가지 전문적인 원리 (Biestek)

개별화individualization 사람은 누구나 개별적인 특징을 가지고 있는 독특한 개인으로 취급되어야 할 인간의 권리에 기초한다. 따라서 개별화는 각 복지대상자의 특수한 성질을 인정하고 이해하는 것으로 개인의 권리이며 욕구이다.

의도적인 감정표현purposeful expression은 복지대상자로 하여금 자신의 감정을 자유롭게 표현하도록 하는 것, 특히 자신이 비판받게 될지도 모르는 감정들을 자유롭게 표현하게 하는 것이다.

통제된 정서적 관여controlled emotional involvement는 복지대상자의 감정에 대한 민감성과 그가 의미하는 것에 대한 감정이입적 이해 그리고 그의 감정에 대한 의도적이고 적절한 반응 기술이다.

수용acceptance은 여러 약점을 가진 개인을 존재하는 그대로 편견 없이 받아들이는 것이다. 사회복지실천에서 수용적 태도는 정중함, 인내심, 그리고 경청하려는 의지로서 복지대상자가 불평을 하고 부당한 요청을 하는 등 자기 자신을 어떠한 모양으로 표현하든 그것을 비판하지 않는 것이다.

비심판적 태도nonjudgemental attitude는 복지대상자를 돕는 과정에서 그의 문제의 원인이 그의 퍼스낼리티와 같은 개인 내적인 요소에 의한 것이든 그들의 외부환경에 의한 것이든 그 문제의 책임이 복지대상자에게 있다는 것을 언어 혹은 비언어적인 것으로 표현하지 않는 것이다.

복지대상자의 자기결정client self-determination은 사회복지실천 전 과정에 걸쳐 복지대상자 개인의 권리와 욕구를 실현하기 위하여, 그가 모든 의사결정과정에 참여하여 스스로 선택하고 결정하는 자유를 누리는 것이다.

비밀보장confidentiality은 복지대상자의 기본적인 권리에 기초하는 것으로서 전문적인 관계를 통해 밝혀지는 복지대상자에 관한 정보를 누출시키지 않는 것이다. 이는 사회복지사의 윤리적인 의무이고 성공적인 사회복지실천 관계유지를 위해 반드시 필요한 것이다.

로 치료하기 위해 그들에 대한 보다 나은 이해를 구하는 데 목적을 둔다. 진단과정은 사례조사에서 획득한 제반 자료의 분석을 통해 문제의 원인이나 특성에 대한 종합적인 해석을 내리고 그 문제해결을 위한 계획수립의 단계이다. 치료과정은 문제를 정확히 사정하여 그의 생활상황을 변화시키는 최종단계이다.

개별사회사업 이론으로는 **심리사회적 모델, 기능적 모델, 문제해결 모델, 행동수정 모델, 가족치료 모델, 위기개입 모델, 사회화 모델** 등이 있다. 각 모델은 복지대상자의 문제를 해결하기 위해서 개인과 환경을 보는 관점이 조금씩 다르고, 문제해결을 위해 사회복지사가 동원할 기술과 자원에서 강조점에 차이가 있다.

개별사회사업의 대표적 이론

심리사회적 모델 psychosocial model 은 1920년대와 1930년대 사회경제적 상황, 퍼스낼리티이론, 사회화 이론 등의 성장에서 크게 영향을 받아 왔다. 이 모델은 인간을 생리적, 심리적으로뿐만 아니라, 인간을 둘러싼 사회경제적 상황을 포함한 전체적인 시각으로서 '심리사회적관점을 지니는 특색이 있다. 즉 인간은 주체성을 지닌 자주적 존재이지만, 동시에 환경의 영향을 받아 상황의 지배하에 생활하게 된다는 것이다.

기능적 모델 functional model 은 1930년대 펜실베니아 사회사업대학원의 교수들에 의해 개발되었다. 진단주의학파는 프로이드(S. Freud) 정신분석의 영향을 받아 인간을 기계적, 결정론적 관점에서 보는 반면, 기능주의학파는 인간을 의지적, 낙관적 관점에서 바라보며 인간을 '자신의 창조자'로 보고 있다.

문제해결 모델 problem-solving model 은 시카고대학 펄만(H. Perlman) 교수가 창안한 것으로 진단주의와 기능주의의 관점을 절충한 모델이다. 문제해결모델의 활동적 구성요소는 문제(problem), 사람(person), 장소(place), 과정(process)의 4P개념으로 이루어져 있다. 이 모델의 특성은 복지대상자가 문제해결자가 되어야 하고, 이 복지대상자의 자아는 퍼스낼리티 문제의 해결을 시도해야 하므로 자아개념이 중요시된다.

행동수정 모델 behavioral modification model 은 1950년대 초 프로이드의 정신분석에 회의를 느낀 학자들이 연구한 행동주의적 접근방식이다. 대표적 학자인 스키너(B. Skinner)는 인간의 행동이 '긍정적 강화' 와 '부정적 강화'에 의해 결정된다는 '행동강화이론'을 제시했다.

가족치료 모델 family therapy model 은1950년대부터 1975년까지 약 25년 간 미국을 중심으로 발전되어 온 이론으로, 가족을 단위로 하여 개개인, 개인간 유형, 의사소통 유형의 전체 체계에 초점을 맞춘다. 가족치료는 가족성원 속에서 역할과 상호의무를 명확히 하고, 성원간에 더욱 적합한 행동을 북돋아주려고 한다. 사회복지사는 언어적 비언어적 행동에 관심을 갖고, 가족사(family history)보다는 '지금 이곳'(here and now)에 초점을 맞춘다.

위기개입 모델 crisis intervention model 은 1960년대 이후 단기 개별사회사업의 치료에 관심을 두고 개인이나 가족에게 접근하는 이론이다. 이 모델은 긍정적인 성장과 변화를 유도할 수 있는 효율적인 대처기술을 개발해줌으로써 위기에 처해 있는 복지대상자를 원조하는 기술이다. 효과적인 대처기술의 개발은 복지대상자에게 문제를 인식시켜 주고, 그 문제가 가져올 충격을 깨닫게 하며, 또한 유사한 경험에 직면했을 때 이에 대처하는 새롭고 더욱 효과적인 행동을 학습시킴으로써 이루어진다.

사회화 모델 socialization model 은 1960년대 개별사회사업의 새로운 지식과 기법개발, 전문교육의 재조직 차원에서 인식된 이론이다. 이 모델에서 대상집단은 사회화되지 못한 경우, 불충분하게 사회화된 경우, 특정 하위문화에 사회화된 경우 세 가지로 나뉜다. 따라서 사회화의 대행자는 사회복지사이고, 사회화의 목표는 복지대상자가 사회기능력을 갖게 하는 것이며, 사회복지사의 기법은 교육, 모델제공, 참여권유, 피드백 제공 등으로 요약된다.

2. 집단사회사업

집단사회사업은 집단구성원의 집단활동 중에 개인을 다루는 원조관계를 말한다. 코노프카Konopka는 "집단사회사업이란 의도적인 집단경험을 통하여 인간의 사회적 기능을 증진시키고, 개인·집단·지역사회의 당면문제들에 대해 더욱 효과적으로 대처하기 위한 사회사업의 한 방법"이라고 강조하였다(Konopka, 1972: 20).

트렉커는 "집단사회사업이란 사회사업의 한 방법으로 집단에 속하는 개인이 프로그램 활동을 통해 전문가의 도움으로 그들의 욕구와 능력에 따라 타인과의 결합이나 성장기회의 경험을 쌓도록 하며, 개인·집단·지역사회의 성장과 발전을 도모하는 것"이라고 주장하고 있다(Trecker, 1975: 22).

학자들의 정의를 요약하면, 집단사회사업은 개인의 사회적 기능을 향상시키기 위해 집단을 그 수단으로 삼고, 집단사회사업의 과정은 개인과 집단의 욕구와 능력·발달단계 등을 기초로 의도적이고 계획적으로 시행하며, 전문가의 도움으로, 기능상의 문제를 가진 집단구성원을 취급함에 있어 특수한 전문적 지식과 기술을 사용하는, 사회사업방법 중의 하나라는 점이다(박용순, 1999: 142).

집단사회사업은 19세기 후반에서 20세기 초반에 걸쳐 발생된 사회개량운동에 기인하고, 특히 기독청년회YMCA에 의해서 널리 확산되었다. YMCA와 YWCA는 남녀 청소년과 청년에게 기독교신앙을 고취시키는 한편, 클럽활동이나 레크리에이션 활동을 통해 정신적, 신체적 건강, 일상생활에 필요한 기술지도 등을 제공하며, 심신을 건강하게 성장·발달하게 하는 데 크게 기여하였다. 이러한 집단사회사업은 그 효과를 인정받으면서, 보이스카우트, 캠핑 등의 그룹활동에 널리 확산되었다.

집단사회사업이 효과적으로 이루어지기 위해서는 집단, 집단구성원, 그리고 집단사회사업가가 필요하다. 여기에서 집단은 단순히 개인들의 집합체가 아닌 집단구성원간의 상호역동이 이루어지는 유기체이다. 사회복지사는 집단구성원을 전체로 보는 것이 아니라 구성원 각자에게 초점을 두어서, 개별화해서 접근할 수 있는 대면집단이어야 한다. 집단사회사업가는 집단의 상황과 집단구성원의 욕구를

집단사회사업의 실천모델

사회적 목표모델social goals model 은 집단사회사업을 통해 민주주의를 유지 발전시킨다는 전통적 사고에 근거를 두고 있다. 즉 집단활동을 통해서 사회적 의식, 사회적 책임 등의 목적을 달성하고자 하며, 그리고 시민참여, 훌륭한 사회인, 민주적 과정의 습득 등을 추구하고자 한다.

치료적 모델remedial model 은 문제를 가진 개인에게 그 전문성을 발휘하여 치료적인 집단활동을 전개하는 데 있다. 이 모델은 '교정적 모델'이라고도 하며 임상적인 경향으로서 집단 자체가 변화매개체로 활용된다. 특히 치료적 모델은 개별사회사업과 밀접하게 관련된 것으로 개인의 치료에 중점을 두고 있다. 이 모델의 특징은 집단이 치료의 수단이 되며, 집단이 치료를 위한 환경이 된다.

상호작용적 모델reciprocal model 은 집단과 개인 간의 상호작용관계에 근거를 두고 사회복지사와 집단구성원을 포함한 하나의 사회적 체계로서 개념화하고 있다. 이 모델에 의하면 하나의 체계 또는 집단을 그 자체가 유기체로서 사회복지사와 각 구성원들 간의 상호관계에 의해 영향을 받는다. 이 모델을 '조정적 모델' 또는 '매개모델' 이라고도 한다.

파악하고, 집단활동의 장을 설정하여 집단이 갖는 목적에 따라 적절한 프로그램을 전개해야 한다. 따라서 집단사회사업가는 다양한 역할을 수행하는데, 그 중 대표적인 것은 가능자, 변화매개자, 중재자, 대변자, 상담자의 역할 등이다.

서울YMCA www.ymca.or.kr 참조

개인들의 단순한 집합체에서 점차적으로 집단이 되어 가고 시간이 흐름에 따라서 집단이 발달하는데, 집단발달은 대체로 준비단계, 오리엔테이션단계, 탐색과 시험의 단계, 문제해결단계, 종료단계를 거치게 된다.

한편 집단사회사업의 실천모델은 **사회적 목표모델, 치료적 모델, 상호작용적 모델** 등으로 분류되고 있다.

3. 지역사회조직

지역사회조직은 지역주민들이 복지와 관련된 보건, 주택, 소득, 교육, 기타 사회봉사 등의 계획과 조정이 요구되는 사회복지의 한 방법이며, 인간관계나 사회제도에 바람직한 변화를 일으키는 사회사업의 개입과정이라고 할 수 있다.

지역사회조직의 역사적 기원은 19세기 후반 자선조직협회와 인보관운동에서 찾을 수 있고, 미국에서는 1차 세계대전 후 지역공동모금, 대공항 후 공공복지사업, 그리고 1960년대 '빈곤과의 전쟁'으로 정착되었다.

로스만Rothman에 따르면, 지역사회조직의 유형은 지역개발, 사회계획, 사회행동 세 가지로 볼 수 있다. 각 모델은 추구하는 목표와 실천 방법에서 상당한 차이가 있고, 사회복지사의 역할에도 강조점에 차이가 있다.

지역개발 모델locality development model은 지역사회의 변화를 가장 효과적으로 이룩하기 위해 지역주민들을 목표결정과 실천행동에 참여시켜야 한다는 전제에 나온 지역사회조직의 한 형태이다. 이 모델에서는 지역사회의 중심으로 민주적인 절차, 자발적인 협동, 그리고 토착적 지도자개발 등을 중요시한다. 사회복지사의 역할은 안내자, 가능자, 전문가 그리고 치료자의 역할이 강조된다.

사회계획 모델social planning model은 지역사회의 사회문제, 즉 비행, 주택, 건강 등의 제 문제를 해결하고자 하는 기술적인 과정을 강조한다. 이 모델의 핵심은 지역문제 해결을 위한 체계적이고 합리적인 계획수립과 계획된 변화이며, 관련 전문가를 통해 지역문제 해결을 도모하는 전반적인 활동에 두고 있다. 사회복지사는 분석가, 계획가, 조직가, 행정가의 역할이 강조된다.

사회행동 모델social action model은 지역사회의 불우계층에 포함된 주민들이 사회정의와 민주주의에 입각해서 보다 많은 지원과 향상된 처우를 그 지역사회에 요구하는 단체행동을 말한다. 이 모델에서 사회행동 참여자들은 가진 자들과 그렇지 못한 자들의 두 집단으로 구성되어 있으며, 특히 권력을 가진 소수의 사람들이 가지지 못한 다수 사람들의 권익을 침해하는 사회적 착취의 직접적인 결과로서 문제를 보고 있다. 사회복지사는 가능자, 중재자, 변호자, 행동가의 역할이 강조된다.

새마을운동본부 www.saemaul.or.kr 참조

4. 통합적 접근방법

통합적 접근방법은 모든 사회복지사들이 개인, 집단, 지역사회에 대처해 나가고자 할 때, 활용할 수 있는 공통된 하나의 원리나 개념을 제공할 수 있는 방법의 통합화를 말한다. 미국에서 사회사업실천의 통합화는 사회복지사의 역할이 개별사업가, 집단사업가, 의료사회사업가 등으로 세분화됨에 따라서 다양한 서비스를 받아야 할 복지대상자가 여러 종류의 사회복지사를 찾아가야 하는 불편을 해소하기 위해서 논의되기 시작했다. 즉 다양한 사회사업실천에서 공통적 요소는 사회복지사가 복지대상자와 함께 '문제해결'을 추구하는 '과정'이란 점에 착안하게 되었다.

통합적 접근방법을 발전시키는 데 기여한 이론은 체계이론이었다. 일반 체계이론은 모든 유기적 조직체는 체계, 즉 상부체계와 이의 부분들인 하부체계로 구성되어 있다는 생물학적 이론이다. 물질적 또는 정신적 에너지가 교환되는 경계를 가진 체계는 투입, 전환, 결과 그리고 환류라는 일련의 과정으로 이루어진다. 사회복지사는 체계이론을 활용하여 개인, 집단, 가족, 지역사회 등을 이해하고 그 문제를 해결하고자 하였다.

핀커스Pincus와 미나한Minahan은 사회사업실천을 변화주도 체계, 복지대상자 체계, 목표체계, 그리고 행동체계의 4가지 기본체계로 규정하고, 사회복지사는 자신이 다루어야 할 개인들이 어느 시점에서 어떤 체계에 속하게 되는가를 분석하고, 체계간 관계의 속성을 분석함으로써 이득을 얻게 된다고 보았다(Pincus & Minahan, 1973; 조휘일 외, 1999: 69-70 재인용). 즉 사회복지사와 이들이 소속되어 일하는 조직이나 기관이 변화주도 체계이고, 도움을 찾으면서 변화주도 체계와 협력하는 개인·집단·가족 및 지역사회는 복지대상자 체계이며, 변화주도 체계가 목적을 성취하기 위해 변화시키고자 하는 개인·집단·조직이 목표체계이고, 변화주도 체계가 목적을 위해 함께 일하는 개인·집단·조직이 행동체계라는 것이다. 핀커스와 미나한은 사회사업실천 단계, 즉 문제해결과정과 기술을 문제측정, 자료수집, 초기접촉, 계약협상, 행동체계의 형성, 행동체계의 유지와 조정, 행동체계에 영향력 행사, 그리고 평가와 종결로 정리했다.

이 밖에도 통합적 접근방법에는 골스트데인의 단일화 모델, 콤프톤과 갈라웨이의 문제해결과정 모델, 그리고 저매인과 기트만의 생활 모델 등이 있다. 각 모델은 인간과 사회환경과의 상호작용을 중시하면서도, 사회복지실천의 목적과 사회복지사의 기능에서 약간씩 강조점의 차이를 두고 있다(한국사회복지사협회 편, 1996: 33).

5. 정책적 접근방법

사회사업실천 방법을 범주화하는 일은 쉽지 않은 일이다. 미국 사회에서 처음에는 개별사회사업과 집단지도가 있었고, 1930년대에 지역사회조직이 수용되고 1950년대에 복지행정과 사회사업조사가 추가되었다. 그후 개인, 가족, 집단에 대한 사회치료를 한 범주로 묶어 임상사회사업 또는 직접 실천방법이라 하고, 사회계획, 복지행정, 그리고 지역사회조직 등을 한 범주로 묶어서 간접 실천 혹은 거시적 실천이라고 말했다(조휘일 외, 1999: 63).

이처럼 사회복지실천에는 개인, 집단, 지역사회를 위한 사회사업인 전통적인 접근과 별개로 복지행정, 사회조사, 사회행동 등이 있음을 밝히면서도, 한국사회복지실천론에서는 대체로 거시적 접근 혹은 정책론을 간략히 취급하거나 별도로 다루어 왔다(김영모, 1999: 328-338; 전재일, 1999: 202-214).

그러나 한국의 사회복지사는 국가와 지방자치단체의 사회복지직 공무원으로 일하거나 정부의 보조 혹은 위탁을 통하여 사회복지관과 사회복지시설에서 관리자로 일하는 경우가 많기 때문에, 복지행정, 사회조사, 사회행동 등 정책적 접근방법도 매우 소중한 사회복지실천이라고 볼 수 있다.

사회복지행정은 사회복지조직과 사회복지사가 효과적으로 서비스를 기획, 실천, 평가하도록 지원해 주는 활동으로, 이윤추구나 경영관리를 목적으로 하지 않고, 복지대상자의 복합적 욕구충족에 우선순위를 두어야 한다. 이 때문에 복지행정은 효과성, 형평성, 효율성 그리고 접근성을 주요 이념으로 한다. 복지행정도 일반 행정과 같이 기획, 조직, 인사, 지시, 조정, 보고, 재정 그리고 평가 등의 과정으로 이루어진다. 사회복지서비스 전달체계에서 중요한 것은 사회복지서비스의 핵심적인 업무는 전문가에 의해서 이루어지는가, 복지서비스의 양과 질이 복지대상자의 욕구충족에 충분한가, 복지서비스가 복지대상자의 다양한 요구와 문제를 포괄하는가, 서비스가 지속적으로 제공되는가 등이 강조되고 있다.

보건복지부 www.mw.go.kr 참조

사회복지조사는 사회복지 프로그램을 계획하고 수행하는 데 활용할 수 있는 지식을 산출하는 것이다. 흔히 사회복지조사는 사회복지실천을 위한 기초적이고 실증적인 자료를 제공해 주며, 사회복지대상자의 상황변화, 실천활동에 대한 반응과 효과성을 조사하며, 과학적인 검증을 통해서 사회복지의 과학성·전문성·책임성을 향상시킬 수 있는 수단과 방법을 제공한다. 사회복지조사는 대체로 문제제기, 연구설계, 자료수집, 자료분석 그리고 보고단계로 이루어진다. 훌륭한 사회복지조사는 좋은 질문을 하고, 그 질문을 과학적 조사방법을 활용하여 대답하려는 과정이라고 할 수 있다. 현재 과학적 자료수집의 방법으로 광범위하게 활용되는 것은 관찰법, 질문지법, 면접법 등이 있고, 흔히 한 조사연구에서 다양한 방법이 동시에 활용되고 있다.

사회행동은 다수의 사람들에게 영향을 미치고 사회문제에 대해 바람직한 사회변화를 가져오며, 그와 같은 관계에 영향을 미치는 사회복지활동의 과정이다. 따라서 사회행동은 항상 변화를 위한 제안과 그 제안에 대한 저항이나 옹호를 포함하고, 바람직한 것으로 생각하는 목표를 포함하며, 개인이나 집단의 행동을 고취하고자 하고, 교육·설득·선전·압력 등의 방법을 활용한다.

사회행동의 전술가로 유명한 알린스키Alinsky는 사회행동의 전술은 상대방의 약점을 이용하되 자체 조직의 활동 잠재력에 대한 이해가 있어야 함을 강조한다. 그가 말한 사회행동의 전술적 원칙을 몇 가지 열거하면 다음과 같다.

전술은 주민조직의 내부로부터 지지를 받아야 한다. 대결전술은 주민조직이 지니고 있는 힘을 과시할 수 있도록 사용해야 한다. 효과적인 전술은 게임의 규칙에 의해 공격함으로써 그것에 대해 알고 있다는 것을 보여준다. 현존의 제도와 싸우는 것을 피해야 한다. 상대방이 실수할 때까지 인내해야 한다. 상대방의 대응을 예상해야 한다. 사회복지사는 사회행동에서 조력자, 중재자, 옹호자, 그리고 행동가의 역할 등을 수행할 수 있다.

Ⅳ. 사회복지실천 과정

1. 미시적 실천과정

사회복지실천은 일련의 과정을 통해서 이루어지는데, 그 과정은 학자마다 약간씩 차이가 있지만 대체로 4~5단계로 나누어서 살펴볼 수 있다. 즉 개별사회사업에서 일반적으로 활용되는 인테이크과정, 조사과정, 진단 또는 사정과정, 치료과정은 4단계이고, 집단사회사업의 준비, 오리엔테이션, 탐색과 시험, 문제해결 그리고 종료단계는 5단계이다. 여러 학자들의 주장을 종합하여 사회복지실천을 계획단계, 탐색단계, 문제해결단계, 그리고 평가와 종결단계로 나누고(최옥채, 1999: 153-231), 각 단계에서의 목표, 사회복지사가 할 일, 그리고 사회복지사가 활용하는 주요 기술을 정리하면 다음과 같다.

(1) 계획단계

계획단계는 사회복지사가 복지대상자(체계)를 돕는 본격적인 활동에 앞서 중요한 정보를 바탕으로 개입을 준비하는 과정이다. 즉 사회복지사가 복지대상자의 상황을 이해하고, 자신의 개입 활동에 필요한 자원을 파악하여 활동을 계획하는 단계이다. 이 단계에서 사회복지사의 주요 목표는 크게 개입 가능성의 탐색과 활동계획의 수립이다.

사회복지사는 목표를 달성하기 위해서 일정한 틀 속에서 활동을 하는데, 복지대상자와 예비 접촉을 통해 복지대상자의 욕구와 문제를 개략적으로 파악하고, 필요한 자원을 파악하며, 기관의 재가를 받고, 복지대상자와 개입 여부를 합의하며, 개입계획을 세운다. 사회복지사는 성공적인 개입을 위해서 계획을 치밀하게 세워야 한다. 즉 사회복지사는 수집된 제 자료를 토대로 개입활동의 전체 목표, 개입 기간과 일정, 활동 장소, 매회 활동에서 적용할 소 프로그램, 전 기간의 과정, 평가방법, 그리고 전 과정에서 발생할 수 있는 어려움을 포함한 제반의 상황을 예상해야 한다.

계획단계에서 사회복지사는 대체로 조사자, 유도자, 계획가의 역할을 수행한다. 이 단계에서 사회복지사에게 요구되는 주요 기술로는 면접, 조사, 사정, 계획을 들 수 있다. 이 단계에서 면접은 문제해결을 돕는 상담면접보다는 조사면접의 성격을 띤다. 조사는 주로 면접, 현장답사, 문헌조사, 자문 등을 통해서 이루어진다. 계획 단계에서 사정은 조사된 자료와 정보를 토대로 사회복지사의 개입 영역과 수준을 결정하는 것이고, 계획은 사정 결과를 토대로 사회복지사의 구체적인 개입방안을 세우는 것이다.

(2) 탐색단계

탐색단계는 사회복지사가 실제 상황에 개입하여 복지대상자(체계)의 문제해결을 위해 구체적인 방향을 설정하는 시기라고 할 수 있다. 그러므로 이 단계는 사회복지사와 복지대상자가 갖는 첫 회합을 시작으로 약 2~3회에 걸쳐 진행된다.

사회복지사는 이 단계에서 최소한 복지대상자와 모든 참여자들과 좋은 관계를 형성하는 것과 복지대상자의 욕구 혹은 문제를 해결하기 위한 구체적인 전문방법을 탐색하는 일에 초점을 두어야 한다. 따라서 사회복지사는 최초로 복지대상자와 공식적인 접촉을 하고, 이 만남이 앞으로 복지대상자의 문제를 해결해 나가는 데 그 어느 때보다도 중요하게 작용한다. 사회복지사는 복지대상자에게 활동목적과 일정을 알리고, 친밀감을 형성하고, 문제상황을 구체적으로 이해하며, 개입계획을 보완하고, 문제해결 방안을 결정하여, 행동체계를 구성해야 한다.

탐색단계에서 사회복지사는 복지대상자에게 좋은 이웃이고, 필요한 메시지를 전달하는 홍보자이며, 복지대상자를 포함한 모든 참여자들을 이끌어가는 주도자이다. 이 단계에서 빈번하게 활용되는 주요 기술로는 처음 만난 사람들이 쉽게 친숙해지고 나아가 상호신뢰를 바탕으로 좋은 관계로 이어가게 하는 기술인 최초 접촉 기술, 많은 정보를 복지대상자로부터 수집하고 필요한 정보를 제공하는 정보망 구축, 그리고 복지대상자의 욕구와 자원을 체계적으로 파악하는 기술이다.

(3) 문제해결단계

문제해결 단계는 탐색 단계에서 결정한 문제해결 방안을 토대로 사회복지사가 복지대상자((체계)의 욕구와 문제를 해결하는 사회복지실천의 핵심적인 과정이다. 이 단계는 전체 과정에서 가장 긴 시간을 할애하고 있어, 사회복지실천의 몸통이라 할 수 있다. 이 단계에서 사회복지사가 이룩해야 할 주요 목표는 복지대상자의 욕구 혹은 문제를 해결하고, 자신의 개입활동에 참여하는 이들의 결속력 강화에도 중점을 두어야 한다. 즉 복지대상자의 특성에 따라서 개인의 대처능력을 향상시키고 개인환경을 변화시키며, 지역사회주민의 의식을 변화시키거나 환경자체를 변화시켜야 한다.

이 단계에서 사회복지사가 수행해야 할 주요 임무는 보완된 개입 계획을 알리고, 문제해결을 위한 과업을 실천하며, 과정을 조정하고, 행동체계를 유지하며, 종결의 예고와 계획이다. 이 단계에서 사회복지사는 복지대상자의 욕구 혹은 문제를 해결하기 위하여 복지대상자를 돕고 활용 가능한 자원을 총동원한다. 이를 위해서 사회복지사는 상담가와 조직가로서의 역할에 충실하고 때로는 개혁가와 사회공학기술자로서의 역할을 수행한다. 즉 사회복지사는 복지대상자의 욕구와 문제상황을 수용하고, 복지대상자의 행위를 지지하며, 개별적인 특성을 고려하여 교육하고 안내하거나 중재하기도 한다. 또한 사회복지사는 조직가로서 이해관계를 조정하고 주요 자원을 연계시키며 효과적이고 효율적인 기획과 전략을 추진한다. 이 단계에서 주요한 기술은 상담과 조직화인데, 이 두 가지는 사회복지사의 모든 활동에서 가장 핵심적인 기술이다.

(4) 평가와 종결단계

평가와 종결단계를 거쳐 사례활동은 끝맺음하게 된다. 이 단계에서는 사회복지사가 개입한 전체 내용에 대하여 참여자들이 함께 평가하고 종결을 위한 프로그램을 진행함으로써 사례활동이 끝난다.

평가는 사회복지사가 개입한 사례의 과정과 결과에 대한 효과성과 성취도를 합당한 틀에 의해 규명하는 작업이다. 사회복지사는 평가를 통해 실적과 함께 부족한 점을 발견할 수도 있고 보완사항을 찾아낼 수도 있다. 평가는 대체로 목표달성 여부를 확인하고 그 과정이 적법하고 적절하였는지를 확인한다. 평가의 주체에 따라서 지도감독자, 복지대상자, 담당 사회복지사, 그리고 다른 참여자가 평가할 수 있다. 평가의 도구와 자료로는 설문지, 문제상황의 변화정도 그리고 행동체계에 참여한 사람의 반응 등이 쓰인다.

평가가 끝나면 사회복지사는 바로 사례활동을 종결한다. 종결은 사회복지사의 개입활동을 계획에 따라 끝냄을 일컫는다. 대체로 계획된 기간을 마치거나 목표를 성취할 때 종결되는데, 계획 중간에 중단되는 경우도 있다. 엄밀히 말해 중단은 종결과는 다른데, 흔히 다른 사회복지사(기관)에게 의뢰하거나 행동체계가 해체될 때 그리고 외부의 압력으로 중단되기도 한다. 사례활동을 종결한 이후에도 사회복지사는 사후활동을 통해서 복지대상자에게 관심을 갖고 활동에 대한 종합적인 보고서를 작성해야 한다. 사회복지사는 보고서를 작성하면서 계획, 탐색, 문제해결, 평가와 종결단계를 총체적으로 정리하고, 새로운 계획을 세우는 데 중요한 참고자료를 제시할 수 있다. 따라서 평가와 종결은 끝이면서 동시에 새로운 활동의 시작인 '끄트머리'이다.

2. 거시적 실천과정

사회복지실천에 대한 대부분의 문헌은 사회복지실천 기술에서 정책적 접근 혹은 거시적 접근을 간략히 다룰 뿐만 아니라, 사회복지실천 과정에서 사회복지정책의 형성과 집행과정에서 사회복지사의 역할을 소홀히 취급하는 경우가 많았다. 그러나 사회복지사는 이미 만들어진 정책범위 내에서 복지대상자의 욕구와 문제를 해결할 뿐만 아니라, 경우에 따라서는 새로운 복지문제를 발견하고 이를 해결할 수 있는 정책의제를 만들고 여론형성과 입법과정에 영향력을 미칠 수 있고 있어야 한다. 최근 한국사회에서는 한국사회복지사협회, 참여연대 사회복지위원회, 세상을 바꾸는사회복지사 등을 통해서 사회복지사들이 관심 있는 주제를 정책화하는 데 기여하기도 하였다. 이에 거시적 실천과정의 핵심인 정책과정을 간략히 소개하면 다음과 같다.

참여연대 사회복지위원회 www.peoplepower21.org/welfare 참조

세상을바꾸는사회복지사 www.sebasa.org 참조

(1) 정책형성

존스Jones는 정책과정을 크게 5단계로 정리하였는데, 그 중 첫째와 둘째 단계가 정책형성에 속한다. 즉 첫째 정책문제를 정부로 귀속시키는 단계로 흔히 말하는 정책의제 설정이다. 집단이 문제를 먼저 인지하고 문제해결을 요구하기 위해서 공통적인 이해를 지닌 사람들을 조직하고 정부에게 이를 요구하는 단계이다. 둘째는 정부 내의 행동단계로서 여기에는 정책대안의 작성, 대안의 합법화 그리고 필요한 예산배정 등이 포함된다. 정책형성은 앤더슨Anderson이 말한 정책의제 설정, 정책대안의 작성, 정책대안의 채택 세 단계를 포함하는 것으로 사실상 정책과정에서 가장 핵심적인 단계이다(이용교, 1995: 22-23).

정책이 형성되기 위해서는 '사회적 이슈'가 있어야 한다. 예컨대 청소년정책의 경우 청소년과 일반 시민이 관심을 가질 만한 청소년문제가 있어야 한다. 사회적 이슈는 고립되어 있지 않고 다양한 사회문제와 연계되어 있는데, 이는 10대 소녀의 매매춘 문제가 핵가족화, 결손가정의 증가, 성의 상품화, 성의식과 생활의 변화 등이 상호 밀접하게 관련되어 있는 것과 같다. 사회문제는 관심 있는 시민, 전문가집단, 관계 공무원과 정치인의 관심, 그리고 언론의 여론형성에 의해서 정책의제로 떠오른다.

사회적 주목을 받은 정책의제는 주로 전문가집단, 관계 공무원, 그리고 정부출연연구기관의 연구원 등 보다 전문성을 가진 집단에 의해서 다듬어지고, 행정부 등을 통해서 정책대안으로 채택된다. 논의된 정책의제 중에서 일부만 정책대안

으로 채택되는데, 이는 정책의제를 제안하는 집단의 역량과 그 의제를 정책으로 채택할 때 필요한 자원 등에 의해서 결정될 수 있다.

그동안 한국 사회복지정책의 형성과정에서는 청와대와 보건복지부 등 행정기관의 힘이 가장 강하고, 한국사회복지협의회, 한국아동복지협회 등 사회복지를 실천하는 기관 협의체의 요구를 수용하는 경우도 적지 않았다. 특히 대통령선거와 국회의원선거를 계기로 하거나, 사회적 약자를 위한 세계의 해(세계 아동의해, 청소년의 해, 노인의 해 등)를 계기로 하여 관련 정책이 형성되거나 개선되는 경우가 적지 않았다. 최근 들어서는 한국사회복지사협회, 한국사회복지학회 등 전문가단체와 참여연대 등 시민사회단체에서 활동하는 사회복지사들이 정책의제를 만들고, 여론형성을 통해서 새로운 정책형성을 주도하기도 하였다. 대표적인 사례가 국민기초생활보장법의 제정, 국민연금의 개혁, 의료보험의 통합 등이다.

(2) 정책집행

정책집행은 형성된 정책을 주로 전달체계를 통해서 목표를 수행하기 위해서 인력을 배치하고 예산을 배정하여 일상업무를 수행하는 것이다. 프래스만Pressman과 윌다브스키Wildavsky는 집행을 바람직한 것과 그것에 도달하기 위한 수단들 사이의 상호작용과정으로 표현하였다. 즉 정부의 정책집행은 실현이 확실치 않은 목표들을 확실하게 하기 위해 취해진 정부의 활동으로 구성된다. 이 단계에서는 형성 된 정책의 목표를 달성하기 위하여 사업 내용을 알 수 있고 실현할 수 있는 지시로 바꾸는 해석, 사업을 실천하기 위한 기관 단위와 방법을 설정하는 조직, 그리고 서비스·보수 또는 결정된 사업목표나 도구들을 일상적으로 제공하는 적용이 중요하다고 한다(김해동 역, 1983: 182-183).

정책집행이 올바로 수행되기 위해서는 관료제에 대한 이해가 선행되어서, 정책이 잘 집행될 수 있는 전달체계의 확립과 전문인력의 배치 그리고 적절한 예산의 확보가 매우 중요하다. 그런데 한국의 복지정책은 대체로 관련 사회복지법은 체계적으로 만들어지고 있지만, 이를 실현할 수 있는 전달체계가 정비되어 있지 않고, 복지행정에서 전문인력인 사회복지사가 핵심적인 역할을 하지 못하며, 복지예산이 충분하지 못해 소기의 목표를 달성하지 못하는 경우가 많았다.

대표적인 유형만 보면, 중앙정부에는 보건복지부와 같은 복지행정의 주무부서가 있지만, 복지행정이 구현되는 시·도와 시·군·구 그리고 읍·면·동은 행정안전부의 지휘감독을 받고 있고, 이곳에서 일하는 공무원은 사회복지사가 아니거나 사회복지사라 할지라도 복지행정의 전문가가 아닌 일반 행정공무원의 지도감독을 받고 있다. 또한 만성적인 복지예산의 부족은 복지서비스를 실질적으로 제공하기보다는 형식적인 집행을 가져온다.

(3) 정책평가

정책평가는 정책개발과 집행의 이해와 개선에 크게 이바지할 수 있는 행위이다. 평가는 전체 정책과정에 대한 총괄적인 평가와 함께 특정 사업의 실적에 대한 상세한 평가로 나누어 볼 수 있다. 어느 수준에서 평가가 이루어지든, 평가는 수많은 행위들과 관련을 맺고 있다. 따라서 평가의 대상이 분명할 수도 있지만 여러 행위가 겹치고 상호 관련되어 있기 때문에 평가의 대상이 불분명할 수도 있다.

그리고 평가는 흔히 법적으로 적법한가, 예산의 집행이 적정한가, 인력의 배치는 합리적이었는가 등을 기준으로 이루어지는데, 종합적인 평가보다는 측정하기 쉬운 일부의 기준에 의해서 평가되기도 한다. 즉 흔히 복지정책에서 목표가 얼마나 효과적으로 달성되었는가를 평가하기가 어렵기 때문에 예산을 얼마나 썼는가 혹은 그 예산집행이 적법절차에 의해서 이루어졌는가만 평가하는 경우가 많다. 예컨대 농촌지역에서 혼자 살고 있는 노인이 국민기초생활보장제도를 통해서 얼마나 '기초생활이 보장되었는가'란 목표는 평가되지 못하고, 국민기초생활보장법에 의해서 주는 생계급여 등이 적법하게 지급되었는지만을 평가하는 데 그치는 경우가 많다.

그동안 사회복지사는 정책형성에는 상당한 기여를 했지만, 정책평가에 대해서는 별로 기여한 바 없다. 최근 사회복지사가 지방 의회에 진출하여 복지정책을 평가하고, 시정감시단과 의정감시단 등 시민운동단체에 자원봉사자로 참여하여 복지행정을 모니터하기 시작한 것은 희망적인 사례라고 볼 수 있다.

V. 사회복지실천의 과제

지금까지 사회복지실천의 개념, 발달, 기술, 방법 등을 포괄적으로 살펴보았다. 이 책은 사회복지학의 개론서이므로 가급적 사회복지실천에 대한 지식과 기술을 객관적으로 기술하였다. 그러나 한국의 사회복지실천은 미국과 다르고, 한국 내에서도 대도시와 농어촌, 서울과 지방, 그리고 다양한 사회복지기관에 따라서 사회복지실천의 내용과 질은 매우 상이하기에 사회복지실천의 문제점과 과제를 획일적으로 규정하기는 어렵다. 필자는 한국의 사회복지실천을 발전시키기 위해서 대체로 다음 몇 가지 문제점을 제기하고 그 과제를 간략히 제안하고자 한다.

첫째, 대학 사회복지학과(부)에서 사회복지실천을 가르쳐 줄 교수진이 부족하다. 한국에 사회복지학이 도입된 지는 70년 가량 되었지만, 사회복지실천을 전문적으로 가르치는 교수진은 상대적으로 부족하다. 특히 지방 대학에는 사회복지학과(부)가 설치되어 있지만, 사회복지실천을 가르칠 전문성을 갖춘 사회복지사가 별로 없다. 대학에서 사회복지실천을 가르치기 위해서는 최소한 석사·박사 과정에서 사회복지학을 전공하고, 사회복지 현장에서 실무경험을 쌓아야 바람직한데, 현재 실무경험을 제외하고라도 사회복지학을 전공하지 않은 학자가 사회복지실천을 가르치는 경우도 적지 않다. 이러한 현상은 많은 대학이 학부제를 도입하여, 사회복지학 전공 학생이 일시에 2~3배 가량 늘어나면서 더욱 증폭되고 있다. 따라서 사회복지학 전공의 과목을 크게 기술론, 정책론, 분야론으로 나눌 때, 사회복지실천론 등 기술론 과목만이라도 전문성을 갖춘 사회복지사인 교수가 가르치는 것이 바람직하겠다.

둘째, 사회복지시설, 기관, 단체에서 사회복지사를 전문적으로 지도감독할 수 있는 선임사회복지사가 부족하다. 동행정복지센터의 경우 사회복지사가 사회복지직으로 임용되었지만, 이들을 지도감독하는 구청·시청의 사회복지행정 담당자는 사회복지사가 아닌 경우가 있다. 더욱이 사회복지사가 기획에서 집행과 평가까지 핵심적인 역할을 해야 하는 (종합)사회복지관에서조차 관장 등 관리자가 비사회복지사인 경우가 많다. 짧은 기간 동안에 사회복지관이 영구임대아파트단지에 집중적으로 설립된 것을 감안하더라도, 사회복지사를 지도감독해야 하는 관장이 사회복지사가 아니거나, 전문성을 갖춘 선임사회복지사가 없다는 것은 크게 잘못된 것이다. 사회복지기관은 역량 있는 사회복지사를 발굴하여 직원으로 채용하고, 이들이 장기근속을 통하여 지도력을 확보할 수 있도록 노력해야 하고, 구청·시청의 사회복지행정 담당자도 사회복지사로 임용해야 할 것이다.

셋째, 사회복지실천 현장에서 복지대상자의 복지욕구충족과 사회문제 해결보다는 기관의 운영과 수지 맞추기에 급급하는 경우가 많다. 사회복지기관의 설립 이유는 사회복지법령에 의해서 혹은 법인의 정관에 명시되어 있고, 대부분의 목적이 복지대상자의 욕구충족과 사회문제 해결과 관련되어 있다. 그러나 사회복지시설은 전통적인 생활시설이 주류를 이루고, 시설에 함께 살고 있는 보호대상자의 기초생활보장에 그치는 경우가 많다. 지역사회와 적극적인 교류가 없기 때문에 자원봉사자가 적고 후원금도 많지 않아서 적은 정부보조금만으로 적절한 사회복지실천을 시도하기가 어렵다. 이 때문에 사회복지실천의 이상적인 목적을 수행하기보다는 기본적인 시설을 관리하고 직원들에게 인건비를 주는 데 그치고 있다. 더욱이 정부로부터 충분한 보조금을 받지 못하는 사회복지관은 조사를 통해서 지역문제를 발굴하고, 상담을 통해서 주민의 욕구와 문제를 해결해 주는 사회사업실천보다는 컴퓨터교육, 미용교육, 미술·악기·체육지도 등 다소 수익이 남는 사회교육사업에 치중하기도 한다. 일차적으로 사회복지시설에 대한 정부의 보조금이 충분히 지원되어야겠지만, 사회복지관들도 사회복지실천의 지식과 기술을 바탕으로 주민을 위한 복지기관으로 거듭나려는 개혁운동을 시도해야 할 것이다. 사회복지사가 변하지 않고 세상이 변하기만을 기다릴 수는 없다.

넷째, 사회복지서비스에 대해서 사회복지의 전문 지식과 기술에 근거한 평가가 많지 않다. 최근 평가제가 사회복지관과 거주시설을 중심으로 도입되었지만, 사회복지사업에 대한 평가는 주로 적법성과 노력성 혹은 효율성 평가에 그치고 있다. 예컨대 결식할 우려가 있는 노인들에게 무료급식을 하는 '사랑의 식당'의 경우, 70명분의 보조금으로 후원금 등을 받아서 100명에게 급식을 제공했다면 적법성, 노력성 그리고 효율성에서는 높은 평가를 받을 수 있다. 그러나 그 음식이 노인들의 기호에 맞는지, 노인들이 남김 없이 맛있게 먹었는지, 위생적이고 안락한 분위기의 식당에서 제공되었는지, 그리고 사랑의 식당을 이용하는 노인들에게 다른 욕구와 문제가 없는지를 상담했는지 등은 또 다른 차원의 평가라고 볼 수 있다. 현재 대부분의 현장에서 사회복지사업에 대한 평가는 노력성에 그치고 효과성, 형평성, 적절성 등에 대한 평가는 거의 이루어지지 않고 있다. 또한 보조금을 지원하는 시·군·구청의 감사를 제외하면, 평가다운 평가가 없이 사업이 종결된다. 즉 복지기관의 이사회에 의한 평가, 지도감독자에 의한 평가, 담당 사회복지사에 의한 자체 평가, 복지대상자에 의한 평가, 외부 전문기관에 의한 평가 등이 제도화되어야 한다. 이를 위해서는 직원의 공개채용과 예산의 공표 등을 통해서 기관을 보다 개방적으로 운영하는 환경을 조성하고, 민주적인 직장 분위기의 조성이 동시에 이루어져야 할 것이다.

다섯째, 늘어나는 주민의 복지욕구와 사회문제를 충족시키기 위해서 사회복지기관을 획기적으로 증설해야 한다. 사회복지의 욕구는 폭발적으로 증가함에도 불구하고 사회복지시설과 기관 단체는 미분화되어 있고, 그 숫자가 매우 적다. 예를 들면, 지방에 있는 한 아동양육시설에 장애가 있는 아동이 상당수 입소하고 있지만 장애영아를 전문적으로 보호할 수 있는 아동복지시설은 없다. 따라서 심각한 장애가 있는 영아도 다른 일반 아동과 섞여서 아동양육시설의 보호를 받게 되고, 발달단계에 맞는 치료나 재활을 제때에 받지 못해서 심각한 발달장애가 고착될 수 있다. 기존의 사회복지기관이 주민의 욕구와 문제에 맞게 증설되어야 하고, 폭발적으로 늘어나는 욕구에 맞는 새로운 서비스의 개발이 절실하다. 특히, 독거 노인 등을 포함한 노인주거, 노인여가, 노인성생활, 노인인간관계에 관련된 복지사업, 구조적으로 이혼이나 별거를 하지 않았지만 냉담한 부부생활을 하는 부부를 위한 가족치료, 이혼전 조정과정에 사전가족상담제의 도입, 학교폭력, 등교거부 등으로 표출되는 청소년문제를 해결하기 위한 학교사회복지의 제도화 등이 새롭게 강조되어야 할 것이다.

SUMMARY
단원 정리

이 장에서는 사회복지실천의 개념과 발달과정, 사회복지실천의 대표적인 방법의 특징과 한계, 그리고 한국에서 사회복지실천의 문제와 과제를 알아보았다.

한국의 사회복지실천은 대체로 미국의 영향을 크게 받고 있다. 미국의 사회복지실천은 개별사회사업, 집단지도사업, 지역사회조직의 순으로 주목을 받았고, 근래에는 통합적 방법론과 사례관리가 폭넓게 수용되고 있다.

사회복지사가 해결해야 할 인간의 문제는 복잡하고 다양하기에, 이에 대처할 수 있는 고도의 기술이 필요하다. 사회복지사가 복지대상자와 전문적 관계를 형성하여 복지서비스를 제공할 때, 사용하는 기술 중에는 면접, 기록, 사정, 평가 등이 있다. 또한 사회복지사는 복지대상자를 도울 때, 개별화, 의도적인 감정표현, 통제된 정서적 관여, 수용, 비심판적 태도, 복지대상자의 자기결정, 그리고 비밀보장의 원리 등 전문적 원리를 지켜야 한다.

이 장에서는 사회복지실천에서 강조되어 온 주류 방법인 개별사회사업, 집단사회사업, 지역사회조직, 통합적 접근방법을 다루면서, 정책적 접근방법도 소개했다.

우리나라에서 사회복지실천은 대학교육과 현장간의 괴리가 클 뿐만 아니라 그 전문성이 낮다고 평가되어 왔다. 사회복지실천이 더욱 발전되기 위해서는 몇 가지 과제가 해결되어야 한다. 대학에서 사회복지실천을 가르칠 교수진과 사회복지 현장에서 지도감독할 수 있는 선임사회복지사를 확보해야 한다. 또한 복지대상자의 욕구충족보다는 기관 운영에 급급한 현장이 바뀌도록 복지서비스에 대한 평가제가 폭넓게 활용되고, 복지기관이 보다 전문화되어야 한다.

수강생은 동행정복지센터나 사회복지관에서 근무하는 사회복지사가 빈곤·한부모가족의 욕구를 충족시키기 위해서 가장 많이 활용하고 있는 사회복지실천 방법을 구체적인 사례를 통해서 알아보도록 하자.

다음 장에서는 사회복지사의 자격과 역할을 학습하고자 한다. 전문직으로서 사회복지사를 이해하고, 사회복지사의 자격제도, 구체적인 역할과 위상을 알아볼 것이다. 주변에서 쉽게 만날 수 있는 사회복지사는 어떤 역할을 하고 있는지를 관심 있게 살펴보기 바란다.

TERMS
용어 정리

개별사회사업 문제를 가진 개인이나 가족을 대상으로, 과학적 지식과 전문적 기술을 지닌 사회복지사가 개별적으로 환경의 적응과 인격의 발달을 돕기 위한 의식적인 노력이다.

집단사회사업 사회복지사가 개인의 사회적 기능을 향상시키기 위해 집단을 그 수단으로 하여 개인과 집단의 욕구와 능력/발달단계 등을 기초로 의도적이고 계획적으로 개입하는 것이다.

지역사회조직 지역주민들이 복지와 관련된 보건, 주택, 소득, 교육, 기타 사회봉사 등의 계획과 조정이 요구되는 사회복지의 한 방법이며, 인간관계나 사회제도에 바람직한 변화를 일으키는 사회사업의 개입과정이다.

통합적 접근방법 모든 사회복지사들이 개인, 집단, 지역사회에 대처해 나가고자 할 때 활용할 수 있는 공통된 하나의 원리나 개념을 제공할 수 있는 방법의 통합화를 말한다. 다양한 사회사업실천에서 공통적 요소는 사회복지사가 복지대상자와 함께 '문제해결'을 추구하는 '과정'이란 점에 착안하게 되었다.

정책적 접근방법 사회복지실천에는 개인, 집단, 지역사회를 위한 사회사업인 전통적인 접근과 별개로 복지행정, 사회조사, 사회행동 등이 발달되었는데, 이러한 접근방법을 거시적 접근 혹은 정책적 접근방법이라고 부른다.

개별화individualization 사람은 누구나 개별적인 특징을 가지고 있는 독특한 개인으로 취급되어야 할 인간의 권리에 기초한다. 따라서 개별화는 각 복지대상자의 특수한 성질을 인정하고 이해하는 것으로 개인의 권리이며 욕구이다.

의도적인 감정표현purposeful expression 복지대상자로 하여금 자신의 감정을 자유롭게 표현하도록 하는 것, 특히 자신이 비판받게 될지도 모르는 감정들을 자유롭게 표현하게 하는 것이다.

통제된 정서적 관여controlled emotional involvement 복지대상자의 감정에 대한 민감성과 그가 의미하는 것에 대한 감정이입적 이해 그리고 그의 감정에 대한 의도적이고 적절한 반응 기술이다.

수용acceptance 여러 약점을 가진 개인을 존재하는 그대로 편견 없이 받아들이는 것이다. 사회복지실천에서 수용적 태도는 정중함, 인내심, 그리고 경청하려는 의지로서 복지대상자가 불평을 하고 부당한 요청을 하는 등 자기 자신을 어떠한 모양으로 표현하든 그것을 비판하지 않는 것이다.

비심판적 태도nonjudgemental attitude 복지대상자를 돕는 과정에서 그의 문제의 원인이 그의 퍼스낼리티와 같은 개인 내적인 요소에 의한 것이든 그들의 외부환경에 의한 것이든 그 문제의 책임이 복지대상자에게 있다는 것을 언어 혹은 비언어적인 것으로 표현하지 않는 것이다.

복지대상자의 자기결정client self-determination 사회복지실천 전 과정에 걸쳐 복지대상자 개인의 권리와 욕구를 실현하기 위하여, 그가 모든 의사결정과정에 참여하여 스스로 선택하고 결정하는 자유를 누리는 것이다.

비밀보장confidentiality 복지대상자의 기본적인 권리에 기초하는 것으로서 전문적인 관계를 통해 밝혀지는 복지대상자에 관한 정보를 누출시키지 않는 것이다. 이는 사회복지사의 윤리적인 의무이고 성공적인 사회복지실천 관계유지를 위해 반드시 필요한 것이다.

SELF STUDY GUIDE
자기평가와 과제

1. 사회복지실천에 관한 책을 읽고 그 책은 주로 어떤 방법론에 준거해서 썼는지를 간략히 소개한다.
2. 사회복지관에서 사회복지사가 빈곤가족과 한부모가족의 문제를 해결함에 있어서 가장 많이 활용하고 있는 사회복지실천 방법은 무엇인지 파악하고, 구체적인 사례를 요약 정리하여 본다.
3. 동행정복지센터에 근무하는 사회복지직 공무원이 국민기초생활보장법에 의한 수급자의 욕구를 사정하고, 개입하는 과정에서 자원을 동원하는 과정을 사례연구한다.
4. 사회복지실천의 전문성을 함양하기 위해서 다양한 전문기관이 사회복지사를 위해서 개설한 교육과정에는 어떤 것들이 있는지를 알아본다.
5. 국민기초생활보장법의 제정과정에서 각 단계별로 참여자의 역할을 알아보고, 정책형성의 전 과정에서 사회복지사가 주도권을 잡을 수 있는

방법을 토론하여 본다.

REFERENCE
참고 문헌

권중돈 · 김동배(2005), 『인간행동과 사회복지실천』, 학지사.

권진숙 · 박지영(2009), 『사례관리의 이론과 실제』, 학지사.

김기태 외(1999), 『사회복지의 이해』, 박영사.

김영모(1999), 『사회복지학』, 한국복지정책연구소 출판부.

김혜란 · 홍선미 · 공계순(2006), 『사회복지실천기술론』, 나남출판.

남세진(1992), 『인간과 복지』, 한울.

박용순(1999), 『사회복지개론』, 학지사.

서울대 사회복지실천연구회(1998), 『사회복지실천기법과 지침』, 나남출판.

양옥경 · 김정진 · 서미경 · 김미옥 · 김소희(2010), 『사회복지실천론』, 나남출판.

엄명용(2008), 『사회복지실천기술의 이해』, 학지사.

엄명용 · 오혜경 · 윤혜미(2006), 『사회복지실천의 이해』, 학지사.

이영철 외(2000), 『사회복지학』, 양서원.

이용교(2000), "사회복지서비스와 불평등", 『한국 사회복지와 불평등』, 한국복지정책연구소.

장인협(1996a), 『사회사업실천방법론(상)』, 서울대학교 출판부.

장인협(1996b), 『사회사업실천방법론(하)』, 서울대학교 출판부.

전재일 외(1999), 『사회복지개론』, 형설출판사.

정순둘(2004), 『사례관리실천의 이해』, 학지사.

조휘일 · 이윤로(1999), 『사회복지실천론』, 학지사.

최옥채(1999), 『사회복지실천론』, 인간과복지.

한국사회복지사협회 편(1996), 『사회복지사와 슈퍼비젼』.

한국사회복지사협회(1997), 『한국사회복지사협회 삼십년 1967-1997』.

National Association of Social Worker(1995), *Encyclopedia of Social Worker*, 김만두 외 역(1999), 『사회복지대백과사전』, 나눔의집.

National Association of Social Workers(1998), *The Foundations of Social Work Practice*. 이필환 외 역(1999),『사회복지실천이론의 토대』, 나눔의집.

Robert L. Barker(1987), *Social Work Dictionary*, 중앙사회복지연구회 역

(1996), 『사회사업사전』, 이론과실천.

RECOMMANDED FILM
추천 영화

사랑의 기적 Awakenings	1990, 페니 마샬
파워 오브 원 The Power of One	1992, 존 애빌슨
비욘드 랭군 Beyond Rangoon	1995, 존 부어맨
에린 브로코비치 Erin Brockovich	2000, 스티븐 소더버그
파우더 Powder	1995, 빅터 살바
책상서랍 속의 동화 Not One Less	1999, 장예모
로렌조 오일 Lorenzo' s Oil	1992, 조지 밀러
시빌 액션 A Civil Action	1998, 스티븐 자일리언
인도차이나 Indochine	1992, 레지 바르니에
드리머 Dreamer	2005, 존 개틴스
섹스볼란티어 Sex Volunteer: Open Secret 1st story	2009, 조경덕

INTERNET LINK
관련 사이트

한국복지교육원	www.okwelfare.net
나우리정신건강센터	www.homepage.co.kr/mental
보건복지부	www.mw.go.kr
복지나눔터	www.bokji.co.kr
사랑의전화 카운슬링센터	www.counsel.or.kr
새마을운동본부	www.saemaul.or.kr
서울YMCA	www.ymca.or.kr
서울특별시아동복지센터	www.child.seoul.kr
세상을바꾸는사회복지사	www.sebasa.org
참여연대	www.peoplepower21.org
참여연대 사회복지위원회	www.peoplepower21.org/welfare
초록우산 어린이재단	www.childfund.or.kr
한국사회복지사협회	www.welfare.net

5 사회복지사의 자격과 역할

I. 전문직과 사회복지사

1. 전문직의 특성

사회복지사의 자격과 역할을 논의할 때, 빠지지 않은 소재가 "사회복지사는 전문성이 있는가?" 혹은 "사회복지사는 전문직인가?"이다. 오늘날 사회복지사가 전문성을 갖춘 직업의 하나라는 것을 부정하는 사람은 거의 없다. 문제는 그 전문성의 수준이 어느 정도인지에 대해서 다소 논란이 있다.

사회복지사의 전문성이 의사, 법률가보다 상대적으로 낮게 평가되는 것은 사회복지의 역사가 짧기 때문이기도 하지만, 사회복지학 교육의 역사가 짧고, 사회복지사란 전문직 제도가 확고한 위치를 잡지 못한 점과 관련성이 높다.

엄기욱은 秋山智久의 연구를 인용하여 전문성, 전문직성, 그리고 전문직 제도에 대한 개념이 혼동되어 사용되는 것도 문제라고 지적한다. 즉 사회복지 전문성은 전문직성의 기초가 되는 학문·연구 차원의 수준을 가지고 있고 추상성이 높

표 5-1 사회복지직의 전문성, 전문직성, 전문직 제도의 비교

구분	전문성	전문직성	전문직 제도
수준	학문/ 연구	직업	제도, 체계
이념/목적	독자의 시점 접근방법의 탐구	실용성, 유용성 중시 문제해결, 원조 생명, 생활에의 지원 생명과 인권 옹호	서비스 이용자를 위한 사회적 발언권의 강화 직업적 확립, 신분안정 사회적 승인
이론	이론적 체계 학문의 상대적 독자성	독자의 대상, 방법, 업무의 탐구	시험과목
실천 방법/기술	실천, 원조방법, 기술의 탐구	독자의 기술습득과 개발 기술의 보편화	기술 테스트 기술 수준 확보
수단적 가치	가치의 해명 독자의 가치	비밀유지 비심판적 태도, 수용 전문직적 권위, 가치 정서적 중립성 이용자의 자기결정 개별성의 존중	금지조항(벌칙) 윤리강령
이념/ 목적 달성 수단	연구방법 (문헌연구, 조사, 관찰)	전문직 집단의 조직화 양성 훈련, 연수 팀웍 슈퍼비전 타 직종과의 연계	직능집단, 법정자격 민간 인정자격 인재 확보 재원 업무지침, 배치기준 급여체계, 노동조건 전문직적 하위문화

다면, 전문직성은 직업 차원의 수준을 가지고 있고 추상성이 중간 정도이며, 전문직 제도는 전문직이 기능하는 데 필요한 제도나 체계가 과제가 되고 그 내용은 구체성을 띠고 있다는 것이다. 전문직 제도는 자격제도가 중요한 위치를 차지하며 직능집단, 업무지침, 노동조건 등이 과제가 되고 있다(이영철 외, 2000: 339-342).

일반적으로 전문직이란 성직자, 의사, 법률가 등과 같이 그 사회적 지위가 높

사회사업의 전문직업성에 대한 6가지 평가 기준(Flexner)

① 광범위한 개인의 책임성을 기초로 한 지적인 활동일 것
② 과학과 학습을 통해서 그들의 기초 자료를 이끌어 낼 것
③ 이러한 자료는 실질적이고 명확한 결론을 만들어 낼 것
④ 전수 가능하며 고도의 전문화된 교육훈련을 통해서 구사하고 전수할 수 있어야 할 것
⑤ 직능집단을 결성할 수 있어야 하며, 집단의식을 가지고 활동이나 의무 · 책임을 유지하면서 전문가 조직을 구성할 것
⑥ 전문가들은 점차 이타성이 증가될 것, 그리고 사회적 목적 달성을 위해 노력할 것

고 장기간의 교육훈련을 통해서 어려운 자격을 획득하고 직업적 자립성이 높으며 직업윤리가 요구될 뿐만 아니라 전문적인 직능단체가 조직되어 있어야 한다. 특히 전문직의 특징으로서 중요한 것은 업무의 내용이나 조건의 주요한 부분을 전문직만이 소유할 수 있는 권한이 부여되어 있다는 점에서 조직의 지배로부터 자율성을 가지고 있다고 볼 수 있다.

2. 전문직으로서 사회복지사

사회복지 전문직과 관련된 본격적인 연구의 시작은 1915년 후렉스너A. Flexner가 전미자선과교정회의에서 한 연설 '사회사업은 전문직업인가'에서부터 일 것이다. 후렉스너는 사회사업이 전문직업인가에 대한 평가를 하기 위한 **6가지 기준**을 제시했다.

후렉스너는 6가지 기준에 비추어 보아 사회사업은 아직 전문직업이라고 결론내리기 힘들다고 했으며, 그 이유는 독자의 기술, 전문교육을 위한 프로그램, 전문직과 관련된 문헌, 실천기술을 가지고 있지 못하기 때문이라고 했다. 이러한 지적은 이후 미국 사회사업이 기술중시 경향의 주요한 이론적 바탕이 되었으며, 개별사회사업을 중심으로 한 원조기술 체계화의 배경이 되었다.

사회사업은 전문직업인가에 관한 논의는 1950년대 후반에 그린우드E.Greenwood

에 의해서 더욱 활발하게 되었다. 그는 전문직의 기준으로 체계적 이론, 전문적 권위, 사회적 승인, 윤리강령, 전문직적 문화 등을 들고, 이러한 기준에서 볼 때 사회사업은 이미 전문직업이라고 했다. 문제는 전문화의 정도인데, 그린우드는 사회사업가는 중간 정도의 전문직에 속한다고 했다(이영철 외, 2000: 343).

사회복지사가 전문직으로 위상을 정립하기 위해서는 궁극적으로 다른 전문직과 차별화된 전문성을 확보해야 하지만, 현실적으로 전문직 제도를 갖추고, 사회복지사 스스로 전문직업집단을 공고히 해야 한다.

사회복지사는 흔히 '사회사업가'로 불리기도 했는데, 미국의 경우 1921년에 미국사회사업가협회가 조직되었고, 1955년에 정신의료사회사업가협회, 집단사회사업가협회, 지역사회조직연구협회, 의료사회사업가협회, 학교사회사업가협회 등과 통합되어서 미국사회복지사협회NASW가 조직되었다. 미국의 사회복지사는 사회복지교육협의회가 공표한 표준화된 교과기준과 교육정책안에 따라 전문적 지식과 기술을 배워서 자격을 취득한다. 교과정책안은 전문적인 사회복지실천은 다음의 네 가지 목적에 기여해야 한다고 지적하고 있다(서울대 사회복지실천연구회 역,1998: 31).

- 개인·가족·집단·조직·지역사회가 과제를 달성하고, 디스트레스distress를 예방하고 경감하며, 자원을 활용할 수 있도록 원조함으로써 그들의 사회적 기능을 촉진하고 회복하고 향상시킨다.
- 기본적인 인간욕구를 충족시키고 인간능력을 발전시키기 위해 필요한 사회정책·서비스·자원·프로그램을 계획·형성·수행한다.
- 조직적·행정적 옹호와 사회적·정치적 행동을 통해 정책, 서비스, 자원, 프로그램을 추구함으로써 위험에 처한 집단의 힘을 강화하고 사회적·경제적 정의를 증진시킨다.
- 이러한 목적과 관련된 지식과 기술을 발전시키고 검증한다.

한국사회에서 사회복지사는 사회복지사업법에 의한 법적 자격인 '사회복지사'를 취득하고, 사회복지를 실천하는 사람을 말한다. 사회복지사는 개인, 집단,

가족, 지역사회의 복지욕구를 충족시키고, 사회문제를 해결하는 데 주요 전문가로서 활동한다.

II. 사회복지사의 자격제도

1. 사회복지사의 등급과 자격기준

사회복지사의 자격은 1970년에 제정된 사회복지사업법이 명시하고 있는데, 이 시기에는 '사회복지사업종사자' 자격제도를 두었다. 1983년에 이 법이 개정되면서 사회복지사 자격을 3등급으로 세분하여 자격기준을 강화하였고, 1997년 개정법에서는 사회복지사 1급은 국가시험을 합격한 자로 더욱 강화하였다.

사회복지사를 취득하기 위한 요건은 사회복지사업법령에 기술되어 있다. 그중 중요한 내용만을 정리하여 보면, 사회복지사의 등급은 1급, 2급, 3급 등 세 등급이 있고 각 등급별 자격기준은 다음과 같다.

2003년부터 개정된 사회복지사업법에 따라서 사회복지사 1급을 취득하기 위해서는 국가시험을 보아야 하기에, 2003년 이후와 그 전 자격기준에 상당한 차이가 있다. 여기에서는 2003년 이후 자격기준을 중심으로 살펴보고자 한다.

그리고 기타 외국의 대학 또는 대학원에서 사회복지학 또는 사회사업을 전공하고 학사학위 이상의 학위를 취득한 자로서 등급별 자격기준과 동등한 학력이 있다고 보건복지부장관이 인정하는 경우에는 당해 등급의 사회복지사 자격증을 교부할 수 있다.

2003년부터 적용된 자격기준은 2002년 이전 1급 자격기준은 2급 자격기준으로 하향 조정되고, 2급 자격기준과 3급 자격기준은 그대로 전환되었다. 그런데, 2019년 6월 12일부터 사회복지사의 등급은 1급·2급으로 하되, 정신건강·의료·학교 영역에 대해서는 영역별로 정신건강사회복지사·의료사회복지사·학교사회복지사의 자격을 부여할 수 있도록 개정되었다. 사회복지사 3급을 폐지하고, 영역별

사회복지사 자격기준

사회복지사 1급 자격기준

사회복지사업법 제11조제3항의 규정에 의한 국가시험에 합격한 자

사회복지사 2급 자격기준

가. 고등교육법에 따른 대학원에서 사회복지학 또는 사회사업학을 전공하고 석사학위 또는 박사학위를 취득한 자. 다만, 대학에서 사회복지학 또는 사회사업학을 전공하지 아니하고 동 석사학위를 취득한 자는 보건복지부령이 정하는 사회복지학 전공교과목과 사회복지관련 교과목중 사회복지현장실습을 포함한 필수과목 6과목 이상(대학에서 이수한 교과목을 포함하되, 대학원에서 4과목 이상을 이수하여야 한다), 선택과목 2과목 이상을 각각 이수한 경우에 한하여 사회복지사 자격을 인정한다.

나. 고등교육법에 따른 대학에서 보건복지부령이 정하는 사회복지학 전공교과목과 사회복지관련 교과목을 이수하고 학사학위를 취득한 자

다. 법령에서 고등교육법에 따른 대학을 졸업한 자와 동등 이상의 학력이 있다고 인정하는 자로서 보건복지부령이 정하는 사회복지학 전공과목과 사회복지관련 교과목을 이수한 자

라. 고등교육법에 따른 전문대학에서 보건복지부령이 정하는 사회복지학 전공교과목과 사회복지관련 교과목을 이수하고 졸업한 자

마. 법령에서 고등교육법에 따른 전문대학을 졸업한 자와 동등 이상의 학력이 있다고 인정하는 자로서 보건복지부령이 정하는 사회복지학 전공교과목과 사회복지관련 교과목을 이수한 자

바. 종전의 사회복지사업법(법률 제14923호로 개정되기 전의 것을 말한다)에 따라 사회복지사 3급 자격증을 취득한 이후 3년 이상 사회복지사업의 실무경험이 있는 사람

영역별 자격기준

가. 정신건강사회복지사- 정신건강증진 및 정신질환자 복지서비스 지원에 관한 법률 시행령 별표1에 따른 정신건강사회복지사의 자격기준을 갖춘 사람

나, 의료사회복지사 또는 학교사회복지사- 사회복지사 1급 자격을 취득한 후 법 제11조 제3항에 따른 수련기관에서 1년 이상 보건복지부령으로 정하는 수련과정을 이수한 사람

전문성을 강화시킨 것이다. 또한, 2019년 10월 1일부터 사회복지학 교과목 중 일부는 이름이 바뀌고 선택과목의 종류가 확대되었다.

한편 사회복지사의 자격증을 교부받고자 하는 자는 사회복지사자격증 교부신청서에 보건복지부령이 정하는 서류를 첨부하여 보건복지부장관에게 제출하여

사회복지사 취득 관련 교과목

보건복지부령이 정하는 사회복지학 전공교과목과 사회복지 필수교과목(10)

사회복지학개론, 인간행동과 사회환경, 사회복지정책론, 사회복지법제와 실천, 사회복지실천론, 사회복지실천기술론, 사회복지조사론, 사회복지행정론, 지역사회복지론, 사회복지 현장실습

선택과목(7)

가족복지론, 가족상담 및 가족치료, 교정복지론, 국제사회복지론, 노인복지론, 복지국가론, 빈곤론, 사례관리론, 사회문제론, 사회보장론, 사회복지역사, 사회복지와 문화다양성, 사회복지와 인권, 사회복지윤리와 철학, 사회복지자료분석론, 사회복지지도감독론, 산업복지론, 아동복지론, 여성복지론, 의료사회복지론, 자원봉사론, 장애인복지론, 정신건강론, 정신건강사회복지론, 청소년복지론, 프로그램개발과 평가, 학교사회복지론

* 비고 : 교과목의 명칭이 동일하지 아니하더라도 교과의 내용이 동일하다고 보건복지부장관이 인정하는 경우에는 동일 교과목으로 본다.

야 하는데, 보건복지부장관은 그 업무를 한국사회복지사협회에 위임하였다. 따라서 사회복지사의 자격증을 교부받고자 하는 자는 자격증교부신청서에 기본증명서, 자격기준을 증명하는 졸업증명서와 성적증명서, 명함판 사진 등을 첨부하여 한국사회복지사협회 시·도지부에 제출하여야 한다.

2. 1급 사회복지사의 국가시험

사회복지사의 최고 등급인 1급 사회복지사를 대학원이나 대학교에서 사회복지학을 전공하고 졸업하면 무시험으로 취득할 수 있는 제도에 대한 비판은 사회복지계에서 끊임없이 제기되어 왔다. 사회복지사의 자격을 의사나 약사의 수준으로 향상시키기 위해서는 자격취득을 위해서 반드시 국가시험에 합격해야 하고, 상당한 수련과정을 거치도록 하는 것이 바람직하다는 주장이 있었다.

이러한 사회복지계의 주장이 반영되어서, 2003년부터 국가시험에 합격한 자만이 사회복지사 1급을 취득하게 되었다. 국가시험은 매년 1회 이상 필기시험으로 실시하며, 매과목 4할 이상, 전과목 총점의 6할 이상을 득점한 자를 합격자로

사회복지사 1급 국가시험의 응시자격

- 고등교육법에 의한 대학원에서 사회복지학 또는 사회사업학을 전공하고 석사학위 또는 박사학위를 취득한 자, 다만 대학에서 사회복지학 또는 사회사업학을 전공하지 아니하고 동 석사학위를 취득한 자는 보건복지부령이 정하는 사회복지학 전공 교과목과 사회복지 관련 교과목 중 사회복지현장실습을 포함한 필수과목 6과목 이상(대학에서 이수한 교과목을 포함하되, 대학원에서 4과목 이상을 이수하여야 한다)과 선택과목 2과목 이상을 각각 이수하여야 한다.
- 법령에서 고등교육법에 의한 대학에서 보건복지부령이 정하는 사회복지학 전공교과목과 사회복지 관련 교과목을 이수하고 학사학위를 취득한 자
- 법령에서 고등교육법에 의한 대학을 졸업한 자와 동등 이상의 학력이 있다고 인정하는 자로서 보건복지부령으로 정하는 사회복지학 전공교과목과 사회복지 관련 교과목을 이수한 자
- 외국의 대학 또는 대학원에서 사회복지학 또는 사회사업학을 전공하고 학사 학위 이상을 취득한 자로서 위의 제1호 및 제2호의 자격과 동등하다고 보건복지부장관이 인정하는 자
- 별표1의 사회복지사 2급의 자격기준란 라목부터 사목까지의 어느 하나에 해당하여 사회복지사 2급 자격증을 취득한 자 중에서 그 자격증을 취득한 날부터 시험일까지의 기간 동안 1년 이상 사회복지사업의 실무 경험이 있는 자

한다. 국가시험과목은 사회복지학 필수교과목을 사회복지기초, 사회복지실천, 사회복지정책과 제도의 3영역으로 범주화한 것이다. 즉 사회복지기초는 인간행동과 사회환경, 사회복지조사론; 사회복지실천은 사회복지실천론, 사회복지실천기술론, 지역사회복지론 사회복지정책과 제도는 사회복지정책론, 사회복지행정론, 사회복지법제와 실천을 말한다.

한편 2003년부터 시행되는 사회복지사 1급 국가시험의 응시자격은 위와 같다.

3. 한국사회복지사협회

한국사회에서 사회복지사를 대표하는 조직은 사회복지사업법에 의한 법정 단체인 한국사회복지사협회이다. 사회복지사의 자격이 법적으로 규정되기 이전에도

사회복지사들은 협회를 조직하여 전문성을 향상시켜 왔다. 즉 한국사회복지사협회의 전신은 1967년에 사회단체로 등록된 한국사회사업가협회이고, 이 협회의 모체는 1965년에 임의단체로 결성된 한국개별사회사업가협회이다.

한국사회복지사협회는 "사회복지에 관한 전문지식과 기술을 개발·보급하고 사회복지사의 자질향상을 위한 교육훈련 및 사회복지사의 복지증진을 도모하기 위하여"설립되었다. 현재 사회복지사협회는 보건복지부의 위임을 받아서 사회복지사 자격증을 발급하고 있는데, 법정 자격인 사회복지사와 별개로 1996년부터 사회복지사 1급으로서 임상경험이 3년 이상인 자를 교육시키고 협회가 주최한 자격시험에 합격한 자에게 '전문사회복지사'(처음에는 임상사회복지사로 불렸다)를 부여하고 있다.

그러나 한국사회복지사협회는 전문가단체로서의 구심력이 약하다는 점이 가장 큰 문제점으로 지적되어 왔다. 1990년대 이후로 전국에 사회복지학과가 양적으로 크게 확대되어 왔고, 사회복지관과 사회복지전문요원제도 같은 사회복지전달체계가 확보되면서 사회복지 일선에서 종사하는 사회복지사의 수는 급격히 증가했음에도 불구하고 한국의 여러 전문직 단체들보다 구심력이 약했다.

특히 각 전문직 단체는 자신의 새로운 역할에 대한 정체성 확보를 위해 노력하고 있으므로, 경쟁하는 전문직 사이에서 비교우위를 확보하여 사회복지사의 권익향상을 극대화해야 하는 구심체로서 한국사회복지사협회의 역할이 미흡했다는 자성의 소리가 높았다.

이는 한국사회복지사협회가 전국적인 조직망을 가지고 있음에도 불구하고, 사회복지사의 권리이자 의무사항인 회비 납부율이 저조했기 때문이다. 2020년 12월 현재까지 자격증을 발급받기 위해 가입한 회원이 120만 명이지만, 이중 지속적으로 연회비를 납부하는 회원은 10% 정도에 불과하다. 회원의 낮은 참여율은 협회가 회원의 권익사업을 벌이는 데 장애요소로 작용하는 악순환을 가져왔고, 특히 전문가 단체의 운영비 중 큰 비중을 차지해야 할 연회비의 납부실적이 낮아서 협회운영의 어려움이 커졌다.

이러한 어려움 속에서도 한국사회복지사협회는 1997년 사회복지사업법의 개정으로 법정단체화됨에 따라 사회복지사의 옹호활동에서 대정부 채널이 되고 회원의 자격과 자질향상과 관련된 사업을 지속적으로 확충한 것은 협회의 발전에 청신호가 되고 있다. 특히 사회복지사협회는 홈페이지를 통해서 사회복지사간의 정보교류를 활성화하고, Social Worker라는 월간지를 발간하여 사회복지사의 관심사를 담론화한 것은 앞날을 밝게 해 준다.

2020년 12월 현재 사회복지사 자격증 취득은 약 120만 명이고, 현장에서 일하는 사회복지사는 8만 명 정도로 추산되고 있다.

한국사회복지사협회 www.welfare.net 참조

III. 사회복지사의 윤리

1. 사회복지사 윤리의 중요성

사회복지실천 과정에서 사회복지사는 전문가로서 사람을 돕는 일을 펼쳐나감에 있어 윤리적 결정을 내려야 하는 다양한 상황에 직면하게 된다. 사회복지사가 내리는 모든 결정은 그것이 비록 복지대상자를 돕는 데 필요한 전문기술에 관한 것이라도 윤리적 결정이라고 주장하는 학자도 있을 만큼 사회복지사는 매순간 윤리적 문제에 부딪힌다. 그러므로 사회복지실천에서 윤리와 가치에 대한 연구의 필요성은 오래 전부터 인식되어 왔으며 점차 윤리적 선택을 체계적으로 논의해야 하는 전문직에 대한 인식도 높아지고 있다(양옥경 외, 1993: 1).

전문직에서 꼭 필요한 윤리는 흔히 윤리강령의 형식으로 정형화되는데, 우리보다 먼저 사회복지사의 윤리강령을 만든 미국의 경험을 살펴보면 다음과 같다. 미국 사회복지계에서 윤리강령의 필요성은 1920년대부터 논의되어 오다가, 미국 사회복지사협회가 전문가 윤리강령을 상정 채택한 것은 1960년이었다. 그후 사회변화와 도덕적 기류에 맞게 개정되어 1979년 완전히 새로운 윤리강령이 채택되었고, 다시 1990년에 개정되었다.

미국사회복지사협회의 '윤리강령'은 전문, 윤리강령의 목적, 윤리원칙, 윤리기준 등 크게 4부문으로 구성되어 있다. 그 중 윤리원칙을 간략히 소개하면 다음과 같다(이필환 외, 1999: 398-400). 미국사회복지사협회의 윤리원칙은 사회복지서비스의 핵심 가치, 사회정의, 개인의 존엄성과 가치, 인간관계의 중요성, 성실성, 능력을 바탕으로 한다. 이러한 원칙들은 모든 사회복지사가 열망하는 이상을 규정한다.

1. 서비스 : 사회복지사의 주요 목표는 욕구에 처한 사람들을 도우며 사회문제를 해결하고자 하는 것이다.
2. 사회정의 : 사회복지사는 사회적 불공평에 도전한다.
3. 개인의 존엄성과 가치 : 사회복지사는 개인의 타고난 존엄성과 가치를 존중한다.
4. 인간관계의 중요성 : 사회복지사는 인간관계의 본질적인 중요성을 인식한다.
5. 성실성 : 사회복지사는 신뢰성을 줄 수 있게끔 행동한다.
6. 능력 : 사회복지사는 자신의 능력이 미치는 범위 안에서 실천을 하며, 자신의 전문기술을 발전·강화한다.

미국사회복지사협회 www.socialworkers.org 참조

그리고 미국사회복지사협회의 윤리강령은 모든 사회복지사의 사회복지전문직 활동과 관련된 윤리기준을 매우 상세히 규정하고 있다. 이러한 기준들은 복지대상자에 대한 사회복지사의 윤리적 책임, 동료에 대한 책임, 실천장에 대한 책임, 전문직으로서의 책임, 사회복지전문직에 대한 책임, 더 넓은 사회에 대한 윤리적 책임을 고려한다. 일부의 기준은 전문직 수행에 대한 강제적인 지침이고, 또 다른 일부는 권장지침이다. 각각의 기준이 강제되는 정도는 제시된 윤리기준의 위반을 검토하는 책임 당사자에 의해 시행되는 전문직 판단에 관한 문제이다.

윤리기준 중에서 가장 먼저 강조되고 있는 '복지대상자에 대한 사회복지사

의 윤리적 책임' 중에는 복지대상자의 복지 증진, 복지대상자의 자기결정권 존중, 타당한 동의에 근거한 복지서비스의 제공, 능력에 맞는 서비스 제공, 문화적 능력과 사회적 다양성의 이해, 이해관계의 갈등에 유의하고 공정한 판단, 사생활과 비밀의 보장, 복지대상자에 관련된 기록에 대한 합당한 접근, 복지대상자와 성적 행위 또는 접촉의 금지, 복지대상자에게 심리적 해를 입힐 가능성이 있는 신체적 접촉의 금지, 성희롱의 금지, 욕설 등 경멸적인 용어사용의 금지, 공정하고 합리적인 서비스 요금의 책정, 의사결정능력이 없는 복지대상자의 권리와 이익보호, 그리고 합리적인 서비스의 중단과 종료 등이 포함되어 있다.

이러한 윤리기준은 위의 16가지 항목에 따라서 상세히 규정되어 있는데, 예컨대 '능력'의 경우 다음과 같이 기술되어 있다(이필환 외, 1999: 402).

a. 사회복지사는 자신이 받은 교육 훈련 면허 인가 상담 지도감독을 받은 경험/기타 관련 있는 전문 경험의 범위 내에서만 자신의 능력을 나타내고 서비스를 제공해야 한다.
b. 사회복지사는 실제적인 영역에서 서비스를 제공해야 하며, 생소한 개입 기술이나 접근방법은 이러한 개입이나 기술에 정통한 자로부터 적절한 연구, 훈련, 상담, 지도감독을 마친 후에만 사용하여야 한다.
c. 새로운 실천영역과 관련하여 일반적으로 인식되는 기준이 존재하지 않을 경우, 사회복지사는 신중하게 판단하고 책임 있는 조치(적절한 교육, 연구조사, 훈련, 상담, 감독 따위 포함)를 취하여, 자신의 능력을 보장하며 복지대상자를 보호해야 한다.

한편 동료에 대한 사회복지사의 윤리적 책임에는 존중, 비밀보장, 다양한 학문분야간의 협동, 자신의 이익을 위해서 분쟁을 이용하지 말 것, 적절한 자문, 다른 전문직 종사자에게 서비스 의뢰, 피감독자와의 성적 관계와 성희롱 금지, 동료의 결함과 능력부족에 대한 적절한 지원과 함께 심각한 경우 제도적 조치, 동료의 비윤리적 행위에 대한 적절한 조치 등이 포함되어 있다. 실천 장에서의 사회복지사의 윤리적 책임에는 지도감독과 자문, 교육과 훈련, 수행평가, 복지대상자에 대한 기록, 서비스의 본질에 한도에 대한 알림, 이송, 행정, 직원교육과 능력계발, 고용주에 대한 책임, 그리고 노사분쟁에 대한 기준이 명시되어 있다. 이 밖에도 사회복지사는 전문직으로서, 사회복지 전문직으로서 윤리적 책임을 다하고, 복지대상자의 기본적 욕구를 충족시키는 것을 넘어서서, 사회정의를 실현할 수 있도록 사회, 경제, 정치, 문화적 가치와 제도를 발전시켜야 할 윤리적 책임이 있다.

2. 한국사회복지사 윤리강령

한국에서는 1970년대부터 사회복지사 윤리강령 제정의 필요성이 논의되어 오다가 한국사회복지사협회에서 1982년 1월 15일에 윤리강령을 제정하였다. 사회복지사 윤리강령은 1988년에 1차 개정되었고, 1992년에 일부 개정되었다가 2001년에 12월 15일에 전면 개정되었다.

새로운 윤리강령은 전문과 윤리기준 그리고 사회복지사 선서로 구성되어 있다. 윤리기준은 다시 사회복지사의 기본적 윤리기준(15개 항), 클라이언트에 대한 윤리기준(11개 항), 동료에 대한 윤리기준(10개 항), 사회에 대한 윤리기준(4개 항), 기관에 대한 윤리기준(3개 항), 사회복지윤리위원회의 구성과 운영(3개 항)을 그 내용으로 하여 구성되어 있다.

전문과 모두 46개 항의 윤리기준으로 이루어진 윤리강령은 전문과 10개 항으로 이루어진 기존 윤리강령에 비교할 때, 사회복지사의 윤리를 매우 상세히 규정한 것이다.

한국사회복지사협회는 윤리강령을 개정하고 '사회복지사 선서'를 제정하면서, 다음과 같은 개정이유를 들었다. 즉 기존의 선언적 윤리강령에서 탈피하여 현실적 행동강령으로서의 역할을 할 수 있는 윤리강령 개정을 통해 사회복지사들의 전문적 역할과 권익강화에 기여하려는 것이다(한국사회복지사협회, 2001).

기존 사회복지사 윤리강령에서 사회복지사의 위상은 기관에 소속된 사회복지사로서 클라이언트에 개입하는 존재로 규정되어 있다. 이에 따라 사회복지사의 전문성이 주로 강조되어 왔다.

시대적 변화에 따라 새롭게 강조되고 있는 성적인 자기결정권의 인정, 부정부패의 방지, 정치적 권리의 증진 등의 사회적 가치를 적극 수용할 필요가 있다.

사회복지사의 진출과 업무 범위가 다양해지고 개업 사회복지사가 등장하는 등 여러 가지 변화가 나타나고 있는 실정이다. 이에 따라 사회적 관련성 및 책임에 대한 윤리의식 및 행동방향을 설정할 필요가 있다. 그리하여 사회복지사로서 의무를 확정하고 또한 그 권한의 범위를 정한다.

최근 사회복지사는 희생과 봉사를 요구하는 헌신성의 면에서 종교단체 활동에 뒤지고, 진보적 가치 실현을 위해 지역사회 및 사회적 변화를 추구하는 진보성이나 운동성의 면에서 시민단체에 뒤지는 것으로 인식되는 경향이 있다. 동시에 전문성에 있어서도 아직 사회적 승인을 충분하게 얻지 못하고 있는 실정이며, 더욱이 관련 분야의 전문성으로부터 심각한 도전을 받고 있는 추세에 있다. 이를 위해 사회복지사는 다음과 같은 세 가지 성향을 지켜야 할 것이다.

- 헌신성 : 가장 열악한 대상층에 대한 접근, 클라이언트의 최대이익 추구, 봉사, 솔선수범 등
- 전문성 : 사회적 가치 실현을 구체화하여 타 분야와의 차별성 및 독자성 확보 및 타 분야와의 상호연대에 대한 적극성 추구, 개인과 사회의 동시적 변화를 추구하는 독자적인 기술 확보 등
- 진보성 : 개인의 존엄성 확보와 사회적 가치 실현을 위한 사회제도 및 여건의 변화를 추구하는 조직적 역량 확보

사회복지사의 기본적 윤리기준

1. 전문가로서의 자세

① 사회복지사는 전문가로서의 품위와 자질을 유지하고, 자신이 맡고 있는 업무에 대해 책임을 진다.

② 사회복지사는 클라이언트의 종교·인종·성·연령·국적·결혼상태·성 취향·경제적 지위·정치적 신념·정신, 신체적 장애·기타 개인적 선호, 특징, 조건, 지위를 이유로 차별 대우를 하지 않는다.

③ 사회복지사는 전문가로서 성실하고 공정하게 업무를 수행하며, 이 과정에서 어떠한 부당한 압력에도 타협하지 않는다.

④ 사회복지사는 사회정의 실현과 클라이언트의 복지 증진에 헌신하며, 이를 위한 환경 조성을 국가와 사회에 요구해야 한다.

⑤ 사회복지사는 전문적 가치와 판단에 따라 업무를 수행함에 있어, 기관 내외로부터 부당한 간섭이나 압력을 받지 않는다.

⑥ 사회복지사는 자신의 이익을 위해 사회복지 전문직의 가치와 권위를 훼손해서는 안 된다.

⑦ 사회복지사는 한국사회복지사협회 등 전문가단체 활동에 적극 참여하여, 사회정의 실현과 사회복지사의 권익옹호를 위해 노력해야 한다.

2. 전문성 개발을 위한 노력

① 사회복지사는 클라이언트에게 최상의 서비스를 제공하기 위해, 지식과 기술을 개발하는 데 최선을 다하며 이를 활용하고 전파할 책임이 있다.

② 클라이언트를 대상으로 연구하는 사회복지사는 저들의 권리를 보장하기 위해, 자발적이고 고지된 동의를 얻어야 한다.

③ 연구과정에서 얻은 정보는 비밀보장의 원칙에서 다루어져야 하고, 이 과정에서 클라이언트는 신체적, 정신적 불편이나 위험·위해 등으로부터 보호되어야 한다.

④ 사회복지사는 전문성을 개발하기 위해 노력하되, 이를 이유로 서비스의 제공을 소홀히 해서는 안 된다.

⑤ 사회복지사는 한국사회복지사협회등이 실시하는 제반교육에 적극 참여하여야 한다.

3. 경제적 이득에 대한 태도

① 사회복지사는 클라이언트의 지불능력에 상관없이 서비스를 제공해야 하며, 이를 이유로 차별대우를 해서는 안 된다.

② 사회복지사는 필요한 경우에 제공된 서비스에 대해, 공정하고 합리적으로 이용료를 책정해야 한다.

③ 사회복지사는 업무와 관련하여 정당하지 않은 방법으로 경제적 이득을 취하여서는 안 된다.

사회복지사 선서

- 나는 모든 사람들이 인간다운 삶을 누릴 수 있도록, 인간존엄성과 사회정의의 신념을 바탕으로, 개인 · 가족 · 집단 · 조직 · 지역사회 · 전체사회와 함께 한다.
- 나는 언제나 소외되고 고통받는 사람들의 편에 서서, 저들의 인권과 권익을 지키고, 사회의 불의와 부정을 거부하면서, 개인이익보다 공공이익을 앞세운다.
- 나는 사회복지사 윤리강령을 준수함으로써, 도덕성과 책임성을 갖춘 사회복지사로 헌신한다.
- 나는 나의 자유의지에 따라 명예를 걸고 이를 엄숙하게 선서합니다.

새 사회복지사 윤리강령의 기본 정신은 '사회복지사의 기본적 윤리기준'에 잘 나타나 있다. 기본적 윤리기준은 먼저 전문가로서의 자세를 강조하고, 전문성 개발을 위한 노력과 경제적 이득에 대한 태도를 규정했다. 특히, 경제적 이득에 대한 태도에서 "사회복지사는 필요한 경우에 제공된 서비스에 대해, 공정하고 합리적으로 이용료를 책정해야 한다"고 규정하였다. 이는 기존 윤리강령에서 "사회복지사는 업무수행 과정에서 어떠한 압력에도 타협하지 않으며, 전문적 관계를 이용하여 부당한 영리를 취하지 않는다"고 규정한 것과 일정한 차이가 있다. 기존 윤리강령은 부당한 영리를 취해서는 안 된다고 소극적으로 규정하고 있을 뿐인데, 새 윤리강령은 '부당한 영리'를 취해서는 안되지만, '공정하고 합리적으로 이용료를 책정해야 한다'고 적극적으로 규정하고 있다.

또한 새로운 사회복지사 윤리강령은 '사회복지윤리위원회의 구성과 운영'을 규정하고, '사회복지사 선서'를 함께 제정했다는 점이 큰 특징이다. 이 선서는 사회복지사의 전문적 가치와 윤리를 다시 한 번 강조하고 있는데 그 내용은 위와 같다.

한국사회복지사협회의 윤리강령은 미국의 그것에 비교할 때, 핵심적인 항목은 대체로 포함하고 있지만, 항목에 대한 상세한 규정은 포함되어 있지 않다는 점이 아쉽다. 이 윤리강령은 사회복지사의 이상적 목표를 반영한 것인데, 특정 상황에서는 윤리강령 상호간에 갈등이 있을 수 있기 때문에 주요 상황별로 보다 구체적인 윤리적 지침이 필요할 것이다. 예를 들면, 사회복지사의 전문적 지식과 기술에서 볼 때 추천할 수 있는 복지서비스와 복지대상자가 원하는 서비스 간에 중대한 차이가 있을 때, '사회복지사는 어떤 윤리강령을 더 따를 것인가?' 와 같은 갈등상황에 대한 적절한 지침이 필요하다.

한국사회복지사협회 www.welfare.net 참조

Ⅳ. 사회복지사의 역할과 활동영역

1. 사회복지사의 역할

사회복지사는 주로 사회복지사업법에서 규정하고 있는 다양한 사회복지서비스를 제공하고 있는데, 사회복지사의 역할은 전문영역과 속해 있는 사회복지 기관·시설의 특성에 따라서 매우 다양하다. 시포린(Siporin)은 사회복지사의 역할을 상담가, 충고자, 가능케 하는 사람, 노련한 문제해결자, 분쟁해결의 조정자, 중개인, 의뢰자, 촉진자, 중재자, 토의 리더, 안내자, 자원자, 조정자, 행정가, 사업경영자, 자문을 하는 사람 등으로 예시한 바 있다(Siporin, 1975: 43-44; 김기태 외, 1999: 37 재인용). 한편 셰퍼B. Sheafor 등은 사회복지사의 역할을 **중개인, 옹호자, 교사, 상담가, 임상가, 사례관리자, 업무량 관리자, 직원개발자, 행정가, 사회변화 대행자**의 전문가로 10가지를 제시한 바 있다.

이처럼 사회복지사의 역할은 매우 다양하고 학자들에 따라서 강조점에서 차이가 있지만, 필자는 "사회복지사는 세상을 바꾸는 사람", "행복한 세상을 만드는 사람"이라는 점을 강조하고자 한다. 즉 자본주의의 성숙과 함께 전통사회의 가족과 시장이 가진 요보호시민의 보호기능이 크게 약화되었고, 지역사회의 공동체 기능이 약화되면서 생긴 시민의 복지욕구와 사회문제를 '복지공동체'의 구축을 통해서 해결하고자 할 때, 사회복지사는 상담가, 복지교육자, 조정자, 자원제공자 등의 역할을 통해서 행복한 세상, 복지공동체를 만드는 사람이 되기 때문이다.

사회복지사의 10가지 역할 (B. Sheafor)

중개인	복지대상자를 적절한 인간서비스와 자원에 연결하는 사회복지사
옹호자	복지대상자가 자원과 서비스를 받을 권리를 유지하도록 돕거나 복지대상자나 복지대상자 집단에게 부정적 효과를 주는 프로그램과 정책을 변화시키는 운동을 적극적으로 지지하는 사회복지사
교사	복지대상자가 문제를 예방하거나 사회적 기능을 향상시키는 데 필요한 지식과 기술을 갖추도록 준비하는 사회복지사
상담가 혹은 임상가	사회복지사가 자신의 감정을 보다 잘 이해하고, 행동을 수정하며, 문제상황에 대처하기 위해 학습하도록 그들의 사회적 기능수행 능력을 향상시키도록 돕는 사회복지사
사례관리자	복지대상자를 적합한 서비스에 연결하고 그런 서비스를 활용하도록 조정하는 과정에서 개인과 가족에게 서비스를 지속적으로 제공하는 사회복지사
업무량 관리자	복지대상자에게 가장 효율적으로 서비스를 제공하고, 고용된 조직에 책임을 지기 위해 업무량을 관리하는 사회복지사
직원개발자	훈련, 수퍼비전, 그리고 인사관리를 통해 기관 직원의 전문적 개발을 촉진시키는 사회복지사
행정가	인간서비스 조직에서 정책 서비스 프로그램을 계획하고, 개발하며, 수행하는 사회복지사
사회변화 대행자	지역사회 프로그램과 삶의 질을 향상시키는 영역을 확인하고, 변화나 새로운 자원 획득을 옹호하기 위해 이익집단을 동원하는 데 참여하는 사회복지사
전문가	유능하고 윤리적인 사회복지실천에 참여하고 사회복지 전문직의 발전에 기여하는 사회복지사

2. 사회복지사의 활동영역

사회복지사는 '사회복지에 관한 전문지식과 기술을 가진 자로서 보건복지부장관으로부터 그 자격을 교부받은 자'이다. 사회복지는 인간의 기본적인 욕구를 충족시켜 주고 사회문제를 해결하여 삶의 질을 높이려는 제반활동을 포함한다. 사회복지를 전문적으로 수행하는 사회복지사는 보호자가 없는 어려운 아동과 청소년을 돕는 활동에서부터 노인, 장애인 등을 위하여 상담, 보호, 선도, 옹호 등을 하며, 동시에 각종 사회보험과 복지행정 등을 통하여 전체 시민들이 가난, 질병, 재해, 무지, 실업의 고통으로부터 벗어나서 복지공동체를 만들도록 지원한다. 최근 우리나라 대학원이나 대학교에서 사회복지학을 공부한 사회복지사들이 가장 많이 진출하여 있는 분야는 다음과 같다.

(1) 정부

국가와 지방자치단체에서 일하는 사회복지직 공무원은 국민기초생활보장법에 의한 수급권자의 기초생활보장을 위한 사회복지직 공무원과 아동복지, 노인복지, 장애인복지, 한부모가족복지, 영유아보육, 여성복지 등 사회복지사업을 수행하기 위해서 임용된 공무원이 있다. 그 중 대표적인 사회복지직 공무원은 한때 '사회복지전문요원'이라고 불렸는데, 1987년에 도입되어 2021년 현재 약 3만여 명이 전국의 저소득층 밀집지역인 읍·면·동 행정복지센터와 시·군·구청 등에서 일한다. 이들은 당초 지방공무원 별정직 7급으로 임용되었으나, 행정기관 내에서의 직급에 따른 갈등과 사회복지사의 전문성 문제로 인해 1994년 이후 별정직 8급으로 임용되었고, 최근에는 일반직인 사회복지직 9급으로 임용되고 있다. 개정된 사회복지사업법에서도 "사회복지사업에 관한 업무를 담당하게 하기 위하여 시·군·구 및 읍·면·동 또는 제15조의 규정에 의한 복지사무전담기구에 사회복지전담공무원을 둘 수 있다" (사회복지사업법 제14조)는 규정을 두고 있다.

정부는 2004년 7월부터 '사회복지사무소'를 시범적으로 운영하였지만 시범사업으로 그쳤지만, 2016년부터 읍·면·동을 행정복지센터로 개편하였다.

전국사회복지행정연구회 www.ksswa.or.kr 참조

(2) 지역사회복지관

지역사회복지관은 지역사회 내에서 일정한 시설과 전문인력 및 자원봉사자를 갖추고, 주민들의 복지수요에 부응하여 종합적인 복지사업을 수행하는 사회복지시설을 의미한다. 이러한 사회복지관은 종합적인 사회복지사업을 통해 일차적으로 저소득층의 자립능력을 배양하여 중산층으로 유도하고, 지역사회 문제를 예방 치

료하여 지역사회 및 주민 연대감을 조성하는 매개체로서 지역사회주민의 복지증진을 위한 종합복지센터의 역할을 수행한다. 지역사회복지관은 처음에는 민간의 자발적인 노력으로 운영되었는데, 정부가 복지관의 운영비를 지원하고, 영구임대아파트단지에 1개소씩 건립하면서 현재 전국에 460여 개소에 이른다. 사회복지관은 그 크기에 따라서 가형, 나형, 다형으로 나뉘는데, 사회복지사는 복지관의 관장, 부장, 팀장 선임사회복지사, 사회복지사 등으로 임용될 수 있다. 대부분의 사회복지관은 재가복지봉사센터와 어린이집을 병설기관으로 가지고 있으며, 사회복지사는 이들 부설기관을 통괄한다.

한국사회복지관협회 www.kaswc.or.kr 참조

(3) 사회복지시설

사회복지사업법은 "사회복지법인 및 사회복지시설을 설치·운영하는 자는 대통령령이 정하는 바에 의하여 사회복지사를 그 종사자로 채용하여야 한다."(법 제13조)라고 규정하고 있다. 특히 사회복지사업법 시행령은 "사회복지 프로그램의 개발 및 운영업무, 입소자의 생활지도업무, 사회복지를 필요로 하는 사람에 대한 상담업무"에 종사하는 자를 사회복지사로 채용하여야 한다고 규정하고 있다. 따라서 아동복지시설, 노인복지시설, 한부모가족복지시설, 만성질환자복지시설, 장애인복지시설, 정신건강증진시설, 노숙인시설 등 사회복지사업을 수행하는 사회복지시설 중 '영유아보육시설'(어린이집)을 제외하고는 대부분 '사회복지사'를 직원으로 채용하고 있다. 사회복지시설은 사회복지전문요원이나 사회복지관의 사회복지사가 대중화되기 전에는 사회복지사가 가장 많이 진출했던 영역이다. 숙식을 하면서 근무해야 하는 경우가 많기 때문에 한때 기피되기도 하였지만, 2001년 4월부터 2교대제의 시행으로 근로조건이 향상되면서 젊은 사회복지사들이 새롭게 진출하고 있다.

한국사회복지협의회 www.bokji.net 참조

(4) 병원

사회복지사는 종합병원과 정신병원 등에서 일할 수 있다. 의료법은 "종합병원에는 사회복지사업법의 규정에 의한 사회복지종사자 자격을 가진 자 중에서 환자의 갱생, 재활과 사회복귀를 위한 상담 및 지도업무를 담당하는 요원을 1인 이상 둔다"(1981년 의료법 시행령 제24조 2항 5호의 내용은 1982년 시행령에서 삭제됨)고 규정하였다. 의료사회복지가 활성화되어 있는 일부 병원(세브란스병원, 성모병원 등)에서는 여러 명의 사회복지사가 일하고, 점차 그 수효가 늘어가고 있는 영역이다. 또한 '정신건강증진 및 정신질환자 복지서비스 지원에 관한 법률'에서도 정신건강전문요원으로 사회복지사를 임용하도록 규정하고, 사회복지사 1급으로서 정신건강사회복지사 수련과정 1년을 이수하여 정신건강사회복지사가 된 사람은 정신병원이나 정신건강복지센터에 우선적으로 채용된다. 다만, 의료사회복지사 혹은 정신건강사회복지사는 의사, 간호사, 심리사 등 다른 전문직과 함께 팀으로 일하기 때문에, 학부 수준의 공부만으로 부족한 편이다. 따라서 의료기관에서 일하는 사회복지사는 학부에서는 자원봉사를 통해서 실무를 배우고, 대학원에 진학해서 더 많은 공부를 한 후에 임용되는 경향이 있다.

대한의료사회복지사협회 www.kamsw.net 참조

(5) 사회복지단체 등

다양한 유형의 성격과 기능을 지닌 사회복지시설 및 사회복지기관들의 협의체는 그 시설과 기관의 이익을 대변하면서, 사회복지에 관한 정책제안, 주민복지운동, 복지교육 등을 실천하고 있다. 대표적인 사회복지단체중에는 한국사회복지협의회와 17개 시·도별 사회복지협의회와 230여개 시·군·구별 사회복지협의회가 있고, 아동, 노인, 장애인 등 각 영역별로 전국협의회와 시·도 단위 지부 등이 있다. 최근에는 관심 영역에 따라서 사회복지단체가 세분되고, 다시 그 연합기구가 형성되기도 한다. 그 대표적인 기구가 공동모금을 통해서 자원을 모으고 분배하는 사회복지공동모금회이다.

사회봉사활동에 대한 관심이 늘어나면서, 시·군·구 단위에 자원봉사센터가 설치되고, 정부의 지원으로 청소년상담복지센터, 청소년활동진흥센터 등이 설치되면서, 자원봉사와 청소년활동에 전문성을 가진 사회복지사의 수요가 늘어나고 있다.

전통적인 의미의 사회복지만을 추구하지 않지만, 정의롭고 평화로운 사회를 만들려는 시민사회단체에서도 사회복지사들이 많이 일하고 있다. 최근 우리 사회의 여론형성을 주도하고 있는 참여연대의 경우 '사회복지위원회'에서 국민연금, 건강보험, 고용보험 등에 대한 정책대안을 제시하고 있다. 또한 YMCA, YWCA, 경제정의실천연합 등에서 일하는 사회복지사가 적지 않다.

대기업은 기업의 사회봉사활동과 자원의 사회환원 차원에서 '기업복지재단'을 운영하는 경우가 적지 않다. 현대그룹의 아산사회복지재단, 삼성그룹의 삼성복지재단, LG그룹의 LG복지재단 등에서 사회복지사가 중요한 역할을 수행하고, 이들에 대한 근로조건과 임금 등 처우수준은 기업의 다른 사원과 동등하다.

최근에는 종교기관에서 사회복지관을 짓거나 사회봉사관, 문화관 등을 건립하고, 그 운영을 위하여 사회복지사를 채용하는 경우도 적지 않다.

사회복지공동모금회 www.chest.or.kr 참조

(6) 대학교와 연구기관

2021년 현재 전국에는 400여 개의 대학교·대학원에 사회복지학과 또는 사회복지학 전공 혹은 사회복지사를 배출하는 유사 전공이 개설되어 있다. 한 학과에 평균 4~5명의 교수가 재임한 것으로 추산할 때, 2,000여 명의 교수진이 사회복지학을 가르치고 있다. 사회복지학의 역사가 정치학, 사회학 등에 비교할 때 짧았기에, 초기에는 사회복지학 인접 학문을 공부한 학자들이 사회복지학 교수로 진출하기도 하였지만, 최근에는 사회복지학을 전공하는 학자가 우선 고려되는 경향이 있다. 또한 한국보건사회연구원 등 사회복지분야를 전문적으로 연구하거나 한국여성정책연구원, 한국청소년정책연구원 등 관련 연구기관, 지방자치단체가 설립한 종합적인 정책연구기관의 사회복지담당 연구원, 민간단체가 운영하는 각종 사회복지관련 연구기관에서 연구원으로 일할 수 있다. 대학교와 대학, 그리고 연구기관에서 사회복지전문가로 일하려는 사회복지사는 석사·박사과정을 이수해야 한다.

한국사회복지교육협의회 www.kcswe.net 참조

(7) 벤처 사회복지사의 개척

사회복지사가 일하는 영역은 이처럼 정부의 사회복지직 공무원, 사회복지관, 사회복지시설, 병원, 사회복지단체, 대학교와 연구기관 등에 한정되어 있지 않다. 사회가 전문화되면서 사회복지사에 대한 수요도 점차 다변화될 것으로 보인다.

외국의 경험에서 볼 때, 복지사회가 될수록 학교에서 학생문제를 예방하고 치료하는 '학교사회복지사'(교육복지우선지원사업을 수행하는 초·중·고등학교의 교육복지사 포함), 직장에서 종업원의 사회적응과 알콜을 포함한 약물오남용문제, 직원간의 갈등문제의 상담, 가족문제상담 등을 위한 '산업사회복지사', 군대에서 사병과 장교의 적응문제를 다루는 '군사회복지사' 등이 중요한 영역으로 다루어지고 있다. 일본에서도 고령화사회와 함께 노인복지시설, 장애인복지시설 등이 늘어나면서, 도움이 필요한 노인과 장애인의 일상생활을 전문적으로 돌보는 '케어복지사' care worker의 수요가 급증하였다. 우리나라도 2008년 7월부터 노인장기요양보험이 시행되면서 요양보호사의 수요가 폭발적으로 늘어나는데, 이들을 지도 감독하기 위해서도 노인장기요양 지정기관은 사회복지사를 채용하고 있다.

그동안 국민연금, 건강보험, 산재보험, 고용보험 등 사회보험이 도입되면서도 정작 사회복지사가 사회보험전문가로 진출한 경우는 많지 않았는데, 이 영역도 관심을 가질 만한 영역이다. 이 밖에도 사회복지교육, 사회복지운동, 복지대상자의 가족을 위한 사업, 가상사회복지관, 개업 사회복지사, 국제사회복지 영역 등도 사회복지사가 도전할 의미가 크다. 활동영역에 따라서 요구하는 기준이 다르지만,

대체로 대학에서 사회복지학을 충실히 공부하고, 계획한 진로와 영역별 자원봉사 활동을 활발히 하며, 컴퓨터와 외국어에 능통하면서 사명감을 가지면 준비된 사회복지사가 될 수 있다.

시민과 함께 꿈꾸는 복지공동체 cafe.daum.net/ewelfare 참조
한국학교사회복지사협회 www.kassw.or.kr 참조

V. 사회복지사의 과제

앞에서 살펴본 바와 같이 한국사회복지사의 자격기준은 점차 강화되었고, 교육내용은 표준화되고 있으며, 활동영역은 확대되고 개입 수준도 심화되었다. 그러나 사회변화에 따른 다양한 복지욕구를 효과적으로 충족시키고, 사회문제에 대처하기 위해서 사회복지사는 그 자격과 역할에서 다음과 같은 과제를 안고 있다.

첫째, 사회복지사의 법정 자격을 더욱 강화해야 한다. 현행 사회복지사업법령은 사회복지사 자격증을 취득하기 위해서 대학 혹은 전문대학 등에서 보건복지부장관이 정한 '사회복지학 전공교과목과 사회복지관련 교과목'인 필수과목 10과목과 선택과목 7과목 이상을 이수하면 된다고 규정하고 있다. 대학에서 사회복지학을 전공하지 않더라도, 법령으로 정해진 17과목만 이수한 대학생은 누구나 사회복지사 2급을 받고, 국가시험에 합격하면 1급을 취득할 수 있다. 한 분야의 전문가가 되기 위해서는 그 분야에 대한 기초교육과 심화학습을 하고, 오랜 실습을 통해서 전문 기술과 윤리를 습득해야 함에도 불구하고, 인간의 기본적 욕구와 사회문제를 다루는 사회복지사는 단지 17과목을 이수하면 취득할 수 있는 자격증으로 전락되었다. 따라서 가급적 조속한 시일 안에 자격취득에 필요한 사회복지학 전공과 관련 교과목의 종류를 대폭 늘려야 한다. 또한 사회복지사 1급을 취득하기 위해서는 일정 시간 이상 선임사회복지사의 지도감독을 거친 사회복지현장 근무경력을 필요조건으로 포함시켜야 한다.

둘째, 전문사회복지사를 법정 자격으로 강화해야 한다. 사회복지사의 등급은

1급, 2급으로 되어 있는데, 최고등급인 사회복지사 1급을 취득하기 위해서 대학원이나 대학에서 사회복지학 전공과 관련 교과목을 이수하면 된다. 비록 2003년부터 국가시험을 합격한 사회복지사에게 1급을 주더라도, 사실상 대학졸업자에게 전문직의 최고 등급을 부여하는 것은 상식에 맞지 않다. 의사의 경우 대학에서 예과와 본과를 졸업하고(6년) 의사가 된 후에도 수년 동안 인턴과 레지던트를 거쳐서 전문의가 되는데, 사회복지사의 경우 전문사회복지사로 정신건강사회복지사, 의료사회복지사, 학교사회복지사만 법정화 되었다. 전문사회복지사는 사회복지사 1급이 법령으로 정한 수련과정을 1년 이상 이수할 때 받을 수 있는데, 그 종류가 다양화되어야 한다.

셋째, 사회복지사를 양성하는 교육내용과 수준에 대한 평가가 체계적으로 이루어져야 한다. 사회복지사의 취득이 대학에서 사회복지학 전공과 관련 과목을 이수하는 것만으로 가능하게 됨에 따라 많은 대학이 사회복지학과를 학부로 변경해서 학생을 늘리고, 일부 학교에서는 사회복지학과 학문적 연계가 낮은 학과를 사회복지학과로 명칭을 변경하여 사회복지사를 배출하고 있다. 사회복지학을 전공한 전임교수가 한 명도 없거나 소수인 대학에서 사회복지사를 양성하는 폐단을 해결하기 위해서는 사회복지학 전공과 관련과목의 교육내용과 강의 질에 대한 체계적인 평가와 함께 강의인정제가 법적으로 도입되어야 한다. 이 일은 사회복지학 교과목의 표준화작업을 선도하고 있는 한국사회복지교육협의회가 이를 주관하는 것이 바람직할 것이다.

넷째, 사회복지 현장실습의 시간을 늘리고 보다 체계적으로 관리해야 한다. 사회복지학을 전공하는 학생은 반드시 사회복지 현장실습을 이수하여야 한다. 한국사회복지교육협의회는 '사회복지 현장실습'을 3학점 11시간(현장실습 (8시간+실습세미나 3시간)으로 권장하고 있다. 즉 학기중 실습은 주당 1일 8시간 실습기관에 출석하여 총 20주 근무하고, 방학중 실습은 1일 8시간씩 주 5회 연속 4주 이상 근무해야 한다. 그러나 사회복지실천에서 사회복지사의 개입기술이 매우 중요하다는 점에서 볼 때, 4주간의 실습은 대단히 빈약하다. 선진 외국에서는 방학 동안 전일제로 실습을 하거나 한 학기 이상 현장근무를 하면서 선임사회복지사로부터 지도감독을 받도록 하고 있는데, 우리나라도 4학년 여름방학이나 2학기에 10주 이상 전일제로 근무하도록 실습을 크게 강화해야 할 것이다.

다섯째, 한국사회복지사협회의 위상을 높이고 관련 전문직 단체를 활성화해야 한다. 한국사회복지사협회가 사회복지에 관한 전문지식과 기술을 개발·보급하고 사회복지사의 자질향상을 위한 교육훈련 및 사회복지사의 복지증진을 제대로 수행할 수 있도록 사회복지사가 적극 참여해야 한다. 협회는 사회복지사의 낮은 가입률과 연회비 납부율을 획기적으로 높일 수 있도록 자기혁신을 해야 하며, 사회복지사에 대한 보수교육을 법적으로 크게 강화해야 한다. 복지대상자의 욕구와 사회문제는 끊임없이 변화되고 있는데, 한번 취득한 자격을 재교육 없이도 유지하는 것은 적절치 못하다. 따라서 사회복지사협회는 2009년부터 도입된 현장 사회복지사의 보수교육을 체계적으로 시행하여 사회복지사의 자질 향상에 힘써야 할 것이다. 또한 대한의료사회복지사협회, 한국정신보건사회복지사협회, 한국학교사회복지사협회 등 전문 분야별 협회와 관련 학회를 발전시켜서 사회복지사의 전문성을 제고시켜야 한다.

여섯째, 사회복지사 등에 대한 처우를 개선하고 신분보장을 강화하여 사회복지사 등의 지위를 향상하도록 함으로써 사회복지 증진에 이바지하기 위해 제정된 '사회복지사 등의 처우 및 지위 향상을 위한 법률'을 철저히 이행해야 한다. 이 법 제3조는 국가와 지방자치단체는 사회복지사 등의 처우를 개선하고 복지를 증진함과 아울러 그 지위 향상을 위하여 적극적으로 노력하고, 사회복지사 등의 보수가 사회복지전담공무원의 보수수준에 도달하도록 노력하여야 한다고 규정하고 있다. 하지만, 보건복지부는 매년 복지공무원 급여의 95% 수준으로 '사회복지종사자 인건비 가이드라인'을 공표할 뿐 지역아동센터, 공동생활가정 등에 이 기준을 적용하지 않고, 다른 부처와 지방자치단체가 이를 지키지 않아도 아무런 조치를 하지 않고 있다. 한국사회복지사협회 등은 정부가 이법률을 지키도록 사회행동을 해야 한다.

SUMMARY
단원 정리

이 장에서는 사회복지사의 자격과 역할을 공부하였다. 전문직으로서 사회복지사를 이해하고, 사회복지사의 자격제도, 윤리강령, 구체적인 역할과 위상을 알아보았다.

한국에서 사회복지사에 대한 법적 제도는 '사회복지사업종사자'로 시작되어, 이후 '사회복지사'로 개칭되고 3등급으로 세분되었으며, 2003년부터 국가시험에 합격한 사람에게 사회복지사 1급을 부여한다.

한국 사회에서 사회복지사를 대표하는 조직은 법정 단체인 한국사회복지사협회이다. 이 협회는 보건복지부의 위임을 받아서 사회복지사 자격증을 발급하고, 사회복지사 1급으로서 임상경험이 풍부한 자를 대상으로 '전문사회복지사'를 부여하고 있다.

사회복지사는 복지대상자를 돕는 과정에서 윤리적 결정을 내려야 하는 다양한 상황에 직면하게 된다. 전문직에서 꼭 필요한 윤리는 흔히 윤리강령의 형식으로 정형화되는데, 한국사회복지사협회가 새로 개정한 윤리강령은 전문과 윤리기준, 사회복지사 선서로 구성되어 있다.

사회복지사의 역할은 전문영역과 속해 있는 사회복지 기관・시설의 특성에 따라서 매우 다양하지만, 대체로 사회복지사는 중개인, 옹호자, 교사, 상담가 혹은 임상가, 사례관리자, 업무량 관리자, 직원개발자, 행정가, 사회변화 대행자, 전문가 등의 역할을 수행한다.

한국 사회에서 사회복지사가 주로 일하는 영역은 정부의 사회복지직 공무원, 사회복지관, 사회복지시설, 병원, 사회복지단체, 대학교와 연구기관 등이다. 사회가 전문화되면서 사회복지사의 활동 영역이 점차 다변화되는데, 선진국의 경험에서 볼 때 학교사회복지사, 산업사회복지사, 군사회복지사, 케어복지사, 벤처 사회복지사 등이 관심 영역이 될 것이다.

우리나라에서 사회복지사가 더욱 발전되기 위해서는 법정 자격의 강화, 전문사회복지사의 법정화 확대, 양성과정에서 교육내용과 그 수준에 대한 인증제 도입, 사회복지 현장실습의 체계화, 전문직 단체의 활성화 등이 필요하다.

수강생은 자신이 살고 있는 지역에서 사회복지현장을 방문하고, 그곳에서 일하는 사회복지사가 하는 일, 주된 복지대상, 임금과 근로시간 등 근로조건을 파악하고 개선방안을 알아보며, 한국사회복지사협회 등 관련 기관의 홈페이지에 의견을 제안해 보자.

다음 장부터는 사회복지분야론에 대한 소개를 할 것이다. 분야론에 대한 첫째 강좌는 '아동복지의 이해'이다. 전체 인구에서 아동의 비중은 줄어들지만, 아동의 인권이 점차 강조되는 상황에서 부모나 가족의 보호를 적절히 받지 못한 아동을 사회적으로 보호하는 것뿐만 아니라 아동의 성장과 발전을 도모하는 방안을 공부하게 될 것이다.

TERMS
용어 정리

전문직 일반적으로 성직자, 의사, 법률가 등과 같이 그 사회적 지위가 높고 장기간의 교육훈련을 통해서 어려운 자격을 획득하고 직업적 자립성이 높으며 직업윤리가 요구될 뿐만 아니라 전문적인 직능단체가 조직되어 있는 직업이다.

전문직의 기준 그린우드(E. Greenwood)는 전문직의 기준으로 체계적 이론, 전문적 권위, 사회적 승인, 윤리강령, 전문직적 문화 등을 들고, 이러한 기준에서 볼 때 사회사업은 이미 전문직업이고, 사회사업가는 중간 정도의 전문직에 속한다고 했다.

사회복지사 사회복지사업법에 의한 법적 자격인 '사회복지사'를 취득하고, 사회복지를 실천하는 사람을 말한다. 사회복지사는 개인, 집단, 가족, 지역사회의 복지욕구를 충족시키고, 사회문제를 해결하는 데 주요 전문가로서 활동한다. 미국의 사회복지사는 사회복지교육협의회가 공표한 표준화된 교과기준과 교육정책안에 따라 전문적 지식과 기술을 배워서 자격을 취득한다.

사회복지사의 등급 사회복지사의 등급은 1급, 2급 두 등급이 있고, 각 등급별 자격기준은 법적으로 규정되어 있다. 개정된 사회복지사업법에 따라 2003년부터 사회복지사 1급을 취득하기 위해서는 국가시험에 합격해야 한다.

사회복지학 전공교과목 사회복지사를 취득하기 위해서 반드시 이수해야 할 보건복지부령이 정하는 '사회복지학 전공교과목과 사회복지관련 교과목'은 필수과목 10과목과 선택과목 7과목 이상이다. 필수교과목은 사회복지학개론, 인간행동과 사회환경, 사회복지정책론, 사회복지법제와 실천, 사회복지실천론, 사회복지실천기술론, 사회복지조사론, 사회복지행정론, 지역사회복지론, 사회복지 현장실습이고, 선택과목은 가족복지론, 가족상담 및 가족치료, 교정복지론, 국제사회복지론, 노인복지론, 복지국가론, 빈곤론, 사례관리론, 사회문제론, 사회보장론, 사회복지역사, 사회복지와 문화다양성, 사회복지와 인권, 사회복지윤리와 철학, 사회복지자료분석론, 사회복지지도감독론, 산업복지론, 아동복지론, 여성복지론, 의료사회복지론, 자원봉사론, 장애인복지론, 정신건강론, 정신건강사회복지론, 청소년복지론, 프로그램개발과 평가, 학교사회복지론 중 7과목 이상이다.

한국사회복지사협회 한국사회복지사협회는 사회복지에 관한 전문지식과 기술을 개발·보급하고 사회복지사의 자질향상을 위한 교육훈련 및 사회복지사의 복지증진을 도모하기 위하여 1967년 설립되었다. 현재 한국사회복지사협회는 보건복지부의 위임을 받아서 사회복지사 자격증을 발급하고 있는데, 법정 자격인 사회복지사와 별개로 1996년부터 사회복지사 1급으로서 임상경험이 3년 이상인 자를 교육시키고 협회가 주최한 자격시험에 합격한 자에게 '전문사회복지사'를 부여하고 있다.

사회복지사 윤리강령 사회복지사가 개인, 가족, 집단, 지역과 같은 복지대상과 직접 일하면서 그 사명을 다할 때 갖추어야 할 한국 사회복지사 윤리강령은 전문과 46개항의 윤리기준 그리고 선서로 구성되어 있다. 윤리기준은 다시 사회복지사의 기본적 윤리기준, 클라이언트에 대한 윤리기준, 동료에 대한 윤리기준, 사회에 대한 윤리기준, 기관에 대한 윤리기준, 사회복지윤리위원회의 구성과 운영을 그 내용으로 하여 구성되어 있다.

SELF STUDY GUIDE
자기평가와 과제

1. 사회복지사가 쓴 수기를 한 권씩 읽고 그 감상문을 정리한다.
2. 지역에서 사회복지현장을 방문하고, 그곳에서 일하는 사회복지사가 하는 일, 주된 복지대상, 임금과 근로시간 등 근로조건을 파악하고 개선방안을 제안한다.
3. 한국사회복지사협회, 대한의료사회복지사협회, 한국정신건강사회복지사협회, 한국학교사회복지사협회 등의 홈페이지를 방문하여 각 협회의 활동을 파악한다.
4. 세계 각국의 사회복지사협회 홈페이지를 방문하고 협회에서 하는 일을 알아본다.
5. 몇 개의 팀으로 나누어서 주요 외국의 '사회복지사윤리강령' (code of ethics)의 내용을 한글로 번역하고, 그 내용을 한국 사회복지사 윤리강령과 비교하여 본다.
6. 주요 외국의 사회복지사 교육제도를 파악하고, 특히 사회복지 현장실습의 진행방식에 대해서 알아본다.

REFERENCE
참고 문헌

광주대학교 대학원 사회복지학과 20인(1998), 『시설과 인물』, 은평천사원 출판부.

김기덕(2002), 『사회복지윤리학』, 나눔의집.

김기태 외(1999), 『사회복지의 이해』, 박영사.

김상균(2003), 『사회복지 윤리와 철학』, 나남출판.

김정진 · 윤철수(2010), 『예비 사회복지사를 위한 현장실습 길라잡이』, 학지사.

김영모(1999), 『사회복지학』, 한국복지정책연구소 출판부.

김태성 외(1998), 『사회복지 전문직과 교육제도』, 소화.

사회복지사업법, 시행령, 시행규칙

노혜련(1998), 『희망을 일구는 사회복지사들의 이야기』, 학문사.

노혜련 · 임종호 · 최경일(2010), 『사회복지사의 희망이야기』, 학지사.

박광준(2010), 『붓다의 삶과 사회복지』, 한길사.

서울대 사회복지실천연구회(1998), 『사회복지실천기법과 지침』, 나남출판.
양옥경(2004), 『사회복지 윤리와 철학』, 나눔의집.
양옥경 외(1993), 『사회복지실천과 윤리』, 한울아카데미.
오윤수 · 이대주 · 정현태(2010), 『사회복지 윤리와 철학』, 공동체.
윤철수(2004), 『산타가 만난 아이들: 학교사회사업가 이야기』, 학지사.
이명묵(2010), 『한국 사회복지사의 인권의식 1』, 인간과복지.
이영철 외(2000), 『사회복지학』, 양서원.
이용교 편(1993), 『이야기 사회복지』, 은평천사원출판부.
이용교 편(1999), 『새 천년을 열어갈 사회복지사의 길』, 광주대학교 출판부.
이용교(2001), 『복지는 생활이다』, 인간과복지.
이용교 (2004), 『디지털 복지시대』, 인간과복지.
이용교 (2004), 『내가 꿈꾸는 디지털 사회복지사』, 현학사.
이효선(2003), 『사회복지 윤리와 철학의 이해』, 학지사.
조휘일 역(2000), 『사회복지실천과 수퍼비젼』, 학지사.
최주환(2007), 『사회복지사가 꼭 알아야 할 35가지』, 양서원.
한국사회복지교육협의회 편(2011), 『사회복지학 교과목 지침서』.
한국사회복지사협회(2010), 『사회복지현장실습 교육지침서』.
한국사회복지사협회 편(1996), 『사회복지사와 슈퍼비젼』.
한국사회복지사협회(1997), 『한국사회복지사협회 삼십년 1967-1997』.
한국사회복지사협회(2018), 『한국사회복지사협회 오십년사 1967-2017』, 양서원
한국사회복지사협회(2001), 사회복지사 윤리강령 개정 및 선서문 제정.
National Association of Social Worker(1995), *Encyclopedia of Social Worker*, 김만두 외 역(1999), 『사회복지대백과사전』, 나눔의집.
National Association of Social Workers(1998), *The Foundations of Social Work Practice*. 이필환 외 역(1999),『 사회복지실천이론의 토대』, 나눔의집.
Robert L. Barker(1987), *Social Work Dictionary*, 중앙사회복지연구회 역(1996), 『사회사업사전』, 이론과실천.

RECOMMANDED FILM
추천 영화

레이디버드 레이디버드 Ladybird Ladybird 1994, 켄 로치
비밀과 거짓말 Secrets & Lies 1996, 마이크 리

비밀과 거짓말 Secrets And Lies	2003, 민규동
뮤직 오브 하트 Music of the Heart	1999, 웨스 크레이븐
선생 김봉두 Teacher Kim Bong-du	2003, 장규성
시고니 위버의 진실 Death and The Maiden	1994, 로만 폴란스키
성원 Fly Me To Polaris	1999, 마초성
철도원 Railroad Man	1999, 후루하타 야스오
죽은 시인의 사회 Dead Poets Society	1989, 피터 위어
카드로 만든 집 House of Cards	1993, 마이클 레삭
나를 닮은 얼굴 Resilience	2009, 태미 추
커플 테라피: 대화가 필요해 Couples Retreat	2009, 피터 빌링슬리
울지마, 톤즈	2010, 구수환
레터스 투 줄리엣 Letters to Juliet	2010, 개리 위닉

INTERNET LINK
관련 사이트

한국복지교육원	www.okwelfare.net
시민과 함께 꿈꾸는 복지공동체	cafe.daum.net/ewelfare
나우리정신건강센터	www.homepage.co.kr/mental
대한의료사회복지사협회	www.kamsw.net
미국사회복지사협회	www.socialworkers.org
보건복지부	www.mw.go.kr
복지나눔터	www.bokji.co.kr
사랑의전화 카운슬링센터	www.counsel.or.kr
사회복지공동모금회	www.chest.or.kr
사회복지정보원	www.welfare.or.kr
새마을운동본부	www.saemaul.or.kr
서울YMCA	seoul.ymca.or.kr
서울특별시아동복지센터	www.child.seoul.kr
세상을바꾸는사회복지사	www.sebasa.org
영국사회복지사협회	www.basw.co.uk
전국사회복지행정연구회	www.ksswa.or.kr
참여연대	www.peoplepower21.org
참여연대 사회복지위원회	www.peoplepower21.org/welfare

한국군사회복지사협회	cafe.daum.net/kamtswer
한국여성사회복지사회	www.kawsw.or.kr
한국정신보건사회복지학회	www.kamhsw.org
한국정신보건사회복지사협회	www.kamhsw.or.kr
한국사회복지관협회	www.kaswc.or.kr
한국사회복지공제회	www.kwcu.or.kr
한국사회복지교육협의회	www.kcswe.net
한국사회복지사협회	www.welfare.net
한국사회복지협의회	www.bokji.net
한국학교사회복지사협회	www.kassw.or.kr
호주사회복지사협회	www.aasw.asn.au

6 아동복지의 이해

I. 아동복지의 의의와 특징

아동복지는 아동과 복지의 복합개념으로서 아동을 위한 사회복지서비스를 의미한다. 일반적으로 '아동'의 연령은 '18세 미만'으로 알려져 있지만, 법에 따라서 그리고 사회적 통념에 따라서 상당한 차이가 있다. 즉 아동복지법은 "아동이라 함은 18세 미만의 자를 말한다"고 규정하고 있지만, 아동복지시설에서는 대학교 졸업까지 연장해서 보호받을 수 있으며, 민법에서는 19세 미만의 자를 '미성년자'로 규정한다.

한편 아동의 연령은 '청소년'의 연령과 그 경계가 불분명하기 때문에 논란이 되기도 한다. 청소년기본법은 '9세에서 24세까지'를 청소년으로 칭하기 때문에, 법령의 연령기준을 따르면 9세에서 18세 미만까지는 아동이면서 청소년이란 혼란이 생긴다. 따라서 필자는 아동에 청소년을 포함시키기도 하고, 청소년에 아동을 포함시키기도 한 전통을 존중하면서도, 발달단계에서 상당히 다른 초등학교 졸업 전후의 연령을 경계로 나누어서 살펴보고자 한다. 즉 실정법에서 정한 연령을 존중하면서도 아동복지의 강조점을 주로 초등학교 이전의 연령층을 위한 복지서비스에 두고자 한다.

카두신Kadushin에 의하면, 아동복지는 "넓은 의미에서 모든 아동의 행복과 사회적응을 위해 심리적, 육체적 잠재력을 개발시켜 주기 위한 각종의 방법을 말하며, 좁은 의미로 특수한 문제를 가진 아동과 그 가정을 대상으로 전문적인 기관에서 행하는 서비스"라고 강조하였다(Kadushin, 1980: 39). 한편 프리드랜더Friedlander는 "아동복지는 단지 빈곤, 방치, 유기, 질병, 결함 등을 지닌 아동, 혹은 환경에 적응하지 못하는 비행아동들에만 관심을 두는 것이 아니다. 아동복지란 모든 아동이 신체적·지적·정서적 발달에 있어서 안전하며 행복할 수 있도록 위험에서 지키며 보호하기 위하여 공·사의 제기관에서 실시하는 사회적, 경제적, 보건적인 제활동이다"라고 하여 아동복지의 대상을 보다 명확히 제시하였다(Friedlander, 1961).

아동복지는 전체 아동의 행복을 추구하면서, 현실적으로 요보호아동의 복지에 일차적인 관심을 둘 수밖에 없다. 여기에서 요보호아동이라 함은 가족이나 지역사회로부터 적절히 보호받지 못하는 아동이다. 부모의 사망과 이혼 등으로 부모의 보호를 받지 못하는 아동, 빈곤아동, 장애아동 등은 가장 전형적인 요보호아동이지만, 시기별로 아동복지의 대상은 달라져 왔다. 한국의 경우, 1961년에 아동복리법이 제정되면서부터 1981년까지, 1981년에 아동복지법의 제정부터 1991년 영유아보육법의 제정 전까지, 그리고 그 이후로 상당한 차이가 있음을 알 수 있다.

전체적으로 볼 때, 아동복지의 대상이 부모의 결손과 빈곤에 의한 요보호아동에서 부모의 취업으로 인한 요보호아동으로 관심이 바뀌고, 일부 아동의 보호에서 전체 아동의 보호와 발전으로 바뀌고 있다. 이러한 변화는 단순히 부모의 양육환경의 변화뿐만 아니라, 아동관의 변화와도 밀접한 관계가 있다. 즉 아동은 보호의 대상에서 권리 향유의 주체로 바뀌고, 1989년 '아동의 권리에 관한 국제협약'의 채택으로 말미암아 권리 실현의 주체라는 시각이 확산되고 있다.

따라서 한국 아동복지학에서도 1960~1970년대는 아동복지 프로그램과 서

아동의 권리에 관한 국제협약

전세계 아동의 생존, 보호, 발달을 위한 국제사회의 노력은 1989년 11월 20일 유엔총회에서 만장일치로 채택된 '아동의 권리에 관한 국제협약'에 집약되어 있다. 이 협약은 1990년 9월 2일을 기해 20개국 이상의 비준을 받게 됨에 따라 국제법의 효력을 갖게 되었으며, 한국정부는 1990년 9월 25일에 이 협약에 서명하고, 1991년 11월 20일에 이를 비준함으로써 협약의 당사국이 되었다.

아동을 보호의 대상뿐만 아니라 적극적인 권리의 주체로 인식하고 있는 아동의 권리에 관한 국제협약은 전문과 54개조로 이루어졌는데, 무차별의 원칙, 아동의 최선의 이익우선, 아동의 생존・보호・발달과 아동의 참여라고 하는 4개의 주요 원칙을 중심으로 아동의 권리를 다음과 같이 구분하여 명시하고 있다.

① 생존의 권리 : 적절한 생활수준을 누릴 권리, 의료서비스를 받을 수 있는 권리
② 발달의 권리 : 교육, 놀이, 여가, 정보를 누릴 권리, 문화활동, 사상, 양심, 종교의 자유를 누릴 권리
③ 보호의 권리 : 각종 착취와 학대, 가족과의 인위적인 분리, 형법 등의 폐습으로부터 보호받을 권리
④ 참여의 권리 : 자신의 의사를 표현할 자유와 자기 생활에 영향을 주는 일에 대하여 말할 수 있는 권리, 책임감 있는 어른이 되기 위해 아동 자신의 능력에 부응하여 적절한 사회활동에 참여할 기회를 가질 권리

비스로 "시설보호, 가정위탁보호, 입양, 탁아보호, 정신박약아, 신체장애아, 가정부 서비스, 프로텍티브 서비스, 정서장애아, 비행소년 등"을 다루었고(장인협, 1971), 1980년대에 들어와서야 선진 외국의 아동복지학 이론을 소개하고 한국사회가 당면한 급격한 도시화, 핵가족화 등으로 경험한 맞벌이가정의 영유아보육, 해체가족의 아동보호, 그리고 아동과 청소년의 비행 등을 중요하게 다루었다(주정일・이소희, 1981; 장인협, 1984; 복지연구회, 1984). 1990년대에는 아동복지에서 영유아보육과 청소년복지가 분리되는 경향이 있고, 다양한 아동복지 대상에 대한 구체적인 서비스가 강조되었다(주정일・이소희, 1992; 장인협・오정수, 1993; 성영혜・김연진, 1997). 현행 아동복지서비스를 지지적, 보충적, 대리적 서비스로 나누어서 소개하면 다음과 같다.

II. 지지적 아동복지

지지적 서비스supportive services는 부모와 자녀가 자신들의 책임성을 효율적으로 수행할 수 있도록 그들의 능력을 지원하고 강화하는 서비스를 의미한다. 이 서비스의 특징은 여타 서비스와 달리 아동이 자신의 가정에 머물면서 받을 수 있는 서비스라는 점이다. 서비스 기관은 부모나 아동의 역할 기능을 대행해 주는 것이 아니라, 외부에서 사회적 기능의 수행을 원조해 주는 기능을 담당한다. 지지적 서비스를 제공하는 주요 사회복지기관은 아동복지기관, 아동상담소 등이며, 가족구성원의 개인을 대상으로 개입하면서 다양한 가족치료방법을 활용하고 있다.

아동복지서비스가 이상적으로 개발되기 위해서는 전체 아동을 위한 보편적 서비스로서 아동상담이 개발되어야 할 것이다. 즉 부모의 보호를 적절히 받지 못해 양육환경이 좋지 못한 요보호아동을 조기에 발견하거나, 부모나 보호자의 통제수준을 벗어난 문제행동을 하는 아동을 사정하고 치료하기 위해서 아동상담이 적용되어야 할 것이다.

그러나 현실적으로 한국사회에서 기아, 미아, 가출아동 등을 발견하여, 귀가조치 하거나 일시보호 하였다가 아동양육시설로 이송하기 위한 전 단계로 아동상담을 활용하는 경우가 많다. 아동상담을 전담하는 기관으로는 아동상담소가 있는데, 설립 주체에 따라서 공립 아동상담소와 민간 아동상담소가 있다.

서울특별시아동복지센터 www.child.seoul.kr 참조

아동상담소가 아닌 곳에서도 아동상담은 광범위하게 이루어질 수 있다. 2021년 현재 전국에 460여 개소에 이르는 (종합)사회복지관은 대부분 상담실을 갖추고 있고, 시·군·구청과 읍·면·동 행정복지센터에서는 3만여 명에 이르는 사회복지직 공무원이 도움이 필요한 아동이나 보호자에게 상담서비스를 하고 있다.

현재 아동상담의 가장 큰 문제점은 아동의 문제행동이 매우 다양화됨에도 불구하고, 이에 대한 적절한 대처가 없다는 점이다. 공립 아동상담소는 친권자가

[사례] 참여연대 사회복지위원회의 '평화가족 만들기' 캠페인

참여연대 사회복지위원회는 1997년에 "대화가 있는 가족, 부모 자녀가 평등한 가족, 이웃과 함께 하는 가족"이란 목표로 '평화가족 만들기' 캠페인을 폈다. 이 때 '평화가족'이 지켜야 할 수칙을 다음과 같이 정했다(참여연대 사회복지위원회, 1997: 49).

'평화가족' 이 지켜야 할 수칙

1. 평화를 가족공동체의 기본 가치로 삼는다.
2. 가족회의를 통해서 살림살이와 생활방식을 의논한다.
3. 어떤 경우에도 폭언과 체벌을 하지 않는다.
4. 가족 공동의 기록물을 소중히 여긴다.
5. 부부, 부모 자녀가 가사를 분담한다.
6. 가족이 함께 운동이나 취미생활을 한다.
7. 재산의 형성이나 관리에 가족이 함께 참여한다.
8. 가족의 각자의 자아를 존중하고 실현하도록 돕는다.
9. 가족간 갈등은 대화로 해결한다.
10. 친척과 이웃의 어려운 일을 적극 돕는다.

입양에 동의한 아동, 기아, 미아 등 긴급 보호가 필요한 아동에게 서비스를 제공하는 데 급급하고, 민간 아동상담소는 입양상담과 같이 다른 사업의 일부로 아동상담을 하는 경우가 많다. 이 때문에 아동상담소는 반사회적 문제행동(도벽, 습관성 거짓말, 폭력 등)이나 비사회적 문제행동(정서불안, 과잉행동 증후군, 자폐증 등)을 하는 아동에게 거의 개입하지 못하고 있다.

III. 보충적 아동복지

보충적 서비스(supplemental services)는 대리적 서비스와는 달리 가정내에서 전개되는 서비스의 형태를 말한다. 이 서비스는 부모들의 역할을 일부 대행하는 것으로 부모의 실업, 질병, 장애뿐만 아니라 가족의 재정적 곤란 등을 보충하는 데 목적을 두고 있다. 보충적 서비스의 종류는 영유아보육서비스, 방과후 아동지도, 피학대아동 보호사업, 가정조성사업, 소득유지사업 등이 있다.

1. 영유아보육

영유아보육사업은 하루 중 일정 시간 동안 가정의 아동양육 기능을 보완하기 위해 제공되는 서비스이다. 보육사업은 일차적으로는 부모가 직장에 나가기 때문에 일시적으로 아동양육을 책임질 사람이 가정에 부재할 때 아동양육을 지원하기 위해 제공되지만 아동이 특별한 도움을 필요로 하는 장애아일 경우나 양육자가 질병 등의 이유로 위기에 처해 있을 때도 부모 또는 가정의 아동양육기능을 보충하기 위해 제공된다.

우리나라에서 보육사업이 법적으로 실시된 것은 1961년 아동복리법이 제정되어 보육시설이 아동복지시설 중의 하나로 규정되면서부터지만, 현행 제도는 1991년에 영유아보육법이 제정되면서 확립되었다. 현행 영유아 보육사업은 보육장소에 따라서 지역보육과 직장보육으로 나뉘고, 보육시설의 설립과 운영의 주체에 따라서 국공립보육시설, 법인보육시설, 민간보육시설(법인 외, 민간 개인), 부모협동보육시설(공동육아), 가정보육시설, 직장보육시설로 나뉘며, 보육시간에 따라서 종일제, 반일제, 시간제, 주간보육, 야간보육, 24시간보육 등으로 나뉘기도 한다.

한국보육시설연합회 www.koreaeducare.or.kr 참조

영유아보육은 사회적 요구에 의해서 그 성격이 크게 변했다. 1970년대 이전까지는 도시저소득층의 맞벌이 부부의 자녀를 위한 탁아서비스로 인식되다가, 1982년 유아교육진흥법이 제정되면서 조기교육이 반영되기 시작했으며, 1991년 영유아보육법이 제정되면서 '보호'와 '교육'의 조화를 강조하게 되었다.

2019년 말 현재 전국의 보육시설은 37,371개소이고 보육아동은 1,365,085명으로, 영유아보육은 가장 보편적으로 실시되고 있는 아동복지서비스라고 볼 수 있다. 최근에는 초등학교 저학년의 방과후 학습과 생활지도가 사회적 주목을 받으면서 '방과후 아동지도'가 방과후 아동보육으로 시도되고 있다.

영유아보육사업은 사업의 기능 중에서 어떤 측면을 강조하느냐에 따라서 여러 가지 측면에서 볼 수 있다. 즉 아동이 자신의 개성을 키우고 민주적인 사회공동체 경험을 쌓을 필요성을 강조한 발전적 아동복지 관점, 여성의 노동시장 참여와 사회참여를 장려하는 여성복지 관점, 그리고 저소득 기혼여성의 취업을 돕는 저소득층 복지관점 등으로 설명될 수도 있다. 대체로 세 가지 관점은 어느 정도 설명력이 있겠지만, 영유아보육이 저소득층을 위한 복지라는 관점에서 아동의 전인적 성장을 강조하는 관점으로 바뀌었다.

따라서 영유아보육사업은 아동의 개별적 욕구와 발달단계에 대한 이해, 지속적인 양육과 지지적인 정서적 반응, 아동의 신체적·정서적·인지적·사회적 발달 욕구에 대한 주의력과, 아동의 스트레스와 단절을 최소화하기 위한 가족과의 팀 접근을 반드시 포함하여야 할 것이다. 이를 위해서 사회복지사는 효과적인 자녀양육자로서의 역할뿐만 아니라, 상담가, 대변인, 그리고 욕구와 자원을 연결하는 연계자로서의 역할을 수행해야 할 것이다(김현용 외, 1997: 363-364).

2. 피학대아동 보호사업

프로텍티브 서비스protective services로 불리는 피학대아동 보호사업은 신체적·성적·정서적으로 학대받거나 방임된 아동을 보호하는 사업으로, 선진 외국에서 아동복지의 중요한 영역이었지만 한국에서는 별로 관심을 받지 못했다.

그동안 아동복지법에 '금지행위'로 아동학대가 포함되었지만, 무엇이 아동학대인지에 대한 정의가 불분명하고 학대받는 아동을 어떻게 보호할 것인지에 대한 준비가 미흡하였다. 그런데 1999년 아동복지법이 개정되면서 아동학대에 관한 규정이 새롭게 포함되었다. 즉 아동복지법에 "'아동학대'라 함은 보호자를 포함한 성인이 아동의 건강 또는 복지를 해치거나 정상적인 발달을 저해할 수 있는 신체적·정신적·성적 폭력이나 가혹행위를 하는 것과 아동의 보호자가 아동을 유기하거나 방임하는 것을 말한다."고 규정되었다(아동복지법 제3조 7호).

또한 학대받는 아동을 보호할 수 있는 법적 체계도 갖추었기 때문에 기대되

아동학대의 개념

아동학대란 아동의 부모 또는 보호자가 아동에게 계속적으로 폭력을 가하거나 방임함으로써 아동이 심각한 해를 입는 것을 말한다.

구체적인 아동학대의 유형을 살펴보면 다음과 같다.

- **신체적 학대** 구타, 폭력, 감금 등 아동의 신체에 직접적인 해를 입히는 행위
- **정서적 학대** 아동에 대한 애정과 관심을 주지 않는 행위, 아동을 다른 아동과 부정적으로 비교하는 행위, 아동이 보는 앞에서 부부간의 싸움 등을 하는 행위
- **언어적 학대** 아동에게 욕하거나 심하게 고함을 지르는 행위, 아동의 단점을 계속적으로 놀리는 행위
- **성학대** 근친상간, 강간, 아동의 생식기를 가지고 놀리는 행위, 다른 성적 행위
- **방임** 아동의 의식주 등 기본적인 욕구를 충족시키지 못하는 행위, 적절한 수면과 안전감독 등의 불이행으로 인한 의료적 치료행위를 방치하는 행위

는 영역이다. 2000년 10월부터 국가와 지방자치단체는 아동학대를 예방하고 수시로 신고를 받을 수 있도록 긴급전화(국번없이 전국 어디에서나 1391)를 설치하였다. 학대아동의 발견·보호·치료에 대한 신속한 처리 및 아동학대 예방을 전담하는 아동보호전문기관을 시·도 단위에 1개소씩 시범 설치하였고, 최근 소규모 아동보호전문기관을 증설하여서 2021년 현재 아동보호전문기관은 68개소이다.

서울특별시아동복지센터 www.child.seoul.kr 참조
초록우산 어린이재단 www.childfund.or.kr 참조

아울러 누구든지 아동학대를 알게 된 때에는 아동보호전문기관 또는 수사기관에 신고할 수 있고, 교사, 의료인, 사회복지시설의 종사자와 그 장 등은 그 직무상 아동학대를 알게 된 때에는 신고하여야 한다고 신고의무를 크게 강조했다. 아동학대를 포함하여 아동은 누구든지 아동에게 해서는 안 되는 '금지행위'로부터 보호받아야 할 것이다(법 제17조).

아동권리보장원 www.ncrc.or.kr 참조

아동에게 해서는 안 되는 '금지행위'

1. 아동을 매매하는 행위
2. 아동에게 음란한 행위를 시키거나 이를 매개하는 행위 또는 아동에게 성적 수치심을 주는 성희롱 등의 성적 학대행위
3. 아동의 신체에 손상을 주거나 신체의 건강 및 발달을 해치는 신체적 학대행위
4. 삭제 〈2014.1.28.〉
5. 아동의 정신건강 및 발달에 해를 끼치는 정서적 학대행위
6. 자신의 보호·감독을 받는 아동을 유기하거나 의식주를 포함한 기본적 보호·양육·치료 및 교육을 소홀히 하는 방임행위
7. 장애를 가진 아동을 공중에 관람시키는 행위
8. 아동에게 구걸을 시키거나 아동을 이용하여 구걸하는 행위
9. 공중의 오락 또는 흥행을 목적으로 아동의 건강 또는 안전에 유해한 곡예를 시키는 행위 또는 이를 위하여 아동을 제3자에게 인도하는 행위
10. 정당한 권한을 가진 알선기관 외의 자가 아동의 양육을 알선하고 금품을 취득하거나 금품을 요구 또는 약속하는 행위
11. 아동을 위하여 증여 또는 급여된 금품을 그 목적 외의 용도로 사용하는 행위

그런데 보호사업은 미아를 찾아주거나 기아를 보호하는 전통적인 아동복지사업과 상당히 다른 측면이 있다. 즉 전통적인 아동복지사업은 부모나 보호자가 아동을 양육할 의사가 없거나 능력이 없을 때 정부가 개입하지만 보호사업은 부모나 보호자의 양육방식에 중대한 결함이 있을 때 정부가 개입하기 때문이다. 아동의 건전한 성장을 위해서 부모의 역할은 무엇이고, 부모가 그 역할을 성실히 수행하지 못할 때 국가는 어떻게 개입하는 것이 바람직한지에 대한 논쟁이 있다. 예컨대 우리나라는 전통적으로 자녀에 대한 부모의 체벌을 광범위하게 허용해 왔기 때문에 체벌과 신체적 학대를 구분하기는 쉽지 않고, 신체적으로 학대받는 아동을 부모로부터 격리시켜 보호하기 위해서는 보다 체계적인 서비스가 개발되어야 할 것이다.

3. 소득유지사업

선진 외국에서는 부모의 양육을 받지 못한 아동은 입양이나 가정위탁을 받거나 불가피한 경우에는 시설보호를 받는데, 한국의 경우 '선 가정, 후 시설보호'의 정책으로 소년소녀가장세대 지원사업이란 다소 독특한 제도가 있다. 소년소녀가장으로 선정되기 위해서는 부모의 사망, 질병, 심신장애, 가출, 이혼 및 수형 등으로 인하여 만 20세 이하의 소년소녀가 경제적·심리적으로 가사의 실질적인 책임을 지고 한 가정을 이끌어가고 있는 세대이다. 정부는 이러한 가구를 국민기초생활보장법에 의한 수급자로 우선 책정하여 생계급여 등을 제공하고, 결연을 통한 민간의 후원을 장려하고 있다. 이 사업은 가정위탁지원사업으로 전환되고 점차 축소되었다.

또한 보호자가 있는 경우에도 보호자가 경제적으로 빈곤할 때 정부로부터 기초생활을 보장받게 된다. 이때 국민기초생활보장제도의 수급자는 소득과 재산의 평가액인 소득인정액이 기준 중위소득의 30%에 미치지 못한 만큼 생계급여를 받고 필요한 경우에 의료급여, 교육급여, 주거급여, 장제급여, 해산급여 등을 받는다. 대상자에 따라서 보호내용이 조금씩 다르지만, 아동은 주로 교육급여를 통해서 고등학교까지 교육활동지원비를 받고, 최소한의 의식주를 국가로부터 보장을 받게 되었다.

선진 외국에서는 양육비에 대한 지원과 함께 식사준비, 학습지도, 생활지도 등 가사를 전반적으로 지원하는 '가정조성사업' home maker services을 실시하는데, 한국의 경우에는 주로 경제적 지원에 그치고 있다는 것이 한계이다.

IV. 대리적 아동복지

대리적 서비스substitutive services는 아동이 가정을 이탈하여 다른 체계에 의해서 보호받는 서비스를 말한다. 이 서비스의 대표적인 형태로는 입양, 가정위탁보호, 시설보호 등으로 구분할 수 있다. 본디 대리적 아동복지는 지지적·보충적 서비스만으로 아동복지를 추구하기 어려울 때 시도되는 제3의 방법이다. 그런데 한국은 해방과 한국전쟁으로 인하여 갑자기 늘어난 고아 등을 긴급하게 보호하기 위해서 시설보호가 기형적으로 발달하였고, 입양은 시설보호를 받는 아동을 줄이기 위해서 국외입양이 먼저 시도되었다.

1. 입양

입양은 성인이 아동을 법적인 절차를 밟아서 자신의 자녀로 삼은 것을 의미하며, 입양된 아동에게는 친부모와 동등한 친자의 관계를 맺는 것을 의미한다. 입양은 생물학적 과정이 아닌 법적이고 사회적인 과정을 통하여 친권관계를 창조하는 행위라고 볼 수 있다.

우리나라는 전통적으로 가까운 친족 중에서 양자를 입양하는 풍습이 있었고, 이 입양은 가문의 대를 잇고 제사를 지내는 것이 핵심이었다. 자녀 없는 부모에게 양자를 주는 전통적인 입양과 달리, 부모 없는 자녀에게 부모를 주는 현대적 의미의 입양은 고아입양특례법1961에 의해서 장려되었다. 이 법은 입양촉진및절차에관한특례법1995으로 개정되었다가 다시 입양특례법으로 개정되었다.

대한사회복지회 광주사무소 www.kjsws.com 참조

입양은 이를 전담하는 기관을 거치지 않는 단독입양과 기관에 의해 입양을 성립시키는 기관입양이 있고, 입양아동이 가진 원래의 국적과 같은 부모에게 입양되는 국내입양과 그렇지 않은 국외입양이 있다. 어떤 경우나 입양의 질은 입양 부모의 양육태도와 가정환경에 의해서 크게 좌우된다.

홀트아동복지회 www.holt.or.kr 참조

입양기관을 통해서 입양이 성립될 경우에는 사회복지사는 입양의 전 과정에서 핵심적인 역할을 한다. 입양과정은 흔히 최초의 면접, 가정조사, 입양 그리고

사후조사로 이루어진다. 최초의 면접은 입양을 원하는 신청자를 대상으로 입양의 동기 및 태도, 연령, 불임 여부, 가족상황, 경제적 여건, 원하는 아동의 특성 등에 대해 개별면접을 한다. 가정조사는 최초의 면접에서 나타난 사항을 확인하기 위해 부부의 공동면접, 개별면접과 가정방문을 실시한다. 이 과정에서는 법률적 조건을 최저 기준으로 하면서 입양부모로서 적합한 조건과 가정환경을 살펴보게 된다. 입양 신청자에게 입양할 아동에 관한 모든 자료를 제공하여 입양의 가부를 결정짓고, 입양을 시키며 신고를 필한다. 입양 1개월을 전후로 가정방문을 실시하여 입양 아동의 적응도를 평가한다.

한국에서 기관입양은 초기에 전쟁고아 중에서 혼혈아를 미국에 입양하는 것으로 출발했기 때문에 국외입양이 국내입양보다도 더 많았다. 입양대상아동도 혼혈아와 고아에서 미혼모가 양육을 포기하고 입양에 동의한 아동으로 바뀌었다. 과거에는 입양전문기관들이 기관운영비의 대부분을 입양 수수료로 충당하고, 국내입양의 양부모들이 건강한 신생아만을 희망하기 때문에 장애아동 등 의료적 서비스가 필요한 아동들은 국외입양 대상자로 남았다. 공개입양양부모 단체인 한국입양홍보회는 국내입양을 활성화시키기 위하여 입양에 대한 사회적 편견을 고치는 교육을 실시하고 입양의 필요성과 공개입양의 장점을 널리 홍보하며, 입양수속비와 입양아동의 양육비를 국가가 지원하도록 촉구하였다. 이에 2006년 7월 보건복지부는 국내입양을 활성화시키기 위해서 획기적인 대책을 수립하였다. 즉 국내입양을 활성화하고 국외입양의 감소를 유도하기 위해 5개월간 국내입양을 우선적으로 추진한 뒤 국외입양을 추진하는 '국내입양 우선추진제'를 도입했다. 또한 양부모가 입양기관에 냈던 입양 수수료를 국가가 200만 원까지 지원하고(2016년 270만원으로 증액), 1인당 월 10만원(2016년 15만원으로 증액)의 양육수당을 지원하기로 했다. 입양 대상 아동을 기초생활수급자로 책정해 생계급여, 의료급여, 교육급여 등을 부여하여 양부모의 양육부담을 경감시켜 주었다.

아울러 보건복지부는 그간 논란이 돼 온 독신자 입양 금지 조항 등 제한조건도 완화하였다. 당시 양부모가 될 자의 조건은 대한민국 국민일 경우, 25세 이상으로 양자될 자와 연령 차이가 50세 미만이고, 자녀가 없거나 자녀의 수가 입양

아동을 포함하여 5명이며, 혼인 중일 것 등으로 제시되었는데, 이후 독신자 입양을 허용하고, 입양부모와 아동의 연령차를 60세 미만으로 완화시켰다.

이러한 입양정책의 효과는 2007년부터 국내입양 아동이 국외입양 아동보다 더 많은 것으로 나타났다. 광복 이후 60여년간 국내입양은 국외입양보다 더 적었는데, 국가가 국내입양을 촉진하기 위해서 적극적인 입양정책을 펼치면서 바뀐 것이다.

한국입양홍보회 www.mpak.co.kr 참조

2. 가정위탁

가정위탁보호는 아동을 자신의 가정에서 일시적으로나 장기적으로 돌보아 줄 수 없는 경우에, 어떤 계획된 일정 기간 동안 사회복지기관을 통하여 제공되는 대리적 가정보호이다. 가정위탁은 부모의 수형, 장기입원, 별거 등으로 일정한 기간 동안 일반 가정에서 위탁보호 되고, 위탁의 사유가 된 상황이 해소되어 친부모에 의해서 친가정에서 자랄 수 있게 되면 아동은 자신의 가정으로 돌아가게 된다. 이런 점에서 가정위탁의 기본적 전제는 위탁보호의 수준이 자신의 친부모에 의한 양육 수준 이상이어야 한다. 이 사업은 입양과 같이 위탁부모의 법적 가족이 되는 것도 아니고, 시설보호와 달리 가정에서 이루어진다는 점이 특징이다. 아동이 가정분위기에서 보호됨으로써, 친부모와 영구적으로 분리되는 것을 방지함으로써 발달적인 손상을 줄이려는 데 의의가 있다.

선진 외국에서는 아동 자신에게 발달상의 문제가 있을 때는 해당 전문성을 갖춘 위탁가정에게 위탁보호를 하기도 하고, 아동이 직업적 능력을 연마하여 사회적으로 자립하는 동안 고용위탁하기도 한다.

가정위탁보호는 입양의 전 단계로 활용되기도 한다. 한국에서는 입양기관의 주관하에 국외입양을 할 요보호아동을 일정 기간 동안 가정에서 양육하게 하거나, 국내입양을 촉진하기 위해서 아동양육을 희망하는 가정을 위탁가정으로 지정하여 원할 경우 입양으로 발전시키기도 한다.

최근 한국에서는 가정위탁과 시설보호의 중간형태로서 소규모 아동복지시설이 '소공동체'란 이름으로 살레시오수도회를 중심으로 활발하게 시도되었다. 이 소공동체는 부모의 보호를 받지 못하는 아동과 청소년을 적게는 5명 내외에서 많게는 20여 명까지 공동생활을 하면서 보호하는 방식이다. 주로 주택가에 위치하고 생활을 함께 하는 보호자가 있다는 점에서 가정위탁에 가깝고, 공동체가 큰 경우에는 소규모 시설이라고 볼 수 있다. 이러한 소공동체 운동을 통해서 "보호를 필요로 하는 아동에게 가정과 같은 주거여건과 보호를 제공하는 것을 목적으로 하는 사업"인 '공동생활가정사업'이 개정된 아동복지법에 포함되었다.

국가는 가정위탁사업을 홍보하고 위탁가정을 발굴하며 가정위탁아동의 지원을 강화하고 교육 및 사후관리 등을 통해 가정위탁사업의 활성화를 위하여 2003년 전국에 17개소의 가정위탁지원센터를 설치하였고, 2004년에 중앙가정위탁지원센터를 개소하였다. 가정위탁지원센터는 가정위탁사업을 홍보하고, 위탁가정을 발굴하여 조사하며, 가정위탁 부모에 대한 교육을 실시하고, 위탁아동과 위탁가정을 사례관리하며, 가정위탁 관련 상담을 수행한다. 위탁가정의 유형은 친조부모·외조부모에 의한 양육인 대리양육가정위탁, 친조부모·외조부모를 제외한 친인척에 의한 양육인 친인척가정위탁, 아동과 친인척 관련이 없는 일반 가정에 의한 양육인 일반가정위탁이 있다. 정부는 위탁가정에 양육비를 월 10만 원 이상을 지급하고, 생계급여, 의료급여, 교육급여 등을 지원하고 있지만, 지원액이 실질 생활비에 크게 미치지 못하여 가정위탁이 크게 활성화되지 못하고 있다.

중앙가정위탁지원센터 www.fostercare.or.kr 참조

3. 시설보호

시설보호는 가정에서 욕구가 제대로 충족되지 못하는 아동을 위해서 집단보호와 치료를 마련해 주는 대리보호를 의미한다. 따라서 아동은 자기의 가정과 부모 밑

아동복지시설의 종류

아동양육시설	보호대상아동을 입소시켜 보호, 양육 및 취업훈련, 자립지원 서비스 등을 제공하는 것을 목적으로 하는 시설
아동일시보호시설	보호대상아동을 일시보호하고 아동에 대한 향후의 양육대책수립 및 보호조치를 행하는 것을 목적으로 하는 시설
아동보호치료시설	아동에게 보호 및 치료 서비스를 제공하는 다음 각 목의 시설 가. 불량행위를 하거나 불량행위를 할 우려가 있는 아동으로서 보호자가 없거나 친권자나 후견인이 입소를 신청한 아동 또는 가정법원, 지방법원소년부지원에서 보호위탁된 19세 미만인 사람을 입소시켜 치료와 선도를 통하여 건전한 사회인으로 육성하는 것을 목적으로 하는 시설 나. 정서적 · 행동적 장애로 인하여 어려움을 겪고 있는 아동 또는 학대로 인하여 부모로부터 일시 격리되어 치료받을 필요가 있는 아동을 보호 · 치료하는 시설
공동생활가정	보호대상아동에게 가정과 같은 주거여건과 보호, 양육, 자립지원 서비스를 제공하는 것을 목적으로 하는 시설
자립지원시설	아동복지시설에서 퇴소한 사람에게 취업준비기간 또는 취업 후 일정 기간 동안 보호함으로써 자립을 지원하는 것을 목적으로 하는 시설
아동상담소	아동과 그 가족의 문제에 관한 상담, 치료, 예방 및 연구 등을 목적으로 하는 시설
아동전용시설	어린이공원, 어린이놀이터, 아동회관, 체육 · 연극 · 영화 · 과학실험전시 시설, 아동휴게숙박시설, 야영장 등 아동에게 건전한 놀이 · 오락, 그 밖의 각종 편의를 제공하여 심신의 건강유지와 복지증진에 필요한 서비스를 제공하는 것을 목적으로 하는 시설
지역아동센터	지역사회 아동의 보호 · 교육, 건전한 놀이와 오락의 제공, 보호자와 지역사회의 연계 등 아동의 건전육성을 위하여 종합적인 아동복지서비스를 제공하는 시설
제45조에 따른 아동보호전문기관	
제48조에 따른 가정위탁지원센터	

에서 성장해야 한다는 것이 중요한 원칙이지만, 도저히 가정에서 성장할 수 없는 아동들은 불가피하게 시설보호를 받고 있다.

한국의 경우 전쟁고아를 단순히 수용보호하는 차원에서 시설보호가 확대되었다가 요보호아동이 줄어들고 그 특성이 바뀌면서 아동복지시설이 전문화되어 왔다. 우선 아동에게 장애가 있느냐 여부에 따라서 장애아동은 장애인복지시설로 전문화되고, 비장애아동도 아동양육시설에서 보호를 받게 되었다. 아동양육시설에 입소하기 전에 요보호아동을 발견하고 상담하기 위해서 아동상담소, 이들을 일시보호하기 위해서 아동일시보호시설이 설립되었다. 성장한 요보호아동의 자립을 촉진시키기 위해서 직업훈련시설이 설립되었고, 연장아동이 주거문제를 해소하면서 자립하도록 자립지원시설이 설치되었다.

한국아동복지협회 www.adongbokji.or.kr 참조

최근에는 가출, 폭력, 약물오남용, 성비행 등 문제행동을 하는 아동과 청소년이 늘어나면서 이들을 단기간 또는 중장기간 보호하면서 치료하는 아동보호치료시설, 아동단기보호시설이 설치되거나 지정되고, 지역사회 아동의 건전육성을 위해서 아동복지관이 새롭게 시도되고 있다. 아동복지법(제52조 1항)은 아동복지시설의 종류를 다음과 같이 정하였다. 또한 단일 업무만 수행하는 시설뿐만 아니라 "통합하여 설치할 수 있다"고 규정하였다(제52조 2항).

아울러 아동복지시설이 시설보호를 중심으로 한 복지서비스를 벗어나서 주로 가정에 있는 아동이 건전하게 성장하도록 돕는 서비스가 새롭게 강조되고 있다. 즉 지역사회아동의 건전한 발달을 위하여 아동·가정·지역주민에게 상담·조언 및 정보를 제공해 주는 아동가정지원사업, 부득이한 사유로 가정에서 낮 동안 보호를 받을 수 없는 아동을 대상으로 개별적인 보호와 교육을 통해서 아동의 건전한 성장을 도모하는 아동주간보호사업, 학교부적응아동 등을 대상으로 올바른 인격형성을 위한 상담·치료 및 학교폭력예방을 실시하는 아동전문상담사업, 학대아동의 발견·보호·치료 및 아동학대의 예방 등을 전문적으로 실시하는 학대아동보호사업, 보호를 필요로 하는 아동에게 가정과 같은 주거여건과 보호를 제공하는 것을 목적으로 하는 공동생활가정사업, 저소득층 아동을 대상으로 방과후 개별적인 보호와 교육을 통하여 건전한 인격형성을 목적으로 하는 방과후 아동지도사업(아동복지법 제52조 3항) 등이 있다. 위의 사업들은 아동복지시설이 각 시설의 고유업무 외에도 실시할 수 있도록 해서, 아동복지시설은 지역의 욕구와 문제에

맞는 새로운 아동복지사업을 개발해야 할 것이다.

V. 아동복지의 과제

한국의 아동복지는 해방과 한국전쟁이란 위기 상황에서 발생된 요보호아동을 긴급구호하기 위해서 가정보호보다는 시설보호를 중심으로 발전되었다. 우리 사회의 도시화, 산업화, 핵가족화 등으로 출현된 새로운 아동문제를 해결하기 위해서 영유아보육사업 등이 보편화되고 있지만, 전체 아동을 위한 상담사업, 학대받은 아동을 위한 보호사업 등은 여전히 초보적인 수준에 머물러 있다. 우리나라 아동복지의 과제를 정리하면 다음과 같다.

첫째, 전체 아동을 위한 상담사업과 정보제공 사업을 체계적으로 실시해야 한다. 한국의 아동복지는 지지적, 보충적, 대리적 서비스 중에서 대리적 서비스가 먼저 발달되고, 지지적 서비스와 보충적 서비스는 발달과정에 있다. 많은 학자들은 아동복지가 이상적으로 실현되기 위해서는 가족의 자녀양육기능이 충실하고, 가족과 지역사회의 복지기능을 사회복지서비스로 보충한 후에, 피할 수 없는 경우에 대리적 서비스를 실시할 것을 제안한다. 이러한 관점에서 볼 때, 전체 아동을 위한 체계적인 상담사업과 정보제공 사업은 시급히 체계화되어야 한다. 특히 서울의 경우 시립아동복지센터와 시립동부아동상담소가 있지만, 다른 시·도지역에는 있었던 공립 아동상담소조차 여성회관 등에 흡수되고 없다. 청소년을 위해서 지역마다 청소년상담복지센터가 있고, 청소년수련시설이 있는데, 아동을 위한 독립된 상담기관이 없다는 것은 시급히 개선되어야 할 것이다. 아동의 문제를 조기에 예방하거나 문제행동을 하는 아동을 가진 부모를 돕기 위해서도 공립 아동상담소가 시·도청 소재지와 인구 30만 이상 도시에 반드시 설립되어야 한다.

둘째, 신체적·성적·정서적으로 학대받고 방임된 아동을 보호하고 치료할 수 있는 체계를 갖추어야 한다. 그동안 아동학대는 심각한 사회문제이었음에도 불구하고, 장유유서를 존중하는 한국사회에서는 아동학대의 문제를 '체벌' 정도로 인식하여 왔다. 최근 성폭력특별법과 가정폭력방지법 등이 제정되어서 성적·신체적 폭력에 대한 관심이 증대되었고, 개정 아동복지법은 아동학대를 예방하거나 조기에 개입하기 위해서 아동보호전문기관을 설립하도록 하였다. 개정법은 학대받는 아동을 발견한 모든 시민은 신고하도록 하고, 특히 사회복지사등 아동보호와 관련된 전문가는 의무적으로 신고하도록 하였다. 이제 학대받는 아동을 조기에 발견하고 개입할 수 있는 법적 체계는 갖추어졌으므로, 아동학대 신고를 받고 즉각 출동하여 위기개입할 수 있는 체계를 갖추고 아동보호전문기관에 전문인력과 충분한 예산을 배정해야 한다.

셋째, 가정보호와 시설보호를 연계시키고 가정위탁보호를 활성화시켜야 한다. 한국의 아동복지서비스는 과도한 시설보호와 부실한 가정보호가 문제인데, 이는 두 가지 방식의 서비스간에 연계가 없었기 때문이다. 시설보호를 받는 대부분의 아동에게는 법적으로 보호자가 있고, 아동보호를 위해서 정부의 도움을 청하기보다는 자녀를 버릴 때(기아, 입양동의 등)만이 도움을 받을 수 있는 잘못된 관행이 바뀌어야 한다. 요보호아동을 보호하기 위해서 먼저 가정을 지지하거나 보충하고, 불가피한 경우에는 시설보호를 실시하더라도 조기에 가정으로 복귀할 수 있도록 체계를 갖추어야 한다. 경제적 지원을 하되 사실상 가사조력과 생활지도가 이루어지지 않고 있는 소년소녀가장세대 지원사업을 폐지하고, 가정위탁보호, 공동생활가정사업 등을 활성화시켜야 한다.

넷째, 절도·폭력·약물오남용 등 문제행동을 하거나 정서장애, 행동장애 등으로 문제를 일으키는 아동을 예방하고 치료하기 위한 사업을 체계적으로 실시해야 한다. 아동복지의 목표는 전체 아동의 건전한 성장이지만 제한된 인력과 예산으로 우선 해야 할 사업은 문제행동을 하거나 적응능력이 떨어진 아동을 돌보는 일이다. 선진 외국에서는 문제행동을 하는 아동을 조기에 치료하거나 적절히 보호함으로써 문제청소년이 되는 것을 막고, 이로 인한 사회적 비용을 줄여가고 있다. 한국의 경우에는 비행청소년과 범죄소년을 위해서는 소년분류심사원, 보호관찰소, 소년원 등 교정교호시설을 갖추고 있지만, 작은 비행과 범죄를 되풀이 하는 아동을 위한 전문기관은 거의 없다. 문제행동을 하는 아동을 전문적으로 조사하고 판정하며 분류하고 치료 서비스를 제공할 수 있는 아동복지시설을 시급히 설립해야 한다. 일본의 경우에는 공립 아동상담소가 이 일을 병행하고 있는데 우리나라의 경우에도 아동상담소를 전문화시켜서 문제행동의 치료기능을 크게 강화해야 할 것이다.

다섯째, 아동복지서비스를 전문적으로 수행할 수 있는 전문인력이 배출되어야 한다. 아동의 욕구와 문제가 다양화되면서 이러한 욕구를 충족시키고 문제를 완화시키기 위한 인력이 개발되어야 한다. 예컨대 영유아보육의 업무는 보육교사와 유치원교사로 전문화되고, 청소년복지는 청소년지도사와 청소년상담사, 장애인복지는 특수교사, 재활의학과 의사, 물리치료사 등으로 전문화되었다. 아동복지의 대상이 빈곤하거나 보호자가 없는 아동에서 문제행동을 하는 아동과 학대받는 아동으로 그 비중이 바뀌면서 이러한 문제를 해결해야 할 인력도 보다 전문화될 필요성이 있다. 따라서 아동복지에 대한 학제간 연구, 다양한 실천 장에서 필요한 기법의 개발과 실습을 통한 학습 등이 더욱 절실하다. 아동복지를 위한 일반 전문가로서 사회복지사와 함께 특정 아동복지영역에 대한 전문가로서 아동복지사가 필요한 시점이다.

SUMMARY
단원 정리

이 장에서는 아동복지의 의의와 특징, 현행 아동복지서비스의 내용, 그리고 한국 아동복지의 과제를 알아보았다.

아동복지는 전체 아동의 행복을 추구하면서, 현실적으로 요보호아동의 복지에 일차적인 관심을 두고 있다. 부모의 사망과 이혼 등으로 부모의 보호를 받지 못하는 아동, 빈곤아동, 장애아동 등은 가장 전형적인 요보호아동이다. 최근에는 보육을 필요로 하는 영유아, 방과후에 일정 시간 동안 부모의 보호를 받지 못하는 아동, 문제행동을 하는 아동, 학대받거나 방임된 아동도 아동복지의 대상이 된다.

아동복지는 흔히 지지적 서비스, 보충적 서비스, 대리적 서비스로 나뉜다. 지지적 서비스는 부모와 자녀가 스스로 책임성을 효율적으로 수행할 수 있도록 그 능력을 지원하고 강화하는 서비스이다. 상담과 같은 이러한 서비스는 여타 서비스와 달리 아동이 자신의 가정에 머물면서 받을 수 있다. 보충적 서비스는 영유아보육처럼 부모들의 역할을 일부 대행하는 것으로 부모의 실업, 질병, 장애뿐만 아니라, 가족의 재정적 곤란 등을 보충하는 데 목적을 둔다. 대리적 서비스는 입양이나 시설보호처럼 아동이 본디 가정을 이탈하여 다른 체계에 의해서 보호받는 서비스를 말한다.

한국의 아동복지는 한국전쟁으로 인한 전쟁고아를 수용보호하는 차원에서 시설보호가 확대되었다가 요보호아동이 줄어들고 그 특성이 바뀌면서 아동복지시설이 전문화되어 왔다. 대표적인 아동복지시설은 아동양육시설, 아동일시보호시설, 아동보호치료시설, 아동상담소 등이었다. 최근에는 가출, 폭력, 약물오남용, 성비행 등 문제행동을 하는 아동과 청소년이 늘어나면서 이들을 단기간 또는 중장기간 보호・치료하는 복지시설과 전체 아동의 건전육성을 위한 아동복지사업이 새롭게 강조되고 있다.

우리나라 아동복지가 발전되기 위해서는 전체 아동을 위한 상담사업과 정보제공 사업의 체계화, 학대받고 방임된 아동의 보호와 치료 활성화, 가정보호와 시설보호의 연계, 행동장애 등으로 문제를 일으키는 아동의 예방과 치료, 그리고 전문인력의 배출이 절실하다. 수강생은 요보호아동을 시설에 수용보호하던

방식을 탈피해서 가정에서 학대받거나 방임된 아동을 체계적으로 돌볼 수 있는 방안을 모색하도록 한다.

다음 장에서는 청소년복지란 무엇인가를 알아보고자 한다. 청소년기에 직면한 다양한 욕구와 문제, 그리고 청소년복지의 실태와 과제를 학습하게 될 것이다. 자신의 청소년기와 오늘날 청소년의 생활과 문화에 대해서 깊은 관심을 가져주기 바란다.

TERMS
용어 정리

아동 일반적으로 '아동'의 연령은 '18세 미만'으로 알려져 있지만, 법에 따라서 그리고 사회적 통념에 따라서 상당한 차이가 있다. 아동복지법은 "'아동'이라 함은 18세 미만의 자를 말한다"고 규정하고 있지만, 아동복지시설에서는 대학교 졸업까지 연장해서 보호받을 수 있으며, 민법에서는 19세 미만의 자를 '미성년자'로 규정한다.

요보호아동 가족이나 지역사회로부터 적절히 보호받지 못하는 아동을 말한다. 부모의 사망과 이혼 등으로 부모의 보호를 받지 못하는 아동, 빈곤아동, 장애아동 등은 가장 전형적인 요보호아동이다.

아동복지 아동복지는 단지 빈곤, 방치, 유기, 질병, 결함 등을 지닌 아동, 혹은 환경에 적응하지 못하는 비행아동에만 관심을 두는 것이 아니다. 아동복지란 모든 아동이 신체적·지적·정서적 발달에 있어서 안전하며 행복할 수 있도록 위험에서 지키며 보호하기 위하여 공사의 제 기관에서 실시하는 사회적, 경제적, 보건적인 제 활동이다.

아동의 권리에 관한 국제협약(약칭 아동권리협약) 1989년 11월 20일 유엔총회에서 만장일치로 채택된 '아동의 권리에 관한 국제협약'은 전문과 54개 조로 이루어졌다. 아동을 보호의 대상뿐만 아니라 적극적인 권리의 주체로 인식하고 있는 이 협약은 무차별의 원칙, 아동의 최선의 이익우선, 아동의 생존·보호·발달과 아동의 참여라고 하는 4개의 주요 원칙을 중심으로 아동의 권리를 구분하여 명시하고 있다.

지지적 서비스supportive services 부모와 자녀가 자신들의 책임성을 효율적으로 수행할 수 있도록 그들의 능력을 지원하고 강화하는 서비스를 의미한다. 이 서비스의 특징은 여타 서비스와 달리 아동이 자신의 가정에 머물면서 받을 수 있는 서비스라는 점이다.

보충적 서비스 supplemental services 대리적 서비스와는 달리 가정 내에서 전개되는 서비스의 형태를 말한다. 이 서비스는 부모들의 역할을 일부 대행하는 것으로 부모의 실업, 질병, 장애뿐만 아니라 가족의 재정적 곤란 등을 보충하는 데 목적을 두고 있다.

대리적 서비스 substitutive services 아동이 가정을 이탈하여 다른 체계에 의해서 보호받는 서비스를 말한다. 대리적 아동복지는 지지적, 보충적 서비스만으로 아동복지를 추구하기 어려울 때 시도되는 제3의 방법으로 알려진다.

SELF STUDY GUIDE

자기평가와 과제

1. 광복 후 지금까지 10년 단위로 중요한 아동문제는 무엇이었고 이에 대한 아동복지정책은 어떻게 바뀌었는지를 알아본다.
2. 아동의 권리에 관한 국제협약에 따라서 당사국은 유엔아동권리위원회에 '국가보고서'를 제출해야 하는데, 한국정부가 최근 유엔에 보낸 국가보고서와 유엔이 한국정부에 보낸 권고안의 주요 내용을 인터넷을 통해서 찾아본다.
3. 국외입양에 대한 비판적 여론에도 불구하고, 국외입양 아동이 국내입양 아동보다 더 많았던 이유를 알아보고, 국내입양을 활성화할 수 있는 방안을 토론해 본다.
4. 지역사회에 소년소녀가장세대로 지정된 가정을 방문하여, 이들이 어떤 이유로 소년가장이 되었고, 그 소년가장세대가 직면한 욕구와 문제가 무엇인지를 파악하고, 사회복지사가 도울 수 있는 방안을 제안한다.
5. 이웃에 사는 사람이 "교육적 체벌"을 벗어난 신체적 학대를 할 때, 이 사람을 '아동보호전문기관'이나 경찰서에 신고를 한다면, 학대받은 아동은 어떤 절차를 통해서 어떻게 보호받을 수 있는지를 설명하여 본다.

REFERENCE 참고 문헌

공계순 · 박현선 · 오승환 · 이상균 · 이현주(2008), 『아동복지론』, 학지사.

김성경 외(2009), 『아동복지론』, 양서원.

김영모 외(1983), 『한국아동복지연구』, 한국복지정책연구소 출판부.

김현용 외(1997), 『현대사회와 아동』, 소화.

도미향 외(2006), 『아동복지론』, 공동체.

문선화 외(2010), 『아동학대의 이해』, 양서원.

박은미 외(2008), 『아동과 가족: 통합적 접근』, 한울아카데미.

복지연구회(1984), 『현대아동복지론』, 한국복지정책연구소 출판부.

성영혜 · 김연진(1997), 『아동복지』, 동문사.

오정수 · 정익중(2008), 『아동복지론』, 학지사.

윤혜미 · 김혜래 · 신영화(2010), 『아동복지론』, 청목출판사.

이소희(1993), 『유아복지』, 형설출판사.

이숙종 외(1997), 『아동복지의 이해』, 학문사.

이순형(2008), 『아동복지 이론과 실천』, 학지사.

이용교 외 역(2001), 『가정위탁보호』, 인간과복지.

이용교 외(2000), 『한국의 아동복지학』, 양서원.

이용교(1993), 『한국청소년복지의 현실과 대안』, 은평천사원출판부.

이혜원(2006), 『아동권리와 아동복지』, 집문당.

장인협(1971), 『아동복지연구』, 수문사.

장인협(1981), (개정증보판) 『아동복지연구』, 수문사.

장인협(1984), 『아동복지론』, 서울대학교 출판부.

장인협 · 오정수(1993), (전정판) 『아동 청소년복지론』, 서울대학교 출판부.

주정일 · 이소희(1981), 『아동복지학』, 교문사.

주정일 · 이소희(1992), (개정판) 『아동복지학』, 교문사.

참여연대 사회복지위원회(1997), 『아이들에게도 인권이 있다』.

표갑수(2008), 『아동청소년복지론』, 나남출판.

RECOMMANDED FILM 추천 영화

천국의 아이들 The Children of Heaven	1999, 마지드 마지디
에블린 Evelyn	2002, 브루스 베레스포드
에이미 Amy	1998, 나디아 테스

콜리야 Kolya	1996, 얀 스베락
아홉살 인생 When I Turned Nine	2004, 윤인호
수잔 브링크의 아리랑	1991, 장길수
아름다운 비행 Fly Away Home	1996, 캐롤 발라드
내 마음의 풍금 The Harmonium In My Memory	1998, 이영재
내 친구의 집은 어디인가 Where Is the Friend' s Home?	1987, 압바스 키아로스타미
아쉬람 Water	2005, 디파 메타
입양아 Foster Child	2007, 브리얀테 멘도사
클래스 The Class	2008, 로랑 캉테
유키와 니나	2009, 스와 노부히로, 히폴리테 지라도
꼬마 니콜라 Little Nicholas	2009, 로랑 티라르
하쿠나 마타타 - 지라니 이야기 hakunamatata-A story of Jirani	2010, 이창규
심장이 뛴다	2010, 윤재근

INTERNET LINK
관련 사이트

한국복지교육원	www.okwelfare.net
대한사회복지회 광주사무소	www.kjsws.com
보건복지부	www.mw.go.kr
사회복지정보원	www.welfare.or.kr
서울특별시아동복지센터	www.child.seoul.kr
유니세프한국위원회	www.unicef.or.kr
은평천사원	www.angelshaven.or.kr
중앙가정위탁지원센터	www.fostercare.or.kr
중앙보육정보센터	www.central.childcare.go.kr
아동권리보장원	www.ncrc.or.kr
한국보육시설연합회 아동보육종합정보망	www.koreaeducare.or.kr
한국아동복지협회	www.adongbokji.or.kr
초록우산 어린이재단	www.childfund.or.kr
세이브더칠드런	www.sc.or.kr
굿네이버스	www.gni.or.kr
한국입양홍보회	www.mpak.co.kr
홀트아동복지회	www.holt.or.kr

7 청소년복지의 이해

I. 청소년복지의 의의와 특징

청소년복지는 가정이나 사회로부터 버려지거나 적응하지 못하는 청소년뿐만 아니라 모든 청소년의 안녕에 관심을 가진다. 청소년복지 활동은 청소년의 기본적인 욕구를 충족케 하고, 정신적·정서적·신체적으로 최상의 발달을 기하기 위해서 청소년 자신들에게 직접적으로 또는 가정이나 사회를 통해 간접적으로 제공되는 모든 사회제도적·전문적 활동을 말한다(한국청소년개발원, 1994: 6). 청소년기본법은 제3조에서 "'청소년복지'라 함은 청소년이 정상적인 삶을 영위할 수 있는 기본적인 여건을 조성하고 조화롭게 성장·발달할 수 있도록 제공되는 사회적·경제적 지원을 말한다"고 규정했다.

역사적 시각에서 볼 때, 청소년복지는 '청소년'을 독립된 세대로 인식하게된 시대적 상황과 밀접한 관계가 있다(이용교, 1995: 12-15). 서구에서는 19세기 중반부터 의무교육이 도입되면서 노동자의 어린 자녀들이 거리에서 사라졌다. 국가는 그들에게 새로운 기술을 가르쳐서 장래성 있는 노동자로 키우려고 하였다. 이 시기 청소년복지의 핵심은 의무적인 초등교육과 비행청소년에 대한 보호와 통제이었다.

2차 세계대전 이후 중등교육이 보편적으로 실현되고, 청소년을 대상으로 한 종합적인 여가오락시설이 출현하면서 청소년기는 제도화되었다. 중등교육의 연장으로 의존의 시기는 증가되고, 학령기에 있는 세대들이 그들만의 '청소년문화'를 형성했다. 이들은 부모에게 의존적인 아동에서 완전한 법적 책임을 지는 성인의 중간세대로 인식되었다. 따라서 이 시기에 서구 사회에서는 청소년을 위한 여가정책이 발달했다.

1973년 '오일쇼크'이후에 세계 경제의 불황과 청소년 실업의 증가로 서구사회에서 청소년정책은 청소년실업에 대한 대책으로 그 초점이 전환되었다. 학교에서 일터로, 부모 집에서 독립된 거처로, 독신에서 동거로의 전환이 경제위기로 심각하게 균열되자 국가의 관심은 고용정책을 통해서 이를 재건하고자 하였다.

물론, 정책의 대상으로서 청소년은 다양한 모습을 띨 수밖에 없었다. 하나의 인구집단으로 범주화하기에는 청소년은 그의 연령, 성별, 인종, 계급배경, 국적 등에 따라서 매우 다양한 하위집단으로 나뉠 수 있다. 따라서 청소년복지는 한마디로 말하기 어렵지만, 다음과 같은 특징을 찾을 수 있을 것이다(김영모, 1991; 이영숙 외,1993; 이용교, 1995).

첫째, 청소년문제의 발생과 청소년복지의 필요성을 가족과 사회의 변동 자체에서 찾고 있다. 핵가족화와 이혼으로 인한 가족해체의 증가는 청소년문제의 중요한 요인으로 지적되고, 기혼여성의 취업은 어린 아동의 보육뿐만 아니라 청소년의 정서적 성숙에도 영향을 주는 것으로 인식되고 있다. 또한 산업화와 도시화는 그 익명성으로 인하여 전통사회가 간직한 지역공동체의 기능을 약화시키고 아동과 청소년의 생활공간을 상업화시켰다. 따라서 청소년복지는 가족정책, 산업정책, 지역복지정책 등 다른 사회정책과 밀접한 관계 속에서 다루어진다.

둘째, 학교교육의 연장과 그 역기능 속에서 청소년복지의 필요성이 다루어 진다. 의무교육의 실시, 미진학 청소년에 대한 대책과 같은 전통적인 사업뿐만 아니라, 중등학교에 다니는 학생들의 학업성취와 진로지도 전반에 대한 관심을 갖는다. 또한 공교육기간이 늘어나면서 생활교육보다는 지식위주의 교육이 만연되고,

입시위주의 교육과 과도한 학습량으로 청소년의 건전한 신체적·정서적 성장이 왜곡되는 문제에 관심을 가진다. 지나친 지식위주의 교육을 극복하기 위해서 청소년활동이 강조되는 이유가 여기에 있다.

셋째, 청소년복지를 위한 정부와 민간의 협력이 강조되고 있다. 청소년은 보는 관점에 따라 문제집단, 사회안정의 위협집단, 혹은 사회적으로 불리한 집단으로 여겨지기도 하였지만, 오늘날 청소년은 다양한 성격의 집단으로 인식되고 있다. 따라서 청소년집단을 위해서 소득, 보건, 교육, 주택, 여가 서비스 등을 단일한 방식으로 제공하기보다는 국가와 지방자치단체, 그리고 민간이 다양한 방식으로 접근하는 것이 바람직하다고 본다. 특히 경제위기로 국가의 재정이 위축되면서 기업, 종교기관, 시민사회단체 등 민간의 역할이 강조되고 있다.

넷째, 청소년을 복지의 대상으로만 인식하지 않고 사회변동의 주체로 인식하는 경향이 높아지고 있다. 시민사회에 청소년의 권리가 강조되면서 청소년과 관련된 정책의 의사결정에 청소년의 참여와 관여가 증대되고 있다. 또한 청소년이 자원봉사활동을 통해서 지역사회문제를 해결하도록 장려되고, 미래의 주인으로서 뿐만 아니라 현재 한 시민으로서 책임을 다하도록 강조되고 있다.

II. 청소년복지의 시기별 특징

역사적 시각에서 볼 때 한국 청소년복지는 해방 후 상당기간은 아동복지의 연장선에서 다루어지다가 미성년자보호법의 제정1961과 중앙청소년보호대책위원회의 설치(1964)로 아동과 다른 '청소년 영역'이 설정되고, 세계 청소년의 해1985를 계기로 하여 청소년육성법이 제정1987되면서 청소년 영역이 확립되었다.

청소년복지의 시기별 특징은 주요 법이나 제도의 변화에서 찾을 수 있다. 해방 후부터 아동복리법이 제정된 1961년까지는 아동복지와 그 영역이 분화되지 않은 청소년복지의 맹아기이고, 1962년부터 청소년육성법이 제정된 1987년까지는 청소년복지의 도입기이며, 1988년부터 현재까지는 청소년복지의 전개기라고 할 수 있다.

1. 청소년복지의 맹아기

해방 후부터 아동복리법과 미성년자보호법이 제정된 1961년까지는 청소년복지가 조선구호령과 몇 개의 미군정 법령 및 그 처무준칙에 따라서 실시되었다. 이 시기에 청소년복지는 아동복지와 그 영역이 구분되지 않고, 아동복지도 다른 사회복지의 영역과 별 구분 없이 긴급구호를 하는 수준이었다. 그러나 요보호아동·연소노동자·비행소년의 보호에서 청소년복지의 맹아를 찾을 수 있다.

이 시기의 보호대상은 일차적으로 요보호아동이었지만, 그 대상에 따라서 연령이 약간씩 차이가 있음을 알 수 있다. 시설보호의 대상은 13세 이하로 제한하고 있지만, 근로아동은 18세 미만, 비행소년은 20세 미만으로 확대되었다. 생계욕구에 대한 복지서비스는 '아동'에 한정시켰지만, 노동과 인권의 옹호에서는 그 대상을 '소년'까지 확장시킨 것이다. 그러나 당시의 보호수준은 매우 열악하였고, 서비스의 질에 대한 국가 책임의 한계도 명확하지 않았다.

(1) 13세 이하 요보호아동의 보호

이 시기의 공공구호 대상은 65세 이상의 무의탁 노인, 6세 이하의 아동을 부양하는 여자(모), 13세 이하의 아동, 불치의 병으로 신음하는 사람, 요보호 임산부, 심신장애자 등이었다. 따라서 긴급구호의 대상은 요보호아동, 여성, 노인, 장애인이었고 그 중에서 청소년은 배제되어 있음을 알 수 있다. 물론 일부 나이 어린 청소년도 포함되었지만, 청소년은 아동의 연장선에서 보호된 것이다.

(2) 아동시설의 인가제와 유형

이 시기에는 사회복지시설이 그 대상별로 구분되어서, 아동시설이 정체성을 갖게 되고 정부의 지원과 감독이 강화된 것은 의의 있는 일이었다. 정부(사회부)는 '후생시설 설치기준'1950을 공포하여 아동시설을 '인가시설'로 하였다. 이 기준은 한국전쟁으로 발생한 수많은 전쟁고아를 수용보호하는 근거가 되었으며, 이후 '후생시설 운영요령'으로 강화되었다. 이 운영요령은 아동시설을 영아원, 육아원, 감화원 등으로 구분하고, 이 밖에도 후생시설을 모자원, 정신치료감화원, 불구자수용원, 맹아원, 직업보도원, 양로원 등으로 구분하였다.

(3) 18세 미만 아동 노동의 보호

이 시기에 청소년을 보호의 대상으로 인식한 것은 '아동노동법규'에서 찾아볼 수 있다. 미군정은 '아동노동법규' 1946에서 아동의 노동을 보호하기 위하여 상공업체 고용금지(14세 미만), 중공업체 또는 유해업체 종사금지(16세 미만), 위험직종 또는 유해직종 종사금지(18세 미만), 그리고 일일 노동시간의 제한(16세 미만은 8시간 이내로)을 규정하였다. 비록, '아동'이란 용어를 사용하고 있지만, 18세 미만 '근로청소년'을 보호하기 위한 최초의 규정이란 점에서 의의가 있고, 이러한 정신은 '미성년자노동보호법' 1947과 '근로기준법' 1953에 의해서 계승되었다.

(4) 20세 미만 비행소년의 보호

비행아동에 대한 시설보호는 일제하에서부터 성인과 별도로 이루어지고, 이에 대한 법으로 소년령 1942이 제정되었다. 반사회적 성향을 가진 20세 미만 소년의 생활환경 조정과 성행교정을 위해 보호처분을 행하고, 형사처분에 있어 특별조치를 하기 위한 소년법 1958이 제정되었다.

2. 청소년복지의 도입기

우리나라에서 청소년복지가 도입되기 시작한 것은 미성년자보호법과 아동복리법(1961)의 제정에서 찾을 수 있다. 아동복리법의 제정 이전에도 '보호시설에 있는 고아의 후견직무에 관한 법률' 1961, '고아입양특례법' 1961이 제정되었지만 그 이름에서 볼 수 있는 바와 같이 아동의 극히 일부인 '고아'에 대한 보호가 입법 목적이었다. 또한 청소년복지의 시각에서 볼 때, 이 시기에는 미성년자보호법이 제정되어서 청소년의 보호와 선도를 위한 법적 장치가 마련되었다.

아동복리법의 체제는 전면 개정되어 아동복지법1981이 제정되면서 보호의 대상이 '요보호아동'에서 전체 '아동'으로 크게 바뀌었다. 이는 아동복지의 대상을 일부로 인식하지 않고 전체로 본다는 점에서 큰 변화이었다. 이 법에서는 '아동'이란 용어를 사용하고 있지만, 18세미만의 아동중에는 사회통념상 '청소년'이 포함되어 있다.

이 시기에 청소년복지의 도입은 비행의 우려가 있는 미성년자의 보호와 근로청소년의 복지, 그리고 장애청소년의 복지에 초점이 맞추어졌다. 일반 청소년에 대한 복지는 포괄적인 욕구의 충족과 문제의 해결보다는 선도와 보호에 한정되었다.

(1) 18세 미만 요보호아동의 보호

아동복리법은 요보호아동의 연령을 기존의 13세 이하에서 '18세 미만'으로 상향시키고, 아동복지에 대한 국가의 책임을 명시했다는 점에서 그 의의가 크다. 보호 대상을 18세미만의 아동으로 확장한 것은 비록 '아동'이란 용어를 사용하고 있지만 '청소년'까지 포함한 것으로 볼 수 있다. 또한 보호의 대상인 '요보호아동'에 대한 정의를 명확히 하고, 이들에 대한 국가의 책임을 명시하였다. 즉 아동이 그 보호자로부터 유실, 유기 또는 이탈되었을 경우, 아동의 건전한 출생을 기할 수 없는 경우, 그리고 기타의 경우에 아동이 건전하고 행복하게 육성될 수 있도록 하였다(제2조).

(2) 아동복리시설의 세분화

아동복리법은 아동복리시설로 아동상담소, 보육시설, 조산시설, 정신박약아시설, 맹아양호시설, 농아양호시설, 신체허약아보호시설, 아동휴양시설, 교호시설, 부랑아보호시설, 소년직업보도시설, 지체부자유아보호시설, 모자보호시설 이렇게 13개 종류로 규정하였다. 이를 후생시설운영요령의 시설유형과 비교하여 볼 때 시설의 종류가 세분화되었고, 특히 장애아동을 위한 시설이 성인시설과 구분되었음을 알 수 있다. 전문화된 복지서비스는 대상자의 분류와 욕구에 따라서 제공되어야 하는데, 청소년복지는 아동복지와 별도로 인식되지 않았고 아동복지의 연장선에서 다루어졌음을 알 수 있다.

이 시기에 설치된 아동복리(지)시설 중에서 '아동상담소'는 기존의 아동복리시설과는 다른 기능을 수행하였다. 이전 시기의 시설들은 요보호아동을 긴급 구호하는 차원에서 수용보호가 핵심이었고, 아동의 연령과 장애유무로 분리 수용하는 정도이었다. 그런데 아동상담소는 가정에서 보호자로부터 유실, 유기 또는 이탈된 아동을 상담하고 귀가 조치하거나 수용시설로 이송하는 기능을 수행하였다. 따라서 이 상담소는 가정과 수용시설의 중간지점에 있으면서 요보호아동을 보호하였는데, 특히 가출·부랑아동과 학대받은 아동을 상담하는 기능을 수행하였다.

또한 아동복리시설에 아동휴양시설을 포함시킨 것도 의미 있는 사안이었다. 전통적인 아동복리시설은 수용시설만 취급하였는데, 이 법에서 아동이용시설까지 포함시킨 것은 장차 청소년육성법에서 '청소년이용시설'을 포함시킬 수 있는 선례를 보인 것이다.

(3) 장애청소년에 대한 복지사업

장애청소년에 대한 복지는 장애아동 혹은 전체 장애인에 대한 복지와 분화되지 않은 상태에서 이루어졌지만, 이 시기에 뚜렷한 진전이 있었다. 1977년에 제정된 특수교육진흥법은 장애인에 대한 특수교육을 증진하여 그들에게 필요한 생활 지식과 기능을 전수함으로써 일반 사회생활에 참여하게 함을 목적으로 하였다. 장애인에는 시각, 청각, 정신지체, 정서장애, 언어장애, 기타 심신장애자 등이 포함되었다. 이들은 국공립 특수교육기관에 취학하거나 사립 교육기관 중 의무교육과정에 취학할 경우 무상교육을 받을 수 있도록 하였는데, 일차적인 수혜자는 장애아동과 청소년이었다. 장애인복지에 대한 관심은 1981년 세계장애자의 해를 계기로 증대되어 심신장애자복지법이 제정되고 보건사회부에 전담부서인 재활과가 설치되었다. 이 법은 장애인복지에 대한 국가와 지방자치단체의 책임이 미약하고 장애

발생의 예방과 장애인의 고용촉진에서 한계가 있다는 비판도 받았지만, 장애인복지법1989으로 전문 개정될 때까지 장애인복지사업의 근거법이 되었다.

(4) 미성년자의 보호와 선도

청소년에 대한 복지는 생계, 보건, 교육, 주거 등 인간의 기본적인 욕구에서 아동과 차별화한 것이 아니라 풍속이나 여가에서 구분하는 데 그쳤다. 이 시기에 청소년을 대상으로 한 대표적인 법인 미성년자보호법은 미성년자(만 20세 미만)의 흡연, 음주, 기타 선량한 풍속을 해하는 행위를 금지하고, 미성년자의 보호에 필요한 사항을 규정함으로서 미성년자의 건강보호와 선도를 도모하고자 하였다. 미성년자에게 규제하는 행위는 대부분 성인이 아무런 죄의식이 없이 하는 행위임에도 불구하고 미성년자란 지위 때문에 비행으로 낙인이 찍혔다.

(5) 근로청소년을 위한 복지사업

정부가 청소년에게 구체적으로 복지서비스를 준 것은 근로청소년에 대한 교육과 여가사업에서 찾을 수 있다. 일반학교에 부설된 야간특별학급과 산업체 부설학교의 개설1977은 중고등학교에 취학할 기회를 박탈당한 근로청소년에게 중등교육 기회를 제공하였다. 이 사업은 산업체에게는 고용안정을 주고 근로청소년에게는 일하면서 공부할 수 있는 기회를 준 이중적 목적을 가졌지만, 배움을 갈망하는 근로청소년에게 매우 의의 있는 사업이었다. 근로청소년의 학력과 연령이 높아지면서 이 사업은 점차 축소되었지만, 아동이 아닌 청소년에게 직접적인 혜택을 주는 사업이었다. 또한 근로청소년의 건전한 여가생활을 도모하기 위하여 주요 공단지역에 근로청소년회관을 건립하기 시작하였고, 미혼 여성근로자의 주거욕구를 충족시키기 위해서 근로청소년 임대아파트를 건립하기 시작하였다.

(6) 청소년보호대책의 실천

이 시기에 정부가 명시적으로 청소년을 정책의 대상으로 설정한 것은 중앙청소년보호대책위원회1964의 설치이었다. 이 위원회의 설치와 운영은 이 시기 청소년복지의 위상을 가늠할 수 있다. 즉 청소년은 보호의 대상으로 인식되고, 국가의 책임은 행정적인 대책을 세우는 것이며, 그 책임은 위원회로 분산되었다는 점이다. 따라서 매년 청소년보호대책위원회가 열렸지만, 청소년복지의 제도화 등 획기적인 정책은 수립되지 않았다. 이 위원회는 후에 청소년대책위원회1977로 개칭되고 위원장의 위상이 내무부장관에서 국무총리로 바뀌었지만 그 역할은 크게 달라지지 않았다. 청소년정책에 기본이 되는 법을 제정하고, 이에 대한 행정체계를 갖춘 것은 청소년육성법이 제정될 때까지 유보되었다.

3. 청소년복지의 전개기

우리나라에서 아동복지와 구분되는 청소년복지의 영역이 될 수 있었던 것은 청소년육성법1987의 제정에서 찾을 수 있다. 그런데 이 법의 어느 조항에도 청소년복지 혹은 복지란 낱말은 없다. 다만 이 법은 "청소년의 인격형성을 도모하고, 청소년의 보호·육성·선도 및 지원에 관한 사업을 효율적으로 추진함으로써 청소년이 국가·사회 발전에 이바지할 수 있는 건실하고 유능한 국민으로 성장하도록 함을 목적으로"(제1조) 제정된 것에 비추어 볼 때, 청소년복지의 수행을 위한 근거법이 될 수 있다. 청소년육성법의 대체법으로 제정된 청소년기본법1991에서는 "청소년의 복지를 증진"(제3조)을 법의 목적으로 규정하였다. 그러나 이 법에서도 청소년복지를 실현할 수 있는 구체적인 제도가 크게 미흡하다는 점이 문제이다.

(1) 청소년정책의 영역 설정

청소년육성법의 제정이 청소년복지에 미친 영향은 청소년정책의 영역을 설정하고 이를 담당할 수 있는 행정체계가 확립되었다는 점에서 그 의의를 찾을 수 있다. 정부는 체육부에 청소년국을 설치하고1988 시·도에 가정복지국 청소년과를 설치하였으며, 매년 청소년의 육성 등을 위한 가정·학교·사회 각 영역에 걸친 종합계획을 수립·시행하도록 하였다.

이 종합계획의 주요 내용은 청소년건전활동지원, 가정의 교육기능 강화, 학교의 선도기능 강화, 청소년 유해사회환경 정비, 취약계층 청소년 보호선도, 청소년 육성 추진기반 조성 등으로 편성되어서 청소년복지는 취약계층 청소년 보호 선도에서 취급되었다. 그런데 취약계층 청소년 보호선도의 내용은 근로청소년, 농어촌 청소년, 무직 미진학 청소년, 요보호청소년, 비행청소년 등 주요 대상별로 추진 사업을 열거하고 있을 뿐이다(체육부, 1988: 1-2). 이러한 사업의 수준이 국제적인 기준에서 볼 때 어떠하며, 그 사업이 청소년의 욕구와 문제를 얼마나 충족시켜 주고 있는 지를 알려주지 못하고 있다. 이 점에서 청소년기본법도 청소년 육성은 청소년 복지의 증진을 통해서 이루어진다는 것을 명시하고는 있지만, 청소년복지의 정의, 청소년복지시설의 종류, 그리고 청소년복지에 대한 정부의 책임을 구체적으로 명시하지 않았다는 한계를 여전히 안고 있다.

한국청소년정책연구원 www.nypi.re.kr 참조

(2) 교육보호의 제도화

이 시기에 빈곤청소년에게 가장 도움을 준 복지는 생활보호법의 개정과 그 후속 조치에서 찾을 수 있다. 생활보호법의 개정1982으로 보호의 종류를 기존의 4가지 보호(생계보호, 의료보호, 해산보호, 장제보호)에 교육보호와 자활보호를 첨가한 것은 청소년복지에 획기적으로 기여하였다. 특히, 교육보호는 그 보호대상자가 중고등학생이기 때문에 생활보호를 받는 빈곤 청소년들이 실질적인 혜택을 받았다. 1987년에 처음 실시될 때에는 보호대상자가 생활보호대상자의 일부로 제한되었지만 점차 저소득층 자녀를 포함하여 중학교와 고등학교의 입학금과 수업료를 면제하였다. 청소년기의 가장 큰 욕구가 교육욕구라고 할 때 이 교육보호는 빈곤 청소년을 위한 가장 필요한 복지사업라고 할 수 있다.

(3) 청소년시설의 제도화

청소년육성법은 청소년단체의 지원과 청소년시설의 설치·운영을 핵심적인 내용으로 담고 있다. 그 중 청소년시설은 청소년 전용시설과 청소년 이용시설로 구분되었다. 청소년시설은 청소년기본법에서 청소년수련시설로 바뀌면서 생활권 수련시설, 자연권수련시설, 유스호스텔로 정리되고, 수련시설이 아닌 전용시설과 이용시설은 법적 지원과 감독의 대상에서 제외되었다. 이처럼 청소년육성법은 청소년시설에 "학교시설 외에 청소년의 심신단련과 정서계발을 목적으로 설치된 시설"(제2조)을 모두 포괄하고, 청소년기본법은 체육청소년부가 관장할 수 있는 시설만을 수련시설로 분류하였다.

양 법에서 모두 청소년복지시설은 매우 소홀히 다루어졌고, 특히 요보호청소년을 일시적·장기적으로 수용보호하고 치료하는 청소년쉼터, 가출청소년보호시설, 학대받는 아동 일시보호시설, 약물오남용치료시설, 청소년 중간의 집 등의 설치·운영 그리고 이러한 복지시설에 대한 정부 지원 등에 관한 규정이 없었다.

(4) 청소년상담사업의 확대

정부는 전체 청소년의 건전한 육성과 특히 요보호계층 청소년의 고민상담, 취업과 진로, 여가문제 등을 지원할 수 있는 청소년종합지원센터를 1990년도에 대구와 광주에 설치하였다. 이 지원센터는 1년 동안 시범 운영한 결과 전문적인 청소년상담사업을 전개하기 위하여 1991년부터 시·도 청소년상담실로 개칭하고 다른 시·도에도 확대되었다(최현 외, 1991: 132).

시·도 청소년상담실은 일반 청소년을 위한 복지기관이 거의 없는 상태에서 청소년의 고민을 상담할 수 있는 통로가 되었고, 운영비를 중앙정부와 시·도가 공동으로 분담한다는 점에서 재원조달 방식을 제시하였다. 또한 청소년상담실은 기존의 근로청소년회관과 달리 행정공무원이 운영하지 않고, 청소년단체 등 청소년 관련 기관이 시·도청으로부터 위탁받아서 운영하면서 사회복지사 등 전문가를 채용하였다는 점에서 청소년복지사업의 전문성을 제고하였다.

시·도 청소년상담실과 별도로 시·군·구 단위에도 청소년상담실이 설치되기 시작하였다. 전북 지역의 경우 1989년부터 시·군 단위에 청소년상담실이 설치되었는데, 시·군 지역에서는 청소년상담에 대한 욕구가 아직 낮고, 운영비를 전액 지방비(시·도와 시·군이 분담)로 충당하기 때문에 그 액수가 적어서 전문인력의 확보와 사업의 활성화에 어려움을 겪었다.

(5) 사회복지사업과의 낮은 연계

청소년복지사업의 가장 큰 문제점은 사회복지사업과 연계성이 별로 없이 이루어진다는 점이다. 청소년기본법은 사회복지사업의 수행에 기본이 되는 사회복지사업법과 연계가 없는 상태이다. 때문에 청소년복지의 수행을 위해서 불가피하게 필요한 사회복지법인의 등록, 사회복지사의 채용, 사회복지시설에 대한 국가의 책임 등이 모두 배제되고 있는 셈이다. 청소년사업의 하나로 청소년복지가 논의되고 있지만, 한국 청소년복지사업은 사회복지사업체계에서 누락되어 있기 때문에 청소년복지시설은 법적 행정적 지원을 체계적으로 받지 못하였다.

Ⅲ. 청소년복지의 실태와 과제

현대사회에서 청소년복지가 요청되는 요인은 크게 세 가지로 나뉜다. 하나는 양육비의 증가와 부모의 결손 등으로 청소년이 자라기에 가족의 양육환경이 적절하지 못한 경우이고, 다른 하나는 청소년이 고민을 가지거나 문제행동을 하는 경우이며, 그리고 연령차별과 유해환경과 같이 사회환경에 문제가 있는 경우이다. 이처럼 청소년복지를 요청하는 요인이 다르기 때문에 청소년복지를 실현시키기 위한 대안도 매우 다양하다.

1. 가족 양육의 보완

(1) 생활보호

청소년기는 부모의 보호를 받으면서 살아가는 시기이기 때문에, 부모가 없거나 한쪽 부모밖에 없다는 것은 그 자체가 결손이다. 한부모가족은 대체로 낮은 소득으로 말미암아 경제적인 문제를 갖게 된다. 한부모가족은 1966년 39만 가구에 불과했으나 1990년 89만 가구로 증가하였고, 2014년에 175만 가구를 넘은 것으로 추계된다. 이는 각종 사고나 재해로 인한 사망자 수의 증가와 함께 과거에 비해 가정불화로 이혼·별거하는 부부가 크게 늘고 있기 때문이다. 한부모가족이 되는 과정에서 흔히 경제적 손실과 정서적 손상을 받기 쉽다.

그동안 청소년복지사업은 아동복지의 하나인 아동양육시설의 운영을 중심으로 이루어졌다. 아동복지법은 "아동이 건강하게 출생하여 행복하고 안전하게 자랄 수 있도록 아동의 복지를 보장하는 것을 목적으로 한다"(법 제1조)라고 규정하고 있지만, 실제로 보호를 받은 아동들은 대부분 요보호아동이고 이들은 시설보호를 받았다. 아동복지시설은 대부분 아동양육시설과 밀접히 관련된 것들이다(시행령 제2조). 가정에서 이탈된 요보호아동은 아동상담소를 거쳐서 아동양육시설에 입소하고, 아동양육시설에서 퇴소한 아동은 직업보도시설이나 자립지원시설을 거쳐서 사회에 진출하게 되었다.

이러한 시설보호사업은 생활보호사업의 일환으로 실시되었는데, 1985년부터 소년소녀가장지원사업이 도입되면서, 요보호아동과 청소년에 대한 거택보호가 새롭게 인식되었다. 발생된 요보호아동을 시설에 입소시키기보다는 가능한 한 기존의 가정에서 보호하는 방안을 장려하게 된 것이다. 그런데 시설보호는 거택보호와 연계가 부족한 상태에서 별도의 사업인 것처럼 운영되고 있는 것이 문제이다.

"보호자가 없거나 보호자로부터 이탈된 아동 또는 보호자가 아동을 학대하는 경우 등 그 보호자가 아동을 양육하기에 적당하지 아니하거나 양육할 능력이 없는 경우의 아동"(법 제3조 제4호)이라고 시장·군수·구청장에 의해서 판정된 아동은 거택보호나 시설보호를 받게 되는데, 한번 보호를 필요로 하는 아동이 되면 그 보호자의 부양의무는 사실상 면제되고 있다는 것은 큰 문제이다.

특히, 시설에 입소한 후에는 아동의 보호자에게 아무런 책임도 묻지 않는 관행은 아동양육을 기피하는 보호자에게 남용될 수 있다. 현재 아동양육시설에서 보호를 받고 있는 아동의 약 8할에게는 아버지나 어머니가 있다는 사실에서 볼 때, 보호자의 양육기피로 인한 아동의 가정복귀의 지연은 큰 사회문제이다. 또한 보호자가 없는 아동과 청소년을 소년소녀가장세대로 지정한 후에 국가와 지방자치단체가 적절한 서비스를 제공하지 못한 것도 문제이다.

따라서 보호를 필요로 하는 아동에 대한 보호자의 책임과 국가와 지방자치단체의 책임을 적절히 조정할 필요가 있다. 한 가지 방법으로 보호를 필요로 하는 아동이 발생하면, 시장·군수·구청장은 그 보호자와 협의하여 보호방법과 기간을 문서로 명시하여 보호조치를 취하고, 보호기간이 지나면 욕구사정을 다시 하여야 한다. 보호방법도 보호자의 양육 여건과 청소년의 욕구 등을 충분히 고려하여 거택보호와 시설보호가 유기적인 연계성을 가지고 이루어져야 할 것이다. 즉 시설보호기간 중에도 명절이나 연휴기간에는 아동이 보호자를 방문하게 하고, 보호자도 복지시설을 방문하여 상담할 수 있도록 하여서 조기귀가를 촉진시킨다.

현재 아동양육시설의 경우도 시설당 평균 50여 명의 아동이 집단생활을 하고 있는데, 시설에서 유사 가정을 체험할 수 있도록 해야 한다. 대규모시설은 장기적으로 공동생활가정으로 변화시키고, 우선 시설별로 공동생활가정을 한두 개씩 시범운영하도록 한다. 이러한 공동생활가정은 시설의 분원과 같이 운영할 수 있는데, 주요행사는 본원과 함께 하고, 일상생활은 분원에서 독립된 가정을 이루도록 하는 것이다. 이러한 방식은 일본에서도 실시되고 있는데 좋은 효과를 얻고 있다.

(2) 교육보호

지난 35년 동안 도시 가구의 가계수지 변화를 보면, 교육비와 교양오락비가 매년 크게 증가되었다. 통계청에 따르면, 소비지출 중 교육비의 비중은 1981년 6.4%에서 2016년 9.6%로, 오락문화비는 1.9%에서 5.7%로 증가되었다. 정부는 빈곤가족의 자녀교육비를 보충하기 위하여 생활보호대상자에게는 1979년부터 중학교 입학금과 수업료를 지원하기 시작하여서, 현재는 고등학교까지 확대하고 있지만, 그 혜택을 받는 사람은 전체 고등학생의 8.8%(154천명)에 불과하다.

그런데 고등학교 취학률이 98.0% 이상이고 대학취학률이 8할을 넘는 상황에서 교육급여의 범위를 초·중·고등학교로 한정하는 것은 교육의 기회균등과 선택의 자유라는 취지에서 볼 때 불합리했다. 다행히 국가는 2008년부터 국민기초생활보장 수급자인 대학생에게 학기당 200만원까지 장학금을 지급하고(2017년에는 그 대상을 평점 80점이상인 자로 제한하고 금액을 260만원으로 증액), 2009년부터 차상위계층 대학생에게 학기당 110만원까지(2017년에는 260만원까지) 장학금을 지급하는 교육복지정책을 시행하고 있다. 이는 사실상 대학교까지 교육급여를 확대한 것으로 가난한 대학생이 역량강화를 통해서 괜찮은 일자리를 갖고 빈곤 악순환에서 벗어날 수 있도록 돕는 제도이다.

일본의 양호시설에서는 사립고등학교 진학을 장려하고 있는데, 교육비가 공립학교보다 많이 들더라도 요보호청소년의 경쟁력을 위해서 그렇게 한다. 실제로 요보호청소년은 사회진출시에 부모와 가정의 지원을 거의 받을 수 없기 때문에 개개인이 다른 젊은이보다 능력을 가져야만 공정한 경쟁을 할 수 있다. 학습능력이 있는 요보호청소년은 대학교에 진학할 수 있도록 긍정적 차별을 제도화해야 할 것이다. 선진외국에서는 무상교육의 기간을 고등교육으로 늘려서 각 가족의 교육비부담을 줄이고, 자녀양육비를 공적으로 분담하기 위해서 세계 82개국에서 대체로 16세 미만 아동의 양육비의 일정비율을 국가가 가족(보호자)에게 '가족수당'(혹은 아동수당)으로 제공하고 있다(청년사회복지사연대, 1997: 180-183).

(3) 시설보호

부모 혹은 보호자가 청소년을 보호할 수 없을 때, 그 청소년은 사회복지시설 등에서 보호를 받게 된다. 우리나라 아동과 청소년복지는 해방과 한국전쟁으로 귀환동포와 전쟁고아를 긴급히 보호하는 문제가 가장 시급하였기 때문에 시설보호에 최우선순위를 두었다. 그러나 전쟁고아가 성장하면서 점차 시설보호자의 수는 감소하였고, 소년소녀가장세대 지원사업과 같이 요보호아동을 가정에서 보호하는 방식을 장려하고 있다. 현재의 시설보호방식은 "보호자가 없거나 보호자가 있어도 보호할 능력이 없는" 경우로 한정하고 있기 때문에 부모의 양육을 받지 못하는 아동·청소년 중에서 일부는 국가의 지원을 받는 사회복지시설에 입소하지 못하고 국가의 지원을 받지 못하는 소규모 시설에서 보호받기도 한다.

사회복지서비스는 대상자에 대한 획일적인 서비스보다는 개별화된 서비스를 하는 것을 바람직하다고 인식하지만, 과거 수용시설의 경우 최소한 30명 이상을 수용해야 사회복지법인이 될 수 있었다. 이 때문에 한때 수많은 소규모시설과 공동생활가정이 법적 보호를 받지 못하고, 국가와 지방자치단체의 지원에서 소외되었다. 따라서 현재 있는 아동복지시설과 청소년복지시설을 활용하여 대규모시설을 소규모시설처럼 운영하고, 공동생활가정에 대한 운영비의 보조를 적어도 아동양육시설의 수준으로 제도화하여야 한다.

1997년에 개정된 사회복지사업법은 사회복지법인이 운영하지 않는 소규모 시설도 일정한 신고요건을 갖추면 기초자치단체에 신고 혹은 조건부 신고를 한 후에 사회복지사업을 할 수 있도록 하였는데, 개정법의 취지를 살려서 시설보호를 소규모화하고 시설보호의 수준을 향상시켜야 할 것이다.

2. 청소년문제의 예방과 치료

(1) 상담서비스

청소년기는 신체적 정신적으로 성장하는 시기이기에 자신의 몸과 마음의 변화에 대해서 민감하고 자신의 욕구를 충족시키고자 노력하지만 적절한 자원을 찾지 못한 경우가 많다. 우리나라 청소년은 주로 학습에 관한 고민과 성적 문제를 호소하고 있다. 청소년이 고민하는 문제는 정확한 정보를 제공함으로써 해결할 수 있는 것이 있고, 가치판단과 절도 있는 생활에 의해서만 해결할 수 있는 것도 있다.

그런데 우리 사회는 학교에서는 입시위주의 교육 때문에 체험학습의 시간을 충분히 확보하지 못하였고, 성교육은 청소년이 이미 알고 경험하는 것을 적절히 지도하지 못하였다.

정부는 청소년상담을 체계화하기 위하여 시·도 단위에 청소년상담복지센터, 시·군·구 단위에 청소년상담복지센터를 설치하고, 이들을 지원하기 위하여 한국청소년상담복지개발원을 설립하였다. 이러한 상담기관에서는 전화상담과 면접을 통하여 청소년에게 다양한 상담을 실시하고, 부모교육 등을 통해서 청소년에 대한 이해와 관심을 촉구하기도 한다. 중고등학교에서 집단따돌림, 학교폭력 등이 심각하게 인식되면서, 청소년문제를 예방하거나 조기에 치료할 수 있도록 학교사회복지가 도입되어야 한다는 주장이 일어났다. 이에 교육인적자원부는 2004년에 전국의 초·중·고등학교 48개교를 학교사회복지 연구학교로 지정하고 사회복지사를 배치하여 성공리에 사업을 종료하였다.

한편 교육인적자원부는 2003년부터 저소득층 밀집지역에 있는 5개 내외의 초등학교와 중학교를 중심으로 하고 관내에 있는 유치원, 사회복지관 등과 연계하여 저소득층 학생을 집중 지원하는 교육복지투자우선지역지원사업을 시행하였다. 이 사업은 학교를 중심으로 가정과 지역사회를 연결하는 통합지원체제로 학생의 학습, 문화, 심리·정서, 복지 등 삶의 전 영역에서의 욕구에 대응하는 지역교육공동체를 구축하려는 것이다. 2010년 전국의 100개 지역에서 530여 개 학교가 참여하였다. 각 학교에는 지역사회교육전문가가 배치되어 이 사업을 수행하고, 지역교육청에는 프로젝트 조정자가 활동한다. 지역사회교육전문가와 프로젝트조정자는 아동청소년에 전문성을 갖춘 사회복지사뿐만 아니라 청소년지도사, 청소년상담사, 교사 등이 될 수 있는데, 이들의 대부분은 사회복지사이었다. 이 사업은 2011년부터 교육복지우선지원사업으로 변경되고 지역사회교육전문가는 교육복지사로 바뀌었으며 대상 학교도 더욱 확대되었다. 이처럼 학교사회복지 연구학교와 교육복지우선지원사업은 학교를 복지공동체로 발전시키는 계기를 마련했고, 사회복지사가 학교에 상주하면서 교육복지에 기여할 수 있는 제도가 되었다는 점에서도 그 의의를 찾을 수 있다.

한국청소년상담복지개발원 www.kyci.or.kr 참조

(2) 일시보호서비스

부모의 이혼, 별거, 가출, 사망 등으로 인하여 아동과 청소년들이 가정에서 적절히 보호받지 못하는 사례와 함께, 청소년 가출이 끊임없이 일어나고 있지만 이에 대한 정부의 대책은 소극적이었다. 과거에는 가족의 빈곤 때문에 취업을 겸한 탈출형 가출이 많았지만, 최근에는 부모의 이혼과 별거로 사실상 가정이 없는 가출

청소년과 입시위주의 교육환경에서 벗어나고 유흥업소 주변에서 즐기려는 추구형 가출이 많아지고 있다. 가출 청소년은 가출횟수와 가출기간이 늘어날수록, 유흥업소나 관련 업소에서 일하기 쉽다. 청소년의 가출이 단순가출에서 만성가출, 일회성 가출에서 반복성 가출로 악화됨에도 불구하고 가출청소년에 대한 정부의 대책은 일회성 단속과 귀가조치에 불과했다. 즉 가출한 청소년이 거리를 배회하다가 경찰에 단속되면 아동상담소에서 보호자에게 인계하거나 부득이한 경우 육아시설에 입소하는 것에 그쳤다. 아동상담소의 보호를 받는 사람은 대부분 아동이고 청소년도 일부 보호를 받는 정도이었다(이영희, 1992: 96).

그런데 가출청소년의 경우에는 유흥업소 등에 취업을 하여 생계를 유지하기 때문에 사실상 보호의 손길이 미치지 못하였다. 한 조사에 따르면, 중고등학생의 14.3%는 가출한 경험이 있고, 가출경험이 있는 학생 중 23.8%는 유흥업소에 취업한 경험이 있다고 한다(서울YMCA, 1991: 41). 미성년자가 유흥업소에 출입을 하는 것은 불법이고, 19세미만의 청소년이 유흥업소에 취업을 하는 것도 불법이기 때문에 이에 대한 적극적인 단속이 필요하다.

청소년쉼터는 돌아갈 가정이 없거나 취약한 가출청소년의 수가 늘어나고 이들이 유흥업소 등 유해한 환경에 빠지거나 성적 착취의 대상이 되기 쉬웠기 때문에 가출청소년을 일시적으로 돕기 위해서 1992년에 체육청소년부의 지원을 받은 서울YMCA에 의해서 처음 설치되었다. 1997년 외환위기를 전후로 가출청소년이 크게 늘자 청소년쉼터는 종교기관과 청소년단체에 의해서 자발적으로 설치되고 국가와 지방자치단체의 지원을 받아서 확산되었다.

가출청소년을 위한 일시보호시설로서 청소년쉼터는 10여 년 간 아무런 법적 기준도 없이 설치 운영되었다. 2001년 12월에 청소년기본법이 개정되면서 국가 또는 지방자치단체는 “청소년의 비행을 예방하기 위하여 가출청소년을 임시보호하고 선도하기 위한 청소년쉼터를 설치·운영할 수 있다”는 규정과 함께 “지방자치단체가 청소년쉼터를 설치·운영하는 때에는 국가가 예산의 범위 안에서 그 경비의 일부를 보조할 수 있다”는 규정이 신설되었다. 2005년 청소년복지지원법이 시행되면서 청소년쉼터는 “가출청소년의 일시적인 생활지원과 선도, 가정·사회로의 복귀를 지원하기 위하여"(법 제14조) 설치된 기관으로 법정화되었지만, 아직도 청소년쉼터는 청소년상담복지센터 등과 비교할 때 정부의 지원을 충분히 받지 못하고 있다.

청소년쉼터는 초기에는 일시보호에 역점을 두었지만 점차 부모의 이혼과 별거 등으로 사실상 돌아갈 가정이 없는 청소년이 늘어나면서 단기보호와 중기보호를 강화하였다. 이용청소년의 욕구가 다변화되면서 청소년쉼터는 단기쉼터와 중장기쉼터로 분화되고, 드롭인센터(일시보호)의 기능으로 보완되었다. 청소년쉼터는 작은 기관이지만 가출청소년을 보호하고 상담하며 교육하고 집단활동을 통해 그들을 보호할 뿐만 아니라 가정복귀와 자립을 지원하고 있다.

한국청소년쉼터협의회 www.jikimi.or.kr 참조

강남구 청소년쉼터 www.ts7942.or.kr 참조

(3) 문제행동에 대한 대책

청소년문제에 대한 사회적 관심은 주로 청소년문제의 유형과 그 추세에 집중되어 있다. 대검찰청에 따르면, 청소년의 범죄자의 수는 늘어나고, 연령이 낮아지며, 폭력화되는 경향이 있다. 그런데 청소년의 문제행동에 대한 사회적 반응은 과장된 점이 없지 않다. 신문이나 방송은 학교폭력 등을 통해서 청소년이 범죄집단인 것처럼 보도하는 경향이 있지만, 전체 범죄자 중에서 청소년의 비율은 1985년 10.2%, 102,225명에서 2007년 4.6%, 116,135명에 이어서 2015년 3.6%, 71,035명까지 오히려 줄어드는 경향이 있다(보건복지가족부, 2016).

청소년의 문제행동에 관심을 가지고 있다면, 그들의 문제행동을 예방하고 문제행동을 한 청소년을 적절히 보호하고 교정할 수 있는 체계를 갖추어야 한다. 검찰에 통제된 범죄소년 중에서 극히 일부는 소년원으로 송치되고 대부분은 보호관찰, 선도조건부 기소유예 등으로 사회에 내보내진다. 그런데 보호소년에 대한 상담, 진단, 치료, 그리고 사회복귀가 체계적으로 이루어지지 않고 반성문이나 보호자의 각서 한 장으로 종결되는 경우가 적지 않다. 청소년문제를 예방하는 활동과 함께 문제유형별로 전문적으로 보호하고 치료할 수 있는 청소년복지시설이 절

실하다.

청소년폭력예방재단 www.jikim.net 참조

3. 사회문제의 예방과 피해자 원조

(1) 청소년권리의 옹호

청소년복지를 모색할 때, 가장 근본적인 쟁점 중의 하나는 연령차별이다. 전통사회는 청소년을 미성년자로 보고, 그의 보호와 복지는 부모의 책임으로 간주하였다. 이러한 청소년관은 장유유서란 가치관과 함께 널리 생활화되어 청소년의 입장을 배제시켜 왔다. 그런데 청소년을 하나의 인격체로 인식하자는 사회 사조는 힘을 얻어서, 1989년에 유엔총회는 '아동의 권리에 관한 국제협약'을 채택하고 최선의 이익을 보장하기 위해서 청소년의 의견을 존중하고 청소년의 참여를 보장할 것을 천명하였다.

아동과 청소년의 인권을 침해하는 것은 헌법에서 보장하는 국민의 기본권을 침해하는 것이고 동시에 국제법의 위반이기도 하다. 한국 정부가 1990년에 서명하고 1991년에 비준한 이 협약의 제19조제1항은 "당사국은 아동이 부모, 후견인 기타 아동 양육자의 양육을 받고 있는 동안 모든 형태의 신체적, 정신적 폭력, 상해나 학대, 방임 또는 유기, 성적 학대를 포함한 혹사나 착취로부터 아동을 보호하기 위하여 모든 적절한 입법적, 행정적, 사회적 및 교육적 조치를 취하여야 한다"라고 규정하였다. 따라서 정부는 이 협약에서 규정한 권리 내용을 아동과 청소년에게 가르쳐야 하고, 기존 국내법이 이 협약의 내용과 배치될 경우에는 개정하여야 한다. 예컨대 대부분의 중고등학교에서는 학생들의 집단활동을 학교장의 사전승인을 받도록 하고 있는 것은 기본적 인권인 표현의 자유와 집회·결사의 자유를 명백히 침해하는 것이다.

또한 범죄를 저지른 비행청소년 중의 상당수는 가족의 결손이나 빈곤으로 인하여 적절한 법률서비스를 받지 못하는 경우가 많다. 경찰의 수사단계에서부터

변호사의 도움을 받았다면 선도조건부 기소유예로 불기소되거나 보호관찰로 풀려나올 수 있는 경우에도, 단지 보호자가 없기 때문에 소년원에 송치되는 경우도 적지 않다. 따라서 피의자인 청소년이 법률서비스를 받을 수 있도록 법률구조사업을 펴고 소년보호위원제도를 활성화하여 청소년이 사회 속에서 교정교화받을 수 있는 기회를 확대해야 할 것이다.

14세 미만의 청소년은 형사미성년자로 법의 보호를 받기도 하지만, 형사미성년자란 이유 때문에 범죄의 피의자로 악용되는 경우도 있다. 대개의 경우 경찰이 수사단계에서 협박과 회유 그리고 가혹행위를 통해서 청소년에게 자백을 강요한 후에 형사미성년자란 이유로 기소를 하지 않는 방식으로 처리하는 사례가 있다.

이처럼 청소년의 인권을 옹호하는 사업은 모든 청소년에게 교과서를 통한 권리교육에서부터 비행청소년에 대한 법률서비스까지 광범위하게 이루어져야 한다. 청소년의 인권을 옹호하기 위해서는 청소년의 생활과 문제, 그리고 청소년의 욕구에 맞는 적절한 사업을 연구하는 청소년복지연구소와 청소년인권센터 등이 설립되어야 할 것이다.

한편 유엔 아동권리위원회는 한국정부에게 아동과 청소년의 인권을 향상시키기 위해서 조속한 시일 안에 유보사항을 철폐하고, 부모의 이혼시 양육과 친권에 관한 15세 미만 아동·청소년의 의사표시권을 보장하고, 입양시 15세 미만 아동·청소년의 의사결정권을 보장할 것 등을 권고하였다(한국청소년개발원, 1997: 215-220). 정부는 유엔의 권고사항을 조속히 이행하여야 할 뿐만 아니라, 법과 제도에서 불합리한 연령차별을 철폐하고, 청소년의 이익을 최대한 보장하는 법과 제도를 수립해야만 한다.

중고등학생복지회 member.hitel.net/~k2sws 참조

국가인권위원회 www.humanrights.go.kr 참조

(2) 학대받는 청소년의 보호

한 조사에 따르면, 지난 1년 동안 매를 맞은 아동과 청소년의 비율을 보면, 전체 청소년 중에서 교사로부터 97.3%, 부모로부터 89.6%, 교내학생으로부터 35.8%,

불량배로부터 18.1%인 것으로 나타났다(김혜숙 외, 1994: 25). 한국성폭력상담소에서 1년 동안 성폭력에 대한 상담은 2,151건이었다. 피해자의 연령을 보면, 20세 이상의 성인이 66.0%, 14~19세의 청소년이 17.3%, 13세 이하의 어린이가 15.2%를 차지하였다. 일반 강간과 성추행은 아는 사람에 의한 피해가 전체의 83.2%이다. 부모, 친척, 오빠 등 아동과 청소년의 보호자 혹은 지지자가 되어야 할 사람이 성적 학대를 하는 것으로 나타났다(한국성폭력상담소, 2005 상담통계).

아동에 대한 신체적 학대는 과거 아동복지법에 신고의무가 없기 때문에 신고가 저조하였다. 개정된 아동복지법은 학대금지 행위를 위반한 보호자를 조사할 수 있고, 학대받은 아동을 강제로 격리보호할 수 있는 법적 근거를 마련했다. 시·도 아동상담소에서 아동학대의 사례를 신고받기도 하고 아동학대예방을 전담하는 아동보호전문기관이 설치되어 활발히 활동하고 있다.

성적인 학대인 경우는 1994년 4월 1일부터 발효된 '성폭력범죄의 처벌 및 피해자 보호 등에 관한 법률'(성폭력특별법)로 인하여 과거보다 신고가 증가하고 있다. 그러나 성적으로 학대받은 아동도 경찰이나 검찰의 조사과정에서 지나치게 많은 물증을 요구하는 현행법 때문에 성적 모독을 당하기 쉽기 때문에 고소를 취하하거나 출두를 포기하는 사례도 적지 않다.

학대받는 아동을 체계적으로 보호하기 위하여 아동학대에 대한 신고체계를 보완하고, 피해자와 가해자에 대한 의료적 서비스를 전문화 해야 한다. 학대받은 아동을 위기 상담하고 학대의 정도에 따라서 전문적으로 치료하는 기관의 설립은 매우 절실하다. 당분간 새로운 기관의 설립이 어렵다면, 대학병원이나 시·도립병원을 시·도 단위에 1개소 이상씩 아동학대치료센터로 지정하여 피해 아동과 청소년뿐만 아니라 가해자를 위한 치료 프로그램을 제공해야 할 것이다(이용교,1993: 248).

다행히 정부는 2005년부터 학교·여성폭력피해자가 병원과 경찰서 등을 전전하며 2중·3중 고통을 받던 것을 해결하기 위해 '학교·여성폭력피해자 원스톱지원센터'를 개소하여 전국 주요 대도시에서 운영하고 있다. 이 센터에는 여성경찰과 상담사가 24시간 근무하면서 성폭력, 가정폭력, 학교폭력 피해자와 성매매 피해여성을 위하여 상담지원, 의료지원, 수사지원, 법률지원 등을 하고 있다.

(3) 청소년 유해환경의 규제

청소년의 성장과 발전을 해치는 유해한 환경을 바꾸지 않고는 청소년의 복지를 실현시킬 수 없다. 공격성을 자극하고 성적 수치심과 성충동을 조장하는 폭력적이고 음란한 대중매체, 청소년에게 음주, 흡연, 성행위를 부추기는 유흥업소가 가정과 학교 근처에 산재해 있다. 정부는 학교보건법, 풍속영업에 관한 규제 법률 그리고 청소년보호법 등에 의해서 유해한 업소의 출입, 유해매체의 이용 등을 통제하고자 하나 그 성과는 크지 않았다.

청소년에게 유해한 물품, 시설, 매체 등은 합법적이거나 불법적인 형태로 청소년들을 고객으로 하는 상품인 경우가 많다. 예컨대 음란비디오는 성인용이란 명목으로 생산되어 청소년에게 판매되거나 대여되고, 제작 자체가 불법인 음란물인 경우도 있다.

특히 폭력성과 음란성이 있는 매체들이 비디오, 컴퓨터통신, 유선방송 혹은 공중파방송을 통하여 유통되기 때문에 전통적인 법으로 규제하는 것은 한계가 있다. 청소년과 부모가 중심이 되어서 지역사회에서 모니터와 불매운동 등으로 이러한 유해한 매체를 규제하는 사회운동을 실시하여야 한다. 정부와 지방자치단체도 법률이나 조례 등을 통하여 청소년 유해환경을 보다 합리적으로 규제하는 방안을 강구해야 할 것이다. 청소년의 흡연을 부추기는 담배자판기를 규제하는 조례를 제정한 부천시의 사례는 좋은 예가 될 수 있다.

환자에게 적당한 양을 사용할 경우에는 약이 되거나 생활에 꼭 필요한 본드, 부탄가스 등 화학물질이 청소년에게 남용되는 것이 큰 문제이다. 한 조사에 따르면, 최근 30일 이내에 남녀 고등학생들이 사용한 경험이 있는 약물들을 보면, 법적 제재가 없거나 미약한 술과 담배는 각각 40.6%, 20.5%이고, 사용경험률이 약간 높았던 약물은 각성제(2.8%), 수면제(2.4%)등이며, 인체에 치명적인 손상을 주는 가스(0.8%)나 본드(0.7%)를 흡입하거나 대마초나 마약을 남용한 경우도 각각 0.3%인 것으로 나타났다(최경구 외, 1994: 14-17).

유해한 물품과 매체의 사용과 시설의 이용은 습관화되기 때문에, 유해한 환경에 과도하게 노출되어 중독된 아동과 청소년을 치료할 수 있는 시설이 요청된다. 청소년약물치료센터 같은 시설이 시·도 단위에 1개소 이상씩 설치되거나 관련 전문의가 있는 공공병원을 치료센터로 지정해야 할 것이다.

유해환경에 대한 규제가 소극적인 대책이라고 볼 때, 유익한 환경의 조성은 적극적인 복지대책이다. 우리나라 청소년에게는 놀이시간이 부족하고, 싼 가격으로 즐길 수 있는 놀이공간이 크게 부족하다. 정부는 시·군·구 단위 청소년시설을 1993년 246개소에서 2017년 805개소로 늘렸지만, 청소년이 접근하기 어려운 도시 변두리에 입지한 경우가 많다. 청소년시설이 있어도 청소년의 이용시간대인 평일 저녁시간과 주말에 프로그램이 활성화되어 있지 않는 문제를 해결하기 위해서는 작은 규모라도 청소년이 쉽게 접근할 수 있는 공간을 증설하고, 청소년전문가를 배치해서 이들의 욕구에 맞는 사업을 개발해야 한다. 또한 청소년시설뿐만 아니라 각종 문화체육시설과 생활용품을 싼 값으로 이용할 수 있는 청소년카드를 제도화할 필요가 있다.

(4) 청소년 노동력의 보전

청소년 중 학생의 비중이 높아지면서 근로청소년의 비율은 급속히 감소하였다. 고등학교 취학률은 1970년 28.1%에서 2000년 99.5%로 증가하였지만, 학생의 신분이면서 시간제로 일하는 청소년이 늘어나는 경향이 있다. 아르바이트란 이름으로 일하는 수많은 청소년은 근로기준법이 사실상 미치지 않는 영세사업장에서 일하여 근로시간, 임금 등 근로조건에서 법적 보호를 받기 어렵다. 19세미만의 연소자는 술을 파는 일과 심야노동(22시~06시)이 법으로 금지되어 있지만, 수많은 청소년이 단란주점 등에서 밤 늦게까지 술을 팔고, 성매매에 관여하기도 한다. 청소년의 노동력을 착취하거나 청소년에게 성적 서비스를 강요하는 유흥업소 혹은 변태업소에서 청소년을 고용하는 것을 엄격히 규제하고, 청소년의 심야노동에 대한 근로감독을 강화하며, 청소년의 능력과 흥미에 맞는 일거리를 많이 개발해서 소개하는 직업알선과 창업을 장려해야 한다.

IV. 청소년복지의 전망

1980년대 중반까지 청소년복지는 아동복지의 하나로 다루어졌고, 관심영역도 청소년의 비행이나 문제를 중심으로 제한되었다. 지난 30년 사이에 청소년복지에 관한 사회적 관심은 양적으로 증가하고 질적으로 심화되었으며, 앞으로 다음과 같이 변화될 것으로 전망된다.

첫째, 청소년복지 관련 시민단체가 출현하면서 관심영역이 세분화될 것이다. 이미 청소년의 가출, 학교폭력, 인권문제 등이 사회적 관심사가 되었고, 앞으로 부모가 있는 요보호아동의 양육, 학교사회복지, 청소년 실업 등이 관심을 받을 것이다.

둘째, 청소년복지에 대한 관심은 관심영역별로 세분화된 학술단체가 연구를 주도하면서 더욱 증폭될 것이다. 청소년에 대한 사회적 관심은 한국청소년학회의 창설(1991)로 체계화되었고, 한국학교사회복지학회, 한국청소년복지학회, 한국아동권리학회 등 전문 학술모임이 청소년복지 영역에 대한 연구를 강조하고 있다.

셋째, 청소년복지서비스를 제공하는 청소년복지시설이 확충되면서 시설이용자의 욕구와 서비스에 대한 관심이 늘어날 것이다.

넷째, 청소년복지가 일부 문제청소년이나 요보호청소년에 국한되지 않고 전체 청소년의 학습과 생활로 확산될 것이다. 학생 봉사활동, 청소년 인권신장, 중등교육의 의무교육화, 학교급식의 확대, 청소년의 다양한 체험활동에 대한 강조 등은 전체 청소년의 '삶의 질'에 관심을 둘 것이다.

따라서 청소년복지의 과제는 현재와 가까운 미래의 청소년욕구와 문제를 해결할 수 있고, 청소년의 삶의 질을 향상시킬 수 있는 대안을 모색하는 일이어야 한다.

첫째, 정부는 아동의 권리에 관한 국제협약에서 규정한 권리 내용을 아동과 청소년에게 가르쳐야 하고, 기존 국내법이 이 협약의 내용과 배치될 경우에는 개정하여야 한다. 특히 부모의 이혼이나 입양, 파양 등에서 충분한 보호를 받지 못하는 요보호청소년의 인권을 보장할 수 있는 제도를 갖추어야 한다.

둘째, 요보호청소년에 대한 보호자의 책임과 국가와 지방자치단체의 책임을 적절히 조정할 필요가 있다. 요보호청소년이 발생되면, 시장·군수는 보호자의 양육 여건과 청소년의 욕구 등을 충분히 고려하여, 거택보호와 시설보호가 유기적인 연계성을 가지고 이루어지도록 해야 할 것이다.

셋째, 현행 청소년복지시설은 관련 법의 미비로 정부의 지원을 받지 못하는 경우가 많으므로 법적 보완이 필요하다. 즉 가족의 결손이나 해체로 돌아갈 가족이 없는 요보호청소년을 일시적 혹은 중장기적으로 양육하는 보호시설을 확충하고, 약물을 오남용하거나 문제행동을 하는 청소년을 치료할 수 있는 치료형 보호시설을 시·도 단위에 1개소 이상씩 설치 혹은 지정해야 할 것이다.

넷째, 생활권단위별로 청소년사업이 구현되어야 한다. 청소년들의 가장 큰 욕구 중의 하나가 '놀 시간과 갈 곳이 없다'는 것에 비추어 볼 때, 입시부담을 줄여서 여가시간을 확보하게 하고, 여가시간을 유익하게 보낼 수 있도록 청소년시설을 지으며, 이미 설립된 청소년시설에 전문인력을 충원하고 사업비를 확보해서 이용률을 획기적으로 고양시켜야 할 것이다.

서울시 청소년문화교류센터(미지센터)	www.mizy.net 참조
아하 서울시립청소년성문화센터	www.ahacenter.kr 참조
서울청소년정보문화센터	www.ssro.net 참조
품 청소년문화공동체	www.pumdongi.org 참조

다섯째, 각종 청소년복지사업을 제도화하기 위해서는 청소년기본법이나 청소년복지지원법에 청소년복지시설에 대한 지원을 명시하고, 청소년복지사업을 사회복지사업에 포함시켜 체계적으로 발전시켜야 한다. 청소년기본법은 '청소년의 복지 증진'을 명시하였음에도 불구하고, 청소년복지시설에 대한 정의가 누락되어 있었다. 따라서 청소년복지지원법에 청소년복지시설에 대한 정의를 보완하여야 한다는 제안은 2012년 개정 법률에 반영되어, 청소년복지시설의 종류로 청소년쉼터, 청소년자립지원관, 청소년치료재활센터가 규정되고, 2016년에 청소년회복지원

시설이 추가되었다.

이러한 제안은 청소년도 이 땅의 시민임을 인정하고 그들의 욕구와 문제에 맞는 청소년복지사업을 구상하고자 하는 것이다. 기존의 청소년사업은 주로 요보호 청소년에게 최소한의 복지서비스를 주려는 것이었는데, 이제는 모든 청소년을 위한 보편적 복지서비스를 개발하면서, 특별히 더 많은 욕구가 있는 청소년에게 선별적으로 서비스를 제공하는 방식으로 발전시켜야 한다.

SUMMARY
단원 정리

이 장에서는 청소년복지란 무엇인가를 알아보았다. 청소년기에 직면한 다양한 욕구와 문제 그리고 청소년복지의 실태와 과제를 정리하면 다음과 같다.

청소년복지는 청소년들의 기본적인 욕구를 충족케 하고, 정신적·정서적·신체적으로 최상의 발달을 기하기 위해서 청소년 자신들에게 직접적으로 또는 가정이나 사회를 통해 간접적으로 제공되는 모든 사회제도적·전문적 활동을 말한다.

역사적 시각에서 볼 때, 청소년복지는 청소년을 독립된 세대로 인식하게 된 시대적 상황과 밀접한 관계가 있다. 서구에서는 19세기 중반 의무교육이 도입되면서 비행소년에 대한 보호가 시작되었고, 2차 세계대전 이후 중등교육의 보편화로 청소년문화에 대한 관심이 증가되었으며, 오일쇼크 이후에는 청소년실업이 주목을 받았다.

한국 청소년복지는 법과 제도의 변화에 따라 맹아기, 도입기, 전개기로 나누어 그 특징을 찾을 수 있다. 맹아기는 요보호아동·연소노동자·비행소년의 보호에서 청소년복지의 맹아를 찾을 수 있다. 도입기는 비행의 우려가 있는 미성년자의 보호, 근로청소년과 장애청소년의 복지에 초점이 맞추어졌다. 전개기는 수련활동의 장려, 청소년상담실과 청소년자원봉사센터 등을 통한 전체 청소년의 복지증진을 강조하였다.

현대 사회에서 청소년복지가 요청되는 요인은 크게 세 가지로 나뉜다. 하나는 양육비의 증가와 부모의 결손 등으로 청소년이 자라기에 가족의 양육환경이 적절하지 못한 경우이고, 다른 하나는 청소년이 고민을 가지거나 문제행동을 하는 경우이며, 그리고 연령차별과 유해환경과 같이 사회환경에 문제가 있는 경우이다. 이처럼 청소년복지를 요청하는 요인이 다르기 때문에 청소년복지를 실현하기 위한 대안도 매우 다양하다.

한국 청소년복지의 과제는 청소년욕구와 문제를 해결할 수 있고, 청소년의 삶의 질을 향상시킬 수 있는 대안을 모색하는 일이다. 즉 아동권리협약에서 규정한 청소년권리의 보장, 요보호청소년에 대한 가족과 국가 책임의 조정, 그리고 청소년복지사업의 법제화가 필요하다. 기존의 청소년사업은 주로 요보호청소년에게 최소한의 복지서비스를 주려는 것이었는데, 이제는 모든 청소년을 위한 보편적 복지서비스를 개발하면서, 특별히 더 많은 욕구가 있는 청소년에게 선별적으로 서비스를 제공하는 방식으로 발전시켜야 한다.

여러분은 자신의 청소년기의 삶과 현재 청소년의 생활양식을 비교하면서, 청소년을 이해하려고 노력하고, 청소년을 돕는 복지기관들이 어떤 일을 하는지를 살펴보자.

다음 장에서는 노인복지란 무엇인가를 알아보고자 한다. 고령사회에서 노인복지의 필요성, 노인복지의 실태와 문제점, 그리고 발전방안을 학습한다. 자신의 가족과 친지 중에서 노인을 찾아보고, 이들의 생활과 욕구에 관심을 가져 보자.

TERMS
용어 정리

청소년 일반적으로 청소년은 사춘기의 시작부터 성인기가 되기 전까지를 말한다. 사춘기의 시작은 흔히 여자는 초경, 남자는 첫 몽정의 연령으로 보고 성인기는 20대 초반에 시작된다고 본다. 그런데 청소년기본법은 청소년의 연령을 9세에서 24세까지로 규정했다.

청소년복지 청소년복지는 가정이나 사회로부터 버려지거나 적응하지 못하는 청소년뿐만 아니라 모든 청소년의 안녕에 관심을 가진다. 청소년복지활동은 청소년들의 기본적인 욕구를 충족케 하고, 정신적·정서적·신체적으로 최상의 발달을 기하기 위해서 청소년 자신들에게 직접적으로 또는 가정이나 사회를 통해 간접적으로 제공되는 모든 사회제도적·전문적 활동을 말한다.

청소년문제 청소년이 일으키는 폭력과 절도와 같은 문제행동뿐만 아니라, 부모의 결손이나 빈곤 그리고 학대 등 양육환경에서 어려움을 겪고 있는 청소년, 그리고 청소년에게 유해한 환경 등을 포함하여 청소년복지 서비스가 필요한 상황을 말한다.

청소년상담 청소년이 겪고 있는 고민이나 갈등 등을 완화시키기 위한 개별상담뿐만 아니라, 청소년들이 집단활동을 통해서 청소년기에 공통적으로 겪고 있는 학업문제와 성문제 등을 극복하고, 심신수련 등을 통해서 가치관을 정립하도록 돕는 활동을 포함한다.

청소년권리 1989년 유엔에서 통과된 아동의 권리에 관한 국제협약에 명시된 아동과 청소년의 권리를 그 주된 내용으로 한다. 청소년의 권리에는 크게 생존할 권리, 보호받을 권리, 발전할 권리 그리고 참여할 권리 등이 포함된다.

청소년보호 청소년에게 지나치게 공격성을 자극하거나 음란한 행위를 유혹하는 유해한 매체, 시설, 물품 등으로부터 청소년을 지키는 행위이다. 폭력성과 음란성을 부추기는 매체에는 비디오, 컴퓨터통신, 방송 등이 포함되고, 시설에는 청소년의 출입이 금지된 유흥업소 등이 있으며, 물품에는 환자에게 적당한 양을 사용할 경우 약이 되지만 과도하게 사용하면 독이 되는 습관성 의약품, 본드나 부탄가스와 같은 유해화학물질이 포함된다.

SELF STUDY GUIDE 자기평가와 과제

1. 선진외국이나 한국에서 청소년복지가 일부 요보호청소년을 위한 보호에서 전체 청소년의 삶의 질로 바뀐 과정을 알아본다.
2. 부모나 보호자의 적절한 양육을 받지 못한 청소년을 위한 복지서비스에는 무엇이 있고, 그 문제점과 개선방안을 생각해 본다.
3. 현대사회에서 청소년에게 유해한 환경이 증가되는 이유를 살펴보고, 이를 효과적으로 규제하는 방안과 유익한 환경을 조성하는 방안을 제안해 본다.
4. 청소년이 가정과 학교 등에서 일상생활을 할 때 부당하게 침해받기 쉬운 권리의 내용은 무엇이고, 이를 효과적으로 옹호하는 방안을 찾아본다.
5. 한국 청소년이 가장 흔히 저지르는 청소년비행은 무엇이고, 이를 효과적으로 예방하거나 조기에 개입하여 문제를 줄이는 방안을 찾아본다.

REFERENCE
참고 문헌

김영모 외(1991), 『청소년정책연구』, 한국복지정책연구소 출판부.

노혁(2010), 『청소년복지론』, 교육과학사.

문선화(2009), 『한국사회와 아동청소년복지』, 양서원.

문화관광부(1998), 『청소년백서』.

문화관광부(2003), 『청소년백서』.

문화체육부(1996), 『청소년백서』.

보건복지가족부(2008), 『2008 아동청소년백서』.

성민선 외(2009), 『학교사회복지의 이론과 실제(2판)』, 학지사.

이소희 외(2005), 『청소년복지론』, 나남출판.

이영숙 외(1993), 『외국의 청소년복지정책 연구』, 한국청소년개발원.

이용교(1993), 『한국청소년복지의 현실과 대안』, 은평천사원출판부.

이용교(1995), 『한국청소년정책론』, 인간과복지.

이용교(2004), 『청소년인권과 인권교육』, 인간과복지.

이용교(2004), 『청소년정책론』, 인간과복지.

이용교(2004), 『한국 청소년복지』, 현학사.

이용교(2006), 『디지털 청소년복지』, 인간과복지.

이용교 · 천정웅(2007), 『적극적 관점의 아동청소년복지』, 인간과복지.

이종복 외(1998), 『현대청소년복지론』, 양서원.

이태수 외(1997), 『소규모 아동복지시설연구』, 인간과복지.

이혜원 · 김성천 · 김혜래 · 노혜련 · 배경내(2009), 『학생권리와 학교사회복지』, 한울아카데미.

장인협(2004), 『아동 · 청소년복지』, 서울대학교 출판부.

조학래 · 김성이 · 신효진 · 노충래(2010), 『청소년복지학』, 양서원.

청년사회복지사연대(1997), 『복지대통령 만들기』, 인간과복지.

표갑수(2010), 『아동청소년복지론』, 나남출판.

한국청소년개발원(1994), 『청소년복지론』, 인간과복지.

한국청소년개발원(1997), 『청소년인권보고서』, 인간과복지.

한국청소년학회 편(1999), 『청소년학총론』, 양서원.

홍봉선 외(2010), 『청소년문제론』, 공동체.

홍봉선 · 남미애(2000), 『청소년복지론』, 양서원.

홍봉선 · 남미애(2010), 『청소년복지론』, 공동체.

Frost, Nick and Stein, Mike(1989), *The Politics of Child Welfare - Inequality*, Power and Change, New York: Harvester Wheatsheaf.

Jeffs, Tony and Smith, Mark(ed., (1988), *Welfare and Youth Work Practice*, Londo : Macmillan Education Ltd.

White, R. D.(1990), *No Space of Their Own-Young people and social control in Australia*, Cambridge: Cambridge University Press.

RECOMMANDED FILM
추천 영화

세 친구 Three Friends	1996, 임순례
눈물 Tear	2000, 임상수
아메리칸 파이 American Pie	1999, 폴 웨이츠, 크리스 웨이츠
위험한 아이들 Dangerous Minds	1995, 존 N. 스미스
몽정기 Wet Dreams	2002, 정초신
리멤버 타이탄 Remember the Titans	2000, 보아즈 야킨
굿 윌 헌팅 Good Will Hunting	1997, 구스 반 산트
코요테 어글리 Coyote Ugly	2000, 데이비드 맥널리
햇빛 쏟아지던 날들 In the Heat of the Sun	1994, 강문
볼륨을 높여라 Pump Up the Volume	1990, 앨런 모일
나의 청춘 워터랜드 Waterland	1992, 스티븐 질렌홀
슬리퍼스 Sleepers	1996, 배리 레빈슨
러블리 본즈 The Lovely Bones	2008, 피터 잭슨
회오리 바람 Eighteen	2009, 장건재
크랙 Cracks	2009, 조던 스콧
내 친구의 소원 The Be All and End All	2010, 브루스 웹
피나 바우쉬의 댄싱 드림즈 Dancing Dreams	2010, 라이너 호프만, 안네 린셀

INTERNET LINK
관련 사이트

한국복지교육원	www.okwelfare.net
한국청소년정책연구원	www.nypi.re.kr
한국청소년상담복지개발원	www.kyci.or.kr

한국청소년문화연구소	www.youth.re.kr
청소년문화탐방	www.metro.seoul.kr
사이버유스	www.cyberyouth.org
청소년인터넷방송국	www.kybc.org
ch.10	www.ch10.com
사회복지정보원	www.welfare.or.kr
유네스코한국위원회	www.unesco.or.kr
하자 서울시립청소년성문화센터	www.ahacenter.kr
서울시 청소년문화교류센터(미지센터)	www.mizy.net
아하! 청소년성문화센터	www.aha.ymca.or.kr
청소년폭력예방재단	www.jikim.net
서울청소년정보문화센터	www.ssro.net
아이두	www.idoo.net
중고등학생복지회	member.hitel.net/~k2sws
품 청소년문화공동체	www.pumdongi.org
강남구 청소년쉼터	www.ts7942.or.kr
국가인권위원회	www.humanrights.go.kr
한국청소년쉼터협의회	www.jikimi.or.kr

8 노인복지의 이해

I. 노인의 특성과 고령화

1. 노인의 개념

노인은 '어르신', '늙은이' 또는 '나이 많은 사람'으로서 흔히 평범하게 사용되는 낱말이면서도, 그 개념을 정확하게 정의한다는 것은 매우 어렵다. 1951년 제2회 국제노년학회에서는 노인이란 인간의 노화aging 과정에서 나타나는 생리적, 심리적, 환경적 변화와 행동의 변화가 상호작용하는 복합형태의 과정에 있는 사람이라고 정의하였다(이혜원, 1999: 12 재인용). 이를 세분화하면 노인은

① 적절히 적응할 수 있는 자체조직에서 결핍이 있는 사람
② 통합하려는 능력이 감퇴되어 가는 시기에 있는 사람
③ 조직기능 등에 있어서 감퇴현상이 일어나는 시기에 있는 사람
④ 자체의 적응이 정신적으로 결손되어 가고 있는 사람
⑤ 조직과 기능저장의 소모로 적응이 감퇴되어 가는 시기에 있는 사람인 것

으로 설명된다.

또한 브린L. Breen은 노인을 생리적·생물학적인 면에서 쇠퇴기에 있는 사람, 심리적인 면에서 정신기능과 성격이 변화되고 있는 사람, 사회적인 면에서 지위와 역할이 상실되어 가는 사람이라고 정의하였다.

이처럼 노인은 인생의 마지막 단계에서 노화와 더불어 신체적·심리적·사회적 기능이 점차 쇠퇴하여 생활기능 수행상의 장애를 경험하는 사람이다. 여기에서 노화란 '나이를 먹는다'는 의미로서 시간의 흐름에 따라 늙어가는 현상을 말한다.

2. 노인의 특성

노년기는 인간의 생애주기 중 일부이지만, 한번 노인은 죽을 때까지 계속 노인이라는 점에서 생애주기 중 과도기인 아동기나 청소년기와는 크게 다른 특징을 갖는다. 즉 모든 노인은 나이가 들수록 노화가 진행되기에 신체적, 심리적, 사회적 제 기능이 쇠약해져서 결국 장애인과 유사한 처지가 된다.

노화에 따른 노인의 신체적 특징은 다음과 같이 정리하여 볼 수 있다(아산사회복지사업재단, 1985: 242-245).

① 신체구조의 쇠퇴를 들 수 있는데, 피부와 지방조직의 감소, 세포의 감소, 골격과 수의근의 약화, 치아의 감소, 심장비대와 심장박동의 약화 등의 현상이 나타난다.

② 신체의 외면상의 변화를 들 수 있는데, 백발의 증가, 머리카락의 감소, 주름살의 증가, 얼룩반점의 증가, 신장의 감소 등의 현상이 나타난다.

③ 만성질환의 상병률 증가를 들 수 있는데, 동맥경화증, 고혈압, 당뇨병, 심장병, 신장병 등의 만성질환이 나타난다.

특히 만성질환의 출현은 노인의 생리적 기능상의 노화와 매우 밀접하게 연관되어 있다. 즉 생리적 노화현상은 소화기능, 호흡기능, 신진대사기능, 혈액순환, 수면, 배뇨기능 등에 영향을 주어 소화기능의 쇠퇴, 폐활량의 감소, 신진대사율과 속도의 저하, 변비, 수면의 양과 질의 감소, 피로감, 불면증, 야뇨 등을 초래한다.

노인의 심리적 특성은 60여 년 동안 다양한 삶을 살아온 개인차가 있지만, 감각과 지각 기능의 변화, 정신기능의 변화, 성격 특성의 변화 그리고 정신장애 등에서 찾을 수 있다.

인간의 대표적인 감각기관은 시각, 청각, 미각, 후각, 촉각 및 통각의 기관들이다. 노화가 진행되면 시각과 청각기관도 함께 쇠퇴한다. 시각의 노화에 따라 수정체의 조절능력이 약해져 가까운 물체에 초점을 잘 맞추지 못하여 노안 또는 원시안이 나타나며, 수정체의 섬유질이 증가하여 시각이 흐려지는 백내장은 당뇨병을 초래하기도 한다. 청각의 기능도 약화되어 소리의 고저와 강도에 대한 감지능력이 떨어져서 높은 소리와 작은 소리를 잘 듣지 못하게 된다. 미각이나 후각의 기능은 상대적으로 잘 보전되는 것으로 보고되고 있다. 아울러 감각기관에 의해서 수집된 정보를 의식적인 수준에서 처리하고 평가하는 지각기능은 노화에 따라 그 속도가 저하된다. 따라서 노인은 환경의 변화에 즉각적으로 대처하지 못하여 안전사고를 당하는 비율이 높게 된다.

정신기능은 노화에 따른 감각과 지각 기능의 변화보다 비교적 덜 쇠퇴한다. 이는 지능의 쇠퇴에 있어서 연령 변인은 16~25%만이 설명력을 갖고 있고, 나머지 75~84%는 연령 변인 이외의 교육수준, 생활경험, 사회경제적 지위, 건강수준, 불안수준과 심리적 스트레스 등의 여러 변인들 때문이라고 보고되고 있다. 다만 기억력은 노화와 함께 쇠퇴하는 경향이 있으며 옛일보다는 최근 일을 더 기억하지 못한 것으로 나타났다. 학습능력도 연령이 증가되면서 점차 떨어진다.

노인의 성격에 대한 연구는 그리 많지 않지만, 일반적으로 노인은 내향성과 수동성, 조심성, 경직성, 우울증 경향, 과거에 대한 회상의 증가, 친숙한 사물에 대한 애착심, 의존성의 증가 그리고 유산을 남기려는 경향 등의 특성을 나타낸다. 정신적 노화는 생리적인 정신 노화와 병적인 정신 노화로 나눈다. 예를 들면 건강한 노인이라도 물건을 어디에 놓고 찾는 따위의 단순한 기억장애는 생리적인 정신 노화이고, 치매처럼 가족을 몰라보는 것은 병적인 정신 노화이다. 특히 뇌조직 기능의 손상으로 발생되는 기질적 정신장애의 하나인 치매는 정신기능의 퇴화와 성격의 와해현상으로 나타난다.

이처럼 인간의 노화가 진행됨에 따라서 점차 장애인과 유사한 특성을 갖게된다. 예를 들면, 눈이 잘 보이지 않으면 시각장애인, 귀가 잘 들리지 않으면 청각장애인, 지팡이에 의지해서 걷게 되면 지체장애인, 그리고 치매환자는 정신질환자와 유사하게 된다. 사회통념상 이러한 현상을 노화로 보고 장애로 인식하지 않을 뿐이지 모든 노인은 나이가 들수록 장애인이 될 확률이 높아진다.

노인은 생물학적·정신적 존재일 뿐만 아니라 다른 사람들과 상호작용을 하는 사회적 존재이다. 노인의 지위와 역할은 농업사회에서 산업사회로 바뀌면서 크게 변화되었다. 즉 농업이 중심이 된 사회에서는 노인이라도 일생 동안 농업에 종사하고 취득한 생산수단(토지와 농기구 등)을 소유하고 가족의 중심에 설 수 있었다. 그러나 상공업이 중심이 된 사회에서 노인은 직장에서 퇴직한 후에 적절한 생산수단을 확보하기 어렵게 되고 사회적 지위도 점차 상실한다. 일반적으로 노인이 되면 수입의 감소, 소외와 고립의 증가, 이에 따른 의존성의 증가, 지위의 약화 그리고 사기의 저하 등의 사회적 손실이 크게 된다. 특히 남성의 경우 정년퇴직 후의 생활에 대한 준비가 부족할수록 역할의 단절과 사회적 손실을 더욱 절실하게 경험하게 된다. 이러한 노인의 사회적 손실은 현대 산업사회의 일반적인 현상이다.

3. 노인인구의 증가

현대사회에 있어서 노인문제가 사회문제로 등장하게 되는 가장 가시적인 배경은 노인인구의 증가현상이다. 전체 인구에서 노인인구의 비율이 7%를 넘으면 '고령화사회' aging society, 14%를 넘으면 '고령사회' aged society, 그리고 20%를 넘으면 '초고령사회' super-aged society또는 '후기고령사회' post-aged society라고 한다.

한국의 노인인구는 2000년에 340만 명으로 전체 인구 4,701만 명의 7.2%를 넘어서서 고령화사회에 진입하였고, 2010년에 543만 명으로 전체 인구 4,822만 명의 11.3%이다. 2006년 통계청의 장래인구추계에 따르면 노인인구는 2018년에

표 8-1 연도별 노인인구 (1970~2030년, 단위: 천명, %)

연도	전체 인구	65세 이상 인구	노인 인구비	노인 부양비
1970	32,241	991	3.1	5.7
1980	38,124	1,456	3.8	6.1
1990	42,869	2,195	5.1	7.4
2000	47,008	3,395	7.2	10.1
2010	48,875	5,357	11.0	14.8*
2018	49,340	7,075	14.3	21.3*
2026	49,039	10,218	20.8	35.7*

자료 : 통계청(2006), 장래인구추계결과
*표는 통계청이 2001년에 추계한 2010년, 2020년, 2030년의 노인부양비임.

전체인구의 14.3%를 넘어 고령사회가 되고 2026년에는 20.8%로 초고령사회가 될 것이다. 이처럼 한국은 지구상 유래를 찾을 수 없는 짧은 기간인 18년 만에 고령화사회에서 고령사회가 되고 8년 만에 초고령사회가 될 것이기에, 오랜기간에 걸쳐 인구고령화에 대처해 온 선진국보다 그 충격이 클 것이다.

노인인구의 증가는 65세 이상 노인인구를 15세 이상 65세 미만 생산연령인구로 나눈 노년부양비를 증가시키게 된다. 한국의 경우 1970년도 노년부양비는 5.7%이었지만, 2000년에는 10.1%이고, 2010년 14.8%이며, 2020년에는 21.3%에 이를 것이다. 이는 1970년에는 젊은 사람 20여 명이 노인 한 사람을 부양했지만, 2020년에는 젊은 사람 4.7명 그리고 2030년에는 2.8명이 노인 한 사람을 부양해야 한다는 것을 의미한다.

인구의 고령화는 평균수명의 연장으로 인한 노인인구의 증가가 가장 큰 요인이다. 한국인의 평균수명은 1960년에 남자 51.1세 여자 53.7세(평균 52.4세)에서, 2019년에는 남자 80.3세, 여자 86.3세(평균 83.3)세로 상당한 증가를 보였다. 아울러 한국의 고령화는 여성의 출산력이 1인당 0.84(2020년)명으로 떨어져서 아동의 인구가 급격히 줄어들었기 때문에 더욱 부추겨지고 있다.

통계청 www.nso.go.kr 참조

II. 노인문제와 욕구

일반적으로 노인문제는 빈곤, 질병, 고독, 무위 등의 4고四苦로 표현되고, 때로는 빈곤, 병고, 고독의 3악(三惡)으로 일컬어진다. 노인이 퇴직후 소득감소에서 오는 생계비 문제, 노후에 자주 경험하는 만성질환과 심신쇠약으로 인한 건강문제, 은퇴후 가정과 사회에서의 역할상실 및 지위의 저하, 그리고 결과적으로 나타나는 고독감, 소외감 등은 현대 노인들이 당면하고 있는 공통적인 문제이다.

대체로 개발도상국에서의 노인문제는 빈곤과 질병이며, 선진국에서는 노인의 빈곤과 질병을 사회보장제도로 해결해 나가고 있으며, 여가활동이나 사회참여 그리고 소외감 등의 사회심리적 문제들을 노인복지의 중요한 과제로 다루고 있다.

한국사회에서 노인문제와 욕구는 획일적으로 말하기 어렵다. 즉 농어촌에 살고 있는 노인과 도시의 노인문제의 성격이 현격하게 다르고, 자녀와 함께 사는 노인과 따로 사는 노인들이 겪는 문제와 욕구는 매우 상이할 것이다. 많은 노인들이 일반적으로 겪는 문제와 욕구를 간략히 정리하면 다음과 같다.

1. 소득의 감소와 빈곤

한국사회에서 인구의 고령화는 단순히 노인인구의 수와 비중의 증가만을 의미하지 않는다. 지난 반세기 만에 농촌·농업·농민이 중심인 사회에서 도시·상공업·임금노동자가 중심인 사회로 바뀌면서 노인의 경제활동이 크게 위축되었다. 즉 농민은 65세가 넘어도 농업에 종사할 수 있지만, 임금노동자는 대부분 60세 이전에 퇴직을 당하기 때문에 경제적 무능력자로 전락되어서 가족과 사회의 큰 부담이 된다. 따라서 도시에서는 노동력을 갖추고도 할 일이 없는 노인들이 문제라면, 농촌에서는 노령으로 농업을 그만두어야 함에도 불구하고 후계세대가 없어서 '과로'를 하지 않을 수 없는 것이 문제이다.

통계청이 발표한 '가구소비실태조사'(1996)에 따르면, 노인의 월평균소득은

618천원이다. 소득의 구성은 근로소득이 37.9%로 가장 많고, 그 다음은 자산소득 26.8%, 사적 이전소득 27.5%, 공적 이전소득 7.8% 등이다. 성별 평균소득은 남성 817천원, 여성 428천원으로 남성에 비하여 여성의 소득은 그 절반 정도이다(석재은외, 2000). 노인가구의 월평균 소득은 2014년 7월에 기초연금이 도입되면서 늘었다. 즉 노인가구의 월평균 소득은 2013년 3분기에 1,693천원에서 2014년 3분기에 1,747천원으로 증가했고, 그중 이전소득은 665천원에서 745천원으로 늘었다. 같은 기간 노인가구 소득중 이전소득의 비율은 39.3%에서 42.7%로 증가되었다.

노인 혼자 혹은 부부만 사는 세대 중 최저생계비에 미치지 못한 세대는 전체의 31%인 데 비하여 자녀와 함께 사는 노인가구의 빈곤율은 4.6%로, 노인들만의 가구는 빈곤율이 동거가구의 6.7배 정도 높게 나타났다.

이러한 사실을 종합할 때, 한국의 노인은 산업구조의 변화와 도시화로 인하여 점차 생산수단을 잃게 되었고, 노동력이 있어도 생산에 참여하기 어렵다. 또한 국민연금 등 정부의 복지정책은 일반 노인에게 큰 영향을 주지 못하기 때문에 노인의 소득수준은 자신의 근로소득과 자녀의 수입에 의존하게 되고, 나이가 들수록 자녀들에게 의존하게 된다.

2. 노화와 질병

노인 중에서 신체적 정신적 노화로 인하여 허약노인 또는 장애노인의 수가 급증하고 있다. 전체 노인의 85.9%가 만성질환을 지니고 있고, 만성질환에 의하여 일상생활에 지장을 받는 노인은 72.2%이며, 이들 중 약 8%는 와상상태(종일 누워지내는 상태)이다(이가옥 외, 1994; 최성재, 1995).

노화와 질병은 소득을 벌 수 있는 노동력을 상실함과 동시에 질병치료를 위한 지출의 증가를 가져온다. 적게 벌고 더 많이 써야 하는 모순은 노인의 빈곤과 질병이 악순환됨을 알려준다. 특히, 노환으로 하루 종일 누워지내는 상태가 되면 식사, 배변, 목욕 등 일상생활을 보호자 없이 처리하기가 어렵게 된다.

전통 사회에서 노인의 봉양은 자녀의 역할로 규정되었고, 질병에 걸린 노인을 보호하는 일은 가정 내에 있는 아내, 며느리, 딸 혹은 손녀의 역할이었다. 그러나 현대사회에서 많은 노인은 자녀와 함께 살고 있지 않으며 자녀와 함께 사는 경우에도 일상적인 수발을 받기가 점점 어렵다. 손녀는 학교에 가고, 며느리와 딸은 직장에 가며, 아내는 함께 늙어가는 경우가 많다.

특히 한국사회는 매우 짧은 기간에 도시화와 핵가족화가 동시에 진행되어서 노년세대와 중년세대가 서로 다른 생활권에서 사는 경우가 많기 때문에, 아픈 노인을 위한 가족의 보호는 일상적으로 이루어지기 어렵다. 이 때문에 혼자 신변처리를 하지 못하는 노인의 보호문제, 특히 치매노인의 보호문제는 심각한 사회문제가 되고 있다.

3. 가족보호의 취약

최근 한국 노인은 자녀와 따로 사는 비율이 뚜렷하게 늘어나고 있다. 1981년의 노인 주거형태를 보면 노인 혼자서 혹은 노부부만 따로 사는 경우는 전체 노인의 19.8%였다가, 1990년에는 23.8%로 늘어났고, 1994년에는 41%, 2008년에는 66.8%, 2015년에는 83.3%로 증가하였다.

이처럼 급증하는 핵가족화와 더불어 일어나는 현상은 평균가족원 수가 줄어드는 소가족화 현상이다. 1960년에는 평균가족원 수가 5.7명이었는데, 1990년에는 3.7명이 되었고, 2000년에는 3.2명, 2015년에는 2.53명으로 줄어든다(경제기획원, 1989). 이와 같은 가족원 수의 감소는 곧 가족의 부양기능 약화를 뜻하며, 특히 가정에서 노부모를 봉양하고 있는 수발자의 과중한 부담을 나타내기도 한다(고양곤, 1998).

가족보호의 취약성은 노인학대로 나타나기도 한다. 주로 자녀와 주된 보호자에 의한 노인학대의 유형은 학대의 발생장소를 중심으로 가정 내 학대, 시설 내 학대, 자기방임 또는 자기학대의 세 가지로 분류되고, 학대의 행위에 따라 신체적 학대, 정서적·심리적 학대, 언어적 학대, 재정적·물질적 학대, 성적 학대, 소극적

표 8-2 노인의 자녀와의 동거/별거 형태 변화 추이 (단위: %)

연도\주거형태	노인단독세대	3세대 동거	미혼자녀가구	기타
1981[1]	19.8	69.1	11.3	-
1990[2]	23.8	44.0	29.4	2.8
1994[3]	41.0	39.1	14.7	5.2
1996[4]	53.0	32.4	6.3	3.5
2005[5]	66.1	9.2	23.8	0.8
2008[6]	66.8	-	27.6	-
2015[7]	83.3	-	16.7	-

1) 김태현(1982), 2) 통계청(1993), 3) 한국보건사회연구원(1994), 4) 한국노인문제연구소(1996),
5) 통계청(2006);미혼자녀가구23.8%에는 결혼자녀와 함께 사는 2세대 동거까지 포함되었음.
6) 보건복지부(2008), 노인실태조사. 27.6%에는 3세대 동거도 포함됨.
7) 통계청(2015), 노인실태조사. 16.7%는 노인1인과 비노인가구 6.8%+ 노인부부와 비노인가구 9.9%임.

또는 적극적 방임 및 자기방임 등으로 분류되기도 한다.

한국보건사회연구원이 전국의 6개 대도시의 12개 노인(종합)복지회관을 이용하는 노인 865명을 대상으로 조사한 노인학대의 실태를 살펴보면, 전체 응답 노인의 8.2%가 자녀와 그 가족원으로부터 학대를 받은 경험이 있다고 응답하였다. 언어와 심리적 학대가 전체 노인의 7.7%로 가장 높았고, 다음은 방임 2.5%, 경제적 착취 2.1%, 그리고 신체적 학대와 폭력 0.3%의 순이었다.

한국노인학대연구회 www.elderabuse.or.kr 참조
중앙노인보호전문기관 www.noinboho.org 참조

4. 역할상실과 소외

평생 동안 농업에 종사하고 일찍 사망한 전통사회에서는 노인의 역할상실과 소외가 크게 문제되지 않았다. 비록 노인이라도 수저를 들 만한 힘이 있으면 농업과 가사에 종사하였기 때문에 역할상실은 별로 없었고, 한 마을에서 평생을 살았기 때문에 이웃 간의 교류를 통해서 소외감을 별로 느끼지 않았다.

그런데 현대 노인은 가장 가까운 사람인 자녀와 떨어져 사는 경우가 많고, 배우자와 사별한 이후에도 상당기간 동안 혼자 살기 때문에 역할상실과 소외감은

깊어진다. 위의 통계에서 보는 바와 같이 노인의 50% 이상이 혼자 혹은 부부만 살고 있고, 배우자가 사망한 후에도 여성노인은 평균적으로 6.8년 동안 더 살고 있다.

더욱이 도시의 노인들은 잦은 이사로 인하여 안정적인 친구관계와 이웃관계를 형성하기 어렵다. 인간관계를 형성하는 계기가 혈연·지연·학연·직연 등이 었음에 비춰볼 때, 노인들은 이미 알고 있었던 사람들을 사망 등으로 잃고, 새로운 인간관계를 형성할 수 있는 계기를 상실하게 된다.

젊은 세대는 학연과 직연을 통하여 끊임없이 인간관계를 형성할 뿐만 아니라 인터넷을 통해서 인간관계의 망을 현실공간에서 가상공간까지 확장시키고 있지만, 노인은 기존의 활동반경이 축소됨과 동시에 접근성의 문제로 사이버공간에서 인간관계를 맺기에는 큰 한계를 지니고 있다.

Ⅲ. 노인복지의 실태

우리나라 헌법은 "모든 국민은 인간으로서의 존엄과 가치를 가지며, 행복을 추구할 권리를 가진다. 국가는 개인이 가지는 불가침의 기본적 인권을 확인하고 이를 보장할 의무를 진다"(제10조)고 규정하고 있다. 이를 보다 구체화시키기 위해서, 헌법은 "국가는 사회보장·사회복지의 증진에 노력할 의무를 진다", "국가는 노인과 청소년의 복지향상을 위한 정책을 실시할 의무를 진다"(제34조) 등을 명시하였다.

노인복지법에서는 "노인은 후손의 양육과 국가 및 사회의 발전에 기여하여 온 자로서 존경받으며, 건전하고 안전된 생활을 보장받는다"고 하고 있으며, "국가와 지방자치단체는 노인의 보건 및 복지증진의 책임이 있으며, 이를 위한 시책을 강구하여 추진하여야 한다"고 규정하고 있다. 즉 노인은 온갖 희생을 감수하며 국가발전과 자녀양육에 공헌해 왔으므로, 정부와 자녀는 노인을 보호하고 부양해야 할 의무와 책임이 있다고 할 수 있다.

사람은 나이가 많아지면 심신기능이 약화되고 퇴행성 만성질환으로 거동이 불편해져 도움이 필요하다. 이런 때 노인은 전통적으로 가정에서 자녀의 부양을 받으며 살아왔다. 현재 노인들은 젊었을 때 노부모를 봉양하였기 때문에 자신이 늙었을 때에도 자녀에게 의지하며 살겠다는 기대로 살아왔다고 볼 수 있다. 그러나 현대사회의 생활환경 변화와 가족부양 기능의 약화는 부모가 어린 자녀를 양육하고 그 자녀가 성장해서 늙은 부모를 봉양하는 '세대간 품앗이'에 큰 변화를 가져왔다. 한국의 노인복지는 노인의 빈곤, 질병, 무위, 소외와 같은 문제를 극복할 뿐만 아니라 노인이 보다 행복하게 살 수 있는 생활양식을 모색하는 일이다.

1. 소득보장

노인이 경제적으로 보다 안정된 생활을 할 수 있도록 하기 위해서 국가와 지방자치단체는 연금제도, 공공부조와 기초연금 그리고 생업지원대책 등을 세우고 있다.

연금제도는 노령으로 인하여 노동능력을 상실하게 될 때를 대비하여 젊은 시절에 보험료를 납부하고 대체로 60세 이상이 되고, 퇴직하면 노령연금을 받을 수 있다. 대표적인 연금제도는 임금노동자, 농어민, 도시자영자에게 적용되는 국민연금이 있고, 이와 별도로 공무원연금, 군인연금, 사립학교교원연금이 있다.

1999년을 기준으로 취업자 대비 공적연금 가입자의 비율은 59.2%이고, 그 구성은 국민연금가입자가 53%이고, 다음은 공무원연금 4.5%, 사학연금 1%, 군인연금 0.7%이다(석재은 외, 2000).

한국의 공적연금은 2011년 국내총생산 대비 2.2%로 경제협력개발기구 평균 8.1%에 미달한다. 공적연금을 받는 가구는 66~75세 가구주 가구의 62.6%, 76세 이상의 26%이고, 수급액은 각각 월평균 613천원, 689천원이었다. 기초연금 수급률은 66~75세 가구주 가구의 59.2%, 76세 이상의 75.3%이고, 수급액은 각각 월 평균 167천원, 175천원이었다. 65세 이상의 평균소득은 전체 인구 대비 60.1%로 OECD 평균 86.8%보다 낮다. 66~75세의 빈곤 위험은 전체 국민의 3.08배이며 76세 이상은 4.37배이다. 전체 빈곤 인구 중 66~75세의 비중은 2003년 18.7%에서 2014년 26.6%로, 76세 이상은 9.2%에서 22.4%로 늘었다(연합뉴스, 2017. 6.

기초연금(구 기초노령연금)

1. 신청 대상자

65세 이상 전체 노인 중 소득과 재산이 적은 70%의 어르신에게 지급하며, 2021년도에는 전체 노인 855만명 중 598만명이 해당될 것임(실제 수급자는 이 보다 적어 전체 노인의 68% 내외임)

2. 소득 · 재산 기준

연금수급자를 선정하는 소득 · 재산 기준은 혼자 사시는 어르신은 169만원 이하, 노인부부인 경우는 270.4만원 이하(2021년 1월 적용).

- 소득인정액 : 노인가구의 월소득과 재산가액에 연리 4%로 계산한 월액을 합한 금액
- **소득인정액** = 월 소득평가액 + 재산의 월 소득환산액
- **재산의 월 소득환산액** = {(재산 - 기초공제액) + (금융재산 - 금융공제액) - 부채} × 소득환산율(4%) ÷ 12개월
- 소득의 범위 : 근로소득, 사업소득(농 · 림 · 어업소득, 기타사업소득), 재산소득(임대소득, 이자소득, 연금소득), 공적이전소득
- 재산의 범위 : 일반재산(토지, 건축물, 주택, 선박 · 항공기, 입목재산, 회원권, 조합원입주권, 분양권, 어업권), 금융재산, 자동차 등

2007년 10월 15일 이후 증여된 재산은 본인재산으로 간주하여 기타(증여)재산으로 산정

3. 연금의 액수

연금액은 국민연금가입자의 연금수급 전 3년간 평균소득월액의 5%기준으로 책정되었음. 2010년 4월 1일부터 2011년 3월 31일까지 단독수급자 매월 최고 90,000원, 부부수급자 매월 최고 144,000원(노인단독연금액에서 20% 감하여 지급). 다만, 수급자 중에서도 일부 소득이 높거나 재산이 많은 경우 감액된 연금을 받게 됨.

2014년 7월에 기초연금으로 바뀌어 1인가구는 월 20만원과 노인부부는 32만원까지 인상되었고, 2021년에는 1인가구는 300,000원과 노인부부는 480,000원까지 증액됨.

4. 신청방법

기초노령연금을 신청하고자 하는 65세 이상 어르신은 신분증과 통장사본(지급계좌), 전 · 월세 계약서를 지참하고, 주소지 읍 · 면사무소, 동주민센터 및 가까운 국민연금공단 지사에 가서 신청.

* 65세 생일이 속한 달의 2개월 전부터 신청이 가능하고 연금은 65세 생일이 속한 달부터 지급함.

* 65세 생일이 지난 후 신청하면 신청한 달부터 연금을 지급함.

26.).

연금제도가 일찍이 도입된 서구 복지국가와 달리 노후에 연금수입이 거의 없

는 한국의 노인들이 빈곤하게 될 때 의존할 수 있는 것은 국민기초생활보장제도로 대표되는 공공부조와 기초연금이다.

국민기초생활보장제도는 65세 이상 노쇠자를 포함하여 소득인정액이 기준 중위소득의 일정 비율에 미치지 못한 국민에게 국가와 지방자치단체가 생계급여, 의료급여, 교육급여, 주거급여, 해산급여, 장제급여 등을 제공하는 것을 말한다. 특히 노인은 생계급여와 의료급여를 많이 받고, 사망시에는 장례를 치른 사람이 장제급여를 받을 수 있다.

1998년 7월부터 시행된 무갹출 연금인 경로연금은 65세 이상의 국민 중 국민기초생활보장제도의 수급권자이거나 저소득노인에게 제공되었다. 2008년 7월부터 경로연금은 폐지되고, 기초노령연금이 시행되었다 2014년 7월부터 기초연금으로 바뀌었다.

2. 의료보장

사람이 나이가 많아지면 질병에 걸릴 확률이 높고, 퇴행성 만성질환으로 장기보호를 받아야 하기에 의료비 부담이 늘어난다. 일반적으로 노인의 의료비는 건강보험, 의료급여 그리고 본인의 부담 등으로 지불하고 있다.

현재 건강보험에서 지급하는 급여수준은 명목상 입원비의 80%, 종합병원 외래진료비의 50%, 병원진료비의 60%, 의원진료비의 70%를 지급해 주고 있다. 나머지는 본인 부담으로 되어 있어, 의료비 조달은 노인의 심각한 재정문제가 되고 있다. 실제로는 병원에 입원할 경우 각종 검사비, 5인 미만이 사용하는 병실의 경우 상급 병실료의 차액 등을 본인이 모두 부담해야 하기 때문에 본인부담금의 비율은 훨씬 늘어난다.

의료급여는 건강보험을 적용받을 수 없는 저소득층을 위한 의료비 보조이다. 국민기초생활보장제도의 수급권자 중에서 과거의 거택보호와 시설보호 대상 노인은 1종 의료급여 대상자가 되어 이들에게는 외래와 입원의 비용을 전액 무료로 해 주고, 자활보호 대상노인은 2종 의료급여 대상자가 되어 이들에게는 외래 비용은 무료, 입원비용은 최고 85%까지 할인해 주도록 되어 있다.

정부는 2007년부터 의료급여의 오남용을 방지하기 위하여, 의료급여 텔레케어사업을 수행하고 있다. 이 사업은 의료급여 수급자도 병의원을 이용할 때 1~2천원의 본인부담금을 내는 소액본인부담제를 도입하고, 수급자가 특정 병의원을 지정하여 이용하면 본인부담금을 면제해주는 선택 병·의원제를 도입한 것이다. 의료급여관리사는 의료급여를 많이 이용하는 사람을 중심으로 사례관리를 하여 의료급여의 오남용을 모니터링하고 건강관리방법 등을 안내하며 지역사회자원을 연계한다. 텔레케어사업의 집중관리대상자는 대부분 노인과 장애인이다.

정부는 1983년부터 저소득층 노인을 대상으로 무료 건강진단을 실시하여 왔으며, 매년 약 3만여 명의 노인에게 무료 건강진단을 실시했다. 이 제도는 1차진단과 2차진단으로 구분되는데, 기본진찰, 체능검사, 혈액검사, 뇨검사, X선 촬영 등의 1차 검진에서 유병상태가 확인되면 2차 정밀진단을 받게 되어 있다. 그러나 무료 건강진단 제도는 수혜대상이 제한되어 있고, 진단과목이 부족하며, 실시 일정이 비정기적인 점이 문제가 되고 있다. 아울러 1차진단에서 유병상태가 확인되었어도 이에 대한 치료대책이 수반되지 못하고 있어 많은 비판을 받고 있다.

3. 주거보장

한국에서 노인을 위한 주거보장은 사실상 거의 전무한 상태이다. 정부는 노인을 위한 주택정책으로 노인 동거가족에 대한 세제혜택 부여와 주택자금 할증지원을 하고 있지만 극히 일부 가족만이 서비스를 받고 있다.

3대 이상 대물림한 주택이나 5년 이상 동거 봉양한 자가 상속받는 주택에 대해서는 주택가격의 90% 추가공제를 받고, 상속시 3천만 원의 노인 인적 공제를 받으며, 노부모와 자녀가 각각 주택을 소유하고 따로 살다가 세대를 합친 경우 양도소득세를 면제해 준다.

주택자금 할증지원은 친부모나 처부모와 2년 이상 동거하는 세대주가 주택을 신축, 매입, 개량할 때 융자해 준다. 신축인 경우는 2,500만 원까지, 임대의 경우는 1,500만 원까지, 그리고 개량할 때는 1,000만 원까지 융자해 주고 있다.

국민기초생활보장제도의 수급권자인 노인 4~5인이 함께 생활할 수 있는 주거 공간으로 '노인의 집' 프로그램이 있지만 극히 일부 독거 노인에게 도움을 주고, 2000년에 신설된 주거급여는 수급자 노인에게만 도움을 줄 뿐이다.

앞으로 노인인구는 계속 증가되고 자녀들과 별거하는 노인들도 더욱 많아질 것이므로, 노인들이 살기 편리한 노인주택의 욕구가 증가하리라고 본다. 정부는 노인들이 자녀들과 같이 살기에 편리한 3세대 동거주택이나, 노인들이 자녀와 독립적으로 살 수 있는 노인전용주택, 노인보호주택 등을 적극 개발해야 할 것이다.

4. 노인복지서비스

노인복지서비스는 주로 노인복지시설을 통해서 이루어져 왔다. 현행 노인복지법 제31조는 노인복지시설의 종류를 **노인주거복지시설, 노인의료복지시설, 노인여가복지시설, 재가노인복지시설, 노인보호전문기관, 노인일자리지원기관, 학대피해노인 전용쉼터**로 구분하고 있다.

이처럼 분화되기 전에 노인복지시설의 원형은 양로원에서 찾을 수 있다. '양로원'은 65세 이상 무의무탁자를 무료로 보호하는 노인복지시설이었는데, 건강이 악화된 노인들이 늘어나자 주거에 요양을 추가시킨 요양시설이 신설되고, 다시 치매환자를 위한 전문요양시설로 전문화되었다. 한편 부담능력이 없는 무의무탁한 노인뿐만 아니라 실비를 낼 수 있는 노인을 위한 실비시설, 당사자와 가족이 운영에 필요한 모든 경비를 내는 유료시설이 점차 증설되었다.

2007년 8월에 개정된 노인복지법은 노인복지시설의 세부 종류를 크게 바꾸었다. 노인복지시설을 노인주거복지시설, 노인의료복지시설, 노인여가복지시설, 재가노인복지시설, 노인보호전문기관으로 나누는 큰 틀은 그대로 이지만, 세부 종류를 분류할 때 이용자의 부담방식에 따라 무료, 실비, 유료로 구분했던 것을 없애고 시설의 유형을 단순화시켰다. 이는 2008년 7월부터 시행되는 노인장기요양보험에 의해서 요양등급(1~2등급)을 받은 노인이 노인의료복지시설(노인요양시설,

노인복지시설의 종류

노인주거복지시설

- **양로시설** 노인을 입소시켜 급식과 그 밖에 일상생활에 필요한 편의를 제공함을 목적으로 하는 시설
- **노인공동생활가정** 노인들에게 가정과 같은 주거여건과 급식, 그 밖에 일상생활에 필요한 편의를 제공함을 목적으로 하는 시설
- **노인복지주택** 노인에게 주거시설을 분양 또는 임대하여 주거의 편의 · 생활지도 · 상담 및 안전관리 등 일상생활에 필요한 편의를 제공함을 목적으로 하는 시설

노인의료복지시설

- **노인요양시설** 치매 · 중풍 등 노인성질환 등으로 심신에 상당한 장애가 발생하여 도움을 필요로 하는 노인을 입소시켜 급식 · 요양과 그 밖에 일상생활에 필요한 편의를 제공함을 목적으로 하는 시설
- **노인요양공동생활가정** 치매 · 중풍 등 노인성질환 등으로 심신에 상당한 장애가 발생하여 도움을 필요로 하는 노인에게 가정과 같은 주거여건과 급식 · 요양, 그 밖에 일상생활에 필요한 편의를 제공함을 목적으로 하는 시설
- **노인전문병원** 주로 노인을 대상으로 의료를 행하는 시설(삭제, 2011. 6. 7.)

노인여가복지시설

- **노인복지관** 노인의 교양 · 취미생활 및 사회참여활동 등에 대한 각종 정보와 서비스를 제공하고, 건강증진 및 질병예방과 소득보장 · 재가복지, 그 밖에 노인의 복지증진에 필요한 서비스를 제공함을 목적으로 하는 시설
- **경로당** 지역노인들이 자율적으로 친목도모 · 취미활동 · 공동작업장 운영 및 각종 정보교환과 기타 여가활동을 할 수 있도록 하는 장소를 제공함을 목적으로 하는 시설
- **노인교실** 노인들에 대하여 사회활동 참여욕구를 충족시키기 위하여 건전한 취미생활 · 노인건강유지 · 소득보장 기타 일상생활과 관련한 학습프로그램을 제공함을 목적으로 하는 시설
- **노인휴양소** 노인들에 대하여 심신의 휴양과 관련한 위생시설 · 여가시설 기타 편의시설을 단기간 제공함을 목적으로 하는 시설(삭제, 2011. 6. 7.)

재가노인복지시설

재가노인복지시설은 다음 각 호의 어느 하나 이상의 서비스를 제공함을 목적으로 하는 시설을 말한다.

- **방문요양서비스** 가정에서 일상생활을 영위하고 있는 노인(이하 "재가노인"이라 한다)으

로서 신체적 · 정신적 장애로 어려움을 겪고 있는 노인에게 필요한 각종 편의를 제공하여 지역사회안에서 건전하고 안정된 노후를 영위하도록 하는 서비스

- **주 · 야간보호서비스** 부득이한 사유로 가족의 보호를 받을 수 없는 심신이 허약한 노인과 장애노인을 주간 또는 야간 동안 보호시설에 입소시켜 필요한 각종 편의를 제공하여 이들의 생활안정과 심신기능의 유지 · 향상을 도모하고, 그 가족의 신체적 · 정신적 부담을 덜어주기 위한 서비스
- **단기보호서비스** 부득이한 사유로 가족의 보호를 받을 수 없어 일시적으로 보호가 필요한 심신이 허약한 노인과 장애노인을 보호시설에 단기간 입소시켜 보호함으로써 노인 및 노인가정의 복지증진을 도모하기 위한 서비스
- **방문 목욕서비스** 목욕장비를 갖추고 재가노인을 방문하여 목욕을 제공하는 서비스
- **그 밖의 서비스** 그 밖에 재가노인에게 제공하는 서비스로서 보건복지부령이 정하는 서비스

노인보호전문기관

국가 및 지방자치단체는 노인학대에 관한 다음 각호의 업무를 담당하는 노인보호전문기관을 설치하여야 한다. 다만, 대통령령이 정하는 범위안에서 다른 노인복지시설을 노인보호전문기관으로 지정한 경우에는 그러하지 아니하다.

1. 노인학대의 예방 및 방지를 위한 홍보
2. 학대받은 노인의 발견 · 상담 · 보호와 의료기관에의 치료 의뢰 및 노인복지시설에의 입소 의뢰
3. 노인학대행위자, 노인학대행위자로 신고된 자 및 그 가정 또는 업무 · 고용 등의 관계로 사실상 노인을 보호 · 감독하는 기관이나 시설 등에 대한 조사
4. 노인학대행위자에 대한 상담 및 교육
5. 그 밖에 학대받은 노인의 보호를 위하여 필요한 사항

노인일자리전담기관

노인의 능력과 적성에 맞는 일자리지원사업을 전문적 · 체계적으로 수행하기 위한 전담기관

1. 노인인력개발기관: 노인일자리개발 · 보급사업, 조사사업, 교육 · 홍보 및 협력사업, 프로그램인증 · 평가사업 등을 지원하는 기관
2. 노인일자리지원기관: 지역사회 등에서 노인일자리의 개발 · 지원, 창업 · 육성 및 노인에 의한 재화의 생산 · 판매 등을 직접 담당하는 기관
3. 노인취업알선기관: 노인에게 취업 상담 및 정보를 제공하거나 노인일자리를 알선하는 기관

학대피해노인 전용쉼터

노인학대로 인하여 피해를 입은 노인을 일정기간 보호하고 심신 치유 프로그램을 제공하기 위한 전용쉼터

노인요양공동생활가정, 노인전문병원)에 입소하게 되는 것을 대비하기 위해서였다. 재가노인복지시설도 기존에는 가정봉사원파견시설, 주간보호시설, 단기보호시설 등 핵심 서비스의 내용을 기준으로 시설의 종류가 구분되었는데, 개정된 법에서는 세부 구분을 없애고 핵심 서비스를 방문요양, 주·야간보호, 단기보호, 방문목욕, 그 밖의 서비스로 구분하는 형식으로 바뀌었다.

이처럼 노인장기요양보험의 시행은 노인복지시설의 종류와 수에 큰 변화를 가져왔다. 2006년에 노인복지시설은 주거복지시설 282개소, 의료복지시설 583개소, 여가복지시설 54,785개소(그 중 경로당 53,616개소), 재가복지시설 851개소, 노인보호전문기관 17개소로 총 56,518개소이었다. 2019년에 노인복지시설은 노인주거복지시설 382개소, 노인의료복지시설 5,529개소, 노인여가복지시설 68,413개소 (그중 경로당 66,737개소), 재가노인복지시설 4,821개소, 노인보호전문기관 34개소, 노인일자리지원기관 184개소, 학대피해노인전용쉼터 19개소로 총 75,708개소이다. 14년 동안 노인복지시설이 40.5% 증설되었고, 특히 2008년 7월부터 노인장기요양보험이 시행되면서 의료복지시설과 재가복지시설이 각각 9.5배, 5.7배로 증가되었다. 의료복지시설은 노인장기요양보험의 시설급여를 제공하고, 재가복지시설은 방문요양, 방문목욕, 방문간호, 주야간보호, 단기보호서비스 등 재가급여를 제공하기 때문이다.

노인장기요양보험의 도입은 노인복지시설의 종류와 수에 영향을 줄 뿐만 아니라, 노인복지시설의 운영방식에도 획기적인 변화를 가져왔다. 기존 양로시설과 노인요양시설은 무료로 이용하는 사람들이 많았고, 재가노인복지시설을 이용하는 노인도 기초생활보장 수급자와 차상위계층이 대부분이었다. 하지만 노인장기요양보험이 시행되면서 요양등급 1등급과 2등급을 판정받은 노인은 주로 의료복지시설에 입소하고, 요양등급 3~5등급 받은 노인은 재가복지시설을 이용하는 구조로 바뀌었다. 즉 기존에 노인복지시설을 이용하는 사람은 주로 기초생활보장 수급자나 차상위계층이었고 그렇지 않은 사람은 실비 혹은 유료시설을 이용하였지만, 새 제도에서는 요양등급만 받으면 누구나 노인복지시설을 이용할 수 있게 되었다. 대부분의 노인은 노인장기요양보험에 가입하여 보험급여로 시설급여와 재가급여를 받고 비용의 일부를 본인이 부담하며, 기초생활보장 수급자는 그 비용을 국가가 부담한다.

노인장기요양보험은 요양보호가 필요한 노인과 그 가족에게 매우 획기적인 노인복지사업이다. 일부 무의무탁한 노인을 위한 선별적 복지에서 요양이 필요한 모든 노인을 위한 보편적 복지로 바꾸었기 때문이다. 따라서 식사, 목욕, 배변 등 일상생활을 하기 위해서 도움이 필요한 노인과 치매 중풍 등 노인성 질환으로 요양이 필요한 사람은 누구나 나이에 상관없이 노인의료복지시설을 입소하거나 재가노인복지시설의 서비스를 받을 수 있게 되었다. 이는 노인복지서비스에 대한 보편적 시대가 열렸다는 증거이다.

하지만 노인장기요양보험이 시행되면서 도입된 요양보호사가 연령과 학력에 구분 없이 일정한 시간동안 교육만 받으면 시험 없이 자격증을 취득할 수 있어서 전문성이 낮고, 요양보호사 1인당 담당 노인수가 많아서 질적 서비스가 이루어지기 어려우며, 보험수가가 낮아서 기관운영에 어려움이 많다는 것이 문제점으로 지적되었다. 이러한 문제점을 개선하기 위하여 보건복지부는 2010년 8월부터 요양보호사 국가시험을 도입하여 연간 2회씩 실시하고 있다.

또한 기존 노인복지사업은 자원봉사자의 참여로 이루어진 것이 많았는데, 재가노인복지시설의 핵심 업무인 방문요양, 주·야간보호, 방문목욕 등이 유료화 됨에 따라 요양등급을 받지 못한 노인을 위한 재가노인복지사업은 크게 위축되었다. 새 제도에서는 요양등급을 받은 노인에게 제공되는 서비스만 경제적으로 보상되고, 요양등급을 받지 못한 경우에는 경제적인 보상이 없기 때문에 요양등급을 받지 못한 저소득층 노인이 이용할 수 있는 노인복지사업이 감소되었다.

따라서 재가노인복지시설 뿐만 아니라 재가노인사업을 수행했던 노인복지관과 사회복지관에서도 요양등급을 받지 못한 노인을 위한 재가노인복지사업은 크게 위축되었다.

한편 최근에는 생활권 단위별로 노인여가복지시설이 점차 체계화되고 있다. 노인여가복지시설 중 가장 숫자가 많은 것은 마을마다 있는 경로당인데, 시설의 협소와 프로그램의 부족으로 단순한 여가의 공간을 벗어나지 못하고 있다. 노인

경로우대제도

공영 경로우대제도

- 철도(통일호, 비둘기호) - 운임의 50% 할인
- 철도(무궁화호) - 운임의 30% 할인
- 철도(새마을호, 고속열차) - 공휴일을 제외한 주중에 운임의 30% 할인
- 수도권 전철, 도시 철도, 고궁, 능원, 국공립 박물관 및 공원, 국공립 미술관 및 국공립 국악원 - 운임 또는 입장료 100% 면제

민영 경로우대제도

- 국내항공기 : 운임의 10% 할인
- 국내여객선 : 운임의 20% 할인
- 타 경로우대업종(목욕, 이발 등)은 자율적으로 실시

* 경로우대를 받고자 하는 자는 경로우대증이나 신분증(주민등록증, 자동차운전면허증 등)을 제시하여야 함.

교실(흔히 노인대학으로 불림)도 주로 종교기관이나 사회단체가 운영 중이지만 여가시설인지 교육시설인지 그 기능이 모호한 형편이다. 최근 시·군·구 자치단체별로 노인복지관이 1개소씩 설립되는 것은 바람직한 일이다. 노인복지관은 무의탁노인과 저소득노인을 위해서 매일 1회씩 무료급식을 제공하고, 각종 노인성 질환에 대한 치료사업, 취미교육과 여가생활지도 등을 종합적으로 수행하고 있다.

노인복지에 관심 있는 사회복지사는 보건복지부령이 정한 시설, 인력 및 운영에 관한 기준을 갖추고 시장·군수·구청장에게 신고만 하면 설치할 수 있는 재가노인복지시설이나 노인여가복지시설을 통해서 노인복지사업을 시작하고, 점차 노인주거복지시설과 노인의료복지시설로 사업을 확장하는 것이 바람직할 것이다.

이 밖에도 노인복지법상 노인을 위한 보건·복지 조치 중에는 노인상담, 노인사회참여 지원, 지역봉사지도원 위촉, 경로우대 등이 있다.

국가 또는 지방자치단체는 노인의 사회참여 확대를 위하여 봉사활동의 기회를 넓히고 노인에게 적합한 직종의 개발과 그 보급을 위한 시책을 강구하며 근로능력이 있는 노인에게 일할 기회를 우선적으로 제공하도록 노력하여야 한다.

사회적 신망과 경험이 있는 노인으로서 지역봉사지도원으로 위촉된 노인은 ① 정부 업무 중 민원인에 대한 상담 및 조언, ② 도로의 교통정리, 주·정차단속의 보조, 자연보호 및 환경침해 행위단속의 보조와 청소년 선도, ③ 충효사상, 전통의례 등 전통문화의 전수교육, ④ 문화재의 보호 및 안내, ⑤ 기타 대통령령이 정하는 업무를 수행한다.

국가와 지방자치단체에 의한 **경로우대제도**는 노인이 대통령령이 정하는 바에 의하여 국가 또는 지방자치단체의 수송시설 및 고궁·능원·박물관·공원 등의 공공시설을 무료로 또는 그 이용요금을 할인하여 이용하게 하는 것이다.

아울러 정부는 노인의 일상생활에 관련된 사업을 경영하는 자에게 노인에 대하여 그 이용요금을 할인하여 주도록 권유할 수 있고, 노인에게 이용요금을 할인하여 주는 자에게 적절한 지원을 할 수 있다. 최근 지방자치단체를 중심으로 빠르게 확산되고 있는 '노인복지카드'는 주목할 만한 사례이다.

노인복지카드는 1995년 서울 광진구가 최초로 시행한 후 전국으로 확대되어 고령화사회의 새로운 복지사업으로 자리매김되고 있다. 이 제도는 노인을 대상으로 복지카드를 발급해 이 카드 가맹점을 이용할 때 최소 10%에서 최고 50%까지 할인 혜택을 준다. 이는 노인의 경제적 부담을 덜어주고 경로효친의 미풍양속을 확립함은 물론 실질적인 복지 혜택을 제공하기 위해서이다. 가맹점은 음식점, 목욕탕, 의원, 약국, 이·미용원, 사진관, 안경점, 세탁소, 마을버스 등 다양하다.

효도나라 실버월드 silverworld.co.kr 참조

Ⅳ. 노인복지의 과제

그동안 한국의 노인복지정책은 극소수 빈곤노인의 생계를 보호하는 데 급급하고 전체 노인이 지역사회에서 행복하게 노후를 설계할 수 있도록 소득보장, 의료보장, 주거보장 등을 실시하지 못했다. 전체 노인의 행복을 위해서는 노인복지의 체

계를 획기적으로 발전시켜야 한다.

첫째, 한국의 노인복지정책은 고령사회에 맞고 초고령사회를 대비할 수 있는 중장기계획을 수립해야 한다. 일본은 1963년에 제정된 노인복지법과 1982년에 제정된 노인보건법에 의해서 노인이 건강하게 살 수 있도록 노인복지를 크게 발전시켰고, 1982년부터 노인복지를 위한 중장기계획을 몇 차례 수립하고 집행하였다. 선진 외국의 경험을 교훈 삼아서 한국사회에 맞는 새로운 노인복지정책을 설계하고 지속적으로 집행해야 한다.

일본 후생성 www.mhlw.go.jp/english 참조

노인은 소득수준, 연령, 건강상태, 거주지역 등에 따라서 그 욕구가 매우 다르기 때문에 노인의 특성과 욕구에 맞는 종합적인 계획을 세우고 국가와 지방자치단체가 중심이 되어서 노인복지를 집행하고 평가할 필요가 있다. 이때 노인을 단순히 복지대상자로만 볼 것이 아니라, 젊은 노인이 더 늙은 노인을 자원봉사활동을 통해서 돌보는 것과 같이 노인도 복지의 주체로 설 수 있게 해야 할 것이다.

둘째, 노인복지법상 노인은 65세 이상이지만, 국민연금의 수급은 60세부터 시작되므로 젊은 노인의 노동력과 경륜을 활용하는 일은 중요한 과제이다. 또한 평균수명이 꾸준히 연장되면서 노인이라도 건강이 허락하는 한 취업 혹은 자원봉사활동을 통해서 지역사회에 기여할 수 있도록 여건을 조성해야 한다.

고령자고용촉진법의 실질적인 집행으로 고령자의 고용을 확대하고, 노인자원봉사활동을 체계적으로 조직화하여 노인이 역동적으로 활동할 수 있게 해야 한다. 시니어클럽을 더욱 발전시켜서 미국의 은퇴자협회처럼 영향력 있는 자원봉사단체로 발전시키고, 실버넷운동을 정착시켜 노인의 활동범위를 가상공간으로 확장시켜야 할 것이다.

또한 배우자와의 사별, 이혼 등으로 혼자 사는 노인들이 늘어나기 때문에 적절한 배우자를 찾아서 성생활을 즐기며 노후를 보다 행복하게 살 수 있도록 노혼에 대한 사회적 편견을 불식시키고 이를 장려하는 문화를 조성하도록 한다.

셋째, 노인이 노후생활을 건강하게 할 수 있도록 음주와 흡연을 하지 않는 등

절제된 생활습관을 갖도록 지도하고, 고혈압, 당뇨병, 치매 등 만성질환을 가진 노인들을 위한 전문적인 의료서비스를 체계화시켜야 한다. 즉 만성질환을 가지고 장기요양을 필요로 하는 노인들을 위한 노인 전문병원, 전문요양시설 등 전문적인 시설의 확충이 필요하다. 2008년 7월부터 시행중인 노인장기요양보험을 잘 정착시켜야 한다.

넷째, 노인을 위한 재가보호와 시설보호를 조화롭게 발전시킨다. 그동안 노인복지사업은 노인복지시설의 확충에 역점을 두었는데, 이러한 시설보호를 받을 수 있는 사람은 전체 노인의 5%에도 미치지 못했다. 전체 노인의 95%가 살고 있는 지역사회를 중심으로 재가보호를 일차적으로 수행하고 시설보호와 연계해야 할 것이다. 즉 노인여가복지시설을 통해서 일반 노인이 다양한 여가활동을 하고, 보호를 필요로 하는 노인들에게 각종 재가복지서비스를 제공하며, 이것만으로 부족한 경우에는 시설보호를 하도록 욕구의 내용과 수준에 맞게 재가보호와 시설보호를 조화시켜야 한다.

노인복지의 일차적 서비스 대상자는 노인이지만, 그 노인을 돌보는 보호자의 복지욕구도 충족시킬 수 있는 방안을 모색해야 한다. 가정에 있는 와병노인을 위해서 방문간호를 하는 것이 중요하듯이, 그 노인을 돌보는 가족을 상담하거나 이들에게 필요한 보호기술을 가르치는 일, 보호자의 사기를 높이기 위한 세제혜택, 포상과 격려, 노인주택의 우선 분양 등은 필요한 사업이다.

다섯째, 노인복지를 위한 예산의 확충과 노인의 정치세력화가 필요하다. 노인복지에 대한 사회적 관심이 높아졌다고 하지만, 고령사회 맞는 노인복지정책을 개발하고 집행하기에는 턱없이 부족하다.

노인복지예산을 확충하기 위해서는 국가와 지방자치단체의 전체 예산이 늘어나야겠지만, 국방비·경제투융자 등 경직성 예산을 복지예산으로 바꾸어 나가는 운동을 꾸준히 해야 할 것이다. 이를 위해서는 노인의 정치세력화가 필요한데 노인당을 만드는 것이 현실적으로 어렵다면, 노인의 이해관계를 정책 이슈로 만들어서 각종 선거에서 유력한 후보자들이 선거공약으로 채택하도록 운동을 펼쳐야 할 것이다.

SUMMARY
단원 정리

우리 사회의 고령화는 평균수명의 연장으로 노인인구가 증가하고, 출산력이 낮아지면서 아동의 수가 줄어들기 때문에 빠르게 진행되었다.

세계에서 유래 없이 고령화가 급속히 진전됨에 따라서 한국은 다양한 노인 문제를 겪고 있고 노인복지서비스를 필요로 한다. 노인은 소득의 감소와 빈곤, 노화와 질병, 가족보호의 취약 그리고 역할상실과 소외를 겪고 있다. 이러한 문제는 어느 나라 노인이나 공통으로 겪고 있지만, 한국은 반세기 만에 농촌・농업・농민이 중심이 된 사회에서 도시・상공업・임금노동자가 중심이 된 사회로 바뀌면서 더 큰 충격을 안고 있다.

이 장에서는 현행 노인복지의 실태와 문제점 그리고 개선방안을 파악하였다. 노인복지를 소득, 의료, 주거, 노인복지서비스를 중심으로 살펴볼 때 아직은 그 내용과 수준에서 크게 미흡하다. 예컨대 국민연금은 연륜이 짧기 때문에 현재 노인에게는 실질적인 도움이 되지 못하고, 빈곤 노인은 공공부조와 기초연금에 의존하고 있다. 노인복지서비스의 경우 시설보호 중심에서 재가복지로 확장된 것은 바람직한 현상이다.

노인복지가 발전하기 위해서는 고령사회에 맞는 중장기 대책의 수립, 노인의 취업・노혼・자원봉사활동의 장려, 와병중인 노인에 대한 종합적인 보호대책, 재가보호와 시설보호의 조화 그리고 예산의 확충과 노인의 정치세력화 등이 필요할 것이다.

다음 장에서는 장애인의 생활실태와 장애인복지에 대해 살펴보고자 한다.

TERMS
용어 정리

노인 노인은 '어르신', '늙은이' 또는 '나이 많은 사람'으로서 흔히 평범하게 사용되는 낱말이면서도, 그 개념을 정확하게 정의하기는 매우 어렵다. 1951년 제2회 국제노년학회에서는 노인이란 인간의 노화(aging) 과정에서 나타나는 생리적, 심리적, 환경적 변화와 행동의 변화가 상호작용하는 복합형태의 과정에 있는 사람이라고 정의하였다.

고령화사회 현대사회에 있어서 노인문제가 사회문제로 등장하게 되는 가장

가시적인 배경은 노인인구의 증가현상이다. 전체 인구에서 65세 이상 노인인구의 비율이 7%를 넘으면 고령화사회(aging society)라고 부른다. 한국은 2000년에 고령화사회가 되었다.

고령사회 전체 인구에서 65세 이상 노인인구의 비율이 14%를 넘으면 고령사회(aged society)라고 부른다. 한국은 2017년에 고령사회가 되었는데, 17년 만에 고령화사회에서 고령사회로 바뀌는 나라는 역사상 유례를 찾기 어렵다.

초고령사회 전체 인구에서 65세 이상 노인인구의 비율이 20%를 넘으면 초고령사회(super-aged society) 또는 후기고령사회(post-aged society)라고 부른다. 초고령사회가 되면 노년부양비가 급격히 늘어나게 되고, 80세 이상의 고령자에 대한 보호대책이 심각한 사회문제가 된다.

노년부양비 65세 이상 노인인구를 15세 이상 65세 미만 생산연령인구로 나눈 후에 100를 곱한 수치이다. 한국의 경우 1970년도 노년부양비는 5.7%이었지만, 2000년에는 10.1%이고, 2020년에는 21.3%에 이를 것으로 예측된다. 이는 1970년에는 젊은 사람 20여 명이 노인 한 사람을 부양했지만, 2020년에는 젊은 사람 4.7명이 노인 한 사람을 부양해야 한다는 것을 의미한다.

노인문제 일반적으로 노인문제는 빈곤, 질병, 고독, 무위 등의 4고(四苦)로 표현된다. 노인이 퇴직 후 소득감소에서 오는 생계비 문제, 노후에 자주 경험하는 만성질환과 심신쇠약으로 인한 건강문제, 은퇴 후 가정과 사회에서의 역할 상실 및 지위의 저하, 그리고 결과적으로 나타나는 고독감, 소외감 등은 현대 노인들이 당면하고 있는 공통적인 문제이다.

노인복지시설 노인복지서비스는 주로 노인복지시설을 통해서 이루어져 왔다. 노인복지법상 노인복지시설의 종류는 노인주거복지시설, 노인의료복지시설, 노인여가복지시설, 재가노인복지시설, 노인보호전문기관, 노인일자리지원기관, 학대피해노인 전용쉼터로 구분된다.

시니어클럽 보건복지부가 노인들이 사회생활 경험을 살려 상담이나 봉사활동을 하면서 소득도 올릴 수 있도록 2001년부터 시행하는 노인복지사업의 하나이다. 이 사업은 노인복지회관, 종교단체, 직능단체 퇴직자 모임 등을 중심으로 가정 교육 세무 상담, 환경보호 방범 청소년 교육, 경비 주차 건물관리, 영유아와 환자 돌보기, 집수리, 자영업 자문 등의 활동을 벌이게 된다.

유병장수 인간의 꿈은 건강하게 오래 사는 무병장수이지만, 현실은 오래 살수록 질병을 갖는 비율이 늘어나서 유병장수하게 된다. 모든 노인은 늙을수록 시각, 청각 등 감각기관의 기능이 약해지고 지체가 부자유스럽게 되는데, 결국 늙고 병든 노인은 장애인과 유사하게 된다.

SELF STUDY GUIDE
자기평가와 과제

1. 가족 중에서 가장 가까운 사람(부모 등)의 노후생활의 실태와 문제점 그리고 복지대책을 알아본다. 그 노인의 가족구조, 가족관계, 수입과 지출, 건강, 직업과 소일거리, 여가생활 등의 실태와 문제점을 파악하고, 이러한 문제를 해결하기 위해서 어떤 대책을 강구하고 있는지를 파악한다.
2. 자신의 연령, 성별, 직업 등을 고려하여 각자 노후대책을 설계하여 본다. 이때 국민연금 등 공적인 노인복지정책의 실효성을 예측하고, 개인적인 차원에서 이를 보충할 수 있는 방안을 구체적으로 모색하여 본다.
3. 최근 배우자의 사망, 이혼 등의 이유로 홀로 사는 노인들이 짝을 찾아서 혼인(노혼)을 하거나 동거를 하는 경우가 늘어나고 있는데, 이러한 현상에 대해서 어떻게 생각하는가?
4. 한국의 현행 노인복지정책(혹은 사업) 중에서 하나를 예시하고 그 실태와 문제점 그리고 개선방안을 제안하여 본다.
5. 선진 외국의 노인복지에서 한국의 노인문제를 해결하기 위해서 도입할 만한 새로운 제도나 노인복지사업은 어떤 것이 있는지를 알아본다.

REFERENCE
참고 문헌

고양곤(1998), 『고령화 사회를 대비한 노인복지 현황과 과제』.

권중돈(2010), 『노인복지론』, 학지사.

남상요(1998), 『일본의 노인보건 의료제도』.
박석돈 · 박순미 · 이경희(2008), 『노인복지론』, 양서원.
보건복지부(2000), 『2000년도 노인복지시설의 현황』.
보건복지부(2008), 『노인실태조사』.
석재은 · 김태완(2000), 『노인의 소득실태 분석과 소득보장체계 개선방안 연구』, 한국보건사회연구원.
아산사회복지사업재단(1985), 『노인복지편람』.
이가옥 외(1994), 『노인생활실태 분석 및 정책과제』, 한국보건사회연구원.
이은희(2009), 『노인복지론』, 학지사.
이혜원(1999), 『노인복지론』, 유풍출판사.
장인협 · 최성재(2006), 『노인복지학』, 서울대학교 출판부.
최성재(1995), "한국의 노령화와 사회정책", 동/서양의 노령화 국제학술회의 자료집, 서울대학교 사회발전연구소.
통계청(1996), 『가구소비실태조사』.
통계청(1996), 『장래인구추계』.
통계청(2001), 『장래인구추계결과』.
통계청(2006), 『장래인구추계결과』.
현외성(2005), 『한국노인복지학강론』, 유풍출판사.

RECOMMANDED FILM

추천 영화

죽어도 좋아 Too Young to Die	2002, 박진표
어바웃 슈미트 About Schmidt	2002, 알렉산더 페인
프라이드 그린 토마토 Fried Green Tomatoes	1991, 존 애브넛
황혼 - 몇 살이 되어도 남자와 여자	2007, 이마오카 신지
아이리스 Iris	2001, 리차드 이어
집으로... The Way Home	2002, 이정향
노트북 The Notebook	2004, 닉 카사베츠
노인을 위한 나라는 없다 No Country for Old Men	2007, 에단 코엔, 조엘 코엔
러블리, 스틸 Lovely, Still	2008, 니콜라스 패클러
하비의 마지막 로맨스 Last Chance Harvey	2008, 조엘 홉킨스
크레이지 하트 Crazy Heart	2009, 스콧 쿠퍼

시 Poetry	2009, 이창동
윈터스 본 Winter' s Bone	2010, 데보라 그래닉

INTERNET LINK
관련 사이트

한국복지교육원	www.okwelfare.net
국민연금관리공단	www.npc.or.kr
대한노인회	www.koreapeople.co.kr
(광주광역시)동구노인복지회관	www.noin.or.kr
보건복지부	www.mw.go.kr
보건의료정보연구소(김해호스피스센터)	www.khhospice.or.kr
사회복지정보원	www.welfare.or.kr
성애원	www.seongaewon.com
시니어웰페어닷컴	www.seniorwelfare.com
실버넷	www.silvernet.ne.kr
일본 후생성	www.mhlw.go.jp
중앙노인보호전문기관	www.noinboho.org
통계청	www.nso.go.kr
한국노인의전화	www.kisca.or.kr
한국노인학대연구회	www.elderabuse.or.kr
한국사회복지사협회	www.welfare.net
효도나라실버월드	www.silverworld.co.kr

장애인복지의 이해 9

I. 장애인과 장애인복지

일반적으로 장애인은 신체 또는 정신의 장애로 인해 생활에 불편을 느끼는 사람으로 이해된다. 그런데 누가 장애인이고 누가 장애인이 아닌지를 구분하는 기준은 상당히 모호하다. 유엔 장애인권리선언에서는 "장애인이라 함은 선천적이든 후천적이든 관계없이 신체적·정신적 능력의 불완전으로 인하여 개인의 일상 또는 사회생활에 필요한 것을 확보하는 데 자기 자신으로서는 완전하게 또는 부분적으로 할 수 없는 사람을 의미한다"고 정의한다.

사람은 누구나 장애를 갖게 될 수 있으며, 건강한 상태를 장기간 유지한다는 것은 어려운 일이다. 그러므로 비장애인은 '일시적으로 유능한 사람temporary ablebodies' 혹은 '제3의 장애인third-party handicapped' 이라고 불리기도 한다.

장애인은 일반적으로 사지절단·마비·농(청각장애)·맹(시각장애) 등과 같이 신체의 어떤 부분에 결함이 있거나 또는 정신지체와 같이 지능이 떨어지고 사회적응이 잘 되지 않는 경우를 말하는데, 이러한 신체적 또는 지능적 결함은 치료·교육·훈련 등을 실시하면 많이 개선될 수 있다.

과거에는 장애인의 기준을 주로 신체적 또는 지적 결함의 정도에 두었으나, 근래에 와서는 오히려 일을 할 수 있는 능력이나 가정생활과 사회생활의 불편 정도 등으로 장애인을 판정하는 경향이 있다. 장애인의 능력은 얼마든지 향상될 수 있으며, 장애인도 사회의 구성원이 되어야 한다는 인식이 점차 달라지기 때문이다.

세계보건기구WHO가 발표한 국제장애분류에서는 장애를 기능장애, 능력저하 그리고 사회적 불리 세 가지 측면에서 설명하였다.

기능장애impairment는 심리적, 신체적으로 또는 해부학적인 구조나 기능의 일부가 상실된 결과로 인해 나타나는 기능상의 장애를 말한다. 예를 들면, 오른손을 잃은 장애인은 운전을 하거나 컴퓨터로 글씨를 쓰는 데 어려움을 겪게 될 것이다.

능력저하disability는 기능장애의 결과로 인해 나타나는 능력저하를 말한다. 이것은 어떤 활동을 정상적이라고 생각할 수 있는 방법 또는 범위에서 행하는 능력이 제한을 받거나 결여된 상태이다. 기능장애는 같더라도 교육이나 훈련을 충분히 쌓은 사람과 그렇지 않은 사람과는 일상생활을 하는 데 능력의 차이가 나게 된다. 예를 들면, 양손이 없는 지체장애인은 그림을 잘 그리기 어렵지만, 입이나 발가락으로 붓을 들고 그림을 그리는 구족화가는 그리기의 능력이 낮은 장애인은 아니다.

사회적 불리handicap는 기능장애나 능력저하의 결과로 개인에게 나타나는 불리 때문에 그 개인의 특성에 따라서 그의 역할을 수행하는 데 제한을 받거나 지장을 초래하는 경우를 말한다. 능력저하는 같더라도 장애인에 대한 이해도, 주거·도시 환경, 재활에 관한 제반 시책 등이 충분히 갖추어진 사회와 그렇지 못한 사회에서의 장애인의 사회적 불리는 다르다. 예컨대 휠체어를 타고 다니는 장애인은 지하철을 타기 어렵겠지만, 지하철에 엘리베이터가 있다면 보다 쉽게 이용할 수 있다. 장애인에게 차별과 편견이 적은 사회에서 장애인은 사회적 불리를 훨씬 덜 느낀다.

이처럼 기능장애와 능력저하는 개인의 신체적 기관 혹은 기능의 문제이므로 그 예방, 치료와 훈련이 중요하며, 이것을 주로 의학적 접근과 교육적 접근으로 해결해 간다. 그런데 장애인에 대한 사회적 불리를 줄이고 제거하기 위해서는 종합적인 재활이 이루어져야 한다. 아무리 훌륭한 의학적 기술, 교육방법과 시설을 이용하여 장애인을 치료하고 교육한다 할지라도 장애인에 대한 사회적 벽을 허물지 못한다면 장애인복지의 증진은 실효를 거두지 못할 것이다(윤동성, 2000: 201-202).

한편 장애인복지란 국가나 사회적 수준에서 장애인에 대한 인간으로서의 존엄한 권리를 보장하고 사회적으로 동등한 대우를 받도록 하는 제반조치를 말한다. 따라서 장애인복지의 기본 이념은 장애인의 인권의 존중, 생명의 존중, 전인격의 존중, 사회통합의 존중, 평등의식의 존중을 통한 장애인의 완전한 사회참여와 통합을 보장하는 것이라고 할 수 있다. 이를 달성하기 위해서는 개별적 수준에서 장애인 개인의 능력을 개발하고, 적절한 사회적 역할을 부여하여야 하며, 집합적 수준에서 사회의 환경을 개선해야 한다.

II. 장애유형별 이해

1. 장애의 유형

장애는 주된 장애가 무엇이냐에 따라서 크게 신체적 장애와 정신적 장애로 나뉜다. 신체적 장애는 다시 장애가 외부로 드러나는지 여부에 따라 외부신체기능장애와 내부기관장애로 나눌 수 있다. 현행 장애인복지법령은 장애를 15가지로 나눈다.

한국에서 장애인은 지체, 시각, 청각, 언어, 지적장애 등 다섯 가지만 법정 장애인으로 인정하였다가, 1999년 2월 장애인복지법이 개정되면서 뇌병변, 신장과 심장 등 내부기관장애 그리고 정신장애, 자폐성장애 등이 추가로 인정되고, 2003년 7월에 안면장애, 간장애, 호흡기장애, 장루요루장애, 뇌전증장애 등이 추가로 인정되었다. 향후에도 법정 장애인은 확대될 가능성이 있는데, 확대 예상 질환은 만성알콜과 약물중독, 기질성 뇌증후군, 기타 정신발달장애, 소화기질환, 비뇨기

표 9-1 장애의 분류

대분류	중분류	소분류	세분류
신체적 장애	외부 신체 기능의 장애	지체	절단장애, 관절장애, 지체기능장애, 변형 등의 장애
		뇌병변	중추신경의 손상으로 인한 복합적인 장애
		시각	시력장애, 시야결손장애
		청각	청력장애, 평형기능장애
		언어	언어장애, 음성장애, 구어장애
		안면	안면부의 추상, 함몰, 비후 등의 변형으로 인한 장애
	내부 기관 장애	신장	투석치료 중이거나 신장을 이식받은 경우
		심장	일상생활이 현저히 제한되는 심장기능 이상
		간	일상생활이 현저히 제한되는 만성 · 중증의 간기능 이상
		호흡기	일상생활이 현저히 제한되는 만성 · 중증의 호흡기기능 이상
		장루요루	일상생활이 현저히 제한되는 장루 · 요루
		간질	일상생활이 현저히 제한되는 만성 · 중증의 간질
정신적 장애		지적장애	지능지수가 70 이하인 경우
		정신장애	정신분열병, 분열형정동장애, 양극성정동장애, 반복성 우울장애
		자폐성장애	소아자폐 등 자폐성장애

자료 : 보건복지부, 2004년 장애인복지시설 현황.

그림 9-1 연도별 등록장애인 수 자료 : 통계청(2020)

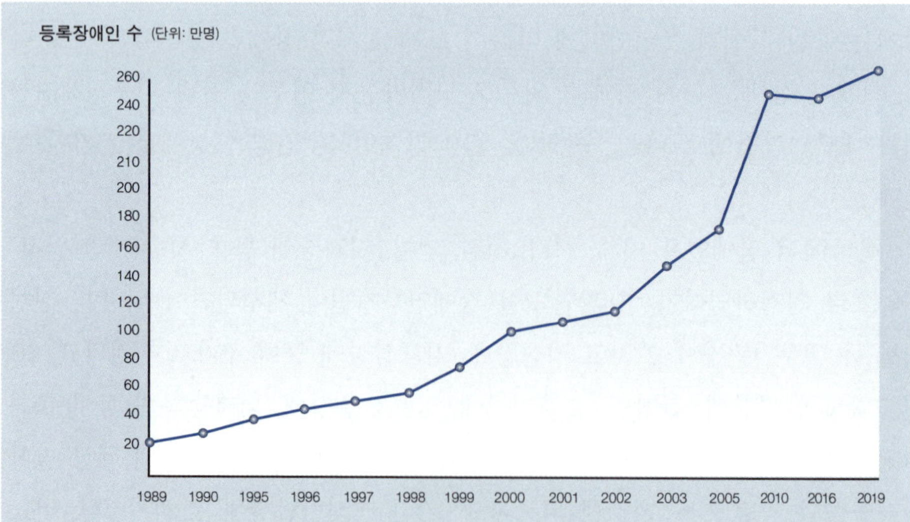

장애인등록 절차와 장애등급심사제도

- 장애인등록은 꼭 본인이 거주지 읍·면·동 행정복지센터에 해야 한다. (단, 만 18세 미만의 아동과 거동이 불가능하거나 의사표시를 할 수 없는 장애인은 보호자가 신청을 대행할 수 있다.)
- 장애가 심해 이동이 어려운 중증장애인은 전화로 등록 신청하면 읍·면·동 행정복지센터 직원이 방문하여 신청서를 대리 작성하여 준다.
- 읍·면·동 행정복지센터에서는 장애진단의뢰서를 발급하여 신청자에게 교부한다.
- 신청서 작성 후, 장애 여부와 정도를 의료기관에서 검진을 받으면 된다. (단, 지체장애는 X-ray 시설과 외과전문의가 있는 곳, 시각장애는 안과전문의가 있는 곳, 청각과 언어장애는 청력검사실이 있는 곳이어야 한다.)
- 정신장애와 심장장애는 직전 1년 이상, 신장장애는 직전 3개월 이상, 호흡기장애와 간장애는 직전 2개월 이상 지속적으로 치료를 받던 의료기관의 진단서 또는 의사소견서를 읍·면·동 행정복지센터에 제출한다.
- 병원에서 장애진단을 받은 후, 진료 소견서를 읍·면·동 행정복지센터에 제출한다.
- 2010년부터 장애등급심사제도의 시행으로 장애진단서를 발급받아 오는 장애인등록 신청자는 장애상태의 확인을 위한 '장애등급판정기준'상 장애유형별 참고서식, 검사자료, 진료기록지(주요 진료기록) 등을 반드시 해당 진단의사로부터 발급받아 행정관청에 제출하여야 한다.
- 약 1주일 후에 읍·면·동 행정복지센터에서 복지카드를 발급받는다.
- 저소득자와 보훈보상 대상자에게는 최초로 장애 등록시 드는 장애진단비용 중 진단서 발급 기준 비용(지적장애 및 자폐성장애 4만원, 기타 장애 1만 5천원)과 진단비용을 정부가 지원하고, 장애의 판정을 위한 검사비용은 신청인(장애인)이 부담한다.

질환, 치매, 외부기형과 피부질환, 만성통증, 경련, 암 등이다.

이러한 장애인이 얼마나 되는지 정확히 파악하기는 어렵지만, **연도별 등록장애인의 수**는 장애인에 대한 사회적 인식이 증가되면서 늘어났다. 즉 1988년 11월 1일에 장애인등록제가 처음 실시된 이후 1989년에는 등록장애인이 218,601명에 불과하였지만 1998년에는 582,913명으로 증가되었고, 개정 장애인복지법에 의해서 장애인의 범주가 늘어나면서 2000년에는 1,024,371명으로 증가되었다. 그 중 시·군·구에 등록된 장애인은 958,196명이고, 보훈장애인은 66,175명이다.

시·군·구에 등록된 장애인은 2005년에 1,789,443명이고, 2019년에는 2,618,918명이다. 그 유형을 보면 지체장애인이 1,223,135명으로 가장 많고, 다음은 시각장애인 253,055명, 청각·언어장애인 398,579명, 뇌병변장애인 252,188명, 지적장애인 212,936명, 정신장애, 신장장애, 심장장애, 자폐성장애 등의 순이다. 한편 2016년에 장애등급별로 보면 장애의 정도가 가장 심한 1급이 8.5%이고, 2급 14.3%, 3급 17.3%, 4급 15.4%, 5급 20.9%, 6급 23.6%로 집계되었다.

현재 장애유형별 장애인의 수를 정확히 파악하는 것은 현실적으로 어렵다. 장애인 본인이나 가족이 장애인에 대한 사회적 차별 등을 이유로 '장애인등록'을 기피하는 경우가 적지 않고, 장애인에 대한 등급판정기준을 잘 모르기 때문에 가벼운 장애를 무시하기 때문이다.

2. 신체적 장애

신체적 장애는 크게 외부 신체기능장애와 내부 기관장애로 나뉜다. 전자에는 지체장애, 뇌병변, 시각장애, 청각장애, 언어장애, 안면장애가 포함되고, 후자에는 신장장애, 심장장애, 간장애, 호흡기장애, 장루요루장애, 뇌전증장애가 대표적이다.

한국장애인단체총연맹 www.hanjc.ksrd.or.kr 참조

(1) 지체장애

지체장애는 사람의 몸 중의 골격, 근육, 신경 중 일부나 전체에 질병이나 외상 등으로 그 기능에 장애가 있을 때 대체로 운동장애(또는 감각장애를 동반하기도 함)의 상태로 증상이 나타나는 것이다.

그러나 골절이나 근육의 파열 등으로 지체운동에 일시적인 제한이 있더라도 급성 또는 아급성질환으로 어느 기간 동안 지체운동이 부자유한 상태일 때는 지체장애라고 보지 않으며, 그 장애가 영구적으로 남아 있을 경우에만 지체장애라고 한다. 원인질환으로 인한 종류에는 소아마비, 신경장애, 척추장애, 절단 등이 있다.

소아마비는 바이러스균이 음식과 함께 입으로 들어가 척수전갈세포를 파괴

시켜 상지나 하지에 이완성 마비를 일으키는 감염성 질환으로 감각에는 이상이 없는 것이 특징이다. 대부분 소아에게 발생하므로 소아마비란 병명이 붙었으나 청년기나 성인기에 발병할 수도 있다. 환경위생이 개선되고 소아마비 예방접종이 잘 시행되면서 최근 우리나라에서는 새로운 소아마비 환자가 거의 발생하지 않고 있다.

척수손상은 척추 내에 있는 기둥과 같은 굵은 신경인 척수가 질병이나 외상으로 손상을 받게 되면 그 손상 부위 이하에서 마비와 이에 따른 여러 신경증상이 나타난다. 척수손상은 종양, 척추결핵, 혈관질환 등에 의하여 발생하기도 하지만 대부분은 교통사고, 산업재해 또는 운동경기 중 부상 등 외상에 의해 나타난다.

(2) 뇌병변

중추신경의 손상으로 인한 복합적인 장애인 뇌병변은 뇌성마비와 뇌졸중이 있다.

뇌성마비는 뇌가 발달하는 시기에 손상을 입고 그 기능이 저하되어 마비와 기타 여러 장애가 동반되어 있는 것이다. 마비가 더 이상 진행되지 않는 것이 특징이며 사람에 따라 감각이나 지능의 장애를 동반하여 여러 종류의 장애가 중복되는 경우가 많다. 뇌성마비는 근육경직형, 무정위 운동형, 강직형, 운동실조형, 진전형, 혼합형 등으로 분류되며 조기에 발견하고 치료하는 것이 중요하다.

원인으로는 출산 전 원인으로 체내에서 뇌의 발육부진, 혈액형의 부적합, 산모의 병, X-ray 과다촬영, 중독 등이 있고, 출산시 원인으로는 조산, 저체중 아동에게서 특히 위험인자가 많으며, 난산으로 인한 출혈과 산소 결핍, 기계적 분만 등이 있고, 출산 후 원인으로는 유아기의 심한 황달, 뇌막염이나 뇌염후유증, 머리의 외상 등이 있다.

뇌졸중은 뇌에 이르는 혈관이 터지거나(뇌출혈), 막혀(뇌경색) 해당 부위의 뇌조직이 손상을 받는 질병이다. 뇌졸중의 원인은 고혈압이나 혈관 이상으로 인한 뇌출혈, 피딱지(혈전)가 뇌혈관을 막아 생기는 뇌경색 등이다.

뇌졸중의 증상은 출혈량이 적고 출혈 부위가 치명적인 곳이 아닐 때는 잠깐 현기증이나 마비가 생겼다 사라질 수 있어서 자각하지 못하는 경우가 많지만, 심하면 사망하거나 식물인간, 반신불수, 언어장애, 시각장애 등 심각한 후유증을 남긴다. 주로 40대 이후에 나타난다.

뇌졸중의 치료는 발병 6시간 안에 응급처치를 해야 하기 때문에 발병한 지 4시간 30분이 지나기 전에 병원에 도착해야 한다. 뇌혈관 어느 곳이 막혔는지 확인한 다음, 사타구니 동맥으로 가는 관을 밀어넣어 막힌 부위에 이르게 한 다음 혈전용해제를 투여해 피딱지를 녹이는 치료를 한다.

(3) 시각장애

시각장애에 대한 정의는 학자에 따라 다르나 안과학에서는 일반적으로 3분의 1미터 이상의 안전지수finger count를 판별하지 못하는 경우를 맹이라고 하고, 교정시력이 0.02 이상 0.4 미만일 경우에 준맹이라 하며, 약시는 고도약시, 중증도약시, 경도약시 등으로 분류한다.

특수교육학적 분류에서는 시력의 제한 때문에 점자를 읽기 매체로 사용해야 하는 아동을 맹아동이라 하고, 확대된 큰 문자를 읽기 매체로 사용하거나 광학기계를 사용해야 하는 아동을 약시아동이라 한다. 이와 같이 시력으로 정의하지 않는 이유는 중심시력은 약시에 속하나 점자를 읽기 매체로 사용할 수밖에 없는 아동이 있는가 하면, 시력은 맹에 속해도 문자나 광학기계를 사용해서 문자읽기를 할 수 있는 아동이 있기 때문이다.

시각장애는 눈의 기관 결함과 다른 신체적 질환의 원인 등으로 나누어 생각할 수 있다. 대표적인 것으로 굴절 이상, 녹내장과 백내장, 근육기능의 이상, 망막과 시신경 이상, 수정체섬유증식증, 전신질환 등이 있다. 질환 중에서 가장 흔한 것은 당뇨병, 매독, 녹내장, 각막염이다.

시각장애의 원인은 다양하며 사회와 시대에 따라 발현 현상이 다르다. 과거에는 전염성 질환이나 영양실조에서 오는 실명률이 높았는데 오늘날에 와서는 의학의 발달과 경제성장으로 감소되었다. 그러나 백내장과 녹내장 등의 질환과 산업재해, 사고 등에 의한 실명률은 높아지는 실정이다. 실명 예방을 위한 보건사업을 확충하고, 의사와 지역사회의 공동협력으로 현대 의학의 지식과 기술을 적절히 활용하고, 교육을 해 나간다면 상당수 예방이 가능하다고 본다.

한국맹인복지연합회 www.kbuwel.or.kr 참조

(4) 청각장애

청각장애란 청각기관의 어느 부위의 결함에 의해 야기되는 것을 말한다. 귀의 구조는 귓바퀴와 외이도로 된 외이와 고막, 소리를 전해주는 이소골이라는 신체 중에서 제일 작은 3개의 뼈로 연결되어 있는 중이, 중이에서 소리를 받아들여 일차적으로 소리를 분석하는 내이로 구성되어 있다. 내이에서는 청신경을 통하여 뇌의 청중추까지 소리를 전달하게 된다. 이 과정에서 더욱 세밀한 분석과 통합 작업이 이루어져 언어로 이해를 하게 된다. 따라서 청각장애는 소리를 전달하고 분석하는 이 과정의 어디에선가 장애를 일으켜 듣는 능력의 불능상태를 포괄해서 일컫는 말이다.

청각장애의 원인에 따라서 외이와 중이의 장애로 초래되었을 때 전음성 난청, 내이에서의 장애는 감음성 난청, 그리고 청신경에서 초래되었을 때 신경성 난청, 청각중추의 장애로 난청을 일으켰을 때는 중추성 난청이라고 한다. 중이와 내이의 복합장애로 야기되었을 경우는 혼합성 난청이라고 한다.

장애의 정도에 따라서는 난청을 경도, 중등도, 중등고도, 고도, 농 등으로 구분하게 된다. 난청은 발생기별로 구분하여 태어나기 전 모태에서의 원인에 의한 것인지, 태어나서 발생한 것인지에 따라서 선천성과 후천성으로 구분한다. 또 난청의 원인이 유전에 의한 것인지 그 외의 원인에 의한 것인지 따라서 유전성 난청과 후천성 난청으로 구분한다. 청력손실의 정도는 국제적으로 승인된 기준을 사용한 청력계의 측정에 따르고 있는데 국제표준기구International Standard Organization: ISO의 기준에 의한 분류는 다음과 같다.

(5) 언어장애

언어장애는 정상적인 언어에서부터 이탈된 여러 형태의 언어로서 사람들로부터

ISO의 청력손실 기준

경도 (27-40dB)	흐리거나 적은 말소리에 곤란을 느낀다.
중등도 (41-55dB)	3~5피트의 얼굴을 마주하는 대화는 이해하지만 학급토의의 5% 정도는 이해하지 못한다.
중등고도 (56-70dB)	큰 소리의 회화만 가능하고 집단토의는 곤란하다.
고도 (71-90dB)	1피트 내의 큰 소리만 들을 수 있다.
농 (90dB 이상)	소리의 진동에 거의 의존한다.

불필요한 주의를 끌게 하고, 의사소통에 방해를 받으며 또한 그로 인해 사회적응에 문제를 초래하는 언어상태를 말한다. 언어장애는 크게 기능적인 언어장애와 기관적인 언어장애로 구분할 수 있다.

기관적인 언어장애란 신체적·생리적 원인에 기인하는 장애를 말하며, 기능적인 언어장애란 기관의 잘못이 없는 발달장애 또는 심리적인 원인에 기인하는 장애를 의미한다.

원인으로는 여러 가지가 있는데 혀, 입술, 치아, 인두, 후두 등 음성기관에 이상이 있을 때, 뇌성마비나 뇌졸중 또는 두부외상에서 볼 수 있는 것처럼 뇌에 있는 언어중추에 이상이 있을 때, 지능지수가 떨어질 때, 그리고 언어습득 경험이 없을 때에 언어장애가 나타난다. 흔히 유아기에 가벼운 수술로도 언어장애를 극복할 수 있는 것이 있는데, 대표적인 것이 **설소대단축증**이다.

언어장애에는 언어발달지체, 조음장애, 구개파열장애, 뇌성마비 언어장애, 실어증, 음성장애, 리듬장애, 청력손실로 인한 언어장애가 있다.

(6) 안면장애

안면장애는 노출된 안면부의 60% 이상의 변형이 있는 사람이다. 원인 질환 등을 충분히 치료하여 장애가 고착되었을 때에 진단하며, 그 기준시기는 원인 질환 또는 부상 등의 발생 또는 수술 이후 6개월 이상 지속적으로 치료한 후로 한다.

설소대단축증

혀유착증이라고도 하는 설소대단축증은 랄라라, 할아버지, 라디오 등을 제대로 발음하지 못하는 발음장애 증상이다. 혀의 길이가 짧아 혀끝이 앞니를 넘어서지 못하는 외형상의 장애나 발음장애 등으로 증상을 의심할 수 있다.

흔히 혀끝이 입천장에 닿는 말을 비정상적으로 발음해 "혀가 짧은 것 같다"는 부모의 염려와 함께 병원을 찾게 되는 설소대단축증은 무엇보다도 말을 배우기 시작하는 시기인 만 1세를 전후해 수술을 시행해야만 만족할 만한 수술 효과를 기대할 수 있다.

전신마취 후 시행하게 되는 이 수술은 설소대를 절제할 경우 약 10분이 소요되며 성형수술을 병행하게 되면 30분 내에 모든 수술을 마칠 수 있다. 또 수술 후 4~5일 후부터는 정상적인 발음이 가능하다.

(7) 내부기관장애

내부기관장애인은 실제로는 신체적 장애가 상당히 큼에도 불구하고 외부 신체로 나타나지 않기 때문에 그동안 환자로만 인식되었는데, 그 장애가 평생 동안 지속될 수 있다는 점에서 등록장애인의 범주에 포함되었다.

개정된 장애인복지법에 따라서 새롭게 장애인으로 포함된 내부기관장애인은 크게 신장장애인, 심장장애인, 간장애인, 호흡기장애인, 장루요루장애인, 뇌전증장애인 등이 있다.

신장장애인은 1개월 이상 지속적으로 혈액투석이나 복막투석치료를 받고 있는 사람 또는 신장을 이식받은 사람에 대하여 장애인으로 판정한다. 현재 치료를 받고 있는 의료기관에서 당해 환자가 신장을 이식받은 사실을 객관적으로 확인할 수 있는 경우에는 현재 치료를 받고 있는 의료기관에서도 5급 신장장애(이식환자) 진단이 가능하다. 2급 신장장애인은 매 년 신장이식 수술 여부를 확인하여 신장을 이식 받아 투석치료를 받지 아니하게 된 때에는 장애등급을 조정하도록 조치한다.

심장장애는 내과(순환기분과)전문의에게 1년간 지속적으로 치료받고도 심장 기능에 심각한 장애가 있다고 판정될 때 등록장애인이 될 수 있다.

간장애는 일상생활이 현저히 제한되는 만성·중증의 간기능 이상이다. 장애진단기관과 전문의는 장애인등록 직전 2개월 이상 진료를 한 의사로서 의료기관의 내과(소화기 분과)·외과·소아과 전문의이다.

장애진단을 하는 전문의는 원인 질환 등에 대하여 1년 이상의 충분한 치료 후에도 장애가 고착되었음을 진단서, 소견서, 진료기록 등으로 확인하여야 한다(필요시 환자에게 타병원 진료기록 등을 제출케 함).

장애인진단시기는 대상자의 질병상태 등에 대한 소관 전문의의 최초 진단 이후 1년 이상이 경과하고, 2개월 이상의 적극적인 치료에도 불구하고 호전의 기미가 거의 없는 만성 간 질환의 경우에 장애를 진단한다.

수술 또는 치료로 기능이 회복될 수 있다고 판단하는 경우에는 장애진단을 처치 후로 유보하여야 한다. 다만, 1년 이내에 국내 여건상 그 수술이 쉽게 행하여지지 아니하는 경우와 장애인의 건강상태 등으로 인하여 수술 등을 하지 못하는 경우는 예외로 하되, 필요한 시기를 지정하여 재판정을 받도록 하여야 한다.

향후 장애정도의 변화가 예상되는 경우에는 반드시 재판정을 받도록 하여야 한다. 이 경우 재판정의 시기는 최초의 판정으로부터 2년 이상 경과한 후로 한다.

2년 이내에 장애상태의 변화가 예상될 때에는 장애의 판정을 유보하여야 한다. 재판정이 필요한 경우 장애진단을 하는 전문의는 장애진단서에 그 시기와 필요성을 구체적으로 명시하여야 한다.

호흡기장애는 일상생활이 현저히 제한되는 만성·중증의 호흡기 기능 이상이다. 현재의 상태와 관련한 최초 진단 이후 1년 이상이 경과하고, 2개월 이상의 적극적인 치료에도 불구하고 호전의 기미가 거의 없는 만성 호흡기 질환의 경우에 장애를 진단한다. 장애인판정과 재판정의 방법은 간장애와 유사하다.

장루요루장애는 일상생활이 현저히 제한되는 장루·요루이다. 복원수술이 불가능한 장루(복회음절제술후 에스결장루, 전대장절제술후 시행한 말단형 회장루, 요관피부루, 회장도관 등)의 경우에는 장루 조성술 이후 진단이 가능하며, 그 외 복원수술이 가능한 장루의 경우에는 장루 조성술 후 1년이 지난 시점에서 장애를 진단한다. 장애인판정과 재판정의 방법은 간장애와 유사하다.

뇌전증장애는 일상생활이 현저히 제한되는 만성·중증의 뇌전증이다. 현재 적극적인 치료 중인 상태에서 장애를 진단한다. 모든 판단은 객관적인 의무 기록으로 확인하여야 한다. 즉 의무기록에는 확고한 발작의 종류별 분류 근거(자세한 발작의 임상 양상, 뇌파검사 소견, 뇌영상 촬영소견, 신뢰할 수 있는 목격자 진술 등), 정확한 발생 빈도, 적극적 치료의 증거(환자의 순응도, 약물 처방, 약물 혈중농도, 생활관리의 성실도 등)가 기술되어 있어야 한다.

중증발작이란 전신경련을 동반하는 발작, 신체의 균형을 유지하지 못하고 쓰러지는 발작, 의식장애가 3분 이상 지속되는 발작을 말하며, 경증발작이란 운동장애가 발생하나 스스로 신체의 균형을 유지할 수 있는 발작, 3분 이내에 의식이 정상으로 회복되는 발작을 말한다.

경증발작과 중증발작이 모두 발생하는 경우는 경증발작 1회를 중증발작 0.5회 또는 중증발작 1회를 경증발작 2회로 계산하되 단, 2급의 경우에는 중증발작 횟수만을 가지고 판단한다.

그런데 2003년 7월부터 등록장애인으로 추가된 안면장애, 간장애, 호흡기장애, 장루요루장애, 뇌전증장애 등은 등록기준이 지나치게 까다롭고 비현실적이어서, 등록률이 예상치에 훨씬 못 미치고 있다.

안면장애의 경우 40% 미만인 경우에도 일상적인 사회생활을 하기에 어려울 정도로 안면이 변형되어 있는데, 법정기준은 노출된 안면부의 60% 이상 변형될 때 등록장애인으로 판정하기 때문이다.

뇌전증장애인의 경우도 뇌전증장애 2급의 경우 '월 8회 이상을 포함해, 연 6월 이상 중증발작'이라고 하는데, 뇌전증장애인이 자신의 발작 횟수를 헤아린다는 것은 뇌전증장애인의 특성을 반영하지 못한 것이다.

정부는 장애범주가 확대되면, 약 11만 8천 명이 장애인 복지혜택을 받게 된다고 밝혔지만 등록 2개월째 등록된 장애인은 1만7천 명으로 추정치의 17%에 머물렀다. 법정 장애인의 등록이 의학적인 이유뿐만 아니라 장애인의 정상화와 사회통합에 있다고 볼 때, 법정장애인의 등록을 보다 전향적으로 개선해야 한다(한겨레, 2003.11.11).

3. 정신적 장애

(1) 지적장애

사람이 생각하고 사물을 판별하며 상황을 판단하는 등 지적인 모든 일을 수행할 수 있는 능력을 총칭하여 지능이라고 하며, 지적장애란 이러한 지능이 현저하게 낮고 이로 인해 일상생활과 사회적응이 곤란하며 이러한 문제가 발달시기, 즉 18세 이전에 오는 경우를 말한다.

세계보건기구는 지적장애란 일반적으로 지적 능력 발달이 불충분하다든지 불안전한 상태를 의미한다고 정의하고 있다. 지적장애의 정도를 구분하는 데는 학자마다 다소의 차이가 있는데, 미국정신의학회는 지능지수가 50~70은 경도, 35~49는 중등도, 20~34은 중도, 20 미만은 최중도라고 구분한다(윤동성, 2000: 208-209).

지적장애의 원인은 알 수 없는 경우가 많으며 원인으로 밝혀진 것만도 250여 개종이 된다. 이러한 원인은 크게 생물학적 원인과 심리학적 원인으로 대별할 수 있다. 생물학적 원인은 문제되는 시기를 고려하여 유전적 원인, 산전원인, 분만시의 원인, 산후원인 네 가지로 구분된다. 일반적으로 중도 내지 최중도 이상의 심한 지적장애의 원인은 이러한 생물학적 원인에 의하는 수가 많으며 신체적·생물학적 원인으로 오는 지적장애의 경우는 전체의 20%를 차지한다.

경도의 지적장애에 대한 많은 연구에 의하면 경도의 지적장애가 중도 이상의 지적장애 장애인에 비하여 사회경제적으로 불리한 입장에 있는 하층의 사람에게서 많이 나타난다고 한다. 즉 이들에게서 생물학적·의학적 원인을 찾아볼 수 없으나 그들이 자라난 환경과 경험을 자세히 조사해 보면 경험적·환경적으로 불리했다는 것이다. 자극이 없었고 흔히 잘 보살피지 않았고 환경에 문제점이 있는 경우가 많음을 발견할 수 있다.

한국지적장애인복지협회 www.kaidd.or.kr 참조

(2) 정신장애

정신장애는 "현재 겪고 있는 고통이나 장애 혹은 현저히 증대된 사망, 고통, 장애나 자유상실의 위험과 관련되는 임상적으로 중요한 개인의 행동 혹은 심리적 증후군이나 양식"으로 정의한다(김혜란, 1996: 356).

신체질환과는 달리 정신장애는 장애의 원인이 명확히 밝혀지지 않은 상태에서 서로 구분되는 증후군에 의해 여러 유형으로 분류한다. 현재 어떠한 구분 체계도 정신장애의 경계를 완벽하게 설명하지는 못하지만, 국내외적으로 가장 널리 사용하고 있는 진단 체계는 미국의 정신의학회APA에서 만든 '정신장애 진단통계편람'이다.

대표적인 정신장애로는 **물질관련 장애, 정신분열증, 기분장애, 불안장애, 신체형장애, 성격장애** 등이 있다.

한국의 정신장애 유병률은 2.16%로 나타났다. 정신장애 중에는 신경증성 장애의 유병률이 가장 높고, 성별로 보면 여성의 정신장애 유병률은 남성의 거의 두

대표적인 정신장애의 종류

- **물질관련 장애** 마약과 향정신성의약품 등 물질을 오남용하여 물질에 대한 내성이 생겨 사회적 기능이 손상되고 행동에 변화를 나타내는 것이다.
- **정신분열증** 주요 증상으로는 피해망상과 같은 사고의 장애, 환청과 환시같은 지각장애, 특이한 동작을 반복하는 운동성 장애, 사회적 기술의 부족과 같은 생활기능의 손상이 포함된다.
- **기분장애** 정동성 장애라고 불리던 기분장애는 크게 우울증과 양극성 장애로 분류된다.
- **불안장애** 공황장애, 공포증, 강박장애, 후외상성 스트레스장애, 일반화된 불안장애 등을 포함하여 다양한 종류의 불안장애이다.
- **신체형 장애** 생리학적인 원인을 찾을 수 없이 허리나 관절의 통증, 어지러움, 피로, 구역질 등 신체 증상을 호소하는 것이다.
- **성격장애** 인격장애라고도 하는데, 사람을 의심하는 편집성 성격장애, 다른 사람들과 관계형성에 어려움을 겪는 정신분열성 성격장애가 대표적이다.

배이다. 우리나라 장애인복지법은 최근까지 정신장애인 중에서 지적장애인만을 장애인의 범주에 넣었다가, 개정된 장애인복지법에서는 정신의료기관이 판정한 다양한 정신질환자를 정신장애인의 범주에 포함시키고 있다.

(3) 자폐성장애

발달장애는 성장기에 발병하여 신체적, 지적, 사회적 기능을 심하게 손상시키며, 그 장애가 영구적으로 지속되므로 특별한 서비스가 요구되는 지적장애, 뇌성마비, 뇌전증, 자폐성장애, 근위축증 등 일련의 장애를 통칭하는 용어이다.

그 중 장애인복지법에 의한 발달장애인 자폐성장애는 심리적·정신적 이상으로 보이는 중증의 행동장애로 1930년대 미국의 존스홉킨스 의대 리오 칸너 박사에 의해 명명되었다. 자폐성장애는 뇌의 신경생리학적 발달·기능 장애로 인한 선천적인 결함이다. 자폐성장애아동의 작은 뇌가 일반아동의 뇌보다 현격히 작으며 뇌의 변연계가 축소되어 있어서 인지능력·기억력·언어능력·운동신경 등의 장애, 대인관계와 의사소통의 장애가 생긴다.

또한 자폐성장애는 부모의 무관심, 양육자의 빈번한 교체, 어머니의 우울증 등의 잘못된 양육방법과 전자매체 몰두 등 환경에 의해 자폐성장애 및 이와 유사한 증세를 보이는 경향이 크다는 주장도 있다. 특히 영아기 때 부부싸움을 많이 하거나 시부모로부터 받는 스트레스가 심할 경우 발병률이 더욱 높은 것으로 조사됐다. 유병률은 0.1%이고, 자폐성장애 아이들 가운데 부모를 포함 사람을 싫어하고 장난감에만 매달리는 위축형이 70% 이상을 차지하고, 사물과 사람에 대해 전혀 관심을 갖지 않는 심각한 자폐성장애도 25%를 넘어선다.

아직까지 자폐성장애의 원인과 치료법이 의학적으로 완전히 밝혀지지 않은 상태이다. 자폐성장애아동을 위한 치료법으로 놀이치료와 행동치료, 부모상담과 음악·미술치료, 언어치료, 약물치료 등을 병합해 사용하고 있다. 이때 그룹지도도 이루어지는데 인원은 보통 2~3명. 그러나 무엇보다 중요한 것은 하나 하나의 분리된 치료보다는 통합치료가 중요하며 통합치료 후 부모 상담과 적절한 조치가 이루어져야 병세호전을 기대할 수 있다. 이들 치료법과 함께 병행되는 치료목적의 특수교육만 잘 통합시키면 자폐아동의 30% 정도가 거의 정상화되어 일반유치원이나 학교생활에 적응해 나갈 수 있을 정도로 교정 효과는 크다.

부산장애인총연합회 www.pjy.or.kr 참조

Ⅲ. 장애인의 생활과 장애인복지

장애인복지는 장애인의 삶의 전 영역에서 이루어져야 한다. 장애인도 비장애인과 같이 평범한 한 시민으로 살아갈 수 있도록, 조기에 적절한 치료를 받고 꼭 필요한 공부를 하며 직업을 갖고 사회활동을 하며 결혼을 하여서 가족과 함께 행복하게 살 수 있는 세상을 만드는 일이 장애인복지의 목표이다.

따라서 '장애인 인권헌장'은 그 전문에서 "장애인은 인간의 존엄과 가치를 가지며 행복을 추구할 권리를 가진다. 장애인은 건전한 사회구성원으로 책임 있는 삶을 살아가며 자신의 능력을 개발하여 자립하도록 노력하여야 한다. 국가와 사회는 헌법과 국제연합의 장애인권리선언의 정신에 따라 장애인의 인권을 보호하고 완전한 사회참여와 평등을 이루어 더불어 살아가는 사회를 만들기 위한 여건과 환경을 조성하여야 한다"고 규정하고 있다. 또한 이를 구현하기 위하여 평등권, 복지권, 시민권, 표현의 자유, 교육받을 권리, 직업선택권, 문화권, 가족과 생활할 권리, 보호권, 법률상 도움을 받을 권리, 여성장애인의 보호권, 의사결정권, 정책결정에 참여권 등 13개항을 제시한다.

장애인복지는 삶의 전 영역에서 이루어지기 때문에 소득, 보건, 교육, 주거, 직업, 이동, 문화 등에서 사회적 욕구를 충족시키는 일이 매우 중요하다. 그 중 대표적인 것만 몇 가지 예시해서 장애인의 생활과 장애인복지의 실태를 파악하면 다음과 같다.

장애인의 생활실태에 관한 자료는 한국보건사회연구원의 '2014년 장애인실태조사'와 일부 항목은 '2005년도 장애인 실태조사 결과보고'를 참고하였다.

2014년 실태조사에 따르면 전국의 장애인은 2,726,910명으로 추정되고, 그 중 재가장애인은 2,646,064명이며, 시설에 거주하고 있는 장애인은 80,846명이다.

장애우권익문제연구소 www.cowalk.or.kr 참조

보건복지부 www.mw.go.kr 참조

1. 의료적 치료와 재활

인구 100명당 장애인의 수를 나타내는 장애인 출현율은 법정장애의 범주와 정의가 나라마다 다르기 때문에 큰 편차를 보이고 있다. 한국의 장애인 출현율은 5.59%로 미국의 20.6%, 호주의 18.0%인 것에 비교할 때 비교적 낮다. 이는 다른 선진 국가에 비교할 때, 한국은 가벼운 신체적·정신적 장애를 장애로 인정하지 않기 때문이다.

장애는 흔히 후천적인 요인89.0%에 의해서 발생되는 경우가 많은데, 한국 장애인 중 가장 큰 비중을 차지하는 지체장애의 발생 원인으로는 선천적 원인1.6%, 원인 불명1.2%, 출산시 원인0.1%인 반면에 각종 질환38.3%과 교통사고나 산업재해 등의 사고원인이 58.8%로 조사되었다. 그런데 이러한 장애에 대하여 발견이나 진단 직후 1개월 이내에 치료받은 경우는 78.5%이고, 21.5%는 즉시 치료를 받지 않았다. 즉시 치료를 받지 않은 주된 이유는 경제적으로 곤란해서33.0%, 그대로 두어도 괜찮거나 곧 나을 것 같아서21.8%, 장애에 대한 무관심·무지 때문에19.5% 등의 순으로 나타난 것으로 볼 때, 의료비에 대한 지원과 함께 장애를 조기에 발견하고 치료할 수 있도록 교육이 필요함을 알 수 있다.

현재 국가는 생활이 어려운 저소득 장애인에게 의료비를 지원하여 생활안정과 의료보장을 꾀하고 있다. 즉 의료급여를 받은 장애인 중에서 일부 본인부담금을 내야 하는 2종 보호대상자에게 본인부담금의 일부를 지원하고 있다.

장애인은 비장애인에 비교할 때 의료비가 상대적으로 많이 들고, 의료비의 지원을 받은 장애인이 전체 장애인의 극히 일부라는 사실에 비추어볼 때, 모든 장애인에 대한 의료급여가 더욱 광범위하게 이루어져야 할 것이다.

2. 특수교육과 교육비 지원

장애인의 잔존 능력을 조기에 발견하고 이를 체계적으로 개발하는 것은 장애인의 자립에 가장 중요한 요건이다. 2014년 조사에서 장애인의 교육정도는 초등학교 28.8%, 중학교 16.2%, 고등학교 28.1%, 대학교 이상 15.3%, 무학이 11.6%이었다. 고등학교 이상인 장애인이 43.4%로 2000년 인구주택총조사 결과 국민의 71.1%가 고등학교 이상인 것에 비교하여 27.7% 낮은 것으로 나타났다.

2005년 조사에서 학교생활에 문제가 있다고 응답한 장애학생은 73.9%인데, 그 이유는 진도 따라가기 등 수업내용의 이해에 문제가 있다23.2%는 학생이 가장 많고, 친구들의 이해 부족이나 놀림17.5%, 전문교사의 부족11.0%, 특수교육 보조 인력 미배치8.1%, 다음은 등 하교 불편5.6%, 학교 내 편의시설의 부족4.2%등으로 조사되었다.

정부는 장애인에게 특수교육을 무료로 제공하고, 장애인의 자녀교육비를 지원한다. 후자는 비장애인에 비하여 소득활동에 제한을 받으면서 의료비, 교통비, 보장구 구입비 등 교육 간접비용이 상대적으로 높은 저소득 장애인 가구의 자녀에 대한 중·고등학교 입학금과 수업료를 지원하여 최소한의 교육기회를 보장하고 장애인 가구의 생활안정을 도모하기 위한 것이다.

국립특수교육원 www.kise.or.kr 참조

3. 직업훈련과 고용

장애인이 적절한 치료와 교육을 받았더라도 직업을 갖지 못하면 일상생활에 필요한 소득을 얻지 못하고 사회적 관계를 맺는 데 상당한 어려움을 겪을 것이다. 따라서 장애인도 비장애인과 함께 어울려서 일할 수 있도록 직업훈련을 받고 취업을 하는 것은 매우 중요하다.

국제노동기구ILO기준을 적용한 2014년 조사에서 15세 이상 장애인 중 39.0%만이 취업을 하고, 실업률은 6.3%이었다. 장애인의 취업이 조금씩 향상됨에도 불구하고, 장애인의 실업률은 전체 실업률(2014년 6월) 3.5%에 비해 여전히 1.8배 정도 높은 수준이다.

재가장애인의 취업실태를 장애유형별로 보면, 언어장애인, 지체장애인, 시각장애인, 청각장애인이 상대적으로 나았고, 지적장애인, 심장장애인, 정신장애인의 실업률이 상대적으로 높았다. 취업 분야는 사무·전문직9.9%과 판매·서비스직16.2%이 소수인 반면, 기능·기술직27.2%과 농임업·단순노무직46.7%이 대부분이다. 2014년 월평균 소득도 153만원으로 상용종업원(2014년)의 월평균임금 329만원의 46.3%에 불과하다.

정부는 장애인의 취업률을 높이기 위해서 장애인직업훈련기관을 늘리고, 50인 이상 사업장에 장애인을 2.3%(2010년)~2.7%(2014년) 이상 의무적으로 고용하도록 하며, 보호작업장을 지원하고, 장애인에게 자립자금을 대여하기도 한다. 자립자금 대여는 자활·자립이 가능한 저소득 장애인에게 자립자금을 대여하여 자활·자립과 생활안정을 도모하려는 것으로, 장애인인 가구주 또는 배우자가 장애인인 저소득 가구에게 2,000만원 이내의 소액을 장기로 대여하는 제도이다.

한국장애인고용촉진공단 www.kepad.or.kr 참조

4. 소득보장

장애인은 대체로 소득은 낮고, 장애로 인한 의료비의 지출로 경제적으로 어렵게 사는 경우가 많다. 자본주의사회에서 소득과 재산이 낮으면 행복한 생활을 누리기 위한 다양한 기회를 얻기 어렵게 된다.

2014년 조사에서 장애인 가구의 월평균 소득은 223만 5천원으로 전국 가구당 월평균 소득(2014년 6월 415만 2천원)의 53.8%에 불과하다. 2005년 장애인가구 중 국민기초생활보장 수급자의 비율은 13.1%로 비장애인가구의 비율 5.1%에 비해 2.5배 이상 높다.

장애인의 75.3%가 장애로 인하여 월평균 16만 4천원을 추가로 지출하고 있다. 지출비목별로 보면, 의료비가 6만 6천으로 가장 많고, 다음이 교통비로서 2만

6천이다.

소득이 낮은 장애인의 생활을 보장하기 위해서, 국가는 국민기초생활보장제도에 의해서 저소득 장애인에게 생계급여를 제공하고, 이와 별도로 다른 사람의 도움이 없이는 일상생활을 영위하기 어려운 가난한 장애인에게 장애수당을 지급하였다가 2010년부터 장애인연금을 지급하고 있다.

2009년 장애수당은 기초생활보장 수급자인 중증장애인은 1인당 월 13만원이고 경증장애인은 3만원이며, 차상위계층인 중증장애인은 12만원이고 경증장애인은 3만원이며, 보장시설에서 사는 장애인은 기초생활보장 수급자에게만 중증은 7만원 경증은 2만원이다. 지방자치단체가 자체 재원으로 장애수당을 추가로 지급하는 경우도 있지만, 장애수당은 장애로 인한 추가지출액에 크게 미치지 못한 소액이라고 비판받았다. 이에 국가는 2010년 7월부터 18세 이상 저소득 중중장애인에게 장애수당을 폐지하고 장애인연금을 지급하는데, 장애인연금은 기초급여와 부가급여로 구성되어 있다. 기초급여는 근로능력의 상실 또는 현저한 감소로 인하여 줄어드는 소득을 보전해 주기 위하여 지급하는 급여로 소득보장 성격의 연금이다. 국민연금 가입자 최근 3년간 월 평균소득의 5%로 2010년에는 9만원이다(단, 기초노령연금을 받는 65세 이상은 기초급여를 지급하지 않는다). 부가급여는 장애로 인하여 추가로 드는 비용의 전부 또는 일부를 보전해주기 위하여 지급하는 급여로 추가지출 보전성격의 연금이다. 장애인연금은 기초급여와 부가급여로 구성된다. 기초급여는 근로능력의 상실 또는 현저한 감소로 인하여 줄어드는 소득을 보전해 주기 위한 급여로 모든 대상자에게 2021년에 매월 최고 300,000원(장애인부부는 80%로 감액)을 지급한다. 부가급여는 장애로 인하여 추가로 드는 비용의 전부 또는 일부를 보전하는 급여로 기초생활수급자는 매월 8만원, 차상위계층은 7만원, 차상위초과자는 2만원(65세 이상은 4만원)을 추가 지급한다. 따라서 65세 미만 중증장애인 중 기초생활수급자는 장애인연금으로 1인당 월 38만원, 차상위계층은 37만원, 차상위 초과는 274,760원을 받는다. 장애인연금은 장애수당보다 그 대상자의 범위가 넓어지고 금액도 상향되었지만, 장애인계의 요구에는 크게 미치지 못하는 것으로 평가받고 있다.

한편 18세 이상 저소득 중증장애인을 위한 장애수당은 장애인연금으로 대체되었지만, 경증장애수당과 장애아동수당은 계속 지급되고 있다. 2021년 경증장애수당은 월 4만원(보장시설 수급자는 2만원)이고, 장애아동수당은 중증장애인인 생계·의료급여 수급자는 매월 20만원, 주거·교육급여와 차상위는 15만원, 보장시설 수급자는 7만원이며, 경증장애인인 생계·의료 수급자는 10만원, 주거·교육급여와 차상위는 10만원, 보장시설 수급자는 2만원이다.

5. 편의증진

장애인이 비장애인과 함께 살기 위해서는 사회 각 분야에 있는 '장벽'을 제거해서 편의를 증진해야 한다. 2005년 조사에 따르면, 장애인의 약 64.6%는 거의 모든 일상생활을 타인의 도움 없이 혼자서 할 수 있으나, 나머지 35.4%는 타인의 도움이 필요한 것으로 나타났다. 도움이 필요한 장애인 중 실제로 도움 제공자가 있는 경우는 86.7%이며, 없는 경우는 13.3%이었다. 2014년 조사에서 "혼자서 외출할 수 있습니까?"라는 질문에 그렇다는 답변이 84.3%인 것은 장애인의 생활이 보다 역동적으로 바뀌고 있음을 알 수 있다.

2005년 조사에서 장애인의 55.0%가 집밖 활동에 불편을 느끼고 있는데, 특히 뇌병변장애83.4%, 발달장애68.7%, 심장장애61.5%, 지적장애57.4%, 시각장애52.6%를 가진 장애인이 집밖 활동의 불편 정도가 심한 것으로 나타났다. 장애인이 집밖 활동시 불편을 느끼는 원인은 계단 및 승강기의 편의시설 부족35.6%, 동반자가 없어서27.9%, 주위시선 때문에13.9%로 파악되었다. 따라서 장애인·노인·임산부 편의증진에 관한 법률 등이 잘 시행되어서 이들이 이동권을 충분히 누릴 수 있어야 함과 동시에, 활동보조인의 활성화와 사회의 장애인식 개선이 필요하다.

6. 장애인복지시설과 서비스

장애인복지법 제58조 1항에 따르면, 장애인복지시설은 장애인거주시설, 장애인지역사회재활시설, 장애인직업재활시설, 장애인의료재활시설, 그 밖에 대통령령이 정하는 시설이다.

1. 장애인 거주시설: 거주공간을 활용하여 일반가정에서 생활하기 어려운 장애인에게 일정 기간 동안 거주·요양·지원 등의 서비스를 제공하는 동시에 지역사회생활을 지원하는 시설
2. 장애인 지역사회재활시설: 장애인을 전문적으로 상담·치료·훈련하거나 장애인의 일상생활, 여가활동 및 사회참여활동 등을 지원하는 시설
3. 장애인 직업재활시설: 일반 작업환경에서는 일하기 어려운 장애인이 특별히 준비된 작업환경에서 직업훈련을 받거나 직업 생활을 할 수 있도록 하는 시설
4. 장애인 의료재활시설: 장애인을 입원 또는 통원하게 하여 상담, 진단·판정, 치료 등 의료재활서비스를 제공하는 시설
5. 그 밖에 대통령령으로 정하는 시설

또한 장애인복지법시행규칙 제41조에 따르면, 장애인복지시설의 종류별 사업은 다음과 같다.

(1) 장애인거주시설

가. 장애유형별 거주시설: 장애유형이 같거나 유사한 장애를 가진 사람들을 이용하게 하여 그들의 장애유형에 적합한 주거지원·일상생활지원·지역사회생활지원 등의 서비스를 제공하는 시설

나. 중증장애인 거주시설: 장애의 정도가 심하여 항상 도움이 필요한 장애인에게 주거지원·일상생활지원·지역사회생활지원·요양서비스를 제공하는 시설

다. 장애영유아 거주시설: 6세 미만의 장애영유아를 보호하고 재활에 필요한 주거지원·일상생활지원·지역사회생활지원·요양서비스를 제공하는 시설

라. 장애인 단기거주시설: 보호자의 일시적 부재 등으로 도움이 필요한 장애인에게 단기간 주거서비스, 알상생활지원서비스, 지역사회생활서비스를 제공하는

시설

마. 장애인 공동생활가정: 장애인들이 스스로 사회에 적응하기 위하여 전문인력의 지도를 받으며 공동으로 생활하는 지역사회 내의 소규모 주거시설

(2) 장애인 지역사회 재활시설

가. 장애인복지관: 장애인에 대한 각종 상담 및 사회심리·교육·직업·의료재활 등 장애인의 지역사회생활에 필요한 종합적인 재활서비스를 제공하고 장애에 대한 사회적 인식 개선사업을 수행하는 시설

나. 삭제

다. 장애인 주간보호시설: 장애인을 주간에 일시 보호하여 장애인에게 필요한 재활서비스를 제공하는 시설

라. 삭제

마. 삭제

바. 장애인 체육시설: 장애인의 체력증진 또는 신체기능 회복활동을 지원하고 이와 관련된 편의를 제공하는 시설

사. 장애인 수련시설: 장애인의 문화·취미·오락활동 등을 통한 심신수련을 조장·지원하고 이와 관련된 편의를 제공하는 시설

아. 장애인 생활이동지원센터: 이동에 상당한 제약이 있는 장애인에게 차량 운행을 통한 직장 출퇴근 및 외출 보조나 그 밖의 이동서비스를 제공하는 시설

자. 수화통역센터: 의사소통에 지장이 있는 청각·언어장애인에게 수화통역 및 상담서비스를 제공하는 시설

차. 점자도서관: 시각장애인에게 점자간행물 및 녹음서를 열람하게 하는 시설

카. 점자도서 및 녹음서 출판시설: 시각장애인을 위한 점자간행물 및 녹음서를 출판하는 시설

타. 장애인 재활치료시설: 장애아동을 포함한 장애인에게 언어·미술·음악 등 재활치료에 필요한 치료, 상담, 훈련 등의 서비스를 제공하고 서비스를 이용한 자로부터 비용을 수납하여 운영하는 시설

(3) 장애인 직업재활시설

가. 장애인 보호작업장: 직업능력이 낮은 장애인에게 직업적응능력 및 직무기능 향상훈련 등 직업재활 훈편 프로그램을 제공하고, 보호가 가능한 조건에서 근로의 기회를 제공하며, 이에 상응하는 노동의 대가로 임금을 지급하며, 장애인 근로사업장이나 그 밖의 경쟁적인 고용시장으로 옮겨갈 수 있도록 돕는 역할을 하는 시설

나. 장애인 근로사업장: 근로능력은 있으나 이동 및 접근성이나 사회적 제약 등으로 취업이 어려운 장애인에게 근로의 기회를 제공하고, 최저임금 이상의 임금을 지급하며, 경쟁적인 고용시장으로 옮겨갈 수 있도록 돕는 역할을 하는 시설

다. 장애인 직업적응훈련시설: 작업능력이 극히 낮은 장애인에게 작업활동, 일상생활훈련 등을 제공하여 기초작업능력을 습득시키고, 작업평가 및 사회적응훈련 등을 실시하여 장애인 보호작업장 또는 장애인근로사업장이나 그 밖의 경쟁적인 고용시장으로 옮겨갈 수 있도록 돕는 역할을 하는 시설

(4) 장애인 의료재활시설

장애인 의료재활시설: 장애인을 입원 또는 통원하게 하여 상담, 진단·판정, 치료 등 의료재활서비스를 제공하는 시설

(5) 장애인 생산품 판매시설

장애인 생산품의 판매활동 및 유통을 대행하고, 장애인 생산품이나 서비스·용역에 관한 상담, 홍보, 판로개척 및 정보제공 등 마케팅을 지원하는 시설

정부는 장애인복지를 보다 체계적으로 실시하기 위해서 1988년부터 장애인 등록제를 실시하고 있다. 아직도 상당수의 장애인은 등록을 하지 않았거나 기피하고 있다. 2014년 등록한 장애인은 추정 장애인의 95.2%이다. 지체장애인, 뇌병변장애인, 지적장애인, 자폐성장애인, 안면장애인은 등록률이 높은 편이지만, 언

어장애, 심장장애, 간장애 등은 상대적으로 등록률이 낮은 것으로 추정된다. 미등록 장애인이 등록을 하지 않은 사유를 보면, '등록절차와 방법을 몰라서'가 34.6%, '등록해도 별 혜택이 없을 것 같아서'가 21.2%, '등록과정이 번거로워서'가 13.0% 등의 순으로 나타났다.

최근 장애인과 장애인가족은 자동차 관련 서비스를 통해서 상당한 혜택을 받고 있는데, 장애인 가구 중 상당수가 자동차를 소유하고 있다. 장애인자동차 표지를 발급받으면 고속도로 통행료의 할인과 공용주차장의 주차비를 면제받을 수 있다.

정부가 시행하는 다양한 장애인복지사업의 이용경험을 보면 다음 표와 같다. 대체로 교통과 통신 관련 서비스에 대해서는 이용경험율이 높았지만, 저소득 장애인에게 제공되는 서비스에 대해서는 이용경험율이 낮은 것으로 나타났다.

표 9-2 장애인복지사업 이용경험율

구분	이용경험율	구분	이용경험율
장애인연금	11.3	장애인 활동지원서비스	3.1
경증장애수당	15.5	장애아가족 양육지원	0.3
장애아동수당	1.3	장애인자동차 표지발급	39.2
장애인 자녀교육비 지원	2.5	주택관련 분양알선 및 가산점 부여	5.7
장애아 무상보육료 지원	1.8	승용자동차 관련 세금 면제	26.2
장애인 의료비 지원	7.8	세금 공제 및 면제	39.5
장애인 등록진단비 지급	5.1	교통관련 요금 감면 및 할인	76.1
장애검사비 지원	5.0	통신관련 요금감면 및 할인	83.3
발달재활서비스	3.6	공공시설 이용시 요금감면 및 할인	64.3
언어발달지원	1.4	장애인 자립자금 대여	0.2
장애인보조기구 무료교부	6.1	장애인근로자 자동차 구입 자금 대여	0.4
장애인보조기구 건강보험(급여)	12.5	여성장애인 가사도우미	0.4
여성장애인 출산비 지원	0.3	노인장기요양보험	5.2

중복응답 비율임.

Ⅳ. 장애인복지의 과제

장애인복지는 삶의 전 영역과 관련되어 있기 때문에 장애인이 비장애인과 함께 더불어 살 수 있는 복지공동체의 구축이 그 목표일 수 있다. 이 기준에서 볼 때, 한국의 장애인복지는 조금씩 나아지고 있지만 아직 미흡하다.

재가장애인이 사회나 국가에 대해 가장 우선적으로 요구하는 사항은 소득보장이 38.5%로 가장 많고, 그 다음은 의료보장32.8%, 고용보장8.5%, 주택보장6.4% 등으로, 기본적 욕구의 충족에 머물러 있다. 인간은 생리적인 욕구와 안전의 욕구가 어느 정도 충족되어야 애정의 욕구, 자존의 욕구, 자아실현의 욕구를 추구할 수 있는데 매우 안타까운 일이다.

한국의 장애인복지가 발전되기 위해서는 단기적인 목표 설정과 사업 집행뿐만 아니라, 장기적인 방향설정과 꾸준한 실천이 병행되어야 할 것이다. 다음 몇 가지는 장애인의 행복한 삶을 위해서 꼭 실현시켜야 할 과제이다.

첫째, 장애인의 인권을 보장하고 삶의 모든 영역에서 장애라는 이유로 차별하지 않은 사회를 지향한다. 장애인 중에서도 자립능력이 낮고 더 많은 보호를 필요로 하는 중증장애인, 여성 장애인에 대한 차별이 더 크다는 점을 직시하여 이들에 대한 복지정책을 보다 적극적으로 개발해야 한다.

둘째, 장애인의 발생을 예방하고, 장애인의 잔존 능력을 보전하는 의료서비스와 특수교육을 보편화시킨다. 장애의 발생원인 중 질병이나 사고 등 후천적 원인이 전체의 약 9할이나 되므로, 교통사고와 산업재해를 예방하는 홍보 교육을 강화해야 한다. 또한 재활의학과 특수교육을 더욱 발전시켜서 장애의 유형과 수준에 맞는 서비스를 제공해야 할 것이다.

셋째, 모든 장애인의 기초생활을 보장해야 한다. 소득이 낮은 장애인을 국민기초생활보장제도의 수급자로 선정하고, 장애수당을 장애의 유형과 등급에 맞게 현실화해야 한다. 가구에 장애인이 있기 때문에 월평균 추가비용이 16만 4천원이고, 15가지 장애유형에 따른 비용편차가 큰 것을 볼 때, 명목상의 장애인연금을 크게 증액하여 실질적인 금액을 지급해야 한다.

넷째, 장애인이 자신의 신체적·정신적 여건에 맞고 개성과 기호에 맞는 직업을 선택할 수 있고, 평생 평등노동을 할 수 있도록 고용환경을 조성해야 한다. 특히 정신장애인, 신장장애인, 중증장애인 등 취업이 어려운 장애인이 적합한 취업훈련, 취업알선, 사후관리 등을 통해서 일을 할 수 있도록 기회를 제공해야 한다.

다섯째, 장애인이 이동을 자유롭게 할 수 있도록 모든 공공시설에 편의증진시설과 설비를 갖추고, 장애인의 활동을 억제하는 지역사회의 모든 장벽을 철폐한다. 우선 공공기관과 다중이용시설부터 법에 맞게 편의시설을 설치해야 하고, 저상버스 등 장애인을 위한 대중교통수단을 확충해야 한다. 많은 장애인이 주로 가정에서 살고 있다는 점에서 볼 때, 장애인이 살기 편하게 주거를 개조하는 비용을 정부가 지원하는 주거급여를 제도화해야 한다.

여섯째, 장애인이 모든 영역의 정책결정에 참여할 수 있도록 하고, 장애인을 위한 전문가를 광범위하게 양성하고 배치해야 한다. 장애인을 위한 복지에서 장애인에 의한 복지로 나아갈 수 있도록, 장애인 관련 정책의 형성, 집행, 평가 등 전 과정에 장애인의 참여를 보장해야 한다. 또한 장애인복지가 선진국 수준으로 구현될 수 있도록 재활전문의, 사회복지사, 재활간호사, 수화통역사 등 장애인 전문가를 더 많이 양성하고 국립재활종합병원, 수화방송국, 국립중앙점자도서관, 장애인을 위한 정보통신연구원 등 장애인을 위한 국공립기관을 설립해야 한다.

SUMMARY
단원 정리

우리 사회는 산업화, 도시화, 고령화와 함께 장애인 수가 늘어나고 있다. 과거에는 유전적 요인이나 출산 전후나 아동기의 영양결핍, 질병, 부적절한 양육 등에 의해서 장애인이 되는 경우가 많았지만, 최근에는 교통사고와 산업재해, 질병과 노령으로 장애인이 많이 생기고 있다.

근래까지 우리나라는 눈에 쉽게 띄는 신체장애인에게 관심을 가졌는데, 최근 장애인복지법이 개정되어서 장애인 범주에 정신장애인과 내부기관 장애인이 포함되었다.

모든 장애인의 잔존 능력을 보전하고 개발하기 위해서는 조기에 치료를 하고, 특수교육, 직업훈련, 각종 사회복지서비스를 적절히 제공할 필요가 있다. 그동안 한국 사회는 장애인을 차별하는 나쁜 풍습이 있었는데, 이를 극복하고 장애인에게 장벽 없는 사회를 만들기 위해서 다른 나라보다 더 많은 노력을 해야 한다.

이 장에서는 장애인의 생활실태와 장애인복지를 개략적으로 살펴보았다. 장애인의 생활과 복지를 소득, 의료, 교육, 고용, 편의시설, 장애인복지서비스를 중심으로 살펴볼 때, 장애인의 생활은 아직 열악하고 복지수준은 크게 미흡했다. 예컨대, 장애인 가구주나 장애인이 있는 가구의 월평균소득은 도시근로자 가구의 53.8%에 불과하고, 정부가 가난한 장애인에게 주는 장애인연금은 소액에 그쳤다. 최근 재가장애인의 자립을 위해서 장애인의 고용, 편의시설의 설치, 여성장애인의 결혼 등에 관심을 갖는 것은 그나마 다행스러운 일이다.

장애인복지가 발전하기 위해서는 단기적인 목표설정과 가시적인 성과도 중요하지만, 모든 장애인의 잔존 능력을 키우고 장애인에게 장벽 없는 사회를 만들기 위해서 장기적인 방향설정과 꾸준한 실천이 병행되어야 한다. 장애인이 행복하게 사는 복지공동체를 만들기 위해서 장애인과 비장애인이 지혜를 모아야 할 것이다.

다음 장에서는 여성복지에 대해 살펴보고자 한다.

TERMS
용어 정리

장애인 선천적이든 후천적이든 관계없이 신체적 · 정신적 능력의 불완전으로 인하여 개인의 일상 또는 사회생활에 필요한 것을 확보하는 데 자기 자신으로서는 완전하게 또는 부분적으로 할 수 없는 사람이다.

장애인복지 국가나 사회적 수준에서 장애인에 대한 인간으로서의 존엄한 권리를 보장하고 사회적으로 동등한 대우를 받도록 하는 제반 조치를 말한다. 장애인복지의 기본 이념은 장애인의 인권의 존중, 생명의 존중, 전인격의 존중, 사회통합의 존중, 평등의식의 존중을 통한 장애인의 완전한 사회참여와 통합을 보장하는 것이다.

장애인 유형 장애인은 주된 장애가 무엇이냐에 따라서 크게 신체적 장애와 정신적 장애로 나뉜다. 신체적 장애는 다시 장애가 외부로 드러나는지 여부에 따라 외부신체기능장애와 내부기관장애로 나뉜다.

지체장애 사람의 몸 중의 골격, 근육, 신경 중 그 어느 하나의 일부나 전체에 질병이나 외상 등으로 그 기능에 장애가 있을 때 대체로 운동장애(또는 감각장애를 동반하기도 함)의 상태로 그 증상이 나타나는 것을 말한다. 지체장애의 원인에는 소아마비, 신경장애, 척추장애, 절단 등이 있다.

시각장애 안과학에서는 일반적으로 3분의 1미터 이상의 안전지수를 판별하지 못하는 경우를 맹이라고 하고, 교정시력이 0.02 이상 0.4 미만일 경우에 준맹이라 하며, 약시는 고도약시, 중증도약시, 경도약시 등으로 분류한다. 시각장애는 눈의 기관결함 혹은 다른 신체적 질환의 원인으로 생긴다.

청각장애 소리를 전달하고 분석하는 과정의 어디에선가 장애를 일으켜 듣는 능력의 불능상태를 포괄해서 일컫는다. 장애의 정도에 따라서는 난청을 경도, 중등도, 중등고도, 고도, 농 등으로 구분한다.

언어장애 정상적인 언어에서부터 이탈된 여러 형태의 언어로서 사람들로부터 불필요한 주의를 끌게 하고, 의사소통에 방해를 받으며 또한 그로 인해 사회적응에 문제를 초래하는 언어상태를 말한다. 언어장애에는 언어발달지체, 조음장애, 구개파열장애, 뇌성마비 언어장애, 실어증, 음성장애, 리듬장애, 청력손실로 인한 언어장애가 있다.

지적장애 일반적으로 지적 능력 발달이 불충분하다든지 불안전한 상태를 의미한다. 미국정신의학회에서는 지능지수가 50~70은 경도, 35~49는 중등도, 20~34은 중도, 20 미만은 최중도라고 구분한다.

정신장애 현재 겪고 있는 고통이나 장애 혹은 현저히 증대된 사망, 고통, 장애나 자유상실의 위험과 관련되는 임상적으로 중요한 개인의 행동 혹은 심리적 증후군이나 양식이다. 대표적인 정신장애로는 물질관련 장애, 정신분열증, 기분장애, 불안장애, 신체형장애, 성격장애 등이 있다.

자폐성장애 뇌의 신경생리학적 발달・기능 장애로 인한 선천적인 결함이다. 자폐성장애아동의 소뇌가 일반아동의 뇌보다 현격히 작으며 뇌의 변연계가 축소되어 있어서, 인지능력, 기억력, 언어능력, 운동신경 등의 장애, 대인관계와 의사소통의 장애가 생긴다.

내부기관장애 장애인복지법에 의한 내부기관장애인은 기존 신장장애인과 심장장애인에, 간장애인, 호흡기장애인, 장루요루장애인, 간질장애인 등이 추가되었다. 그 중 신장장애인은 1개월 이상 지속적으로 혈액투석 또는 복막투석 치료를 받고 있는 사람 또는 신장을 이식 받은 사람에 대하여 장애인으로 판정한다. 심장장애는 내과(순환기분과)전문의로부터 1년간 지속적으로 치료받고도 심장기능에 심각한 장애가 있다고 판정될 때이다.

장애출현율 인구 100명당 장애인의 수가 몇 명인가를 나타내는 비율이다. 한국의 2014년도 장애출현율은 5.59%로 미국 20.6%, 호주 18.0%보다 크게 낮다. 이는 한국이 다른 선진 국가에 비교할 때, 신체적・정신적 장애의 범주를 제한하기 때문이다.

장애인등록제 장애인복지를 합리적으로 수행하기 위하여 장애인의 유형과 수준 등을 행정기관에 등록하게 하는 제도로 장애인복지법에 의해 1988년 11월 1일 처음 실시되었다. 2019년 시・군・구에 등록된 장애인은 2,618,918명이었다.

SELF STUDY GUIDE
자기평가와 과제

1. 가족과 친척 혹은 친구・친지 중에서 가장 가깝게 지내는 장애인을 한 명 선택해서 그 사람이 장애인이 된 원인과, 장애인으로 살아가면서 가장 큰 어려움이 무엇인지를 알아본다.
2. 가장 가깝게 지내는 장애인이 받은 의료적, 교육적, 직업적, 사회적 서비스에는 어떤 것이 있고, 그것이 해당 장애인의 재활과 정상화에 얼마나 유익했으며, 그 문제점과 개선방안은 무엇인지를 파악한다.
3. 장애를 극복하고 훌륭한 업적을 남긴 사람에 관한 책을 읽거나, 기록물・영화를 보고 그 극복과정에서 사회복지사, 교사, 의사 등 관련 전문인이 어떤 영향을 미쳤는지를 알아본다.
4. 장애인의 행복한 삶을 위해서 노력하는 단체들의 홈페이지를 방문하고 그 방명록에 의견을 남긴다.
5. 선진 외국의 장애인복지에서 한국의 장애인복지의 발전을 위해서 도입할 만한 제도나 프로그램으로 어떤 것이 있는지를 알아본다.

REFERENCE
참고 문헌

권도용(1997), 『장애인재활복지-체계와 실태』, 홍익재.

권선진(2007), 『장애인복지론』, 청목출판사.

김미옥(2003), 『장애인복지실천론』, 나남출판.

김미옥・김용득・이선우(2004), 『장애와 사회복지』, 학지사.

김용득・유동철(2007), 『한국 장애인복지의 이해』, 인간과복지.

김혜란(1996), "정신건강문제", 최일섭・최성재, 『사회문제와 사회복지』, 나남출판.

남상만 외(1999), 『장애인복지개론』, 홍익재.

배광웅・황의경(1995), 『심신장애인재활복지론』, 홍익재.

보건복지가족부(2009), 2009 보건복지가족통계연보.

손광훈(2004), 『장애인복지론』, 현학사.

오혜경(1997), 『장애인복지학입문』, 아시아미디어리서치.

오혜경(2000), "장애인복지", 『사회복지연감 2000』, 유풍출판사.

유동철(2009), 『인권관점에서 보는 장애인복지』, 집문당.

윤동성(2000), “장애인복지”, 이영철 외, 『사회복지학』, 양서원.
전용호(1997), 『장애인복지론』, 학문사.
정무성 외(2005), 『현대장애인복지론』, 학현사.
한겨레(2003.11.11)
한국보건사회연구원(2006), 『2005년도 장애인 실태조사』.

RECOMMANDED FILM
추천 영화

나의 왼발 My Left Foot	1989, 짐 셰리단
레인맨 Rain Man	1988, 배리 레빈슨
비욘드 사일런스 Beyond Silence	1996, 카롤리네 링크
식스 센스 The Sixth Sense	1999, M. 나이트 샤말란
잭 Jack	1996, 프란시스 포드 코폴라
제 8요일 Le Huitième jour	1996, 자코 반 도마엘
샤인 Shine	1996, 스콧 힉스
사랑이 머무는 풍경 At Frist Sight	1999, 어윈 윙클러
사이먼 버치 Simon Birch	1998, 마크 스티븐 존슨
여성 장애인 김진옥씨의 결혼이야기	2000, 김진옥
아이 엠 샘 I Am Sam	2001, 제시 넬슨
오아시스 Oasis	2002, 이창동
말아톤 Marathon	2005, 정윤철
윌로우 트리 The Willow Tree	2005, 마지드 마지디
하얀 아오자이 The White Silk Dress	2006, 후인 루
멘탈 Mental	2008, 소다 카즈히로
미투 Me too	2009, 안토니오 나아로, 알바로 파스토르
마더 Mother	2009, 봉준호
시설장애인의 역습	2010, 박종필

INTERNET LINK
관련 사이트

한국복지교육원	www.okwelfare.net
국립특수교육원	kise.or.kr
보건복지부	www.mw.go.kr

사회복지정보원	www.welfare.or.kr
한국사회복지사협회	www.welfare.net
일본 후생성	www.mhlw.go.jp
한국장애인고용촉진공단	www.kepad.or.kr
한국장애인단체총연맹	hanjc.ksrd.or.kr
한국맹인복지연합회	www.kbuwel.or.kr
한국지적장애인복지협회	www.kaidd.or.kr
한국장애인재활협회	www.ksrd.or.kr
한국장애인복지시설협회	kawid.ksrd.or.kr
장애우권익문제연구소	www.cowalk.or.kr
한국장애인정보화협회	www.kadi.or.kr
한국산재노동자협회	www.kapiw.or.kr
부산장애인총연합회	www.pjy.or.kr
한국치료레크리에이션협회	ktra.com
KBS인터넷 사랑의 광장	www.kbs.co.kr/lovevoice
한국재활복지대학	www.hanrw.ac.kr

10 여성복지의 이해

I. 여성과 사회복지

전통적으로 사회복지의 주된 대상은 가난한 사람, 가족의 보호를 적절히 받지 못한 사람, 소외된 사람이었다. 어느 시대 어느 사회에서나 보호자가 없거나 있더라도 보호할 능력이 없는 가정의 아동, 노인, 장애인 등은 사회복지의 주된 대상이었다. 산업화와 함께 사회복지의 주된 대상은 노동자와 그 가족으로 바뀌고, 2차 세계대전 이후 국가의 책임이 강조되면서 전체 시민으로 확장되었다.

전통사회에서 복지의 주된 대상은 환과고독鰥寡孤獨 4궁이었다. 즉 홀아비[鰥], 과부[寡], 고아[孤], 독거노인[獨]은 사회복지의 주된 대상이었고, 이들을 위한 복지제도가 오늘날 한부모가족지원법, 아동복지법, 노인복지법 등으로 제도화되었다.

사회복지법령의 제정과정을 보면, 국가는 자휼전칙과 아동복리법에서 볼 수 있는 바와 같이 아동을 가장 먼저 보살폈고, 그 다음은 노인에게 관심을 가졌으며, 과부를 포함한 여성에 대한 관심은 부차적이었다. 과부를 위한 복지가 홀아비를 위한 복지보다 먼저 제도화된 것은 사회가 남성보다는 여성을 복지의 대상으로 파악했다는 것을 알려준다.

따라서 여성복지를 살펴본다면, 우선 여성을 위한 사회복지에는 어떤 것들이 있는지를 검토해야 한다. 여성을 위한 사회복지는 점차 체계화되었다. 가난한 여성, 배우자가 없이 자녀를 키우는 여성, 일하는 여성을 위한 복지는 상당부분 제도화되었고, 최근에는 양성평등을 위한 복지도 강조되고 있다.

복지제도에서 여성차별은 상당히 고질적이지만 비판적으로 다루어지지 않았다. 가부장적 문화 때문에 복지제도가 여성을 남성에게 종속적인 존재로 인식하고, 잘 의식하지 못한 채 여성은 복지제도에서 차별을 받기도 한다. 성차별의 실태를 파악하고, 그 개선방안을 찾는 것은 여성복지의 중요한 영역이다.

한편 복지주체 혹은 복지제공자로서 여성도 차별을 받는 경우가 많다. 사회복지기관에서 여성은 관리직보다는 주로 실무자로 일하고, 중요한 의사결정에서 소외되며, 같은 일을 한 경우에도 남성보다 낮은 임금을 받기도 한다. 이점도 여성과 사회복지에서 다루어야 할 내용이다.

여성복지는 그 대상을 미혼모, 성매매여성, 가출여성, 근로여성, 저소득 여성 및 학대받는 여성과 같은 요보호여성을 포함하여 모든 여성이 보다 인간다운 삶을 영위할 수 있도록 국가와 지방자치단체 그리고 사회복지법인 등 민간이 행하는 모든 체계적인 활동이라고 볼 수 있다.

이 글은 사회복지의 대상으로서 여성복지를 다룰 뿐만 아니라, 사회복지서비스에서 여성차별의 문제점과 개선방안 등을 살펴보고자 한다.

II. 여성복지의 역사적 변화

여성복지를 논할 때, 여성을 위한 사회복지에는 무엇이 있고 그것이 어떻게 변화되는지를 파악하는 것은 흥미로운 일이다. 여성을 위한 사회복지는 점차 여성을 보호해야 한다는 관점에서 여성에게도 동등한 기회를 주어야 한다는 관점과 여성에 대한 긍정적 차별이 필요하다는 시각이 강조되고 있다.

한국의 여성복지는 오랫동안 윤락행위등방지법에 근거하여 부녀복지라는 이름으로 수행되었고, 윤락여성, 빈곤 모자가정, 근로여성 등에 초점을 두어왔다.

1990년대 이후 여성인권에 대한 각성이 커지면서, 가정폭력과 성폭력 피해자의 인권을 옹호하는 상담과 보호사업이 활성화되고, 성매매의 방지와 성을 판 사람에 대한 보호사업도 달라졌다. 2000년대에는 국제결혼으로 인한 다문화가족이 급격히 늘어나면서 다문화가족복지가 새롭게 도입되었고, 1997년 외환위기 이후 꾸준히 늘어난 이혼으로 인한 한부모가족 지원사업과 더불어 건강가정지원사업이 강조되었다.

1. 윤락행위등방지에서 여성발전으로

여성을 위한 사회복지에서 가장 고전적인 법은 윤락행위등방지법1961년이다. 이 법은 그 명칭에서 보는 바와 같이 성을 파는 윤락행위를 방지하려는 법이었다. 법의 핵심 내용은 윤락행위를 한 사람(주로 여성)을 처벌하거나 보호하고, 윤락행위를 알선하는 사람을 처벌하려는 것이다.

윤락행위는 전통사회에서 기생이란 관습으로 널리 행해져 왔고, 일제하에서는 공창이 있었으며, 해방후 공창제가 폐지되었지만 현재도 군부대와 기차역 주변에 윤락행위를 하는 집촌이 형성되어서 윤락행위는 공공연하게 이루어졌다.

국가도 사회적 실체인 윤락행위를 완전히 금지하기보다는 윤락여성이 길거리 등에서 공공연하게 호객행위를 하는 것을 억제하고, 윤락여성에게 정기적으로 성병검사를 받도록 하는 등 관리에 초점을 두었다. 정부는 기차역과 버스터미널과 같이 사람들의 왕래가 잦고 가출여성이 접근하기 쉬운 곳에 간이부녀상담실을 두어서 가출여성 등이 윤락알선업소 등에 취업하는 것을 방지하였다.

1970년대까지 국가와 지방자치단체의 여성업무는 윤락행위등방지법에 의해서 윤락을 하거나 할 우려가 있는 여성을 보호하는 이른바 부녀보호가 핵심이었다. 1980년대 이후 여성의 지위가 상승하여 한국여성개발원(현 한국여성정책연구원)이 설립되고, 여성의 발전이 강조되면서 여성발전기본법1995년이 제정되었다.

이 법에 의하여 국가는 전체여성의 발전에 대한 중장기계획을 세우기 시작했다. 최근에는 윤락행위등방지법이 폐지되고, 성매매알선등행위의처벌및방지에관한 법률(2004년)과 성매매방지및피해자보호등에관한법률(2004년)이 제정되었다.

한국여성정책연구원 www.kwdi.re.kr 참조

2. 모자복지에서 한부모가족복지로

여성을 위한 복지에서 근간이 된 법은 모자복지법1989년이다. 이 법의 목적은 18세 미만의 자녀를 돌보는 여성을 돕는 것이다. 대표적인 모자복지시설인 모자원은 당초 아동복리법에 의한 아동복리시설이었는데, 여성의 지위가 점차 상승하면서 모자복지시설로 정립되었다.

모자복지법은 모자가정에 대한 상담, 생계급여, 주거의 제공 등을 실시하였다. 대표적인 모자복지시설로는 경제적으로 어려운 모자가 3년 동안(연장 가능) 기초생활을 보장받으며 살 수 있는 모자보호시설이 있고, 모자가정이 자립을 준비하는 동안에 주거를 제공받는 자립지원시설이 있다.

당초에는 한부모가족 중에서도 모자가정에 대한 지원만 있었지만 점차 부자가정에 대한 지원도 늘리게 되고, 마침내 모·부자복지법2002년으로 전면 개정되었다가 다시 한부모가족지원법2007년으로 개정되었다. 이는 양성평등사회를 지향하면서 모자복지에 상응하는 부자복지를 구현하려는 제도적 장치이다.

3. 근로여성의 보호에서 양성평등 노동으로

1960년대와 1970년대 도시화와 산업화를 거치면서 늘어난 근로여성을 보호하려는 정책이 제도화되었다. 국가는 해방 직후부터 근로여성의 임금과 근로시간 등 근로조건을 보호하기 위하여 근로기준법에 여성보호에 관한 조항을 포함시켰다.

1970년대에 들어서는 주로 여성근로자에게 중고등학교의 취학기회를 주기 위하여 산업체 부설학교와 야간특별학급을 설치 운영하였다. 공단지역 주변에는 근로청소년회관을 건립하고, 근로자임대아파트를 지어서 근로자들이 저렴한 비용으로 여가생활을 하고, 안정된 주거를 확보하도록 지원하였다.

여성근로자의 관심이 단순히 임금차별이나 근로시간에 한정되지 않고, 점차 취업, 직무의 배치, 교육훈련, 승진 등에서 남녀간의 불평등으로 쟁점이 확산되면서 남녀고용평등법1987년이 제정되었다. 이 법은 채용광고 등에서 남녀를 지정해서 채용하는 것을 금지하고, 합리적인 이유 없이 남녀를 차별하는 것을 금지시켰다. 또한 여성근로자에 대한 일상화된 성희롱을 근절하기 위한 사항도 구체적으로 명시하고 있다.

직장에서 양성평등이 몇 가지 법령을 바꾼다고 해서 이루어질 수 있는 것은 아니지만, 여성을 단순히 보호할 대상으로 인식했던 시각을 바꾸어서 남성과 동등한 인격체로 파악하고, 관습화된 여성차별에 대한 의도적인 감시가 가능하게 된 것은 큰 진전이다.

4. 여성단체 지원에서 여성인권 보장으로

여성복지는 윤락여성과 모자가정처럼 어려운 상황에 처한 여성을 돕는 것이 일차적이었지만, 점차 여성단체에 대한 지원으로 확대되었다. 여성단체에 대한 지원도 초기에는 새마을부녀회, 한국부인회 등 정부정책에 우호적인 여성단체를 지원하다가 최근에는 여성단체에게 프로그램을 공모하여 지원하는 방식으로 바뀌었다.

한국여성민우회, 한국여성의전화연합 등 여권주의를 표방하는 새로운 여성단체가 출현하면서 성폭력·가정폭력의 피해 여성을 상담하고 보호하는 등 여성인권을 신장시키는 일이 여성복지의 핵심으로 정립되었다.

특히 가정폭력은 배우자에 의한 지속적인 폭력임에도 불구하고, 부부싸움은 칼로 물베기라는 식으로 가볍게 취급되어 왔는데, 가정폭력방지및피해자보호등에관한법률1997년이 제정되어, 가해자에 대한 처벌과 교육, 피해자의 보호 등에 대한 제반 정책을 실시하고 있다.

여성인권이 실현되기 위해서는 가정폭력과 성폭력과 같은 명백한 폭력뿐만 아니라 일상화된 폭력과 차별에 대한 체계적 대책이 필요하다. 남녀유별과 장유유서를 기본으로 한 가부장제도는 가정에서 여성을 남성에게 종속된 존재로 처우하는데 양성평등적인 가족문화를 만들기 위해서도 단순히 호주제의 폐지를 넘어서 전향적인 대안을 모색해야 했다.

한국여성민우회 www.womanlink.or.kr 참조

Ⅲ. 여성복지의 주요 내용

1. 가정폭력 상담과 보호

가정폭력과 관련된 대표적인 법은 1997년 제정되고 1998년 7월 1일 시행된 '가정폭력범죄의 처벌 등에 관한 특례법'과 '가정폭력방지 및 피해자보호 등에 관한 법률'이다. 가정폭력의 처벌 등에 관한 특례법에 따르면, 가정폭력이란 가정구성원 사이의 신체적, 정신적 또는 재산상 피해를 수반하는 행위이다. 가정구성원에는 일반적인 의미의 가족뿐만 아니라 사실상의 혼인관계나 사실상의 양친관계, 계모자관계, 적모서자관계, 동거하는 친족관계, 이혼한 부부사이도 포함된다.

가정폭력범죄의 유형에는 상해, 폭행, 유기, 영아유기, 학대, 아동혹사, 체포, 감금, 협박, 명예훼손·모욕, 주거·신체수색, 강요, 재물손괴, 아동구걸 등이 있다. 가정폭력에는 남편에 의한 아내의 폭력뿐만 아니라(아내학대), 아내에 의한 남편의 폭력(남편학대), 부모에 의한 자녀의 폭력(아동학대), 자녀에 의한 부모의 폭력(노인학대) 등이 모두 포함된다.

이 법에 따르면, 가정폭력 범죄를 알게 된 자는 누구든지 경찰에 신고 혹은 고소할 수 있다. 사건발생시 경찰은 폭력행위의 제지 및 범죄수사, 피해자의 가정폭력관련 상담소 또는 보호시설 인도(피해자의 동의가 있는 경우에 한함), 긴급치료가

가정폭력 피해자 보호 조치

임시조치

판사는 가정보호사건의 원활한 조사・심리 또는 피해자의 보호를 위하여 필요하다고 인정한 때에는 결정으로 행위자에게 다음 각호의 1에 해당하는 임시조치를 할 수 있다(법 제29조).

1. 피해자 또는 가정구성원의 주거 또는 점유하는 방실로부터의 퇴거 등 격리
2. 피해자 또는 가정구성원의 주거, 직장등에서 100미터 이내의 접근금지
3. 피해자 또는 가정구성원에 대한 전기통신기본법 제2조제1호의 전기통신을 이용한 접근금지
4. 의료기관 기타 요양소에의 위탁
5. 국가경찰관서의 유치장 또는 구치소에의 유치

위의 제1호부터 제3호까지의 임시조치기간은 2개월, 제4호 및 제5호의 임시조치기간은 1개월을 초과할 수 없다. 다만, 피해자의 보호를 위하여 그 기간의 연장이 필요하다고 인정하는 경우에는 결정으로 제1호부터 제3호까지의 임시조치는 2회에 한하여, 제4호 및 제5호의 임시조치는 1회에 한하여 각 기간의 범위 내에서 이를 연장할 수 있다.

보호 처분

또한 판사는 심리의 결과 보호처분이 필요하다고 인정한 때에는 결정으로 다음 각호의 1에 해당하는 처분을 할 수 있다(법 제40조). 만약 행위자가 보호처분에 응하지 아니할 때에는 판사가 보호처분을 취소하고 검사에게 사건을 송치할 수 있다.

1. 행위자가 피해자 또는 가정구성원에게 접근하는 행위의 제한
2. 행위자가 피해자 또는 가정구성원에게 전기통신기본법 제2조제1호의 전기통신을 이용하여 접근하는 행위의 제한
3. 친권자인 행위자의 피해자에 대한 친권행사의 제한
4. 보호관찰등에관한법률에 의한 사회봉사・수강명령
5. 보호관찰등에관한법률에 의한 보호관찰
6. 가정폭력방지및피해자보호등에관한법률이 정하는 보호시설에의 감호위탁
7. 의료기관에의 치료위탁
8. 상담소 등에의 상담위탁

위의 각호의 처분은 이를 병과할 수 있다. 친권자인 행위자의 피해자에 대한 친권행사의 제한을 하는 경우에는 피해자를 다른 친권자나 친족 또는 적당한 시설로 인도할 수 있다. 위의 보호처분의 기간은 6개월을 초과할 수 없으며, 다만 사회봉사・수강명령의 시간은 200시간을 각각 초과할 수 없다.

필요한 피해자의 의료시설 인도, 폭력행위의 재발시 임시조치를 신청할 수 있음을 통보 등 응급조치를 취해야 한다.

흔히 가정폭력은 가정에서 지속적으로 이루어지기 때문에 폭력행위자에 대한 법적 처벌과 함께 피해자가 위기상황을 피하기 위한 자구 노력을 해야 한다.

작은 폭력이 큰 폭력으로 이어지기 때문에, 가정폭력이 일어나기 전에도 폭력에 대한 대책을 미리 생각해 둔다. 현금과 휴대전화, 은행통장과 신용카드, 옷, 중요한 물품 등을 늘 챙겨두고, 전세계약서와 집문서, 배우자의 수입기록물 등을 잘 관리한다.

폭력이 일어날 때에는 우선 자신을 방어하고, 여성긴급전화 1366에 도움요청 전화를 하거나, 일단 도망가고, 112에 신고하여 경찰을 부른다. 신체적 외상이 있는 경우에는 119에 전화하여 응급서비스를 받는다.

폭력이 일어난 후에는 즉시 치료를 받고, 피해기록을 작성하며, 피해상황을 사진으로 찍어서 증거를 보존한다. 자신의 피해 사실을 믿을 만한 사람에게 알리고, 병원치료·경찰에 신고 등 자신의 보호를 위해서 적극적으로 행동한다. 가정폭력 전문상담기관에 상담을 하고, 필요한 경우 행위자에 대한 처벌과 보호처분 등 법적 대응을 준비한다.

국가와 지방자치단체는 가정폭력의 예방·방지와 피해자의 보호·지원을 위하여 다음 각 호의 조치를 취하여야 한다.

1. 가정폭력 신고체계의 구축 및 운영
2. 가정폭력의 예방과 방지를 위한 조사·연구·교육 및 홍보
3. 피해자를 위한 보호시설의 설치·운영, 임대주택의 우선 입주권 부여와 그 밖에 피해자에 대한 지원 서비스의 제공
4. 피해자의 보호와 지원을 원활히 하기 위한 관련 기관 간의 협력 체계 구축 및 운영
5. 가정폭력의 예방·방지와 피해자의 보호·지원을 위한 관계 법령의 정비와 각종 정책의 수립·시행 및 평가

또한 국가와 지방자치단체는 위의 책무를 다하기 위하여 이에 따르는 예산상의 조치를 취하여야 하고, 특별시·광역시·도·특별자치도 및 시·군·구에 가정폭력의 예방·방지 및 피해자의 보호·지원을 담당할 기구와 공무원을 두어야 한다. 아울러 국가와 지방자치단체는 제5조제2항과 제7조제2항에 따라 설치·운영하는 가정폭력 관련 상담소와 가정폭력피해자 보호시설에 대하여 경비를 보조하는 등 이를 육성·지원하여야 한다.

여성가족부장관은 3년마다 가정폭력에 대한 실태조사를 실시하여 그 결과를 발표하고, 이를 가정폭력을 예방하기 위한 정책수립의 기초자료로 활용하여야 한다. 초·중등학교의 장은 대통령령으로 정하는 바에 따라 가정폭력의 예방과 방지를 위하여 필요한 교육을 실시하여야 한다. 또한 국가나 지방자치단체는 피해자나 피해자가 동반한 가정구성원이 아동인 경우 주소지 외의 지역에서 취학할 필요가 있을 때에는 그 취학이 원활히 이루어지도록 지원하여야 한다. 피해자를 고용하고 있는 자는 누구든지 '가정폭력범죄의 처벌 등에 관한 특례법'에 따른 가정폭력범죄와 관련하여 피해자를 해고하거나 그 밖의 불이익을 주어서는 아니 된다.

여성가족부장관 또는 특별시장·광역시장·도지사·특별자치도지사는 피해자의 신고접수 및 상담, 관련 기관·시설과의 연계, 피해자에 대한 긴급한 구조의 지원의 업무 등을 수행하기 위하여 긴급전화센터를 설치·운영하여야 한다. 이 경우 외국어 서비스를 제공하는 긴급전화센터를 따로 설치·운영할 수 있다.

국가 또는 지방자치단체는 가정폭력관련상담소를 설치·운영할 수 있고, 상담소의 설치기준과 상담원 등 자격을 갖춘 단체와 사람도 시장·군수·구청장에게 신고하고 설치할 수 있다. 상담소는 가정폭력을 신고받거나 이에 관한 상담에 응하는 일, 가정폭력으로 인하여 정상적인 가정생활 및 사회생활이 어렵거나 기타 긴급히 보호를 필요로 하는 피해자 및 피해자가 동반한 가정구성원을 임시로 보호하거나 의료기관 또는 가정폭력피해자보호시설로의 인도, 행위자에 대한 고발 등 법률적 사항에 관한 자문을 얻기 위한 대한변호사협회 또는 지방변호사회 및 법률구조법에 따른 법률구조법인 등에 필요한 협조와 지원의 요청, 경찰관서 등으로부터 인도받은 피해자 등의 임시보호, 가정폭력의 예방과 방지에 관한 홍보, 기타 가정폭력과 그 피해에 관한 조사·연구 등을 수행한다.

국가 또는 지방자치단체는 가정폭력피해자보호시설을 설치·운영할 수 있다. 사회복지법인 기타 비영리법인은 시장·군수·구청장의 인가를 받아 보호시설을 설치·운영할 수 있다.

보호시설은 피해자 등에 대하여 다음 각 호의 업무를 행한다. 다만, 피해자가 동반한 가정 구성원에게는 제1호 외의 업무 일부를 하지 아니할 수 있고, 장기보호시설은 피해자 등에 대하여 제1호부터 제5호까지에 규정된 업무(주거편의를 제공하는 업무는 제외)를 하지 아니할 수 있다(법 제8조).

1. 숙식의 제공
2. 심리적 안정과 사회적응을 위한 상담 및 치료
3. 질병치료와 건강관리(입소 후 1개월 이내의 건강검진을 포함한다)를 위한 의료기관에의 인도 등 의료지원
4. 수사기관의 조사와 법원의 증인신문證人訊問에의 동행
5. 법률구조기관 등에 필요한 협조와 지원의 요청
6. 자립자활교육의 실시와 취업정보의 제공
7. 다른 법률에 따라 보호시설에 위탁된 사항
8. 그 밖에 피해자 등의 보호를 위하여 필요한 일

보호시설의 장은 위의 사업으로 인한 비용의 전부 또는 일부를 가정폭력행위자로부터 구상할 수 있다. 이 경우 그 구상절차는 국세 또는 지방세 체납처분절차의 예에 의한다.

한국여성의전화연합 www.hotline.or.kr 참조

2020년 현재 가정폭력상담소는 전국에 165개소가 있고, 가정폭력 상담을 포함하여 다른 기능을 가진 상담소 46개소를 합치면 모두 211개소이며, 가정폭력피해자보호시설은 65개소이고, 여성폭력 피해자 주거지원 시설은 344호(임대주택)이다.

현재 여성가족부가 적극 추진하는 가정폭력 관련 사업은 가정폭력 피해회복과 재발방지 사업이다. 여성가족부는 지방자치단체에 경상보조를 통하여 전국 가정폭력·성폭력 상담소 및 보호시설과 함께 가정폭력피해자 치료회복프로그램과 가정폭력행위자 교정·치료프로그램 사업을 수행하고 있다.

가정폭력은 상습적이고 반복되며 세대간에 대물림 되는 경향이 있기에 가정폭력행위자의 성행을 교정하기 위한 노력이 꼭 필요하다. 가정폭력의 재발 방지를 위하여 가정폭력행위자 교정·치료프로그램 운영 기관으로 선정된 가정폭력상담소를 지원하고 있다. 2006년 105개소에서 2007년 108개소, 2008년 124개소, 2020년 211개소로 증가되었다. 지원내용은 전문가 상담, 심리치료 등을 위한 강사료 및 상담료; 집단상담 등을 위한 장소 및 기자재 임차료, 재료비, 부부캠프 운영을 위한 숙식비, 교통비 등이다.

또한 가정폭력 피해자와 동반아동의 치유를 통한 자존감 회복과 온전한 사회인으로의 복귀를 도모하기 위하여 가정폭력 피해자 치료·회복프로그램 운영기관으로 선정된 가정폭력 피해자 보호시설을 지원하고 있다.

피해자보호 프로그램은 성인 여성을 대상으로 한 것과 동반아동을 대상으로 한 것이 있다. 성인 여성 피해자 보호프로그램에는 개별상담, 집단상담, 심리극, 여성간 의식강화 프로그램, 음악치료, 지지적 집단 상담프로그램, 미술치료, 종이접기, 명상수련, 수공예, 가족미술치료, 심신회복캠프, 부부 의사소통향상 프로그램 등이 주로 활용된다. 아동대상프로그램에는 놀이치료, 방과후 학습지도, 미술치료, 집단미술치료, 가족미술치료, 심신회복 캠프 등이 널리 활용되고 있다.

가정폭력 보호시설 입소자의 자립·자활을 지원하기 위하여 1개월 이상 입소하고 직업교육을 희망한 사람에게 국공립 직업훈련기관, 민간 직업훈련기관, 사설학원, 평생교육시설 등에서 실시하는 피부미용, 요리, 미용, 디자인, 컴퓨터 관련 등 실질적 취업·창업이 가능한 직업교육과 진학교육비를 우선 지원한다. 1인당 월 40만원 이내로 교육비와, 월 10만원 이내의 교육훈련수당을 지급한다.

여성가족부 www.mogef.go.kr 참조

2. 성폭력 상담과 보호

성폭력에 관한 법률은 1994년에 제정된 성폭력범죄의처벌및피해자보호등에 관한 법률이 2010년 4월 15일에 새로 제정된 '성폭력범죄의 처벌 등에 관한 특례법' 2010. 4. 15. 시행과 '성폭력방지 및 피해자보호 등에 관한 법률' 2011. 1. 1 시행로 대체되었다.

성폭력범죄의 처벌 등에 관한 특례법은 성폭력범죄의 처벌 및 그 절차에 관한 특례를 규정함으로써 성폭력범죄 피해자의 생명과 신체의 안전을 보장하고 건강한 사회질서의 확립에 이바지함을 목적으로 한다. 이 법에서 '성폭력범죄'라 함은 강간, 강제추행, 준강간, 준강제추행, 미수범, 강간 등 상해·치상, 강간 등 살인·치사, 미성년자 등에 대한 간음, 업무상위력 등에 의한 간음, 미성년자에 대한 간음, 추행 등을 포함하여 음행매개, 음화반포 등, 음화제조 등, 공연음란, 영리 등을 위한 약취·유인·매매 등 매우 광범위하게 규정되어 있다.

형사소송법상 성폭력범죄는 친고죄인데, 성폭력특별법은 존속 등 연장의 친족에 의한 강간, 추행과 신체장애자에 대한 추행을 처벌하도록 하고 이를 비친고죄로 했다. 이 법은 전화, 우편, 컴퓨터 등 통신매체를 이용한 음란행위와 버스, 지하철, 극장 등 밀집 장소에서의 추행을 처벌하도록 하고 이를 친고죄로 했다.

성폭력범죄의 수사 또는 재판에 관여하는 자는 피해자의 신원과 사생활의 비밀을 누설하지 못하도록 하고 신청이 있으면 성폭력 범죄에 대한 심리를 비공개로 해야 한다.

성폭력방지 및 피해자보호 등에 관한 법률에 따르면 국가 또는 지방자치단체는 성폭력피해상담소를 설치·운영할 수 있다. 국가 또는 지방자치단체 외의 자가 상담소를 설치·운영하고자 할 때에는 특별자치도지사 또는 시장·군수·구청장에게 신고하여야 한다. 이 법 제11조에 의하면, 성폭력피해상담소는 성폭력 피해의 신고접수와 이에 관한 상담제1호, 성폭력피해로 인하여 정상적인 가정생활 또는 사회생활이 곤란하거나 그 밖의 사정으로 긴급히 보호할 필요가 있는 사람과 제12

조에 따른 성폭력피해자보호시설 등의 연계제2호, 피해자의 질병치료와 건강관리를 위하여 의료기관에 인도하는 등 의료 지원제3호, 피해자에 대한 수사기관의 조사와 법원의 증인신문證人訊問 등에의 동행제4호, 성폭력행위자에 대한 고소와 피해배상청구 등 사법처리 절차에 관하여 '법률구조법' 제8조에 따른 대한법률구조공단 등 관계 기관에 필요한 협조 및 지원 요청제5호, 성폭력 예방을 위한 홍보 및 교육제6호, 그 밖에 성폭력 및 성폭력피해에 관한 조사·연구제6호를 수행한다.

국가 또는 지방자치단체는 성폭력피해자보호시설을 설치·운영할 수 있다. 이 경우 필요하다고 인정하면 장애인 등을 위한 보호시설을 별도로 설치·운영할 수 있다. 사회복지법인이나 그 밖의 비영리법인은 특별자치도지사 또는 시장·군수·구청장의 인가를 받아 보호시설을 설치·운영할 수 있다. 이 경우 필요하다고 인정하면 특별자치도지사 또는 시장·군수·구청장의 인가를 받아 장애인 등을 위한 보호시설을 별도로 설치·운영할 수 있다. 보호시설의 설치·운영 기준, 보호시설에 두는 상담원 등 종사자의 수 및 인가 절차 등에 필요한 사항은 여성가족부령으로 정한다.

보호시설의 주요 업무는 피해자 등의 보호 및 숙식 제공, 피해자의 심리적 안정과 사회 적응을 위한 상담 및 치료, 자립·자활 교육의 실시와 취업정보의 제공, 이 법 제11조제3호·제4호 및 제5호의 업무, 다른 법률에 따라 보호시설에 위탁된 업무, 그 밖에 피해자를 보호하기 위하여 필요한 업무이다. 장애인을 위한 보호시설을 설치·운영하는 자가 위의 업무를 할 때에는 장애인의 특성을 고려하여 적절하게 보호·지원될 수 있도록 하여야 한다.

국가 또는 지방자치단체는 보호시설에 입소한 피해자 등의 보호를 위하여 필요한 경우 생계비, 아동교육지원비, 아동양육비, 그 밖에 대통령령으로 정하는 비용을 보호시설의 장 또는 피해자에게 지원할 수 있다. 다만, 보호시설에 입소한 피해자 등이 '국민기초생활보장법' 등 다른 법령에 따라 보호를 받고 있는 경우에는 그 범위에서 이 법에 따른 지원을 하지 아니한다. 보호비용의 지원 방법 및 절차 등에 필요한 사항은 여성가족부령으로 정한다.

성폭력피해자 치료프로그램과 성폭력행위자 교정·치료프로그램은 성폭력상담소, 원스톱지원센터 등을 통해서 이루어진다.

성폭력상담소는 2004년 124개소에서 2017년 169개소로 증설되었다. 성폭력상담소의 상담건수는 2004년에 122,769건(그 중 성폭력 상담건수는 37,131건)에서 2016년 158,029건(그중 성폭력상담건수 101,028건)으로 증가되었다.

한편 성폭력 피해신고 현황을 보면 2004년에는 14,089건(그 중 강간 6,959건, 성폭력특별법 위반 4,264건, 청소년보호법 위반 2,866건)에서 2016년 33,044건(그 중 강간 11,420건, 성추행 15,539건, 기타(성희롱, 스토킹, 사이버성폭력, 음란전화 등) 6,085건)으로 확대되었다.

성폭력 방지를 위하여 교육 프로그램 개발과 전담교사의 전문성 제고를 통해서 성폭력의 심각성에 대한 사회적 인식을 제고하고, 여성스포츠 선수 등에 대한 성폭력 근절대책을 추진하며, 피해여성 주거와 자립지원을 위해 그룹홈 형태의 임대주택의 제공과 자립도우미를 배치하고, 상담·의료·법률·수사를 통합한 성폭력피해자통합지원센터 37개소(위기지원형 16개소, 아동형 8개소, 통합형 13개소)를 운영하고 있다.

3. 한부모가족복지

한부모가족지원법은 한부모가족이 건강하고 문화적인 생활을 영위할 수 있게 함으로써 한부모가족의 생활안정과 복지증진에 이바지함을 목적으로 제정되었다.

이 법에서 "모"또는 "부"라 함은 배우자와 사별 또는 이혼하거나 배우자로부터 유기된 자, 정신이나 신체의 장애로 인하여 장기간 노동능력을 상실한 배우자를 가진 자, 미혼자(사실혼 관계에 있는 자는 제외), 위에 준하는 자로서 보건복지부령이 정하는 자로서 아동을 양육하는 자를 말한다. '한부모가족'은 모 또는 부가 세대주(세대주가 아니더라도 세대원을 사실상 부양하는 자 포함)인 가정을 말하고, '아동'은 모 또는 부에 의하여 양육되는 18세 미만(취학중인 때에는 22세 미만)의 자녀를 말한다.

이 법에 따르면, 한부모가족복지에 관한 사항을 상담하거나 지도하기 위하여 특별시장·광역시장·도지사와 시장·군수·구청장은 관할구역 안에 한부모가족복지상담소를 설치할 수 있다. 한부모가족복지상담소는 자격을 갖춘 한부모가족복지상담원을 둔다.

시장·군수·구청장은 매년 1회 이상 관할구역 안의 보호대상자를 조사하여야 한다. 시장·군수·구청장은 보호대상자를 조사한 때에는 그 조사결과를 시·도지사에게 보고하여야 한다. 보호기관은 보호대상자와 피보호자의 실태에 관한 대장을 작성·비치하여야 한다.

국가 또는 지방자치단체는 규정에 의한 복지급여의 신청이 있는 경우 생계비, 아동교육지원비, 직업훈련비 및 훈련기간 중 생계비, 아동양육비, 그 밖에 대통령령이 정하는 비용 등 복지급여를 실시할 수 있다. 다만, 이 법에 의한 보호대상자가 국민기초생활보장법 등 다른 법령에 의하여 보호를 받고 있는 때에는 그 범위 안에서 이 법에 의한 급여를 하지 아니한다.

국가 또는 지방자치단체는 한부모가족복지시설을 설치할 수 있다. 국가 또는 지방자치단체 외의 자가 한부모가족복지시설을 설치·운영하고자 하는 때에는 시장·군수·구청장에게 신고하여야 한다. 국가 또는 지방자치단체는 대통령령이 정하는 바에 의하여 한부모가족복지사업에 소요되는 비용을 보조할 수 있다.

정부는 종합적이고 체계적으로 저소득 한부모가족의 생활안정을 도모하고 복지를 증진하며, 한부모가족이 건강하고 문화적인 생활을 향유할 수 있도록 하기 위하여 저소득 한부모가족 지원사업을 시행한다.

저소득 한부모가족 지원사업의 주요 복지 내용은 재가보호로서 생계비, 자녀교육비, 아동양육비 지원 및 복지자금의 대여, 고용 촉진 알선 등이 있다. 또한 시설보호로서 모자보호시설, 모자자립시설, 미혼모자시설, 가정폭력피해자 보호시설 등에 수용보호함으로써 기본생계 보장과 자립기반을 조성하며, 여성복지상담은 모자가정에 대한 조사, 지도, 시설입소 등에 관한 상담을 실시한다.

2017년 현재 한부모가족복지시설은 111개소(모자가족복지시설 47개소, 부자가족복지시설 4개소, 미혼모자가족복지시설 60개소)이다. 또한 정부는 전국의 17개소를 미

한부모가족복지시설의 종류 (한부모가족지원법 제19조)

모자가족복지시설	모자가족에게 다음 각 목의 어느 하나 이상의 편의를 제공하는 시설 가. 기본생활지원: 생계가 어려운 모자가족에게 일정 기간 동안 주거와 생계를 지원 나. 공동생활지원: 독립적인 생활이 어려운 모자가족에게 일정 기간 동안 공동생활을 통하여 자립을 준비할 수 있도록 주거 등을 지원 다. 자립생활지원: 자립욕구가 강한 모자가족에게 일정 기간 동안 주거를 지원
부자가족복지시설	부자가족에게 다음 각 목의 어느 하나 이상의 편의를 제공하는 시설 가. 기본생활지원: 생계가 어려운 부자가족에게 일정 기간 동안 주거와 생계를 지원 나. 공동생활지원: 독립적인 생활이 어려운 부자가족에게 일정 기간 동안 공동생활을 통하여 자립을 준비할 수 있도록 주거 등을 지원 다. 자립생활지원: 자립욕구가 강한 부자가족에게 일정 기간 동안 주거를 지원
미혼모자가족복지시설	미혼모자가족과 출산 미혼모 등에게 다음 각 목의 어느 하나 이상의 편의를 제공하는 시설 가. 기본생활지원: 미혼 여성의 임신·출산 시 안전 분만 및 심신의 건강 회복과 출산 후의 아동의 양육 지원을 위하여 일정 기간 동안 주거와 생계를 지원 나. 공동생활지원: 출산 후 해당 아동을 양육하지 아니하는 미혼모 또는 미혼모와 그 출산 아동으로 구성된 미혼모자가족에게 일정 기간 동안 공동생활을 통하여 자립을 준비할 수 있도록 주거 등을 지원
일시지원복지시설	배우자(사실혼 관계에 있는 사람을 포함한다)가 있으나 배우자의 물리적·정신적 학대로 아동의 건전한 양육이나 모의 건강에 지장을 초래할 우려가 있을 경우 일시적 또는 일정 기간 동안 모와 아동 또는 모에게 주거와 생계를 지원하는 시설
한부모가족복지상담소	한부모가족에 대한 위기·자립 상담 또는 문제해결 지원 등을 목적으로 하는 시설

> ### 한부모가족 선정 요건
>
> 한부모가족으로 선정되려면, 다음에 해당하는 세대주(세대주가 아니더라도 세대원을 사실상 부양하는 자를 포함)인 모(부)와 모(부)에 의하여 양육되는 18세 미만(다만, 취학시에는 22세 미만)의 자녀로 이루어진 가정으로서 소득인정액이 최저생계비의 130% 이하인 저소득 한부모가족 선정기준에 적합한 자(국민기초생활보장 수급자는 저소득 한부모가족 선정대상에서 제외되지만 관리는 하여야 함)이어야 한다.
>
> - 배우자와 사별 또는 이혼하거나 배우자로부터 유기된 여성(남성)
> - 정신이나 신체장애로 인하여 장기간 근로능력을 상실한 배우자를 가진 여성(남성)
> - 미혼모 · 부(사실혼 관계에 있는 자는 제외)
> - 배우자의 생사가 분명하지 아니한 여성(남성)
> - 배우자 또는 배우자 가족과의 불화 등으로 인하여 가출한 여성(사실상 가계운영을 혼자 담당하는 남성)
> - 배우자와 해외거주 · 장기복역 등으로 인하여 부양을 받을 수 없는 여성
>
> 저소득 한부모가족 선정기준은 한부모가족지원법 제5조 및 동법시행규칙 제3조에 의거하여, 가구원수별로 재산과 월소득의 기준에 맞을 때 보호를 받을 수 있다.

혼모·부지원 거점기관(건강가정지원센터)을 통해 자녀양육과 경제자립을 위한 포괄적이고 종합적인 지원서비스를 제공한다.

저소득 한부모가족으로서 근로능력 및 자립자활의지가 뚜렷하고 현실성 있는 사업계획을 제시하는 자에게 복지자금을 대출한다. 대출기준과 조건은 1인당 대여한도액 2,000만원 이내이고, 대출이율은 연리 4.5% 이내의 고정금리이다. 다만, 연체이율은 지정금융기관(농협)의 소정 연체이율에 따른다. 대출기간은 5년 거치 5년 분할상환이고, 보증인 자격요건은 해당금융기관의 여신관리 규정에 따른다. 상환방법은 거치기간 중의 이자와 상환기간 중의 원리금(원금은 균등분할)은 매월, 연2회, 연4회 중 대출신청자가 선택할 수 있다.

저소득 한부모가족의 13세 미만의 아동에게 1인당 월 12만원의 아동양육비, 조손가족과 만 25세 이상 미혼한부모의 만 5세 이하 자녀 1인당 월 5만원의 추가 아동양육비, 중·고등학생 자녀 1인당 연 54,100원의 학용품비, 한부모가족복지

시설에 입소한 가구당 월 5만원의 생활보조금를 지원한다. 다만, 국민기초생활보장법 등에 의해 생계비를 지원받는 경우에는 제외된다. 교육비 지원은 같은 세대의 고등학생 자녀에게 입학금과 수업료를 지원하는 것이다.

모자보호시설에 입소하기 위해서는 입소대상자로서 입소절차를 밟아야 한다. 입소대상자는 한부모가족지원법 제4조의 규정에 의한 모母로서 18세 미만(취학 시 22세 미만) 아동을 양육하는 무주택 저소득 모자가정, 미혼모자시설 퇴소자 중 스스로 아동을 양육하는 미혼모이다. 입소절차는 구청 상담을 거쳐 가족관계증명서 1통과 시설입소신청서를 제출해야 한다. 보호기간은 3년 이내이고, 1년 단위로 기간연장을 할 수 있다.

미혼모자시설의 입소대상은 임산부와 출산후(6월 미만) 보호가 요구되는 미혼모로서 분만혜택과 숙식보호가 필요한 사람이다. 입소절차는 구청상담을 거쳐 입소(신원은 주민등록증으로 확인)하고, 보호기간은 6월(6월 연장가능)이다.

4. 성매매방지 상담과 보호

성매매방지및피해자보호등에관한법률은 성매매를 방지하고 성매매피해자 및 성을 파는 행위를 한 사람의 보호와 자립을 지원하는 것을 목적으로 2004년에 제정되었다. 이 법이 제정되면서, 1961년에 제정된 윤락행위등방지법은 폐지되었다.

이 법 제3조에 따르면, 국가와 지방자치단체는 성매매를 방지하고 성매매피해자 및 성을 파는 행위를 한 사람의 보호와 자립을 지원하기 위하여 성매매, 성매매알선등행위 및 성매매 목적의 인신매매를 방지하기 위한 조사·연구·교육·홍보, 성매매피해자 등의 보호와 자립을 지원하기 위한 시설(외국인여성을 위한 시설 포함)의 설치 운영에 대한 법적·제도적 장치를 마련하고 필요한 행정적·재정적 조치를 하여야 한다. 또한 국가는 성매매 목적의 인신매매의 방지를 위한 국제 협력을 증진하기 위하여 노력하여야 한다.

이 법 제9조에 의하면, 성매매피해자등을 위한 지원시설의 종류는 다음 각 호와 같다.

1. 일반지원시설: 성매매피해자등을 대상으로 1년의 범위에서 숙식을 제공하고 자립을 지원하는 시설
2. 청소년지원시설: 19세 미만의 성매매피해자등을 대상으로 19세가 될 때까지 숙식을 제공하고, 취학·교육 등을 통하여 자립을 지원하는 시설
3. 외국인지원시설: 외국인 성매매피해자등을 대상으로 3개월(「성매매알선 등 행위의 처벌에 관한 법률」제11조에 해당하는 경우에는 그 해당 기간)의 범위에서 숙식을 제공하고, 귀국을 지원하는 시설
4. 자립지원공동생활시설: 성매매피해자등을 대상으로 2년의 범위에서 숙박 등의 편의를 제공하고, 자립을 지원하는 시설

일반지원시설의 장은 1년 6개월의 범위, 청소년지원시설의 장은 2년의 범위, 자립지원공동생활시설의 장은 2년의 범위에서 여성가족부령으로 정하는 바에 따라 지원기간을 연장할 수 있다.

국가 또는 지방자치단체는 지원시설을 설치·운영할 수 있다. 국가 또는 지방자치단체 외의 자가 지원시설을 설치·운영하려면 특별자치도지사, 시장·군수·구청장에게 신고하여야 한다. 이 법 제7조에 따르면, 지원시설의 업무는 일반지원시설, 청소년지원시설, 외국인지원시설, 자립지원공동생활시설별로 구분된다. 일반지원시설은 다음 각 호의 업무를 행한다(법 제11조).

1. 숙식 제공
2. 심리적 안정과 피해 회복을 위한 상담 및 치료
3. 질병치료와 건강관리를 위하여 의료기관에 인도引渡하는 등의 의료지원
4. 수사기관의 조사와 법원의 증인신문證人訊問에의 동행
5. 「법률구조법」제8조에 따른 대한법률구조공단 등 관계 기관에 필요한 협조와 지원 요청
6. 자립·자활 교육의 실시와 취업정보 제공
7. 「국민기초생활 보장법」등 사회보장 관계 법령에 따른 급부給付의 수령 지원
8. 기술교육(위탁교육을 포함한다)

9. 다른 법률에서 지원시설에 위탁한 사항

10. 그 밖에 여성가족부령으로 정하는 사항

청소년지원시설은 일반지원시설의 업무 외에 진학을 위한 교육을 제공하거나 교육기관에 취학을 연계하는 업무를 수행한다. 외국인지원시설은 일반지원시설의 제1호부터 제5호까지 및 제9호의 업무와 귀국을 지원하는 업무를 수행한다. 자립지원공동생활시설은 숙박 지원, 취업 및 창업을 위한 정보 제공, 그 밖에 사회 적응을 위하여 필요한 지원으로서 여성가족부령으로 정하는 사항을 행한다.

국가 또는 지방자치단체는 성매매피해상담소를 설치·운영할 수 있다. 국가 또는 지방자치단체 외의 자가 상담소를 설치·운영하려면 특별자치도지사, 시장·군수·구청장에게 신고하여야 한다. 상담소에는 상담실을 두어야 하며, 이용자를 임시로 보호하기 위한 보호실을 운영할 수 있다. 이 법 제18조에 따르면, 성매매피해상담소는 다음 각호의 업무를 행한다.

1. 상담 및 현장방문
2. 지원시설이용에 관한 고지 및 지원시설에의 인도 또는 연계
3. 성매매피해자의 구조
4. 제11조제1항 제3호부터 제5호까지의 업무
5. 성매매 예방을 위한 홍보와 교육
6. 다른 법률에서 상담소에 위탁한 사항
7. 성매매피해자 등의 보호를 위한 조치로서 여성가족부령으로 정하는 사항

국가는 성매매방지활동 및 성매매피해자 등에 대한 지원서비스 전달체계의 효율적인 연계·조정 등을 위하여 성매매방지중앙지원센터를 설치·운영할 수 있다. 중앙지원센터는 다음 각 호의 업무를 수행한다(법 제19조).

1. 지원시설·자활지원센터·상담소 간 종합 연계망 구축
2. 성매매피해자 구조체계 구축·운영 및 성매매피해자등 구조활동의 지원

3. 법률·의료 지원단 운영 및 법률·의료 지원체계 확립
4. 성매매피해자 등의 자활·자립 프로그램 개발·보급
5. 성매매피해자 등에 대한 지원대책 연구 및 홍보활동
6. 성매매 실태조사 및 성매매 방지대책 연구
7. 성매매 예방교육프로그램의 개발
8. 상담원의 교육 및 양성, 상담기법의 개발 및 보급
9. 그 밖에 여성가족부령으로 정하는 사항

한국여성단체연합 www.women21.or.kr 참조

2021년 현재 성매매피해상담소는 30개소이고, 보호와 숙식제공 그리고 자활지원을 위한 일반지원시설 24개소, 청소년지원시설 15개소, 자립지원공동생활시설 12개소, 자활지원센터 12개소, 대안교육위탁기관 2개소, 외국인지원시설 1개소 등 합계 96개소가 운영되고 있다.

5. 통합적 가족정책

2004년에 제정되고 2005년부터 시행된 건강가정기본법은 한국의 가족정책은 일부 보호가 필요한 가족을 위한 복지에서 통합적 가족정책을 구현하기 위한 기초가 되었다. 이 법은 건강한 가정생활의 영위와 가족의 유지 및 발전을 위한 국민의 권리·의무와 국가 및 지방자치단체 등의 책임을 명백히 하고, 가정문제의 적절한 해결방안을 강구하며 가족구성원의 복지증진에 이바지할 수 있는 지원정책을 강화함으로써 건강가정 구현에 기여하는 것을 목적으로 한다.

정부는 가족정책의 기본방향으로 가족기능 강화, 가족친화적 사회환경 조성, 관련 서비스 연계와 효율화로 가족정책 체감도 향상을 삼고 있다. 이를 위하여 정부는 가족정책의 역점 추진과제로 가족기능 강화, 다양한 가족의 자립역량강화, 일과 가정의 양립지원, 가족정책 인프라 확충을 설정하고 있다. 통합적 가족정책은 지향해야 할 점이고 현재 진행형이다.

가족기능 강화를 위하여 양육자의 일시적이고 긴급한 돌봄이 필요한 가정에 아이돌보미서비스를 제공하고, 가족에 대한 상담·교육·문화사업을 확대한다. 아이돌보미사업은 양육자의 야근출장 등 일시적이고 긴급한 돌봄이 필요한 가정에 아이돌보미 서비스를 제공함으로써 시설보육의 사각지대를 해소하여 아동의 안전한 보호 및 가족의 아동양육 부담을 경감해 준다. 0세(3개월 이상) ~만 12세 아동이 있는 서비스 이용 희망가정 중 가구 소득이 전국가구 월평균 소득의 100% 이하인 경우에 받을 수 있다.

건강가정지원센터는 수요자 중심의 서비스 전달체계를 갖추고 지역 주민의 특성을 고려한 맞춤형 가족지원서비스를 제공함으로써 가족의 안정성 강화 및 가족관계를 증진하고자 한다. 중앙건강가정지원센터는 다양한 가족지원 프로그램 연구 개발 및 보급, 센터 종사자 교육, 지방센터 사업운영 지원 및 평가, 가족관련 정보제공(DB 구축) 및 전국단위 가족문화운동을 전개하고, 지방건강가정지원센터는 다양한 가족형태에 맞는 가족교육, 가족상담 제공, 지역주민 대상의 가족문화 개선·홍보사업 추진, 지역특성을 반영한 지역 특화사업 추진, 지역주민의 가족서비스 욕구조사, 가족관련 정보제공 등을 수행한다. 2016년 현재 중앙센터 1개소, 지방센터 151개소 등이 있다.

다양한 가족의 자립역량 강화를 위하여 다문화가족의 안정적인 가족생활을 통해 삶의 질 향상과 사회통합을 도모한다. 다문화가족지원사업은 다문화가족을 위한 가족교육·상담·문화 프로그램 등 서비스 제공을 통해 결혼이민자의 한국사회 조기적응과 다문화가족의 안정적인 가족생활을 지원하는 것이다.

이를 효과적으로 수행하기 위해서는 단계별 접근이 필요하다. 입국 전 결혼준비기에는 국제결혼중개업 등록제, 입국 전 현지 오리엔테이션 프로그램, 한국인 예비배우자 결혼준비교육 등을 통해서 국제결혼 과정에서 인권보호에 역점을 둔다. 입국 초 가족관계 형성기에는 한국어교육, 문화이해교육, 가족통합교육, 상담 등 종합 서비스를 제공하여 결혼이민자의 조기적응과 안정적 생활을 지원한다. 가정폭력 피해 상담·보호를 위해 이주여성 긴급전화 및 전용쉼터, 법률구조기관 등 관련기관간 연계를 강화한다. 자녀양육과 정착기에는 다문화가족 자녀의 양육·교육을 지원한다. 역량강화기에는 결혼이민자의 경제·사회적 자립을 지원한다. 이를 위해서 결혼이민자의 직업교육·훈련을 실시하고, 통번역 요원과 다문화강사 등 결혼이민자 적합 직종을 개발하며, 국가별 결혼이민자 자조모임을 지원한다.

다문화가족의 안정적인 정착과 가족생활을 지원하기 위해 한국어·문화교육, 가족교육·상담, 자녀지원, 직업교육 및 다문화인식개선 등 다양한 프로그램을 통합적으로 제공 및 연계하는 원스톱 서비스 기관인 다문화가족지원센터가 전국에서 운영중이다. 다문화가족지원센터는 2006년 21개소에서 2009년 100개소, 그리고 2017년에 217개소가 운영되고 있다. 다문화가족지원사업은 2008년 3월에 제정되고 2008년 9월 22일에 시행된 다문화가족지원법에 의하여 제도적 뒷받침을 받고 있다. 한부모·조손가족의 자녀 양육지원을 위하여 고교생학비(입학금, 수업료)와 아동양육비를 지원한다.

일과 가정의 양립지원을 위하여 가족친화적 직장환경을 조성하고, 노인부양이나 아동양육 등 가족돌봄을 지역사회 차원에서 분담할 수 있는 환경과 시설·공간 등 생활여건을 조성하고자 한다.

가족정책 인프라 확충을 위하여 건강가정지원센터와 다문화가족지원센터를 중심으로 하면서 시·도, 시·군·구 등 공공기관, 가족관련 민간기관과 협력하여 가족돌봄 자원의 연대를 구축한다.

Ⅳ. 사회복지에서 여성차별

여성을 위한 사회복지는 점차 일부 여성의 보호에서 전체 여성의 평등한 삶과 인권보장을 위한 사업으로 바뀌는데, 아직도 전체 사회복지에서 성 인지적 관점은 매우 부족한 상황이다.

한국의 사회복지는 가부장제도를 전제로 발달되었기 때문에, 성인지적 관점에서 볼 때 여성에 대한 차별이 제도화된 경우가 많다. 모자복지가 부자복지보다 먼저 발달되고, 여성복지는 있어도 남성복지가 별도로 없기 때문에 여성에 대한 긍정적 차별이 있는 것처럼 보이지만, 사회복지에서 여성에 대한 차별은 여전하다.

사회복지 전반에 대한 성인지적 관점을 갖고, 여성에 대한 차별이 심각한 영역부터 양성평등적 관점에서 재검토해야 한다. 그 중 대표적인 사례를 살펴보면 다음과 같다.

1. 사회보험 적용대상자에서 차별

한국사회에서 사회복지의 큰 흐름이 공공부조에서 사회보험으로 바뀐 계기는 건강보험1977년과 국민연금1988년의 시행이다. 이전에도 산업재해보상보험이 실시되고, 공무원연금·군인연금이 시행되었지만, 전체 국민이 사회보험의 급여를 받게된 것은 건강보험이다.

사회보험의 양대 축인 건강보험과 국민연금의 적용대상자는 개인이지만 급여는 사실상 가족 단위이다. 피보험자인 개인이 적용대상자가 되지만 급여를 받을 때는 피보험자와 그 가족이 함께 받는다.

건강보험은 부부중 한 사람이 피보험자가 되더라도 급여의 내용이 같기 때문에 적용대상자에서 성차별은 큰 문제가 아니다. 그런데 국민연금은 누구의 이름으로 가입하느냐에 따라서 급여의 내용에서 큰 차이가 있기에 피보험자의 성차별은 중요한 문제이다. 국민연금에서 지역가입자의 경우 세대주 한 사람만 당연 가입하게 하는 것은 세대주가 아닌 여성을 국민연금의 '국민'에서 제외시킨다는 문제점이 있다.

또한 최근 적용대상자가 크게 확장된 산재보험과 고용보험의 경우 상시피용자의 수가 1명 이상인 모든 사업장(법으로 정한 일부 사업장을 제외한)은 보험에 가입해야 할 의무가 있다. 하지만, 주로 여성들이 많이 종사하는 음식숙박업 개인서비스업 등은 사회보험의 가입을 기피한다. 사회보험에 적극적으로 가입하는 사업장에서도 비정규직 노동자의 보험가입에 소극적인데, 여성 노동자의 절대 다수가 비정규직이라는 점에서 성차별은 심각하다.

사회보험의 적용대상자에서 여성차별을 줄이기 위해서는 국민연금에 기초연금제도를 도입하여 모든 성인은 국민연금에 가입하게 해야 한다. 또한 비정규직도 산재보험, 고용보험 등에 가입하도록 행정지도를 강화해야 한다.

2. 사회보험 급여에서 차별

사회보험의 급여는 기본적으로 성차별이 없도록 설계되어 있다. 예컨대 국민연금의 피보험자 또는 그 가족은 누구나 노령연금, 장애급여, 유족급여, 반환일시금등을 받을 수 있다. 그런데 기혼 여성의 상당수가 사실상 제도적으로 국민연금의 가입대상자에서 제외되기에 노후에 독자적으로 노령연금을 받을 수 없고 남편의 노령연금에 의존하게 된다.

건강보험의 급여도 모든 피험자와 그 가족에게 동일하게 적용되기 때문에 형식적으로 볼 때는 성차별이 없는 것처럼 보인다. 그런데 여성만이 수진을 받는 산전산후의 의료서비스 중에는 상당수가 요양급여가 되지 않고, 출산아동의 30% 가량이 제왕절개수술에 의해서 태어나지만 이 수술은 건강보험의 급여를 받지 못한다. 여성들이 많이 받는 성형수술도 대부분 건강보험법상 비급여이기 때문에 여성의 본인부담금은 늘어날 수밖에 없다. 건강보험의 급여는 형식상 성차별이 없지만 실질적으로 성차별이 있다.

건강보험의 급여항목을 늘리면 결국 건강보험료의 인상으로 이어지기 때문에 건강에 치명적이지 않는 일부 성형수술을 비급여로 두더라도, 출산은 후계세대를 이어가기 위해서 인류에게 꼭 필요한 일이기 때문에 이에 대한 요양급여를 확대해야 한다.

3. 국민기초생활보장제도 등에서 성인지적 관점

국민기초생활보장제도는 생활능력이 없거나 약한 시민을 대상으로 하는 제도이다. 공공부조도 적용대상자와 급여 내용에서 볼 때, 형식적으로는 성차별이 거의 없다. 그런데 한국사회에서 소득과 재산이 거의 없는 빈민의 대부분이 여성이고, 여성노인들의 상당수가 빈곤자라는 점에서 볼 때, 최저생활에 미치지 못한 생계급여 등은 성차별의 상징이 될 수 있다.

여성운동이 주로 중산층여성에 의한 운동에 그치기 때문에 소비자운동, 환경운동, 여성인권운동 등에 집중되어 있지만, 가난한 여성노인의 기초생활을 보장하는 복지운동에도 각별한 관심을 가져야 할 것이다.

4. 사회복지서비스에서 성인지적 관점

사회복지서비스는 남성보다는 여성에게 좀더 깊은 관심을 가졌다. 모자복지는 오래 전에 제도화되었지만, 부자복지는 최근에야 제도화 된 것이 이를 증명한다.

그런데 사회복지서비스를 자세히 살펴보면, 여성에 대한 부당한 차별이 있고, 여성의 독특성을 인정하지 않는 상황을 발견할 수 있다. 예컨대 아동복지시설에 사는 아동에게 국가는 생계비를 제공할 때, 소녀의 생리적 특성을 인정하지 않는다. 소녀들은 12세 전후가 되면 생리를 하는데도, 생계비를 산출할 때 주식비, 부식비, 피복비 등을 남녀 모두 동일하게 산정하고, 소녀에게 생리대와 같은 위생용품이 별도로 필요하다는 사실을 간과해버린다.

여성이기 때문에 이중적인 차별을 받는 것은 여성장애인에게서 흔히 볼 수 있다. 여성장애인은 장애인이기 때문에 차별받고, 여성이기 때문에 더욱 차별을 받는다. 여성장애인은 저항능력이 낮기 때문에 성폭력의 피해자가 되기 쉽고, 비장애인과 결혼하기 어려우며, 결혼을 할 경우 가사와 자녀양육을 담당해야 하기에 결혼을 포기하도록 강요받는다.

여성을 명시적으로 차별하지 않는 많은 복지정책과 서비스가 실질적으로 여성을 차별한다는 점에서 볼 때, 사회복지에서 성인지적 관점은 매우 중요하다.

V. 여성복지의 과제

여성복지는 일부 요보호여성을 보호하는 정책에서 전체 여성의 삶의 질을 높이고 여성의 권익을 향상하는 사업으로 바뀌었다. 즉 윤락행위등방지에서 여성발전으로, 모자복지에서 한부모가족복지로, 근로여성의 보호에서 양성평등노동으로, 여성단체 지원에서 여성인권 보장으로 그 관점이 바뀐 것은 여성복지의 발전이다.

그러나 한국의 사회복지는 가부장적 문화 속에서 만들어졌기 때문에 여성차별적인 요소가 적지 않다. 성차별을 극복하려는 노력이 있지만, 여성에 대한 차별, 가정폭력, 성폭력, 성매매 등은 계속되고 있다. 사회보험, 공공부조, 사회복지서비스도 성차별을 명시적으로 밝히지 않지만 복지대상자와 급여 내용에서 여성에게 차별적인 경우가 많다.

최근까지 여성복지에 대한 논의는 주로 여성을 위한 사회복지에 한정되었다. 사회복지 속에서 여성의 지위를 보거나, 사회복지와 여성의 관계를 보는 것이 아니라, 여성을 위한 사회복지에 한정해서 살펴보았기 때문이다.

향후 여성과 사회복지의 관계를 올바로 정립하기 위해서는 양성이 평생동안 평등하게 살 수 있는 세상을 전망하면서, 이를 저해하는 문제점을 발견하고, 적절한 대안을 모색해야 한다. 이를 위해서 필자는 다음 몇 가지를 제안한다.

첫째, 여성과 복지정책에 대한 체계적인 모니터링이 필요하다. 여성발전기본법에 의하여 국가와 지방자치단체는 여성발전5개년계획을 세우고 있는데, 이 계획이 제대로 수립되고 있는지, 수립된 정책이 제대로 집행되고 있는지를 지속적으로 평가하는 모임이 활성화되어야 한다.

둘째, 여성에 대한 제반 불평등을 철폐해야 한다. 사회복지에서 성차별을 철폐하는 것만으로 여성이 행복하게 사는 세상을 만들 수 없다. 여성이 보다 행복하게 살 수 있기 위해서는 가부장제와 같이 여성의 발전을 억압하는 제도의 철폐와 남녀차별을 당연시하는 생활문화를 바꾸어가야 한다.

셋째, 여성의 행복을 지향하는 사회복지를 실천하기 위해서도 사회복지실천

현장에서 여성사회복지사의 역할을 재정립해야 한다. 한국여성사회복지사협회 등을 만들어서 사회복지실천현장에서 여성에 대한 차별을 찾고 이를 개선하는 노력이 필요하다. 단지 여성 사회복지사라는 이유만으로 채용, 근무조건, 교육훈련과 승진에서 차별이 일반화되어 있기에 여성사회복지사들이 자각하고 조직적으로 대응해야 한다.

넷째, 성인지적 관점에서 사회복지를 연구하는 한국여성복지학회의 창립을 제안한다. 여성을 위한 복지만을 연구하는 것이 아니라, 여성과 사회복지의 관계를 연구하여, 양성평등의 복지공동체 건설을 연구하고 대안을 실천하는 실천적 학술활동이 필요하다.

SUMMARY
단원 정리

여성복지는 그 대상을 미혼모, 성매매여성, 가출여성, 근로여성, 저소득 여성과 학대받는 여성과 같은 요보호여성을 포함하여 모든 여성이 보다 인간다운 삶을 영위할 수 있도록 국가와 지방자치단체 그리고 사회복지법인 등 민간이 행하는 모든 체계적인 활동이다.

한국의 여성복지는 오랫동안 윤락행위등방지법에 근거하여 부녀복지라는 이름으로 수행되었고, 윤락여성, 빈곤 모자가정, 근로여성 등에 초점을 두어 왔다. 1990년대 이후 여성인권에 대한 각성이 커지면서, 가정폭력과 성폭력범죄 피해자의 인권을 옹호하는 상담과 보호사업이 활성화되고, 성매매의 방지와 성을 판 사람에 대한 보호의 관점도 달라졌다.

여성복지의 주요 내용은 가정폭력 상담과 보호, 성폭력 상담과 보호, 한부모 가족복지, 성매매방지 상담과 보호, 통합적 가족정책 등이다.

가정폭력은 가정구성원 사이의 신체적, 정신적 또는 재산상 피해를 수반하는 행위이다. 가정폭력범죄의 유형에는 상해, 폭행, 유기, 영아유기, 학대, 아동혹사, 체포, 감금, 협박, 명예훼손・모욕, 주거・신체수색, 강요, 재물손괴, 아동구걸 등이 있다.

가정폭력범죄를 알게 된 자는 누구든지 경찰에 신고 혹은 고소할 수 있다. 사건 발생시 경찰은 폭력행위의 제지 및 범죄수사, 피해자의 가정폭력관련 상담소 또는 보호시설 인도 등 응급조치를 취해야 하고, 판사는 폭력 행위자의 격리 등 임시조치와 접근 제한, 보호관찰, 상담위탁 등 필요한 보호처분을 할 수 있다.

성폭력범죄는 강간, 강제추행, 준강간, 준강제추행, 미수범, 강간 등 상해・치상, 강간 등 살인・치사, 미성년자 등에 대한 간음, 업무상위력 등에 의한 간음, 미성년자에 대한 간음, 추행 등을 포함하여 음행매개, 음화반포 등, 음화제조 등, 공연음란, 영리 등을 위한 약취・유인・매매 등을 포괄하는 넓은 개념이다. 국가 또는 지방자치단체는 성폭력피해상담소와 성폭력피해자보호시설을 설치・운영할 수 있고, 사회복지법인 또는 기타 비영리법인이 특별자치도지사 또는 시장・군수・구청장의 인가를 받아 설치・운영하는 상담소와 보호시설을 지원할 수 있다.

한부모가족복지의 주요 복지 내용은 재가보호로서 생계비, 자녀교육비, 아동양육비 지원 및 복지자금의 대여, 고용 촉진 알선 등이 있다. 또한 시설보호로서 모자보호시설, 모자자립시설, 미혼모자시설, 가정폭력피해자 보호시설 등에 수용보호함으로써 기본생계 보장과 자립기반을 조성하며, 복지상담은 한부모가족에 대한 조사, 지도, 시설입소 등에 관한 상담을 실시한다.

국가와 지방자치단체는 성매매를 방지하고 성매매피해자 및 성을 파는 행위를 한 사람의 보호와 자립을 지원하기 위하여 성매매, 성매매알선등행위 및 성매매 목적의 인신매매를 방지하기 위한 조사·연구·교육·홍보, 성매매피해자 등의 보호와 자립을 지원하기 위한 시설의 설치 운영에 대한 법적·제도적 장치를 마련하고 필요한 행정적·재정적 조치를 취하여야 한다.

정부는 가족정책의 기본방향으로 가족기능 강화, 가족친화적 사회환경 조성, 관련 서비스 연계와 효율화로 가족정책 체감도 향상을 삼고, 이를 위하여 가족기능 강화, 다양한 가족의 자립역량 강화, 일과 가정의 양립지원, 가족정책 인프라 확충을 역점과제로 설정하고 있다.

여성을 위한 사회복지는 점차 일부 여성의 보호에서 전체 여성의 평등한 삶과 인권보장을 위한 사업으로 바뀌는데, 아직도 전체 사회복지에서 성 인지적 관점은 부족한 상황이다. 한국의 사회복지는 가부장제도를 전제로 발달되었기 때문에, 성인지적 관점에서 볼 때 여성에 대한 차별이 제도화된 경우가 많다. 대표적인 사례는 사회보험 적용대상자에서 차별, 사회보험 급여에서 차별, 여성의 빈곤화와 빈곤의 여성화, 사회복지서비스에서 여성에 대한 부당한 차별 등이다.

향후 여성과 사회복지의 관계를 올바로 정립하기 위해서는 양성이 평생동안 평등하게 살 수 있는 세상을 전망하면서, 이를 저해하는 문제점을 발견하고, 적절한 대안을 모색해야 한다.

다음 장에서는 사회복지협의회와 지역사회복지관을 중심으로 이루어지고 있는 지역복지에 대해서 살펴보고자 한다.

TERMS
용어 정리

여성복지 여성복지는 그 대상을 미혼모, 성매매여성, 가출여성, 근로여성, 저소득 여성 및 학대받는 여성과 같은 요보호여성을 포함하여 모든 여성이 보다 인간다운 삶을 영위할 수 있도록 국가와 지방자치단체 그리고 사회복지법인 등 민간이 행하는 모든 체계적인 활동이다.

가정폭력 가정폭력은 가정구성원 사이의 신체적, 정신적 또는 재산상 피해를 수반하는 행위이다. 가정구성원에는 일반적인 의미의 가족뿐만 아니라, 사실상의 혼인관계나 사실상의 양친관계, 계모자관계, 적모서자관계, 동거하는 친족관계, 이혼한 부부사이도 포함된다. 가정폭력범죄의 유형에는 상해, 폭행, 유기, 영아유기, 학대, 아동혹사, 체포, 감금, 협박, 명예훼손・모욕, 주거・신체수색, 강요, 재물손괴, 아동구걸 등이 있다.

가정폭력 행위자에 대한 보호처분 판사는 심리의 결과 보호처분이 필요하다고 인정하는 경우에는 행위자가 피해자 또는 가족구성원에게 접근하는 행위의 제한, 친권자인 행위자의 피해자에 대한 친권행사의 제한, 보호관찰등에관한법률에 의한 보호관찰, 보호관찰등에관한법률에 의한 사회봉사・수강명령, 가정폭력방지및피해자보호등에관한법률이 정하는 보호시설에의 감호위탁, 의료기관에의 치료위탁, 상담소 등에의 상담위탁 등 보호처분을 결정할 수 있다.

가정폭력관련상담소 가정폭력관련상담소는 가정폭력을 신고받거나 이에 관한 상담에 응하는 일, 가정폭력으로 인하여 정상적인 가정생활 및 사회생활이 어렵거나 기타 긴급히 보호를 필요로 하는 피해자에 대한 임시보호를 하거나 의료기관 또는 가정폭력피해자보호시설로의 인도, 행위자에 대한 고발등 법률적 사항에 관한 자문을 얻기 위한 대한변호사협회 또는 지방변호사회 및 대한법률구조공단 등에 필요한 협조와 지원의 요청, 경찰관서 등으로부터 인도받은 피해자의 임시보호, 가정폭력의 예방 및 방지에 관한 홍보, 기타 가정폭력 및 피해에 관한 조사・연구 등 수행하는 기관이다.

가정폭력피해자보호시설 가정폭력피해자보호시설은 가정폭력관련상담소의 업무, 피해자를 일시보호하는 일, 피해자의 신체적・정신적 안정 및 가정복귀를 돕는 일, 다른 법률에 의하여 보호시설에 위탁한 사항, 기타 피해자의 보호를 위하여 필요한 일 등을 수행하는 기관이다.

성폭력범죄　성폭력범죄는 강간, 강제추행, 준강간, 준강제추행, 미수범, 강간 등 상해·치상, 강간 등 살인·치사, 미성년자 등에 대한 간음, 업무상위력 등에 의한 간음, 미성년자에 대한 간음, 추행 등을 포함하여 음행매개, 음화반포 등, 음화제조 등, 공연음란, 영리 등을 위한 약취·유인·매매 등을 포괄하는 넓은 개념이다.

성폭력피해상담소　성폭력피해상담소는 성폭력피해의 신고접수와 이에 관한 상담, 성폭력피해로 인하여 정상적인 가정생활 또는 사회생활이 곤란하거나 그 밖의 사정으로 긴급히 보호할 필요가 있는 사람과 성폭력피해자보호시설 등의 연계, 피해자의 질병치료와 건강관리를 위하여 의료기관에 인도하는 등 의료 지원, 피해자에 대한 수사기관의 조사와 법원의 증인신문 등에의 동행, 성폭력행위자에 대한 고소와 피해배상청구 등 사법처리 절차에 관하여 대한법률구조공단 등 관계 기관에 필요한 협조 및 지원 요청, 성폭력 예방을 위한 홍보 및 교육, 그 밖에 성폭력 및 성폭력피해에 관한 조사·연구를 수행하는 기관이다.

성폭력피해자보호시설　성폭력피해자보호시설은 성폭력피해상담소의 업무, 성폭력피해자를 일시보호하는 일, 성폭력피해자의 신체적·정신적 안정회복과 사회복귀를 돕는 일, 기타 성폭력피해자의 보호를 위하여 필요한 일 등을 수행하는 기관이다.

한부모가족복지　한부모가족복지는 저소득 한부모가족의 생활안정을 도모하고 복지를 증진하며, 한부모가족이 건강하고 문화적인 생활을 향유할 수 있도록 하기 위하여 저소득 한부모가족 지원사업이다. 주요 복지 내용은 재가보호로서 생계비, 자녀교육비, 아동양육비 지원 및 복지자금의 대여, 고용 촉진 알선 등이 있다. 또한 시설보호로서 모자보호시설, 모자자립시설, 미혼모자시설, 가정폭력피해자 보호시설 등에 수용보호함으로써 기본생계 보장과 자립기반을 조성하며, 복지상담은 한부모가족에 대한 조사, 지도, 시설입소 등에 관한 상담을 실시한다.

한부모가족복지시설 한부모가족복지시설의 종류는 모자보호시설, 모자자립시설, 부자보호시설, 부자자립시설, 미혼모시설, 일시보호시설, 여성복지관, 한부모가족상담소 등이다. 그중 모자보호시설은 생활이 어려운 모자가정을 일시 또는 일정기간 보호하여 생계를 지원하고 퇴소후 자립기반을 조성하도록 지원하는 것을 목적으로 하는 시설이고, 모자자립시설은 자립이 어려운 모자가정에 대하여 일정기간 주택편의만을 제공함을 목적으로 하는 시설이다.

여성복지관 여성복지관은 한부모가족복지시설의 하나로, 모자가정 및 미혼여성에 대한 각종 상담을 실시하고 생활지도, 생업지도, 탁아 및 직업보도를 행하는 등 모자가정 및 미혼여성의 복지를 위한 편의를 종합적으로 제공하는 것을 목적으로 하는 시설이다.

성매매피해자 지원시설 성매매피해자 등을 위한 지원시설의 종류에는 일반지원시설, 청소년지원시설, 외국인여성지원시설, 자활지원센터 등이 있다. 그중 일반지원시설은 성매매피해자 등을 대상으로 6월 이내의 범위에서 숙식을 제공하고 자립을 지원하는 시설이고, 청소년지원시설은 청소년인 성매매피해자 등을 대상으로 1년 이내의 범위에서 숙식을 제공하고 취학·교육 등을 통하여 자립을 지원하는 시설이며, 외국인여성지원시설은 외국인 여성인 성매매피해자 등을 대상으로 3월 이내의 범위에서 숙식을 제공하고 귀국을 지원하는 시설이고, 자활지원센터는 성매매피해자 등을 대상으로 자활에 필요한 지원을 제공하는 이용시설이다.

SELF STUDY GUIDE
자기평가와 과제

1. 우리 주변에서 가정폭력 피해자가 도움을 받을 수 있는 상담기관은 어디에 있고, 그곳에서 어떤 상담과 보호업무를 수행하는 지를 알아본다.
2. 성폭력을 당한 청소년이나 여성이 긴급히 상담을 받고 위기상황에서 일시보호와 의료적 법적 서비스를 받고자 할 때, 도움을 주는 곳은 어디인지 알아보고 그 기관의 구체적인 활동상황을 알아본다.

3. 경제적으로 어려운 한부모가족(모자가족과 부자가족)이 정부와 한부모가족복지시설로부터 도움을 받을 수 있는 내용과 그 절차를 알아본다.
4. 여성이기 때문에 국민연금 혹은 건강보험 등 사회보험에서 성차별을 받고 있는 내용이 무엇인지를 알아보고, 그 개선방안을 제안한다.
5. 사회복지시설, 기관, 단체 등에서 일하는 여성사회복지사의 근무조건을 알아보고, 여성 사회복지사가 평생 동안 평등하고 평화롭게 일할 수 있는 방안을 구체적으로 제안한다.

REFERENCE
참고 문헌

광주광역시(2000), 『광주여성발전사』.

광주광역시(2000), 『시정백서』.

광주대학교 사회복지학부(2002), 『21세기 여성복지와 전문 여성복지인의 방향과 과제』.

권진숙 · 신혜령 · 김정진 · 김성경 · 박지영(2006), 『가족복지론』, 공동체.

김규수 · 오현숙(2006), 『가족치료-이론과 실제』, 양서원.

김영화 · 이진숙 · 이옥희(2010), 『성인지적 가족복지론』, 양서원.

김영화 · 조희금 · 명선영 · 권신영 · 공정원(2006), 『현대사회와 여성복지』, 양서원.

김인숙 · 정재훈(2008), 『여성복지실천과 정책』, 나남출판.

양옥경(2005), 『가족과 사회복지』, 이화여자대학교 출판부.

이수애 외(2003), 『전남여성 100년』, 전라남도.

이영철 외(2003), 『사회복지학』, 양서원.

이용교(2004), 『디지털 복지시대』, 인간과복지.

조흥식 · 김혜현 · 신혜섭 · 김혜란(2006), 『여성복지학』, 학지사.

최경석 · 김양희 · 김성천 · 김진희 · 박정윤 · 윤정향(2006), 『한국가족복지의 이해』, 인간과복지.

최명민 · 이선혜(2007), 『가족복지의 정책과 실천』, 공동체.

최선화(2005), 『여성복지론』, 학현사.

최선화 · 오영란(2009), 『여성복지론』, 공동체.

최현미 · 이혜경 · 신은주 · 최승희 · 김연희 · 송성실(2010), 『다문화가족복지론』, 양서원.

RECOMMANDED FILM
추천 영화

적과의 동침 Sleeping with the Enemy	1991, 조셉 루벤
어둠 속의 외침 A Cry In The Dark	1988, 프레드 쉐피시
내 어머니의 모든 것 All About My Mother	1999, 페드로 알모도바르
델마와 루이스 Thelma & Louise	1991, 리들리 스콧
원 트루 씽 One True Thing	1998, 칼 프랭클린
해리가 샐리를 만났을 때 When Harry met Sally...	1989, 로브 라이너
스텝맘 Stepmom	1998, 크리스 콜럼버스
매디슨 카운티의 다리 The Bridges of Madison County	1995, 클린트 이스트우드
인도차이나 Indochine	1992, 레지스 바르니에
노블리 Where the Heart Is	2000, 맷 윌리엄스
바람난 가족 A Good Lawyer's Wife	2003, 임상수
호스 위스퍼러 The Horse Whisperer	1998, 로버트 레드포드
흐르는 강물처럼 A River Runs Through It	1992, 로버트 레드포드
스토리 오브 어스 The Story of Us	1999, 로브 라이너
오만과 편견 Pride & Prejudice	2005, 조 라이트
라임 라이프 Lyme Life	2008, 데릭 마티니
아이 엠 러브 I am love	2009, 루카 구아다그니노
사랑은 언제나 진행중 The Rebound	2009, 바트 프룬디치
친정엄마	2010, 유성엽
로마에서 생긴 일 When in Rome	2010, 마크 스티븐 존슨
엉클 분미 Uncle Boonmee Who Can Recall His Past Lives	2010, 아핏차퐁 위라세타쿤

INTERNET LINK
관련 사이트

한국복지교육원	www.okwelfare.net
광주광역시여성발전센터	www.woman.gjcity.net
광주여성의전화	www.gjhotline.org
광주여성민우회	www.gjwomenlink.or.kr
광주YWCA	www.kjywca.or.kr

법제처	www.moleg.go.kr
시민과 함께 꿈꾸는 복지공동체	cafe.daum.net/ewelfare
여성가족부	www.mogef.go.kr
한국여성정책연구원	www.kwdi.re.kr
한국여성단체연합	www.women21.or.kr
한국여성단체협의회	www.iwomen.or.kr
한국여성민우회	www.womenlink.or.kr
한국여성의전화연합	www.hotline.or.kr
한국YWCA	www.ywca.or.kr

11 지역복지의 이해

I. 지역복지의 개념과 내용

1. 지역사회의 개념

지역복지 혹은 지역사회복지community welfare란 낱말은 지역과 사회복지의 합성어로서 지역 차원에서의 사회복지라는 의미를 가진다. 지역복지는 지역사회조직community organization, 지역사회계획community planning, 지역사회사업community work등과 그 의미가 조금씩 다르지만 혼용되기도 한다.

지역복지의 의미를 보다 명확히 파악하기 위해서는 '지역' 혹은 '지역사회'로 불리는 community란 낱말에 주목할 필요가 있다. 영어의 community는 common, communal과 같은 어원을 가지고 있으며, 이것은 공동소유, 공동체, 공동운명체 등의 뜻을 지니고 있다.

맥키버R. M. Maciver는 지역사회를 공동생활권이라 하고, 지역사회의 기초는 지역성과 지역사회의식이 수반되어야 한다고 하였다. 지역사회에서 특정한 지리적 기반이 중요하지만, 그 지역에 소속되어 있다는 의식도 중요하다는 것이다.

시대와 장소에 따라 생활양식이 바뀌면 지역사회도 바뀐다. 자본주의사회 이전에는 사회의 지역적 한계를 규정하는 것은 토지소유이었다. 서구 봉건사회에서 영주의 지역지배는 그의 토지소유에 의해 규정되었고, 그곳에서 지역사회도 영주적 토지소유 아래에서 토지의 공동이용을 단위로 하여 이루어졌다. 자본주의사회가 생기자 자급자족적 단위로서의 공동체는 해체되고, 자본의 단일 지배에 의해 지역성은 급속히 상실되어 갔다. 이 같은 상황에서 지역은 정치적 지배의 단위로서만 의미를 가지게 되었고, 지역사회 또는 공동체는 전과 다른 역사적 의미와 내용을 지니게 되었다.

오늘날 주민의 지역적 구분은 크게는 국가 또는 민족국가의 형태로 나누어지고, 작게는 그 속에서의 행정적 구분, 즉 시·도, 시·군·구, 읍·면·동의 형태로 나누어진다. 이처럼 현재의 지역사회는 예전과 같은 자생적·자연적 단위가 아니고, 인위적·행정적 단위로 성립되어 있다.

이러한 변화에도 불구하고 일상생활권으로서 지역사회의 중요성은 남아 있다. 즉 생활권을 시장권, 통학권, 종교생활권, 통근권 등으로 측정하여 볼 때, 지역사회가 자연마을에서 읍·면·동을 거쳐 시·군·구로 확장되었지만, 시민들의 일상생활은 지역사회를 크게 벗어나지 않고 있다.

시대와 장소에 따라 지역사회의 크기와 소속감은 조금씩 달라지지만, 대부분의 지역사회가 공통으로 수행하는 주요한 기능이 있다. 그 대표적인 기능은 생산과 분배 그리고 소비, 사회화, 사회통제, 사회통합 그리고 상호부조의 기능이다(최일섭 외, 2000: 10-13).

그 중 지역사회의 상호부조 기능은 복지적 관점에서 볼 때 매우 중요하다. 즉 개인과 가족은 누구나 질병, 사망, 실업, 산업재해 등 사회적 사고에 노출될 수 있고, 경제적 제도의 부적절한 운용에 의해서 자립할 수 없는 경우에 놓이게 될 때, 외부의 도움을 받지 않을 수 없다.

전통사회에서 상호부조는 주로 가족과 친척, 동네사람 등 일차적 집단에 의해서 이루어졌지만, 현대사회에서 이러한 기능이 정부와 민간 사회복지기관 등으로 옮겨졌다. 빈곤, 노령, 사망 등에 대한 현금급여는 주로 중앙정부 차원에서 획일적으로 이루어지지만 환자, 장애인, 노인 등에 대한 대인 복지서비스는 지역사회를 단위로 하여 사회복지기관에 의해서 이루어진다는 점에서 볼 때 지역사회는 여전히 중요하다.

2. 지역복지의 대두

지역복지의 역사적 기원은 19세기 후반 자선조직협회와 인보관 운동에서 찾을 수 있지만, 미국에서는 1차 세계대전 후 지역공동모금, 대공항 후 공공복지사업, 그리고 1960년대 빈곤과의 전쟁으로 정착되었다.

지역복지의 초기 형태는 지역사회조직을 강조하였다. 지역사회조직은 지역개발, 사회계획, 사회행동 등을 포괄하는데, 그 중 지역사회개발은 정부가 지역사회의 개발을 위해서 정책을 정하여 지도·실시함을 말한다. 1950년대에 국제연합이 개발도상국에 대한 개발계획의 일환으로서 제창한 것이지만, 오늘날에는 선진국도 포함하여 지역활동을 통한 복지향상을 도모하려는 것이다. 지역활동을 통한 사회생활의 향상이라는 점에서 새마을운동과도 상통한다.

1970년대 후반 이후 지역복지가 새롭게 강조된 것은 사회복지의 관심사가 경제적 빈곤의 해결에서 각종 생활문제의 해결로 바뀐 것과 밀접히 관련되었다.

전통사회에서 사회복지는 오직 경제적 빈곤을 해결하기 위해서 노력할 수밖에 없었다. 그러나 경제사회의 변동, 국민생활과 의식의 변화에 따라 경제적 빈곤뿐 아니라 각종 생활문제가 사회복지의 과제로 대두하게 되었다. 이때부터 사회복지의 과제는 경제적인 결핍과는 상이한 것으로 그 성격도 개인, 가족, 지역사회의 형태와 상황에 따라 각기 다르게 나타나며, 그 발생도 개별적이면서도 다양하게 나타나게 되었다.

이러한 사회복지욕구의 변화와 함께 가족부양기능의 감퇴, 사회연대성의 결여 등이 심각한 사회문제로 대두되어 사회적으로 해결해야 할 생활상의 욕구가 확대되어 전체적으로 사회복지 수요를 증대시켰다. 이런 의미에서 지역복지는 새로운 양식의 사회복지이기도 하다. 즉 전통사회에서 사회복지는 부랑인과 빈민 등 일부 소외계층의 사회적응을 목표로 한 것이라면, 현대사회에서 사회복지는 노인, 장애인, 환자 등을 포함하여 모든 사람이 자신이 살고 있는 지역사회에서 행복하게 살 수 있는 재가복지(일본에서는 '재택복지'라 한다) 시스템을 구축하는 것으로 바뀌어야 한다.

따라서 지역복지는 요보호대상자를 복지시설에 수용하여 보호하는 방식을 벗어나서 자신이 살고 있는 집에서 혹은 지역에서 적절한 서비스를 받을 수 있고, 극히 일부 대상자에게 선별적으로 제공되는 것이 아니라 대부분의 시민에게 보편적으로 제공되어야 한다는 점이 특징이다. 빈곤과 같은 화폐적 욕구에 대한 대응이 아니라, 요양이 필요한 노인과 장애인에 대한 각종 대인서비스는 지역사회에서 상시적으로 제공되어야 하기 때문에 재가복지를 중심으로 한 지역복지가 꾸준히 개발되었다.

3. 지역복지의 내용

永田幹夫는 지역복지론이란 책에서 "지역복지란 사회복지서비스를 필요로 하는 개인, 가족의 자립을 지역사회 속에서 확립함을 목적으로 하고, 이를 가능케 하는 지역사회의 통합화와 생활기반 형성에 필요한 생활거주조건 정비를 위한 환경개선 서비스의 개발과 대인 복지서비스 체계의 창설, 개선, 동원, 운용을 포함하여 이를 실현하기 위한 조직화 활동의 총체를 말한다"고 정의하였다(김현훈 외 역, 2000: 63).

또한 지역복지의 구성요소로 재택복지서비스, 환경개선 서비스, 조직활동 등을 들었다. 위의 지역복지의 개념과 내용은 그가 일본의 전국사회복지협의회 재임시 동료들과 함께 연구한 틀이고, 일본 사회에서 폭넓게 수용되었다. 이를 보다 상세히 소개하면 다음과 같다(김현훈 외 역, 2000: 64-70).

(1) 재택복지서비스

재택복지서비스는 크게 예방적 서비스, 전문적 보호 서비스, 재택보호 서비스 그리고 복지증진 서비스 네 가지로 구성되고, 그 중 전문적 보호와 재택 보호를 협의의 재택복지서비스라고 부른다.

예방적 서비스는 요보호 상태에 빠지는 것을 예방하기 위한 서비스로 그 대상은 요보호자뿐만 아니라 요보호상태에 빠질 위험성이 있는 사람들과 경우에 따라서는 일반 주민이 되기도 한다. 예를 들면, 노인복지에 있어서 노화에 따라 발생하게 되는 의존적 상태의 예방, 장애인복지에서의 장애의 발생방지를 위한 제반 활동 등이다.

전문적 보호 서비스는 전문적 또는 준전문적 서비스를 내용으로 일정 수준 이상의 의료·간호, 재활, 교육, 상담 등과 질 높은 신변수발의 사회복지서비스 등을 말하며, 전문기관·시설의 활동을 필요로 하고 전문가·준전문가에 의한 방문서비스 등이 중요하다.

재택보호 서비스는 일상적인 원조서비스라고 할 수 있으며 가족의 욕구충족 기능이 어떠한 사정으로 인해 충분히 기능하지 못할 때 가족을 대신하거나 또는 이를 보충하는 것으로 가사, 신변수발, 정서적 안정원조 등이 주체가 되며 반드시 전문적일 필요는 없다. 예를 들면, 가정봉사원 서비스, 급식·배식, 목욕, 세탁, 이불건조, 장보기, 보행의 원조 등 각종의 서비스가 포함된다.

복지증진 서비스는 요보호자뿐만 아니라 표준적인 생활을 유지하고 있는 일반주민을 포함하여 그 복지증진을 목적으로 하는 것으로 가령 노인·장애인의 사회참가 촉진, 교양 프로그램 활동, 아동의 건전육성 등과 같은 활동이나 서비스를 들 수 있다.

(2) 환경개선 서비스

노인, 장애인, 아동 등을 위한 재택복지서비스가 항상적·안정적으로 공급되는 체제를 정비하고 동시에 이들이 사회의 일원으로써 생활해 가도록 하기 위해서는 지역사회의 통합화가 일정수준 이상 유지되는 것이 중요하다.

이는 재택복지서비스만으로는 불가능하며 개인을 둘러싼 환경개선의 접근이 필요하다. 무엇보다도 중요한 것은 사회복지서비스의 공급을 필요로 하는 요보호자의 건강과 취로, 건물·도로개선 등 기본적 생활을 유지하기 위한 물리적 조건의 개선과 사회참가 촉진을 위한 제도적 요건의 개선 등이다.

(3) 조직활동

조직활동은 크게 지역조직화와 복지조직화로 나누어 볼 수 있다. 즉 공동체형 지역사회를 실현하기 위한 일반적 지역조직화 활동과 그 하위 공동체로서 복지공동체를 형성하기 위한 복지조직화로 구분한다. 즉 지역조직화는 주민의 복지에의 참가와 협력, 의식과 태도의 변화를 도모하여 복지공동체를 조성하려는 것이다. 복지조직화는 사회행정의 기법을 활용하여 서비스의 조직화와 조성, 서비스 공급체계의 정비, 그리고 효과적 운영을 도모하는 것이다.

Ⅱ. 지역복지의 전달체계

1. 공공과 민간의 역할분담

현대 사회복지의 전개는 행정의 주도하에 실현되었다고 해도 과언이 아닐 정도로 사회복지에 있어서 행정의 역할은 결정적이다. 행정은 규제적인 작용을 비롯하여 사회복지운영 전반에 관여함으로서 공적 사회복지사업이 실현되고, 국가 책임이 명확해짐으로서 공적 시책이 사회복지의 대부분을 차지하게 되었다. 또한 일련의 복지제도 개혁 속에서 지방자치단체 역할이 점차 강화되어 자치단체 고유의 사회복지활동도 확산되고 있다(김현훈 외 역, 2000: 71).

한편 사회복지에 있어서 공공과 민간의 관계는 영원한 과제라고 해도 좋을 만큼 오래 전부터 거론되어 왔다. 지역복지의 내용을 예방적 서비스, 전문적 보호,

일본의 공공과 민간의 분리 원칙

- **공적 책임 전가의 금지**: 국가와 지방자치단체는 법률에 의해 정해진 책임을 다른 사회복지사업을 경영하는 자에게 전가하거나, 또는 이들 경영자의 재정적 원조를 요구하지 않을 것
- **민간 사회복지사업의 자주성의 존중**: 국가와 지방자치단체는 다른 사회복지사업의 경영자에 대하여 자주성을 존중하여 부당한 관여를 행사하지 않을 것
- **민간 사회복지사업의 독립성의 유지**: 사회복지사업을 경영하는 자는 부당하게 국가와 지방자치단체의 재정적 · 관리적 원조를 요구하지 않을 것

재택보호, 복지증진 서비스를 포함한 재택복지서비스와 조직화 활동을 포함하는 것이라고 생각한다면 지역복지는 공적인 행정기법만으로 추진하기 어렵다.

즉 대인 복지서비스라는 새로운 과제에 대응하여 공공과 민간이 협력·공동으로 하는 부분 또는 경합하는 부분이 크게 증대하고 있기 때문에 공공과 민간의 바람직한 위상과 공공이 개입해서는 안 될 분야의 중요성을 바탕으로 공공과 민간의 역할을 명확히 할 필요가 있다.

일본에서는 헌법과 사회복지사업법에 따라서 공공과 민간의 분리원칙을 존중한다. 사회복지 추진에 있어서 공적 책임을 명확히 한 후 민간 사회복지사업의 건전한 발전을 도모하고 각각의 특성을 살려 사회복지를 추진해야 한다는 취지이다. 즉 사회복지사업법 제5조에서 **공적 책임 전가의 금지, 민간 사회복지사업의 자주성의 존중, 민간사회복지사업의 독립성의 유지** 세 가지 준칙을 규정하고 있다.

이러한 공공과 민간의 분리원칙에 따라서 일본 사회에서는 사회복지를 다음의 네 가지 분야로 분류하였다. 즉 오로지 공적 책임 하에 시행되어야만 하는 분야, 공적 책임에 귀속되어야 하는지 아닌지에 대한 명확성이 불분명하여 공공과 민간이 경합하는 분야, 공적으로 시행하는 것이 부적절하거나 비효율적인 분야, 공적 개입이 바람직스럽지 못한 분야이다. 각각 분야의 내용은 다음과 같다(김현훈 외역, 2000: 77-78).

① 공적 책임의 분야는 국민생활의 최저선을 확보하는 것과 민간에서 담당할

수 없을 만큼 고도하거나 시장성이 없는 서비스가 해당된다. 이러한 공적 책임에 속하는 것은 민간으로의 전가는 허락되지 않으며 서비스 수준의 보장을 위해서 주민의 끊임없는 점검과 개선활동이 필요하다.

② 공공과 민간의 경합 분야는 국민생활의 최저한을 넘는 수준의 유지·확보와 본인·가족의 장애를 대체 또는 보완하는 서비스가 된다. 이것은 공공과 민간 쌍방이 경합하며 역할 수행하는 분야이다.

③ 공적으로 어울리지 않는 분야는 최저선 혹은 최적수준을 상회하는 쾌적·만족 수준의 유지·확보와 일상적으로 발생하는 다양한 욕구에 대한 서비스이다.

④ 공적으로 개입해서는 안 되는 분야는 주로 국민의 자주성, 자발성에 의거해야 할 영역으로 국민의 가치형성에 직접적인 영향을 미치는 분야이다. 자원봉사활동, 복지교육, 대상자 또는 주민의 요구운동이다.

이러한 관점에서 보면, 지역복지를 추진함에 있어서 요보호자의 서비스 지원체계 확립과 제도, 환경의 기반 정비는 공적 책임이 절대적으로 중요하다는 것을 알 수 있다. 민간활동은 예방적 활동, 복지증진 활동, 일상적인 원조 서비스와 대상자 참가를 포함한 주민참가 활동에 대한 대책을 세울 필요가 있다. 공공과 민간 관계자가 서로의 역할에 대한 새로운 인식으로 공동협력체제를 만들어 가는 것이 과제이다.

일본과 달리 지역복지에서 공공과 민간의 역할분담과 협력에 대해서 아직 충분히 논의하지 못한 한국사회는 현행 지역복지의 전달체계를 재검토하고 발전방안을 모색할 때 일본의 경험에 유의할 필요가 있다. 한국에서는 지난 20여 년 동안 사회복지관과 재가복지봉사센터가 크게 늘어났고, 기초자치단체별로 행정기관의 지원을 받은 자원봉사센터가 설치되었으며, 읍·면·동에 행정복지센터가 설치되었다. 지방자치제도의 정착과정에서 국가와 지방자치단체의 역할분담이 논의되었듯이, 이제는 주민복지를 위해서 공공과 민간의 역할분담과 협력 방안이 심도 있게 논의되어야 할 것이다.

2. 공공복지의 전달체계

현행 사회복지서비스 전달체계는 보건복지부를 정점으로 각 시·도를 거쳐 다시 시·군·구에서 행정의 최소단위인 읍·면·동으로 이어지고 복지대상자에게 최종 전달되는 상의하달식의 수직적인 조직이다. 복지대상자가 사회복지시설에서 생활하거나 이용하는 경우에는 시·군·구에서 사회복지시설을 거쳐 복지대상자에게 서비스가 전달된다. 이를 요약하면 그림과 같다.

그림 11-1 한국의 공공복지 전달체계

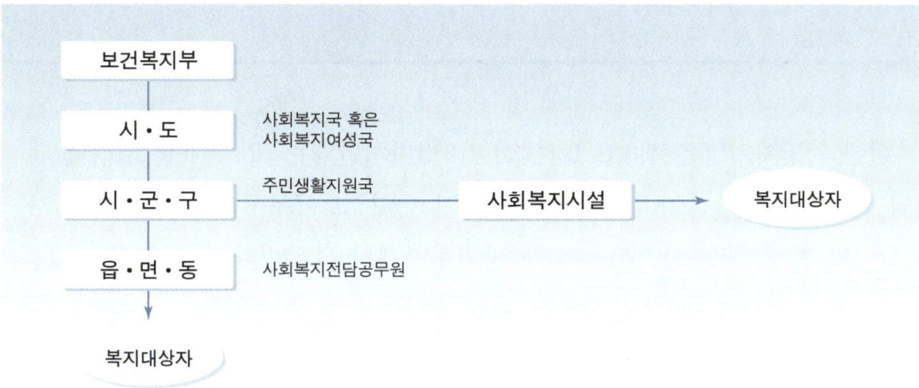

공공복지의 전달체계를 보면, 보건복지부로 대표되는 중앙정부는 법령에 의해서 사회복지관련 정책을 개발하고 전국적인 지침을 만들며, 시·도 광역자치단체와 시·군·구 기초자치단체는 해당 업무를 기획, 지원, 관리하며, 일선행정기관인 읍·면·동의 사회복지 담당자가 복지대상자에게 직접 서비스를 제공한다.

한국은 나라가 좁고 중앙집권의 경험이 길기 때문에 주민의 복지문제를 지역 차원에서 자주적으로 해결하기보다는 중앙정부의 지침과 예산 배정에 의해서 다소 획일적으로 해결하여 왔다. 지방자치제도가 어느 정도 정착되면서, 노인복지와 영유아보육 등 주민생활과 밀접히 관련된 대인 복지서비스에서 점차 지방자치단체의 역할이 증대되고 있다.

주민의 복지증진에 관한 사무

가. 주민복지에 관한 사업
나. 사회복지시설의 설치 · 운영 및 관리
다. 생활이 곤궁한 자의 보호 및 지원
라. 노인 · 아동 · 심신장애인 · 청소년 및 여성의 보호와 복지증진
마. 보건진료기관의 설치 · 운영
바. 감염병과 그 밖의 질병의 예방과 방역
사. 묘지 · 화장장 및 봉안당의 운영 · 관리
아. 공중접객업소의 위생을 개선하기 위한 지도
자. 청소, 오물의 수거 및 처리
차. 지방공기업의 설치 및 운영

현행 지방자치법은 제8조 1항에서 "지방자치단체는 그 사무를 처리할 때 주민의 편의와 복리증진을 위하여 노력하여야 한다"고 사무처리의 기본원칙을 규정하고 있다. 또한 같은 법 제9조는 '지방자치단체의 사무범위'를 규정하고 있는데, 그 중 **주민의 복지증진에 관한 사무**는 위와 같다.

이 밖에도 지방자치단체의 사무범위 중 지역개발과 주민의 생활환경시설의 설치·관리에 관한 사무, 교육·체육·문화·예술의 진흥에 관한 사무 등은 복지업무와 밀접히 관련되어 있다.

서울특별시 홈페이지 〈분야별정보〉의 〈복지〉 분야 www.metro.seoul.kr/kor2000/main 참조

그런데 일본은 인구 10만명 단위에 1개소씩 설치된 복지사무소를 통해서 사회복지담당 공무원이 직접 생활보호사업과 지역복지서비스 등을 수행하는 것에 비교할 때, 한국은 공공부조 업무를 제외한 대부분의 사회복지 업무를 사회복지관, 재가복지봉사센터 등 민간 복지기관에게 위탁하고 있다는 점이 다르다.

최근 사회복지직 공무원을 증원하고 있지만, 7급 이하의 하위직이 대부분이기에 지역복지를 포함하여 사회복지 전반에 대한 정책결정에 전문성이 부족하고, 빈약한 복지예산으로 인하여 지역주민의 복지욕구를 적절히 충족시키지 못하고

있다.

정부는 지역복지를 포함한 복지행정을 혁신하고자 2004년 7월부터 시·군·구에 사회복지사무소를 시범적으로 개소하였다. 사회복지사무소는 읍·면·동의 사회복지직 공무원이 했던 복지행정을 시·군·구청단위에서 총괄하는 것으로, 복지대상자의 발굴, 상담, 서비스 결정, 서비스 제공, 평가 등을 체계화 하려고 했다. 하지만 2006년 7월부터 시·군·구청의 주민생활지원국이 복지업무를 총괄하는 체계로 바뀌었고, 지역사회복지협의체(2015년 이후 지역사회보장협의체)를 통해서 민관협력을 제고하고자 한다. 지역사회보장협의체는 시·군·구 단위에서 기초자치단체의 복지보건담당자와 민간 대표자들이 협의하여 4년 단위로 지역사회보장계획을 수립하고, 그 계획을 효과적으로 수행하기 위해서 대표협의체와 실무협의체가 지속적으로 소통하고 협력사업을 한다.

3. 민간복지의 전달체계

민간복지의 전달체계는 한국사회복지협의회가 대표적이지만, 한국사회복지관협회, 한국재가노인복지협회 등 다양한 중간집단이 민간복지에서 중요한 역할을 담당하고 있다.

사회복지협의회는 사회복지사업법 제33조에 의거하여 "사회복지에 관한 조사·연구와 각종 복지사업을 조성하기 위하여 전국 단위의 한국사회복지협의회(이하 '중앙협의회'라 한다)와 시·도 단위의 시·도 사회복지협의회(이하 '시·도 협의회'라 한다)를 두며, 필요한 경우에는 시·군·구 단위의 시·군·구사회복지협의회(이하 '시·군·구 협의회'라 한다)를 둘 수 있다"고 규정되어 있다. 과거 시·도 협의회는 중앙협의회의 지부이었는데, 1998년 사회복지사업법의 개정 이후 독립된 사회복지법인으로 발전되었다. 2003년 7월 법 개정에 의해서, 과거 시·도 협의회의 지부이었던 시·군·구 협의회는 사회복지법인으로 독립될 수 있다.

그런데 일본의 경우 사회복지협의회가 광역자치단체인 도도부현과 기초자치단체인 시정촌까지 조직되어서 민간복지 전달체계의 핵심을 차지한 것에 비교할

그림 11-2 한국의 민간복지 전달체계

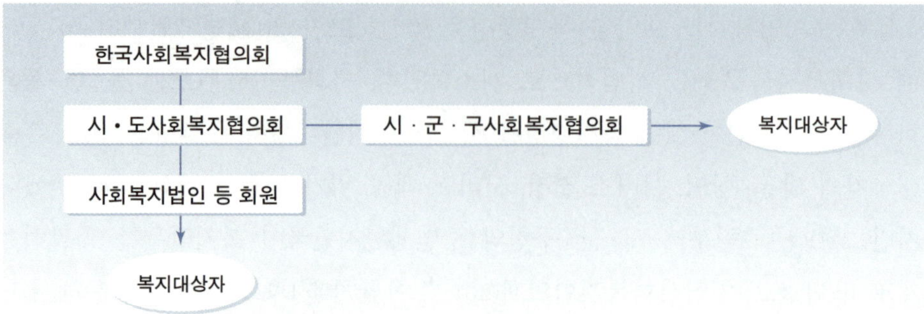

때, 한국 민간복지의 전달체계는 시·군·구 단위에 민간전달체계가 거의 없는 형편이다. 최근 몇 년 동안 기초자치단체별로 시·도협의회의 지부인 시·군·구 협의회가 조직되고 있지만 그 역량이 미흡한 상태이다.

사회복지협의회는 사회복지사업법 시행령 제12조에 따라 "사회복지에 관한 조사·연구와 각종 복지사업을 조성"할 수 있는데, 크게 중앙협의회와 시·도 협의회의 역할이 구분된다. 즉 중앙협의회는 사회복지에 관한 교육훈련을 포함하여 아홉 가지 업무를 할 수 있다.

한국사회복지협의회 www.bokji.net 참조

시·도 협의회는 당해관할 구역 안에서 위의 아홉 가지를 할 수 있다. 중앙협의회의 고유 업무인 "보건복지부장관이 위탁하는 사회복지에 관한 업무, 그 밖에 중앙협의회의 목적달성에 필요하여 정관으로 정하는 사항"을 제외하고 나머지 업무를 할 수 있다. 아울러 시·도협의회는 "시·도지사 또는 중앙협의회의 장이 위탁하는 사회복지에 관한 업무, 그 밖에 시·도 협의회의 목적달성에 필요하여 정관으로 정하는 사항"을 행한다.

그러나 사회복지협의회는 민간복지를 대표할 수 있는 유일한 조직은 아니고, 당해 지역의 사회복지법인 등이 당연히 가입해야 할 조직도 아니기에 대표성을 갖는 데 한계가 있다. 즉 사회복지사업법 시행령에 따르면, 중앙협의회는 "시·도

한국사회복지협의회 등의 업무 (시행령 제12조)

1. 사회복지에 관한 교육훈련
2. 사회복지에 관한 자료수집 및 간행물 발간
3. 사회복지에 관한 계몽 및 홍보
4. 자원봉사활동의 진흥
5. 사회복지사업에 관한 기부문화의 조성
6. 사회복지사업에 종사하는 사람의 교육훈련과 복지증진
7. 사회복지에 관한 학술 도입과 국제사회복지단체와의 교류
8. 보건복지부장관이 위탁하는 사회복지에 관한 업무[법 제33조제1항에 따른 중앙협의회(이하 "중앙협의회"라 한다)만 해당한다]
9. 시 · 도지사 및 중앙협의회가 위탁하는 사회복지에 관한 업무[법 제33조제1항에 따른 시 · 도 협의회(이하 "시 · 도협의회"라 한다)만 해당한다]
10. 시 · 도지사, 시장 · 군수 · 구청장, 중앙협의회 및 시 · 도 협의회가 위탁하는 사회복지에 관한 업무[법 제33조제1항에 따른 시 · 군 · 구 협의회(이하 "시 · 군 · 구협의회"라 한다)만 해당한다]
11. 그 밖에 중앙협의회, 시 · 도 협의회, 시 · 군 · 구 협의회의 목적 달성에 필요하여 각각의 정관에서 정하는 사항

협의회의 장"등이 되지만, 시·도 협의회의 회원은 "당해 지역에 주된 사무소가 있는 사회복지법인 및 사회복지사업과 관련있는 비영리법인의 대표자, 당해 지역의 경제계·언론계·종교계·법조계·문화계·교육계 및 보건의료계 등을 대표하는 자, 그 밖에 지역사회의 복지발전을 위하여 시·도협의회의 장이 추천하는 자"가 될 수 있다.

이 때문에 많은 사회복지법인과 사회복지사업과 관련된 비영리법인의 대표자가 사회복지협의회에 가입하는 것을 기피하거나, 가입하더라도 형식적인 참여에 그치고 있다. 현재 시·도 협의회의 주된 회원은 아동양육시설, 노인주거복지시설과 노인의료복지시설 등 전통적인 사회복지시설의 대표자이고, 영유아보육시설, 청소년수련시설, 사회복지관, 재가노인복지시설, 자원봉사센터 등은 독자적인 관계망을 구축하고 있다.

사회복지협의회가 당해 지역에서 사회복지에 관한 조사·연구와 각종 복지사업을 조성하는 데 주도적인 역할을 하는 것은 사실이지만, 시·도 협의회별로 10

명 내외의 상근직원과 연간 10억 원 내외의 예산으로 민간복지의 중추기관을 담당하기에는 어려움이 많다. 이처럼 인력과 예산이 한 회원기관의 그것에도 미치지 못하기에 시·도협의회가 그 고유기능을 소홀히 하고, 직원 인건비 등을 지원받을 수 있는 사회복지관 등을 위탁받아서 운영하는 경우도 있다.

Ⅲ. 지역복지의 중추기관

1. 사회복지관

한국사회에서 지역복지를 가장 종합적으로 하는 기관은 사회복지관이다. 흔히 지역사회복지관, 종합사회복지관 등으로 불리는 사회복지관은 "지역사회 내에서 일정한 시설과 전문인력을 갖추고 지역사회의 인적·물적 자원을 동원하여 지역사회복지를 중심으로 한 종합적인 사회복지사업을 수행하는 사회복지시설"이다.

사회복지관은 19세기 말 영국과 미국에서 일어난 인보관운동에서 그 뿌리를 찾을 수 있다. 우리나라에서는 1906년 원산 인보관운동에서 사회복지관사업이 태동되었고, 그 후 종교기관이나 대학교 그리고 외국의 원조를 받은 민간 사회복지단체가 사회복지관을 운영하였다가, 1983년부터 국고보조를 받기 시작하였다.

특히, 1989년에 주택건설촉진법 등에 의해 저소득층을 위한 영구임대아파트를 건립할 때 일정 규모의 사회복지관을 의무적으로 설치하고, 이를 사회복지법인에게 위탁하면서 사회복지관은 지역복지의 중추기관으로 정립되었다.

사회복지관은 지역사회를 기반으로 일정한 시설과 전문인력을 갖추고 지역주민의 참여와 협력을 통하여 지역사회복지문제를 예방하고 해결하기 위하여 종합적인 복지서비스를 제공하는 시설이다. 사회복지관은 전체 주민을 대상으로 한다는 점에서 장애인복지관, 노인복지관 등 특정 인구층을 위한 종별 복지관과 구분된다.

사회복지관은 복지서비스 욕구를 가지고 있는 모든 지역사회 주민을 대상으

사회복지관 사업내용

- **가족복지사업** 가족구성원 개인 및 가족 전체를 대상으로 상담・치료・보육 등의 필요한 복지서비스를 사례관리를 통하여 종합적으로 제공함으로써 가족문제의 해결과 예방 및 가족해체를 방지하고 가족기능을 정상화하여 가족의 행복을 유지할 수 있도록 지원한다.
  예) 가족관계 증진사업, 가족관계 보완사업, 가족문제 해결・치료사업, 부양가족 지원

- **지역사회보호** 가족기능이 해체된 노인, 소년소녀가장, 장애인 등 사회적 보호가 필요한 요보호대상자 및 국가특별사업(노숙자대책 등의 응급구호사업)을 중심으로 결연, 정서지원, 가사지원, 간병, 푸드뱅크 사업 등 각종 재가복지서비스를 사례관리를 통해 종합적으로 제공함으로써 사회적 소외감을 해소・완화하고 생활안정을 도모한다.
  예) 급식서비스, 보건의료서비스, 경제적 지원, 일상생활 지원, 정서지원 서비스, 일시보호 서비스, 재가복지봉사서비스

- **지역사회조직사업** 지역주민의 참여와 책임의식을 강화하며, 지역주민의 욕구조사를 바탕으로 각종 복지자원(주민대표, 자원봉사자, 시민운동가, 후원자, 지역복지협의체 등)을 개발하고 조직화하여 의도적, 계획적으로 지역사회문제를 예방・치료하여 모두가 더불어 잘사는 지역사회의 발전을 촉진한다.
  예) 지역사회복지를 위한 주민조직 강화 및 교육, 복지네트워크 구축, 주민복지 증진사업, 자원봉사자 양성 및 후원자 발굴

- **교육・문화사업** 아동과 청소년들의 유해환경에 대한 예방적 대안문화 창조와 인성교육, 성인과 노인의 재사회화를 목적으로 무료나 실비로 각종 교육문화 프로그램을 사회복지서비스와 통합하여 제공함으로써 평생교육의 기반을 확충하고 문화결핍을 예방하여 지역주민의 삶의 질 향상을 도모한다.
  예) 아동・청소년 기능교육, 성인기능교실, 노인 여가・문화사업, 문화복지사업

- **자활사업** 취업대상자와 비취업자에 대한 자활지원계획 수립과 지속적인 사례관리를 통하여 사회복지관의 종합적인 서비스를 바탕으로 직종별 자활교육훈련, 재취업알선, 자활공동체 조직 및 운영 등을 효과적으로 실시함으로써 빈곤의 세습방지와 지역주민의 자립・자활을 도모하는 데 기여한다.
  예) 직업기능훈련, 취업알선, 직업능력 개발, 자활공동체 육성

로 보호서비스, 재가복지서비스, 자립능력 배양을 위한 교육훈련 등 그들이 필요로 하는 복지서비스를 제공하고, 가족기능 강화 및 주민상호간 연대감 조성을 통한 각종 지역사회문제를 예방·치료하는 종합적인 복지서비스 전달기구로서 지역사회 주민의 복지증진을 위한 중심적인 역할을 수행하여야 한다(참조: 2004년에 개정된 사회복지사업법 시행규칙 제21조와 제22조).

한국사회복지관협회 www.kaswc.or.kr 〈사회복지관이란〉→〈사회복지관 설치/운영 규정〉 참조

사회복지관은 **가족복지사업, 지역사회보호, 지역사회조직사업, 교육·문화사업, 자활사업** 등을 조직적으로 수행하고 있다. 사회복지관의 역할과 기능은 모든 사회복지관들이 천편일률적인 사업을 시행하는 것이 아니라 사회복지관의 위치, 지역적 특성, 대상별 특성, 복지관의 규모, 담당인력 등에 의거하여 각 사회복지관이 전문성, 효율성, 책임성을 살릴 수 있는 능력의 범위 내에서 사업을 선택적으로 시행한다.

녹번종합사회복지관 www.nokpon.or.kr 참조
사랑의전화 복지재단 www.counsel24.com 참조

사회복지관은 다른 나라에서 찾아보기 어려운 사례이고, 종합적인 서비스를 통하여 정부의 복지정책을 보완하고 있다. 그럼에도 불구하고, 사회복지관은 시급히 개선해야 할 몇 가지 문제점을 안고 있다(박상신, 2001).

현재 사회복지관은 460여 개소가 설치되어 주로 도시 저소득 주민에게 복지서비스를 제공하고 있지만, 주민에게 꼭 필요한 복지를 적절히 제공하느냐에 대해서 비판의 소리가 높다. 당초 전체 운영비의 80%를 국가와 지방자치단체가 보조하도록 되었지만 정부의 보조금은 점차 낮아져서, 복지관은 나머지를 주로 수익사업으로 조성하고 있다. 지역복지를 위해서 주민욕구에 따른 사업과 주민조직화사업을 강화해야 함에도 현실적으로 사업비를 충당할 수 있는 사회교육사업을 중시하는 경우가 많다. 사회복지관의 사업수행에 필요한 최저인원의 인건비에도 턱없이 모자라는 수준인 보조금을 당초의 약속처럼 증액한 후에 사업의 성과를 지

속적으로 평가해야 할 것이다.

충분한 운영비가 없기에 사회복지사 등 전문인력에 대한 처우가 낮아서 직원의 사기가 떨어져 있고, 지역복지의 서비스가 낙후되어 있다. 낮은 임금과 열악한 근로조건 때문에 사회복지사는 사회복지직 공무원 등 다른 분야로 전직하는 경우가 많다. 근속연수가 짧은 실무자와 전문성이 낮은 관리자에게서 질 높은 서비스를 기대할 수 없기에 이에 대한 대책이 시급하다.

아울러 현재 사회복지관은 사회복지사업법과 동법 시행규칙 그리고 보건복지부의 '사회복지관 설치·운영규정'에 의거 운영되고 있다. 다른 영역의 사회복지사업은 독자적인 법률에 의해서 수행되는 것과 비교할 때, 사회복지관의 운영규정은 감독기관에 의해서 자의적으로 해석될 여지가 크므로 지역복지의 안정적 수행을 위해서 '지역사회복지법' 가칭을 제정할 필요가 있다.

2. 재가복지봉사센터

재가복지봉사센터는 가정에서 보호를 요하는 장애인, 노인, 소년소녀가정, 한부모가정 등 가족기능이 취약한 저소득 소외계층과 국가유공자, 지역사회 내에서 재가복지봉사서비스를 원하는 사람에게 사회복지사와 자원봉사자들이 방문하여 가사, 간병, 정서, 결연, 의료, 자립지원, 교육 등의 서비스를 제공하는 사회복지시설이다.

재가복지는 1992년 '제7차 경제사회발전 5개년 계획'에서 사회복지서비스 분야의 기본 방향을 시설보호에서 재가보호 서비스의 확충, 선별적인 서비스 중심에서 보편적인 서비스의 제공, 사후치료적 서비스 중심에서 사전예방적 서비스 강화 등을 설정하며 보편화되기 시작하였다. 이에 앞서 재가복지는 한국노인복지회에서 1982년부터 노인복지분야의 노인결연, 상담, 전화벗사업을 추진하면서 비롯되었고, 1987년 정부의 가정봉사원 파견사업으로 확대되었으며, 1991년에 시·도사회복지협의회에 지역복지봉사센터를 설치하여 본격적으로 실시되었다.

재가복지봉사센터는 기존 복지관이 가진 시설, 인력, 장비를 공동으로 활용하

재가복지서비스의 내용

· 가사 서비스	집안청소, 식사준비와 취사, 세탁, 청소 등
· 간병 서비스	안마, 병간호 수발, 병원안내와 동행, 통원시 차량지원, 병원수속 대행, 보건소 안내, 약품구입, 체온측정, 신체운동, 집안소독 등
· 정서적 서비스	말벗, 상담, 학업지도, 책 읽어주기, 여가지도, 취미활동 제공, 행정업무 등
· 결연 서비스	서비스 대상자에 대한 생활용품과 용돈 등의 재정적 지원 알선, 의부모 · 의형제 맺어주기 등의 서비스
· 의료 서비스	지역의료기관 · 보건기관과의 연계와 결연을 통한 정기 또는 수시방문 진료(링거 투약, 혈압체크, 질병상담과 치료 등)
· 자립지원 서비스	탁아, 직업보도, 기능훈련, 취업알선 등 자립능력을 배양할 수 있는 내용의 서비스 등
· 주민교육 서비스	보호대상자의 가족 · 이웃 · 친지 등을 포함한 지역주민을 위한 재가보호 서비스 요령과 방법 교육
· 기타	사회복지관 내 시설을 활용한 서비스 등

기 위하여 사회복지관, 노인복지관, 장애인복지관 그리고 사회복지협의회의 부설 기관으로 설립되었다. 또한 이 센터를 효율적으로 운영하기 위하여 사회복지사 2인(과장급 1명 포함), 운전기사 1인 등 총 3명을 전담인력으로 배치하였다.

프란치스꼬의집 www.francisco.or.kr 참조

재가복지봉사센터의 역할은 재가복지서비스 대상자와 가정의 욕구조사와 문제의 진단, 욕구와 문제의 진단내용에 따라 직접·간접적 서비스의 제공, 지역사회 자원동원과 활용, 사업평가, 자원봉사자와 주민에 대한 복지교육, 지역사회 연대의식 고취 등으로 나누어 볼 수 있다.

재가복지봉사의 주된 대상자는 지역사회 내 저소득 계층이다. 즉 국민기초생활보장 수급자, 기타 저소득층 가정으로서 재가복지서비스가 필요하다고 인정되는 자(무의탁 국가유공자와 유족 등), 미인가시설 수용자(장애인, 부녀, 아동, 노인 등), 재

가복지서비스를 원하는 지역주민 등을 우선적으로 적용한다.

재가복지서비스의 내용은 요보호대상자의 인구학적 특성과 욕구유형에 따라 필요하다고 판단되는 서비스인데, **가사**, **간병**, **정서적 서비스**, **결연**, **의료**, **자립지원**, **주민교육**, **기타** 등이다.

현재 재가복지봉사센터는 어떤 복지기관에 설치되었는지에 따라서 그 사업이 특화되어 있다. 즉 사회복지관 부설 센터는 저소득층 가정을 주된 대상으로 하여 종합적인 재가복지서비스를 제공하고, 노인복지관 부설 센터는 독거노인과 거동불편 노인에 대한 재가복지, 장애인복지관 부설 센터는 재가장애인과 가족을 위한 순회재활 서비스 등을 제공하며, 사회복지협의회 부설 센터는 사회복지시설에 대한 자원봉사자를 공급하고 있다. 이러한 특화 사업은 재가복지사업의 다양성에 비추어 볼 때 바람직한 일이다.

그런데 재가복지봉사센터는 당초 운영비의 전액을 정부보조금으로 지급하기로 했지만, 매년 봉사센터가 증설되고 그 사업량이 늘어남에도 불구하고 보조금은 크게 늘어나지 않아서 정부보조금은 실제 수입의 3/4가량이고 나머지는 후원금과 법인 부담에 의존하고 있다. 재가복지서비스를 받은 대상자들이 대부분 독거노인, 소년소녀가장, 중증장애인 등으로 소득능력이 매우 낮아서 서비스에 대한 지불능력이 없다는 점에서 볼 때, 정부의 보조금을 당초의 약속대로 지급해야 할 것이다.

또한 재가복지봉사센터의 사업이 정착됨에 따라서 재가복지에 대한 주민의 욕구가 매우 다양해져서, 소수의 직원과 자원봉사자만으로 서비스를 제공하는데 한계가 있다. 고령화사회에서 혼자 사는 노인과 거동이 불편한 노인이 폭발적으로 늘어남에 따라 간단한 가사부터 간병까지 욕구는 크게 증대되었다. 그런데 자원봉사자의 인력으로 만성질환에 걸린 복지대상자에게 서비스를 제공한다는 것은 거의 불가능하다. 그러므로 봉사활동에 필요한 실비를 보상하는 실비 자원봉사자를 적극 도입하고 확대해야 할 것이다.

Ⅳ. 지역복지의 기술

1. 조사와 문제분석

지역복지를 효과적으로 실천하기 위해서는 다양한 기술이 필요하다. 대표적인 기술로 조사와 문제분석, 집단토의와 회의, 홍보와 정보활동, 원조활동 등을 들수 있는데, 이러한 기술은 사안에 따라서 개별적으로 혹은 종합적으로 필요하다(김현훈 외 역, 2000: 213-228).

지역복지를 실천하기 위해서는 먼저 지역의 문제와 복지욕구를 파악하는 것이 시급하다. 어떤 지역사회나 나름대로 사회문제가 있고, 주민들이 절실히 바라는 것이 있지만, 이를 해결할 수 있는 자원이 한정되어 있기에 욕구를 명확히 하고 우선순위를 정하는 일은 매우 중요하다.

지역문제를 파악하고 복지욕구를 측정하고자 할 때, 사회복지사가 흔히 사용하는 방법은 사회조사이고 이를 통해서 문제를 분석한다. 지역의 복지욕구를 파악할 때 쉽게 사용할 수 있는 조사기법은 문헌조사, 관찰법, 면접조사, 집담회, 설문조사 등이다.

지역문제에 관심을 갖고 욕구를 파악하고자 할 때, 가장 쉽게 구할 수 있는 공식정보는 국가와 지방자치단체 혹은 공공기관이 발간한 공식 통계자료이다. 예컨대 인구 및 주택총조사는 인구의 수, 인구변동, 연령별 인구의 구조, 가족의 형태, 주거상황 등을 포괄적으로 알려준다. 특정 지역의 노인문제와 노인욕구에 관심을 가진다면, 인구총조사를 통해서 노인인구의 수, 노인인구의 비율, 노인인구의 연령별 분포, 노인의 가족구조, 노인의 취업여부, 노인의 주거양식 등을 파악할 수 있다. 또한 지방자치단체는 매년 통계연보를 발간하고, 사회복지분야에 대한 내부 통계자료를 갖고 있기에 이러한 공식자료를 활용할 필요가 있다.

그러나 공식 자료는 일반적인 목적을 위해서 발간된 것이 많기에 특정한 사회문제와 욕구를 파악하기 위해서 적합성이 떨어질 수 있다. 즉 인구총조사는 해당 지역의 치매인구의 수, 치매환자의 주된 부양자, 부양자가 호소하는 문제, 치매환자에 대한 의료서비스의 실태와 문제점 등을 알려주지 못한다. 이 경우 치매가족협회와 같은 자조조직이 만든 자료가 더 유익할 수 있다.

지역문제는 현재 진행형이기에 기존 문헌자료로 알기 어렵고, 바로 현장을 방문하거나 관찰을 통해서 파악해야 하는 경우도 많다. 치매환자와 그 가족을 위한 재가복지를 구상하고 있다면, 치매환자의 집을 방문하여 가족이 호소하는 고충을 듣는 것이 한 방법이다. 또한 치매가족모임 등에 참가하여 이들이 공통으로 바라는 것은 무엇인지 파악하고, 동원 가능한 자원을 고려하여 서비스를 모색해 볼 수 있다.

면접조사와 집담회는 해당되는 모든 사람들에게 할 수 없으므로 각 분야에서 지도적 역할을 수행하거나 여론을 형성하는 사람을 대상으로 이루어진다. 주민회의나 전문가회의 등을 통해서 파악된 의견은 보다 과학적으로 검증될 필요가 있다.

이 점에서 설문조사는 지역문제와 욕구를 파악하고, 사업의 우선순위를 정할 때 가장 흔히 사용되는 방법이다. 설문조사는 사태를 정확히 파악하기 위해서 사용되지만, 많은 경우 가장 적합한 프로그램을 선택하기 위해서도 활용된다. 조사대상자를 모두 조사하는 전수조사도 있지만, 흔히 표본조사를 하게 된다. 설문조사는 표본설계, 설문지 작성, 설문지 배포와 수집, 통계처리 등이 과학적으로 이루어져야 신뢰도와 타당도를 높일 수 있다.

이러한 조사활동은 문제를 정확히 파악하고 욕구를 측정하며 적합한 원조활동을 개발하기 위해서 꼭 필요한 일이다. 조사기법은 상황에 따라서 한 방법만 적용될 수도 있고, 시간을 두고 여러 가지 방법이 활용될 수도 있다. 중요한 것은 조사를 통해서 문제의 진실을 파악하고 적합한 대안을 찾는 일이다.

2. 집단토의와 회의

수많은 지역문제는 객관적인 자료만으로는 파악하기 어려운 경우가 많다. 각자의 입장에 따라서 주장하는 바가 다르기 때문에 하나의 대안을 선택하기보다는 서로 다른 입장을 조정하는 것이 더 적절할 수 있다.

지역문제를 파악하고 적절한 프로그램을 개발하기 위해서 흔히 사용되는 방법이 집단토의와 회의이다. 따라서 지역 사회복지사는 주민좌담회, 전문가회의 등에 참가하여 다른 사람의 의견을 경청하고, 필요한 여론을 수렴하며, 자신의 주장을 펼 수 있는 기술을 습득해야 한다.

지역문제를 해결하기 위해서 전체 주민회의를 갖는 경우도 있지만, 대부분의 경우에는 각 분야의 대표자로 구성된 위원회 혹은 대책회의를 갖는다. 사회복지사가 여론을 수렴하기 위해서는 필요한 회의에 참여하면 되지만, 여론을 주도하고 문제해결의 중심에 서기 위해서는 회의를 기획하고 진행하며, 회의결과를 실천하는 데 중추적인 역할을 담당해야 할 것이다.

이때 주민의 대표와 전문가집단을 적절히 활용할 필요가 있다. 대부분의 지역문제가 생활문제이기에 거주 지역이나 사회계층에 따라서 그 입장이 달라질 수 있으므로 주민대표를 구성할 때 그 대표성을 적절히 반영해야 한다. 또한 환경, 교육, 교통, 보건의료 등 특정 지역문제는 해당 분야의 전문가집단의 의견을 충분히 고려해야 한다. 따라서 사회복지사는 주민대표와 전문가집단의 의견을 수렴할 수 있는 능력, 주민과 전문가집단을 효과적으로 동원할 수 있는 능력을 갖추어야 한다.

3. 홍보와 정보활동

지역복지를 효과적으로 실천하기 위해서 홍보와 정보활동이 점차 강조되고 있다. 전통사회는 대면집단이 중심이 된 지역공동체가 많았지만, 현대 사회는 지역구성원간의 상호관계가 적은 익명사회가 되어가고 있기에 홍보와 정보활동은 더욱 강조된다.

특히 주민의 참가를 통해서 지역의 가용자원을 동원하고 궁극적으로 지역문제를 해결하기 위해서는 주민을 설득하고, 행정기관, 언론기관 등 외부 기관과 대중을 설득하기 위해서도 홍보활동이 절실하다.

홍보활동은 문제를 발견할 때부터 사업의 기획, 자원의 동원, 지역사회사업의 실천, 평가 등 모든 단계에서 필요하다. 홍보는 하고 있는 일을 알려서 그 정당성을 확보할 뿐만 아니라, 하는 일에 대한 저항을 줄이기 위해서도 필요하다.

홍보활동을 효과적으로 수행하기 위해서는 인쇄매체, 시청각매체, 특히 대중매체를 적절히 활용할 필요가 있다. 또한 컴퓨터와 인터넷을 적극 활용하여 홈페이지 제작, 메일진 개발, 포탈사이트와 연계 등을 시도하는 것이 좋다. 예컨대 장애인복지를 위해서 자원봉사자를 발굴하는 일이라면, 학교, 종교기관, 장애인단체, 장애인 관련 산업 등과 유기적인 관계를 형성하면서 홍보하는 것이 좋다.

홍보를 효과적으로 수행하기 위해서는 정확한 정보를 파악하고, 부정확한 정보를 수정하는 일을 지속적으로 실천해야 한다. 많은 복지활동은 부정확한 정보나 신화와 싸우면서 일을 해야 한다. 예컨대 학대받은 아동을 보호하기 위해서는 '학교 주변 불량배가 아동을 학대한다'는 사회통념이나 잘못된 신화를 극복해야 한다. 사실 대부분의 아동학대자는 부모, 보호자, 교사 등 아동과 밀접한 관계를 맺고 지도감독을 하는 위치에 있는 사람이므로 이들을 변화시켜야 아동학대를 줄일 수 있다.

4. 원조활동

지역복지를 효과적으로 수행하기 위해서는 원조활동을 잘 해야 한다. 앞서 말한 조사와 문제분석, 집단토의와 회의, 홍보와 정보활동은 모두 원조활동을 보다 효과적으로 수행하기 위한 전제조건이라고 말할 수 있다.

그런데 현실적으로 지역복지를 효과적으로 수행하는 일은 그리 쉽지 않다. 왜냐하면 지역복지는 상근 직원뿐만 아니라, 자원봉사자와 주민 등 비상근자가 함께 일을 해야 하고, 다양한 외부 전문가의 도움을 받아야 하기 때문에 계획한 대로 실천하기가 쉽지 않다.

특히, 지역복지에서 자원봉사자를 모집하고 교육하여 적재적소에 활용하는 것은 매우 중요하다. 지역복지의 중추기관이라고 할 수 있는 사회복지관, 재가복지봉사센터 등은 학생, 주부, 직장인, 은퇴한 노인, 전문가 등 다양한 인구집단을 자원봉사자로 활용하여야 한다. 자원봉사자의 관리뿐만 아니라, 자원봉사자와 직원의 조화, 내부 직원과 외부 전문인력의 협력방안 등을 모색하기 위해서 사회복지사는 상당한 수준의 행정능력을 갖추어야 한다.

원조활동을 위해서 필요한 재원을 확보하고 분배하는 일도 만만치 않은 일이다. 미리 책정된 예산이 충분하지 않는 경우에는 참여 인물과 단체가 각출금을 내서 사업비를 조성해야 하고, 후원금, 외부의 협찬 등을 받아야 한다. 적정한 예산의 편성, 사업비의 조성, 사업비의 집행과 책임성의 확보는 원조활동의 정당성을 확보하기 위해서 꼭 필요한 일이다.

대개의 원조활동은 초기단계에서는 문제를 발견하고 상담, 위기개입을 하는 수준이지만 점차 자원봉사자의 파견, 후원자의 발굴, 전문가의 개입 등을 조정하게 되고, 관련 예산의 확보, 법적 제도적 장치의 마련을 해야 할 경우도 있다. 하나의 원조활동이 종료되기도 전에 또 다른 원조활동을 기획해야 하는 경우가 많기 때문에 기획, 집행, 평가가 혼재되어 이루어지기도 한다.

따라서 지역 사회복지사는 지역복지 실천을 위한 다양한 기법을 체득할 뿐만 아니라, 적절한 동료와 후임자를 교육훈련시키고, 다른 사람들과 역할분담을 하면서 협력과 연대방안을 찾아야 한다. 사회복지사가 전반적인 분야에 대한 상식을 가지면서도 특정 분야에 대한 전문성을 갖추어야 할 이유가 여기에 있다.

V. 지역복지의 과제

지역복지의 전달체계와 중추기관을 논의하고 지역복지의 현황을 다루면서 각 분야의 문제점과 과제에 대해서도 조금씩 거론하였다. 지역복지는 일부 요보호대상자를 대상으로 사회복지시설을 중심으로 이루어진 복지에 대한 반성에서 나온 것이고, 전체 주민을 위하여 지역사회를 중심으로 한 복지이기에 지역복지의 장면마다 직면한 문제가 다양하고 이에 따라 과제도 달라질 수 있다.

또한 한국사회에서 사회복지관에 대한 정부의 보조가 시작된 것이 30년 정도이고, 대부분의 지역복지 프로그램은 1990년대 이후에 본격적으로 시행되었기에 그 성과를 평가하기에는 아직 이르다. 이러한 다양성과 제한점을 전제하더라도 지역복지의 발전을 위해서 다음 몇 가지 과제를 제기하고자 한다.

첫째, 지역복지의 자주성을 어떻게 확보할 것인가? 지역복지는 지역사회의 문제를 발굴하고 주민의 복지욕구를 충족시켜야 한다는 당위성에도 불구하고, 현재 지역복지의 중심 기관인 사회복지관과 재가복지봉사센터는 정부의 지침과 해당 법인의 성격에 의해서 크게 좌우된다. 주민을 위한 복지를 강조하면서도 정부가 지원한 예산의 범위 내에서 획일적으로 수행되고, 심지어 주민을 위한 복지보다는 기관과 직원의 인건비를 충당하기 위한 한 방편으로 지역복지가 활용된다는 비판을 받기도 한다. 지역주민의 욕구를 지역복지 프로그램에 반영하고, 사업의 적합성과 효과성 등을 평가하기 위해서는 복지기관의 각종 의사결정기구에 주민과 복지대상자 대표를 참여시켜야 할 것이다.

둘째, 지역복지를 위해서 지역의 내부 자원을 어떻게 효과적으로 동원하고, 외부의 자원과 협력관계를 형성할 것인가? 한국사회에서 사회복지시설이 낮은 평가를 받고, 시설복지의 대안으로 지역복지가 대두된 것은 사회복지기관·단체·시설이 복지대상자, 주민, 혹은 대중과 유리되었다는 것과 관련되어 있다. 예컨대 기존 노인복지시설이 소수 요보호노인을 수용보호하는 데 그치고 부양자가 있더라도 가족이 부양하기 어렵거나 부적절한 노인과 그 가족에게 큰 도움을 주지 못하였기 때문에 재가복지서비스가 출현되었다. 그럼에도 불구하고, 재가노인복지시설조차도 일부 대상자의 욕구충족에 그치고 있는 것은 지역복지기관이 다양한 자원봉사자, 후원자, 전문인력을 동원하지 못하기 때문일 것이다. 또한 도시빈민지역과 농어촌과 같이 내부 자원이 빈약한 곳은 내부 자원을 자주적으로 개발하고, 중산층 거주지역이나 도시로부터 외부 자원을 동원하거나, 외부 기관과 협력을 도모해야 할 것이다. 이를 위해서는 지역복지기관이 지역사회조직을 보다 적극적으로 전개해야 한다.

셋째, 지역복지실천 현장에서 전문성을 어떻게 담보할 것인가? 지역복지를 실천할 때 적은 비용으로 많은 사업을 하기 위해서 자원봉사자를 활용하거나 외부자원의 도움을 받아서 단순한 서비스를 제공하는 데 그치는 경우가 많다. 예컨대 주민의 건강문제를 해결하기 위해서 건강진단을 심도있게 하고, 건강교육을 체계적으로 실시하며, 고령화사회에 맞게 보건의료 서비스를 재조정해야 하는 데, 현실은 '무료건강진료사업'을 일회성 행사로 하기 쉽다. 보건의료 서비스뿐만 아니라 많은 지역복지사업이 단순한 서비스를 제공하는 데 그치고 있는 것은 지역복지의 발전을 위해서 극복해야 할 과제이다. 자원봉사자의 활용을 강조하지 않을 수 없지만, 적절한 전담인력의 배치와 충분한 예산의 확보로 지역복지를 실천해야 할 이유가 여기에 있다.

넷째, 가상공간에 복지공동체를 어떻게 구축할 것인가? 지금까지 지역복지는 주로 지리적으로 가까운 생활권을 중심으로 이루어졌다. 사회관계망이 주로 지연과 학연에 의해서 형성되던 시기에는 당연한 일이지만, 이제는 인터넷을 통해서 정보가 유통되고 관심분야가 같은 사람들이 가상공간을 중심으로 공동체를 만들어 가기 때문에 가상공간에 복지공동체를 구축하는 일을 서둘러야 한다. 이를 위해서는 현실 공간의 복지활동을 홈페이지를 통해서 적극 공개하고, 주민의 복지욕구와 자원조사를 실제공간과 가상공간에서 함께 수행하며, 새로운 복지공동체를 포털사이트로 개발하는 것이 좋겠다. 예를 들면, 치매가족을 위한 복지서비스 중에서 간병은 주로 지역사회를 단위로 이루어져야겠지만, 치매를 예방하거나 적절한 치료를 조기에 받을 수 있는 의료서비스에 대한 정보를 나누고 치매환자를 둔 가족끼리 자조모임을 하는 것은 가상공간이 더 적합할 것이다.

다섯째, 사회복지협의회의 위상과 역할을 어떻게 정립할 것인가? 지역복지기관이 점차 확충되면서 사회복지법인을 포함하여 다양한 사회복지실천의 주체들이 지역단위로 교류와 협력을 하기 위해서 제도적 틀을 강구해야 한다. 현재는 한국사회복지협의회와 시·도사회복지협의회가 중심기능을 하지만, 사회복지실천이 주로 시·군·구 수준과 그 이하에서 이루어진다는 점에서 볼 때, 시·군·구 사회복지협의회를 조직할 필요가 있다. 또한 한국사회복지관협회, 한국재가노인복지협회 등 전문영역별로 있는 협회가 회원단체간의 교류 협력뿐만 아니라, 인접 분야와의 협력과 연대를 도모하기 위해서는 열린 관계를 형성해야 한다. 이러한 협의기관이 시민의 복지욕구를 수렴하고, 복지대책을 세우는 데 적극적으로 기여하지 못하고, 또 하나의 이익집단으로 전락되어서는 안 될 것이다.

SUMMARY
단원 정리

이 장에서는 점차 그 중요성이 증대되고 있는 지역복지에 대해서 살펴보았다. 지역복지는 일부 요보호시민을 대상으로 한 시설보호위주의 복지를 비판하고, 전체 주민을 대상으로 한 지역중심의 복지를 강조하면서 대두되었다.

지역복지는 지방자치제의 실시와 밀접한 관계를 맺고 있는데, 주민의 복지 증진의 업무가 지방자치단체의 핵심업무의 하나이기 때문이다. 지방정부의 재정자립도가 낮고 많은 복지사업이 법령과 중앙정부의 지침에 의해서 이루어지지만, 사회복지서비스 영역은 주민 밀착형 사업이 점차 뿌리를 내리고 있다.

지역복지의 기관이 늘어나고 그 사업이 빠르게 확대되는 것에 비교할 때, 민간의 전달체계는 아직 미흡한 상태이다. 민간 전달체계에서 한국사회복지협의회와 시・도 사회복지협의회가 비교적 중심적인 역할을 수행하고 있지만, 시・군・구 단위에는 협의회가 별로 구성되어 있지 않거나 본격적으로 운영되지 않기에 이를 활성화 해야 할 것이다.

현재 지역복지의 중추기관은 지역사회복지관과 재가복지봉사센터이다. 사회복지관은 도시빈민 거주지역을 중심으로 460여 개소가 설치되어 있고, 재가복지봉사센터는 사회복지관, 장애인복지관, 노인복지관, 시・도사회복지협의회 등에 부설되어 있다. 사회복지관은 저소득층 주민을 포함하여 영유아, 아동, 청소년, 여성, 노인 등 주민에게 다양한 복지서비스를 제공하고 있고, 재가복지봉사센터는 주로 독거노인, 거동불편 노인과 장애인을 대상으로 가사, 간병, 정서적 서비스 등을 제공하고 있다.

지역복지를 효과적으로 실천하기 위해서 사회복지사는 다양한 기술이 필요하다. 대표적인 기술로는 조사와 문제분석, 집단토의와 회의, 홍보와 정보활동, 원조활동 등을 들 수 있다. 지역 사회복지사는 주어진 예산과 사업을 집행하는 정적인 방식이 아니라, 다양한 지역문제를 발굴하고 주민의 욕구를 파악해서 이에 필요한 내부와 외부의 자원을 연결시키는 일을 역동적으로 수행해야 한다.

한국 사회에서 지역복지를 더욱 발전시키기 위해서 몇 가지 과제를 제기하여 본다. 즉 지역복지의 자주성을 어떻게 확보할 것인가? 지역복지를 위해서 지역의 내부 자원을 어떻게 효과적으로 동원하고, 외부의 자원과 협력관계를 형성할 것인가? 지역복지실천 현장에서 전문성을 어떻게 담보할 것인가? 가상공간에 복지공동체를 어떻게 구축할 것인가? 사회복지협의회의 위상과 역할을 어떻게 정립할 것인가?

다음 장은 '사회복지실천 현장 탐방과 보고'이다. 각자 지역사회에서 사회복지를 실천하는 현장을 방문한 후에 그곳에서 하는 복지사업, 특히 사회복지사가 하는 일을 소개하고, 현황과 발전방안을 보고서로 제출할 수 있도록 안내할 것이다.

TERMS
용어 정리

지역사회 지역사회는 공동생활권이고, 지역사회의 기초는 지역성과 지역사회의식이 수반되어야 한다. 지역사회의 요소로 특정한 지리적 기반이 중요하지만, 그 지역에 소속되어 있다는 의식도 중요하다.

지역복지 지역복지란 사회복지서비스를 필요로 하는 개인, 가족의 자립을 지역사회 속에서 확립함을 목적으로 하고, 이를 가능케 하는 지역사회의 통합화와 생활기반 형성에 필요한 생활 거주조건 정비를 위한 환경개선 서비스의 개발과 대인 복지서비스 체계의 창설, 개선, 동원, 운용을 포함하여 이를 실현하기 위한 조직화 활동의 총체를 말한다.

지역사회개발 지역사회개발은 정부가 지역사회의 개발을 위해서 정책을 정하여 지도·실시함을 말한다. 1950년대에 국제연합이 개발도상국에 대한 개발계획의 일환으로서 제창한 것이지만, 오늘날에는 선진국도 포함하여 지역활동을 통한 복지향상을 도모하려는 것을 의미한다. 지역활동을 통한 사회생활의 향상이라는 점에서 새마을운동과도 상통한다.

재택보호 서비스 재택보호 서비스는 일상적인 원조서비스라고 할 수 있으며 가족의 욕구충족 기능이 어떠한 사정으로 인해 충분히 기능하지 못할 때 가족을 대신하거나 또는 이를 보충하는 것으로 가사, 신변수발, 정서적 안정원조 등이 소재가 되며 반드시 전문적일 필요는 없다.

공공복지의 전달체계 한국 공공복지 전달체계는 보건복지부를 정점으로 각 시·도를 거쳐 다시 시·군·구에서 행정의 최소단위인 읍·면·동으로 이어지고 복지대상자에게 최종 전달되는 상의하달식의 수직적인 조직으로 되어 있다. 복지대상자가 사회복지시설에서 생활하거나 이용하는 경우에는 시 · 군 · 구에서 사회복지시설을 거쳐 복지대상자에게 서비스가 전달된다.

민간복지의 전달체계 한국 민간복지의 전달체계는 한국사회복지협의회가 대표적이지만 한국사회복지관협회, 한국재가노인복지협회 등 다양한 중간집단이 민간복지에서 중요한 역할을 담당하고 있다.

사회복지협의회 한국의 사회복지협의회는 사회복지사업법령에 따라 사회복지에 관한 조사 · 연구와 각종 복지사업을 조성할 수 있는데, 크게 한국사회복지협의회와 시 · 도사회복지협의회 그리고 시 · 군 · 구 사회복지협의회의 역할이 구분이 된다. 한국사회복지협의회는 사회복지에 관한 조사연구와 정책건의를 포함하여 아홉 가지 업무를 수행하고, 시 · 도사회복지협의회는 그 중 일곱 가지 업무를 수행한다.

사회복지관 사회복지관은 지역사회를 기반으로 일정한 시설과 전문인력을 갖추고 지역주민의 참여와 협력을 통하여 지역사회복지문제를 예방하고 해결하기 위하여 종합적인 복지서비스를 제공하는 사회복지시설이다.

재가복지봉사센터 재가복지봉사센터는 가정에서 보호를 요하는 장애인, 노인, 소년소녀가정, 한부모가정 등 가족기능이 취약한 저소득 소외계층과 국가유공자, 지역사회 내에서 재가복지봉사서비스를 원하는 사람에게 사회복지사와 자원봉사자가 방문하여 가사, 간병, 정서, 결연, 의료, 자립지원, 교육 등의 서비스를 제공하는 사회복지시설이다.

지역복지의 기술 지역복지를 실천하기 위한 대표적인 기술은 조사와 문제분석, 집단토의와 회의, 홍보와 정보활동, 원조활동 등이다. 이러한 기술은 지역문제를 해결하고 복지욕구를 충족시키기 위해서 사안에 따라 개별적으로 혹은 종합적으로 필요하다.

SELF STUDY GUIDE
자기평가와 과제

1. 자신의 집이나 직장에서 가장 가까운 사회복지관을 방문하여 그 곳에서 사회복지사가 어떤 일을 하는지를 알아본다.

2. 자신이 살고 있는 지역에서 당면한 가장 큰 지역문제는 무엇이고, 이를 지역복지를 통해서 해결하고자 할 때 자원동원을 어떻게 해야 할 것인지를 알아본다.
3. 자신이 살고 있는 지역에서 가장 가까운 읍 · 면 · 동 행정복지센터를 방문하여 그곳에서 하는 복지업무를 파악한다.
4. 가상공간을 통해서 지역문제를 의제로 설정하고, 주민에게 복지교육을 실시하며, 인적 · 물적 자원을 동원하는 방안을 제안해 본다.
5. 주민의 복지욕구를 충족시키기 위해서 필요한 구체적인 지역복지 프로그램을 사회복지공동모금회 등에 사업계획서로 제출하여 본다.

REFERENCE
참고 문헌

김범수(2000), 『21세기 지역사회복지론』, 홍익재.

김범수 · 신원우(2010), 『지역사회복지론』, 공동체.

김찬우 · 백종만(2009), 『지역사회복지론』, 나남출판.

도래샘(2010), 『하루를 살아도 나는 사회복지사다』, 인간과복지.

류진석 · 오정수(2009), 『지역사회복지론』, 학지사.

박상신(2001), 『사회복지관의 현안과제와 개선방안』, 한국사회복지관협회.

방아골종합사회복지관 연구기획팀(2007), 『신명나는 지역복지 만들기』, 인간과복지.

永田幹夫 지음, 김현훈 외 역(2000), 『지역복지론』, 동인.

이영철 외(2000), 『사회복지학』, 양서원.

이용교 외(2010), 『농어촌복지론』, 광주대학교 출판부.

이용교 편(2000), 『복지공동체 만들기』, 광주대학교 출판부.

이용교(2001), 『복지는 생활이다』, 인간과복지.

이용교(2004), 『디지털 복지시대』, 인간과복지.

이현주 · 최일섭(2006), 『지역사회복지론』, 서울대학교 출판부.

지은구(2003), 『지역복지론』, 청목출판사.

짐 아이프 저, 류혜정 역(2005), 『지역사회개발』, 인간과복지.

최일섭 · 류진석(2000), 『지역사회복지론』, 서울대학교 출판부.

National Association of Social Worker(1995), *Encyclopedia of Social Worker*, 김만두 외 역(1999), 『사회복지대백과사전』, 나눔의집.

RECOMMANDED FILM
추천 영화

새벽을 깨우리로다 Wake Up The Dawn	1989, 이기원
중앙역 Central Station	1998, 월터 살레스
트루먼 쇼 The Truman Show	1998, 피터 위어
올리브 나무 사이로 Through the Olive Trees	1994, 압바스 키아로스타미
쉬핑 뉴스 The Shipping News	2001, 라세 할스트롬
기적의 오케스트라 - 엘 시스테마 EL systema	2008, 파울 슈마츠니, 마리아 슈토트마이어
땅의 여자 Earth' s Women	2009, 권우정
프로포즈 데이 Leap Year	2010, 아넌드 터커
꽃비	2010, 정종훈
행복한 울릉인	2010, 황석호

INTERNET LINK
관련 사이트

한국복지교육원	www.okwelfare.net
시민과 함께 꿈꾸는 복지공동체	cafe.daum.net/ewelfare
녹번종합사회복지관	www.nokpon.or.kr
보건복지부	www.mw.go.kr
한국사회복지사협회	www.welfare.net
사랑의전화 복지재단	www.counsel24.com
사회복지공동모금회	www.chest.or.kr
사회복지정보원	www.welfare.or.kr
서울특별시	www.metro.seoul.kr
잠실종합사회복지관	www.jamsilswc.or.kr
태화기독교종합사회복지관	www.taiwha.or.kr
프란치스꼬의집	www.francisco.or.kr
굿네이버스	www.gni.or.kr
한국사회복지관협회	www.kaswc.or.kr
한국사회복지협의회	www.bokji.net

12 사회복지실천 현장탐방과 보고

I. 현장탐방의 필요성

사회복지사가 되기 위해서는 사회복지실천 현장의 탐방, 자원봉사활동, 현장실습 등을 반드시 수행해야 한다. 대부분의 대학은 사회복지학을 전공하는 학생들이 지역사회에 있는 사회복지실천 현장을 알고, 사회복지사의 역할을 학습하도록 저학년에게 현장탐방과 자원봉사활동을 권유하고, 고학년에게 사회봉사와 사회복지실습을 이수하도록 하고 있다. 대체로 탐방과 자원봉사활동은 임의적으로 혹은 특정 과목의 부수적인 활동으로 이루어진다면, 사회봉사와 사회복지실습은 사회복지현장을 이해하고, 사회복지사의 구체적인 역할을 습득하기 위한 교과과정의 하나이다.

사회복지학개론의 한 단원으로 '사회복지실천 현장의 탐방과 보고'를 다룬 것은 다음 몇 가지 이유 때문이다.

첫째, 사회복지학도는 자신이 살고 있는 지역사회에 있는 사회복지실천 현장을 자세히 알고 현장의 흐름을 늘 파악해야 한다. "복지는 생활이다"라는 말에서 보는 바와 같이, 사회복지는 시민의 일상생활 속에서 이루어진다. 예를 들면, 노인복지는 '양로원'에서만 이루어지는 것이 아니고, 노인을 봉양하는 가족, 노인이 쉽게 건널 수 있는 횡단보도의 설치, 그리고 노인의 건강과 기호에 맞는 식단의 제공 등 삶의 전 영역에서 이루어져야 한다. 이처럼 사회복지는 삶의 모든 영역에서 이루어져야 하지만, 현실적으로 사회복지법인 등 사회복지기관·단체·시설에 의한 사회복지실천에 주목하지 않을 수 없다. 즉 지역사회에서 사회복지실천 현장에는 어떤 곳이 있고, 그곳에서 어떤 일이 일어나고 있는지를 관심있게 살펴야 한다. 특히, 사회복지학을 배우는 학도는 이론적으로 배운 내용과 현장을 연관시켜서 학습의 효과를 높여야 할 것이다.

둘째, 다양한 사회복지분야에서 사회복지사의 역할을 습득하고, 사회복지사의 발전방안을 탐색해야 한다. 사회복지사의 역할은 주된 복지대상자가 누구인가에 따라서 다를 뿐만 아니라, 복지욕구에 대응하는 접근방법에 따라서 다르다.

예컨대 노인복지시설의 경우 한때 '양로원'이 노인복지의 전부인 양 생각되었지만, 주된 욕구와 서비스가 무엇이냐에 따라서 노인복지시설은 여가복지시설, 재가복지시설, 주거복지시설, 의료복지시설 등으로 나뉜다. 마치 모든 의사는 질병을 예방하고 환자를 치료한다는 점에서 공통점을 갖지만, 어떤 질병을 어떻게 다루느냐에 따라서 그 역할이 다르듯이 사회복지사의 역할도 다양하다. 사회복지학도는 사회복지현장을 자주 탐방하여 사회복지사의 역할에 관심을 갖고 자원봉사활동과 현장실습 등을 통해서 그 역할을 습득해야 한다.

셋째, 사회복지학도가 사회복지실천 영역 중에서 관심을 갖는 분야를 심도 있게 학습하고, 각자의 방식으로 복지공동체를 일구는 꿈을 실현하도록 돕기 위해서이다. 사회복지현장은 고정되어 있지 않고, 시간과 장소에 따라서 급변하고 있다. 예컨대 과거 가출청소년에 대한 국가의 대책은 주로 '단속과 귀가조치'이었다. 청소년이 집을 나왔기 때문에 집으로 되돌려 보내면 문제를 해결할 수 있다고 보았기 때문이다. 최근에는 돌아갈 집이 없거나 적합한 학교가 없는 청소년이 늘어나고 있다고 인식하기 때문에 청소년쉼터, 공동생활가정(그룹홈), 대안학교 등을 새롭게 만들고 있다. 사회복지학도는 자신이 관심을 갖는 분야를 보다 철저히 탐색하고, 사회복지사의 구체적인 역할을 습득하며, 궁극적으로 자신이 꿈꾸는 복지공동체를 만들기 위해서 사회복지현장을 끊임없이 탐방해야 한다.

넷째, 사회복지실천 현장을 탐방하고 이를 다른 사람들에게 효과적으로 보고하는 기법을 습득하기 위해서이다. 사회복지실천 현장을 탐방하는 것은 그 자체가 학습활동이지만 이를 보고서로 작성하면서 학습을 심화시킬 수 있다. 보고서의 작성은 자신이 습득한 내용을 정리하고 이를 다른 사람에게 보고하는 데 있으므로, 주마간산 격으로 기관을 방문하지 않고 제대로 탐방을 할 수 있게 해준다. 어떤 기관을 탐방할 것인가를 탐색하고, 해당기관에 대한 정보를 인터넷이나 관련 자료의 열람을 통해서 사전에 수집하며, 현장 방문시에 부족한 정보를 꼼꼼히 챙기고, 관찰과 인터뷰 그리고 사진 자료 등을 통해서 보고서의 내용을 훨씬 다채롭게 할 수 있다.

다섯째, 사회복지실천 현장을 탐방하고 학습한 정보를 가장 효과적으로 공유하는 방법을 탐색하기 위해서이다. 사회복지현장을 탐방하고 보고서를 남기는 궁극적인 목적은 정보 공유를 통해서 더 나은 복지공동체를 만드는 데 있다. 그럼에도 불구하고 현실은 보고서를 작성해 제출하고 소수의 관계자들이 열람하는 것으로 그치는 경향이 있다. 보고를 위한 보고서는 이제 더 이상 필요하지 않다. 전국 방방곡곡에서 일하면서 공부하는 사회복지학도들은 자신이 작성한 탐방보고서를 인터넷을 통해 정보의 바다에 제공할 수 있다. 디지털시대를 열어가는 준비된 사회복지사가 되기 위해서 복지정보를 적극적으로 공유하는 방법을 습득해야 한다.

Ⅱ. 탐방기관의 선정

사회복지사업을 주된 목적사업으로 하는 사회복지기관·단체·시설은 주로 사회복지사업법과 관련 법에서 찾을 수 있다. 그동안 사회복지실천 현장은 요보호 아동, 노인, 장애인 등을 위한 거주시설(수용보호시설)에서 가정에 살면서 도움을 필요로 하는 시민을 위한 이용시설로 확장되었고, 무료시설에서 실비와 유료시설로 확장되어 왔다. 현재 법적으로 사회복지서비스를 제공하는 주요한 사회복지시설은 영유아보육시설, 아동복지시설, 노인복지시설, 장애인복지시설, 한부모가족복지시설, 여성복지시설, 정신보건시설, 사회복지관 등이 있다.

사회복지시설의 종류는 앞에서 상세히 다루었기 때문에, 이 글에서는 탐방하기에 적합한 사회복지기관·단체·시설을 찾는 법을 안내하고자 한다. 예컨대 노인복지에 관심을 가진 사람이 노인복지시설을 탐방하고자 하면, 노인복지법에 의한 노인복지시설의 종류는 그 기능에 따라서 다음과 같이 세분된다.

- 노인주거복지시설: 양로시설, 노인공동생활가정, 노인복지주택
- 노인의료복지시설: 노인요양시설, 노인요양공동생활가정
- 노인여가복지시설: 노인복지관, 경로당, 노인교실
- 재가노인복지시설: 방문요양, 방문목욕, 방문간호, 주·야간보호, 단기보호, 기타 재가급여를 하나 혹은 복수로 제공하는 시설
- 노인보호전문기관, 노인일자리지원기관, 학대피해노인전용쉼터

탐방기관을 노인주거복지시설로 정하더라도, 수많은 기관 중에서 적절한 시설을 선정해야 한다.

또한 정부에 노인복지시설로 신고를 하지 않고 노인복지를 실천하는 현장과 사회복지관과 같이 다른 사회복지를 실천하면서도 노인복지를 실천하는 현장, 그리고 '사랑의 식당'(무료급식소), 노인의 집과 같이 노인복지사업의 하나로 시행되고 있는 현장까지 포괄하면 노인복지실천 현장은 더욱 많아질 것이다.

따라서 사회복지학도가 사회복지실천 현장을 탐방하고자 할 때는 가급적 해당 분야에서 이루어지고 있는 사업을 보다 전문적으로 학습할 수 있는 곳을 찾아가야 한다. 탐방기관을 선정할 때 다음과 같은 기준을 참고한다.

첫째, 사회복지기관·단체·시설이 홈페이지를 만들어서 자신이 하는 일을 항상 공개하고 있는가? 사회복지실천 현장을 외부인이 알 수 있는 매체는 기관의 팜플렛에 불과한 적이 있었지만, 최근 가장 손쉽게 사용할 수 있는 매체는 홈페이지이다. 홈페이지가 있는지 없는지를 보면 그 기관이 정보화사회에 맞게 서비스를

제공하고 있는지 여부를 판단할 수 있다. 또한 홈페이지가 있다면 그곳에서 제공하는 정보가 수요자 위주인지 공급자 위주인지도 파악할 수 있다. 따라서 사회복지학도가 탐방기관을 선정하고자 할 때 가장 먼저 살펴보아야 할 것은 홈페이지의 유무, 홈페이지의 내용과 활용도이다.

둘째, 해당 분야에서 전문성을 인정받고 있는 기관인가? 사회복지기관의 팜플렛으로 알 수 있는 정보는 기관의 명칭, 주요 사업, 설립연도, 대지와 건평 등에 불과하다. 인터넷을 통해서 정보를 파악하면 탐방하고자 하는 기관들의 주요 사업 실적, 공공기관의 평가, 공익재단 등으로부터 지원받은 프로그램, 사회적 평판 등을 알 수 있다. 투명한 기관운영을 강조하는 사회복지기관은 스스로 자신의 홈페이지에 관련 자료를 올리기도 하고, 그렇지 않더라도 사회복지분야를 지원하는 사회복지공동모금회나 삼성복지재단 등의 홈페이지를 방문하면 프로그램 공모전으로 지원받은 기관을 찾을 수 있다.

셋째, 사회복지사가 핵심적인 역할을 하는 기관인가? 사회복지학도가 사회복지기관·단체·시설을 탐방하는 가장 큰 이유는 현장에서 사회복지사의 역할을 알고 준비된 사회복지사가 되기 위해서이다. 이 점에서 볼 때, 모든 사회복지실천 현장에서 사회복지사가 주도적인 역할을 하는 것은 아니므로 가급적 사회복지사가 핵심적인 역할을 하는 곳을 탐방한다. 대체로 사회복지사는 영유아보육시설보다는 아동복지시설에서 주도적인 역할을 하고, 아동복지시설 내에서도 아동양육시설보다는 아동상담소에서 더 전문적인 역할을 수행한다. 탐방할 때 해당기관에 대해서 안내해 줄 수 있는 중견 사회복지사가 있는지를 파악하는 것도 중요하다.

넷째, 사회복지사의 다양한 역할을 습득할 수 있는 기관인가? 사회복지실천현장에서 사회복지사의 역할은 상담자, 교육자, 문제해결자, 옹호자, 대변자 등 다양하다. 특히 사회복지사는 주로 누구를 대상으로 사회복지를 실천하느냐에 따라서 그 역할이 달라질 수 있다. 예컨대 『새 천 년을 열어 갈 사회복지사의 길』이란 책을 보면, 젊은 사회복지사들이 꿈꾸는 사회복지사는 장애인의 사회통합을 추구하는 사회복지사, 병든 사람을 치료하는 사회복지사, 지역사회 복지공동체를 꿈꾸는 사회복지사, 어린이의 행복을 찾는 사회복지사, 청소년의 바른 성장을 걱정하는 사회복지사, 종교와 복지의 일치를 추구하는 사회복지사, 시민과 함께 복지사회를 만드는 사회복지사, 그리고 사회복지현장을 꿈꾸는 준비된 사회복지사 등이다. 조금 이상적이기는 하지만, 사회복지실천 현장을 탐방하는 사회복지학도는 무언가 새로운 것을 배울 수 있는 곳을 찾아야 한다.

다섯째, 지명도가 높고 다른 사회복지기관과 교류협력을 하는 기관인가? 해당 사회복지기관·단체·시설에 대한 사전 지식이 부족한 경우에는 지역사회에 있는 사회복지기관 중에서 전국적으로 지명도가 있는 기관을 택하는 것도 한 방법이다. 당해 지역에서뿐만 아니라 전국적으로 지명도가 높은 기관은 뭔가 배울점이 있는 기관이다. 이러한 기관은 국내외 사회복지기관과 폭넓게 교류하기 때문에 관련 자료도 풍부하여서 해당기관과 그 분야의 정보를 손쉽게 얻을 수 있다.

이 점에서 사회복지정보원이 주최하고 전국의 사회복지학과 대학생 80여 명이 참가하여 여름방학 때 27일 동안2000년 7월 17일~ 8월 12일전국의 사회복지기관·단체·시설을 탐방한 **제2차 복지순례**의 사례는 매우 유익한 자료이다.

전국사회복지대학생정예화캠프	cafe.daum.net/cswcamp 참조
사회복지정보원	www.welfare.or.kr 참조

III. 자료수집

사회복지실천 현장을 효과적으로 탐방하기 위해서 먼저 자료수집을 철저히 해야 한다. 자료수집은 해당분야에 대한 광범위하고 일반적인 자료수집과 해당기관에 대한 심층적 자료수집으로 나누어 볼 수 있다.

해당분야에 대한 자료수집은 관련 서적을 읽고, 관련 기관과 협회의 인터넷을 검색하는 방식으로 접근할 수 있다. 주요 일간지나 전문잡지에서 해당 분야를 어떻게 다루고 있는지를 검색하는 것도 필요하다. 예컨대 노인복지에 관심을 갖는다면 노인복지에 관한 전문서적과 관련 잡지를 읽고, 시니어웰페어닷컴www.seniorwelfare.com, 실버넷www. silvernet.ne.kr, 한국노인의전화www.kisca.or.kr등이 운영하는 인

제2차 복지순례의 일정과 탐방기관

전북지역

- **7월 17일(월)** 오후 6시 전주 원암의 집으로 집결(1호차는 서울에서 12시에 출발하여 청주, 대전을 경유하고, 2호차는 부산에서 11시에 출발하여 광주를 경유하며, 대구 지역 참가자들은 대전에서 합류) - 원암의집(부랑인시설), 백영규 이사장님의 '부랑인복지사업' 특강, 리셉션 만찬 - 명덕적십자수련원에서 숙식
- **7월 18일(화)** 경로수녀회(노인복지시설) - 마음사랑병원(정신질환자시설) - 송광성애원(정신요양시설) - 전북대학교 사회복지지원센터 - 최원규 교수님의 "실직, 노숙자 지원사업과 대학의 복지참여"에 관한 특강 - 전북대학교에서 점심식사 - 전북종합사회복지관(산동네 빈민지역) - 전주자활지원센터 - 전주자림원(장애인시설) - 김재필 원장님(전북사회복지협의회장)의 "장애인 사랑" 간담회 - 삼성보육원 견학 및 저녁식사 - 소병무 원장님 특강 및 간담회 - 삼성보육원에서 숙박
- **7월 19일(수)** 송천중학교(소년원) - 전주갱생원 - 교정복지 특강 - 정읍시자원봉사협의회(시청과 복지관, 민간봉사단체 협력모델) 도시락 공장(노인, 소년소녀가장 급식) - 정읍애육원 견학

광주 · 전남지역

- **7월 19일(수)** 오후 장성 프란치스코의집(노인복지종합타운) - 덕산장애인종합복지관, 직업전문학교 및 재활의원, 보장구제작소 - 광주대학교 이용교 교수님의 "새천년 사회복지사의 길" 특강 - 덕산직업전문학교 장애인들과 레크리에이션 한마당
- **7월 20일(목)** 동신대학교종합사회복지관 - 광주 엠마우스복지관 및 그룹홈 - 천노엘 신부님의 복지철학 강연 - 호남대에서 오승환 교수님 간담회 및 중식 - 목포 공생원 - 해남 희망원, 신혜정신요양원(김정길 원장님, 전국부랑인시설연합회장) - 해남종합사회복지관(서정복 관장님 전남사회복지관협회장) - 해남에서 숙식
- **7월 21일(금)** 반도 최남단 땅끝마을(토말) - 순천종합사회복지관 및 아동시설 순천성신원, 가정폭력피해자쉼터 - 윤동성 관장님(광주여대 사회복지학과 교수)의 "복지관사업 및 재가노인복지사업" 특강 - 특별 중식 - 여수동백원(장애인 생활 및 직업재활시설) - 사회복지사 김영화 원장님 간담회 - 동백원에서 만찬 및 숙박

제주도

- **7월 22 ~ 23일(토,일)** 여수항에서 8:30 카페리호 승선 - 제주항에 15:30 도착 - 짐만 숙소로 실어 보내고 7월 23일 일요일 오후까지 자유시간, 숙식 각자 해결 - 일요일 저녁에 제주시 명도암유스호스텔(사회복지법인 품 청소년문화공동체에서 운영)로 집결 리셉션
- **7월 24일(월)** 제주도장애인복지관 - 이동한 관장님 간담회 - 제주종합사회복지관 - 김정현 관장님의'제주도 사회복지'특강 - 원광요양원(노인복지시설) - 강혜선 교무님 특강 - 협재 해수욕장 해수욕 - 어린이재단 금릉청소년수련원에서 숙식, 캠프파이어(바베큐와 감자), 댄스파티
- **7월 25일(화)** 한라산 정상 백록담 등반(관음사 코스로 올라가서 성판악 쪽으로 하산) - 협재 해수욕장 야간 해수욕 - 금릉청소년수련원에서 숙식

- **7월 26일(水)** 모슬포항에서 10:00 마라도행 여객선 승선 - 마라도의 등대, 해녀, 해수욕, 섬 일주, 무인도같은 나홀로의 세상 만끽 - 국토 최남단 고도(孤島)에 지는 해를 바라보며 석양의 명상... - 마라도 민박에서 1박3식
- **7월 27일(목)** 마라도의 새벽 일출 - 10:40 다시 모슬포항으로 나와 점심식사 후 서귀포 관광 - 서귀포항에서 17:00 부산행 여객선에 몸을 싣고 14시간 동안 항해. 아침 7시에 부산항 도착

부산 · 경남지역

- **7월 28 ~ 29일(금,토)** 아침 7시 부산항에 하선하여 자갈치시장에서 아침식사 각자 해결 - 그리스도 정신요양원, 아미정신건강센터 - 아이들의집(장애아동시설) - 소년의집(한국 최대규모의 복지시설) - 욥의 마을(구, 형제복지원) - 청학농예원(아동복지시설) - 천마재활원 - 경성대 박종우 교수님의 특강 "부산지역 사회복지, 혹은 사회복지 정책"
- **7월 29 ~ 30일(토,일)** 토요일 점심 이후 일요일 점심까지 자유시간, 숙식 각자 해결 - 일요일 오후 2시 교대역에 집결 - 해운청소년수련관에서 숙식 - 포항시청 사회복지과 양성근 선생님의 "국민기초생활보장제도" 특강

대구 · 경북지역

- **7월 31일(월)** 경주에서 동해안으로 수중왕릉을 돌아 국토최동단 장기곶에서 아침해를 바라보고 등대박물관을 거쳐 복지순례 후반을 힘차게 출발 - 대구대학교 점자도서관 및 장애인 편의시설 견학, 점심 식사 - 아세아복지재단(청곡종합사회복지관, 자유재활원, 선명요육원, 선화장애아동어린이집, 만성자립원) - 강영신 대구사회복지협의회장님 특강 및 간담회(지역사회조직화, 자원활용) - 대구노인복지회관 - 김상근 관장님의 노인복지 특강 - 대구노인복지회관에서 저녁식사 - 선배 사회복지사들과 함께 즐거운 파티를...
- **8월 1일(화)** 제2석굴암온천 - 안동 아네트의집(비법인 장애아동시설) -독일의 장애아동 교육에 대한 특강 - 요셉의집 무료급식소 - 애명복지촌(치매요양센터, 안동애명학교, 애명요양원, 경북장애인복지관, 경북재활의원, 애명복지원) - 장애인 성과 결혼에 관한 비디오 시청 및 워크숍 - 애명복지촌에서 숙식 - 가톨릭상지대 이준상 교수님의 장애인복지 특강과 간담회

강원도

- **8월 2일(수)** 울진으로부터 국토 최북단 통일전망대까지 동해안 관동팔경을 따라 북상 - 강릉 갈바리 재가노인복지센터와 강원도 청소년자원봉사센터 - 손영순 까리타스 수녀님의 "호스피스"에 대한 특강 - 성지복지재단 양양복지원(장애인요양시설) - 홍윤표 총무님, 이무숭 원장님의 "장애인요양보호"에 관한 특강 및 간담회, 숙식
- **8월3일(목)** 통일전망대 - 진부령 휴게소에서 점심식사 - 춘천 강원재활원 - 원주청소년수련원 - 횡성군청 사회복지사 이백호 선생님의 "강원도 사회복지의 특징과 공공복지행정"에 관한 특강 및 간담회

서울 · 경기 · 인천지역

- **8월 4일(금)** 홀트일산복지타운 - 애덕의 집(장애인 생활시설, 직업재활시설) - 사회복지사 김영식

선생님의 "장애인 직업재활"에 관한 특강 및 간담회 - 한국 최대의 노인복지관 일산노인종합복지관 - 인천에서 16:00 배를 타고 영종도를 거쳐 장봉도로 이동 - 장봉혜림원(장애인시설) 견학 및 입소식, "갈매기의 꿈" 세미나

- **8월 5일(토)** 장봉혜림원에서 1일 육체노동(10시간)과 석양의 갯벌 놀이 한마당 - 임성만 원장님의 장애인복지 특강 및 간담회
- **8월 6일(일)** 오전 중 자원봉사활동 및 자유시간, 점심 식사 후 출소식, 갈매기와 함께 인천으로 나와 월요일 아침까지 숙식 각자 해결
- **8월 7일(월)** 오전 9시30분 이화여대로 집결 - 최초의 대학부설 복지관 이대복지관 - 최초의 사회사업대학 이화여대 사회복지학과 탐방 - 한국 사회복지 교육의 역사에 관한 특강 - 이화여대 학생식당에서 점심식사 - 한국사회복지관협회 - 한국사회복지협의회 외 7개 직능단체 - 한국사회복지사협회, 월드비전, 한국사회복지학회 - 구세군 과천 양로원, 요양원 견학 및 숙식, 김남선 원장님과의 노인복지 간담회
- **8월 8일(화)** 한국청소년개발원 - 태화기독교사회복지관 - 서울장애인복지관 - 한국시각장애인복지관 - 사랑밭재활원 견학 및 숙식, 최재명 원장님의 "정신보건 사회사업"에 관한 특강 및 간담회, 캠프파이어

대전 · 충청지역

- **8월 9일(수)** 음성꽃동네 - 현도사회복지대학교 방문 및 이태수 교수님 "사회복지와 경제" 특강 - 현양복지재단(현양원, 상록원, 성덕원, 양로원) - 보나의집(여성장애인시설) - 이애경 알마수녀님 특강 및 간담회 - 보람원(장애인 직업재활시설)에서 숙식
- **8월 10일(목)** 평화의 마을 대전애육원 - 천성원(평강의집, 온달의집, 정화원, 다비다의집, 노인전문병원, 자강원) - 한남대에서 점심식사

전북지역으로 돌아와 마무리 워크숍

- **8월 10일(목)** 동그라미재활원 - 삼정원(정신요양시설) - 원불교 총부 삼동회 - 원불교 사회복지 특강 - 자선원(부랑인시설) - 이리보육원 - 원광상록원(실비양로원) - 삼동재가노인복지관 - 원광종합사회복지관 - 김제시청소년수련관 - 정호영 선생님의 지역사회복지관 사업에 관한 특강 및 간담회 - 김제청소년수련관에서 숙식(저녁,아침)
- **8월 11일(금)** 김제시노인종합복지관과 실버타운 - 김제복지관 - 따뜻한 집(장애인시설) 영광의 집(장애인시설) - 한국 최초의 노인복지시설 애린원 - 용지면사무소 - 채수훈 선생님의 공공부조 복지행정에 관한 특강 및 간담회 - 김제청소년수련관에서 숙식(저녁,아침)
- **8월 12일(토)** 복지순례 마무리 - 11시 해산(1호차는 전주, 대전, 청주를 경유 서울로 직행하고, 2호차는 광주를 경유하여 부산으로 직행)

* "엄청난 감동과 교훈, 낭만과 우정의 네트워크 - 사회복지학습여행"을 내걸고 1999년에 시작된 「복지순례」프로그램은, 6차 때인 2004년에는 62일간(6월 21일-8월 21일) '현장학습, 오지봉사활동, 심신수련활동, 문화기행' 으로 진행되었다.

터넷 사이트에서 관련 자료를 검색하여 노인복지의 실태와 문제점을 개괄적으로 파악한다.

각 분야에 대한 기초적인 이해를 위해서 필요한 서적과 인터넷사이트에 대한 소개는 선행 강좌에서 했기에, 이 글에서는 각 분야별로 사회복지현장을 이해하는 데 도움이 되는 책을 간략히 소개하고자 한다. 각 분야에 대한 전문적인 서적보다는 사회복지현장에서 일하는 사회복지사와 근무자, 혹은 복지대상자들이 쓴 책을 주로 소개하면 다음과 같다.

아울러 영화나 비디오를 시청하면서 관심 분야의 사회복지실천 현장을 이해하고, 관련 분야 전문 사회복지사의 이야기를 듣는 것도 좋다.

특정 사회복지실천 현장에 대한 자료수집은 일차적으로 홈페이지를 통해서 하는 것이 바람직하다. 일부 사회복지기관은 홈페이지를 만든 시점에 게시한 자료로 방치하는 경우도 있지만, 홈페이지를 제대로 운영하는 기관은 운영보고서 등 공식적인 자료에서 볼 수 없는 최근 정보까지 게시하고 있다.

또한 사회복지기관·단체·시설을 탐방하는 사회복지학도가 해당 기관이 연도별로 발간하는 운영보고서나 사업계획서를 얻는 것이 현실적으로 어렵기 때문에 기관의 위치, 규모, 조직, 인력, 주요 사업, 핵심 프로그램, 사업대상자 등 포괄적인 정보를 홈페이지에서 파악한다. 기관의 홈페이지가 전혀 없거나 있더라도 적절한 정보를 제공하지 않는 기관은 탐방대상으로 선정할 때 신중히 고려한다.

필요한 정보를 일차적으로 수집한 다음에 꼭 필요한 정보를 홈페이지 담당자에게 이메일로 문의하거나 기관방문을 하기 전에 담당자에게 정중히 요청한다. 사회복지학도의 현장탐방이 교육적 목적에 있기에 기관의 사업비와 세부내역, 후원금의 조성과 사용내역, 인력의 구체적인 인적사항, 임직원 상호간의 친인척관계 여부 등을 확인하려는 것 등은 신중을 기해야 한다. 사회복지실천 현장을 좀더 자세히 이해하기 위해서 꼭 필요한 정보라 하더라도, 기관운영자나 담당자가 밝히기를 꺼리는 사안은 사업보고서, 소식지 등 이미 공개된 자료를 통해서 파악하는 것이 좋다.

사회복지실천 현장을 이해하는 데 도움이 되는 책

사회복지 일반

노혜련 · 임종호 · 최경일(2010), 『사회복지사의 희망이야기』, 학지사.

박광준(2013), 『사회복지의 사상과 역사』, 양서원.

이용교(2020), 『알아야 챙기는 복지상식』, 인간과복지.

김성천 외(2013), 『사회복지사가 말하는 사회복지사』, 부키.

최주환(2007), 『사회복지사가 꼭 알아야 할 35가지』, 양서원.

유동철(2008), 『영화로 보는 사회복지』, 양서원.

한덕연(2010), 『복지요결- 사회사업원론』, 사회복지정보원.

아동복지

박창우(2007), 『세상의 모든 아이는 가정을 가질 권리가 있습니다』, 홍성사.

한국청소년정책연구원(2016), 「한국 아동 청소년 인권실태 연구 4 : 한국의 유엔아동권리위원회 국가보고서 권고사항 이행실태」, 휴먼컬처아리랑.

청소년복지

조벽, 최성애(2012), 『최성애 조벽 교수의 청소년 감정코칭 - 교사와 부모들을 위한 사랑의 기술』, 해냄.

박경현, 임경선(2017), 『학교로 간 사회복지사』, 공동체.

윤철수(2008), 『우리는 영원한 학교사회복지사이고 싶다』, 양서원.

천정웅 · 이용교 편(2007), 『적극적 관점의 아동청소년복지』, 인간과복지.

노인복지

김양희(2008), 『김양희의 노인복지혁명』, 광주대학교 출판부.

강위원(2017), 『기적 아닌 날은 없다』, 오월숲.

신희철(2005), 『다섯 살배기 딸이 된 엄마』, 창해.

크리스틴 브라이든 저, 김동선 역(2005), 『치매와 함께 떠나는 여행』, 인터.

장애인복지

가와이 가오리 저, 육민혜 역(2005), 『섹스 자원봉사 - 억눌린 장애인의 성』, 아롬미디어.

이준우(2017), 『장애인과 함께가는 교회』, 인간과복지.

정신보건

김수원(2007), 『정신보건시설과 인권』, 한국학술정보.

지역복지

김세진(2016), 『복지관 사례관리 공부노트』, 푸른복지.
도래샘(2010), 『하루를 살아도 나는 사회복지사다』, 인간과복지.
방아골종합사회복지관 연구기획팀(2007), 『신명나는 지역복지 만들기』, 인간과복지.
전병관(2015), 『국가복지에서 동네복지로』, 우물이 있는 집.
김해영(2012), 『청춘아, 가슴 뛰는 일을 찾아라』, 서울문화.
정현경(2010), 『모금을 디자인하라』, 아르케.
짐 아이프 저, 류혜정 역(2005), 『지역사회개발』, 인간과복지.
현의송(2009), 『문화를 파는 농촌에 희망이 있다!』, 농민신문사.

자원봉사

오계형(2004), 『공부 안하고 또 어디가냐?』, 인간과복지.
김진주(2005), 『세계를 품은 진주』, 인간과복지.

사회보험 · 사회정책

김조설(2017), 『한국 복지정책 형성의 역사』, 인간과복지.
김연명 편(2002), 『한국 복지국가 성격논쟁 I 』, 인간과복지.
윤홍식(2019), 『한국 복지국가의 기원과 궤적 1 · 2 · 3』, 사회평론아카데미.
정무권 편(2009), 『한국 복지국가 성격논쟁 II 』, 인간과복지.
김성천, 김은재(2015), 『옆으로 간 사회복지 비판』, 학지사.
에스핑 앤더슨 저, 박시종 역(2007), 『복지자본주의의 세 가지 사례』, 성균관대학교 출판부.

V. 현장탐방

사회복지실천 현장을 방문할 때에는 사전에 치밀한 준비를 하고 예의를 갖추어서 방문해야 한다. 지역사회에 어떤 사회복지기관·단체·시설이 있는지를 파악하기 위해서 가볍게 방문하는 것이 아니라, 그곳의 주요 사업은 무엇이고, 사회복지사들이 구체적으로 어떤 일을 하는지를 파악하기 위해서 탐방하는 것이기 때문에 다음 몇 가지 사항에 유의해야 한다.

첫째, 사전에 해당 기관에 전화를 해서 담당자에게 탐방 목적을 밝히고 언제 어디로 누구를 찾아가야 좋을지를 의논한다. 방문시기는 가급적 탐방기관의 사정이나 형편을 고려하여 결정하되, 업무가 많은 월말이나 월초 혹은 월요일 오전 시간을 피하는 것이 좋다. 낯선 곳일 때는 대중교통 혹은 승용차로 찾아가는 방법을 상세히 문의하고, 찾기 어려운 경우에는 인터넷으로 길찾기를 검색한다. 탐방 예정일 하루 전 쯤에는 담당자와 다시 한 번 전화통화를 해서 방문 예정 시간을 기억하고 있는지를 확인한다.

둘째, 해당 기관에 대한 자료수집을 통해서 이미 파악한 내용을 감안하여 꼭 필요한 질문을 사전에 문자나 이메일을 통해 문의하여 담당자가 적절한 자료를 준비하도록 한다. 문서를 통해서 질의하기 곤란한 사항은 미리 적어 두었다가 적절한 분위기가 형성되었을 때 한다. 사회복지사의 급여라든지 기관에 대한 개인적 평가 등 답변하기 곤란한 사항이나 사생활에 해당되는 것은 질문하지 않는다.

셋째, 기관 방문을 할 때는 간단한 선물을 준비하는 것이 좋다. 특히 사회복지시설을 방문할 때에는 해당 기관의 복지대상자들이 먹을 수 있는 제철 과일 등을 준비하고, 인터뷰에 응할 담당자에게 줄 꽃다발이나 가벼운 선물을 준비한다. 첫 만남일 경우에는 식사시간 직전을 피하고, 갑자기 "식사를 사겠다"고 제의하는 것도 부적절하다. 한국인의 풍습에서 오는 손님의 식사대접을 받기는 어렵고, 오히려 부담을 줄 수 있기 때문이다. 혹시 물질적으로 도움을 주고 싶으면 후원안내 팜플렛을 참고하여 통장에 후원금을 입금하는 것이 한 방법이다.

넷째, 해당 기관이 제공하는 공식적인 자료를 잘 챙기고, 평소에 궁금했던 사항들을 조리 있게 질문해서 답변을 꼼꼼히 적고, 기관 투어를 통해서 시설현황을 관찰한다. 인터넷 자료나 기관안내 팜플렛 등을 통해서 알 수 있는 사항은 가급적 질문하지 않거나 가볍게 하고, 꼭 필요한 질문만을 하여 경청한다. 사회복지기관·단체·시설에 대한 자신의 의견을 말하는 것을 삼가고 매사에 긍정적인 자세로 인터뷰를 진행한다. 사회문제에 대한 비판적인 시각을 견지하더라도, 바로 그 사회문제 속에서 근무하는 사람이라는 점을 고려하여 대화를 나눈다. 시설현황을 관찰할 때에는 건물과 프로그램 공간의 배치가 적합한지, 설비가 안전하고 충분한지, 복지대상자가 이용하기에 적절한 편의시설을 갖추고 있는지 등을 꼼꼼히 살핀다. 수집된 자료와 인터뷰 내용은 보고서로 작성되어 학교에 공식적으로 제출된다는 점을 알리고, 만약 사전에 보고서를 검토하기 바란다면 이메일을 통해서 보고서 초안을 보내서 그 의견을 반영하도록 한다.

다섯째, 탐방을 할 때 만나는 직원이 대개 자원봉사자·후원자 관리 담당자이기 때문에 팜플렛이나 자료를 구하는 것은 비교적 쉽다. 그런데 기관 안에서 사진을 찍을 때에는 사전에 동의를 구하는 것이 중요하다. 최근 초상권에 대한 사회적 인식이 높아지고, 사회복지대상자의 인권도 존중받아야 하기 때문에 인물을 찍을 때에는 근접 사진보다는 상당한 거리를 두고 찍는다. 복지대상자와 직접 대면할 때에는 먼저 인사를 하고, 친근감 있게 대하는 것이 좋다. 현장탐방은 기관의 대략적인 사정을 아는 데 목적이 있기 때문에, 탐방 당일에 자원봉사활동을 하는 것은 적절하지 못하다. 만약 봉사활동을 하고 싶으면, 사전에 담당자와 충분히 협의하고, 정기적으로 할 수 있는 일을 하도록 한다.

V. 보고서 작성

사회복지실천 현장을 탐방한 사회복지학도는 보고서를 작성해서 보관하는 것이 좋다. 모든 탐방 결과를 보고서로 작성할 수는 없지만, 사전에 자료수집을 충분히 하고 방문을 통해서 기관을 관찰하고 담당자와 면담한 결과를 보고서로 작성하는 것은 사회복지사가 되기 위해 꼭 필요한 과정이다.

실례로, 한남대학교 사회복지학과를 졸업한 김세진 사회복지사는 자신이 4년 동안 사회복지학을 공부하면서 작성한 모든 보고서, 읽은 책의 목록과 감상문, 국내외에서 자원봉사활동을 한 봉사활동 일지, 사회복지실천 현장 보고서, 현장실습 일지 등을 치밀하게 정리해 자신의 홈페이지www.welfare.net/~sea를 통해서 보고한 바 있고, 청주대학교 김진용 학생은 사회복지학을 공부하는 데 필요한 각종 정보를 홈페이지home. taegu.net/~stump에 갈무리하고 있다.

보고서의 작성은 그 목적에 따라서 형식과 내용이 달라지는데, 흔히 사회복지학도가 탐방보고서를 쓸 때에는 해당 기관에서 어떤 사회복지사업을 하고, 사회복지사가 어떻게 일하는지에 초점을 맞춘다. 보고서에 포함되어야 할 주요 내용은 (1) 기관현황 - 기관명, 법인의 형태, 기관의 유형, 주소·전화·홈페이지 등, (2) 주요사업 - 사업영역별 프로그램, 프로그램의 대상자, 진행 방식 등, (3) 인력현황 - 전체 직원, 조직구조, 사회복지사의 수, 사회복지사의 역할 등이다.

사진 자료가 있는 경우에는 사진을 첨부하고, 기관에서 하는 주요 활동을 디지털 캠코더로 찍은 경우에는 영상파일을 첨부할 수 있다. 실례로 사회복지정보원은 매년 복지순례와 사회복지대학생정예화캠프를 개최하였는데, 그 활동의 결과를 철저히 기록해서 홈페이지를 통해서 제공하고 있다. 특히, 복지순례의 경우에는 기록담당자를 두어서 매일 어떤 일이 일어났는지를 상세히 기록하였다.

실습생들의 복지순례 후기 참조 www.welfare.or.kr/사복정연/복지순례/2차복지순례/index.htm

VI. 정보의 공유

사회복지기관·단체·시설을 탐방하고 쓴 보고서를 여러 사람이 함께 공유하도록 하기 위해서 인터넷을 적극적으로 활용한다. 최근 몇몇 대학은 홈페이지나 가상복지관을 통해서 학생들이 학교에서 배운 내용을 현장과 접목시키도록 시도하고 있다. 대표적인 활동이 사회복지실천 현장을 방문하여 그 보고서를 올리거나, 현장에서 이루어지는 주요 활동에 자원봉사자로 참가하여 그 결과를 보고서로 제출하는 것이다.

성공회대학교는 2000년에 '늘푸른복지관' evergreen.skhu.ac.kr을 만들어서 운영한 적이 있다. 또한 광주대학교 이용교 교수는 '시민과 함께 꿈꾸는 복지공동체' cafe.daum.net/ewelfare를 통해서 학생들의 보고서를 받고 있다. 복지공동체에 올려진 보고서는 다시 잘 편집되어서 자료실에 갈무리하고, 사회복지학도들이 가장 많이접속하는 사이트들의 자료실에도 제공된다. 한 예로 청소년복지론 시간에 수강생이 보고서로 제출한 '청소년생활 심층연구'는 '시민과 함께 꿈꾸는 복지공동체'에서 검색할 수 있다.

늘푸른복지관	www.evergreen.skhu.ac.kr 참조
시민과 함께 꿈꾸는 복지공동체	cafe.daum.net/ewelfare 참조

보고서 중에서 대표적인 것들을 묶어서 자료집으로 발간하거나 단행본으로 출판하는 것도 좋다. 이러한 활동을 적극적으로 해 온 필자가 편집한 책만도 사회복지계의 원로와 중진들의 사회복지실천 이야기를 엮은『이야기 사회복지』1993, 불교계의 사회복지실천을 다룬『나눔 그 기쁨』1995, 광주·전남지역 사회복지시설의 설립자·운영자와의 인터뷰를 다룬『시설과 인물』1998, 지역사회를 복지공동체로 만드는 방안을 제시한『복지공동체 만들기』2000 등이 있다. 한 사람 한 사람이 보고서를 정성껏 작성하고 그 보고서를 잘 엮어서 자료집을 발간하면 많은 독자가 읽고, 인터넷을 통해서 자료를 제공하면 시간과 공간을 초월하여 더 많은 사람이 정보를 공유할 수 있다. 복지공동체를 만들기 위해서 먼저 사회복지학도가 학문공동체를 만들어야 할 이유가 여기에 있다. 인터넷의 대중화로 온라인활동이 강조되므로 가상복지관 혹은 가상도서관인 '디지털복지정보센터'를 만드는 것을 적극 검토해야 할 것이다.

실제로 daum카페 '시민과 함께 꿈꾸는 복지공동체'는 2002년에 개설된 이래로 다양한 복지정보를 공유하는 학습공동체이다. 2021년 현재 5만 5천여 명의 회원들이 사회복지에 관한 상담을 하고, 1급 사회복지사 국가시험을 대비한 학습모임을 하며, 사회복지교육과 행사 안내, 구인구직 정보 등을 나누고 있다.

시민과 함께 꿈꾸는 복지공동체	cafe.daum.net/ewelfare 참조
한국복지교육원	www.okwelfare.net 참조

엠마우스복지관 탐방 보고서 [사례]

1. 개요

사회복지법인 무지개공동회가 운영하는 '엠마우스복지관'을 소개하고자 한다. 엠마우스복지관은 우리나라 지적장애인 복지의 산 역사라고 할 수 있을 만큼, 이 분야에 독보적인 기관이다.

엠마우스복지관은 광주광역시 시내에서 운암동 사거리로 가다가 광주문화예술회관 정문 200미터 전방에서 주택가로 들어가면 있다. 복지관의 주소는 광주광역시 북구 운암동 480-2이고, 전화번호는 062-524-7701~3, 7721 팩스는 526-2799이며, 홈페이지는 www.emmausw.or.kr이다.

무지개공동회는 지적장애인과 발달장애인이 지역사회 안에서 인간답게 살아갈 수 있도록 조기교육, 자립 생활, 직업훈련, 사회적응능력증진, 취업, 사회적 이미지증진, 가족·지역사회 및 정부의 대우개선을 위해 종합서비스를 제공하는 기관이다. 주요 사업의 내용은 엠마우스복지관, 그룹홈, 보호작업장, 지원고용센터, 엠마우스어린이집, 재가복지센터가 있고, 그 중심에 엠마우스복지관이 있다.

무지개공동회는 자신이 하는 일을 홈페이지를 통해서 상세히 안내하고 있다. 즉 홈페이지의 구성은 세로로 home, 무지개공동회, 엠마우스복지관, 그룹홈, 보호작업장, 지원고용센터, 엠마우스산업, 엠마우스어린이집, 재가복지 등 주요 사업별로 소개하고, 가로로 자료실, 방명록, 관련사이트 링크, 후원회원 안내, 자원봉사활동 안내, 게시판, E-mail 등을 게시하고 있다. 홈페이지에 실린 자료와 엠마우스 소식지〈외침〉, 그리고 담당직원이 제공한 내부자료를 중심으로 보고서를 작성하면 다음과 같다.

엠마우스복지관 홈페이지 www.emmausw.or.kr 참조

2. 기관의 역사

엠마우스복지관의 역사는 우리나라 지적장애인 복지의 역사라고 해도 과언이 아니다. 엠마우스복지관은 지적장애인을 위한 그룹홈을 최초로 설립하였으며, 이들의 사회적응과 자립을 위한 종합적인 복지시설인 복지관을 건립하였다. 또한 지적장애인에게 개인별 종합서비스 계획Individual Program Planning: IPP를 최초로 실시하고 있으며, 보호작업장과 지적장애인이 중심이 된 직장 '엠마우스산업'을 만든 것도 최초이다. 엠마우스복지관의 역사를 간략히 기술하면 다음과 같다.

엠마우스복지관은 성골롬반 외방 선교회의 천노엘 신부가 1981년 광주광역시 월산동에 위치한 일반 주택에서 지적장애인, 봉사자와 같이 살아가는 그룹홈에서 시작되었다. 당시의 우리나라 지적장애인복지는 지체장애인 시설과 부랑인 시설, 정신질환 시설에 알코올중독, 결핵환자, 부랑인들과 함께 수용하는 것이 거의 전부였다. 지적장애인은 그 시설 내에서도 소외되어 있는 실정이었다.

당시 지적장애인의 복지를 위한 주거시설은 수용소 이외의 다른 대안이 없었으며, 지적장애인들의 생활은 인간 이하의 생활이라 말할 정도로 형편없는 것이었다. 이와 같은 열악한 사회적 배경 하에서 지적장애인의 인간 존엄성과 인권옹호를 위한 노력이 필요하였다. 이러한 시대적 요청에 부응하여 천노엘 신부는 천주교 광주대교구 유지재단 소속하에 지적장애인의 능력 증진과 삶의 질 향상을 위한 특수교육, 직업훈련, 사회적응훈련은 물론 긍정적인 이미지 보급을 위해서 정신박약아라는 용어바꾸기 운동, 사회통합 운동, 사회계몽운동 등을 실시하기 시작하였다.

주택가에 위치한 첫 그룹홈은 주변에 시장, 공중 목욕탕, 이·미용실과 약국, 병원 등이 있어서 일반 사람들이 이용하고 있는 사회편익시설들을 지적장애인도 함께 이용할 수 있었으며, 대중교통 수단들도 활용하기에 편리하였다. 이러한 사업 방향과 설립취지에 찬성하는 많은 지적장애인들의 부모가 찾아와 1년도 못 되어서 15명의 지적장애인들이 낮 시간 동안 직업 전 교육과 직업훈련을 받았으며 그룹홈 교육을 받게 되었다. 계속 서비스 받기를 희망하는 지적장애인의 수가 증가되면서 마당에 천막으로 작업장을 설치하였으며, 스킬자수, 니들 포인트, 조화, 목공, 밀걸레 만들기, 양초공예, 석고화분, 구유 제작등의 직종들을 시도하고, 생산된 모든 제품을 판매하였다.

그룹홈에서는 한방에서 2~3명의 지적장애인과 봉사자들이 같이 잠을 자고 식사 준비, 설거지, 청소 등은 거주인들이 모두 당번으로 정하여 직접 분담하였다. 1983년부터는 거주인의 능력개발을 위한 개별교육 프로그램을 작성하여 실시하였으며 지적장애인의 여가 생활의 중요성을 고려하여 주1회 포크댄스, 미술, 공예 시간을 두었다.

지적장애인을 위한 이러한 사업에 후원해 주는 사람들이 증가해 갔으나 지적장애인의 동등한 인권과 권익을 이해하는 시민들은 많지 않았으며 '그룹홈' 이나 '지역사회 내의 거주', '사회통합' 등은 생소한 개념으로 생각하였다. 1985년 7월에는 성 골롬반 외방선교회와 독일의 까리따스의 도움으로 지적장애인의 복지를 위한 한국 최초의 이용시설인 엠마우스복지관이 개관되었다.

따라서 엠마우스집을 중심으로 이루어졌던 서비스는 엠마우스복지관으로 통합되어 그룹홈 서비스와 특수교육, 직업훈련, 사회심리재활훈련서비스가 조직적으로 제공되었다. 1991년에는 하남공단에 있는 공단 부지 1,000평을 구입하여 보호작업장을 신축하여 운영하기 시작하였다. 공단 내의 다른 일반 근로자들과 같은 근로 지역에서 생산적인 일을 할 수 있도록 하기 위해 공단 지역 안에 작업장을 마련하였으며 1997년에는 보호작업장의 건물과 이용자를 중심으로 엠마우스산업이라는 이름으로 근로시설로 인가를 받았다.

1996년에는 중증 지적장애인의 삶의 질을 향상하기 위하여 활동센터라는 형태의 직업재활 프로그램을 실시하였으며 주간·단기보호 프로그램과 순회 재활서비스를 실시하였다. 또한 전국에서 최초로 수용시설에 수용되어 있던 지적장애인의 사회 복귀를 위하여 탈시설화 사업을 시작하였다.

1998년부터는 광주광역시와의 특별사업으로 부랑인시설인 시립갱생원에 수용되어 있던 지적장애인 10여 명을 대상으로 지역사회에 나와 자립하여 살아 갈 수 있도록 지원하는 탈시설화 사업을 전개하였다. 무지개공동회는 천주교 광주대

교구 유지재단에 속해 있다가 1993년 3월에 사회복지법인으로 법인형태를 전환하였다. 2000년도에는 발달장애아동 조기교육을 위한 어린이집을 운영하고 있다.

3. 주요 사업

(1) 엠마우스복지관

엠마우스복지관의 주요 프로그램은 개인별 종합서비스 계획이라 불리는 엠마우스에서만 진행되는 특수 프로그램과, 개인별 종합서비스 계획에 의해서 필요하다고 인정되는 지적장애인에게 주는 각종 서비스가 있다.

엠마우스복지관의 개인별 종합서비스 계획

엠마우스복지관의 모든 프로그램은 개인별 종합서비스 계획(Individual Program Planning : IPP)에 의해서 진행된다. 부모를 동반하고 복지관 정규 이용인의 지능검사, 사회성숙도 검사, 적응행동평가, 운동능력검사, 직업적성・흥미도 검사 등에 대하여 각 부문 담당자들이 자유로운 분위기에서 자신의 의견을 말한다. 즉, 지금 현재 잘 하고 있는 것들, 앞으로 생활하면서 필요한 것들, 예를 들면 전기밥솥을 이용하여 밥을 지을 수 있도록 하거나, 사회편의시설 이용이 필요하다는 것을 정해놓고 IPP 평가 때마다 잘 된 것과 잘 되지 않은 것을 파악하고, 잘 되지 않는 것에 대해서는 지속적으로 복지관이나 가정에서 교육을 시켜 변화될 수 있도록 한다. 복지관 이용인이 기관에 처음 입소하여 진행되는 개인의 변화과정을 각 부서 직원들이 초기평가, 중간평가, 종합평가 등을 거쳐서 그들이 가진 능력을 최대한 길러주기 위한 것이다. 변화 과정을 그래프로 도표화하여 한눈에 변화 과정을 알 수 있게 한다.

개인별 종합서비스 계획은 크게 개인의 심리평가와 직능평가, 개인별 종합 서비스 계획으로 나뉜다.

개인별 종합서비스 계획을 제외한 일반적인 프로그램은 직업 전 교육과 훈련, 직업태도훈련, 직업기술훈련, 취업알선과 지원교육, 사회적응 훈련, 여가활동훈련, 여가활용지도, 성교육, 집단지도와 행사, 건강관리 등이 있다.

직업전 교육과 훈련은 IPP회의에서 필요하다고 평가된 사람에게 간단한 수리력, 문자해득력, 기본적인 도구를 사용하는 요령을 습득하도록 가르친다. 직업 태

엠마우스복지관의 개인별 종합서비스 계획

프로그램명	대상	프로그램 내용과 진행방법
개인의 심리평가 및 직능평가	검사가 필요한 모든 지적장애인	**지능검사** : Leiter International Performance **사회성숙도검사, 적응행동평가** : VSMS와 ABS-RC:2 **운동능력검사** : Bruininks-O, Test of Motor Proficiency **직업적성, 흥미도 검사** : Reading-Free Vocational Interest Inventory
개인별 종합서비스 계획	복지관 정규 이용인	**개인별 작성과 배치** : 심리검사자, 사회복지사, 대상자, 대상자의 부모·형제가 함께 모여 필요한 서비스를 선정, 진행계획 작성 **중간평가 및 진행 점검** : 첫 계획에 대한 성공 여부와 서비스 계획의 재작성 **종합평가** : 복지관 프로그램의 효과와 재배치 후의 대안, 방향 제시

도훈련은 복지관 정규 이용인에게 개별적인 속도와 작업량 증진, 주의집중시간 늘리기를 훈련시킨다. 직업기술훈련은 조화, 재봉, 수공예, 조립 등을 만들 수 있는 능력을 가르친다. 취업알선과 지원교육은 구인업체 개발과 직무분석, 현장적응 훈련과 현장훈련, 취업알선, 사후지도로 이루어진다.

사회적응훈련은 17세 이상 30세 이하 지적장애인에게 자기 주장훈련, 쇼핑하기, 사회 편의시설 이용능력 증진, 종교생활지도 등을 하는 것이다. 지적장애인에 대한 대표적인 사회적응훈련은 화폐사용, 전화걸기, 금융기관 이용하기, 시내버스 타기 등이다. 화폐사용은 각기 다른 동전과 지폐 등에 대한 개념이 생길 수 있도록 하여 화폐를 구분하고 사용할 수 있도록 가르친다. 전화걸기는 전화번호를 인식하도록 하고 인식된 전화번호에 전화를 할 수 있도록 가르친다. 금융기관 이용하기는 돈에 대한 개념이 있는 지적장애인이 복지관에서 만들어 준 통장을 가지고 은행을 이용할 수 있도록 하는 것이다. 시내버스 타기는 지적장애인을 출근시켜 복지관에서 제공하는 서비스를 받을 수 있도록 하는 프로그램이다. 복지관을 처음 이용하는 사람에게 제공되는 프로그램으로 집과 복지관을 반복적으로 버스를 타고 다니면서 혼자 복지관을 다닐 수 있도록 한다. 버스번호를 인식하게 하고,

버스를 타는 방법, 버스 안에서의 예절, 내려야 될 곳 등을 쉽게 주지시켜 주어야 된다.

복지관을 이용하려면 장애등록이 되어 있는 지적장애인으로, 만 16세 이상의 남·여로 광주광역시에 거주하여야 한다. 복지관의 이용을 원하는 사람은 전화 또는 방문하여 대기접수를 하고, 접수된 입소대기자 순위로 면접과 작업평가를 한다. 면접과 작업평가를 통해 입소하며, 주간보호대상자는 바로 주간보호로 배치한다. 입소에 관계된 서류장애인등록카드 사본, 주민등록등본, 채용신체검사서, 생활기록부 사본, 증명사진, 국민 기초생활보장제도의 수급자인 경우는 수급자 증명서를 준비하여 입소 배치한다. 입소 후 2주 이내에 서약서를 작성하고, 입소 후 2개월 이내에 IPP 평가회의를 통해 팀에 배치한다. 기초생활보장제도의 수급자는 우선 순위로 한다.

(2) 그룹홈

그룹홈은 1970년대 이후로 발달하고 있는 가장 바람직한 지적장애인의 복지서비스 철학이자 실천방법인 정상화원리normalization principle에 입각하여 새롭게 형성된 거주시설의 한 형태이다. 그룹홈은 지적장애인이 지역사회 안에서 거주하면서 가정과 같은 환경을 제공하기 때문에 거주인의 개성과 권리를 존중하며 정서적 안정을 갖고 독립적인 생활을 유지할 수 있도록 한다. 또한 그 지역사회 주민들과의 원만한 유대관계를 유지하고 일상생활에 필요한 각종 서비스 지원을 받으며 생활하는 소그룹 공동생활가정이다.

그룹홈을 이용하기 위해서는 지적장애인 등록이 되어 있고, 개인별 종합서비스 계획IPP에 의해서 그룹홈에서의 생활교육과 사회교육이 우선적으로 필요하다고 평가되는 사람으로 부모와 본인이 희망하는 사람 중에서, 주간에 생산적인 직업이나 정규적인 활동에 참여하고 있는 사람이다.

이용기간은 계약서에 의한 거주 기간을 원칙으로 하되 1년을 기본기간으로 하고 필요에 의해 연장 혹은 단축할 수 있다. 단기보호서비스의 경우는 2박 3일을 원칙으로 한다. 국민기초생활보장제도의 수급자는 전액 면제하고, 저소득층은 감면하며, 이용료는 물가상승에 따른 인상분이 고려될 수 있다.

그룹홈의 운영형태는 크게 교육훈련 중심의 그룹홈, 거주영구중심의 그룹홈, 자취형, 위탁생활교육과 단기·일시 이용 서비스 등으로 나뉜다. 그룹홈을 이용하기 위해서는 먼저 입주 신청서를 내고 접수 상담을 해서 2주간 거주하며 선별검사를 한 후에, 입주할 경우 프로그램을 제공하고 일정한 기간이 지난 후에 평가를 거쳐 퇴주할 경우 사후지도를 편다.

그룹홈은 운암동광주광역시 북구 운암동 480-22번지, 전화 062-512-7416과 중흥파크광주광역시 북구 운암동 중흥파크 101동 203호, 전화 062-525-2903에 있다.

> **엠마우스복지관의 그룹홈**
>
> 그룹홈을 조선대 간호학과 실습생과 함께 방문하였다. 담당 선생님 한 분과 4명의 지적장애인들이 살고 있는데 이곳에서 같이 저녁을 지어 먹고, 지적장애인이 끓여준 커피를 마시면서 휴식시간을 보냈다. 마침 회합을 하는 날로 리더 한 사람이 다음 주 일정을 정하고 그 일정에 맞는 담당자를 정하는 모습을 우리는 보았다. 그리고 한 사람을 정하여 그 사람의 좋은 점이 무엇인가를 이야기하며 서로 격려해 주고 지지해 주는 기회를 갖기도 하였다. 회합을 주최하는 선생님과 그들의 모습이 인상적이었다.(김이화, 1998)

(3) 보호작업장

생산활동이 현저히 어려운 지적장애인에게 보호된 환경 속에서 근로와 제반 프로그램을 제공하여 정상적인 일상생활을 통하여 삶의 질을 높이고 가족의 부담을 줄이며 생산활동에 참여하도록 유도하는 데 목적이 있다.

보호작업장을 이용할 수 있는 사람은 만 18세 이상의 지적장애인으로 장애인 등록이 되어 있고, 전염성 질환이 없어야 한다. 이용시간은 평일에 오전 9시부터 오후 4시까지 토요일과 일반적인 국·공휴일은 쉬며, 동·하계에 2주일 동안 휴가를 실시한다. 보호작업장에 입소하기 위해서는 면접, 실습, 평가 등을근로시설의 평가서에 준하여 49점 이하인 자 실시하여 최종 입소 결정한다. 사업내용은 작업활동, 사회적응훈련, 캠핑, 여가지도, 레크리에이션, 성교육 등이고, 임금은 재정형편에 따라 지급하되 평가서에 준하여 차등 지급한다. 보호작업장은 광주광역시 광산구 안청동

729-3 전화 062-951-6920에 있는 '엠마우스산업' 내에 있다.

한편 월곡동 보호작업실은 전반적으로 보호작업장과 유사하지만, 복지관 입소 후 IPP 평가회의를 통해 보호고용으로 재배치하여 입소한다. 사업내용은 작업활동, 사회적응훈련, 캠핑, 여가지도, 레크리에이션, 성교육, 회의지도, 개인위생지도 등이다. 작업종류는 카네이션 협압 하청, 손바느질을 이용한 인형 등 소품, 재봉용품, 성탄장식용품 제작 등으로 보호작업장보다 약간 손쉬운 작업을 한다. 월곡동 보호작업실의 주소는 광주광역시 광산구 월곡동 581-9, 전화 062-955-7739 FAX 겸용이다.

(4) 지원고용센터

중증장애인의 새로운 직업재활적 접근 방법으로서 선진국 등에서 1980년대부터 이용되고 있는 서비스이다. 지원고용서비스는 통합된 작업환경 속에서 비장애인들과 함께 일을 하며, 동등한 직원으로서의 혜택을 가지며 일을 하는 것이며, 또한 이전에 취업이 불가능하다고 제외되어 오던 중증장애인들에게도 고용의 기회를 주어야 한다zero reject는 철학을 포함하고 있다.

지원고용사업은 1993년부터 실시하였는데, 1999년부터는 전국에서 최초로 지원고용센터를 운영하여 보다 체계적이고 전문적인 지원고용 서비스를 수행하고 있다. 지원고용사업의 내용은 업체개발, 직무분석, 적합성 비교분석, 현장훈련, 사후지도, 취업, 기타사업 등으로 이루어진다. 지원고용센터의 주소는 광주광역시 광산구 월곡동 581-9번지, 전화 062-955-7738이다.

(5) 엠마우스산업

엠마우스산업은 무지개공동회 산하 장애인 직업재활시설로서 장애인에게 직업을 주어 자활을 돕는 사회복지시설이다. 정서적으로 대인관계에 있어서 일반직장에 취업이 곤란한 지적장애인들에게 취업의 기회를 제공하여 경제적, 사회적으로 자립할 수 있도록 유도한다. 일반직장과 똑같은 작업환경을 제공하여 개인의 작업능력을 충분히 발휘할 수 있도록 돕는다. 개인의 존엄과 가치를 존중하며 사회의 한

엠마우스복지관의 지원고용사업 내용

- **업체개발** 지원고용팀에서는 다양한 업체개발을 위해 시에서 발간하는 제조업체 명부, 생활정보지, 일간지를 이용하고 있으며, 노동청, 상공회의소, 광주인력은행, 장애인고용촉진공단 등과 지속적인 교류를 하고 있다. 현재 관련업체수로는 유원정밀을 포함하여 34개 업체가 있으며 직종으로는 제조업, 서비스업(세차, 식당, 아파트 청소) 등이 주류를 이루고 있다.

- **직무분석** 업체가 개발되면 직장의 환경을 조사하는 작업환경분석과 작업의 주 업무를 세분화시켜 작업지도를 하는 과제분석을 하며, 이러한 분석을 통해 직종과 직무의 취업 가능성을 높이는 작업을 한다.

- **적합성 비교분석** 취업대상자가 현장훈련을 위해 필요한 정도의 지원을, 직무분석된 자료와 대상자의 욕구, 특성, 흥미를 비교・검토하는 단계이며, 이때 현장훈련과 취업에 필요한 출퇴근지도, 대인 관계지도, 회사 내의 규칙 등의 프로그램이 계획된다.

- **현장훈련** 지원고용담당자는 현장훈련 대상자와 1주에서 4주간의 현장훈련을 하게 된다. 출퇴근지도, 대인관계, 작업지도, 생산성 증가, 행동수정, 과제분석 등의 프로그램을 진행하고, 협력자, 옹호자 선정 등의 지원을 하여 직장 내에서 인정받는 직업인이 될 수 있도록 한다.

- **사후지도** 안정적이고 장기적인 직장생활을 지원해 주기 위해 정기적인 직장방문을 하여 대상자 상담과, 사업주 상담을 하며, 회사생활에서의 문제점 등을 점검하고 해결한다. 매달 1, 3, 마지막 주에 3개의 소모임과, 1년에 1박2일의 하계와 동계캠프를 진행하여 여가나 취미생활을 하며, 파트타임의 취업자들에게는 매달 2회씩 주말에 나들이나 여가생활 프로그램을 진행하고 있다.

- **취업** 현재까지 30명이 18개 업체에서 근무를 하고 있으며 제조업, 서비스업, 시간제 근무 등을 하고 있다.

- **기타사업** 부모교육과 부모모임 - 지원고용 대상자들의 부모님들을 대상으로 매달 1회의 정기적인 모임과 회의 및 교육을 통해 부모님들의 욕구와 역할 등을 알아보고, 지원고용 사업의 현황을 홍보한다.
  이동작업 운영 - 지원고용모델의 하나인 이동작업대는 복지관 인근 지역 아파트를 중심으로 취업이 매우 힘들었던 4~5명이 청소작업을 하고 있으며, 아파트 내의 주민들의 반응도 매우 좋으며, 취업에 있어 제외되어 왔던 대상자들이 작업을 한다는 zero reject의 이념을 실천하고 있는 사업이다.

구성원으로서 자기의 몫을 다할 수 있도록 적절한 프로그램을 제공한다.

엠마우스산업에 근로인으로 입소하기 위한 조건은 만 18세 이상의 지적장애인으로서 출퇴근이 가능하고 전염성 질환이 없는 사람이다. 본인과 부모님이 퇴소를 원할 경우와 엠마우스산업의 작업을 계속 수행할 수가 없다고 판단되었을 때 퇴소한다. 임금은 작업태도, 기술평가, 특별가산점 등 평가에 의해 평점 50점 이상인 자로 1등급에서 8등급까지 차등하여 임금을 지급하고 4대 사회보험의 적용을 받는다. 근무시간는 평일에는 오전 9시부터 오후 5시까지고, 토요일은 오전 근무만 한다. 엠마우스산업의 주소는 광주광역시 광산구 안청동 729-3, 전화 062-951-6921, 팩스 062-951-6920이다.

(6) 엠마우스어린이집

엠마우스어린이집은 발달 지연으로 특수 교육적, 치료적 도움이 필요한 아동을 교육하는 장애아 전담 어린이집이다. 아동이 가진 지적, 행동적, 신체적, 정서적 결함이 균형 있는 발달에 저해 요소가 될 뿐만 아니라 가정과 사회에도 이와 수반된 부정적인 영향을 최소화하고, 아동의 발달을 촉진하는 데 목적을 주고 있다.

엠마우스어린이집의 교육은 주로 원내 교육과 사회교육관공서 견학, 야외행사, 지역 내의 대학 유아교육학과와 연계한 다양한 행사 참여, 수영장 이용 등으로 이루어진다. 그리고 아동교육과 불가분의 관계가 있는 부모교육을 정기적으로 실시하며, 광산구 보건소와 연계하여 집중적인 부모교육을 실시할 계획이다.

현재 반구성은 종일반, 오전1반, 오전2반, 오후1반, 오후2반, 영유아반으로 되어 있다. 종일반은 4~7세 아동을 대상으로 유치원 교과 과정을 기초로 한 개별화된 소그룹지도와 학령기 준비 적응 훈련과 전인적 발달을 돕는 생활지도이고, 오전반은 종일반과 같은 형태로 운영되고 점심 후 1시 30분에 하원한다. 오후반은 특수 학교와 학급에 소속된 아동8~12세을 대상으로 방과후 개별화된 학습지도를 하고, 영유아반0~3세은 부모와의 연계하에 아동의 발달을 촉진, 장려하는 영유아 프로그램이다.

어린이집에 소속된 아동뿐만 아니라 언어, 물리치료가 필요한 외래 아동에게도 개방하는 '언어, 물리치료실'은 0세에서 12세까지 장애 아동에게 개방된다. 엠마우스어린이집의 주소는 광주광역시 광산구 산정동 916-3, 전화 062-955-7796, 7701이다.

(7) 재가복지센터

재가복지센터는 지적장애인이 가정에서 일반인들과 비슷한 삶의 질을 유지하면서 인간답게 살아가도록 지원한다. 장애인에 대한 사회적 분위기 개선을 위해 노력하고, 지역사회의 자원을 개발, 조직하여 지역사회구성원의 일원으로 살아갈 수 있도록 지원한다.

재가복지센터 대상자의 우선순위는 광주시내에 거주하고 있는 국민기초생활보장 수급자와 저소득 지적장애인이다.

4. 직원과 자원봉사자

(1) 직원

엠마우스복지관의 직원은 총 44명이고, 그 중 사회복지사는 24명으로 전체의 54.5%를 차지한다. 다른 자격증을 가진 직원을 보면, 정보처리기사 1명, 특수교사 3명, 심리학 전공자 3명, 레크리에이션 지도자 3명, 영양사 1명으로 전체의 25.0%에게 사회복지사 이외의 전문자격증이 있으므로, 전체 직원의 79.5%가 각 분야의 전문인력임을 알 수 있다.

조직체계와 직원의 배치를 보면, 관장1명 밑에 기획실3명이 있고, 기획실 밑에 총무과4명, 사회복지팀5명·재가복지봉사센터3명, 직업재활6명, 지원고용3명, 그룹홈9명·탈시설화1명, 주간보호센터3명, 활동센터3명, 후원홍보팀2명이 있다.

이처럼 사회복지사가 전체 직원 중 절반을 넘고 조직은 팀제로 운영되고 있기 때문에 사회복지사는 거의 모든 팀에 배치되어 다양한 업무를 수행하고 있다. 즉 사회복지사는 사회복지팀·재가복지봉사센터뿐만 아니라 총무과, 직업재활,그룹홈 등 거의 모든 팀에서 일하고 있다.

(2) 자원봉사자

엠마우스복지관은 지적장애인이 지역사회 안에서 통합하여 비장애인과 함께 다양하게 사회참여가 가능하도록 조기교육, 사회적응 훈련과 직업훈련 등을 실시하면서 다양한 자원봉사자를 필요로 하고 있다. 자원봉사활동을 원하는 사람은 인터넷을 통해서 접수하거나 전화로 접수한 후에 내방하여 담당자와 상담을 한 후에 활동할 곳을 배치받는다. 안내문의 전화는 062-524-7701~3, FAX 526-2799이다.

자원봉사활동의 분야와 내용을 보면, 거의 모든 프로그램에서 자원봉사자의 도움을 필요로 한다. 예를 들면, 지적장애인이 집에서 복지관까지 버스를 타고 오고 다시 복지관에서 집으로 되돌아가는 것을 훈련시킬 때 자원봉사자가 꼭 필요하다. 엠마우스복지관은 짧게는 한 달 길게는 몇 달이 걸리는 이러한 사회적응훈련을 자원봉사자의 도움으로 해결하고 있다. 엠마우스복지관은 자원봉사활동의 분야와 내용을 매우 상세하게 구분해서 모든 지적장애인의 개별적인 욕구에 맞게 자원봉사자를 연결시키기 위해서 최선을 다하고 있다.

5. 예산

엠마우스복지관의 연간 예산은 2009년도에 11억 2,598만 원으로 전년도에 비해 0.7% 감액되었다. 2009년도 세입과 세출을 보면, 세입의 경우 정부보조금이 9억 1,024천만 원으로 전체의 80.8%를 차지하고, 다음은 사업수입 9.0%, 법인보조금 6.1%, 기타후원금 2.2%, 기타수입 1.9% 등이며, 세출은 인건비가 8억 3,279만 원으로 전체의 74.0%이고, 다음은 사업비 15.0%, 관리운영비 8.3%, 재산조성비 2.8% 등이다.

엠마우스복지관의 자원봉사활동 분야와 내용

활동 분야	활동 내용	활동 필요 시간
작업보조	카네이션 작업 및 기타 꽃작업, 카네이션 차량 배달, 재봉 작업	주1회 이상 3-4시간 정도
업무보조	우편물 발송(회지, 영수증, 안내장 발송협조) 전산입력 및 수리	주 1-2회 이상
	포스터그리기, 교구제작, 번역 비정기적 작업지도 조화작업, 잎파리 붙이기, 꽃봉오리 만들기 협압 등 재봉작업: 기본 바느질법 손바느질 지도, 행주 및 방석 등 기타 소품 만들기 지도	2-3시간
지원고용지도	업체방문, 업체개발, 현장 적응훈련, 현장훈련, 출퇴근지도	주 3회 이상 4-5시간
학습지도	문자, 수, 화폐, 색 개념 등의 개별지도	주 1-2회 이상 1시간
친구관계맺기	개인적인 친구관계유지(평일이나 주말을 이용하여 여가활동, 말벗 되어주기 등)	주 1회 3-4시간
주말클럽반	주말을 이용한 여가활동(캠핑, 등산, 쇼핑, 영화, 공연관람 등)	주 1회 3-4시간
사회적응훈련지도	시장보기, 전화사용, 출퇴근, 외출, 사회편익시설 이용 지도 등	주1회 이상 3-4시간 정도
여가지도	레크리에이션, 취미교실, 수영교실, 볼링, 노래방, 등산, 산책, 공연관람	주 1-3회 1-2시간
집단지도	캠핑, 야유회, 문화행사, 체육	주 1회 1-2시간
성교육	성인 지적장애인의 성교육을 위한 그룹지도	주 1회 1시간
조기교육지도	취학전 장애아동의 놀이지도 및 교육	주 1-2회 2-3시간
순회재활서비스	가정봉사원 활동, 재활캠프, 학습지도, 여가지도, 가사 지도, 수영지도, 언어생활교육지도, 의료지원, 출・퇴근 지도, 주말여가지도, 결연후원, 이미용봉사, 사회편익시설 지도	주 1-2회 2-3시간
주간보호서비스	운동지도, 취미지도, 캠핑, 산책, 야유회, 쇼핑, 사회편익시설이용 및 교육개인위생지도, 예의지도, 언어표현지도, 출퇴근지도, 전화사용지도	주 1-2회 2-3시간
그룹홈	개인위생지도, 여가지도, 사회적응훈련지도, 친구관계맺기, 집수리, 집보기	주 1-2회 2-3시간
탈시설화	개인위생지도, 시장보기, 전화사용, 출퇴근, 외출, 여가지도, 사회편익시설 이용지도 등	주 1-2회 2-3시간

6. 종합적인 의견

엠마우스복지관은 지적장애인을 위한 종합적인 복지시설로서 다음 몇 가지 점에서 돋보인다.

첫째, 엠마우스복지관의 역사는 한국에서 지적장애인을 위한 사회복지의 역사라고 할 만큼 실험적인 사업을 꾸준히 해 왔다는 점이다. 지적장애인을 위한 한국 최초의 그룹홈은 물론이고 보호작업장, 지원고용센터, 산업, 어린이집 등도 매우 독창적인 프로그램이다. 엠마우스복지관에서 실험을 거친 프로그램이 다른 지역과 기관으로 확산되어 가고 있다.

둘째, 엠마우스복지관은 지적장애인의 능력을 철저히 개별적으로 판정하고, 그 개인의 능력에 맞는 사회적응 훈련과 직업지도를 체계적으로 실시한다는 점이다. 개인별 종합서비스 계획과 같이 엠마우스에서만 볼 수 있는 독특한 프로그램으로 개인에 맞는 맞춤 교육과 자립계획을 세운다는 점이 크게 돋보인다.

셋째, 엠마우스복지관은 소식지 '외침'과 지적장애인에 대한 본격적인 연구지인 〈정신지체연구〉를 정기적으로 발간하고, 맞춤형 자원봉사활동과 무지개공동회 후원회를 통해서 지역주민의 참여를 조성하고 있다. 홈페이지에서 보는 바와 같이 서비스는 철저히 개별적으로 제공하되, 지적장애인의 욕구와 자원을 연결시키는 방법은 복지공동체의 구축을 지향한다는 점이 특징이다.

이러한 성과는 엠마우스복지관의 천노엘 신부관장과 직원 모두가 사회복지에 대한 신념과 전문성을 갖고 함께 일하기 때문이다. 즉 공동생활가정은 주택가에 위치해야 하고, 엠마우스산업은 공단에 위치해야 한다는 것, 자원봉사활동도 맞춤형으로 개발하여 진행한다는 것에서 볼 수 있는 바와 같이 철저히 준비된 사회복지실천은 서비스의 질을 크게 발전시켜 왔다. 엠마우스의 도전과 성과가 다른 지역의 사회복지실천 현장에도 널리 확산되길 기대한다.

SUMMARY
단원 정리

이 장에서는 '사회복지실천 현장탐방과 보고'에 대해 살펴보았다. 사회복지학도는 대학에서 사회복지학을 이론적으로 공부할 뿐만 아니라, 사회복지실천 현장의 탐방, 자원봉사활동, 그리고 현장실습 등을 통해서 준비된 사회복지사로 성장하게 된다.

사회복지학개론의 수강생은 지역사회에서 사회복지를 실천하는 현장을 방문하고, 사회복지사업의 실태와 사회복지사의 역할 등을 보고하는 방법을 체계적으로 습득할 필요가 있다. 그리고 탐방한 결과를 보고서로 작성하여 복지정보를 축적하고, 이를 인터넷과 자료집을 통해서 공유하는 것은 학습공동체를 형성하기 위해서 꼭 필요한 일이다.

이 장은 지역사회에서 사회복지를 실천하는 현장은 어떤 곳이 있고, 그 현장에서 사회복지사는 어떤 일을 하는지를 파악해서, 이를 보고서로 작성하는 방법을 안내하고, 엠마우스복지관의 탐방 보고서를 사례로 제시했다. 즉, 사회복지기관 · 단체 · 시설에 대해서 선행지식이 없는 사람은 관심 분야에 대한 문헌을 읽고, 해당기관의 홈페이지를 방문하여 자료를 수집한 후에, 기관방문을 통해서 담당자와 면담을 하는 것이 일반적인 순서이다. 수집된 자료와 관찰한 사실을 중심으로 보고서를 작성하고, 그 내용을 인터넷에 올리거나 자료집의 발간으로 복지정보를 공유하는 방법을 안내하였다.

다음 장에서는 '빈곤과 국민기초생활보장'을 다루고자 한다. 빈민의 생활상의 욕구와 문제, 빈곤정책의 변화, 국민기초생활보장제도의 시행실태와 그 발전방안을 학습할 것이다.

TERMS
용어 정리

개인별 종합서비스 계획 Individual Program Planning: IPP 　개인별 종합서비스 계획은 복지대상자를 개인별로 평가한 후에 종합적인 프로그램을 제공하는 것으로 엠마우스복지관은 지적장애인의 지능검사, 사회성숙도 검사, 적응행동평가, 운동능력검사, 직업적성 · 흥미도 검사 등의 결과에 대하여 각 부문 담당자들이 자유롭게 말하고, 현재 잘 하고 있는 것과 앞으로 생활하면서 필요한 것들을 협의한 후에 부모와 함께 다음 프로그램을 결정한다.

복지순례 사회복지정보원이 주최하여 1999년부터 매년 여름방학 동안에 전국에서 모인 사회복지학도들이 전국의 사회복지기관 · 단체 · 시설을 탐방하는 프로그램의 명칭이다. 2001년에는 제3차 복지순례를 7주 동안 시행하였다.

사회복지대학생정예화캠프 사회복지정보원이 주최하여 매년 여름방학과 겨울방학 동안에 전국에서 모인 사회복지학도들이 사회복지 각 분야의 현황과 과제를 학습하고, 정보화마인드를 키우는 캠프이다. 2001년 2월에 제8차 정보화캠프갸정예화캠프' 로 개칭되어서 진행되었다.

시민과 함께 꿈꾸는 복지공동체 한국복지교육원이 시민과 함께 복지공동체를 꿈꾸기 위해서 포털사이트 daum에 만든 카페이다. 2002년 7월에 개설되어 2021년 현재 5만 5천여 명의 회원이 사회복지에 대한 상담, 1급 사회복지사 국가시험을 대비한 학습모임, 사회복지학에 관한 정보공유, 사회복지교육과 행사 정보, 구인구직 정보 등을 나눈다.

엠마우스복지관 사회복지법인 무지개공동회가 운영하는 지적장애인을 위한 복지관이다. 지적장애인을 위한 다양한 복지프로그램을 개발하여 왔고, 현재 개인별 종합서비스 계획(IPP)이라 불리는 독창적인 프로그램을 운영하고 있다.

한국복지교육원 시민과 함께 꿈꾸는 복지공동체 - 한국복지교육원은 복지공동체를 만들기 위해서 시민에 대한 복지교육의 중요성을 인식하고 2000년에 만들어진 복지교육의 연구개발기관이다. 가상공간을 통한 복지교육과 복지정보의 제공, 시민을 위한 복지도서의 발행, 복지교육 프로그램 개발 등을 주요 사업으로 하고 있다.

SELF STUDY GUIDE
자기평가와 과제

1. 사회복지실천 현장에서 사회복지사가 쓴 보고서나 수기를 읽고 감상문을 써 본다.
2. 지역사회에서 가장 열심히 활동하고 있는 사회복지기관 · 단체 · 시설을 탐방하고 운영자 혹은 사회복지사와 면담한 후에 보고서를 써 본다.

3. 특정 사회복지시설 · 기관 · 단체가 언론에 어떻게 보도되는지를 주요 일간신문의 기사를 검색하여 분석한다.
4. 사회복지기관 · 단체 · 시설이 운영하는 인터넷 홈페이지를 방문하여, 그 내용과 특징을 알아본다.
5. 사회복지분야의 대표적인 카페에 가입하여 복지정보를 나누고 학습공동체를 형성하며, 카페를 통해서 시민의 복지의식을 높이는 방안을 강구한다.

REFERENCE 참고 문헌

김선희 · 조휘일(2000), 『사회복지실습』, 양서원.

김이화(1998), "엠마우스복지관", 『사회복지실습』, 광주대학교 사회복지학과.

노혜련 · 임종호 · 최경일(2010), 『사회복지사의 희망이야기』, 학지사.

도래샘(2010), 『하루를 살아도 나는 사회복지사다』, 인간과복지.

방아골종합사회복지관 연구기획팀(2007), 『신명나는 지역복지 만들기』, 인간과복지.

부천오정구노인종합복지관 편(2007), 『사회복지실천현장 사례관리 적용과 이해 1』, 학현사.

부천오정구노인종합복지관 편(2008), 『사회복지실천현장 사례관리 적용과 이해 2』, 학현사.

안정선(2010), 『학교사회복지 현장실습지도 매뉴얼』, 양서원.

양옥경 · 최소연 · 이기연(2007), 『사회복지현장실습 수퍼비전』, 한국사회복지사협회.

이성규(2010), 『서울, 복지에 미치다』, 21세기북스.

이용교 편(1999), 『새 천 년을 열어 갈 사회복지사의 길』, 광주대학교 출판부.

이용교 편(2004), 『내가 꿈꾸는 디지털 사회복지사』, 현학사.

이용교(2004), 『디지털 복지시대』, 인간과복지.

이팔환(2005), 『사회복지실무 1-현장편』, 형설출판사.

일본전국사회복지협의회 저, 정종우 · 선우덕 역(1999), 『사회복지기관 서비스 향상 가이드』, 인간과복지.

조홍식 외(2000), 『사회복지실천분야론』, 학지사.
표경흡(1999), "가상복지관에 관한 연구", 중앙대학교 사회개발대학원 석사학위논문.
한덕연(1996), 『사회복지 대학교육의 정보화 방안』.
한덕연(2001), 『복지서비스 지식정보화 연구보고서』, 한국보건사회연구원.
한덕연(2001), 『아카데미복지관 해설 및 제안서』.
홍순혜 · 한인영 역(1997), 『사회사업기록: 이론과 실제』, 학문사.

RECOMMANDED FILM
추천 영화

28일 동안 28 Days	2000, 베티 토마스
개같은 날의 오후 A hot roof	1995, 이민용
남자가 사랑할 때 When A Man Loves A Woman	1994, 루이스 만도키
아이즈 와이드 셧 Eyes Wide Shut	1999, 스탠리 큐브릭
슬리퍼스 Sleepers	1996, 배리 레빈슨
그린 마일 The Green Mile	1999, 프랭크 다라본트
러브 인 아프리카 Nowhere in Africa	2002, 카롤리네 링크
쿠바의 연인 Cuban Boyfriend	2009, 정호현
소셜 네트워크 The Social Network	2010, 데이비드 핀처

INTERNET LINK
관련 사이트

한국복지교육원	www.okwelfare.net
시민과 함께 꿈꾸는 복지공동체	cafe.daum.net/ewelfare
김진용의 홈페이지	home.taegu.net/~stump
늘푸른복지관	evergreen.skhu.ac.kr
사회복지공동모금회	www.chest.or.kr
사회복지정보원	www.welfare.or.kr
시니어웰페어닷컴	www.seniorwelfare.com
실버넷	www.silvernet.ne.kr
엠마우스복지관	www.emmausw.or.kr
표경흠의 홈페이지	myhome.naver.com/buddywork
한국노인의전화	www.kisca.or.kr

한국사회복지사협회 www.welfare.net
한국사회복지협의회 www.bokji.net

13 빈곤과 국민기초생활보장

I. 빈곤의 개념과 측정

1. 빈곤에 대한 이론적 관점

빈곤은 인간사회에서 가장 오래된 사회문제이고, 사회복지학에서 가장 전통적인 소재이다. 그런데 빈곤의 실태, 원인, 그리고 빈곤을 해결하는 방안에 대해서는 이론적 관점에 따라서 다르다. 즉 대표적인 사회이론인 기능주의, 갈등주의, 상호작용주의에 따라서 빈곤을 보는 관점이 다르다.

기능주의는 빈곤을 개인의 게으름이나 노동력의 상실로 인한 당연한 결과로 인식하였다. 어려서 노동력이 약하거나 늙어서 노동력을 상실하는 사람은 보호자가 없을 경우 가난하게 살 수밖에 없다. 비록 노동력이 있더라도 게으른 사람은 자신에게 필요한 소득과 재산을 얻지 못하기 때문에 가난하게 된다. 따라서 빈곤은 나태와 영양결핍과 같은 문제를 일으킬 뿐만 아니라, 빈곤으로 인한 도둑질, 청소년의 탈선, 낮은 교육, 불량한 주거, 질병 등 다른 사회문제의 원인이 되기도 한다. 빈곤의 원인을 주로 개인적 요인에서 찾고 그 해결책도 도덕적 훈계, 노동의욕의 고취, 기술교육, 취업알선 등에서 찾는다.

갈등주의적 관점은 빈곤을 사회의 경제제도와 복잡하게 관련되어 생긴다고 본다. 빈곤은 사회의 어떤 계층과 집단들이 빈곤으로부터 이익을 얻기 때문에 발생한다는 것이다. 즉 어떤 사람이 가난한 것은 정당한 노동력의 대가를 받지 못한 저임금 때문이거나, 계절적 실업과 같이 노동시장의 요인에서 비롯된다는 것이다. 빈민이 가난한 원인을 개인적인 요인에서 찾기보다는 저임금과 장시간 노동으로 인한 노동력의 피폐, 노동자의 잉여노동력을 착취하는 자본주의 등에서 찾는다. 한 사회가 가지고 있는 자원을 공평하게 분배하지 않으면 빈곤문제를 해결할 수 없다고 보기 때문에, 계급간·계층간 소득의 분배와 재분배를 통한 빈곤의 해결을 강조한다.

한편 상호작용주의는 빈곤이 사회문제가 되는 것은 한 사회의 영향력 있는 집단이 문제라고 규정하기 때문이라고 본다. 예컨대 현재 한국에서 '가난한 사람들'이라고 불리는 사람의 생활수준은 30여 년전 일반 국민의 수준보다 낮지 않고, 저개발국가의 평균적인 수준에 비교하면 '풍요로운 수준'일 수 있다. 그럼에도 불구하고 빈민으로 규정되는 것은 현재 우리 사회에서 풍요롭게 사는 사람들과 비교를 통해서 빈곤을 규정하기 때문이다. 따라서 상호작용주의 이론가들은 경제적 빈곤선과 같은 절대적인 기준에는 별 관심이 없고, 한 사회에서 어떤 사람들을 빈민으로 규정하는지 그리고 이들에 대한 사회적 낙인감에 관심을 갖는다.

2. 빈곤의 개념

빈곤의 실체를 파악하기 위해서는 빈곤에 대한 개념 정의가 필요하다. 빈곤에 대한 사전적 정의는 '가난한 상태. 즉 돈이 부족하거나 생계가 어려운 상태'이지만, 빈곤은 흔히 절대적 빈곤과 상대적 빈곤으로 나뉘어서 사용되어 왔다.

절대적 빈곤이란 한 개인이나 가구의 소득 또는 지출이 최저생활을 하는 데 필요한 생계비에 미달될 때에 이들을 빈민 혹은 빈민가구로 보는 것이다. 물론 최저생활을 어떻게 정의내리느냐에 따라 절대적 빈곤의 기준도 달라질 수밖에 없기 때문에 많은 학자들은 절대적 빈곤이라 하더라도 여기에는 상대적 의미가 내포되어 있다고 보고 있다. 절대적 빈곤은 바로 생존과 관련되어 있어서 절대 빈곤층을 파악하기 위해서는 최저생계비를 산출하게 되고 이를 기준으로 빈곤선을 설정하는 것이 보통이다(최일섭, 1996: 87).

절대적 빈곤이란 개념을 적용한 대표적인 학자는 1899년부터 1936년까지 세 차례에 걸쳐서 영국의 요크시의 빈민을 조사한 라운트리B.S. Rowntree이다. 그는 신체적 건강과 노동능력을 유지하는 데 필요한 기본적인 필수품으로 음식, 주택, 의복, 잡비(주로 연료비) 등을 들고 이것이 해결되지 않은 수준을 1차적 빈곤이라고 하고, 신체적 욕구에 사회·문화적 욕구를 고려한 빈곤을 2차적 빈곤이라고 하였다. 그는 1899년 조사에서 1차적 빈곤에 해당되는 시민이 9.9%이고, 2차적 빈곤에 해당되는 사람이 17.9%로 전체 빈곤인구가 27.8%라고 하였다. 1936년 조사에서는 1차적 빈곤이 3.9%이고 2차적 빈곤이 17.8%로 최저수준 이하 생활자가 21.7%라고 하였다(김영모, 1990: 9-10).

절대적 빈곤은 사실상 개념상으로만 존재할 수 있다는 비판에도 불구하고, 라운트리는 빈곤을 '신체적 생존에 필요한 최저소득수준'이라는 과학적 개념을 도입하였을 뿐만 아니라 빈곤의 원인을 노령, 부적절한 임금, 많은 가족 수, 질병, 모자가족 등으로 파악하여 빈곤의 원인이 '개인의 게으름'에 있다는 잘못된 통념을 타파하는 데 크게 기여하였다.

한편 미국에서 공식적인 빈곤 측정은 1964년에 사회보장국에 의해 시작되어 1969년과 1981년에 개정되었다. 1960년대의 빈곤 측정은 생계를 위해 필요한 소득을 결정하는 데 근거가 되는 미국 농림성의 경제식품계획을 이용하며 시작되었다. 그 당시 평균적으로 한 가정은 자신의 총지출의 삼분의 일을 식료품비로 지불하였다. 그러므로 일정규모의 세대주에게 빈곤선은 최소 식료품 예산비용의 3배선에서 책정된다. 이를 기준으로 하면 미국의 빈곤인구는 1970년에 전체 인구의 12.6%, 1980년에 13.0%, 1992년에 14.5%3,688만 명이었다(김만두 외 역, 1999: 2115).

한국에서는 1973년 보건사회부 사회보장심의위원회가 최초로 최저생계비를

타운센드의 지표

- 지난 1년 동안에 집을 떠나서 1주일간의 휴가를 보낸 적이 없다.
- (어른에게만) 지난 4주 동안에 친척이나 친구를 집으로 식사초대를 한 적이 없다.
- (어른에게만) 지난 4주 동안에 친척이나 친구의 집으로 식사초대를 받은 적이 없다.
- (15세 이하 어린이에게만) 지난 4주 동안에 같이 놀거나 음료를 나눈 친구가 없다.
- (15세 이하 어린이에게만) 지난 생일에 생일파티를 하지 못했다.
- 지난 2주 동안에 오후나 저녁을 오락시간으로 보낸 적이 없다.
- 지난 1주 동안에 네 번 정도의 신선한 고기(외식을 포함하여)를 먹은 적이 없다.
- 지난 2주 동안에 하루나 이틀을 요리한 식사를 하지 않고 지나갔다.
- 일주일 중에서 거의 매일 요리한 아침식사를 하지 못했다.
- 냉장고가 없다.
- 가족이 일요정찬을 갖지 못했다(한 달에 네 번에서 세 번).
- 네 가지 실내 부대시설(수세식 화장실, 개수대와 수도, 목욕탕과 샤워실, 가스나 전기쿠커)을 단독으로 사용하지 못한다.

산출하였다. 이후 최저생계비의 산출액은 학자들과 연구기관마다 조금씩 달랐지만, 빈곤의 측정뿐만 아니라 최저임금의 산출, 노동자의 임금교섭 등에서 중요한 자료로 활용되고 있다.

절대적 빈곤개념에 따른 빈곤선 책정상의 자의성을 보완하기 위해 상대적 빈곤의 개념이 대두되었다. 상대적 빈곤은 하위의 일정비율을 빈곤층으로 정의하기도 하고, 전체 가구의 평균소득의 일정 비율(예를 들어 50% 또는 40%)에 미달하는 소득을 얻는 층을 빈곤층으로 정의하기도 한다. 상대적 빈곤층은 소득분배가 비교적 공평한 사회에서는 그 비율이 상대적으로 적고, 불평등이 심한 사회는 그 비율이 증가된다.

한편 타운센드P.Townsend는 소득보다는 일반적으로 인정되는 기본적인 생활양식을 규정하고, 그러한 생활에 미치지 못한 경우를 상대적 빈곤으로 파악하였다. 그는 빈곤보다는 '박탈'이라는 용어를 사용하고 있는데, 일반적인 생활양식을 구성하는 60개의 지표를 설정하여 박탈지표를 수집했다. 그리고 정상적인 생활에서 벗어난 사람을 상대적으로 박탈되었다고 간주했다. 이와 같이 생활양식을 구성하는 지표를 통해서 빈곤을 측정한 시도는 인간의 욕구가 생존에만 있지 않고 삶 전체에 있다는 사상을 반영하고 있다(이용교, 1986: 4-5).

빈곤의 문제를 단순히 소득에 국한시키지 않고 생활양식으로 확대시킨 것은 큰 진전이라고 볼 수 있다. 특히, 의식주와 같은 기초적인 생활보다는 여가생활, 친구와의 교제, 단란한 가족생활 등이 강조되는 현대 사회에서 다양한 지표를 통해서 가난한 사람의 삶을 보통사람의 그것과 비교한 것은 욕구에 맞는 서비스를 개발하는 데도 크게 기여할 것이다. 그런데 **타운센드가 사용한 지표**는 그 수가 너무 많았다. 그 자신도 지표의 복잡성을 감안하여 60개의 지표를 12가지로 간추려서 즐겨 사용하였다.

3. 빈곤의 측정

빈곤을 정확히 측정하려는 노력은 끊임없이 계속되고 있다. 특히, 국가와 지방자치단체는 공식적으로 빈곤인구를 파악하고 이들에게 꼭 필요한 복지서비스를 최소한의 예산으로 제공하기 위해서 '빈곤선'을 정확히 측정하고자 노력하였다.

빈곤선을 화폐로 산출하는 대표적인 방식은 일상생활에 꼭 필요한 생활필수품을 정하고 그것을 시장에서 구입할 때의 가격으로 파악하는 시장바구니 모델이 있고, 최저생활에 필요한 식료품비를 파악한 후에 엥겔계수를 고려하여 그것에 3배 정도를 곱해서 최저생계비를 추정하는 방식이 많이 사용된다. 시장바구니 모델은 실질 최저생계비를 가장 정확히 산출할 수 있다는 장점이 있지만, 식료품비 이외에도 주거비, 교육비, 의료비, 교양오락비 등 다양한 항목을 측정해야 한다는 단점이 있다. 엥겔계수를 고려한 모델은 식료품비만 산출하면 되기 때문에 간편하다는 장점이 있지만, 생활양식의 다양성을 고려하기 어렵다는 단점이 있다.

한국은 최저생계비의 계측을 위해서 지금까지 시장바구니 모델을 주로 사용하여 왔다. 예컨대 한국보건사회연구원이 1999년에 최저생계비를 계측하였다. 여기에서 최저생계비는 "국민이 건강하고 문화적인 생활을 유지하기 위한 최소한의 비용"을 의미하고, 공공부조의 대상자 선정기준과 급여수준 결정의 근거가 되며,

각종 사회복지정책의 기초자료로 활용된다. 국민기초생활보장법에 따라서 최저생계비는 매 3년마다 계측되게 되어 있다.

최저생계비는 지역별, 가구규모별, 가구유형별로 계측되고 있는데, 1999년의 경우 대도시 4인가구는 957,641원이었다. 최저생계비를 계측하지 않는 기간에는 매년 보건복지부장관이 물가상승률 전망치를 고려하여 최저생계비를 공표한다. 정부가 고시한 2010년 최저생계비는 1인가구 월 504,344원, 2인가구 858,747원, 3인가구 1,110,019원, 4인가구 1,363,091원, 5인가구 1,615,263원, 6인가구 1,867,435원이고, 7인 이상 가구의 최저생계비는 1인 증가시마다 252,172원씩 증가된다7인가구 2,119,607원.

한편 최저생계비에서 현물로 지급되는 의료비·교육비 및 타법령에 의한 지원액을 제외한 금액으로 소득인정액이 전혀 없는 수급자가구가 지급 받을 수 있는 최고금액인 현금급여기준은 2010년에 1인가구 422,180원, 2인가구 718,846원, 3인가구 929,936원, 4인가구 1,141,026원, 5인가구 1,352,116원, 6인가구 1,563,206원이고, 7인이상 가구의 현금급여기준은 1인 증가시마다 211,090원씩 증가된다7인가구 1,774,296원.

한국보건사회연구원 www.kihasa.re.kr 참조

정부가 공표한 최저생계비는 국민기초생활보장법상의 수급권자 선정과 급여기준을 결정할 때 가장 중요한 근거자료로 활용되기 때문에, 최저생계비의 계측과 공식적으로 계측하지 않은 해의 추정액의 산출은 사회적 쟁점이 되고 있다.

정부는 전년도의 최저생계비에 단순히 물가상승률을 고려하여 추정하고, 학계와 시민운동단체는 소비지출을 반영하는 수준균형방식을 주장한다.

2015년 7월부터 맞춤형 복지로 바뀌어 현재 수급자는 가구의 소득인정액이 기준 중위소득의 30% 이하면 생계급여, 40% 이하면 의료급여, 45% 이하면 주거급여, 50% 이하면 교육급여를 받을 수 있다.

참여연대 peoplepower21.org 참조

II. 빈곤의 실태

1. 빈곤의 심화

빈민들이 어떻게 살아가고 있는지를 구체적으로 살펴보기 전에, 경제성장에도 불구하고 빈곤은 광범위하게 펼쳐진 사회적 사실이라는 점을 강조하고자 한다. 특히 한국사회는 1997년 후반기에 시작된 외환위기와 대불황으로 빈곤이 심화되고 계층간의 소득불평등이 커지고 있다. 즉 도시근로자가구의 1999년 지니계수는 0.320으로서 1998년보다 오히려 증가하였고, 1997년의 0.283보다는 현저히 커졌다. 특히 도시가구 하위 50% 이하의 소득과 소비 점유율이 1997년 이후 감소되어 왔는 데 반해, 최상위 5%의 소득과 소비 점유율은 1998년과 1999년 동안 크게 증가되었다.

1997년 외환위기를 넘기면서 지니계수는 서서히 감소되어 2003년 0.306까지 내려갔지만 이후 다시 서서히 증가되었고, 2008년 세계적인 금융위기로 0.317로 증가되었다. 이는 1997년 외환위기 이후 한국사회에서 사회적 불평등이 완화되지 않았다는 뜻이고, 금융위기로 양극화는 더욱 심화되고 있다는 것을 뜻한다.

이 경제의 급격한 변동과정에서 나타난 계층간의 이동 가운데 중상위층에서 중하위층으로 하향하는 도시가구의 비율이 중상위층으로 상승하는 가구비율보다 크고, 특히 상대적 빈곤층과 서민층의 계층 이동률이 크게 나타난 결과라 할 수 있다. 외환위기 이후 분배상태가 악화되어 소비양극화 현상과 빈부격차가 뚜렷하게 나타났다. 하위 10~30%의 빈곤화와 서민화의 주요 경제적 원인은 취약한 직업과 근로상태에 있다. 무엇보다도 가구주의 종사 직종을 중심으로 계층이 이동된다는 사실에서 볼 때, 가구주의 실직 혹은 낮은 직업으로 가구의 빈곤을 심화시키고 있다.

따라서 중산층의 몰락을 막고, 귀속기간을 지속시키기 위해서는 가구주 종사 직종의 변화보다 연령, 가족관계, 주택, 교육에 걸쳐 전반적인 가구특성에 따른 대책이 보다 중요시되어야 할 것이다. 빈부격차를 감소시키기 위해 복지 분야 이외에도 노동, 조세, 자산과 같은 경제대책은 물론, 가족, 교육, 주거 등과 같은 사회정책적 고려가 동시에 필요한 것이다(박일순 외, 2000).

빈곤의 심화는 지구촌 전체에서 선진국과 후진국간의 격차가 벌어지고, 한국가 내에서도 부익부 빈익빈 현상으로 고착화되고 있다.

복지로	http://www.bokjiro.go.kr 참조
한국빈곤문제연구소	www.poverty21.com.ne.kr 참조

2. 빈곤과 한부모가족

빈곤과 한부모가족은 별개의 문제이지만, 현실에서 빈곤은 가족의 유형과 밀접히 관련되어 있다. 즉 빈민 중에서 가장 소득이 낮은 계층은 독거노인이나 소년소녀 가장세대와 같이 보호자가 없거나 보호자가 있더라도 부양능력이 없는 가족이다.

또한 배우자와의 사별, 이혼, 별거 등으로 한부모가족을 이룬 경우에도 빈곤해지기 쉽다. 일반적으로 성인 두 사람이 돈을 벌거나 적어도 한 사람은 돈을 벌고 다른 사람이 가사를 돌보는데, 한부모가족은 한 사람이 돈을 벌면서 가사노동을 해야 하기 때문에 소득의 액수가 적고 그 지출도 늘어날 수 있다.

김미숙 외(2000)의 연구에 따르면, 한부모가족 중에서 경제활동을 하고 있는 편모는 78.8%로 63.7%인 편부보다 많다. 한부모의 고용형태는 일용직이 과반수를 넘고 자영행상이 많다. 직업의 종류는 편모는 파출음식업이 47.8%이고 편부는 건설노무자가 35.8%로 가장 많고, 그 다음으로 편모, 편부 모두 판매서비스업, 제조업, 전문 사무직 등의 순이다.

한부모가족이 겪는 가장 큰 어려움은 모두 '경제적 어려움'을 들었고 그 다음이 '자녀양육과 교육문제'를 들었다. 어려움이 있을 때 누구에게 도움을 요청하는가를 보는 사회적 지원을 보면 대부분(65~94%)이 친부모, 형제 자매 친척, 이웃 친척, 민간기관 등으로부터 도움을 받고 있지 않았다. 공공기관으로부터 공공부조 등을 받고 있는 경우가 62%에 이르지만, 그 지원내용은 생계비, 자녀학비, 의료비, 임대주택에 치중되었고 융자금이나 심리상담, 가사지원 등은 소수만이 지원을 받고 있었다. 따라서 편모가족에게는 경제적인 지원이 가장 필요하고, 편부가족에게는 가사와 자녀양육 지원이 가장 시급한 것으로 보인다.

부스러기사랑나눔회 www.busrugy.or.kr 참조

3. 실직 노숙자

한국사회는 1997년 경제위기 직후부터 '실직노숙자'의 문제를 겪게 되었다. 노숙자는 서구 사회에서 홈리스homeless로 불리는 사람으로 오래 전부터 심각한 사회문제의 하나이다.

선진국의 홈리스와 달리 우리나라 노숙자는 갑작스런 경기침체와 대규모 구조조정으로 일자리를 잃은 사람들인 '실직 노숙자'가 많다는 점이다. 따라서 부랑인과 실직 노숙자를 구분해서 그들의 욕구에 맞는 복지대책을 수립해야 한다.

실직자문제연구소가 1998년 4월 1일부터 10일까지 서울역·용산역·영등포역·청량리역 등지에서 노숙하는 실직 노숙자들에게 1 : 1 면접을 통해 조사한 결과를 요약하면 다음과 같다.

조사대상은 총 511명으로, 남자가 495명98%, 여자가 10명2.0%이었으며, 연령별로 보면, 30대와 40대가 234명전체의 45.8%으로 가장 많은 비율을 차지하였다. 노숙기간에 대해서는 1주일에서 6개월 사이가 50% 이상으로 나타나 실직노숙자의 반수 이상이 IMF관리 체제 이후에 나타난 사람들임을 알 수 있었다. 또 노숙생활이 장기화된 사람들의 연령이 60대 이상자가 많았던 것과는 달리, 노숙생활 기간이 짧은 경우에는 20대가 많은 것을 분석해 보면, 최근의 대량 실직사태와 관련되는 것으로 보인다. 노숙 동기에 대해서는 65.4%가 '실직으로 인한 경제적 어려움 때문'이라고 답했다.

이러한 노숙자들을 위해서 정부는 '희망의 집'을 설치하고 이곳에서 살도록 권장하고 있지만, 일부 실직 노숙자들은 입소를 거부한 채 서울역 등지에서의 노

숙생활을 계속하고 있다. 이들이 '희망의 집'을 이용하길 꺼리는 이유 중 '자유롭게 생활할 수 없어서'가 48.8%로 가장 많았으며, 78.2%가 시설이나 공동생활 경험이 '없다'고 답해, '시설생활에 대한 부정적 이미지'가 시설입소를 기피하게 하는 큰 요인이 된다고 보인다.

homeless종합정보센터 www.homeless1919.org 참조

III. 빈곤정책의 변화

한국의 빈곤정책은 1961년에 제정된 생활보호법으로 제도화되었지만, 그 뿌리는 1944년에 제정된 조선구호령에서 찾을 수 있다. 조선구호령은 일제 식민지통치를 정당화 하기 위해서 주된 양육자의 징병과 징용 등으로 방치된 65세 이상의 노쇠자와 13세 이하의 요보호아동의 생계를 보호하기 위해서 제정되었다. 일본의 패전으로 이 법령은 제대로 시행되지 않았지만, 생활보호법이 제정되기 전에 중요한 근거가 되었고, 그 핵심적인 내용은 생활보호법 등에 오랫동안 남아 있었다.

생활보호법은 그 적용대상을 65세 이상의 노쇠자와 18세 미만의 요보호아동으로 확대시키고, 시간이 지남에 따라 그 보호내용을 생계보호, 의료보호, 교육보호, 자활보호 등으로 점차 확충시켰다. 이 법은 시행령과 시행규칙을 조금씩 손질하면서 국민기초생활보장법이 제정되기 전까지 한국 공공부조의 대표적인 법이었다.

1999년 9월 7일에 공포되고 2000년 10월에 시행된 국민기초생활보장법은 '가난은 나라도 못 구한다'는 전통적인 빈곤관을 대체하는 새로운 법이다. 이 법은 국민의 기초생활 보장을 나라의 책임으로 규정한 것으로, 보호자가 없거나 보호자가 있어도 보호할 능력이 없는 국민만을 보호하는 생활보호법과 근본적으로 다르다. 생활보호법이 시혜적인 법이라면, 기초생활보장법은 국민의 생존권을 보장해야 할 국가의 의무와 국민의 복지권을 규정한 법이다. 이러한 것은 '피보호

자, 보호대상자'가 '수급자, 수급권자'로 변화된 법적 용어에서도 찾을 수 있다.

기초생활보장법은 사회복지운동의 산물이라는 점에서 의미가 더욱 새롭다. 과거 사회복지법 중에는 정통성이 낮은 정권이 민심수습용으로 제정하거나 사회적 요구를 부분적으로 수용한 것이 많았는데, 이 법은 참여연대 등 시민단체의 입법청원과 사회복지전문요원 등 관련 사회복지사들이 입법운동을 지속적으로 수행하여 제정되었다. 국가도 1997년 외환위기로 대량실업사태가 발생하자, 기존의 생활보호법만으로 민생문제를 해결할 수 없다는 것을 절감하여 새 법을 제정하였지만, 사회복지사 등 시민운동가의 입법청원이 없었다면 기초생활보장법은 제정되지 않았을 것이다.

기초생활보장법은 일과 복지를 조화시킨다는 '생산적 복지'의 모델을 개발하는 데 근간이 되는 법이다. '국민의 정부'는 과거 복지는 비생산적이라는 잘못된 복지관을 극복하고, 자본주의하에서 노동의욕을 꺾지 않으면서도 복지를 실현할 수 있는 복지모델로 생산적 복지를 제안하였다. 연령으로 볼 때 노동능력이 있더라도 실업, 질병, 학습 등으로 노동시장에 참여하기 어려운 사람들에게 공공근로의 기회를 주거나 직업훈련·알선 등을 통해서 자립하도록 하고, 그 기간 동안 조건부로 생계급여를 제공한다는 것이다. 대량실업사태로 인해서 노동 능력이 있고 일할 의욕이 있는 사람이라도 최저생계비를 벌 수 없는 사람들이 많은 상황에서 기초생활보장법은 일과 복지를 보장해줄 수 있는 법이다.

기초생활보장법의 시행은 1999년 13년 만에 사회복지전문요원이란 별정직에서 사회복지직으로 전환된 복지행정을 전담하는 사회복지사의 역량을 시험하는 계기가 되었다. 사회복지전문요원은 비전문가에 의한 복지행정의 폐해를 시정하기 위해서 1987년도에 도입된 제도로, 그동안 생활보호대상자의 자립과 보호에 지대한 역할을 수행하였다. 기초생활보장법의 제정으로 말미암아 기존의 생활보호대상자뿐만 아니라, 정부가 고시한 최저생계비에 미치지 못한 국민들은 모두 이 법의 적용을 받을 수 있기 때문에 자산조사 등에서 사회복지직 공무원의 역할이 기대된다.

Ⅳ. 국민기초생활보장제도의 실태

1. 기존 제도와 달라진 점

기초생활보장법은 과거 생활보호법과 달리 주거급여, 긴급급여 등 새로운 급여가 신설되었고, 생계급여가 모든 수급자를 대상으로 보충급여 방식으로 바뀌었다. 복지대상자를 거택과 자활로 분류하고, 거택대상자에게만 생계급여를 했던 방식을 폐지하고, 모든 수급자의 가구당 최저생계비에서 해당가구의 소득인정액을 감하여 생계급여를 제공하기로 한 것은 공공의 역할을 크게 강조한 모델이다.

또한 공공의 복지급여가 성공적으로 실현되기 위해서는 노동능력자에 대한 일자리의 제공, 직업훈련과 알선 등에서 민간의 참여가 적극적으로 이루어져야 하고, 시민의 자원봉사와 후원 등이 부가적으로 이루어져야 할 것이다. 따라서 이법의 시행은 복지공동체를 구축하기 위하여 공공과 민간의 새로운 모델을 개발하는 계기가 될 것이다.

국민기초생활보장제도(보건복지부) http://team.mw.go.kr/blss 참조

2. 수급권자와 급여내용

기초생활보장법이 시행되면서 국민 중에서 누구를 어떻게 '수급권자'로 선정할 것인가가 최대의 관심사이다. 왜냐하면, 기존의 생활보호법은 보호대상자를 주로 연령을 절대적 기준으로 하고, 소득보다도 재산에 근거해서 선정하였는데, 기초생활보장법은 연령 기준을 철폐했고, 재산을 고려한 '소득인정액'으로 수급권자를 선정하도록 하였기 때문이다. 비교적 객관적인 기준인 연령과 재산 등은 절대적인 기준이 되지 못하고, 선정자의 주관적 판단의 여지가 많은 지표에 근거해서 선정해야 하기 때문에 많은 어려움이 따를 것으로 보인다. 이를 몇 가지 정리하면 다음과 같다.

표 13-1 국민기초생활보장법과 생활보호법의 비교

비교 기준	국민기초생활보장법	생활보호법
법적 성격	국가의 의무와 시민의 권리	시혜성 보호
법률 용어	권리성 용어 - 수급자, 수급권자, 보장기관	시혜성 용어 - 피보호자, 보호대상자, 보호기관
대상자 구분	대상자 구분 폐지 - 다만, 근로능력이 있는 자는 구분관리 * 연령기준 외에 신체·정신적 능력과 부양, 간병, 양육 등 가구여건 감안 가능	대상자 구분 - 인구학적 기준에 의한 대상자 구분 * 거택보호자: 18세 미만, 65세 이상 근로무능력자 * 자활보호자: 인구학적으로 경제활동 가능한 근로능력자
대상자 선정기준	매년 가구규모별 최저생계비를 조사 발표(2010년) -월소득 1인 504,344원, 4인가족 1,363,091원 * 소득인정액이 최저생계비 이하인 모든 국민(소득인정액 단일 기준) * 소득인정액은 소득에 재산의 소득환산 액을 합산한 금액,	보건복지부장관이 정하는 소득과 재산 이하인 자(1999년) - 월소득 1인 234천원 -가구당 재산 2,900만원 * 2인가족은 1인당 최저생계비 기준
급여 종류와 내용	생계급여(모든 대상자에게 지급하되 근로 능력자는 자활관련 사업과 연계하는 조건부로 지급) 주거급여 신설(임대료, 유지수선비 등 주거안정을 위한 수급급여) 긴급급여 신설(긴급 필요시 우선 급여) 의료·교육·해산·장제급여 등은 현행과 동일하게 급여	생계보호(거택보호 대상자에게만 지급) 의료보호(거택보호-의료비전액, 자활보호-의료비의 80%) 교육보호(중고생자녀 학비 전액) 장제보호, 해산보호 등
급여 방법	근로능력자 가구별 자활지원계획수립을 통한 자활지원 - 근로능력, 가구특성, 자활욕구 등을 토대로 자활방향, 자활에 필요한 서비스, 생계급여의 조건 등을 계획 * 자활에 필요한 서비스를 체계적으로 제공하여 수급권자의 궁극적인 자활을 촉진	(없음)

비교 기준	국민기초생활보장법	생활보호법
생활보장위원회	중앙생활보장위원회 존치 읍면동 생활보호위원회 폐지 시도, 시군구 생활보장위원회는 유사기능 위원회가 대신할 수 있음	중앙생활보호위원회, 시도/시군구/읍면동 생활보호위원회
전달체계	복지대상자 250명당 1인 기준으로 확대 D/B 구축, 전산망과 연계를 통한 대상자관리와 조사, WORK-NET 연계 지방행정전산망, 토지 건물 국세 등 관련 전산망과 연계하여 소득 재산조사 자활후견기관 확대-270개소 읍면동, 직업안정센터, 민간복지기관 등과 연계하여 고용서비스와 복지서비스 제공	사회복지전문요원은 복지대상자 417명당 1인 수준(4,200명) 전문요원 수작업에 의한 대상자 조사와 행정체계, 워크넷 미연계 관련전산망과 미연계로 소득/재산조사(정확성 떨어짐) 지역자활센터 20개소 읍면동에서 단순복지서비스 제공
보장비용	지방자치단체의 재정자립도를 고려하여 재정분담 비율을 차등 적용	지방자치단체의 재정자립도에 대한 언급이 없음

자료: 허선(1999),"국민기초생활보장법이 제정되기까지"
보건복지가족부(2009), 2010년 최저생계비 공고

첫째, 기초생활보장법은 수급권자를 선정할 때, 연령을 절대적인 기준으로 삼지 않는다. 과거 생활보호대상자를 선정할 때, '18세 미만의 아동, 65세 이상의 노인' 이란 연령기준은 넘을 수 없는 벽이었다. 생계보호를 받을 수 있는 거택보호대상자를 선정할 때, '18세 이상 65세 미만인 자' 는 인구학적으로 노동능력이 있다고 판단되었기 때문에 거택보호대상자가 되기 어려웠다. 개인의 신체조건, 질병여부, 지적 수준 등에 따라서 노동능력이 다를 수 있고, 비록 노동능력이 있고 일할 의사가 있더라도 실업 때문에 생계를 잇기 어려운 사람이라도 기존의 법에서는 생계급여를 받기 어려웠다. 기초생활보장법은 연령의 장벽이 없기 때문에 '18세 이상 65세 미만' 의 연령층에서 수급권자가 많이 발생한다.

둘째, 기초생활보장법에 따르면 수급권자는 가구당 '최저생계비' 와 '소득인정액' 의 차액에 의해서 결정된다. 과거 생활보호대상자를 선정할 때, 정부는 신청자의 연령을 먼저 보고, 일인당 소득(1999년의 경우 월 23만 4천원)과 가구당 재산액

표 13-2 국민기초생활보장제도(2000년과 2021년)

구분	2000년	2021년
소득 기준 (최저생계비)	1인 32만원, 2인 54만원, 3인 74만원, 4인 93만원, 5인 106만원, 6인 120만원	기준 중위소득의 50%: 1인 913,916원, 2인 1,544,040원, 3인 1,991,975원, 4인 2,438,145원, 5인 2,878,687원
재산 기준	1~2인 2,900만원, 3~4인 3,200만원, 5인 이상 3,600만원	재산의 소득환산액: 일반재산 월 4.17%, 금융재산 월 6.26%, 승용차 월 100%임. 재산의소득환산시 공제액: 생계・주거・교육급여 수급자는 대도시 6,900만원, 중소도시 4,200만원, 농어촌 3,500만원이고, 의료급여 수급자는 대도시 5,400만원, 중소도시 3,400만원, 농어촌 2,900만원
부양비	부양의무자가구 최저생계비의 120%를 초과하는 소득의 50%(딸은 30%)	부양의무자의 가구 소득인정액에서 생계비(기준 중위소득)를 뺀 나머지 금액의 10%
현금급여액 (생계비+ 주거비)	최고 1인 261천원, 2인 433천원, 3인 585천원, 4인 729천원, 5인 816천원, 6인 913천원	생계급여(가구원수에 따라 다름)+주거급여(가구원수와 지역에 따라 다름)
생계급여	최고 1인 241천원, 2인 413천원, 3인 553천원, 4인 697천원, 5인 772천원, 6인 869천원	최고 1인 548,349원, 2인 926,424원, 3인 1,195,185원, 4인 1,462,887원, 5인 1,727,212원
주거급여 (한도액)	1~2인 20천원, 3~4인 32천원, 5~6인 44천원	최고 1인 310,000원, 2인 348,000원, 3인 414,000원, 4인 480,000원, 5인 497,000원
자활특례자 급여	자활사업 참여 자격만 계속 부여하고 타급여 중지	만성질환자나 중고생이 있는 경우 의료급여 또는 교육급여 실시
보호인원	151만명	생계급여 수급자 147만명 (의료급여, 주거급여, 교육급여 수급자 별도)

(2,900만원)을 기준으로 하여 결정했다. 따라서 복지대상자가 되기 위해서는 '연령'의 장벽을 넘어서 소득과 재산의 장벽을 동시에 넘어야만 했다. 그런데 이 기준은 가족이 적은 사람에게는 '소득기준'이 지나치게 엄격하고, 가족이 많은 사

람에게는 '재산기준'에 융통성이 없어서 사실상 보호를 받아야 할 사람들도 대상자로 책정되기 어려웠다. 그런데 기초생활보장법은 가족수별로 '최저생계비'를 매년 공표하고 개별가구의 '소득평가액'에 재산의 소득환산액을 합산한 '소득인정액'이 최저생계비에 미치지 못하면 수급권자로 선정하도록 하였다. 과거 재산기준 때문에 보호대상자가 되지 못했던 많은 사람들이 기초생활보장을 신청하면 수급권자가 될 가능성은 높아졌다.

셋째, 수급권자를 선정할 때, 부양의무자를 판정하는 일은 쟁점 사항이 될 가능성이 높다. 기초생활보장법은 "수급권자는 부양의무자가 없거나, 부양의무자가 있어도 부양능력이 없거나 부양을 받을 수 없는 자로서 소득인정액이 최저생계비 이하인 자로 한다"(제5조 1항)라고 규정하고 있다. 또한 제2조에서 "'부양의무자'라 함은 제5조의 규정에 의한 수급권자를 부양할 책임이 있는 자로서 수급권자의 1촌의 직계혈족 및 그 배우자를 말한다."라고 규정했다. 그런데 기초생활보장법의 적용을 받을 가능성이 있는 가족은 주민등록상 부양의무자가 있어도 실제로는 없는 경우가 많다. 즉 사망 후 호적부 미정리와 같이 객관적으로 판단할 수 있는 경우보다는 장기간 행방불명되었지만 법적으로 '행방불명'이 아닌 자, 부양의무자가 장기간 별거를 하거나 가출을 하여서 방임된 사람들이 많다. 법 제5조 2항에 "제1항의 규정에 의한 수급권자에 해당하지 아니하여도 생활이 어려운 자로서 일정기간 동안 이 법이 정하는 급여의 전부 또는 일부가 필요하다고 보건복지부장관이 정하는 자는 수급권자로 본다"는 단서 조항이 있기는 하지만, 부양의무자의 유무와 부양능력을 판단하는 일은 시행과정에 가장 논란이 되고 있다.

아울러 기초생활보장법도 생활보호법과 같이 신청조사와 직권조사를 병행하기 때문에, 기존에 생활보호대상자가 아니고 최저생계비에 미치지 못하는 국민들은 스스로 신청하지 않으면 이 법의 적용을 받지 못하게 된다. 복지급여를 받기 위해서는 국민의 복지권에 대한 의식이 매우 중요한 이유가 여기에 있다.

2010년 국민기초생활보장제도의 수급권자는 158만명으로 전체 인구의 3.2%이고, 2000년도 151만명보다 7만여 명 증가되었다. 수급권자의 책정기준인 소득과 재산기준은 조금씩 상향조정되었고, 부양비는 현실을 고려하여 하향조정되었으며, 급여는 조금씩 늘어났다. 이에 필요한 예산은 2010년 7조 2,930억 원으로 2001년의 2조 7,923억원보다 2.6배 늘어난 금액이다. 2015년 7월부터 맞춤형 복지로 바뀌면서 기초생활보장 수급자 수는 증가되었다. 2014년 814,184가구 1,328,713명에서 2015년 1,014,177가구 1,646,363명으로 증가되었다. 제도의 변경으로 수급자수는 23.9%가 증가되었고, 전체 인구의 3.2%를 차지했다.

3. 생산적 복지의 가능성

기초생활보장법은 보호대상자를 주로 생계보호와 자활보호를 받는 빈민으로 구분했던 생활보호법의 틀에서 벗어나서, 모든 수급권자에게 생계급여를 제공하고, 특별히 근로능력이 있는 빈민에게는 일할 기회를 제공해서 이른바 '생산적 복지'를 추구한다는 점이 큰 특징이다. 생산적 복지가 효과적으로 수행되기 위해서는 모든 수급권자에게 소득인정액이 최저생계비에 미치지 못한 만큼 보충하는 '보충급여'가 정착됨과 동시에 노동의욕을 자극할 수 있는 유인책을 갖추어야 한다. 기초생활보장법에 바뀐 급여내용을 중심으로 생산적 복지의 가능성을 탐색하면 다음과 같다.

첫째, 기초생활보장법은 모든 수급권자에게 생계급여를 제공하도록 되어 있다. 과거 생활보호법이 거택보호와 시설보호대상자에게만 생계급여를 제공하고, 자활보호대상자에게는 생계보호를 제공하지 않는 것과 크게 다르다. 또한 생계급여의 수준은 가구별로 소득평가액과 재산을 고려한 '소득인정액'을 기준으로 하기 때문에 비교적 가족수가 많은 가족도 복지급여를 고루 받을 수 있게 되었다.

즉 보건복지부는 1999년 12월 말 월최저생계비를 1인은 32만 4천원, 2인 53만 7천원, 3인 73만 8천원, 4인가족 92만 8천원, 5인 105만 6천원, 6인 119만 1천원으로 발표하였다. 이는 생활보호대상자의 기준인 1인 23만 4천원과 비교할 때 상당히 현실화된 액수이다.

둘째, 기초생활보장법은 노동능력이 있는 사람에게도 생계급여를 제공하기 때문에 노동의욕을 살리는 방안을 강구해야 한다. 법 제9조 5항은 "보장기관은 대통령령이 정하는 바에 따라 근로능력이 있는 수급자에게 자활에 필요한 사업에 참가할 것을 조건으로 하여 생계급여를 지급할 수 있다. 이 경우 보장기관은 제28조의 규정에 의한 자활지원계획을 감안하여 조건을 제시하여야 한다"고 규정하고 있다. 또한 제28조 1항은 "시장·군수·구청장은 수급자의 자활을 체계적으로 지원하기 위하여 보건복지부장관이 정하는 바에 따라 제22조 내지 제24조의 규정에 의한 조사결과를 감안하여 수급자 가구별로 자활지원계획을 수립하고 그에 따라 이 법에 의한 급여를 실시하여야 한다"고 규정하고 있다. 따라서 노동능력이 있는 사람이 생계급여를 받을 경우에는 보장기관의 자활지원계획에 적극 참여해야 하고, 정당한 사유 없이 이를 이행하지 않을 경우에 보장기관은 급여의 전부 또는 일부를 중지할 수 있다(법 제30조). 기초생활보장법이 생산적 복지를 추구할 수 있느냐 여부는 바로 노동능력이 있는 수급자에게 자활급여를 얼마나 효과적으로 제공할 수 있느냐에 달려 있다고 하겠다.

셋째, 기초생활보장법은 생활보호법에 없었던 긴급급여와 주거급여를 신설하였다. 생활보호대상자는 매년 가을에 선정해서 다음해에 보호를 개시하기 때문에, 대상자가 책정된 이후에 보호대상자가 되기가 어려웠다. 다만, IMF 경제위기로 실업자가 대량으로 생기면서 '한시적 생활보호대상자'로 책정될 수 있었다. 이처럼 긴급한 이유로 국가가 보호해야 할 경우에 기초생활보장법은 '긴급급여'를 할 수 있도록 했다. 또한 수급권자의 대부분이 낡은 주택에서 세로 산다는 점을 감안하여 임차료와 유지수선비에 지원하는 '주거급여'를 신설하였다.

이 밖에도 기초생활보장법은 기존의 생활보호법의 보호내용이었던, 의료보호, 교육보호, 장제보호, 해산보호 등을 의료급여, 교육급여, 장제급여, 해산급여 등으로 이어받고 있다. 이러한 급여들은 거택과 자활보호대상자간에 별 구분이 없었으나, 의료보호는 상당한 차이가 있었기 때문에 의료보호법의 개정 과정에서 크게 논란이 되었다. 즉 거택보호대상자는 의료보호 1종으로 외래와 입원이 무료이었고, 자활보호대상자는 의료보호 2종으로 입원 진료비의 80%를 감면받았는데, 의료보호법의 상위법이라고 할 수 있는 기초생활보장법에서 거택과 자활이 없어진 상태에서 의료급여를 차등적으로 해야 하는지가 논쟁의 핵심이었다. 정부는 복지예산과 수급권자의 부담능력을 감안하여 차등을 두어야 한다는 입장이었고, 건강연대를 중심으로 한 보건의료단체와 사회복지계는 최저생계비 이하의 수급권자가 의료비를 어떻게 부담할 수 있느냐고 하면서 모두 무료로 해야 한다고 주장하였다. 양측의 입장이 팽팽히 맞섰으나 결국 정부의 입장으로 입법되었다.

4. 공공과 민간의 협력 가능성

기초생활보장법은 가난은 나라가 책임진다는 새로운 빈곤관에서 비롯된 것이므로, 이 법이 올바로 정착되기 위해서는 공공영역과 민간영역의 협력이 불가피하다. 과거 생활보호대상자에 대한 국가의 보호는 주로 물질적인 지원에 그치고, 의료와 교육과 같은 서비스의 비용을 국가가 대납하는 방식으로 이루어졌다. 그런데 기초생활보장법은 생계급여를 주면서 근로능력이 있는 수급권자의 근로능력을 키우기 위해서 자활급여를 실시하기 때문에 일자리를 제공할 수 있는 자활사업지원기관 등의 협력이 절실하다. 복지공동체를 만들기 위해서 공공과 민간의 협력이 가일층 필요한데, 이를 몇 가지로 요약하면 다음과 같다.

첫째, 일과 복지의 조화를 위한 공공과 민간 협력관계의 형성이 절실하다. 근로능력자에게 생계급여를 제공하기 위해서는 가구별 자활지원계획이 수립되어야 한다. 자활지원계획은 근로능력, 가구특성, 자활욕구 등을 토대로 자활방향, 자활에 필요한 서비스, 그리고 생계급여의 조건 등이 포함되어야 한다. 이러한 자활지원계획은 기존의 자활보호와 근본적으로 다른 것으로 노동능력자가 있는 모든 가족에게 새롭게 부과된 업무이다. 현재, 자활보호대상자와 잠재적 수급권자에게는 '자활지원계획'이 필요할 것이다. 정부는 1999년 당시 20개소에 불과한 지역자활센터를 포함하여 2020년에 지역자활센터를 270여 개소로 확대하였지만, 도시와 농촌의 노동시장이 다르기 때문에 보다 세심한 접근이 요청된다. 지역자활센터는 저소득층의 자립자활을 지원하기 위하여 소득지원사업, 일자리 창출사업, 구인구직알선, 자활자립 교육과 정보제공, 생업자금융자 알선 등을 시행하는 새로운 개념의 사회복지기관으로 정착되어야 한다.

서울관악자활후견기관 www.iska.or.kr 참조
한국지역자활센터협회 www.jahwal.or.kr 참조

둘째, 복지공동체를 구축하기 위해서 공공과 민간의 협력을 도모할 때, 가장 중요한 역할을 수행해야 할 사람은 1999년에 사회복지전문요원에서 '사회복지직'으로 바뀐 사회복지 전담 공무원이다. 사회복지직 공무원은 수급권자의 선정, 관리, 급여의 제공뿐만 아니라 다른 전문가집단과의 역할분담과 조정 등에서 핵심적인 역할을 수행해야 한다. 특히, 기존의 생활보호대상자뿐만 아니라 잠재적 수급권자의 소득, 재산, 부양관계 등을 체계적으로 조사해야 한다. 당시 4,200여 명 사회복지직만으로는 늘어나는 복지행정의 업무를 감당하기 어렵기 때문에 보건복지부는 3천여 명이 추가로 소요될 것으로 예측하였다. 다른 분야의 인력감축에도 불구하고 사회복지직 공무원은 2000년 이후에 몇 차례 신규 채용되었고, 2021년 현재 3만여명에 이른다. 아직도 부족한 사회복지직 공무원의 노력만으로 기초생활보장제도를 정착시키기 어렵기 때문에 지역 사정을 비교적 잘 알고 있는 사회복지관의 사회복지사, 통장·반장 등 지역인사와 효과적으로 협력해야 할 것이다. 또한 소득과 재산조사 등을 효과적으로 파악하기 위해서 행정전산망을 활용하고, 각종 자료를 유기적으로 관리해야 한다.

셋째, 기초생활보장법의 시행으로 사회복지직의 업무가 대폭 늘어났기 때문에 사회복지직의 직무를 새롭게 정리하고 공공과 민간의 역할도 재정립할 필요가 있다. 사회복지직의 전신인 사회복지전문요원은 당초 '생활보호법의 업무'만을 수행하도록 하였다가, 일선 행정기관에 사회복지전문요원이 아닌 다른 사람들이 아동복지, 노인복지, 장애인복지 등의 업무를 수행하지 않았기 때문에 사실상 업무량이 두 배로 늘었고, 다시 생활보호대상자보다 훨씬 많은 수급권자에게 더욱 개별화된 서비스를 제공해야 하기 때문에 업무량이 폭증하였다. 과중한 업무량을 줄이기 위해서는 사회복지직의 인력을 증원하고 수급권자 선정과정 등에서 행정업무를 대폭 간소화해야 한다. 또한 수급권자에 대한 물질적인 지원은 공공이 맡

지만, 수급권자에 대한 상담과 치료, 재활 등은 사회복지관, 사회복지시설 등으로 이관하는 것이 좋겠다는 제안도 있다. 공공분야 내에서 사회복지직과 다른 공무원과의 역할분담, 그리고 공공과 민간의 역할분담은 새롭게 모색되어야겠다. 정부는 2018년까지 전국 3,504개소 읍·면·동 주민센터를 행정복지센터로 전환하여 복지전달체계를 혁신하고, 복지공무원이 주민을 찾아가서 복지욕구를 조사한 후에 맞춤형 복지를 실천하여 모든 시민이 인간다운 생활을 누릴 수 있도록 하였다.

V. 빈곤 속의 풍요를 위하여

흔히 자본주의사회의 문제를 '풍요 속의 빈곤'이라고 말한다. 전체적으로 물질이 풍요로워지지만 계급과 계층간 불평등하게 배분되기 때문에 빈곤은 불가피한 것이다. 또한 사적으로 풍요로워도 공적으로 빈곤하면, 풍요로운 생활을 누릴 만한 자원을 갖지 못한 시민들은 빈곤할 수밖에 없다.

따라서 새로운 빈곤정책은 빈곤 속에서 풍요를 찾을 수 있는 가능성을 열어가야 한다. 사적으로 조금 빈곤하더라도 공적으로 풍요로운 사회, 물질적으로 조금 가난하더라도 정신적으로 풍요로운 사회를 만들기 위해서 지혜를 모아야 한다. 이를 위해서 먼저 기초생활보장법을 잘 정착시켜야 한다.

기초생활보장법은 생활보호법을 이어받았지만, 생활보호법과는 그 세계관이 다른 법이다. 빈곤에 대한 국가의 소극적 개입을 넘어서서 노동능력이 있는 빈민에게까지 생계급여를 실시하고, 자활계획에 의한 급여를 강조한 새로운 법이다. 그러나 이 법이 '신 생활보호법'으로 전락되지 않기 위해서는 다음 몇 가지 사항이 보다 철저히 준비되어야 한다.

첫째, 기초생활보장법을 시행해야 할 국가와 사회복지직 공무원은 '가난은 나라도 못 구한다'는 빈곤관을 탈피해서 '빈곤의 책임은 나라에 있다'는 빈곤관에 바탕을 두고 복지행정을 실천해야 한다. 또한 기초생활을 보장받아야 하는 국민들은 빈곤에서 벗어나기 위해서 스스로 국가의 도움을 청할 수 있는 자세를 갖추어야 한다. 이 법은 연령을 선정기준으로 보지 않기 때문에, 연령 때문에 생활보호대상자가 되지 못했던 국민들의 신청이 매우 중요하다. 국민들이 자발적으로 복지급여를 신청하도록 하기 위해서는 국가는 기초생활보장법을 널리 홍보해야 한다. 기초생활보장법을 쉽게 소개하고 수급권자가 되기 위해서 어떤 절차를 거쳐야 하는지를 설명한 소책자를 만들어서 시민들에게 배포하고, 통장과 반장 등 지역사회의 여론주도층이 기초생활보장법의 적용대상자를 발굴하도록 장려해야 한다.

둘째, 기초생활보장법이 합리적으로 시행되기 위해서는 최저생계비가 합리적으로 책정되고 최저생계비에 미치지 못하는 국민들의 소득, 재산 그리고 부양관계에 대한 자산조사가 철저히 이루어져야 한다. 자산조사는 거주지역의 소득과 재산뿐만 아니라 다른 지역의 재산을 파악하기 위해서 행정전산망 등을 활용하고, 파악된 정보는 반드시 전산화되어서 체계적으로 관리되어야 한다. 과거 거택보호대상자의 경우에는 큰 차이가 없겠지만, 자활보호대상자와 새롭게 수급권자가 되는 사람들은 만성적인 수급자로 전락하지 않도록 자활급여를 크게 강화하면서 동시에 자산조사를 체계적으로 실시해야 한다. 특히 수급권자의 차상위계층은 기초생활보장법을 적용받지 못하기 때문에 복지급여 이후 실질적인 소득이 수급자보다 낮아져서 상대적 박탈감을 느낄 가능성이 크다. 어중간히 가난하기보다는 철저히 가난하면 나라로부터 생계급여, 의료급여, 교육급여, 주거급여 등을 받는다고 볼 때, 차상위 계층에 대한 별도의 복지대책이 강구되어야 한다.

셋째, 기초생활보장법이 일과 복지의 조화를 지향하는 생산적 복지를 도모하기 위해서는 복지급여를 제공할 수 있는 충분한 예산을 확보해야 한다. 복지예산의 확보 없이 기초생활보장법의 시행은 공염불에 불과하기 때문에 앞으로 적정한 예산을 확보하는 일은 가장 중요한 과제이다.

실효성 있는 빈곤정책을 세우기 위해서는 빈민을 구하는 구빈정책과 함께 빈민을 예방하는 방빈정책이 조화를 이루어야 한다. 국민기초생활보장제도를 충실히 실행하면서, 국민연금과 고용보험 등 사회보험과 기초연금 등 사회수당을 정비해야 할 이유가 여기에 있다.

특히 기초생활보장제도에서 강조하고 있는 노동능력이 있는 빈민을 위한 자활사업은 획일적으로 실시할 것이 아니라, 농촌형, 소도시형, 대도시형 등 지역여건에 맞게 개발되어야 한다. 또한 자활대상자가 직업 경험이 없거나 적은 청소년과 청년, 자녀양육의 부담이 큰 기혼여성, 노동시장에서 배제되기 쉬운 중고령자, 그리고 노동력이 상실되어 가고 있는 노령층의 특성에 맞게 자활대책이 모색되어야 한다.

공공부조와 사회보험뿐만 아니라, 사랑의 음식 나누기, 자원봉사활동 등 민간단체가 광범위하게 참여할 수 있는 일을 장려해서 민간이 복지공동체의 형성에 기여하게 하고, 정부도 민간과 협력관계를 형성하여 복지의 수준을 향상시켜야 한다. 고령화사회와 지식정보화사회에서 주민의 생존권뿐만 아니라, 이동권, 정보접근권 등 새로운 영역이 강조됨에 따라서 복지정보의 종합과 나눔에도 큰 관심을 가져야 한다. 물질의 빈곤을 넘어서 정보의 빈곤에 대한 대책을 세워야 할 것이다. 특히 시민이 시·군·구나 읍·면·동 행정복지센터에 신청하면 받을 수 있는 복지급여가 360여 가지이고 당사자나 가족이 신청해야 받을 수 있는 상황에서 모든 시민을 위한 '생애주기별 맞춤형 복지교육'을 실시해야 한다.

SUMMARY
단원 정리

이 장에서는 '빈곤과 국민기초생활보장'을 알아보았다. 먼저, 빈곤의 개념과 측정을 알아보고, 한국 사회에서 빈곤의 실태, 빈곤정책의 변화, 국민기초생활보장제도를 살펴본 후에 '빈곤 속의 풍요'를 논의하였다.

빈곤은 인간사회에서 가장 오래된 사회문제이고, 사회복지학의 가장 전통적인 소재이지만, 빈곤을 보는 관점은 사회이론에 따라 다르다. 빈곤을 개인의 게으름의 탓으로 돌리는 기능주의와 저임금이나 불평등으로 설명하는 갈등주의, 그리고 힘이 있는 세력이 특정인구층을 빈곤하다고 규정하는 사회적 낙인감을 중시하는 상호작용주의가 있다.

빈곤의 실태를 보면, 경제성장에도 불구하고 빈곤은 광범위하게 펼쳐진 사회적 사실이다. 특히 한국 사회는 1997년 후반기에 시작된 외환위기와 대불황으로 빈곤이 심화되고 계층간의 소득불평등이 커지고 있다. 빈민의 경우에는 노동능력이 낮거나 상실된 사람들뿐만 아니라 부양능력이 낮은 한부모가족이 많고, 최근에는 실직 노숙자의 문제도 심각하다.

한국 빈곤정책의 근간이 되었던 생활보호법은 65세 이상의 노쇠자와 18세 미만의 요보호아동 등을 대상으로 생계보호, 의료보호, 교육보호, 자활보호 등을 제공하였다. 1999년 노동능력이 있는 연령층에게도 소득인정액이 최저생계비에 미치지 못하면 생계급여 등을 제공하는 국민기초생활보장법을 제정하였다. 이 법은 '가난은 나라도 못 구한다'는 통념을 거부하고 '가난을 구제하는 것은 나라의 책임이다'라는 새로운 빈곤관에 근거한 것이다. 이 법은 수급권자 선정의 어려움에도 불구하고, 생산적 복지를 추구한다는 점과, 공공과 민간의 협력 가능성을 열었다는 점에서 기대가 된다.

따라서 국민기초생활보장제도가 제대로 정착될 수 있도록 적절한 예산의 확보 등이 필요하고, 풍요 속의 빈곤이라는 자본주의사회의 병폐를 극복하고, 빈곤 속의 풍요를 모색할 수 있는 지혜를 모아야 할 것이다.

다음 장에서는 '사회보험의 이해'를 다루고자 한다. 현대 사회의 대표적인 사회적 사고인 노령, 질병, 산업재해 그리고 실업 등을 사회보험 방식으로 해결하는 방안을 알아본다.

TERMS
용어 정리

빈곤 빈곤에 대한 사전적 정의는 '가난한 상태, 즉 돈이 부족하거나 생계가 어려운 상태' 이지만, 빈곤은 흔히 절대적 빈곤과 상대적 빈곤으로 나뉘어서 사용되어 왔다.

절대적 빈곤 한 개인이나 가구의 소득 또는 지출이 최저생활을 하는 데 필요한 생계비에 미달될 때에 이들을 빈민 혹은 빈민가구로 보는 것이다. 절대적 빈곤은 바로 생존과 관련되어 있어서 절대빈곤층을 파악하기 위해서는 최저생계비를 산출하게 되고 이를 기준으로 빈곤선을 설정하는 것이 보통이다.

상대적 빈곤 상대적 빈곤은 하위의 일정비율을 빈곤층으로 정의하기도 하고, 전체 가구의 평균소득의 일정 비율(50% 또는 40%)에 미달하는 소득을 얻는 층을 빈곤층으로 정의하기도 한다. 상대적 빈곤층은 소득분배가 비교적 공평한 사회에서는 그 비율이 상대적으로 적고, 불평등이 심한 사회는 그 비율이 증가된다.

최저생계비 최저생계비는 "국민이 건강하고 문화적인 생활을 유지하기 위한 최소한의 비용"을 의미하고, 공공부조의 대상자 선정기준과 급여수준 결정의 근거가 되며, 각종 사회복지정책의 기초자료로 활용된다. 한국에서 최저생계비는 지역별, 가구규모별, 가구유형별로 계측되고 있다.

노숙자 노숙자는 서구 사회에서 홈리스(homeless)로 불리는 사람으로 이미 오래 전부터 심각한 사회문제의 하나이다. 선진국의 홈리스와 달리 한국 노숙자는 갑작스런 경기침체와 대규모 구조조정으로 일자리를 잃은 사람들인 '실직 노숙자' 가 많다.

생활보호법 1961년에 제정되어 한국 빈곤정책의 근간이 되었던 법이다. 이 법은 65세 이상의 노쇠자와 18세 미만의 요보호아동 등을 보호대상자로 보고, 생계보호, 의료보호, 교육보호, 자활보호 등을 규정하였다.

국민기초생활보장법 1999년에 제정된 국민기초생활보장법은 생활보호법과 달리 주거급여, 긴급급여 등 새로운 급여를 신설하고, 모든 수급자를 대상으로 보충급여 방식으로 생계급여를 하도록 하였다. 따라서 모든 수급자에게 가구당 최저생계비에서 해당가구의 소득인정액을 감한 후에 그 차액을 생계급여로 지급할 수 있다.

지역자활센터 저소득층의 자립자활을 지원하기 위하여 소득지원사업, 일자리 창출사업, 구인구직알선, 자활자립 교육과 정보제공, 생업자금융자 알선 등을 시행하는 새로운 개념의 사회복지기관이다.

SELF STUDY GUIDE 자기평가와 과제

1. 가난하게 살고 있는 독거노인, 소년소녀가장세대, 중증장애인 가족 등을 방문하여 생활실태를 파악하고 이들이 진정으로 바라는 것이 무엇인가를 대화하여 본다.
2. 빈민을 위한 복지기관인 사회복지관, 지역자활센터, 노숙자쉼터 등을 방문하여 이러한 기관이 구체적으로 하는 일상활동이 무엇인지를 알아본다.
3. IMF로부터 구제금융을 받은 경제위기시에 시민들이 겪은 실직, 가정파탄, 노숙 등에 대해서 재계, 노동계, 시민운동계, 종교계, 정치계 등이 보인 반응을 신문기사 분석을 통해서 시기별로 추적하여 본다.
4. 역대 정부가 표방한 '생산적 복지', '능동적 복지', '맞춤형 복지'의 실체는 무엇이고, 그 성과와 한계는 무엇인지를 연구하여 본다.
5. 현대사회를 '풍요 속의 빈곤'이라고 하는데, 수강생은 각자'빈곤 속의 풍요'를 실현하는 방안을 한 가지씩 제안하여 본다.

REFERENCE 참고 문헌

김문길 · 김사현 · 김선미 · 이태진 · 홍경준(2009), 『기초생활보장제도 현장 보고서』, 나남출판.

김미곤 외(1999), 『1999년 최저생계비 계측조사 연구』, 한국보건사회연구원.

김미숙 외(2000), 『저소득 편부모가족의 생활실태와 정책과제』, 한국보건사회연구원.

김영모(1990), 『한국빈곤연구』, 한국복지정책연구소 출판부.

김재진(2002), 『기초생활보장제도의 개선방향』, 한국조세연구원.
대통령비서실 삶의질향상기획단(2000), 『새천년을 향한 생산적 복지의 길』, 퇴설당.
마이크 데이비스 저, 김정아 역(2007), 『슬럼, 지구를 뒤덮다』, 돌베개.
박일순 외(2000), 『빈부격차 확대요인의 분석과 빈곤·서민생활 대책』, 한국보건사회연구원.
보건복지부(2000), 『2000년부터 달라지는 보건복지제도 및 법규』.
보건복지부(2011), 2011년 국민기초생활보장사업안내.
선건익(2000), "국민기초생활보장법", 사회복지관련법 설명자료, 보건복지부.
이용교(1986), "도시빈민가족의 욕구지표의 측정과 평가에 관한 연구", 중앙대학교 대학원 석사학위논문.
이정관(2009), 『기초생활보장과 공공복지』, 글로벌.
제프리 삭스 저 김현구 역(2006), 『빈곤의 종말』, 21세기북스.
채수훈 편(1999), 『사회복지 실무 길잡이: 1999 정부의 사회복지서비스 총정리』, 인간과복지.
최일섭(1996), "빈곤문제", 최일섭·최성재 공편, 『사회문제와 사회복지』, 나남출판.
허선(1999), "국민기초생활보장법이 제정되기까지", 『복지동향』 제15호, 참여연대 사회복지위원회.
허선(2000), "국민기초생활보장법 시행방안에 관한 워크숍 개최", 『복지동향』 제16호, 참여연대 사회복지위원회.
National Association of Social Worker(1995), *Encyclopedia of Social Worker*, 김만두 외 역(1999), 『사회복지대백과사전』, 나눔의집.

RECOMMANDED FILM
추천 영화

또 하나의 세상, 행당동 사람들2	1999, 김동원
어둠 속의 댄서 Dancer In The dark	2000, 라스 폰 트리에
씨클로 Cyclo	1995, 트란 안 홍
붉은 수수밭 Red Sorghum	1988, 장예모
분노의 포도 The Grapes of Wrath	1940, 존 포드

육혈포 강도단	2010, 강효진

INTERNET LINK
관련 사이트

한국복지교육원	www.okwelfare.net
서울관악자활후견기관	www.iska.or.kr
국민기초생활보장제도(보건복지부)	www.team.mw.go.kr/blss
복지로	www.bokjiro.go.kr
사회복지정보원	www.welfare.or.kr
서울지역실업극복연대	www.center.or.kr
전국철거민연합	www.nodong.com/junchulyun
지구촌나눔운동	www.globalsharing.org
참여연대	www.peoplepower21.org
한국보건사회연구원	www.kihasa.re.kr
부스러기사랑나눔회	www.busrugy.or.kr
한국지역자활센터협회	www.jahwal.or.kr
homeless종합정보센터	www.homeless1919.org
한국빈곤문제연구소	www.poverty21.com.ne.kr

사회보험의 이해 14

I. 사회보험이란?

1. 사회보험의 특징

사람이 살아가다 보면 필연적으로 질병에 걸리거나 늙게 된다. 또한 산업재해를 당하거나 일자리를 잃어서 소득을 상실할 수도 있다. 사회보험은 시민들이 살아가는 데 필연적으로 겪게 될 질병, 산업재해, 실업, 노령 등을 대비하기 위한 사회복지제도이다.

비오는 날을 대비해서 우산을 준비하듯이, 일찍 산업화된 국가에서는 이미 백년 전1883년부터 사회보험을 도입하였다. 우리나라도 1964년에 시행된 산업재해보상보험을 비롯하여 건강보험(의료보험), 국민연금, 고용보험, 노인장기요양보험 등 5대 사회보험을 정착시켜 나가고 있다. 여기에 공무원연금1960년과 군인연금, 사립학교교직원연금, 별정우체국직원연금까지 포함하면 사회보험은 9가지이다.

현재 모든 근로자는 5대 사회보험의 적용을 받을 수 있고, 도시에서 자영업을 하는 사람이나 농어촌 주민도 건강보험과 국민연금 등을 적용받고 있다. 즉 사회보험에 가입된 시민은 월급이나 소득과 재산에 따라서 보험료를 내고, 그 대가로 각종 보험급여를 받고 있다.

이러한 사회보험은 국가와 사회가 책임을 지고 국민생활을 위협하는 생활의 위험이나 경제적 불안정으로부터 국민 개개인을 제도적으로 보호하려는 제도이다. 전통사회에서 대표적인 사회복지가 빈민을 구제하는 구빈사업이었다면, 산업화 이후 현대 사회에서 가장 핵심적인 사회복지는 사회적 위험으로부터 시민을 구하려는 사회보험이다. 19세기 말 독일에서 시작되어 이후 전세계에 광범위하게 확산된 사회보험은 공공부조(구빈사업)와 여러 가지 점에서 비교가 된다.

첫째, 공공부조가 가구당 소득인정액이 최저생계비에 미치지 못하는 가난한 사람의 생계를 보호하는 '구빈제도'라면, 사회보험은 오히려 부담능력이 있는 사람의 사회적 위험을 보험방식으로 극복할 수 있게 하는 '방빈제도'이다.

둘째, 공공부조가 단지 가난하기 때문에 급여를 받는다면, 사회보험은 철저히 보험료를 낸 것을 조건으로 하여 받는다. 공공부조는 소득과 재산 혹은 부양의무자의 유무 등을 확인하여 생계급여 등을 제공하고, 사회보험은 피보험자나 그 가족에게 사전에 정해진 급여조건을 충족시킬 때만 보험급여를 제공한다. 공공부조는 살아가는 데 필요한 최소한의 급여를 제공하고, 사회보험은 최적의 수준을 지향한다는 점에서도 차이가 난다.

셋째, 공공부조는 자산조사에 근거해서 국가와 지방자치단체가 세금으로 제공하기 때문에 정부의 예산형편에 따라서 급여수준이 달라지기도 하고, 생존권 보호 차원에서 선별적으로 지급된다. 그러나 사회보험은 보험료를 납부한 것을 조건으로 제공되어 법적인 권리가 형성된다. 일부 가난한 시민을 대상으로 하는 공공부조와 달리 사회보험은 사업장 노동자뿐만 아니라 농어촌주민과 도시의 자영자를 포함한 전체 국민을 적용대상자로 보고 있다.

도입된 지 100년 안에 세계 대부분의 국가가 사회보험을 국가의 중요한 복지정책으로 채택한 것에는 몇 가지 요인이 있다.

산업화의 진전과 자본주의적 생산관계의 정립은 사회보험의 확산에 크게 기여했다. 산업화의 진전은 대규모의 이농, 도시로의 인구집중을 가져왔고, 이로 인한 빈곤, 실업, 주택문제, 환경문제 등 제반 사회문제들을 야기시켜 사회개혁에 대한 필요를 증가시켰다. 특히, 자신의 노동력을 팔아서 살 수 밖에 없는 임금노동자의 수가 늘어나면서, 이들이 소득을 상실하게 되는 노령, 실업, 질병 등과 같은 사회적 사고를 집단적으로 해결하지 않으면 안 되었다.

노동계급의 성장 역시 사회보험의 확대와 그 수준의 향상에 크게 영향을 미쳤다. 산업화의 진전에 의해 크게 늘어난 노동자가 선거권을 획득함에 따라서 자신의 이익을 정치적으로 대변할 수 있게 되었다. 특히 2차 세계대전 직후 영국에서 노동당의 집권은 노동자의 이익을 대변하는 각종 사회복지 법률을 입법화시켜서 복지국가의 시대를 열었고, 영국의 경험은 다른 나라에 빠르게 파급되었다.

국민들의 생활에 위기가 발생하였을 때 국가가 위기 관리자로 등장하였다. 전통적으로 국가는 가장 가난한 사람들을 최후로 보호하는 데 그쳤지만, 1929년 대공황에 대량으로 늘어난 실업자를 구제하는 일, 2차 세계대전 후 전쟁을 복구하고 새로운 나라를 만드는 과정에서 국민의 복지권을 보장하는 것을 국가의 중요한 임무로 인식하게 되었다.

2. 한국 사보험의 개요

한국의 대표적인 사회보험은 국민연금, 건강보험, 산업재해보상보험, 고용보험, 노인장기요양보험이다. 그 도입연도, 적용대상, 기여방식, 급여내용, 관리운영기관, 관계 법 등을 보면 다음 표와 같다.

한국 사회보험의 주요 내용은 다음 절에서 소개될 것이므로, 여기에서는 전반적인 특징을 몇 가지로 정리하고자 한다.

첫째, 사회보험은 해당 제도에 대한 사회적 욕구의 절실성에 따라서 도입되었다. 사회보험은 사회적 사고를 보험이란 방식으로 대응한 사회적 대책인데 노령, 질병, 산업재해, 실업 그리고 노인장기요양 중에서 사회적 주목을 가장 먼저 끈 것이 산업재해이었다. 이는 부상과 질병이 노령보다 사회적 대책이 절실했고, '업무

표 14-1 한국의 사회보험

제도명	국민연금	건강보험	산업재해보상보험	고용보험	노인장기요양보험
도입연도	1988년	1977년	1964년	1995년	2008년
적용대상	1인 이상 근로자 농어민 도시자영자	1인 이상 근로자 농어민 도시자영자	1인 이상 근로자 - -	1인 이상 근로자 - -	1인 이상 근로자 농어민 도시자영자
기여방식	노동자 4.5% 사용자 4.5% 농어민 9.0% 자영자 9.0%	노동자 3.43%* 사용자 3.43%* 농어민과 자영자는 별도	사용자가 업종별 재해율에 따라서 기여	실업-노동자 0.8% 실업-사용자 0.8% 고용안정 · 직업능력 사용자 0.25~0.85%	건강보험료의 11.52%
급여내용	노령연금 장애연금 유족연금 분할연금 반환일시금 사망일시금 미지급금급여	요양급여 요양비 장애인에 대한 특례 (보장구 지급 등) 건강검진 본인부담금상한제 본인부담금환급금	요양급여 휴업급여 장해급여 간병급여 유족급여 상병보상연금 장의비 장해특별급여 유족특별급여	고용안정사업 직업능력개발사업 실업급여	재가급여 시설급여 특별현금급여
관리운영	국민연금공단	국민건강보험공단	근로복지공단	노동부	국민건강보험공단
주무부서	보건복지부	보건복지부	노동부	노동부	보건복지부
관계법	국민연금법	국민건강보험법	산업재해보상 보험법	고용보험법	노인장기요양 보험법

자료: 사회보험 관리운영기관 홈페이지 검색(2021년)
* 건강보험의 보험료율은 매년 인상되는 경향이 있음.

상' 부상과 질병이 '일상생활' 속의 그것보다도 공적 개입이 필요하다는 상식과 일치하고 있다.

둘째, 사회보험은 적용하기 쉬운 인구집단부터 시작하여 점차 전체 국민으로 확대되었다. 모든 사회보험은 처음 일정규모 이상의 사업장 근로자를 대상으로 시행되었다. 예컨대 건강보험은 500인 이상 사업장 근로자부터 실시해서 점차 규모가 적은 사업장 근로자에게, 다음은 농어촌주민에게, 끝으로 도시자영자에게 확대되었다. 임금근로자는 관리운영하기가 쉽고 농어촌주민은 도시자영자에 비교할 때 토지의 규모 등을 통해서 비교적 쉽게 보험료를 산출할 수 있기 때문이다.

셋째, 한국 사회보험의 기여는 사용자와 노동자가 공동으로 분담하고 국가가 재정에 거의 기여하지 않는 방식이다. 업무상 재해에 대한 무과실 책임의 원칙에 따라서 사용자가 전액을 부담하는 산재보험을 제외하면, 나머지 4대 사회보험은 사용자와 노동자가 반반씩 보험료를 분담한다. 다만, 농어촌주민을 대상으로 하는 국민연금과 건강보험에 대해서는 일부 국가가 분담하고 있는데, 선진국에 비교할 때 사회보험에 대한 국가의 기여가 비교적 약한 편이다.

넷째, 한국 사회보험의 급여는 그 종류는 다양성을 갖추고 있지만, 그 수준은 최저수준에도 미치지 못한 경우가 많다. 국민들이 가장 많이 활용하는 건강보험은 본인부담금이 높고 비급여 항목이 많기 때문에 요양급여를 충분히 받기가 어렵다. 국민연금도 20년 가입시 노령연금으로 평균소득의 약 25%를 받기에 적절한 노후생활비를 확보하기 어렵다. 사회보험의 급여가 조금씩 확충되어 가고 있지만, 보험료를 증액하지 않고는 보험급여를 높일 수 없다는 것이 딜레마이다.

3. 사회복지사의 관심 사항

이러한 사회보험을 사회복지사가 올바로 이해해야 할 필요성은 어디에 있는가?

첫째, 사회복지제도의 중심이 공공부조에서 사회보험으로 바뀌었음에도 불구하고 많은 시민들이 사회보험에 대해서 잘 알지 못하기 때문에 적절한 정보를 제공할 필요가 있다. 특히, 사회보험의 급여는 그 종류가 다양하고 대부분 당사자가 급여를 신청해야 수급받을 수 있기 때문에, 글을 잘 모르는 노인이나 아동, 일반상식이 부족한 노동자나 가정주부 등에게는 급여의 종류, 수준, 청구방법 등을 충분히 안내해 주어야 한다. 그동안 사회보험을 관리운영기관들이 적용대상자의 확대와 보험료의 징수에만 관심을 갖고 급여에 대해서 충분히 홍보하지 못했기에 사회복지사는 복지대상자에게 사회보험에 대한 적절한 정보를 제공하고 상담해 줄 수 있는 전문지식을 습득해야 한다.

둘째, 사회보험은 다양한 이해집단이 합의를 통해서 제도의 효율성을 높여야 함으로 사회복지사는 균형잡힌 여론을 형성해야 한다. 의약분업의 실시와 건강보험의 통합과정에서 나타난 바와 같이 다양한 이해집단이 자신의 이익을 위해서 사회보험의 변화를 요구하는 경우가 많다. 따라서 사회복지사는 특정한 집단의 이익이 아닌 국민 다수의 이익을 복지적 관점에서 대변해 주어야 한다. 특히 사회보험은 산업사회의 문제를 예방하기 위해서는 필연적인 제도이기에 운영상의 몇 가지 문제로 포기할 수 없는 복지제도이다. 사회복지사는 한편으로 국민들을 설득하여 사회보험의 중요성을 인식시키고, 다른 한편으로 문제점에 대한 개선방안을 촉구해야 할 것이다.

셋째, 사회복지사는 자신의 권리를 찾고 근무조건을 향상시키기 위해서도 사회보험에 대한 기초지식을 갖추어야 한다. 현재 모든 사업장의 근로자는 산재보험, 고용보험, 건강보험, 국민연금, 노인장기요양보험에 가입해야 한다. 그럼에도 불구하고, 일부 사회복지기관·단체·시설이 종사자를 신고하지 않거나, 사회복지사를 임시직·상근자원봉사자 등으로 임용해서 사회보험의 가입을 기피하고 있다. 사회복지사는 복지대상자의 복지권을 옹호하기 위해서 사회보험에 대한 지식을 갖추어야 하지만, 경우에 따라서 자신의 권리를 찾기 위해서도 노력해야 한다.

II. 국민연금

1. 개요

국민연금은 국민의 노령·폐질 또는 사망에 대하여 연금급여를 실시함으로써 국민의 생활안정과 복지증진에 기여함을 목적으로 한 사회보험이다. 연금을 급여하는 사회보험에는 공무원연금, 군인연금 그리고 사립학교교직원연금, 별정우체국직원연금이 별도로 있는데, 이들은 일부 직업집단을 위한 것이고 대부분의 국민은 국민연금에 가입하고 있다.

국민을 위한 연금제도는 1973년에 '국민복지연금법'이 제정되어 시행될 예정이었으나 갑작스러운 오일쇼크 때문에 연기되었다가, 1988년부터 '국민연금법'이 시행되고 있다.

국내에 거주하는 18세 이상 60세 미만의 국민은 국민연금의 가입대상이 된다. 다만 다른 법에 의한 연금제도의 적용대상인 공무원, 군인, 사립학교 교직원, 별정우체국직원은 제외된다. 1988년 시행 초기에는 10인 이상 사업장 근로자에게만 적용되었다가, 이후 1인 이상 사업장 근로자에게 확대되었다. 1995년에는 농어촌주민에게 확대 적용되고, 1999년 4월에는 도시자영자에게 확대 적용되어서 18세 이상 전국민이 연금에 가입할 수 있게 되었다.

국민연금의 급여비용은 보험료로 조달함을 원칙으로 한다. 보험료의 수준은 제도 도입 초기에는 부담을 줄이기 위해서 처음 5년간은 3%, 그 다음 5년간은 6%, 그 이후에는 9%로 하도록 하였다. 따라서 현재 사업장 가입자는 표준보수월액의 9%(노동자 4.5%, 사용자 4.5%)를 보험료로 내고, 농어민과 자영자도 2005년 7월부터 9%를 내고 있다.

국민연금은 적용대상자가 크게 사업장 가입자, 농어민, 자영자로 구분되지만 모든 적용대상자를 국민연금공단이 관리 운영했다. 이 점은 가입대상자를 수백개의 조합으로 나누어서 관리한 적이 있었던 건강보험과 다르고, 국가가 직접 관장하거나 했던 고용보험, 산재보험의 관리운영과도 차이가 있다.

국민연금공단 www.npc.or.kr 참조

2. 급여

국민연금에서 지급하는 급여는 노령연금, 장애연금, 유족연금, 반환일시금 등이 있다. 즉 국민연금은 피보험자의 노령, 장애, 사망, 퇴직 등과 같은 사회적 사고에

국민연금 기본연금액 산정 방법

$$[2.4(A+0.75B)\times P_1/P+1.8(A+B)\times P_2/P+1.5(A+B)\times P_3/P+1.485(A+B)\times P_4/P]\times(1+0.05n/12)$$

A = 연금수급 전 3년간의 평균소득월액의 평균액

B = 가입자 개인의 가입기간 동안의 표준소득월액의 평균액

P_1 = 1998.12.31 이전 가입월수

P_2 = 1999.1.1 이후 가입월수

P_3 = 2008년 이전 가입월수

P_4 = 2009년 이후 가입월수

P = 가입자의 전체 가입월수

0.05 : 가입기간 20년을 초과하는 경우, 그 초과연수마다 연금액을 가산하는 비율(5%)

n : 20년 초과 가입연수 (1년을 초과하는 매1월마다 1/12년으로 계산하여 반영함)

대한 대응책으로 급여를 제공한다.

국민연금 중 핵심적인 급여는 노령연금이다. 노령연금은 원칙적으로 20년 이상 가입하고, 60세에 달하며, 생존하고, 퇴직할 때 '완전노령연금'을 수급할 수 있다. 완전노령연금은 기본연금액에 부양가족연금액을 합하여 산정한다.

기본연금액은 모든 연금액 산정의 기초가 되는 것으로 피보험자가 평생 동안 낸 보험료의 기준이 된 '개인의 표준소득월액'과 연금이 개시되기 전 3년간 '전 가입자의 평균소득월액'을 기초로 산정한다. 이는 피보험자가 보험료로 낸 것에 비례해서 급여를 주려는 것과 모든 피보험자에게 평등하게 급여를 주려는 두 가지 목표를 조합한 것이다. 기본연금액은 당초 20년 가입시 평균소득의 35%를 급여하는 것으로 설계했다가, 수지를 감안하여 1999년부터 2007년까지는 30%, 2008년 이후에는 약 25%를 급여하는 것으로 재조정하였다. 따라서 1998년 이전에 가입한 피보험자의 기득권을 인정하여 **기본연금액**은 위와 같이 산정된다.

부양가족연금액은 국민연금 가입자가 연금수급권을 취득할 당시 수급권자(유족연금은 가입자이었던 자)에 의하여 생계를 유지하고 있는 자에게 주는 가족수당 성격의 부가급여이다. 2021년 부양가족연금 대상과 금액은 배우자(사실혼 포함)에게 연 263,060원, 19세 미만 또는 장해 2급 이상의 자녀(2인 이내)에게 1인당

완전노령연금 조건을 갖추지 못한 경우의 연금급여

- **감액 노령연금** 가입기간이 10년 이상 20년 미만이고 만 60세(광부와 선원은 55세)가 되어 소득이 없는 경우 본인의 청구로 수급받을 수 있다. 즉, 10년 가입시는 〈기본연금액 47.5% +부양가족연금액〉이고, 가입기간 1년 증가시마다 기본연금액을 5%포인트씩 증액한다.
- **조기 노령연금** 10년 이상 가입하였고, 55세 이상 60세 미만인 사람이 소득이 있는 업무에 종사하지 않을 경우 본인의 희망에 의하여 조기에 수급할 수 있다. 급여수준은 〈기본연금액×가입기간 지급률×연령별 지급률+부양가족연금액〉이다. 즉, 10년 가입하고 55세에 조기연금을 수급한다면 〈기본연금액의 47.5%×55세 지급률 75%+부양가족연금액〉이다.
- **재직자 노령연금** 가입기간 10년 이상이고 60세 이상 65세 미만인 자로 소득이 있는 업무에 종사하는 경우 60세부터 64세까지(광부와 선원은 55세부터 59세까지)지급하는 연금으로 부양가족연금액은 지급하지 않는다. 급여수준은 가입기간이 20년인 경우, 60세는 기본연금액의 50%이고 매년 10% 포인트씩 증액한다.
- **특례 노령연금** 국민연금의 최초 시행(1988년 1월1일), 농어촌지역 확대(1995년 7월 1일) 그리고 도시지역 확대(1999년 4월 1일) 당시 연령이 많아 최소가입기간을 채우지 못하는 사람들을 위해 특별히 2000년 3월 31일까지 가입이 허용된 특례가입자 제도이다. 특례 노령연금은 5년 이상 가입하고 만 60세 이상이면 사망시까지 연금을 지급받을 수 있다. 급여수준은 가입기간 5년인 경우에 〈기본연금액의 25%+부양가족연금액〉이고, 가입기간 1년 증가시마다 기본연금액이 5%포인트씩 증가된다.

연 175,330원, 60세 이상 또는 장해 2급 이상의 부모(배우자의 부모포함)에게 1인당 연 175,330원을 지급한다. 당초 연금 수급연령은 만 60세이지만, 2013년부터 4년마다 1세씩 상향조정되어 2033년 이후에는 65세가 된다. 이는 인구의 평균수명이 연장됨에 따라서 연금수급기간도 점차 연장되기 때문이다.

한편 완전노령연금을 수급할 수 있는 조건을 갖추지 못하는 경우에는 **감액노령연금, 조기노령연금, 재직자노령연금, 특례노령연금** 등을 받을 수 있다.

한편 연금가입자나 그 수급자가 이혼을 할 때 배우자의 생계를 보호하기 위해서 '분할연금'을 시행하고 있다. 즉 분할연금은 가입 기간중의 혼인기간이 5년 이

그 외의 연금

- **장애연금** 가입중에 발생한 질병 또는 부상으로 완치 후에도 신체 또는 정신상의 장애가 있을 경우 생계안정을 위하여 지급되는 급여로 장애정도(장애등급 1 ~ 4급)에 따라 장애가 존속하는 기간 동안 지급된다. 즉, 급여수준은 장애 1등급은 기본연금액의 100%, 2등급은 그것의 80%, 3등급은 그것의 60%와 부양가족연금액이고, 4등급은 기본연금액의 225%가 일시금으로 지급된다.
- **유족연금** 가입자 또는 10년 이상 가입자이었던 자나 노령연금 수급권자 또는 장애등급 2급 이상의 장애연금 수급권자가 사망한 경우에 그 유족의 생활을 보장하기 위하여 지급하는 연금이다. 유족의 순위는 배우자(사실혼관계의 배우자, 포함) 자녀(25세 미만, 양자, 태아 포함), 부모(60세 이상, 배우자의부모 및 양부모 포함), 손자녀(19세 미만), 조부모(60세 이상, 배우자의 조부모포함)이다. 급여수준은 가입기간이 10년 미만인 경우에는 기본 연금액의 40% + 부양가족연금액, 가입기간 10년 이상 20년 미만은 기본연금액의50% + 부양가족연금액, 가입기간 20년 이상은 기본연금액의 60%+부양가족연금액이다.
- **반환일시금** 국민연금가입자 또는 가입자이었던 자가 연금(노령, 장애, 유족)의 수급요건을 충족하지 못하고 탈퇴하여 가입 중에 납부하였던 보험료에 일정한 이자를 가산하여 지급받는 것으로 본인 또는 그 유족이 지급받을 수 있다. 수급요건은 가입기간 10년 미만인 자로 60세에 달한 때 등이다.
- **사망일시금** 가입자 또는 가입자이었던 자가 사망하였으나 유족연금 또는 반환일시금을 지급받을 수 없는 경우에 그 금액만큼 지급되는 장제부조금 성격의 급여이다.
- **미지급급급여** 급여수급권자가 사망한 경우 그 수급권자에게 지급하여야 할 급여로 아직 지급되지 않는 것이 있는 경우의 급여이다. 수급권자는 급여수급권자에 의하여 생계를 유지하고 있던 배우자, 자녀, 부모, 손자녀, 조부모 중에서 최우선 순위자이다.

상인 사람이 노령연금수급권자인 배우자와 이혼한 후 60세가 된 때, 60세가 된 이후 노령연금수급권자인 배우자와 이혼한 때, 60세가 된 이후 배우자이었던 자가 노령연금수급권을 취득한 때, 배우자이었던 사람이 노령연금수급권을 취득한 후 본인이 60세가 된 때의 경우에 혼인기간에 해당하는 연금액을 똑같이 분할하여 지급한다. 급여수준은 배우자이었던 자의 노령연금액(부양가족연금액 제외) 중 혼인기간에 해당하는 연금액을 균분한 금액이다.

국민연금은 노령연금 이외에도 **장애연금**, **유족연금**, **반환일시금**, **사망일시금**, 그리고 **미지급금급여**가 있다. 피보험자가 노령뿐만 아니라 장애와 사망 등으로 인해서 소득을 상실할 경우에는 연금으로 그 소득을 보충해 주려는 것이고, 연금을 받을 수 없는 조건인 사람에게는 일시금을 주는 것이다.

3. 과제

국민연금은 도입된 지 12년 만에 '전국민'에게 연금을 도입했다는 찬사에도 불구하고 많은 과제를 안고 있다. 그 중 대표적인 것만 몇 가지 소개하면 다음과 같다.

첫째, 국민연금은 초기에 보험료를 적게 걷었지만 급여를 줄 때에는 상대적으로 많이 주도록 설계되어 있다. 보험료를 적게 내고 급여를 많이 받기 때문에, 연금수급자는 좋지만 장기적으로 볼 때 재정위기를 불러일으킬 수 있다. 이를 해소하기 위해서 연금의 수준을 낮추고, 노령연금의 개시연령을 2013년부터 매 4년마다 1세씩 늦추도록 하여 2033년 이후에는 65세가 되도록 변경하였다. 이러한 제도 개선에도 불구하고, 연금기금의 투명한 운영과 효율적인 관리는 여전히 국민적 관심사로 남아 있다. 국민연금의 기금은 국민의 노후를 보장해 주는 돈이므로 그 관리 운영에 각별한 관심이 요망된다.

둘째, 국민연금은 건강보험과 달리 누구의 이름으로 가입하느냐가 중요하다. 즉 건강보험은 남편이 피보험자라면 그 아내와 자녀는 피부양자로서 동등한 보험급여를 받지만, 국민연금은 피보험자의 몫으로 노령연금 등이 지급된다. 따라서 직업이 없는 주부는 국민연금에 가입하기 어렵고, 남편과 함께 농사를 짓거나 자영업을 하는 경우 대부분 세대주의 이름으로 가입되기에 주부는 피보험자에서 제외되어 있다. 이를 해결하기 위해서 모든 가입대상자들이 정액을 내는 기초연금을 도입하자는 주장이 있지만, 아직은 채택되지 않고 있다.

셋째, 2009년 8월 초까지 국민연금은 다른 공적 연금과 통산체제가 되어 있지 않았다. 공무원, 군인, 사립학교교직원연금은 상호간에 통산체제가 있지만, 국민연금과 다른 공적 연금간의 통산체제는 없었다. 이 문제로 공무원을 퇴직하고 기업체에 취직한 사람은 새로 국민연금에 가입해야 하고, 반대로 기업체를 퇴직하고 공무원에 임용된 사람도 공무원연금에 새로 가입해야 한다. 직업의 이동이 잦은 현대 사회에서 연금제도간의 통산체제가 없기 때문에 자칫하면 20년 이상 연금에 가입하고도 노령연금을 탈 수 없는 상황에 빠지게 된다. 통산체제를 도입해서 직장의 이동으로 인하여 연금제도상 불이익을 해소해야 한다는 주장이 일부 수용되어 2009년 8월 7일 이후에 연금간 이동하면 가입기간은 합산할 수 있게 되었다. 즉 국민연금에 8년을 가입하고 공무원연금에 13년을 가입한 사람은 그동안 연금을 받지 못하고 일시금만 받았는데, 이제는 합친 기간이 20년을 넘을 경우에 60세 이후에 각각 가입한 기간만큼 연금관리기구에서 연금을 받을 수 있다.

공무원연금관리공단 www.gepco.or.kr 참조
사립학교교직원연금관리공단 www.ktpf.or.kr 참조

III. 건강보험

1. 개요

건강보험은 국민의 질병·부상에 대한 예방·진단·치료·재활과 출산·사망 및 건강증진에 대하여 보험급여를 실시함으로써 국민보건을 향상하고 사회보장을 증진함을 목적으로 하는 사회보험이다.

한국의 건강보험은 1963년에 임의적용 '의료보험'으로 시작하여 부분적으로 시행되었다가, 1977년부터 강제적용체제로 전환되어 본격적으로 시행되었다. 처음에는 사업장의 근로자에게 적용되었고, 1979년에는 공무원·사립학교 교직원에게, 1988년에는 군 지역의 농어민에게, 1989년에는 도시자영자에게 당연 적용하여 12년 만에 전국민 의료보험의 시대를 열었다.

그동안 건강보험은 그 적용대상자를 직장가입자와 지역가입자로 크게 나누었다. 직장 가입자는 다시 대기업은 그룹단위로, 중소기업은 지구단위로 직장 의료보험조합을 구성하고, 농어민과 자영자인 지역가입자는 시·군·구 단위로 지역의료보험조합을 구성하여 조합별 독립채산제로 운영되었다. 이와 별도로 공무원과 사립학교교직원 의료보험이 있었는데, 1998년 10월부터 종전의 지역의료보험과 통합되어 '국민의료보험관리공단'이 되었고, 다시 2000년 7월에 직장의료보험조합까지 완전히 통합되어 '국민건강보험공단'으로 바뀌었다. 따라서 의료급여(예전에 의료보호) 대상자를 제외한 전 국민은 하나의 건강보험제도 속에서 관리운영되고 있다.

건강보험의 보험료는 직장가입자와 지역가입자로 나뉘어 산정된다. 직장가입자는 표준보수월액의 6.86%를 노동자와 사용자가 반씩 분담하여 낸다(다만, 사립학교 교원의 경우 피보험자인 교원이 보험료의 1/2, 학교법인이 3/10, 그리고 국가 2/10를 분담한다). 지역가입자는 세대별로 보험료를 부과하는데, 크게 소득비례보험료와 재산비례보험료를 합산하는 방식으로 산출한다. 소득이나 재산에 대한 과세자료가 있는 경우에는 과세소득보험료와 재산보험료를 포함하여 내고, 그렇지 않는 경우에는 평가소득보험료와 자동차보험료만으로 보험료를 산출한다. 직장가입자는 피보험자와 생계를 같이하는 가족이 피부양자로서 급여를 받고, 지역가입자는 모든 사람이 피보험자가 된다.

국민건강보험공단 www.nhic.or.kr 참조

2. 급여

건강보험은 적용을 받는 피보험자와 피부양자가 질병, 부상, 분만, 사망과 같은 위험에 처했을 때 보호하고 건강을 유지 증진하기 위하여 각종 형태로 실시하는 의료서비스이다. 보험급여의 핵심인 요양급여와 분만급여는 현물인 의료서비스로 지급되고, 요양비, 임신·출산진료비, 본인부담금환급금 등은 현금으로 지급된다. 모든 보험급여는 원칙적으로 피보험자와 피부양자에게 똑같이 적용된다.

현금으로 받는 건강보험 급여

- **요양비** 피보험자와 피부양자가 긴급 기타 부득이한 사유로 인하여 업무정지 처분 기관중인 요양기관 등에서 요양을 받은 때에는 요양급여에 상당하는 금액을 요양비로 지급한다.
- **임신 · 출산진료비** 진료비는 임신 1회당 50만원(다태아는 90만원, 분만취약지역에 사는 임산부는 추가로 20만원)이고, 분만비는 집이나 기타 요양기관 이외의 장소에서 분만한 경우 25만원이다.
- **본인부담금보상금** 수진자 1인이 한 달 내에 건강보험 적용 본인 일부 부담금이 120만원을 초과하였을 때 그 초과한 금액의 50%를 되돌려 주는 제도이다.

요양급여는 피보험자와 피부양자의 질병 또는 부상에 대하여는 진찰, 약제 또는 치료재료의 지급, 처치 수술 기타의 치료, 의료시설에의 수용, 간호, 이송 등의 요양급여를 말한다.

건강보험의 핵심적인 급여는 요양급여이기 때문에 좀더 자세하게 살펴볼 필요가 있다. 요양급여는 요양취급기관의 종류와 등급, 입원과 외래에 따라 달라진다. 입원시는 총진료비의 80%를 요양급여로 제공하고, 외래시는 의원급은 요양급여가 되는 총진료비의 70%, 병원은 총 진료비의 60%(읍·면 지역은 65%), 종합병원은 총 진료비의 50%(읍·면 지역은 55%), 종합전문요양기관은 진찰료를 제외한 총진료비의 40%만을 요양급여로 제공한다. 요양급여를 제외한 의료비는 모두 본인이 부담해야 하는데, 이는 피보험자가 종합병원과 병원을 불필요하게 이용하는 것을 억제하여 보험재정을 안정화시키려는 의도이다.

분만급여는 피보험자와 피부양자가 요양기관에서 출산하게 되면 요양급여와 동일한 방법으로 받게 된다. 분만은 정상분만뿐만 아니라 난산과 유산, 제왕절개 수술 등과 같은 이상분만, 사산의 경우도 급여대상이 된다. 자녀수에 관계 없고, 2박 3일로 제한된 분만급여기간을 1997년 9월 1일부터는 철폐하여 산모의 상태에 따라서 입원기간을 연장할 수 있다.

건강보험의 급여는 요양급여와 분만급여가 대부분이지만, 위와 같은 경우에는 **현금**으로 받는다.

건강보험은 모든 의료사고에 대해서 요양급여를 하는 것은 아니다. 요양급여를 함에 있어 질병, 부상의 치료목적이 아니거나, 업무 또는 일상생활에 지장이 없는 질환, 기타 보험급여의 원리에 부합되지 아니하는 사항은 보험급여대상에서 제외된다. 그 대표적인 예는 코를 세우는 성형수술, 건강진단, 치열 교정과 상급병실료의 차액 등이다.

또한 자신의 범죄 행위와 고의로 사고를 일으켜 생긴 부상이나 질병은 보험급여를 받을 수 없고, 업무에 따른 질병이나 부상으로 다른 법령에 의한 보험급여나 보상을 받은 경우(산업재해보상보험 등)에는 보험급여를 받을 수 없다. 국외에 여행중이거나 국외에 근무하고 있는 경우, 현역으로 군에 복무 중인 경우(단, 상근예비역은 제외), 교도소 기타 이에 준하는 시설에 수용 중인 경우에는 보험급여가 정지된다.

이 밖에도 건강보험수가로 전액을 본인이 부담해야 하는 경우도 적지 않다. 대표적인 경우가 '특진'을 신청한 경우에 지정진료비를 전액 본인이 부담해야 한다. 보험료를 3개월 이상 체납하여 급여제한을 받은 기간에 소요된 진료비는 본인이 부담하고, 현역으로 군복무 중에 피보험자가 요양기관을 이용한 때의 진료비도 본인이 부담한다.

3. 과제

건강보험은 국민연금과 달리 보험자와 피보험자 간의 양자관계가 아니라, 보험자, 피보험자 그리고 요양취급기관으로 이루어진 삼자관계이기 때문에 다소 복잡하다. 즉 피보험자는 보험자에게 보험료를 내고, 요양취급기관에서 요양급여를 받으면, 보험자는 요양취급기관에게 진료비를 지급한다. 또한 요양취급기관은 병의원(치과병의원 포함), 약국, 한방병의원 등으로 다양하기에 요양급여의 내용과 수준 그리고 전문직의 역할 등에서 갈등의 소지를 안고 있다. 의약분업을 정착시키는 과정에서 의료계의 요구를 수용하느라 의료수가를 대폭 인상하고, 의약분업의 세부내용에서 의료계와 약계의 대립은 건강보험의 장래를 불안하게 하였다. 이처럼 이해관계가 다른 집단을 잘 조정하는 것이 건강보험을 발전시키는 한 과제이다.

한국의사비전21 www.medivision21.com 참조

우리나라의 건강보험은 질병과 분만으로 인하여 취업하지 못하는 기간 동안 생계비를 지급하는 '상병수당' 또는 분만수당이 없고, 전체 진료비 중에서 요양급여가 차지하는 비중이 60% 가량에 그친다는 점에서 "진료비 할인제도"라고 비판을 받고 있다. 즉 종합병원을 외래로 이용할 경우 전체 진료비의 50% 가량을 본인이 부담하고, 입원시에는 진료비의 20%를 부담할 뿐만 아니라, 진찰료, 상급병실료, MRI 등 일부 검사료, 지정진료비, 간병료 등은 모두 본인이 부담하여 전체 진료비의 40% 가량을 본인이 부담한다.

외래와 입원환자에 대한 요양급여를 높이는 것은 보험료의 인상이 없이는 불가능하기에 적정 보험료와 요양급여 간 균형을 맞추는 일은 해묵은 과제이다.

보험재정의 적자를 해소하기 위해서는 보험료의 징수를 투명하게 하는 것이 무엇보다도 중요하다. 그런데 자영자의 소득파악률이 낮기 때문에 직장가입자와 지역가입자간, 지역가입자 중에서 자영자간의 갈등이 표출되고 있다. 지역가입자에 대한 보험료 부과기준에서 소득과 재산에 대한 과세자료의 확보율을 높이고, 과세자료가 실제의 소득과 재산을 정확히 반영하는 것이 무엇보다도 중요하다. 건강보험료뿐만 아니라 각종 사회보험료를 적정하게 부과하고 원활히 징수하기 위해서도 조세행정이 발전되어야 한다. 건강보험의 통합과 도시자영인에게 국민연금을 확대하는 과정에서 나타난 보험료에 대한 의혹을 수습하기 위해서는 과세자료를 보다 투명하게 관리하고 조세행정을 담당하는 국세청과 지방자치단체가 과세정보의 공유 등에서 상호협력해야 할 것이다.

전국사회보험노동조합 www.ksiu.or.kr 참조

V. 산업재해보상보험

1. 개요

산업재해보상보험은 근로자의 업무상의 재해를 신속하고 공정하게 보상하고, 재해근로자의 재활 및 사회복귀를 촉진하기 위하여 이에 필요한 보험시설을 설치·운영하며 재해예방 기타 근로자의 복지증진을 위한 사업을 행하는 사회보험이다. 건강보험이 일상생활 속에서 일어나는 부상과 질병에 대하여 요양급여를 제공하는 것이라면, 산재보험은 근로자가 업무수행중 또는 업무수행과 관련하여 부상, 질병 또는 사망한 경우에 근로자 본인의 치료와 본인과 부양가족의 생계를 보장하기 위한 제도이다.

사회가 점차 산업화됨에 따라 근로자가 사업장에서 산업재해를 당할 위험은 점차 커지고 있다. 이러한 산업재해에 대해서 대체로 고용주 책임의 원칙에 따라 재해를 당한 근로자를 고용하고 있는 고용주가 보상할 책임을 져야 하나, 영세한 기업의 경우에는 보상 능력이 문제가 되며, 또한 보상능력이 있더라도 고용주가 고의적으로 보상을 기피하는 경우 등에는 근로자 보호는 사실상 무의미하게 된다. 따라서 산재보험은 보험제도를 통하여 재해를 당한 근로자를 보호하는 동시에 고용주 입장에서도 산업재해로 인한 일시적인 과중한 보상비용 부담의 위험을 분산하여 기업운영에 안정을 기하기 위한 제도이다(인경석, 1999: 175).

한국은 1964년 7월에 500인 이상의 광업과 제조업 사업장 근로자에게 처음 적용하였고, 점차 적용사업장을 확대하여 2000년 7월부터 1인 이상을 고용하는 모든 사업장으로 확대시켰다. 2000년 7월 전까지는 5인 이상 사업장에게 당연 적용하였기 때문에, 5인 미만 사업장은 아직 산재보험에 대한 이해가 낮아서 가입을 기피하는 경우가 많다. 그러나 사업장이 산재보험에 가입하지 않았더라도 산재를 당한 근로자가 근로복지공단에 요양급여 등을 요구하는 경우에는 산재처리를 하도록 되어 있다. 한편 공무원, 군인, 사립학교교직원은 공무원연금 등에서 공무상 부상과 질병에 대해서 별도로 급여를 제공하기 때문에 산재보험이 적용되지는 않는다.

산재보험의 비용은 전액 고용주가 보험료로서 부담한다. 특정 사업장의 산재보험료는 업종별 재해율에 따라 결정되는 보험료율에 해당사업장의 임금총액을 곱해서 결정한다. 따라서 보험료율의 결정은 고용주에게 매우 민감한 사안인데, 상시 30인 이상 근로자를 사용하는 사업장은 업종별 재해율을 감안하되, 최근 3년간의 보험수지율(보험료 수입액에 대한 보험급여비 지출액의 비율)이 85% 이상이거나 75% 이하인 때에는 업종별요율의 40% 범위 내에서 할증 또는 할인하는 개별실적요율제도를 가미하고 있다. 이는 산업재해가 적은 사업장에게 보험료를 할인해 주는 것인데, 할인혜택을 받기 위해서 명백한 산업재해를 산재로 처리하는 것을 기피하도록 부추기는 요인이 되기도 한다.

산재보험은 당초 노동부가 관리운영하였지만, 1995년에 고용보험을 실시하면서 산재보험의 정책업무와 집행업무로 구분하여, 보험료율의 결정, 보험급여 수준의 결정 등 정책업무는 노동부에서 담당하고, 보험료의 징수, 보험급여의 지급 등 집행업무는 노동부 산하 근로복지공단이 담당하고 있다. 2011년부터 보험료의 징수는 국민건강보험공단으로 일원화되었다.

근로복지공단 www.welco.or.kr 참조

2. 급여

산업재해보상보험의 급여는 업무상 부상 또는 질병에 대한 요양급여와 간병급여, 일하지 못한 기간 동안에 대한 휴업급여, 치료 후 장해가 남는 경우에 장해급여, 간병급여 그리고 사망시 그 유족에게 지급하는 유족급여와 장의비가 있다. 이를 보다 상세히 살펴보면 다음과 같다.

요양급여는 업무상 부상 또는 질병에 걸렸을 때 의료기관에서 상병의 치료에 소요되는 비용을 치유시까지 지급하는 현물급여이다. 급여내용은 진찰, 약제 또는 진찰재료와 의지, 기타 보철구의 지급, 처치·수술 기타의 치료, 의료기관에의 수용, 개호, 이송, 기타 노동부장관이 정하는 사항(재요양, 전원요양 등)으로 치료에 필요한 제반 비용이다. 또한 업무상 부상 또는 질병 치유 후 의학적으로 상시 또는 수시로 간병이 필요하여 간병을 받을 경우 현행 간병료에 준한 간병급여를 지급한다.

휴업급여는 요양으로 취업하지 못한 기간에 대하여 피재근로자와 그 가족의 생활보호를 위하여 임금대신 지급하는 급여로 미 취업기간 1일에 대하여 평균임금의 70% 상당액을 지급한다. 만약, 당해 부상 또는 질병의 정도가 폐질등급 1~3급에 해당하고 2년이 경과되어도 치유되지 않았을 경우 휴업급여 대신에 보상수준을 향상시켜 '상병보상연금'을 지급한다.

장해급여는 업무상 재해의 치유후 당해 재해와 상당 인과관계가 있는 장해가 남게 되는 경우 그 장해의 정도에 따라 지급하는 급여이다. 장해급여는 장해의 정도가 심한 1급부터 그 정도가 약한 14급까지 있는데, 장해가 심한 1~3급은 연금으로(연금은 평균임금의 329일분부터 138일분 상당액), 4~7급은 연금 또는 일시금으로, 8~14급은 일시금으로(일시금은 평균임금의 1,012일분부터 55일분 상당액) 지급된다. 일시금은 치유후에 한번 지급되고, 연금은 치유 후부터 시망시까지 연 4회(2, 5, 8, 11월) 지급된다.

간병급여는 요양이 종결된 자가 의학적으로 상시 또는 수시로 간병이 필요하여 실제로 간병을 받는 사람에게 지급된다. 지급대상은 상시간병급여대상과 수시간병대상으로 나뉜다. 간병급여는 실제로 행하여진 날에 대하여 월단위로 지급되고, 간병급여 대상자가 재요양을 받는 경우에는 재요양한 날부터 재요양 종료시까지 간병급여의 지급이 중지되나 간병급여 대신에 간병료를 지급받을 수 있다. 간병급여는 노동부장관이 매년 고시하는데 2021년 현재 상시간병급여는 1일 41,170원, 수시간병급여는 1일 27,450원이다.

유족급여는 사망 재해시 그 유족의 생활보장을 위하여 지급되는 것이다. 유족급여의 수급권은 배우자, 자녀, 부모, 손, 조부모 및 형제자매의 순서로 지급받을 수 있고, 수급권자의 선택에 따라 일시금 또는 연금으로 지급받는다. 일시금은 사망 즉시 평균임금의 1,300일분을 지급하고, 연금은 수급권자의 사망시까지 연

4회(2, 5, 8, 11월) 지급한다. 연금의 액수는 〈기본금액+가산금액〉인데, 기본금액은 급여기초연액(평균임금×365일)의 47% 상당액이고, 가산금액은 수급권자 1인당 5%씩 가산(최고 4인 20%까지 가능)된다. 따라서 18세 미만의 자녀 2명을 둔 미망인은 남편의 평균임금의 47%의 기본연금과 15%의 가산금액을 탈 수 있으므로, 평균임금의 62%를 유족급여로 받을 수 있다. 유족급여와 별도로 실제 장제를 실행한 자에게 평균임금의 120일분을 장제비로 지급한다.

각종 급여는 산업재해보상보험법의 적용을 받는 사업 또는 사업장 소속 근로자가 업무상 부상, 질병, 장해 또는 사망한 경우에 신청할 수 있다. 부상과 질병의 경우 4일 이상의 요양을 요할 때 신청할 수 있다. 요양신청은 업무상 사유로 다쳤을 때 최초 요양신청을 하고, 치료기간을 연장하려할 때 요양연기신청을 할 수 있다. 보상신청은 요양으로 인한 미취업, 치료종결 또는 사망 등 보험급여 지급사유 발생시에 한다. 모든 급여의 지급은 각 지사의 보험급여 지급결정과 동시에 본부 은행계좌에서 신청인 개인계좌로 즉시 지급된다.

3. 과제

산재보험은 근로자가 업무상의 사유로 부상, 질병 또는 사망한 경우에 각종 급여가 지급된다. 업무라 함은 근로자가 근로계약의 이행을 위해 사업주의 지배하에서 노동을 제공하고 있는 상태를 말한다. 따라서 업무상 재해는 작업 중에 일어난 사고는 물론이고, 작업에 따르는 부수행위 중, 작업의 준비·뒷처리·대기 중, 사업장 시설 내에서의 휴게 중, 출장 중, 통근차를 이용하여 출퇴근 중에 일어난 사고도 산재사고로 인정될 수 있다. 그럼에도 불구하고 현실은 산재사고를 인정하는 데 인색한 경우가 많다. 대체로 근로자는 사고를 당한 후에 산업재해라고 주장하고, 사용자와 근로복지공단은 산재사고로 인정하는 것을 기피하기에 다툼이 일어나는 경우가 많다. 특히 업무상 질병의 경우 의료적 전문지식이 낮은 노동자가 산재로 인정받기 위해서는 오랫동안 법정투쟁을 해야 하는 경우도 있다. 최근에는 산재환자와 그 가족이 자조모임을 만들거나 산재추방운동연합 등 시민운동단체가 산재환자를 대변하고 있다. 다양한 유형의 업무상 부상과 질병 등을 산재사고로 인정하여 신속하게 치료하고 적정하게 보상하는 것이 가장 큰 과제이다.

또한 우리나라의 산재보험료는 업종별 재해율에 따라 결정되는 보험료율에 의해서 좌우된다. 사회보험이 위험의 분산과 소득재분배를 특징으로 한다고 볼 때, 산재보험은 위험에 비례하는 보험료를 내도록 되어서 '사회' 보험이라고 하기 어려운 측면이 있다. 특히 사업장마다 과거 3년간의 보험수지율에 따라서 보험료율을 결정하기 때문에, 사용자는 보험료를 적게 내기 위해 명백한 산재사고를 적극적으로 은폐하려고까지 한다. 따라서 업종별 재해율을 감안하여 보험료율을 결정하더라도 최고와 최저 비율의 차이를 줄여가는 노력이 필요할 것이다.

산재보험에 대한 급여가 조금씩 나아지고 있지만, 급여의 수준이 상식적인 기대와 상당한 차이가 있어서 중장해가 생기거나 사망한 경우에는 산재보험과 별도로 민사상 손해배상이 제기되어 사실상 산재보험만으로 산업재해를 포괄하지 못하는 한계가 있다. 예컨대 연봉 2,920만 원을 받는 사회복지사가 업무상으로 사망한 경우에 유족일시금은 평균임금의 1,300일분인 10,400만 원(유가족이 2인 경우 연금은 매년 1,664만 원)에 불과하다. 한 사람이 일하다 죽고 이를 대가로 남은 배우자와 자녀가 받은 금액이 1억 원 정도에 불과하다는 것은 급여의 수준이 낮은 편이다. 이 때문에 민사상 손해배상을 청구하거나 이에 갈음하여 지급하는 장해특별급여와 유족특별급여를 활용하는 것이 보편화되어 있다. 적정한 급여를 주기 위해서는 보험료를 인상해야 하기 때문에 쉬운 선택은 아닐 것이다.

산재추방운동연합 본부 www.laborhealth.or.kr 참조

V. 고용보험

1. 개요

고용보험은 실업의 예방, 고용의 촉진 및 근로자의 직업능력의 개발·향상을 도모

하고, 국가의 직업지도·직업소개 기능을 강화하며, 근로자가 실업한 경우에 생활에 필요한 급여를 실시함으로써 근로자의 생활의 안정과 구직활동을 촉진하여 경제·사회 발전에 이바지함을 목적으로 하는 사회보험이다.

한국의 고용보험은 실직한 근로자에게 실업급여를 지급하는 전통적 의미의 실업보험 이외에 적극적인 직업소개 또는 직업훈련 지원을 통하여 재취업을 촉진하고 실업의 예방, 취업기회의 확대, 근로자의 직업능력 향상 기타 근로자의 복지증진을 목적으로 하는 사회보장제도인 동시에 인력정책이다.

고용보험이 도입되기 위해서는 누가 일을 하고 일하지 않는지를 알 수 있도록 노동시장이 투명해야 하고, 실업률이 비교적 낮은 안정된 노동시장을 갖추어야 한다. 고용보험은 근로의욕의 저하와 실업의 장기화를 가져올 수도 있다는 우려 때문에 우리 사회에서 오랫동안 도입되지 않았지만, 1995년 7월에 고용보험이 도입된 후 그 적용대상이 빠르게 확장되었다. 처음 도입 당시 실업급여는 상시 근로자 30인 이상 사업장에, 고용안정사업과 직업능력개발사업은 상시근로자 70인 이상 사업장에만 적용하였지만, 1997년 말 경제위기를 전후로 적용대상자를 크게 확대시켜서 도입된 지 3년 3개월 만인 1998년 10월부터는 1인 이상의 모든 사업장에까지 적용하였다.

고용보험사업에 필요한 재원은 보험료로 조달하되, 실업급여의 보험료는 사용자와 노동자가 1/2씩 부담하고, 고용안정사업과 직업능력개발사업의 보험료는 사업주가 전액 부담한다. 보험료율은 실업급여의 경우 1.6%(사용자 0.8%, 노동자 0.8%), 고용안정·직업능력개발사업은 상시 근로자의 수의 규모에 따라 0.25~0.85%로 소규모 사업장이 적게 부담하도록 설계되어 있다.

고용보험의 관리운영은 노동부가 직접 관장하지만, 보험가입자의 관리업무 등은 사업장을 대상으로 산업재해보상보험을 관리하는 근로복지공단에게 위임하고 있다. 고용보험과 산재보험은 둘 다 사업장을 대상으로 한 사회보험이므로 노동부와 근로복지공단의 협력은 필수적이다.

노동부 www.molab.go.kr〈알기 쉬운 고용보험 [소규모 사업체 안내자료]〉 [1999/05/14] 참조

2. 급여

고용보험의 주요 사업은 크게 고용안정·직업능력개발사업, 실업급여, 육아휴직급여 및 산전후휴가급여로 나눌 수 있다. 이를 자세히 살펴보면 다음과 같다.

고용안정사업은 근로자를 감원하지 않고 고용을 유지하거나 실직자를 채용하여 고용을 늘리는 사업주에게 비용의 일부를 지원하여 고용안정을 유지할 수 있게 하는 일이다. 고용안정사업은 고용을 유지하도록 돕는 고용조정지원(고용유지지원금, 채용장려금, 재고용 장려금, 지역고용촉진지원금)과 쉽게 채용되지 않는 인구층의 고용을 촉진하려는 고용촉진지원(장기실직자 고용촉진 장려금, 고령자 고용촉진장려금, 여성고용촉진 장려금, 직장보육시설운영지원금, 직장보육시설설치비용융자)이 있다.

직업능력개발사업은 사업주가 근로자에게 직업훈련을 실시하거나 근로자가 자기개발을 위해 훈련을 받을 경우 사업주·근로자에게 일정 비용을 지원해 준다. 사업주를 지원하는 사업은 직업능력개발훈련 지원, 유급휴가훈련 지원, 직업능력개발훈련시설·장비 설치비용대부 등이 있고, 근로자를 지원하는 사업은 수강장려금 지원, 근로자학자금대부, 실업자재취직훈련지원 등이 있다.

실업급여사업은 근로자가 실직하였을 경우 일정기간 동안 실직자와 그 가족의 생활안정 그리고 원활한 구직활동을 위하여 실업급여를 지급하는 것이다. 실업급여에는 구직급여와 조기재취업수당이 있다.

고용보험에 가입한 사업장에서 만 6개월 이상 근무하다가 회사의 폐업, 도산, 인원감축 등 본인의 뜻과 달리 퇴직한 경우에는 구직급여를 받을 수 있다. 전직 등을 위해 자발적으로 퇴직한 경우에는 구직급여를 받을 수 없다. 구직급여는 실직 근로자의 생계안정과 재취직을 촉진하기 위하여 지급하는 것이기 때문에 근로자가 의사와 능력을 가지고 적극적으로 구직활동을 하여야 한다.

구직급여는 퇴직 당시의 연령과 보험가입기간에 따라 120~270일 동안 실직 전 임금의 60%를 지급한다. 즉 연령은 50세 미만, 50세 이상과 장애인으로 나누어서 연령이 높을수록, 가입기간이 길수록 구직급여를 오래 지급한다.

소정급여일수가 종료되어도 재취직을 하지 못한 사람에게는 특별연장급여60일와 개별연장급여60일 등이 지급될 수 있다. 구직급여의 1일 상한액은 6.6만원이다.

실업자가 구직급여를 받을 수 있는 기간에 취업을 할 경우에는 조기재취업수당을 받을 수 있다. 조기재취업수당은 구직급여 수급자격자가 대기기간이 지난후 재취업한 날의 전날을 기준으로 잔여 소정급여일수 2분의 1 이상 남기고 재취업한 경우 미지급일수의 2분의 1일을 일시에 지급하는 제도이다. 구직급여 수급자가 직업훈련을 받는 경우에 직업능력개발수당을 지급하며, 지방노동관서의 소개로 50Km 이상 원거리에 직장 구직활동을 하는 경우 광역구직활동비를, 원거리에 취업하는 경우에는 이주비를 지급한다.

육아휴직급여는 '남녀고용평등과 일·가정 양립 지원에 관한 법률' 제19조에 따른 육아휴직 1년(근로기준법 제74조에 따른 산전후휴가기간 90일과 중복되는 기간은 제외한다)을 받을 수 있는 것이다. 육아휴직을 받으려면 육아휴직을 시작한 날 이전에 통산 180일 이상 가입해야 하고, 육아휴직 급여액은 월 통상임금의 80%(최초 3개월, 상한액 150만 원, 하한액 70만 원) 혹은 50%(4개월 이후, 상한액 120만 원 하한액 70만 원)이다.

산전후휴가 급여는 '남녀고용평등과 일·가정 양립 지원에 관한 법률' 제18조에 따라 피보험자가 근로기준법 제74조에 따른 산전후휴가 또는 유산·사산휴가를 받은 경우이다. 휴가가 끝난 날 이전에 피보험 단위기간이 통산하여 180일 이상이면 받을 수 있다. 산전후휴가 급액은 최저임금액 이상이고 90일(다태아 120일)의 통상임금이고 600만 원(다태아 800만 원)을 넘을 수 없다.

3. 과제

고용보험은 사용자를 위한 고용안정사업과 직업능력개발사업 그리고 근로자를 위한 실업급여와 직업능력개발사업이 있지만, 실직 근로자의 입장에서 볼 때 구직급여가 충분하지 못하다는 것이 가장 큰 문제이다. 만약, 49세인 근로자가 고용보험에 3~5년 동안 가입했다면 구직급여를 받을 수 있는 기간은 180일이다. 퇴

표 14-2 연령별 고용보험 가입기간별 실업급여 지급일수

연령/가입기간	6개월~1년	1~3년	3~5년	5~10년	10년 이상
50세 미만	120일	150일	180일	210일	240일
50세 이상 및 장애인	120일	180일	210일	240일	270일

직 전에 평균임금이 280만 원이고 통상임금이 240만 원이었다면, 실직전 임금의 60%인 구직급여로 얼마를 받을 수 있는가? 급여의 기준이 되는 임금은 각종 수당을 포함하여서 실직 전 임금의 모두를 산정하기 때문에 이 경우에는 140만 원 정도이다. 평균임금이 280만 원인 사람이 한 달에 140만 원으로 구직활동을 해야 하고, 그 나마도 6개월이 지나면 중단된다는 것은 '장기 실직자'에게는 가혹한 일이다. 선진국에서는 실업급여가 끝난 후에는 소득수준에 따라서 실업부조를 하는 경우가 많은데, 우리나라도 단기적으로 실업급여의 수준을 상향조정하고 장기적으로 실업부조를 검토해야 할 것이다.

고용보험을 수급받기 위해서 실직자는 노동부 지방사무소(고용지원센터)에 구직신청을 하고 매 2주마다 노동관서에 출두하여 자신의 구직활동을 입증해야 한다. 그런데 우리나라 사업장은 공채보다는 비공개로 임용하는 경우가 있어서, 실직자가 노동부 지방사무소에 구직신청을 하더라도 지방사무소의 알선으로 일자리를 구하기가 쉽지 않다. 구직신청이 실업급여를 타기 위한 한 절차로 활용될 뿐, 직업알선에 실질적으로 도움이 되지 못한다면 직업알선을 위한 사업에 더 역점을 두어야 할 것이다. 노동부는 직업능력개발사업에 초점을 맞추어서 실직자가 각종 자격증을 취득하고자 할 때 교육비 등을 지원해 주고 있지만, 취업에 연결되지 않는 자격증의 취득은 사실상 관련 학원에게 혜택을 주는 셈이다. 실업자 100만 명 시대에 많은 중소기업체가 구인난을 겪고 있는 것은 직업알선의 문제점을 드러낸 것이다. 노동부는 구인업체와 구직자 간의 알선을 보다 적극적으로 수행해야 할 것이다.

고용보험이 적용된 후 짧은 기간 동안 적용대상의 사업장이 1인 이상 모든 사

업장으로 확대되었음에도 불구하고, 고용보험의 사각지대에 있는 근로자가 적지 않다. 현재 근로자 중에서 시간제 근로자, 1개월 미만 고용 일용근로자, 65세 이후에 새로이 취업하는 자 등은 고용보험에 적용되지 않는다. 그런데 사업장에서 구조조정 등으로 한번 배제된 근로자는 정규 근로자로 임용되기 어렵고, 대부분 일용직이나 시간제로 채용되기에 고용보험의 적용대상자에서 원천적으로 배제된다. 이러한 근로자는 근로조건이 열악할 뿐만 아니라 실직시에 최소한의 사회적 안전망인 고용보험조차도 급여받을 수 없다는 문제점을 안고 있다. 국가와 지방자치단체가 노동시장이 악화되는 것을 막아야 할 이유가 여기에 있다.

Ⅵ. 노인장기요양보험

1. 개요

노인장기요양보험은 고령이나 노인성 질병 등으로 인하여 6개월 이상 동안 혼자서 일상생활을 수행하기 어려운 노인 등에게 신체활동 또는 가사지원 등의 장기요양급여를 사회적 연대원리에 의해 제공하는 사회보험 제도이다. 노인장기요양보험은 수급자에게 배설, 목욕, 식사, 취사, 조리, 세탁, 청소, 간호, 진료의 보조 또는 요양상의 상담 등을 다양한 방식으로 장기요양급여를 제공한다.

한국보다 먼저 고령화사회를 경험한 서구 선진국들은 다양한 방식으로 장기요양서비스를 제공하고 있다. 선진국의 재정방식을 보면 국가책임, 사회보험, 건강보험 등 몇 가지가 있다. 국가와 지방자치단체가 재정을 책임지는 나라는 영국, 호주, 스웨덴, 노르웨이이고; 사회보험 방식을 채택한 나라는 독일, 일본, 네덜란드, 룩셈부르크이며; 건강보험의 급여 일종으로 제공하는 방식은 캐나다 등이다.

한국의 노인장기요양보험법은 제1조에서 "이 법은 고령이나 노인성 질병 등의 사유로 일상생활을 혼자서 수행하기 어려운 노인 등에게 제공하는 신체활동 또는 가사활동 지원 등의 장기요양급여에 관한 사항을 규정하여 노후의 건강증진 및 생활안정을 도모하고 그 가족의 부담을 덜어줌으로써 국민의 삶의 질을 향상하도록 함을 목적으로 한다"고 규정하고 있다.

이 법은 2007년 4월 2일 국회에서 통과되었고, 2008년 7월 1일부터 시행되고 있다. 노인장기요양보험은 그동안 가족의 영역에 맡겨져 왔던 치매·중풍 등 노인에 대한 장기간에 걸친 간병, 장기요양 문제를 사회연대원리에 따라 국가와 사회가 분담하도록 제도화 시킨 것이다. 이 보험은 노인뿐만 아니라 장기요양을 직접 담당하던 중장년층과 자녀 등 모든 세대에게 혜택을 주는 제도이다.

2. 급여

노인장기요양급여의 종류는 크게 재가급여, 시설급여, 특별현금급여로 나뉜다.

재가급여는 방문요양, 방문목욕, 방문간호, 주·야간보호, 단기보호, 기타 재가급여가 있다. 방문요양은 장기요양요원(요양보호사)이 수급자의 가정 등을 방문하여 신체활동 및 가사활동 등을 지원하는 급여이다. 방문목욕은 장기요양요원이 목욕설비를 갖춘 장비를 이용하여 수급자의 가정 등을 방문하여 목욕을 제공하는 급여이다. 방문간호는 장기요양요원인 간호사 등이 의사, 한의사 또는 치과의사의 지시서에 따라 수급자의 가정 등을 방문하여 간호, 진료의 보조, 요양에 관한 상담 또는 구강위생 등을 제공하는 급여이다. 주·야간보호는 수급자를 하루 중 일정한 시간 동안 장기요양기관에 보호하여 신체활동 지원 및 심신기능의 유지·향상을 위한 교육·훈련 등을 제공하는 급여이다. 단기보호는 수급자를 보건복지부령으로 정하는 범위 안에서 일정 기간 동안 장기요양기관에 보호하여 신체활동 지원 및 심신기능의 유지·향상을 위한 교육·훈련 등을 제공하는 급여이다. 기타 재가급여는 수급자의 일상생활·신체활동 지원에 필요한 용구를 제공하거나 가정을 방문하여 재활에 관한 지원 등을 제공하는 장기요양급여로서 대통령령으로 정하는 것이다.

시설급여는 장기요양기관이 운영하는 노인복지법 제34조에 따른 노인의료복지시설 등에 장기간 동안 입소하여 신체활동 지원 및 심신기능의 유지·향상을 위한 교육·훈련 등을 제공하는 급여이다.

특별현금급여에는 가족요양비, 특례요양비, 요양병원간병비가 있다. 가족요양비는 도서·벽지 등 장기요양기관이 현저히 부족한 지역 등에서 수급자가 가족 등으로부터 방문요양에 상당한 장기요양급여를 받을 때 지급된다. 특례요양비는 수급자가 장기요양기관이 아닌 노인요양시설 등의 기관 또는 시설에서 재가급여 또는 시설급여에 상당한 장기요양급여를 받은 경우 당해 장기요양급여비용의 일부가 수급자에게 지급된다. 요양병원간병비는 수급자가 노인전문병원 또는 요양병원에 입원한 때 장기요양에 사용되는 비용의 일부를 요양병원간병비로 지급된다. 노인장기요양급여는 장기요양기관과 요양요원에 의한 재가급여와 시설급여가 원칙이고, 현금급여는 특별한 경우에 매우 제한적으로 활용된다.

노인장기요양급여를 받기 위해서는 고령이나 노인성 질병 등으로 인하여 6개월 이상 동안 혼자서 일상생활을 수행하기 어려운 노인이나 그 가족이 국민건강보험공단에 '요양인정신청'을 해야 한다. 요양인정신청을 하게 되면 간호사, 사회복지사, 물리치료사 등으로 구성된 국민건강보험공단 소속 장기요양 직원이 직접 방문하여 심신상태를 나타내는 '장기요양인정조사표'에 따라 52개 항목을 조사한다. 등급판정위원회는 방문조사 결과, 의사소견서, 특기사항을 기초로 신청인의 기능상태와 장기요양이 필요한 정도 등을 등급판정 기준에 따라 판정한다. 즉 "일상생활에서 전적으로 다른 사람의 도움이 필요한 상태"(요양인정점수 95점 이상)는 1등급이고, "일상생활에서 상당 부분 다른 사람의 도움이 필요한 상태"(75점 이상 95점 미만)는 2등급이며, "일상생활에서 부분적으로 다른 사람의 도움이 필요한 상태"(60점 이상 75점 미만)는 3등급이고, "심신의 기능상태 장애로 일상생활에서 일정부분 다른 사람의 도움이 필요한 상태"(51점 이상 60점 미만)는 4등급이며, "치매환자"(45점 이상 51점 미만)는 5등급이다.

등급을 받은 모든 사람은 재가급여를 받을 수 있고, 1등급과 2등급은 시설급여를 받을 수 있다. 3등급의 경우에도 가족 중에서 수발할 사람이 적절하지 않거나, 시설급여를 받던 중에 재판정으로 등급이 낮아진 경우에는 시설급여를 계속 받을 수 있다. 노인장기요양보험의 급여를 받는 사람은 본인일부담금을 내야 한다. 재가급여의 본인부담금은 당해 급여비용의 15%이고, 시설급여의 본인부담금은 급여의 20%이다. 다만 국민기초생활보장 수급자는 전액 면제받고, 의료급여 수급권자와 보건복지부장관이 정한 저소득층은 60%(보험료 순위 하위 25% 이하인 자) 혹은 40%(보험료 순위 하위 25%를 넘고 50% 이하인 자)를 경감받을 수 있다.

3. 과제

노인장기요양보험은 도입 초기에 빠르게 정착되었다. 이는 건강보험을 30년 이상 동안 관리운영한 경험이 있는 국민건강보험공단이 노인장기요양보험을 관장하였고, 건강보험료를 부과할 때 노인장기요양보험료도 함께 부과하여 피보험자와 별 마찰 없이 제도를 정착시켰기 때문이다. 노인장기요양보험은 사회보험에 대한 국민의 인식이 정착될 때 도입되었고, 그동안 가족의 수발로 맡겨진 노인장기요양을 국가와 사회가 분담한다는 점에서 국민적 호응을 얻었기 때문이다.

하지만 노인장기요양보험은 시행 초기부터 몇 가지 문제점을 안고 있다. 가장 큰 문제점은 노인장기요양보험을 빠르게 시행하면서 장기요양요원의 대부분을 차지하는 요양보호사의 질관리이다. 요양보호사를 양성할 때 나이, 학력, 경력 등을 무시하고 단기간 동안 교육훈련만 받으면 누구에게나 자격증을 발급하였기에 전문인력을 양성하는데 한계를 노출시켰다. 이 문제점은 2010년에 요양보호사 국가시험제도의 도입으로 일부 해소되었다.

또한 국민건강보험공단은 주로 개인과 민간단체가 설립한 재가노인복지시설과 노인의료복지시설을 장기요양기관으로 지정하였고, 국공립 장기요양기관이 매우 소수여서 요양기관의 공공성이 낮은 수준이다. 장기요양기관은 노인복지법상 노인복지시설이지만, 기관운영의 수지는 노인장기요양보험의 수가에 크게 좌우되고 있다. 따라서 현재 일부 장기요양기관의 운영은 노인 '복지' 사업보다는 노인복지 '사업'으로 인식될 정도이다. 노인장기요양보험의 재가급여와 시설급여에 대한 보험수가를 적정하게 하여 장기요양기관이 서비스의 질 관리에 주력할 수 있도록 여건을 조성하여야 할 것이다.

노인장기요양보험이 사회보험의 하나로 공공성을 담보하기 위해서는 노인장기요양보험에 대한 국가와 지방자치단체의 책임성을 높이고, 장기요양기관의 필요인력으로 사회복지사를 배치하여 이들이 수급자에 대한 사례관리를 체계적으로 하도록 해야 한다. 수급자가 장기요양기관을 이용하는 기관이 연장되고 있기에 수급자와 가족 그리고 지역사회를 연계하는 사례관리의 필요성은 더욱 커지고 있다.

아울러 현재 등급판정을 받은 사람을 위한 재가급여와 시설급여를 중심으로 한 노인장기요양보험의 운영방식을 개선해야 한다. 노인이 등급판정을 받기 전부터 노인과 가족이 스스로 건강관리를 하고, 일상생활 수행능력을 최대한 유지 발전시킬 수 있도록 예방사업을 하는 데도 역점을 두어야 할 것이다.

VII. 사회보험의 과제

한국의 사회보험은 선진국에 비교할 때 도입연도는 매우 늦었지만, 빠른 시일 안에 그 적용대상자를 전체 국민으로 확대시켰다. 특히, 건강보험과 국민연금은 다른 어떤 나라에서 경험하지 못한 속도로 노동자, 농어민, 도시자영자에게 적용되었고, 산재보험과 고용보험도 1인 이상을 고용하는 전체 사업장으로 확대 적용된 것은 큰 성과이다. 그럼에도 불구하고, 한국의 사회보험은 적용대상자의 확대, 기여의 합리성, 급여의 충실성, 관리운영의 효율성 등에서 볼 때 몇 가지 과제를 안고 있다. 앞에서 각 사회보험을 살펴볼 때 과제로서 지적한 바 있지만, 이곳에서는 포괄적으로 정리하고자 한다.

첫째, 사회보험의 각종 급여를 받기 위해서는 먼저 적용대상자가 되어야 하므로 가급적 적용대상자를 확대해야 한다. 이점에서 국민연금의 피보험자에 가정주부가 원천적으로 배제되거나 납부유예자를 광범위하게 인정하는 것은 문제이다. 또한 산재보험과 고용보험이 1인 이상을 고용한 모든 사업장에 당연 적용됨에도 불구하고, 음식업, 숙박업, 판매업 등 수많은 사업장이 가입을 기피해도 사실상 거의 방치되고 있다. 적용대상자를 확대시킬 수 있는 합리적인 대책을 세워서 사회보험의 사각지대에 있는 국민의 수를 줄여가야 한다.

둘째, 사회보험은 보험료를 내서 급여를 하도록 설계되어 있기 때문에 부담능력에 맞게 보험료를 부과해야 한다. 사회보험 중에서 자영자에게 적용되는 국민연금과 건강보험은 소득파악률이 낮고, 소득과 재산에 대한 과세자료의 신뢰도가 낮기 때문에 사회적 갈등의 원인이 되고 있다. 자영자에게 소득신고를 적정하게 하지 않는다고 비난할 것이 아니라, 국가와 지방자치단체는 객관적인 과세자료를 확보하는 데 만전을 기해야 한다. 과세자료가 없거나 있더라도 신뢰도가 낮다는 것은 보험료의 문제가 아니라 조세정의의 문제이다. 조세행정을 투명하게 해서 세금를 제대로 부과하고 아울러 사회보험료도 적정하게 부과하는 것이 순서이다. 2011년부터 5대 사회보험의 보험료 징수를 국민건강보험공단이 총괄하게 된 것은 향후 소득파악률을 높이고 보험료 부과기준을 합리화하는 전기가 될 것이다.

셋째, 사회보험의 급여를 각종 사회보험의 목적을 이룰 수 있는 적정한 수준으로 향상시켜야 한다. 대부분의 사회보험은 그 급여만으로 노령, 질병, 산업재해, 실업 등 사회적 사고를 당한 사람이 최저생활조차 하기 어렵다. 국민연금에 20년 가입한 사람이 받는 완전노령연금은 평균소득의 25% 수준이고, 환자가 건강보험에서 받는 요양급여는 전체 진료비의 60% 정도인 것에서 볼 수 있는 바와 같이 사회보험의 급여는 늘 불충분하다. 급여를 적절한 수준으로 올리기 위해서는 보험료를 인상하거나 국고보조금을 인상해야 하는데, 공평한 보험료의 부과가 어려운 상황에서 보험료를 인상하기도 쉽지 않다. 급여의 충실성을 위해서도 보험료의 부과기준을 투명하게 해야 할 필요가 있다.

넷째, 사회보험의 관리운영을 보다 체계적으로 하고 낭비의 요인을 줄여가야 한다. 지난 몇 년 동안 국가는 적용대상자를 확대시키고 분립된 관리운영을 통합하는 데 역점을 두었다. 특히, 건강보험의 통합으로 줄어든 인력을 국민연금의 확대과정에 투입한 것이나, 적용대상자가 같은 고용보험과 산재보험의 가입자 관리를 근로복지공단이 함께 한 것은 바람직한 일이다. 그러나 직장가입자와 지역가입자 같이 성격이 다른 집단을 무리하게 통합한 것은 보험료의 부과 등에서 형평성의 논란을 일으키고, 이를 빌미로 하여 노동조합이 잦은 파업을 한 것은 국민생활을 불안하게 했다. 건강보험의 통합과정에서 보험료의 징수율이 크게 떨어지고, 통합된 후에도 조직간에 업무협조가 잘 되지 않아서 불편을 초래한 것은 관리운영의 중요성을 반증하는 것이다.

SUMMARY
단원 정리

이 장에서는 '사회보험의 이해'를 다루었다. 현대 사회의 대표적인 사회적 사고인 노령, 질병, 산업재해, 실업, 그리고 노인장기요양을 보험 방식으로 해결하려는 사회적 노력을 알아보았다.

전통사회에서 사회복지는 요보호 아동, 노인, 혹은 장애인 등을 돕는 공공부조가 중심이었다면, 산업화 이후 사회복지는 노령과 질병 등 사회적 사고를 보험방식으로 해결하는 사회보험으로 중심이 바뀌었다.

한국에서도 1964년에 산업재해보상보험이 도입되고, 이후 건강보험(처음에는 의료보험)(1977년), 국민연금(1988년), 고용보험(1995년), 그리고 노인장기요양보험(2008년)이 시행되면서 5대 사회보험이 정착되었다.

사회보험은 대체로 사회적 욕구가 강한 사고에 대한 대처(산재보험, 건강보험, 국민연금, 고용보험, 노인장기요양보험의 순으로), 그리고 적용하기 쉬운 노동자부터 시작해서 농어민과 도시 자영자에게까지 적용되었다. 사회보험의 특징을 파악하기 위해서 관련법, 적용대상, 기여방식, 급여내용 그리고 관리운영 등을 살펴보았다.

국민연금은 18세 이상 60세 미만의 국민을 대상으로 노령, 장애, 사망 등을 대비하여 최저생계를 보장하기 위한 사회보험이고, 건강보험은 전국민을 대상으로 주로 부상과 질병에 대한 요양급여 등을 제공하기 위한 사회보험이다. 국민연금은 보험자(국민연금공단)와 피보험자간의 양자관계이고 현금거래라면, 건강보험은 보험자(국민건강보험공단)와 피보험자 그리고 요양취급기관 간의 삼자관계이고, 보험료를 현금으로 내고 급여를 의료서비스란 현물로 받는다는 점에서 훨씬 복잡하다.

산재보험은 1인 이상을 고용하는 전 사업장에서 일하는 노동자의 업무상 부상과 질병을 다루고, 고용보험은 같은 대상자에게 고용안정, 직업능력개발, 그리고 실업급여를 한다는 점이 특징이다.

노인장기요양보험은 고령이나 노인성 질병 등의 사유로 일상생활을 혼자서 수행하기 어려운 노인 등에게 제공하는 신체활동 또는 가사활동 지원 등의 장기요양급여에 관한 사항을 규정하여 노후의 건강증진 및 생활안정을 도모하고 그 가족의 부담을 덜어줌으로써 국민의 삶의 질을 향상하도록 함을 목적으로 한 사회보험의 하나이다.

우리나라 사회보험은 도입 초기에 비교적 잘 정착되었고, 그 적용대상자를 빠르게 확장시켰다는 점에서 다른 나라에서 그 유래를 찾아보기 어렵다. 그러나 아직도 적용대상자에 포함되지 않은 국민을 포괄해야 하고, 공평한 기여를 위해서 조세제도를 개혁해야 하며, 적절한 급여와 효율적인 관리운영을 위해서 가일층 노력해야 할 것이다.

사회보험이 사회복지제도의 중심에 있음에도 불구하고, 많은 국민들이 사회보험에 대해서 잘 알지 못하기 때문에, 사회복지사는 아동, 노인, 장애인, 빈민, 노동자 등 정보소외계층에게 사회보험의 각종 급여에 대해서 상세히 설명하고 상담에 응하기 위해서 전문적 지식을 갖추어야 할 것이다.

다음 장에서는 사회복지의 전망과 과제를 모색하여 볼 것이다.

TERMS
용어 정리

사회보험 사회보험은 국가와 사회가 책임을 지고 국민생활을 위협하는 노령, 질병, 산업재해, 실업 등 사회적 사고를 보험적 방식으로 해결하려는 복지제도이다. 사회보험은 19세기 말 독일에서 시작되어 이후 전세계로 확산되었고 2차 세계대전 후 복지국가의 시대를 연 대표적인 복지제도이다.

국민연금 국민연금은 국민의 노령·폐질 또는 사망에 대하여 연금급여를 실시함으로써 국민의 생활안정과 복지증진에 기여함을 목적으로 한 사회보험이다. 우리나라에서 연금을 급여하는 사회보험에는 공무원연금, 군인연금 그리고 사립학교교직원연금이 별도로 있다.

건강보험 건강보험은 국민의 질병·부상에 대한 예방·진단·치료·재활과 출산·사망 및 건강증진에 대하여 보험급여를 실시함으로써 국민보건을 향상시키고 사회보장을 증진함을 목적으로 하는 사회보험이다.

산업재해보상보험 산업재해보상보험은 근로자의 업무상의 재해를 신속하고 공정하게 보상하고, 재해근로자의 재활 및 사회복귀를 촉진하기 위하여 이에 필요한 보험시설을 설치・운영하며 재해예방 기타 근로자의 복지증진을 위한 사업을 행하는 사회보험이다.

고용보험 고용보험은 실업 예방, 고용 촉진 및 근로자의 직업능력의 개발・향상을 도모하고 국가의 직업지도・직업소개기능을 강화하며, 근로자가 실업한 경우에 생활에 필요한 급여를 실시함으로써 근로자의 생활의 안정과 구직활동을 촉진하여 경제・사회 발전에 이바지함을 목적으로 하는 사회보험이다.

노인장기요양보험 노인장기요양보험은 고령이나 노인성 질병 등의 사유로 일상생활을 혼자서 수행하기 어려운 노인 등에게 제공하는 신체활동 또는 가사활동 지원 등의 장기요양급여에 관한 사항을 규정하여 노후의 건강증진 및 생활안정을 도모하고 그 가족의 부담을 덜어줌으로써 국민의 삶의 질을 향상하도록 함을 목적으로 한 사회보험의 하나이다. 이 보험은 그동안 가족의 영역에 맡겨져 왔던 치매・중풍 등 노인에 대한 장기간에 걸친 간병과 장기요양 문제를 국가와 사회가 분담하도록 제도화한 것이다.

SELF STUDY GUIDE
자기평가와 과제

1. 부모의 노후생활과 장차 예상되는 자신의 노후생활을 비교하면서, 각자 노후 설계를 어떻게 하고 있는지를 점검하여 본다.
2. 본인 혹은 가족이 사회보험의 급여를 받은 경험에서 불편한 점이 없었는지를 점검하고 불편한 점이 있었다면, 이를 어떻게 개선할 것인지를 모색하여 본다.
3. 1997년 경제위기로 대량실업 사태를 맞을 때, 정부가 취한 고용정책의 실태와 문제점을 알아보고, 그 개선방안을 생각해 본다.
4. 주요 일간신문에서 사회보험에 관한 기사를 읽고, 기사 속에서 오류를 찾아서 사회복지사의 입장에서 이를 시정하여 본다.
5. 주변에 있는 가족과 친구에게 건강보험 등 사회보험을 알기 쉽게 설명하고, 그들이 가장 필요로 하는 사회보험에 대한 정보가 무엇인지를 파악하여 본다.

REFERENCE
참고 문헌

구인회 · 손병돈 · 안상훈(2010), 『사회복지정책론』, 나남출판.

김영란(2010), 『농어촌복지의 이해』, 광주대학교 출판부.

김영모 편(2001), 『현대사회보장론』, 한국복지정책연구소 출판부.

김태성 · 김진수(2005), 『사회보장론』, 청목출판사.

대통령비서실 삶의질향상기획단(2000), 『새천년을 향한 생산적 복지의 길』, 퇴설당.

박경일(2008), 『사회복지정책론』, 공동체.

박석돈 외(2009), 『사회복지법제론』, 양서원.

원석조(2008), 『사회보장론』, 양서원.

윤찬영(2010), 『사회복지법제론』, 나남출판.

이용교 편(2000), 『복지공동체 만들기』, 광주대학교 출판부.

이용교 · 박영심(2000), 『알아야 챙기는 건강보험』, 인간과복지.

이용교와 산재탐험대(1999), 『알아야 챙기는 산재보험』, 인간과복지.

이인재 외(2003), 『사회보장론』, 나남출판.

이정우(2002), 『사회복지정책』, 학지사.

인경석(1999), 『한국 복지국가의 이상과 현실』, 나남출판.

한국복지연구원(2000), 『한국사회복지연감』, 유풍출판사.

한국사회과학연구소(2000), 『한국 사회복지의 현황과 쟁점』, 인간과복지.

현외성(2008), 『사회복지정책강론』, 양서원.

RECOMMANDED FILM
추천 영화

존 큐 John Q	2002, 닉 카사베츠
가깝고도 먼 길 So Close Yet Far	1978, 임권택
맬리스 Malice	1993, 해롤드 베커
토마스 크라운 어페어 The Thomas Crown Affair	1999, 존 맥티어난
필라델피아 Philadelphia	1993, 조나단 드미
식코 Sicko	2007, 마이클 무어
어둠의 아이들 Children of the Dark	2008, 사카모토 준지
애즈 갓 커맨즈 As God Commands	2009, 가브리엘 살바토레

INTERNET LINK

관련 사이트

한국복지교육원	www.okwelfare.net
보건복지부	www.mw.go.kr
노동부	www.molab.go.kr
법제처	www.moleg.go.kr
국민건강보험공단	www.nhic.or.kr
국민연금공단	www.npc.or.kr
공무원연금관리공단	www.gepco.or.kr
사립학교교직원연금관리공단	www.ktpf.or.kr
근로복지공단	www.welco.or.kr
복지나눔터	www.bokji.co.kr
참여연대	www.peoplepower21.org
한국보건사회연구원	www.kihasa.re.kr
한국노동연구원	www.kli.re.kr
전국사회보험노동조합	www.ksiu.or.kr
사회보험네트워크	www.kisi.org
한국의사 비젼 21	www.medivision21.com
산재추방운동연합 본부	www.laborhealth.or.kr
외국인노동자의 집	www.migrantworkers.org
국제노동기구(ILO)	www.ilo.org
한국산업인력공단 중앙고용정보원	www.work.go.kr

15 사회복지의 전망과 과제

I. 사회복지의 발전 방향

우리 나라 역대 정부가 표방하는 복지는 생산적 복지, 참여복지, 능동적 복지, 맞춤형 복지 등으로 달랐지만, 일을 통한 복지, 혹은 일과 연계된 복지를 강조하였다. 그 이유는 한국사회에서 양극화가 심화되고 있기에 정부는 지난 20년간 일을 통한 복지, 혹은 일과 연계된 복지를 꾸준히 강조해 왔고, 그 기조는 크게 변화되기 어려울 것이다. 또한 한국의 사회복지정책은 법령과 예산을 통해서 이루어 지기에 정부의 변화와 장관의 변화가 바로 복지정책에 영향을 주기 어려울 정도로 제도화되었고 그 규모가 커졌다. 따라서 향후 복지정책은 노동과 연계된 복지가 주류를 이루고, 공공부조는 보충적으로 이루어질 것이다.

시민의 '촛불혁명'으로 열린 문재인 정부는 2017년 7월에 '국정운영 5개년계획'과 100대 국정과제를 발표하였다. '국민의 나라, 정의로운 대한민국'을 국가비전으로 세우고, 실천전략으로 5대 국정목표와 20대 국정전략, 100대 국정과제를 설정하였다.

100대 국정과제는 대선공약을 국가정책으로 담고, 시민이 자발적으로 '광화문 1번가'에 낸 정책제안, 민생과 직결되는 국정현안을 정책으로 만들었다는 점에서 의의가 크다. 5대 국정목표는 국민이 주인인 정부, 더불어 잘 사는 경제, 내 삶을 책임지는 국가, 고르게 발전하는 지역, 평화와 번영의 한반도이다. 그 중 복지정책은 "내 삶을 책임지는 국가"에 주로 담겨졌는데, 대표적인 국정과제는 다음과 같다.

첫째, 만5세 이하 모든 아동에게 아동수당을 지급하고, 소득인정액이 하위 70%인 노인에게 주는 기초연금을 2018년에 25만원까지, 2021년에 30만원까지 인상하며, 치매국가 책임제 실시, 기초생활보장 부양의무자 기준의 단계적 완화 등을 통해 촘촘한 복지를 실현한다. 공적 임대주택을 연평균 17만호씩 공급하고, 전문성·독립성을 높이는 기금 운용으로 국민연금에 대한 신뢰도를 제고하려는 것이다.

둘째, 어린이집 누리과정을 전액 국고지원하고, 국공립 어린이집·유치원 이용률을 전체의 40%까지 달성하며, 고교무상교육 단계적 실시 등으로 교육의 공공성을 강화한다. 고교학점제 도입, 대입전형 간소화와 공정성 제고 등을 통해 교육을 혁신하는 것이다.

셋째, 재난현장 신속대응을 위한 인력 확충과 통합적 재난관리체계를 구축한다. 먹거리 안전 국가책임제 실시, 미세먼지 종합대책 확정, 석탄발전과 경유차 비중 축소, 4대강 정밀조사·재평가를 거쳐 재자연화를 추진한다. 탈원전 로드맵에 기반한 단계적 원전 감축, 에너지 가격체계 개편을 통한 안전하고 깨끗한 에너지를 공급한다.

넷째, 비정규직 감축을 위한 로드맵 마련을 통해 비정규직 문제를 종합적으로 해소하고, 특수고용근로자와 감정노동자 보호대책을 강화한다. 젠더폭력방지 국가행동계획을 수립하여 실질적 성평등사회를 실현한다.

다섯째, 예술가 권익보장을 위한 법률 제정, 예술인 고용보험제도와 복지금고를 도입한다. 법정근로시간 정상화를 통한 연간 1,800시간대 노동시간 실현, 노동자 휴가지원제와 대체 공휴일제 확대 등을 통한 국민 휴식권을 보장한다.

문재인 정부는 국민의정부와 참여정부의 복지정책을 이어받았고, 이명박 정부와 박근혜 정부의 주요 정책을 계승하고 있다. 역대 정부는 복지정책을 경제적으로 어렵거나 위기 상황에 처한 국민을 위한 공공부조를 확대하고, 일하는 국민에게 사회보험의 가입을 늘리며, 소득이 낮은 영유아, 노인, 장애인 등을 위한 사회수당을 확충시켰다.

역대정부는 영유아 보육을 위해 꾸준히 투자하였는데, 새 정부도 어린이집 누리과정을 전액 국고로 지원하고, 국공립 어린이집·유치원 이용률을 40%까지 늘려 공보육을 강화하고, 만7세 이하 아동에게 아동수당을 지급한다. 이는 세계에서 유래를 찾아볼 수 없는 초저출산이 지속되어 '인구절벽'을 해소하기 위한 복지투자라고 볼 수 있다.

대한민국은 지구촌에서 가장 빠르게 고령화를 경험하기에 2014년 월 20만원으로 시작한 기초연금이 2021년부터 월 30만원을 지급한다. 일제강점기에 어린 시절을 보내고 젊은 시절에 산업화에 기여한 노인을 예우하는 복지정책이다. 이러한 정책은 공적 연금만으로 부족한 노후 소득을 보장할 때까지 필요한 상황이다.

복지정책이 계획대로 구현되기 위해 증세가 불가피하고, 복지에 투자된 돈이 사회적 안전망 구축, 일자리 창출, 국민통합 등으로 선순환되어야 할 것이다.

예컨대 보육의 공공성을 위한 투자는 아동의 보호뿐만 아니라 부모가 안심하고 일하며 보육교사 등에게 일자리를 제공할 수 있다. 차별없는 공보육은 국민통합에도 기여하고, 아동은 대한민국의 주역으로 성장하게 된다. 이처럼 사회복지는 사회적 욕구를 충족시키고 사회문제를 해결할 뿐만 아니라 미래를 위한 투자이다.

청와대 http://www.president.go.kr 참조

Ⅱ. 복지행정의 전망과 과제

향후 한국 사회복지를 전망할 때, 가장 큰 변화는 사회복지행정에서 이루어질 것이다. 역대 정부는 복지행정의 혁신을 위해 다양한 시도를 하였다. 이명박 정부는 5개년계획을 통하여 사회복지행정의 혁신을 위하여 사회복지 전달체계 개선, 사회복지인력 운영제도 정비, 그리고 사회복지시설 인프라 확충을 제시하였다.

이를 위하여 정부는 사회보장심의위원회를 활성화하여 기획·조정 기능을 강화하고, 광역·기초자치단체는 지역실정에 맞는 복지계획을 수립하고 수요자의 욕구에 맞는 복지사업을 실천하기로 공약했다. 이를 구현하기 위하여 2004년 7월부터 2년간 사회복지사무소(9개소)를 시범 운영하였고, 이를 보강하여 주민생활통합지원서비스 체계를 2006년 7월부터 일부 지역에서 우선 시행하고, 2007년 7월부터 확대했다.

사회복지행정은 보건복지부를 정점으로 하여 시·도 가정복지국(복지여성국등), 시·군·구 사회복지과, 읍·면·동 사회복지직 공무원으로 위계화 된 전달체계를 개편하여, 주민생활통합지원서비스 체계로 전환하면서 복지와 문화와 고용을 담당하도록 하는 것은 주민의 복지욕구에 포괄적으로 접근하여 주민복지의 발견, 상담, 서비스제공, 평가 등을 one-stop체계로 하겠다는 것이다.

지역사회의 복지서비스를 체계화하고 연계기반을 마련하기 위해 사회복지사업법에 근거한 지역사회복지협의체를 지역특성에 적합하게 구성하여 운영하였다. 이 협의체는 민간, 공공복지 관계자와 학계 전문가, 보건분야 핵심 관련자로 구성된 지역사회복지관련 협의구조이다. 이 협의체의 주요 기능은 지역사회복지에 관한 체계적인 의견수렴과 협의를 통하여 지역사회복지의 개선방안 마련, 지역복지서비스 연계와 조정을 위한 기반 마련, 지역의 사회복지자원을 개발하고 효율적으로 활용하는 것이다.

사회복지행정 전달체계의 개편과 공공·민간협력체계의 구축은 양질의 사회복지 전문인력에 의해서 구현될 수 있다. 정부는 사회복지사 자격제도를 개편하고, 기존 인력에 대한 보수교육을 크게 강화하였다. 사회복지사 1급 국가시험의 과목을 축소하고 유사과목을 통폐합하려는 계획은 2005년 시험부터 적용되었기에, 현장 사회복지사의 전문성을 높이고 처우를 개선하는 일이 남았다. 사회복지의 주체는 국가와 지방자치단체, 사회복지법인, 사회복지사 등이지만, 모든 조직에서 궁극적으로 사회복지를 실천하는 사람은 사회복지사 등 개인이기 때문에 이들이 전문성과 소신을 갖고 일할 수 있도록 여건을 만드는 일이 매우 중요하다. 사회복지시설 등 근무자의 근로조건 등을 매년 평가하여 사회복지직 공무원이나 학교교사 등 유사직종에 상응하는 처우를 하는 것이 과제이다.

정부는 전달체계의 개편과 함께 복지예산을 지방으로 이양하려는 계획을 2005년부터 시행하고 있다. 지역실정에 맞는 사회복지를 구현하기 위해서는 지방이양이 꼭 필요한 일이지만, 재정자립도가 낮은 시·도와 시·군·구는 자체적으로 복지예산을 확충하기가 어렵기에 복지사업을 축소시킬 우려가 있다. 지역의 자율성을 증진시키려는 복지예산의 지방이양이 복지예산에서조차 '빈익빈'을 일으키지 않도록 복지수요자의 수와 여건에 맞게 복지예산을 긍정적으로 차별하는 제도적 장치를 마련해야 한다.

이명박 정부는 늘어나는 주민복지욕구에 부응하기 위하여 2006년 사회복지직 공무원 9,500명과 시·군·구 사회복지 관련 공무원 약 4,000명을 합하여도 신규로 3,500여명이 필요할 것으로 예측했지만 증원하지 않았다. 신규인력의 전문성을 담보하기 위해서는 기존 공무원을 전직시키거나 제한경쟁으로 충원할 것이 아니라, 공채의 비율을 늘려서 참신한 사회복지사들에게 공직의 기회를 주어야 한다.

박근혜 정부는 2015년 7월부터 공공부조를 맞춤형 복지로 개편하고, 읍·면·동 주민센터를 행정복지센터로 개편하기 시작하여 2018년까지 완료키로 하였다. 읍·면·동 행정복지센터에 복지공무원을 증원하고 '맞춤형 복지팀'을 신설하여 시·군·구에서 이루어졌던 일부 복지행정을 수행하고 있다.

이러한 복지행정의 변화는 문재인 정부에서도 이어지고 있다. 복지행정은 기초생활보장 수급자 등 일부 시민을 위한 것이 아니라 모든 시민을 위한 것으로 혁신되어야 한다. 시민이 시·군·구나 읍·면·동 행정복지센터에 신청하면 받을 수 있는 복지급여가 360가지가 넘고, 이들 대부분이 본인이나 가족이 신청할 때만 받을 수 있기에 모든 시민을 위한 생애주기별 맞춤형 복지교육을 제도적으로 시행해야 한다.

Ⅲ. 사회보험의 전망과 과제

향후 사회보험을 전망할 때, 큰 변화는 2008년부터 국민연금의 완전노령연금을 받는 급여자수가 폭발적으로 늘어났고, 고령화가 빠르게 진전되면서 노인의료비가 크게 증가될 것이라는 점이다.

1988년에 국민연금이 처음 적용되었기에 '20년 동안 가입하고 60세에 도달하며, 퇴직한 생존자'는 누구나 사망시까지 완전노령연금을 받을 수 있다. 2019년 현재 한국 남성의 기대수명이 80.3세, 여성은 86.3세이니 남성 가입자는 18년간 노령연금을 받고, 여성은 24년간 노령연금 혹은 유족연금을 받을 수 있다.

정부는 지속 가능한 국민연금제도를 구축하기 위하여 적정부담과 적정급여 체계로 전환시키고, 제도의 내실화로 사각지대를 축소시키고, 급여간 형평성 제고 등 급여 합리화, 그리고 기금운용의 전문성과 투명성 강화를 주요과제로 삼고 있다. 그 중에서 40년 가입시 소득의 60% 수준을 주던 노령연금을 50% 이하로 하향시킨 것은 재정의 안정성에는 도움이 되지만 급여의 적정성에는 미흡한 정책이다. 향후 보험료율을 소득의 9% 수준에서 12~15% 수준으로 상향시켜서라도 적정 급여를 보장하는 방안을 강구해야 한다. 아울러 국민연금과 공무원연금, 군인연금, 사립학교교직원연금 등 다른 특수직역 연금간의 연계를 정착시켜 직장을 이전한 사람이 연금에서 불이익을 받지 않게 해야 한다. 현재는 2009년 8월 7일 이후에 국민연금과 다른 특수직역연금간 이동에 연계가 적용되지만, 향후 일정기간 동안 소급적용도 검토해야 한다.

세계에서 유래를 찾을 수 없을 정도로 고령화가 빠르게 진전되기 때문에 노인의료비는 크게 증가될 것이다. 노인의료비를 합리적으로 억제하기 위해서는 노인병 등 성인병을 적극적으로 예방하거나 관리하여 노인의 의료수요를 줄이고, 운동요법이나 자연치유요법 등 대체의학을 통해서 노인의 건강증진방안을 모색해야 한다. 특히 치매선별검사를 통해 치매환자를 조기에 발견하고 치료와 보호체계에서 본인부담금을 낮추어서 환자와 가족의 부담을 줄이는 치매국가책임제도를 정착시켜야 한다.

건강보험의 급여, 재정, 지불제도, 관리운영 등을 합리적으로 발전시키기 위해서는 한정된 보험료로 급여의 효과를 증대시키는 방안을 모색해야 한다. 국민의 다수가 고액진료비의 보장성을 높여줄 것을 희망하므로 고액진료비의 비급여항목을 줄이고 요양급여의 비율을 높이며, 소액진료비의 요양급여를 축소시켜야 할 것이다. 적정한 보험료율로 재정을 안정시키고 국고지원액을 늘리며 지불제도를 행위별 수가제에서 포괄수가제로 점차 바꾸어서 요양급여의 오남용을 줄여야 한다.

고용보험은 실업급여의 수혜율 제고, 고용안정사업의 활성화, 직업능력개발사업의 내실화를 도모하고, 산업재해보상보험은 적용대상 확대와 재활사업 내실화, 징수체계 효율화, 기금재정 건전화 등을 구축해야 한다. 양 사회보험은 일하는 자에게 실업과 산재시에 사회적 안전망이 되는 것이 과제이다.

사회보험 영역에서 최대의 과제는 요양보험제도를 합리적으로 정착시키는 것이다. 정부는 2008년 7월부터 노인장기요양보험을 시행하고 있다. 공적노인요양보장체계는 체계적으로 정착되고 노인성질환의 예방사업으로 확장되어야 한다. 공적노인요양보장체계가 요양보호의 욕구가 있는 노인은 누구라도, 언제 어디서나, 필요한 서비스를 받을 수 있는 체제를 지향한다면, 기본방향에 맞는 노인요양보장체계가 발전하게 될 것이다.

5대 사회보험이 모두 제도화되었기 때문에 관리운영을 통합하는 방안을 적극 모색해야 한다. 사회보험 피보험자는 직장인이나 지역주민이기 때문에 적용대상자의 관리, 기여, 급여, 재정 등을 5대 사회보험별로 관리할 필요성이 사라졌다. 5대 사회보험의 보험료를 통합징수하는 수준을 넘어서서 관리운영기구를 하나로 통합하여 관리운영비를 줄이고 관리의 질을 높이는 방안을 적극 모색해야 한다.

한국보건사회연구원 www.kihasa.re.kr 참조

Ⅳ. 공공부조의 전망과 과제

정부는 국민의 기초생활보장권을 구현할 수 있도록 하기 위해서는 가구 규모와 가구 유형별 최저생계비를 적용하는 합리적인 최저생계비를 설정하고, 부양의무자 기준을 개선하며, 재산의 소득환산을 보완하고, 주거급여를 현실화시켜야 한다고 제안한다.

국민기초생활보장제도는 IMF경제위기 이후 국민의 최후 사회안전망 기능을 수행했다. 18세 이상 65세 미만의 국민이라도 최저생계비에 미치지 못한 소득인 정액을 가질 경우에는 생계급여를 받을 수 있게 하고 주거급여를 신설한 이 제도는 기존 제도에 비춰볼 때, 크게 발전된 것이다.

문제는 최저생계비를 계측하는 표준가구와 실제 가구의 최저생계비간에는 상당한 차이가 있지만, 가구원수로 획일화된 생계급여로는 그 차이를 줄일 수 없다는 점이다. 어린 자녀 둘과 부부가 사는 4인 가구를 표준가구로 한 최저생계비는 지출수준이 높은 영유아, 중고등학생, 노인, 장애인 등이 있을 때에는 실질 생계비를 반영하지 못한다. 특히, 중증장애인에게 지급되는 장애인연금은 장애로 인해 추가된 생계비의 액수에 크게 못미치기 때문에 개선되어야 한다.

부양의무자의 기준도 직계혈족과 그 배우자 그리고 생계를 같이하는 2촌이내의 혈족에서 1촌 이내의 직계혈족과 그 배우자 그리고 생계를 같이하는 2촌 이내의 혈족으로 축소되었고, 다시 1촌 이내의 직계혈족과 그 배우자로 그 범위가 축소되었지만, 부양의무자가 가족간 갈등 등으로 부양을 거부하거나 기피하는 상황에서도 부양의무자가 있다는 이유만으로 국가가 수급자로 선정하지 않는 것은 행정편의적인 발상이다. 국가는 먼저 국민의 기초생활을 보장하고, 부양능력이 있는 부양의무자에게 보장비용을 징수(구상권)하여야 한다.

기초생활보장제도는 2015년 7월부터 맞춤형 복지로 개편되었다. 가구의 소득 인정액(부양의무자의 부양비를 포함하여)이 기준 중위소득의 30% 이하면 생계급여를 받고, 40% 이하면 의료급여, 45% 이하면 주거급여, 50% 이하면 교육급여를 받을 수 있다. 장차 모든 국민이 헌법상 규정된 인간다운 생활을 누릴 수 있도록 부양의무자 기준이 폐지되어야 하는데 이미 교육급여와 주거급여에서 폐지되었고, 생계급여에서도 2022년에 폐지될 계획이다.

복지행정을 발전시키기 위해서는 중앙정부에서 시·도, 시·군·구, 읍·면·동으로 이어지는 복지전달체계 모든 분야에서 혁신이 필요하다. 최근 몇 년 동안 국가와 지방자치단체는 기초자치단체에서 복지행정을 혁신하기 위한 다양한 실험을 하였는데, 시·도 복지행정을 혁신하지 않으면 안된다. 시·도의 경우 전체 예산의 30% 내외를 복지비로 투자하는데도 복지공무원은 2% 내외에 불과하고, 복지공무원은 보건복지국장, 사회복지과장 등 복지행정의 부서장조차 담당하지 못하여 전문성을 구현하지 못하고 있다. 시·도 단위에 사회복지직공무원을 대폭 늘리고 복지행정을 전문적으로 수행하도록 제도적 장치를 마련해야 한다.

빈곤의 악순환을 막기 위해서는 일할 능력이 있는 차(차)상위계층에게 일할 기회를 주는 자활사업을 더 활성화하고, 이들에게 교육급여를 제공하여 자립능력을 키우는 것이 중요한 과제이다.

한편 기초생활 수급자가 의료급여를 오남용하는 경우가 많기 때문에 연간 의료급여의 기간을 일정 수준으로 제한하고, 전문의의 진단에 의해서 의료급여 기간을 합리적으로 연장시킬 것을 제안한다. 특히, 노인과 만성질환자는 재가노인복지사업을 통하여 질병을 관리하고 건강을 증진시킬 수 있도록 하여 의료급여의 오남용을 줄여야 한다. 2007년도 7월부터 의료급여 텔레케어사업을 통해서 의료급여의 오남용을 모니터링하고 있지만, 좀더 적극적인 의료급여 관리가 요망된다.

V. 사회복지서비스의 전망과 과제

사회복지서비스를 전망할 때 가장 큰 변화는 고령화의 진전과 출산율의 저하 속에서 점차 보편주의 복지서비스가 확산될 것이라는 점이다. 이명박 정부는 4세 이하 저소득층 영유아에 대한 보육료 지원을 확대하고, 소득수준에 따른 차등보육제도를 실시하며, 만 5세아 무상보육·교육대상을 단계적으로 확대하였다. 박근혜 정부는 미취학 아동의 표준보육료를 전액 지원하고, 어린이집과 유치원을 이용하지 않는 아동의 부모에게 양육수당을 지원했다. 문재인 정부는 2018년 9월부터 가구소득 하위 90%에 속하는 6세 미만 아동에게 아동수당을 지급하였고, 2019년 9월부터 7세 미만 모든 아동에게 아동수당을 지급하고 있다. 향후 사회복지서비스는 노인복지, 장애인복지, 아동복지, 여성복지 등에서 균형있게 실현되길 기대한다.

최근 사회복지서비스의 예산은 영유아보육서비스에 집중되면서 노인, 장애인 등 다른 영역은 다소 소홀히 취급되었다. 영유아보육은 보편적 서비스로 정착되었지만, 아직도 노인과 장애인 등은 저소득층 혹은 중증장애인만 제한적으로 서비스를 받고 있다. 모든 노인이 복지서비스를 보편적으로 받기 위해서는 재가노인복지사업이 크게 확충되어야 하고, 장애인복지는 장애예방, 특수교육, 고용, 정보화, 이동편의 등 전 분야에서 장애의 유형과 수준에 맞는 맞춤형 서비스가 이루어져야 한다.

각종 사회복지서비스가 이루어지는 구체적인 현장이 사회복지시설이라는 점에서 볼 때, 국가와 지방자치단체는 사회복지시설을 확충하여 시민의 서비스 접근권을 보장해야 한다. 230여 개 시·군·구 중에서 종합사회복지관이 1개소도 없는 곳이 있기에 모든 시·군·구에 종합사회복지관을 1개소 이상씩 설치하고, 복지수요에 맞게 노인복지시설, 장애인복지시설, 아동복지시설, 여성복지시설 등을 설치 운영해야 한다.

특히 초고령사회를 경험하고 있는 농어촌지역에는 재가노인복지사업을 시급히 확충하고, 기존의 보건소, 보건지소, 보건진료소 등 공공의료자원과 민간자원을 활용하여 복지와 보건서비스를 연계한 순회시스템을 구축해야 한다. 군 단위라면 5일에 한번정도 보건복지센터 차량(별칭 이동사회복지사무소)이 읍·면에 있는 보건지소를 방문하고, 도움이 필요한 노인들이 보건지소에 모여서 의료서비스와 복지서비스를 함께 받도록 해야 한다. 기존 보건의료시스템과 사회복지시스템을 연계시키고 민간자원을 활용하면 큰 효과를 거둘 수 있을 것이다.

VI. 사회복지사의 전망과 과제

1970년 사회복지사업종사자로 처음 제도화된 사회복지사는 2003년에 1급 국가시험의 도입으로 자격증 발급체계는 상당히 선진화되었다. 2017년 2급 사회복지사를 배출한 대학교, 대학원, 전문대학, 평생교육기관 등이 500개소 이상이고 이르고, 이 곳에서 배출된 사회복지사가 연간 7만여 명에 이른다는 점에서 사회복지사의 과제는 양보다 질을 관리하는 일이다. 2020년 12월말 현재 사회복지사 자격증 발급건수는 120만건(중복 취득포함)이다.

사회복지사를 적정 규모로 양성하기 위해서는 단기 양성과정과 3급 사회복지사를 폐지를 넘어 사회복지사의 취득 과정을 강화해야 한다.

1997년 개정된 사회복지사업법은 4년제 혹은 2년제 대학에서 사회복지학의 필수과목 10과목과 관련 전공과목 4과목 이상을 이수하면 누구나 사회복지사가 될 수 있게 했다. 법은 이수과목만 지정하고, 최소 이수학점을 규정하지 않았기 때문에 일부 학교에서는 과목당 3학점이 아닌 2학점 혹은 1학점으로 이수하게 하는 편법을 사용하기도 했다. 따라서 법정 최소 이수학점을 50학점 이상으로 해서 전문성을 강화해야 한다.

연간 새로 자격을 취득하는 7만여 명의 사회복지사 중에서 사회복지현장에 근무하는 사회복지사의 비율이 낮기 때문에 이를 높일 수 있는 방안을 모색해야 한다. 정부가 공표한 사회복지직 공무원을 증원하고, 사회복지시설의 교대제를 확산시키고, 일상화된 연장근로를 없애서 신규 인력의 수요를 늘린다. 또한 초·중·고등·대학교, 병원, 군대, 소년원·교도소, 기업·노동조합, 엔지오, 마을·공동체, 종교기관 등에서 사회복지사가 일할 수 있는 터전을 꾸준히 개발해야 한다.

미국 등 선진외국의 사회복지사 중에서 과반수가 개업 사회복지사이고, 이들의 주된 수입원이 건강보험의 요양급여라는 점에서 볼 때 한국의 사회복지사도 사회복지사사무소를 개업할 수 있게 사회복지사업법령을 개정해야 한다. 사회복지사사무소는 사회복지상담을 유료로 하고, 그 비용의 일부를 국민건강보험공단에 청구할 수 있게 해야 한다. 또한 사회복지사사무소 혹은 합동사무소는 국가와 지방자치단체가 실시하는 사회복지사업에 사업계획서를 제출하여 사업을 수탁받을 수 있게 해야 한다. 최근 강조되고 있는 재가노인복지사업, 노인일자리창출이나 자활사업, 장애인 자립생활사업, 사례관리, 시민 복지교육 등은 사회복지사사무소도 충분히 수행할 수 있는 사업이다.

사회복지사의 전문성을 함양하기 위해서는 한국사회복지사협회가 주관하고 있는 전문사회복지사제도를 더욱 발전시켜 법제화하고, 전문영역별로 사회복지사협회를 조직하게 하여 회원간의 교육훈련과 교류협력 등을 주도하게 해야 한다. 의사, 간호사, 교사 등 인접 분야 전문직처럼 사회복지사에 대한 보수교육을 더욱 체계화해야 한다. 특히, 최근 수요가 늘어나는 학교사회복지사, 의료사회복지사, 사법사회복지사, 군사회복지사, 국제사회복지사 등은 정신건강사회복지사처럼 교육법, 의료법, 형사·민사소송법, 병역법 등 관련 법령으로 제도화해야 한다.

사회복지사가 자주성을 갖고 자신의 문제를 해결할 수 있도록 역량을 키울 필요가 있다. 한국사회복지사협회는 국가와 지방자치단체가 '사회복지사 등의 처우 및 지위향상을 위한 법률' 을 지키도록 준법운동을 강력히 펼쳐야 한다. 이 법 제3조 제1항에는 "국가와 지방자치단체는 사회복지사 등의 처우를 개선하고 복지를 증진함과 아울러 그 지위 향상을 위하여 적극적으로 노력하여야 한다"고 규정되고, 제2항에는 "국가와 지방자치단체는 사회복지사 등의 보수가 사회복지전담공무원의 보수수준에 도달하도록 노력하여야 한다"고 명시되어 있다. 교사가 사립학교에 근무하던지 공립학교에 근무하던지 차별이 없듯이, 사회복지사는 어느 사회복지시설·기관·단체에서 일하던지 같은 직책과 직급에서 유사하게 일할 경우에 같은 처우를 받아야 한다. 보건복지부가 매년 공표하는 '사회복지종사자 인건비 가이드라인'을 보편적으로 적용하고, 그 기준을 사회전담공무원의 보수수준에 맞추어야 한다. 그 방법의 하나로 전체 사회복지사의 70%가량을 차지하는 여성사회복지사가 한국여성사회복지사협회를 만들어서 세력화할 것을 제안한다. 또한 한국사회복지사협회는 시·도지부의 역량을 키우고 시·군·구지부를 결성하여서 정치권과 협력하여 사회복지사를 의회 의원과 선출직 공무원으로 추천해야 한다.

사회복지사는 사회복지실무현장을 실제공간에 한정시키지 말고, 인터넷 등 가상공간으로 확장해야 한다. 복지정보를 인터넷으로 서비스할 뿐만 아니라, 정보소외계층인 아동, 노인, 장애인 등이 정보에 쉽게 접근할 수 있도록 돕는 정보복지서비스를 개척해야 한다. 이러한 제안은 꿈이 아니고, 노력하는 사회복지사에게 현실이다. 여러분이 배워서 남주는 사회복지학도, 세상을 바꾸는 사회복지사, 그리고 행복한 세상을 열어가는 시민이 되길 기원한다.

복지세상을 열어가는 시민모임	www.welfare21.or.kr 참조
시민과 함께 꿈꾸는 복지공동체	cafe.daum.net/ewelfare 참조

SUMMARY
단원 정리

한국의 사회복지는 지난 반세기 이상 동안 꾸준히 발전되어 왔다. 특히 국민의 정부와 참여정부를 거치면서 사회보험이 확충되고 공공부조가 내실화되었다. 이명박 정부는 '능동적 복지'를 표방하면서 일과 연계된 복지를 강조하고 박근혜 정부는 '맞춤형 복지'를 표방하였는데, 이는 지난 정부의 정책 기조와 크게 다르지 않다.

시민의 '촛불혁명'으로 집권한 문재인 정부는 '내 삶을 책임지는 국가'를 주창하는데, 향후 사회복지의 전망과 과제를 복지행정, 사회보험, 공공부조, 사회복지서비스, 사회복지사 등의 영역별로 살펴보면 다음과 같다.

복지행정은 지역사회복지협의체를 통한 민관협력과 지역특성에 맞는 사업의 개발을 강조하고 있지만, 2005년부터 복지예산을 지방으로 대폭 이양하여 재정자립도가 낮은 시·도와 시·군·구는 복지예산을 확보하기 어려운 상황이다. 늘어나는 복지행정을 담당할 사회복지담당 공무원을 증원해야 모든 국민이 헌법상 규정된 인간다운 생활을 누릴 수 있을 것이다.

향후 한국 사회복지를 전망할 때, 가장 큰 변화는 사회복지행정에서 이루어질 것이다. 정부는 사회복지행정의 혁신을 위하여 읍·면·동 주민센터를 행정복지센터로 개편과 지역사회보장협의체의 활성화 등 사회복지 전달체계 개선, 사회복지인력 운영제도 정비, 그리고 사회복지시설 인프라 확충 등을 제시하였다.

사회보험의 경우, 2008년부터 국민연금의 완전노령연금을 받는 급여자수가 폭발적으로 늘어났고, 고령화가 빠르게 진전되면서 노인의료비가 크게 증가되는 상황에서 공적노인요양보장체계를 정착시키고 사회보험의 보장성을 강화시키는 일이 큰 과제이다.

정부는 국민의 기초생활보장권을 구현하기 위해서는 가구 규모와 가구 유형별 최저생계비를 적용하는 합리적인 최저생계비를 설정하고, 부양의무자 기준을 개선하며, 재산의 소득환산을 보완하고, 주거급여를 현실화시키려고 노력하였다. 2015년 7월부터 맞춤형 복지로 개편하고, 가구당 소득인정액이 기준 중위소득의 일정한 비율에 미치지 못하면 수급자로 선정하였다. 향후 과제는 부양의무자 기준을 폐지하거나 크게 완화시키고 기초생활보장 수급자뿐만 아니라 차상위계층을 위한 공공부조도 확립해야 할 것이다.

고령화의 진전과 출산율의 저하 속에서도 점차 보편주의 복지서비스가 확산될 것이다. 사회복지서비스의 예산은 영유아보육서비스에 집중되면서 노인, 장애인 등 다른 영역은 다소 소홀히 취급되었다. 사회복지서비스가 이루어지는 구체적인 현장이 사회복지시설이라는 점에서 볼 때, 국가와 지방자치단체는 사회복지시설을 확충하여 국민의 복지서비스 접근권을 보장해야 한다.

사회복지사의 양성은 수요를 크게 웃돌고 있기 때문에 적정 규모로 양성하고 질관리를 위하여 단기 양성과정을 폐지해야 한다. 사회복지사 취득을 위한 교과목 수를 늘리고, 최소 이수학점을 50학점 이상으로 해서 전문성을 강화해야 한다. 사회복지현장 근무자를 위한 보수교육을 강화하고, 전문사회복지사와 개업 사회복지사제도를 법제화해야 한다.

TERMS
용어 정리

지역사회복지협의체 지역사회복지협의체는 지역사회의 복지서비스를 체계화하고 연계기반을 마련하기 위해 사회복지사업법에 근거한 공공·민간 협의 기구이다. 이 협의체는 민간, 공공복지 관계자와 학계 전문가, 보건분야 핵심 관련자로 구성된 지역사회복지관련 협의구조이다. 협의체의 주요 기능은 지역사회복지에 관한 체계적인 의견수렴과 협의를 통하여 지역사회복지의 개선방안 마련, 지역복지서비스 연계와 조정을 위한 기반 마련, 지역의 사회복지자원을 개발하고 효율적으로 활용하는 것이다. 2015년 7월 사회보장급여법의 시행으로 지역사회보장협의체로 바뀌었다.

공적노인요양보장체계 공적노인요양보장체계는 요양보호의 욕구가 있는 노인은 누구라도, 언제 어디서나, 필요한 서비스를 받을 수 있는 체계를 지향하고 있는데, 기본방향에 맞는 체계가 시급히 마련되어야 한다. 공적 요양보험은 독일과 일본에서 먼저 시행되었고, 한국 정부는 2008년부터 노인장기요양보험을 도입하였다.

부양의무자 국민기초생활보장법상 부양의무자는 직계혈족과 그 배우자 그리고 생계를 같이하는 2촌 이내의 혈족에서 2005년 7월부터 1촌 이내의 직계혈족과 그 배우자 그리고 생계를 같이하는 2촌 이내의 혈족으로, 그리고 이후 1촌 이내의 직계혈족과 그 배우자로 그 범위가 축소되었다. 부양의무자가 가족 간 갈등 등으로 부양을 거부하거나 기피하는 상황에서도 부양의무자가 있다는 이유만으로 국가가 수급자로 선정하지 않는 것은 행정편의적인 발상이다. 국가는 먼저 국민의 기초생활을 보장하고, 부양능력이 있는 부양의무자에게 보장비용을 징수(구상권)해야 한다.

SELF STUDY GUIDE 자기평가와 과제

1. 자신이 사는 곳에서 가까운 시・군・구청이나 읍・면・동 행정복지센터를 방문하여, 사회복지직 공무원의 역할을 알아보고, 복지행정의 발전 방안을 찾아본다.
2. 초고령사회에 대비하여 한국의 국민연금을 적정기여와 적정급여로 발전시키는 방안을 토론하여 본다.
3. 일하는 빈민을 위한 자활사업에는 어떤 것이 있고, 자활사업의 실효성을 높이기 위해서 꼭 필요한 과제는 무엇인지 알아본다.
4. 최근 강조되고 있는 사회복지서비스(예, 지역아동센터, 노인복지센터, 장애인자립생활 등) 중에서 하나를 선택하여, 그 실태와 문제점 그리고 발전방안을 제안한다.
5. 시민에게 꼭 필요한 복지교육의 내용은 무엇인지를 찾고, 시민에게 효과적으로 복지교육을 실시하는 방안을 제안한다.

REFERENCE 참고 문헌

김연명(2002), 『한국복지국가 성격논쟁 Ⅰ』, 인간과복지.

김영순(1996), 『복지국가의 위기와 재편: 영국과 스웨덴의 경험』, 서울대학교 출판부.

김태성・류진석・안상훈(2005), 『현대복지국가의 변화와 대응』, 나남출판.

데이비스 콕스・마노하 파와르 저, 박영희・배진형・심우찬・구현자・남주영 역(2010), 『국제사회복지실천』, 나눔의집.

레미쉬 미쉬라 저, 남찬섭 역(2002), 『복지국가의 사상과 이론』, 한울.
송호근(2001), 『세계화와 복지국가』, 나남출판.
송호근 · 홍경준(2006), 『복지국가의 태동』, 나남출판.
이용교(2001), 『복지는 생활이다』, 인간과복지.
이용교(2004), 『디지털 복지시대』, 인간과복지.
이용교(2004), 『디지털 청소년복지』, 인간과복지.
이용교(2004), 『한국 사회복지의 과제』, 현학사.
전광석(2005), 『복지국가의 기원』, 법문사.
정무권(2009), 『한국복지국가의 성격논쟁 II』, 인간과복지.
조영훈(2004), 『변화하는 세계, 변화하는 복지국가』, 집문당.
참여복지기획단(2004), 「참여복지 5개년계획」, 참여복지기획단.
국정기획자문위원회(2017), 「국정운영 5개년 계획」, 청와대.

INTERNET LINK
관련 사이트

한국복지교육원	www.okwelfare.net
보건복지부	www.mw.go.kr
노동부	www.molab.go.kr
청와대	www.president.go.kr
한국보건사회연구원	www.kihasa.re.kr
사회복지사무소 시범사업추진단	www.welfare.go.kr
대통령자문 빈부격차 차별시정위원회	www.pcsi.go.kr
한국사회복지사협회	www.welfare.net
한국종교계사회복지대표자협의회	www.krsc.or.kr
울산광역시사회복지협의회	www.wel4u.or.kr
복지세상을 열어가는 시민모임	www.welfare21.or.kr

색인

용어 색인

인명 색인

저자 **이 용 교**

중앙대학교와 동 대학원에서 사회복지학을 전공하여 문학박사를 취득하였다.
한국복지정책연구소와 한국청소년개발원에서 연구위원으로 일하였고, 현재 광주대학교 사회복지학부 교수로 재직중이며 한국복지교육원 www.okwelfare.net을 운영하고 복지평론가로 활동하고 있다.
주요 저서로는 『한국 청소년복지의 현실과 대안』(1993), 『한국청소년정책론』(1995), 『청소년 인권 보고서』(1997), 『현대청소년복지론』(1998), 『재미있는 자원봉사 길라잡이』(1996), 『사회복지학』(2000), 『알아야 챙기는 산재보험』(2004), 『복지는 생활이다』(2001), 『청소년문제와 청소년복지』(2002), 『디지털 청소년복지』(2004), 『청소년 정책론』(2004), 『디지털 복지시대』(2004), 『한국의 아동 · 청소년권리』(2005), 『알아야 챙기는 고용보험』(2007), 『한국사회복지론』(2012), 『한국청소년복지론』(2012), 『알아야 챙기는 복지상식』(2018) 등 50여 권이 있고, 『복지대통령 만들기』(1997), 『노인복지의 길』(2006), 『사회복지대학생의 길』(2007), 『한국 사회복지를 개척한 인물』(2013), 『사회복지사의 인권』 (2016) 등 20여 권을 기획하였다.
한국사회복지학회 총무분과위원장, 한국사회복지교육협의회 인증분과위원장, 한국영유아보육학회 편집위원장, 한국청소년복지학회 회장, 국제사회복지학회 회장, 글로벌청소년학회 회장, 한국지역사회학회 회장, 광주광역시사회복지사협회 회장을 역임하였고, 한국시민청소년학회 회장으로 활동하고 있다.

e-mail | ewelfare@hanmail.net
homepage | www.okwelfare.net
online community | cafe.daum.net/ewelfare

디지털
사회복지학개론 5판

이용교 저

발행인 · 이명묵
편　집 · 이혜영, 이현정

1판 펴낸날 · 2002. 3. 15.
5판 펴낸날 · 2021. 4. 2.

발행처 · 도서출판 인간과복지
신　고 · 제 406-251002011000054 호
주　소 · 경기도 파주시 회동길 145
아시아출판문화정보센터 301호
전　화 · 02-383-0743
팩　스 · 02-382-3486
이메일 · hwbook22@daum.net
카　페 · https://cafe.daum.net/hwbook1

값 · 20,000원

ISBN 978-89-8007-218-7 93330

이용교의 주요 저서

청소년과 청소년복지 분야

이용교 외, 시설 퇴소청년 자립연구, 드림미디어, 2019.
이용교 외,『아동보호제도 평가 및 개편방안 마련연구』, 광주대학교 출판부, 2015.
이용교,『한국청소년복지론』, 정민사, 2012.
이용교 외,『교육복지론』, 집문당, 2010.
이용교 외,『한국 청소년정책 20년사』, 한국청소년정책연구원, 2009.
이용교 외,『청소년복지 정책과 실천』, 인간과복지, 2009.
이용교 외,『청소년발달 역량개발 청소년복지』, 교육과학사, 2009.
이용교 외,『강점관점 청소년개발 레질리언스』, 신정, 2009.
이용교 외,『적극적 관점의 아동청소년복지』, 인간과복지, 2007.
이용교 외,『적극적 관점의 청소년개발』, 인간과복지, 2007.
이용교 외,『청소년쉼터, 광주대학교 출판부, 2006.
이용교,『디지털 청소년복지(2판)』, 인간과복지, 2006.
이용교,『청소년정책론』, 인간과복지, 2004.
이용교 외,『청소년문화복지』, 인간과복지, 2004.
이용교,『한국청소년복지론』, 현학사, 2004.
이용교 외,『청소년문제와 청소년복지』, 인간과복지, 2003.
이용교 외,『청소년학총론』, 양서원, 2000.
이용교 외,『현대 청소년복지론』, 양서원, 1999.
이용교,『한국청소년복지의 현실과 대안』, 은평천사원 출판부, 1993.
이용교,『한국청소년정책론』, 인간과복지, 1995.
이용교 외,『청소년복지론』, 인간과복지, 1993.

사회복지학 분야

이용교, 건강보험상식, 인간과복지, 2021(예정).
이용교, 주거복지상식, 인간과복지, 2021(예정).
이용교, 코로나19 시대의 복지상식, 드림미디어, 2021(예정).
이용교, 디지털 사회보장론, 학지사, 2020.
이용교, 활기찬 노년생활, 학지사, 2020.

이용교, 국민연금상식, 드림미디어, 2020.
이용교, 대한민국 복지상식, 드림미디어, 2020.
이용교, 생애주기별 복지상식, 드림미디어, 2019.
이용교, 복지공동체와 복지국가, 광주대학교 출판부, 2018.
이용교, 알아야 챙기는 복지상식, 인간과복지, 2018.
이용교, 한국인의 복지상식, 광주대학교 출판부, 2018.
이용교,『복지상식』, 광주대학교 출판부, 2017.
이용교,『세상을 바꾸는 사회복지사』, 광주대학교 출판부, 2016.
이용교,『이용교 교수 복지상식』, 광주대학교 출판부, 2016.
이용교,『조례제정을 통한 복지혁명』, 광주대학교 출판부, 2015.
이용교 외,『광주의 사회복지』, 광주대학교 출판부, 2014.
이용교·소진택,『소진택의 생애와 복지활동』, 광주대학교 출판부, 2014.
이용교,『한국 사회복지론』, 한국학술정보, 2012.
이용교,『상식으로 알아야 할 국민연금』, 광주대학교 출판부, 2010.
이용교 외,『알아야 챙기는 고용보험』, 인간과복지, 2007.
이용교,『디지털 사회복지개론(2판)』, 인간과복지, 2005.
이용교,『디지털 복지시대』, 인간과복지, 2004.
이용교,『한국 사회복지의 과제』, 현학사, 2004.
이용교,『복지는 생활이다』, 인간과복지, 2001.
이용교 외,『사회복지학』, 양서원, 2000.
이용교 외,『한국의 아동복지학』, 양서원, 2001.
이용교 외,『알아야 챙기는 산재보험』, 인간과복지, 2004.
이용교 외,『알아야 챙기는 건강보험』, 인간과복지, 2000.
이용교 외,『소규모 아동복지시설 연구』, 인간과복지, 1997.
이용교·이혜연,『재미있는 자원봉사 길라잡이』, 서울미디어, 1996.

인권과 인권교육 분야

이용교 외, 사회복지사의 감정노동과 인권, 오월숲, 2017.
이용교 외,『사회복지사의 인권』, 광주대학교 출판부, 2016.
이용교 외,『아동인권』, 광주대학교 출판부, 2015.
이용교 외,『복지와 인권』, 광주대학교 출판부, 2014.
이용교 외,『청소년인권과 참여』, 양서원, 2009.
이용교,『청소년생존권 연구』, 광주대학교 출판부, 2008.
이용교 외,『아동복지시설 인권평가지표 연구』, 광주대출판부, 2006.
이용교 외,『한국의 아동·청소년 권리』, 인간과복지, 2005.
이용교,『청소년인권과 인권교육』, 인간과복지, 2004.

이용교, 『엄마 엄마』, 국가인권위원회/현암사, 2002.
이용교 외, 『한국의 사회복지와 인권』, 인간과복지, 2001.
이용교 외, 『아이들에게도 인권이 있다』, 참여연대, 1997.
이용교 외, 『아이들의 인권 세계의 약속』, 내일을여는책, 1997.
이용교 외, 『청소년인권 보고서』, 인간과복지, 1997.

번역한 책

이용교 외, 『가정위탁보호』, 인간과복지, 2001.
이용교·이희길, 『인권교육의 기법』, 인간과복지, 1997.
이용교, 『아동학대연구』, 다울, 1991.
이용교·나동석, 『가출청소년연구』, 한국청소년연구원, 1990.

기획한 책

한국사회복지사협회, 한국사회복지사협회 50년사, 양서원, 2018.
이용교 외, 『사회복지와 역사』, 광주대학교 출판부, 2016.
광주대학교, 『사회복지전문대학원 20년사』, 광주대학교 출판부, 2016.
율어면지편찬위원회, 율어면지, 2014.
이용교 편, 『한국 사회복지를 개척한 인물』, 광주대학교 출판부, 2013.
이용교 외, 『국제 사회복지사의 길』, 광주대학교 출판부, 2013.
이용교 외, 『농어촌복지 현장실습』, 광주대학교 출판부, 2012.
이용교 외, 『산티아고 가족여행』, 인간과복지, 2012.
이용교 편, 『지구촌 청소년과 내가 할 일』, 정민사, 2012.
광주대학교, 『사회복지학과 20년사』, 광주대학교 출판부, 2010.
이용교 외, 『농어촌 복지론』, 광주대학교 출판부, 2010.
이용교 외, 『농어촌복지의 이해』, 광주대학교 출판부, 2010.
한국사회복지학회, 『사회복지계 원로 회고록』, 양서원, 2008.
한국사회복지학회, 『한국사회복지학회 50년사』, 공동체, 2007.
이용교 외, 『치매의 예방과 관리』, 광주대학교 출판부, 2008.
이용교 외, 『사회복지대학생의 길』, 학현사, 2007.
이용교 외, 『아동복지의 길』, 광주대학교 출판부, 2007.

이용교 외, 『노인복지의 길』, 학현사, 2006.

이용교 외, 『여성 사회복지사의 길』, 학현사, 2005.

이용교 편, 『세계의 청소년과 내가 할 일』, 학현사, 2005.

이용교 외, 『복지공동체의 길』, 광주대 출판부, 2005.

이용교 외, 『농촌복지』, 광주대 출판부, 2004.

이용교 편, 『내가 꿈꾸는 디지털 사회복지사』, 한국복지교육원, 2002.

복지시장기획단, 『복지시장 만들기』, 인간과복지, 2002.

이용교 편, 『복지공동체 만들기』, 2000.

이용교 편, 『새 천년을 열어갈 사회복지사의 길』, 광주대 출판부, 1999.

광주대학교 대학원생, 『시설과 인물』, 은평천사원 출판부, 1999.

청년사회복지사연대, 『21세기 복지광주 만들기』, 1998.

청년사회복지사연대, 『복지대통령 만들기』, 인간과복지, 1997.

이용교 편, 『나눔그기쁨 ,』 불광출판부, 1996.

이용교 편, 이야기 사회복지, 은평천사원 출판부, 1993.